Access für Einsteiger - Schritt für Schritt zur ersten Datenbank

Für Access 2010 - 2016

Inge Baumeister

Verlag:
BILDNER Verlag GmbH
Bahnhofstraße 8
94032 Passau

http://www.bildner-verlag.de
info@bildner-verlag.de

Tel.: +49 851-6700
Fax: +49 851-6624

ISBN: 978-3-8328-0174-8

Bestellnummer: RP-196

Covergestaltung:
Christian Dadlhuber

Autorin:
Inge Baumeister

Bildquelle Cover: © lithian - Fotolia.com
Kapitelbild: © vege - Fotolia.com

Herausgeber:
Christian Bildner

© 2017 BILDNER Verlag GmbH Passau, 2. Auflage April 2018

Herzlich willkommen!

Datenbanken sammeln und ordnen umfangreiche Informationen. Mit dem entsprechenden Know-how lassen sich diese Daten fast beliebig verknüpfen, individuell auswerten und in Form von Berichten drucken. Microsoft Access eignet sich aufgrund seiner komfortablen Benutzeroberfläche hervorragend für Einsteiger, erlaubt aber aufgrund seiner Komplexität auch anspruchsvolle Lösungen für den professionellen Einsatz.

 Schritt für Schritt

Dieses Buch wendet sich an Einsteiger, die mit Access eine eigene Datenbank aufbauen oder zwecks Erweiterung und Anpassung einer vorhandenen Datenbank die Erstellung und den Aufbau von Access-Datenbanken besser nachvollziehen möchten. Spezielles Vorwissen ist dazu nicht nötig, Sie sollten allerdings über grundlegende Kenntnisse der Benutzeroberfläche und Dateiverwaltung des Betriebssystems Windows verfügen.

 Zahlreiche Bilder

Schritt für Schritt, in verständlicher Sprache und mit zahlreichen Bildern erstellen Sie eine Datenbank zur Verwaltung von Kundendaten, Artikeln und Bestellungen. Übungsaufgaben am Ende jeder Lektion geben Ihnen Gelegenheit, das Gelernte zu vertiefen. Einen Einstieg erhalten Sie mit einer kleinen fertigen Datenbank, in die Sie nur noch Daten eingeben müssen. Der erste Schritt zur eigenen Datenbank beginnt mit wichtigen Überlegungen und Vorarbeiten und darauf aufbauend werden die ersten Tabellen des Übungsbeispiels erstellt. Die weiteren Kapitel befassen sich eingehend mit den Abfragen, Berichten und den verschiedenen Werkzeugen zur Gestaltung benutzerfreundlicher Formulare. Eine schnelle Einführung in SQL, die Erstellung eigener Makros und der Einsatz von Werkzeugen zur Dokumentation und Wartung von Datenbanken runden das Buch ab.

 Übersichtliche Darstellung

Gleichzeitig hat sich dieses Buch zum Ziel gesetzt, Ihnen anhand des Übungsbeispiels auch Rezepte zur Umsetzung eigener Anforderungen zu geben. Hinweise und Tipps aus der Praxis helfen Ihnen, typische Anfängerfehler zu vermeiden und Fallstricke zu umgehen. Die Autorin Inge Baumeister hat langjährige Erfahrungen in der Entwicklung professioneller Datenbanklösungen mit Microsoft Access gesammelt und ist gleichzeitig seit langem in der Erwachsenenbildung und im Bereich firmeninterner Fortbildungen tätig.

 Praktische Problemlösungen

 Typische Fehler vermeiden

Die eingesetzte Übungsdatenbank mit allen Beispielen erhalten Sie auf unserer Homepage kostenlos zum Download. Rufen Sie dazu die folgende Seite auf:

 Beispieldatenbank zum Download

www.bildner-verlag.de/00196

Hinweise

Sämtliche Abbildungen wurden mit Access 2016 erstellt, das Aussehen der Versionen 2010 und 2013 kann daher geringfügig abweichen. Keine Unterschiede ergeben sich mit Ausnahme der Hilfe hinsichtlich des Funktionsumfangs, das Buch kann daher ohne Probleme auch für Access 2010 und 2013 eingesetzt werden.

Befehle, Bezeichnungen von Schaltflächen und Beschriftungen von Dialogfenstern, sowie Feldnamen und die Namen der verwendeten Datenbankobjekte sind zur besseren Unterscheidung farbig und kursiv hervorgehoben, zum Beispiel Register *Start*, Schaltfläche *Kopieren*.

Am Anfang jedes Kapitels finden Sie eine Übersicht über behandelte Inhalte und das erforderliche Vorwissen. Am Ende der einzelnen Einheiten erhalten Sie eine Zusammenfassung des Gelernten. Unbekannte Begriffe schlagen Sie im Glossar am Ende des Buchs nach und eine Liste nützlicher Tastenkombinationen im Anhang hilft Ihnen, Arbeitsschritte schnell zu erledigen. Auf das Thema VBA-Programmierung wurde bewusst verzichtet, da eine ausführliche Beschreibung genügend Stoff für ein eigenes Buch liefert und den Rahmen eines Einsteigerbuches sprengen würde.

Viel Spaß und Erfolg mit dem Buch wünschen Ihnen
BILDNER Verlag und die Autorin Inge Baumeister

Inhalt

3 Tabellen erstellen 51

4   Dateneingabe und Umgang mit Tabellen 91

5 Beziehungen zwischen Tabellen..................................... 115

6 Abfragen 135

7 Spezialabfragen 165

8 Rund um Formulare 199

9 Ausgewählte Steuerelemente..................................... 247

11 Makros 327

1 Erste Schritte

In diesem Kapitel lernen Sie...

- Eine einfache Datenbank aus einer Vorlage erstellen
- Bestandteile einer Access-Datenbank
- Datenbankobjekte verwalten
- Befehlseingabe und Hilfe
- Datenbank öffnen und schließen
- Sicherheitseinstellungen beim Öffnen einer Datenbank

Das sollten Sie bereits wissen

- Grundlegende Eingabetechniken
- Dateien speichern und öffnen

1.1   Access starten

Zum Starten von Access gibt es unter Windows 10 verschiedene Möglichkeiten:

▶ Falls sich die Kachel Access im Startmenü von Windows befindet, so klicken oder tippen Sie auf diese.

▶ Oder klicken Sie in der alphabetischen App-Liste (*Alle Apps*) des Startmenüs auf *Access*.

▶ Am einfachsten tippen Sie den Suchbegriff „access" oder die ersten Zeichen davon in das Suchfeld der Taskleiste ein und klicken in der Liste der Suchergebnisse auf *Access (Desktop-App)*. Falls Sie Windows 10 verwenden und die Sprachassistentin Cortana aktiviert ist, können Sie auch Cortana damit beauftragen, etwa mit der Anweisung „Öffne Access".

Die Startseite von Access

Unmittelbar nach dem Start erscheint die Startseite von Access und Sie können wählen, was Sie tun möchten.

▶ Um eine vorhandene Datenbank zu öffnen, klicken Sie links entweder unter *Zuletzt verwendet* auf die Datenbank oder auf *Weitere Dateien öffnen*, falls sich die gesuchte Datenbank hier nicht befindet.

▶ Wenn Sie dagegen eine neue Datenbank erstellen möchten, dann finden Sie im rechten Bereich verschiedene Vorlagen und die Möglichkeit, mit einer leeren Datenbank zu beginnen.

Der Startbildschirm

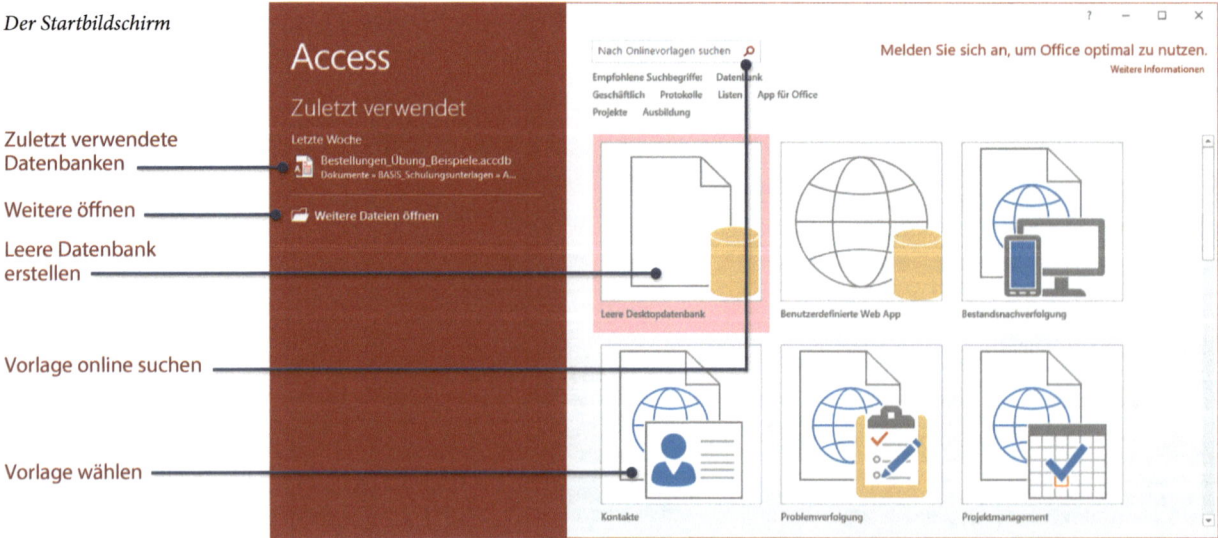

1.2   Eine Datenbank anhand einer Vorlage erstellen

Welcher Vorlagentyp sollte gewählt werden?

Vorlagen sind fertige Datenbanken, in die Sie nur noch Ihre Daten eingeben brauchen. Access stellt zwei unterschiedliche Typen von Vorlagen zur Verfügung:

▶ **Access Web App-Vorlagen**
Web App-Vorlagen erkennen Sie am Globus-Symbol. Sie können nur benutzt werden, wenn Office 365 zusammen mit SharePoint Online verwendet wird oder in der Firma SharePoint Server 2013 oder 2016 mit Access Services und SQL Server 2012 (oder höher) zur Verfügung steht. Web App-Datenbanken können auch ohne Access geöffnet werden, vorausgesetzt, die betreffende Person verfügt über entsprechende Berechtigungen.

▶ **Access-Desktopdatenbanken**
Bei Vorlagen für Desktopdatenbanken fehlt das Globus-Symbol. Desktopdatenbanken werden lokal gespeichert; wenn sie sich auf einem Server befinden, können sie über das Netzwerk auch anderen Benutzern zur Verfügung gestellt werden. Voraussetzung: Access muss auf jedem Arbeitsplatzrechner installiert sein.

Vorlage wählen

Web App-Vorlage

Desktopdatenbank zur Adressenverwaltung erstellen

Eine Access-Desktopdatenbank zur Adressverwaltung erstellen

Als Beispiel soll eine Access-Desktopdatenbank zur Verwaltung von Adressen erstellt werden. Klicken Sie auf der Startseite auf die Vorlage *Kontakte* (siehe Bild oben).

1   Im nächsten Schritt werden Sie aufgefordert, Speicherort und Dateiname der Datenbank festzulegen:

▪ Geben Sie im Feld *Dateiname* den gewünschten Dateinamen für Ihre Datenbank ein, die Dateinamenerweiterung .accdb wird automatisch angefügt.

■ Klicken Sie auf das Symbol *Durchsuchen*, um den Speicherort der Datenbank festzulegen.

2 Klicken Sie dann auf *Erstellen*, um die Datenbank anzulegen.

Datenbank aus Vorlage erstellen

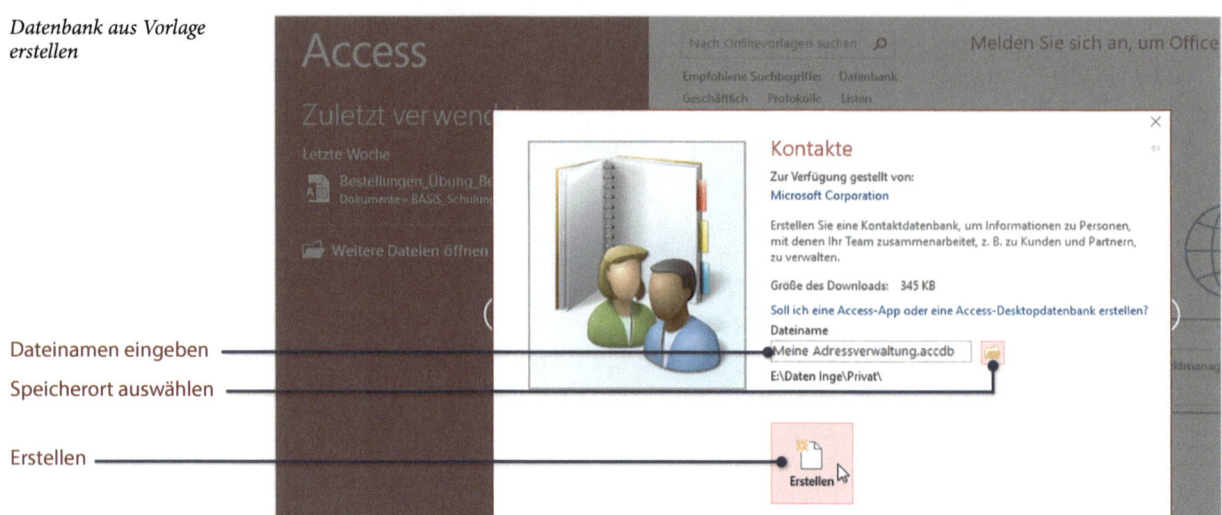

Dateinamen eingeben

Speicherort auswählen

Erstellen

3 Die Datenbank wird erstellt und die Tabelle *Kontaktliste* zur anschließenden Dateneingabe geöffnet. Gleichzeitig erscheint eine Sicherheitswarnung, dass einige aktive Inhalte deaktiviert wurden. Klicken Sie auf *Inhalt aktivieren*.

Die Tabelle Kontaktliste

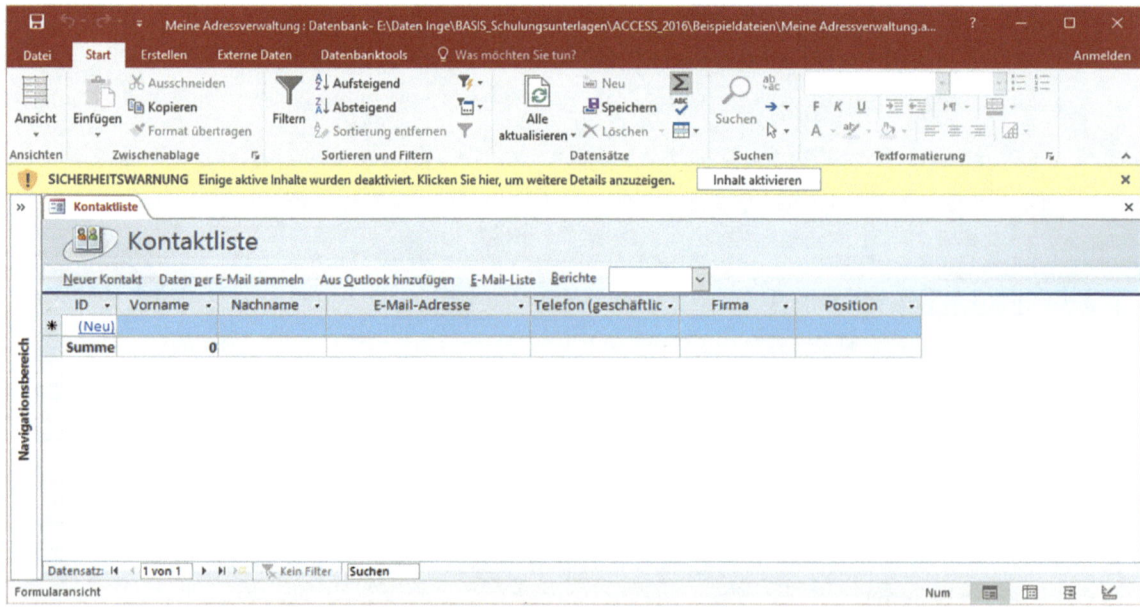

Aktive Inhalte sorgen dafür, dass Sie später in der Datenbank z. B. per Mausklick schnell Formulare zur Dateneingabe öffnen oder Daten drucken können.

Adressen eingeben

Access-Tabellen unterscheiden sich nur wenig von Excel-Tabellen. Die erste Zeile enthält die Spaltenüberschriften bzw. Feldnamen.

1   Klicken Sie in der Spalte *Vorname* in die Zelle und beginnen Sie mit der Eingabe. Die erste Spalte *ID* enthält eine fortlaufende Nummer, diese wird während der Eingabe automatisch vergeben. Eine Eingabe per Tastatur ist hier nicht möglich.

2   Um zum nächsten Feld zu gelangen, verwenden Sie die Tab-Taste, die Enter-Taste oder die Pfeiltaste nach rechts.

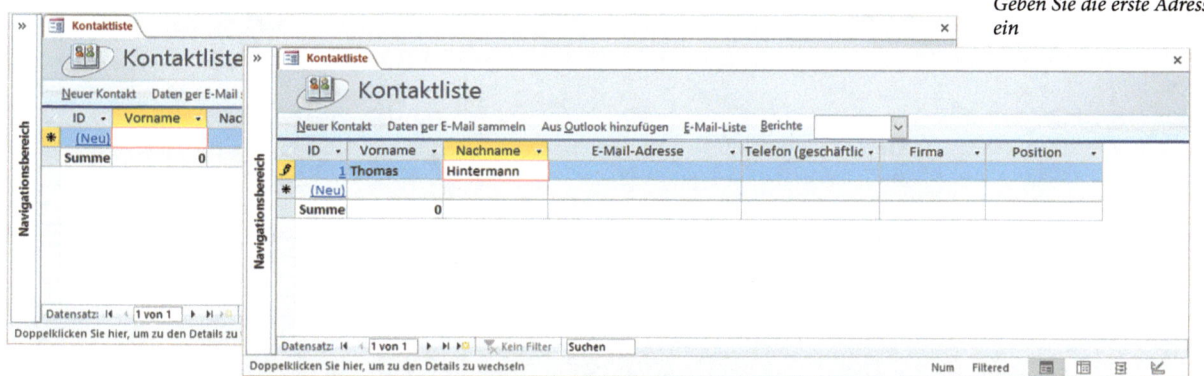

Geben Sie die erste Adresse ein

3   Füllen Sie die erste Adressenzeile der Tabelle aus, bei fehlenden Angaben z. B. Telefonnummer können einzelne Felder auch leer bleiben. Am Ende der ersten Zeile gelangen Sie mit Tab-Taste oder Enter-Taste in die nächste Zeile und können die nächste Adresse eingeben. Diese erhält automatisch die ID 2.

Dateneingabe per Eingabemaske

Optisch ansprechender und benutzerfreundlicher ist die Dateneingabe und -bearbeitung über eine Eingabemaske, in Access als Formular bezeichnet.

1   Klicken Sie zum Öffnen des Formulars oberhalb der Tabelle auf *Neuer Kontakt*.

Eingabemaske öffnen

2   Das Formular *Kontaktdetails* umfasst wesentlich mehr Felder als die Tabelle, siehe Bild auf der nächsten Seite. Auch hier benutzen Sie wieder Tab-Taste, Enter-Taste oder die Pfeiltasten, um zwischen den Eingabefeldern zu wechseln.

3 Um die erfasste Adresse zu speichern und die nächste einzugeben, klicken Sie auf *Speichern und neuer Kontakt*. Im Feld *Hinweise* können Sie auch längere Bemerkungen eingeben.

4 Zum Beenden der Dateneingabe und Schließen des Formulars klicken Sie rechts auf *Schließen*.

Das Formular Kontaktdetails

Adresse speichern und nächste eingeben

Formular schließen

Hier können Sie auch längere Bemerkungen eingeben

Kontaktdetails		✕

Philipp Baumholtz

Gehe zu [▾] E-Mail   Outlook-Kontakt erstellen   Speichern und neuer Kontakt   Schließen

Allgemein

Vorname	Philipp		E-Mail	baumholtz@muster.de
Nachname	Baumholtz		Webseite	
Firma	Muster GmbH			
Position				

Telefonnummern   Hinweise

Telefon (geschäftlich)	0941-11111111
Telefon (privat)	
Mobiltelefon	0171-99999999
Faxnummer	

Adresse

Straße	Feldweg 17
Ort	Regensburg
Bundesland/ Kanton	
PLZ	93053
Land/Region	Deutschland

Datensatz: I◀ ◀ 1 von 1 ▶ ▶I ▶⧸ ▼ **Gefiltert** Suchen

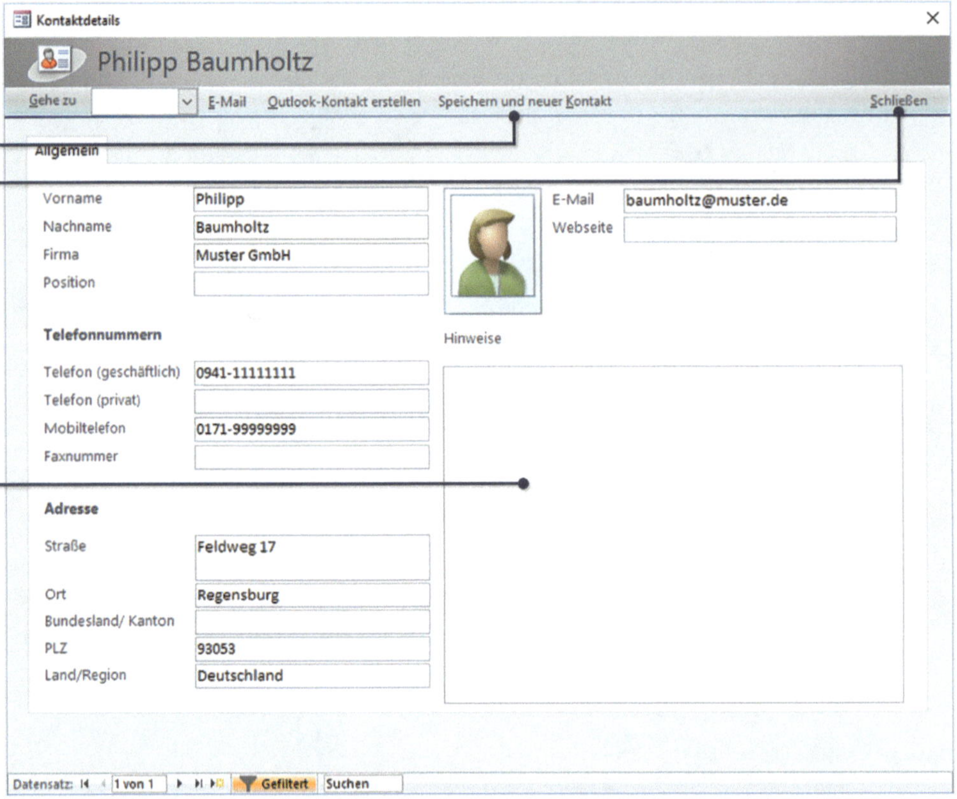

Weitere Möglichkeiten des Formulars Kontaktdetails

▶ **Vorhandenen Kontakt anzeigen**

Wenn Sie statt der Eingabe einer neuen Adresse einen bereits vorhandenen Kontakt anzeigen möchten, dann klicken Sie auf den Pfeil des Feldes *Gehe zu* und wählen den gewünschte Kontakt aus.

Eine bestimmte Person auswählen

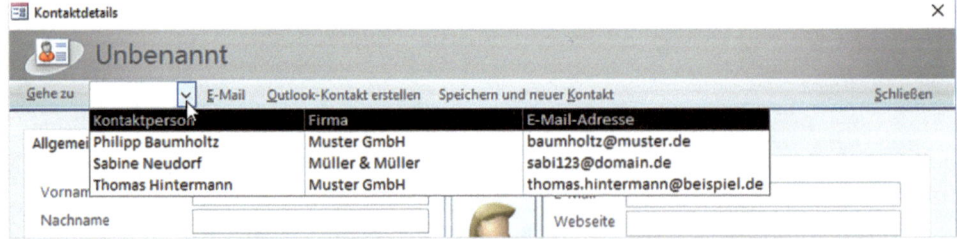

Kontaktdetails			✕

Unbenannt

Gehe zu [▾] E-Mail   Outlook-Kontakt erstellen   Speichern und neuer Kontakt   Schließen

Kontaktperson	Firma	E-Mail-Adresse
Philipp Baumholtz	Muster GmbH	baumholtz@muster.de
Sabine Neudorf	Müller & Müller	sabi123@domain.de
Thomas Hintermann	Muster GmbH	thomas.hintermann@beispiel.de

Allgemein

Vorname			
Nachname			Webseite

▶ **Bild hinzufügen**

Das Formular bietet Ihnen auch die Möglichkeit, ein Bild einzufügen. Klicken Sie dazu auf den Platzhalter und anschließend auf das Symbol *Anlagen verwalten* (Büroklammer). Das Fenster *Anlagen* öffnet sich, klicken Sie auf *Hinzufügen...* und wählen Sie das gewünschte Bild aus.

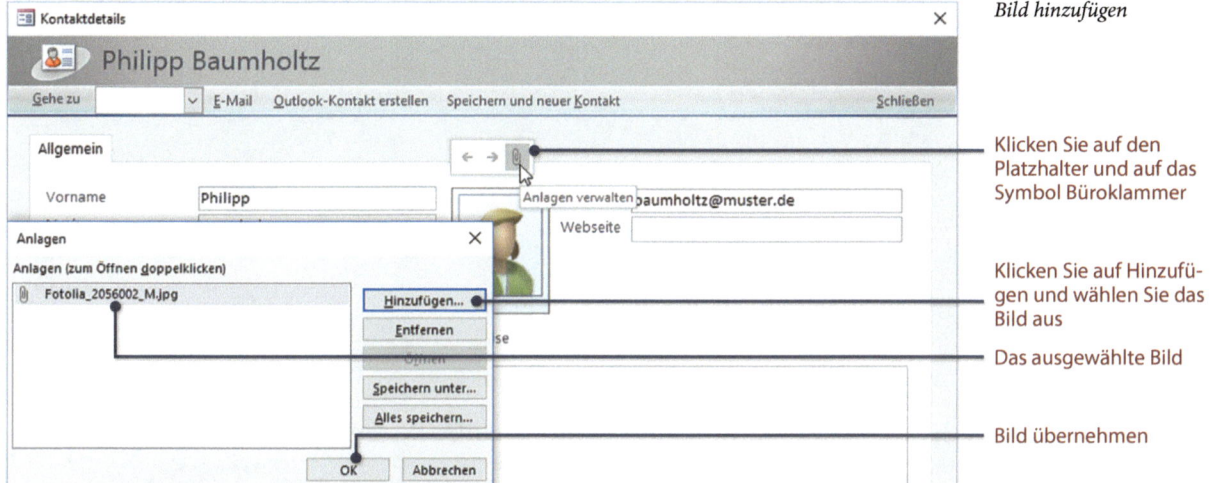

Bild hinzufügen

Klicken Sie auf den Platzhalter und auf das Symbol Büroklammer

Klicken Sie auf Hinzufügen und wählen Sie das Bild aus

Das ausgewählte Bild

Bild übernehmen

Mit Klick auf *OK* wird das ausgewählte Bild übernommen.

Das Kontaktformular mit Bild

Nach dem Schließen des Formulars erscheint wieder die Tabelle *Kontaktliste* und zeigt alle Adressen an, auch die, die Sie im Formular erfasst haben.

Adresslisten drucken

Wie in Excel haben Sie auch in Access die Möglichkeit, eine Tabelle zu drucken. Wesentlich übersichtlichere und anprechendere Ausdrucke erhalten Sie mit sogenannten Berichten (engl. *reports*). Diese drucken die Daten formatiert und mit weiteren Zusatzinformationen aus. Die meisten Vorlagen enthalten neben Eingabeformularen auch Berichte für verschiedene Zwecke. Zum Drucken der Adressdaten klicken Sie oberhalb der Tabelle *Kontaktliste* auf den Pfeil des Feldes *Berichte* und wählen zwischen *Kontakt-adressbuch* und *Kontakttelefonliste*.

Bericht drucken

Klicken Sie auf den Pfeil
und wählen Sie einen
Bericht

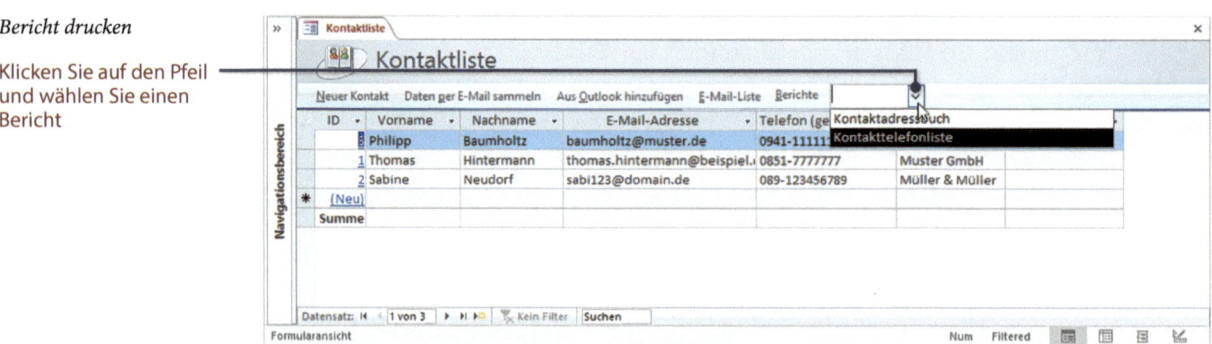

Schnelle Hilfe zu verschiedenen Aufgaben: Beispiel Drucken

Die Adressliste wird zunächst am Bildschirm angezeigt. Wenn Sie die Liste drucken möchten, dann können Sie den entsprechenden Befehl über die Hilfe anzeigen.

1   Klicken Sie unterhalb der Titelleiste von Access in das Feld *Was möchten Sie tun?*

*Befehle über die Hilfe
anzeigen*

Klicken Sie hier

2   Geben Sie hier den gesuchten Befehl, *Drucken* ein. Zeigen Sie dann in der Liste auf *Seitenansicht und drucken* und klicken Sie auf eine der drei Möglichkeiten.

*Wählen Sie eine der drei
Möglichkeiten*

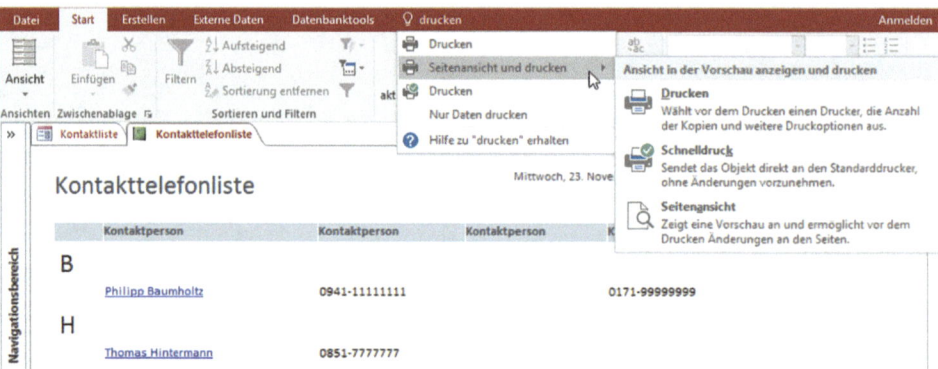

Diese Form der intelligenten Hilfe steht nur in Access 2016 zur Verfügung.

- *Drucken* öffnet das gleichnamige Dialogfenster und Sie können Drucker, Anzahl der Seiten usw. festlegen.
- *Schnelldruck* sendet den Bericht ohne weitere Vorgaben sofort an den Standarddrucker.

- *Seitenansicht* zeigt den Bericht in der Druckvorschau an, wie er später gedruckt wird. Zum endgültigen Drucken benutzen Sie die Schaltfläche *Drucken*, mit *Seitenansicht schließen* gelangen Sie wieder zurück zur vorherigen Ansicht.

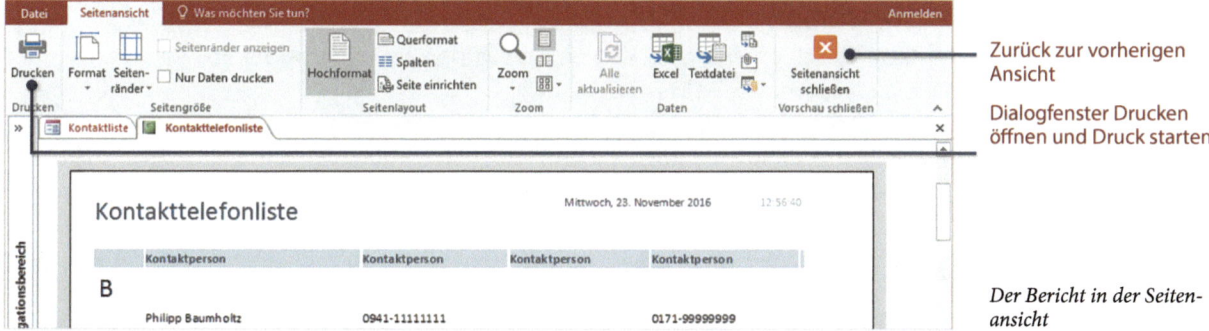

Zurück zur vorherigen Ansicht

Dialogfenster Drucken öffnen und Druck starten

Der Bericht in der Seiten-ansicht

Der Access-Bildschirm - ein erster Überblick

Die Titelleiste von Access enthält rechts die typischen Schaltflächen zum Vergrößern, Maximieren/Verkleinern und Schließen des Fensters, außerdem Name und Speicherort der aktuell geöffneten Datenbank. Unterhalb finden Sie das Menüband zur Befehlseingabe.

Am unteren Rand des Access-Fensters befindet sich noch die Statusleiste, über die Sie zwischen verschiedenen Ansichten wechseln, Näheres hierzu weiter unten.

Den größten Teil des Fensters nimmt der Anzeigebereich ein. Hier werden alle Elemente, z. B. Berichte, jeweils in einem eigenen Registerblatt oder Fenster geöffnet. Mit Klick auf den Namen bzw. Reiter können Sie zwischen den geöffneten Registern wechseln, zum Schließen eines Registers klicken Sie rechts auf das Symbol x.

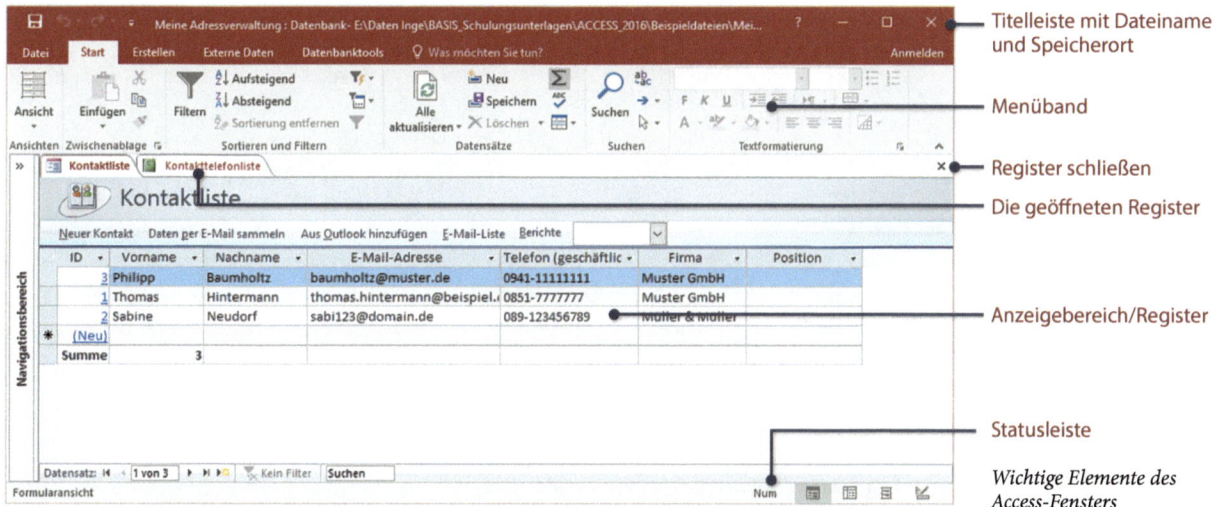

Titelleiste mit Dateiname und Speicherort

Menüband

Register schließen

Die geöffneten Register

Anzeigebereich/Register

Statusleiste

Wichtige Elemente des Access-Fensters

Navigationsbereich anzeigen

Sind alle Tabellen, Formulare usw. geschlossen, dann präsentiert sich Access bzw. die Datenbank wie im Bild unten. Zugriff auf alle vorhandenen Elemente einer Datenbank erhalten Sie über den Navigationsbereich.

Ist dieser geschlossen, so klicken Sie zum Öffnen auf den Doppelpfeil oder verwenden Sie die Funktiontaste F11.

> **Tipp:** Die Funktionstaste F11 öffnet den Navigationsbereich auch, wenn dieser vollständig ausgeblendet ist.

Alle Register sind geschlossen

Klicken Sie hier zum Anzeigen der Navigationsleiste

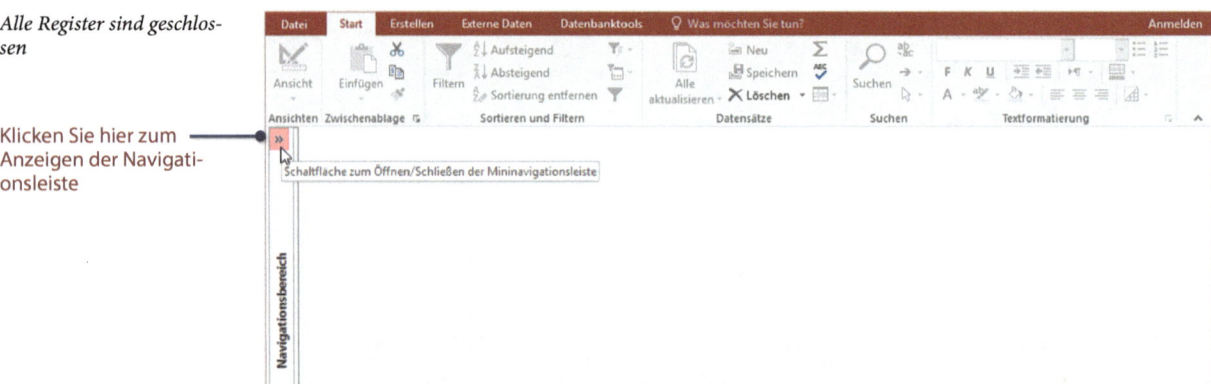

Der Navigationsbereich zeigt alle vorhandenen Elemente der geöffneten Datenbank, in unserem Beispiel Kontakte an. Zum Öffnen eines Elements, z. B. *Kontaktliste* genügt ein Doppelklick. Wenn der Anzeigebereich leer ist, können Sie das Element auch einfach mit gedrückter Maustaste nach rechts in den Anzeigebereich ziehen.

Um den Navigationsbereich wieder zu schließen, klicken Sie erneut auf den Doppelpfeil (siehe Bild).

Der Navigationsbereich mit allen Elementen der Datenbank Kontakte

Navigationsbereich ausblenden

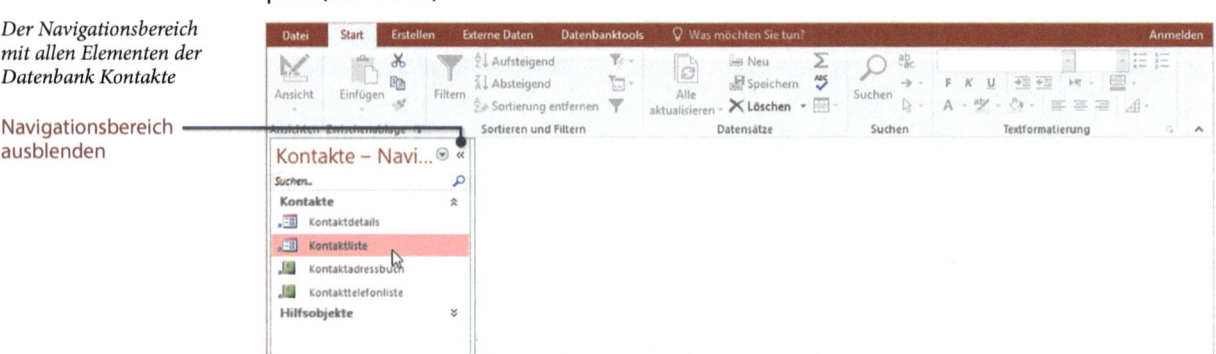

Die Datenbankelemente sind im Navigationsbereichs mit unterschiedlichen Symbolen versehen, mit ihrer Bedeutung befassen wir uns im nächsten Punkt.

1.3 Bestandteile einer Access Datenbank

Übersicht Datenbankobjekte

Eine Access Datenbank umfasst mehrere grundlegende Komponenten, die unterschiedlichen Zwecken dienen, diese werden in der Folge als Datenbankobjekte bezeichnet. Zwei davon, nämlich Formulare und Berichte, haben Sie bereits kennengelernt. Zur Anzeige und Navigation zwischen den Datenbankobjekten dient der Navigationsbereich am linken Rand des Access-Fensters. Für jeden Objekttyp verwendet Access ein eigenes Symbol.

Tabellen

Tabellen sind die Grundlage jeder Access-Datenbank und wichtigstes Element, da sie die eigentlichen Daten speichern. Eine Datenbank muss also mindestens eine Tabelle enthalten, in der Praxis sind es jedoch meist gleich mehrere Tabellen.

Abfragen - Auswahlabfragen

Abfragen basieren auf den Daten aus einer oder mehreren Tabellen. Sie werden ver- wendet, um anhand von Bedingungen Daten zu filtern, zu sortieren oder um Berechnungen durchzuführen. Abfragen enthalten oder speichern selbst keine Daten, sondern ausschließlich Bedingungen oder Formeln. Abfragen sind ein wichtiger Bestandteil zur Auswertung in Datenbanken.

Abfragen werden auch eingesetzt, um Daten in Tabellen zu verändern. Mit ihnen können Daten an Tabellen angefügt werden, Tabellen erstellt sowie Daten in Tabellen aktualisiert oder gelöscht werden. Diese Abfragen bezeichnet man als Aktionsabfragen.

Formulare

Formulare sind Eingabemasken, die vor allem für ungeübte Benutzer die Eingabe und Bearbeitung von Daten am Bildschirm erleichtern. Grundlage eines Formulars kann eine Tabelle oder Abfrage bilden. Formulare bieten noch weitere Vorteile: Sie können Bilder oder Grafiken einbinden, mit Hilfe von Schaltflächen häufige Befehlsabläufe automatisieren oder Benutzereingaben steuern.

Berichte

Mit Hilfe von Berichten lassen sich Daten aus Tabellen oder Abfragen für Ausdrucke aufbereiten und auswerten. Auch Berichte speichern keine Daten, sondern liefern beim Öffnen oder Drucken die aktuellen Daten der zugrundeliegenden Tabelle oder Abfrage.

Die Grafik unten verdeutlicht nochmals die Zusammenhänge und Funktionsweise der Datenbankobjekte von Access.

Die Funktion der Daten-bankobjekte

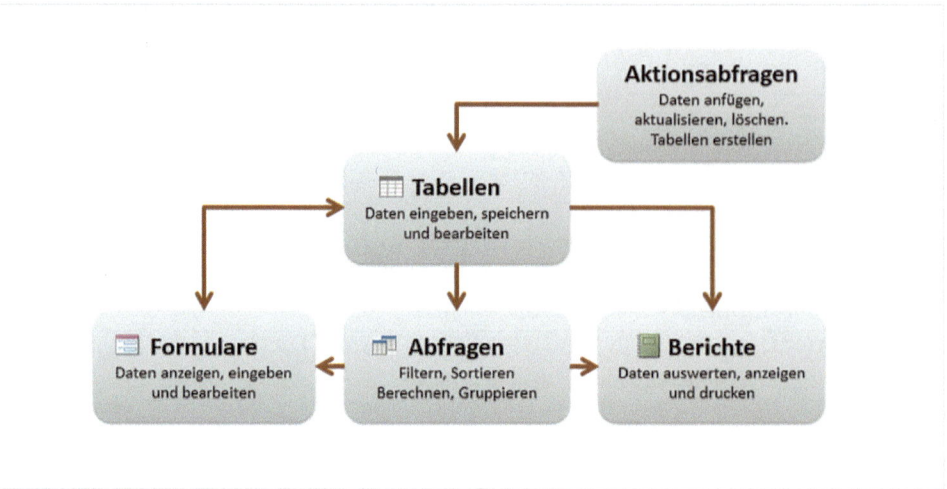

Die Datenbankobjekte im Navigationsbereich

Wie bereits erwähnt, erhalten Sie über den Navigationsbereich am linken Rand des Access-Fensters Zugriff auf alle Datenbankobjekte. Um welchen Typ es sich handelt ist am Symbol zu erkennen. Innerhalb des Navigationsbereichs können Sie über ein klei-nes Menü die Anzeige der Datenbankobjekte steuern. Klicken Sie dazu auf das nach unten weisende Dreieck. Im Menü erkennen Sie am Häkchen die aktuelle Ansicht, un-ten zwei Beispiele:

Anzeige der Datenbank-objekte im Navigations-bereich

Ansicht Kontakte - Navi-gation

Ansicht Objekttyp

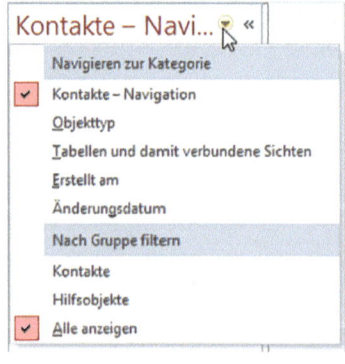
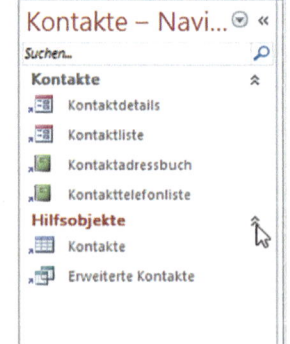
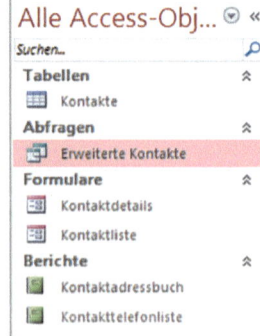

▶   Die Ansicht *Kontakte - Navigation* zeigt Formulare und Berichte an, Tabellen und Abfragen erscheinen erst, wenn Sie die Elemente der Gruppe *Hilfsobjekte* mit Klick auf den Doppelpfeil einblenden (Bild in der Mitte).

▶   Mit der Auswahl *Objekttyp* gruppiert Access alle Objekte nach Typ, auch hier kön-nen mit Klick auf den Doppelpfeil die dazugehörigen Elemente aus- und wieder eingeblendet werden (Bild rechts).

▶   Eine weitere Ansicht, *Tabellen und damit verbundene Sichten* gruppiert die Objek-te nach Tabellen und dazugehörigen Objekten.

▶ Zusätzlich können Sie in jeder Ansicht im Abschnitt *Nach Gruppe filtern* die Anzeige auf eine bestimmte Gruppe einschränken, z. B. einen bestimmten Objekttyp. *Alle Anzeigen* hebt den Filter wieder auf.

Datenbankobjekte schließen und öffnen

Zum Öffnen eines Datenbankobjekts genügt im Navigationsbereich ein Doppelklick auf das gewünschte Objekt. Wenn der Anzeigebereich leer ist, dann können Sie zum Öffnen ein Objekt auch einfach in den Anzeigebereich ziehen.

> **Achtung:** Ziehen in den Anzeigebereich funktioniert nur, wenn dieser Bereich leer ist und sollte nur in diesem Fall benutzt werden. Unter Umständen fügen Sie sonst unbeabsichtigt ein Objekt in ein bereits geöffnetes ein.

Alle Datenbankobjekte werden standardmäßig als Registerkarten geöffnet, der Objekttyp ist am Symbol zu erkennen. Dabei können auch mehrere Objekte gleichzeitig geöffnet sein. Zum Schließen klicken Sie auf rechts auf das x des jeweiligen Registers.

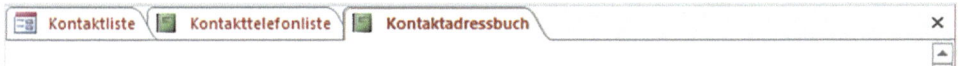

An den Registerkarten erkennen Sie, welche Objekte gerade geöffnet sind

Hinweis: In Datenbanken, die mit älteren Access-Versionen erstellt wurden, werden die Datenbankobjekte unter Umständen nicht als Registerkarten, sondern in Fenstern geöffnet. Dann können Sie jedes Fenster über die dazugehörigen Symbole vergrößern, verkleinern und schließen.

In den Optionen können Sie die Anzeige als Registerkarten bei Bedarf deaktivieren oder die Objekte in Fenstern öffnen. Näheres hierzu lesen Sie in Kap. 12.2.

Objektansichten

Access bietet für Datenbankobjekte mehrere Ansichten an. Allerdings sind diese, im Gegensatz zu den Office-Anwendungen Word oder Excel, objektbezogen. Das bedeutet, je nach Objekttyp sind unterschiedliche Ansichten verfügbar. Wenn Sie ein Objekt per Doppelklick öffnen, dann wird es in seiner Standardansicht zusammen mit den Daten angezeigt. Die weiteren Ansichten sind abhängig vom Objekt, so kennen z. B. Berichte noch zusätzlich die Layoutansicht und die Seitenansicht.

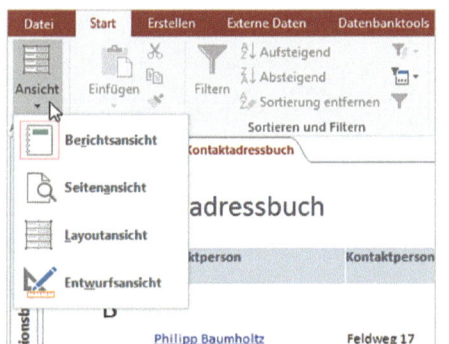
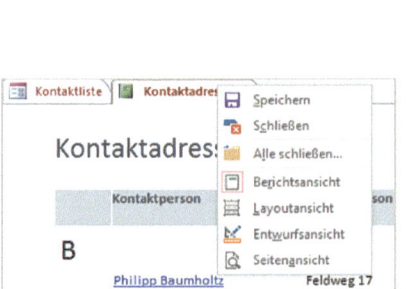

Zwischen Ansichten wechseln, Beispiel Bericht

▶ Wenn Sie ein geöffnetes Objekt in einer anderen Ansicht anzeigen möchten, dann verwenden Sie entweder die Symbole im rechten Bereich der Statusleiste oder klicken mit der rechten Maustaste auf das Register oder, mit Ausnahme von Tabellen, an eine leere Stelle des Objekts (siehe Bild oben).

▶ Eine weitere Möglichkeit zum Wechseln zwischen den Ansichten erhalten Sie, wenn Sie im Menüband auf das Register *Start* und hier ganz links auf die Schaltfläche *Ansicht* klicken. **Achtung:** Je nach Ansicht und Objekttyp weist diese Schaltfläche unterschiedliche Symbole auf!

1.4   Die Befehlseingabe

Wie alle Microsoft-Office Anwendungen unterstützt auch Access verschiedene Möglichkeiten der Befehlseingabe, die meisten davon dürften Ihnen bereits bekannt sein.

Das Menüband

Seit der Version 2007 unterscheidet Access nicht mehr zwischen Menüzeile und Symbolleisten. Die Befehlseingabe erfolgt über ein Menüband (engl. ribbon) im oberen Bereich des Anwendungsfensters. Das Menüband fasst die Symbole bzw. Schaltflächen zur Befehlseingabe aufgabenbezogen in verschiedenen Registerkarten zusammen. So enthält etwa das Register *Start* grundlegende, allgemeine Schaltflächen.

Zum Wechseln zwischen den Registern klicken Sie auf den Reiter mit dem Namen eines Registers, der Reiter des aktuellen Registers ist hell hervorgehoben. **Tipp:** Sobald sich der Mauszeiger über dem Menüband befindet, wechseln Sie auch mit Drehen des Mausrädchens zwischen den Registerkarten.

Das Menüband

Die Anzeige der Register ist kontextbezogen, d.h. die verfügbaren Register sind abhängig von Objekttyp und Ansicht. So erhalten Sie beispielsweise in der Seitenansicht eines Berichts das Register *Seitenansicht*, mit dessen Schaltflächen Sie den eine Druckseite einrichten und den Bericht drucken können.

Wesentlich mehr Register erhalten Sie in der Entwurfsansicht eines Datenbankobjekts. Diese enthalten alle erforderlichen Werkzeuge.

Menüband minimieren bzw wieder vollständig anzeigen

Das Menüband kann bis auf die Reiter verkleinert werden, um mehr Platz für den Arbeitsbereich zu schaffen. Bei verkleinertem Menüband sind nur die Reiter mit den Namen sichtbar, die Befehle erscheinen erst, wenn Sie auf einen Reiter klicken und verschwinden wieder, nachdem Sie auf ein Symbol geklickt haben.

Verwenden Sie eine der folgenden Methoden zum Minimieren bzw. wieder dauerhaft anzeigen:

▶ Doppelklicken Sie auf den Reiter des aktuellen Registers. Ein Doppelklick auf den Namen eines beliebigen Registers blendet das Menüband wieder dauerhaft ein.

▶ Oder benutzen Sie den kleinen, nach oben weisenden Pfeil am rechten Rand des Menübands. Bei ausgeblendetem Menüband erscheint an derselben Stelle ein Pin-Symbol und ein Klick darauf blendet das Menüband wieder ein.

Menüband reduzieren

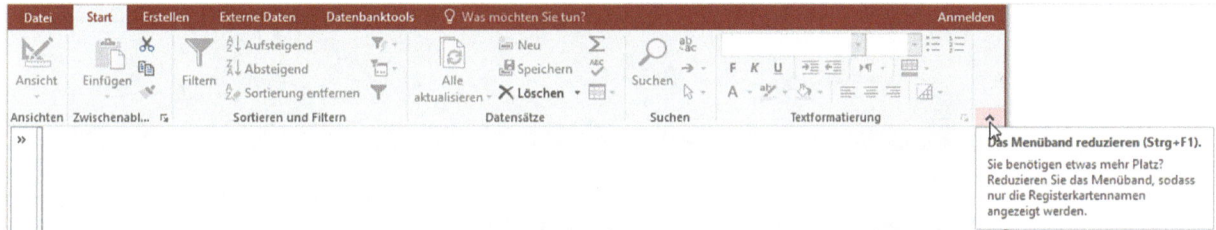

▶ Oder klicken Sie mit der rechten Maustaste an eine beliebige Stelle im Menüband und klicken Sie auf *Menüband reduzieren* (Häkchen) oder entfernen mit einem weiteren Klick das Häkchen wieder.

▶ Oder benutzen Sie die Tastenkombination Strg+F1.

So finden Sie sich im Menüband zurecht

In den Registern sind die Befehle bzw. Symbole nach Gruppen geordnet. So finden Sie beispielsweise im Register *Start* die Gruppe *Zwischenablage* mit Symbolen zur Verwendung der Zwischenablage. Dieses Buch verwendet dafür eine verkürzte Schreibweise in der Form *Start ▶ Zwischenablage*. Kurzinformationen zu einem Symbol erhalten Sie, wenn Sie mit der Maus darauf zeigen.

Innerhalb der Gruppen passen sich Größe und Beschriftung der Symbole automatisch an die Größe des Access-Fensters an und können damit ihr Aussehen ändern. In einem stark verkleinertem Fenster sehen Sie möglicherweise nur den Namen einer Gruppe, die Befehle erscheinen erst, wenn Sie auf den kleinen, nach unten weisenden Pfeil (Dropdown-Pfeil) der Gruppe klicken. Als Beispiel im Bild unten die unterschiedliche Darstellung der Symbole in der Gruppe *Sortieren und filtern*, Register *Start*.

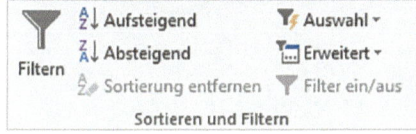 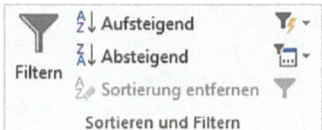 

Unterschiedliche Ansichten der Gruppe Sortieren und Filtern

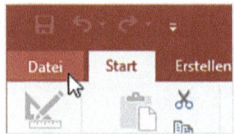

Das Register Datei nimmt das gesamte Fenster ein

Das Register Datei

Eine Sonderstellung nimmt das Register *Datei* ein. Es füllt im Gegensatz zu den übrigen Registern das gesamte Fenster aus und wird, da hier Datenbanken und Einstellungen verwaltet werden, auch als Backstage Ansicht (dt. hinter der Bühne) bezeichnet. Um wieder zur vorherigen Anzeige zurückzukehren, klicken Sie auf den Pfeil in der linken oberen Ecke oder betätigen die Esc-Taste.

Tasten statt Schaltflächen verwenden

Als Alternative zur Maus können die Register und Befehlsschaltflächen auch über die Tastatur aufgerufen werden.

Registerkarten mit Tasten aufrufen

1   Nach dem Drücken der Alt-Taste zeigt das Menüband zunächst die Tasten an, mit denen Sie die Register aufrufen.

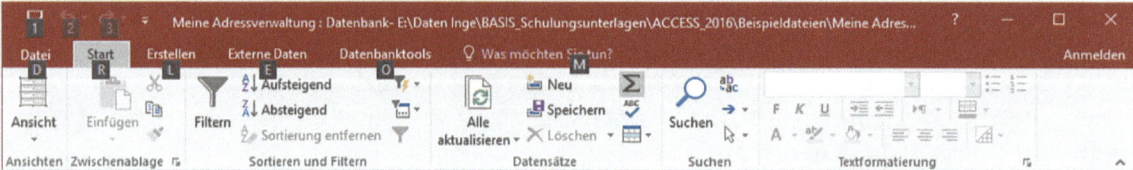

2   Nach dem Drücken einer Taste, beispielsweise „R" für das Register *Start*, erscheinen die Tasten zu den Schaltflächen dieser Registerkarte. Drücken Sie z. B. KA, um das aktuelle Datenbankobjekt zu aktualisieren. Mit dem Aufruf eines Befehls oder Drücken der Esc-Taste verschwindet die Tastenanzeige wieder.

Weitere Tasten anzeigen

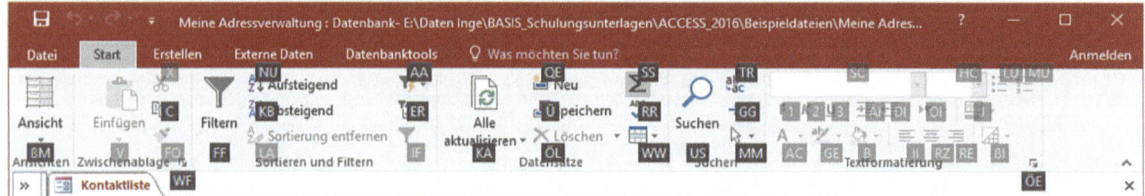

Weitere Möglichkeiten der Befehlseingabe

Kontextmenü

Als schnelle Alternative zum Menüband bietet sich das Kontextmenü an. Es wird geöffnet, wenn Sie mit der rechten Maustaste auf ein Element oder eine bestimmte Stelle klicken und alle Befehle beziehen sich ausschließlich auf dieses Element. Als Beispiel im Bild unten das Kontextmenü zu einem Datenbankobjekt im Navigationsbereich.

Beispiel: Kontextmenü im Navigationsbereich

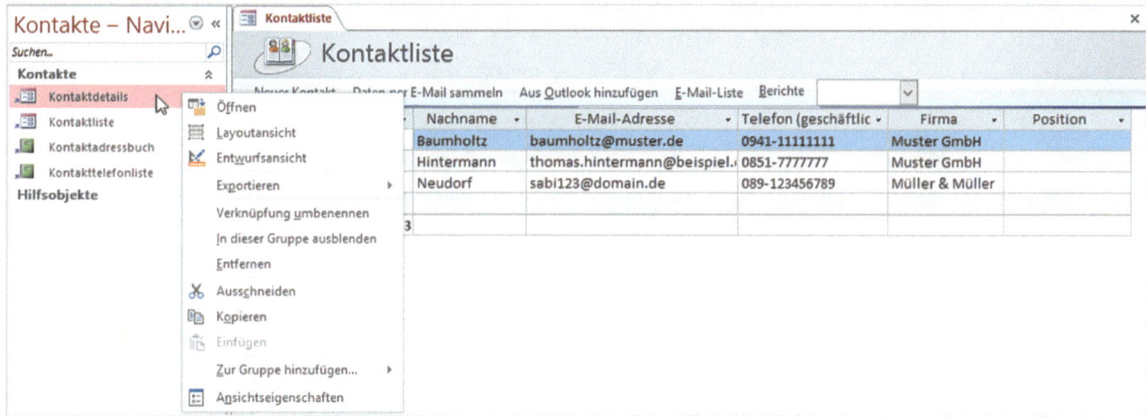

Tastenkombinationen

Neben der bereits erwähnten Möglichkeit, Befehle des Menübandes mit Tasten aufzurufen, gibt es auch noch Tastenkombinationen (engl. short-cuts), die das Menüband nicht benutzen, sondern sofort einen Befehl ausführen. Diese sind vor allem für fortgeschrittene Benutzer eine Möglichkeit, um häufig verwendete Befehle schnell aufzurufen. Meist wird dazu die Strg-Taste in Verbindung mit Buchstaben verwendet. Eine Zusammenstellung der wichtigsten Tastenkombinationen finden Sie im Anhang dieses Buches. **Tipp:** Die Tastenkombination zu einem Befehl erscheint zusammen mit einer Kurzinfo, wenn Sie auf die Schaltfläche zeigen.

Tastenkombinationen werden auch als short-cuts bezeichnet.

Symbolleiste für den Schnellzugriff

Zum schnellen Aufruf häufig benötigter Befehle steht in der linken oberen Ecke des Access-Fensters die *Symbolleiste für den Schnellzugriff* zur Verfügung. Sie enthält standardmäßig die Symbole *Speichern*, *Rückgängig* und *Wiederholen*.

> **Befehle und Aktionen rückgängig machen**
> Mit dem Symbol *Rückgängig* ↶ können Bearbeitungsschritte anschließend wieder rückgängig gemacht werden. In einigen Fällen können Sie nacheinander auch mehrere Schritte rückgängig machen, indem Sie mehrmals auf die Schaltfläche klicken. Haben Sie versehentlich zu viele Schritte rückgängig gemacht, dann verwenden Sie das Symbol *Wiederholen* ↷. **Achtung:** Im Gegensatz zu Excel und Word können in Access nicht alle Aktionen rückgängig gemacht werden! Dazu zählt z. B. das Löschen von Datensätzen.

Weitere Symbole können schnell hinzugefügt werden. Dazu klicken Sie am rechten Ende der Leiste auf den Pfeil *Symbolleiste für den Schnellzugriff anpassen*. Klicken Sie dann auf den gewünschten Befehl, z. B. *Öffnen*. Angezeigte Befehle sind mit einem Häkchen versehen. Um ein Symbol aus der Schnellzugriffsleiste zu entfernen, genügt ein weiterer Mausklick auf diesen Befehl.

Symbolleiste für den Schnellzugriff anpassen

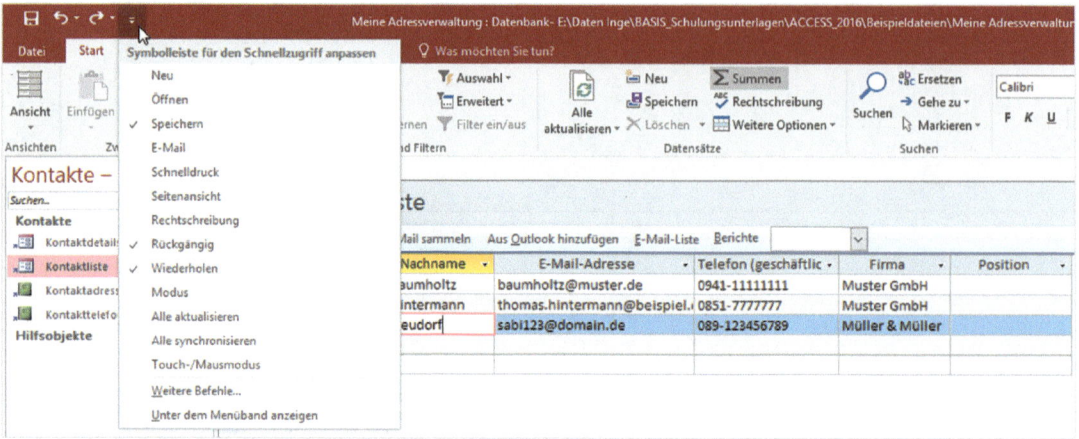

Tipp: Ein Mausklick auf den Eintrag *Weitere Befehle…* öffnet ein Dialogfeld mit sämtlichen, in Access verfügbaren, Befehlen.

1.5   Hilfe erhalten

Hilfe können Sie in Access auf verschiedenen Wegen erhalten. Für die Erledigung einer Aufgabe oder die Suche nach einem bestimmten Befehl steht Ihnen in Access 2016 eine intelligente Suchfunktion zur Verfügung.

Klicken Sie rechts vom letzten Register in das Feld „*Was möchten Sie tun?*" und geben Sie hier einen Suchbegriff oder ein Stichwort ein, z. B. Tabelle, wenn Sie eine neue Tabelle erstellen möchten. Als Ergebnis listet Access unterhalb meist mehrere passende Befehle auf, die Sie an dieser Stelle per Mausklick auch gleich ausführen können.

Beispiel:Hilfe zu Tabellen

Suchen Sie dagegen Informationen zum Thema Tabelle, dann klicken Sie auf *„Hilfe zu „tabelle"* erhalten. Die Hilfe von Access wird in einem gesonderten Fenster geöffnet und listet weitere Hilfethemen zum Suchbegriff auf.

Hilfe zu besonderen Eigenschaften

Beim Erstellen und Bearbeiten von Objekten können Sie mit der Funktionstaste F1 schnell Hilfe zu einzelnen Eigenschaften eines Objekts anzeigen. Diese Möglichkeit ist allerdings nur in den Ansichten *Layout* und *Entwurf* verfügbar. Dazu klicken Sie auf die betreffende Eigenschaft und drücken F1.

Beispiel: Hilfe zu Eingabe-formaten

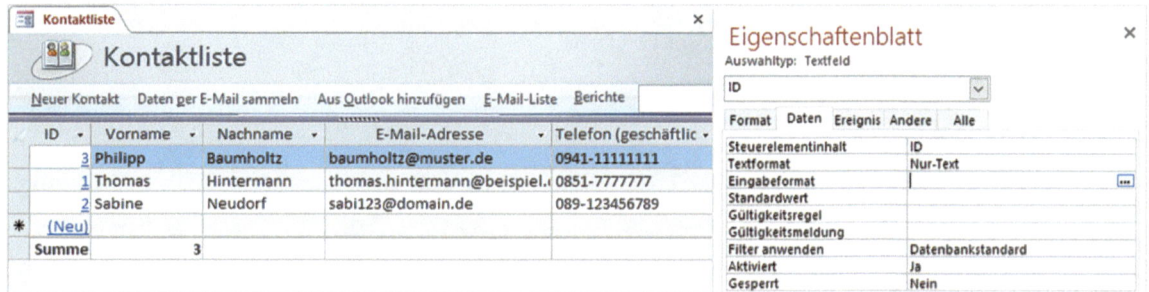

1.6   Datenbanken öffnen und schließen

Eine Datenbank öffnen

Klicken Sie auf das Register *Datei* und hier auf *Öffnen*.

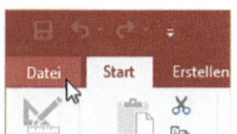

Register Datei - Öffnen

Falls Sie Access unmittelbar zuvor gestartet haben, so erscheint die Startseite und Sie erhalten im linken Bereich Zugriff auf Ihre zuletzt verwendeten Datenbanken. Sollte sich die gesuchte Datenbank nicht darunter befinden, so klicken Sie auf *Weitere Datei-en öffnen*. Daraufhin erscheint ebenfalls die Seite *Öffnen*.

Standardmäßig ist zunächst die Kategorie *Zuletzt verwendet* ausgewählt und rechts daneben befindet sich eine Liste zuletzt geöffneter Datenbanken. Zum Öffnen genügt ein Klick auf die Datenbank (siehe Bild unten).

Tipp: Häufig benötigte Datenbanken können Sie in dieser Liste dauerhaft anheften. Dazu zeigen Sie auf die betreffende Datenbank und klicken auf das Pin-Symbol. Ein er-neuter Klick auf das Pin-Symbol einer angehefteten Datenbank löst diese im Bedarfs-fall wieder von der Liste.

Zuletzt verwendet: Daten-bank anheften

Datenbank suchen

Wenn Sie eine andere Datenbank benötigen, dann klicken Sie zunächst auf den Spei-cherort *OneDrive* oder *Dieser PC*. Damit erscheinen rechts die dazugehörigen Ordner und Datenbanken, zum Öffnen und Durchsuchen eines Ordners genügt ein Mausklick. Mit Klick auf den Pfeil nach oben gelangen Sie zurück zum übergeordneten Ordner.

Dieser PC: Zwischen Ordnern navigieren

Wenn Sie stattdessen gleich das Fenster *Öffnen* anzeigen möchten, dann klicken Sie auf *Durchsuchen*. Im Fenster *Öffnen* können Sie nun zu jedem beliebigen Speicherort navigieren, die benötigte Datei markieren und mit der Schaltfläche *Öffnen* öffnen.

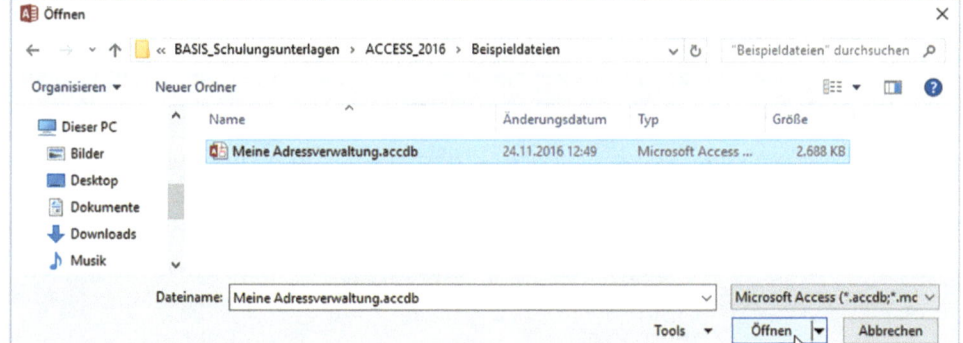

Datenbank öffnen

Sicherheitseinstellungen beim Öffnen

Nahezu jede Access-Datenbank enthält Makros bzw. VBA-Programmcode, damit z. B. beim Klicken auf eine Schaltfläche ein bestimmtes Formular oder ein Bericht geöffnet werden kann. Da es sich bei Makros und VBA-Programmen auch um schädlichen Code handeln könnte (Stichwort Makroviren), erscheint beim ersten Öffnen der Datenbank unterhalb des Menübands eine Sicherheitswarnung und Sie werden darauf aufmerksam gemacht, dass einige aktive Inhalte deaktiviert wurden.

Mit dem Thema Makros befasst sich Kapitel 11 näher.

Wenn die Datenbank aus einer sicheren Quelle bzw. von einem sicheren Speicherort stammt, dann sollten Sie auf die Schaltfläche *Inhalt aktivieren* klicken, um den vollen Funktionsumfang der Datenbank zu erhalten. Andernfalls können einige Aktionen nicht ausgeführt werden.

Sicherheitswarnung beim Öffnen

Wenn Sie beim Öffnen die Inhalte aktiviert haben, dann wird die Datenbank als vertrauenswürdig eingestuft, künftig erscheint beim Öffnen die Sicherheitswarnung nicht mehr und die Inhalte werden automatisch aktiviert.

Wurde allerdings die Datenbank in der Zwischenzeit an einen anderen Ort verschoben oder umbenannt, so erscheint beim nächsten Öffnen die Sicherheitswarnung erneut.

Was Sie beim Öffnen noch beachten sollten

▶ Mit Access 2016 können Sie auch Datenbanken öffnen und bearbeiten, die mit früheren Versionen von Access erstellt wurden.

▶ Innerhalb eines Access-Fensters kann immer nur eine einzige Datenbank geöffnet sein. Sobald Sie über das Register *Datei* eine andere Datenbank öffnen oder neu erstellen, wird die erste Datenbank automatisch geschlossen.

▶ Beim Öffnen einer Access-Datenbank wird automatisch eine zweite temporäre Datei mit demselben Namen, aber der Dateinamenserweiterung .laccdb angelegt. Diese wird beim Schließen der Datenbank automatisch wieder gelöscht und regelt im Netzwerk die Datensatzsperrung bei gleichzeitigen Zugriffen. Solche Dateien sind auch am Symbol zu erkennen. Es ist mit einem Schloß versehen.

Datenbankdatei und Lock-Datei im Explorer

Name ^	Änderungsdatum	Typ	Größe
Meine Adressverwaltung.accdb	24.11.2016 13:29	Microsoft Access ...	2.688 KB
Meine Adressverwaltung.laccdb	24.11.2016 13:29	Microsoft Access ...	1 KB

Datenbank schließen

Zum Schließen einer Datenbank klicken Sie auf das Register *Datei* und hier auf *Schließen*. Die obligatorische Rückfrage anderer Office- Anwendungen, ob Änderungen gespeichert werden sollen, erübrigt sich, da Datensätze unmittelbar nach der Eingabe und Änderungen an Datenbankobjekten beim Schließen gespeichert werden. Wenn Sie mit dem Schließen der Datenbank auch gleich Access beenden möchten, dann klicken in der rechten oberen Ecke des Access-Fensters auf die Schaltfläche *Schließen*.

1.7   Zusammenfassung

▶ Bei der Erstellung einer neuen Access-Datenbank können Sie entweder mit einer leeren Datenbank beginnen oder auf eine Vorlage zurückgreifen. Vorlagen sind vollständige Datenbanken, in die Sie nur noch Daten eingeben brauchen.

▶ Eine Access-Datenbank besteht aus verschiedenen Datenbankobjekten. Tabellen speichern Daten und sind somit die wichtigsten Objekte. Abfragen filtern und werten Daten aus. Formulare dienen zur komfortablen Dateneingabe und Anzeige am Bildschirm. Berichte bereiten die Daten für Ausdrucke in optisch ansprechender Form auf.

▶ Der Navigationsbereich listet alle Datenbankobjekte auf. Jedes Datenbankobjekt verfügt, abhängig vom Typ, über mehrere Ansichten. Objekte werden mit Doppelklick geöffnet und können über die Schließen-Schaltfläche wieder geschlossen werden.

2 Datenbankgrundlagen

In diesem Kapitel lernen Sie...

- Aufbau einer Access-Datenbank
- Das relationale Datenbankmodell
- Die Rolle von Primärschlüssel, Beziehungen und Indizes
- Daten in Tabellen aufteilen
- Die wichtigsten Regeln der Datenbanknormalisierung
- Tipps zur Namensgebung
- Aufbau der Übungsdatenbank

Das sollten Sie bereits wissen

- Datenbank erstellen und öffnen
- Umgang mit Datenbankobjekten

Bevor Sie mit der Arbeit an einer Datenbank beginnen, sollten Sie sich mit der Funktionsweise und dem Aufbau von Datenbanken näher befassen. Im Gegensatz zu einfachen Listen, die Sie beispielsweise auch mit Microsoft Excel erstellen können, sollten Sie eine Access-Datenbank sorgfältig planen, um spätere Probleme zu vermeiden.

2.1   Datenbankmodelle

Was ist eine Datenbank?

Datenbanken werden heute in fast allen Bereichen eingesetzt. So verwenden Banken und Versicherungen beispielsweise Datenbanken zur Speicherung von Kundendaten sowie von Kontobewegungen. Auch ERP-Systeme (Enterprise Resource Planning), die zur Unterstützung von Ressourcenplanungen in Unternehmen eingesetzt werden, basieren auf Datenbanken. Weitere Beispiele sind Suchdienste wie z. B. Google oder Shops im Internet. In der Theorie versteht man unter einer Datenbank (engl. database) eine Sammlung von Daten, die logisch zusammengehören. Zur Verwaltung einer Datenbank wird ein Datenbankmanagementsystem (DBMS) benötigt, das die interne Speicherung der Daten organisiert. Zu den wichtigsten Aufgaben eines Datenbankmanagementsystems gehört neben der Datenspeicherung auch die Datensicherheit, also Schutz gegen Datenverlust und unerlaubte Zugriffe sowie Gewährleistung der Datenintegrität.

Access ist also keine Datenbank, sondern ein Programmm zur Erstellung und Verwaltung von Datenbanken

Welche Datenbankmodelle gibt es?

Die Art und Weise, wie die Daten gespeichert und intern verwaltet werden, bezeichnet man als Datenbankmodell. Die wichtigsten sind das hierarchische und das relationale Datenbankmodell.

SQL: Abfragesprache für relationale Datenbanken

▶ Das relationale Datenbankmodell ist die bekannteste und häufigste Form einer Datenbank. Auch Microsoft Access basiert auf dem relationalen Datenbankmodell. Relationale Datenbanken speichern die Daten in verteilten Tabellen, die in Beziehung (Relation) zueinander stehen. Relationale Datenbanken sind daher sehr flexibel. Bekannte weitere relationale Datenbanksysteme sind Microsoft SQL-Server, MySQL, Oracle Database und Paradox. Für Abfragen in relationalen Datenbanken wird die Datenbank-Abfragesprache SQL (Structured Query Language) eingesetzt.

▶ Im Gegensatz dazu bilden hierarchische Datenbankmodelle relativ starre Hierarchien ab, zu dieser Gruppe gehört beispielsweise XML. Auf dieses Modell wird hier nicht näher eingegangen.

2.2 Aufbau und Funktionsweise relationaler Datenbanken

Access ist also eigentlich ein Datenbankmanagementsystem zur Erstellung und Verwaltung relationaler Datenbanken. Daher werden wir uns nun das relationale Datenbankmodell etwas genauer betrachten.

Tabellen

Relationale Datenbanken speichern alle Informationen in verteilten Tabellen. Diese Tabellen beschreiben Objekte, z. B. Kunden, Mitarbeiter, Produkte oder Teile, wobei jede Tabelle immer nur gleichartige und nicht redundante, also sich nicht wiederholende, Daten enthalten sollte.

Daten werden in Tabellen gespeichert

Eine Tabelle besteht aus mehreren Zeilen und Spalten, wobei jede Zeile der Tabelle eine Einheit darstellt und als Datensatz bezeichnet wird. Eine Tabelle mit 1.000 gespeicherten Kundenadressen umfasst also 1.000 Datensätze. Die Spalten der Tabelle werden als Datenfelder bezeichnet und speichern die verschiedenen Eigenschaften, mit denen jeder Kunde näher beschrieben wird.

Beispiel Kundentabelle

Kunden-Nr.	Nachname	Vorname	Straße	PLZ	Ort	Geb.-Datum
54233	Schön	Uwe	Feldweg 4	99999	Musterhausen	11.01.1982
54234	Neumann	Sabine	Kirchenplatz 11	82024	Taufkirchen	09.12.1966
54235	Achterbahn	Sven	Bochumerstr. 9	45879	Gelsenkirchen	21.05.1989

Wichtige Begriffe:

Datensatz	Ein Datensatz entspricht einer Zeile in einer Tabelle und bildet eine Einheit.
Datenfeld	Datenfelder bilden die Spalte einer Tabelle. Sie enthalten Eigenschaften, die jeden Datensatz näher beschreiben.

Primärschlüssel

In einer relationalen Datenbank sollte jede Zeile einer Tabelle, also jeder Datensatz, eindeutig identifizierbar sein. Dies erreicht man mit Hilfe eines so genannten Primärschlüssels, der aus einer oder mehreren Spalten der Tabelle gebildet wird. Jede Tabelle kann nur einen einzigen Primärschlüssel enthalten. Eindeutig heißt, in einem Primärschlüsselfeld darf innerhalb der Tabelle jeder Wert nur ein einziges Mal vorkommen. Das Vorhandensein eines Primärschlüssels stellt somit sicher, dass bei der Auswahl eines Datensatzes auch wirklich der richtige Datensatz gewählt wurde. So kann es beispielsweise vorkommen, dass in einer Tabelle mit Kundendaten mehrmals der Nachname „Müller" enthalten ist, eine Suche würde somit mehrere Datensätze liefern. Würde sich der Primärschlüssel aus Vorname und Nachname zusammensetzen, dann könnte auch in diesem Fall eine Suche, beispielsweise nach „Otto Müller", mehrere Datensätze als Ergebnis liefern. Wenn Sie nun den Primärschlüssel noch um das Geburtsdatum erweitern, so wäre dies immer noch kein eindeutiges Merkmal und außerdem ziemlich umständlich in der Handhabung. Wesentlich einfacher und eindeutiger ist die Verwendung einer Kundennummer als Primärschlüssel. Eine Kontonummer ist ein weiteres Beispiel für einen Primärschlüssel.

> Ein Primärschlüssel stellt ein eindeutiges Merkmal für Datensätze dar.

Auswahl des Primärschlüssels

Es gibt keine festen Regeln, nach denen Sie ein Feld als Primärschlüssel definieren, aber folgende Punkte sollten Sie bei der Wahl eines Primärschlüssels beachten:

▶ Ein Primärschlüssel sollte möglichst aus einer einzigen Spalte gebildet werden.

▶ Ein Primärschlüssel sollte einfach sein und sich nie oder nur selten ändern.

Beziehungen

Beziehungen verbinden in relationalen Datenbanken die Tabellen miteinander

In einer relationalen Datenbank werden einzelne Tabellen über Beziehungen (Relationen) miteinander verbunden. Auf diese Weise lassen sich Mehrfachspeicherungen von Daten (Datenredundanz) vermeiden. Grob vereinfacht kann man Beziehungen auch als Beschreibung von gegenseitigen Abhängigkeiten der Objekte bezeichnen. Eine Beziehung zwischen zwei Tabellen wird über zwei Felder mit gleichem Inhalt, die so genannten Schlüsselfelder, hergestellt.

Ein Beispiel:
Die Tabelle *Kunden* enthält neben den Namen und Adressen aller Kunden des Unternehmens auch die Nummer des zuständigen Außendienstmitarbeiters. Eine zweite Tabelle *Mitarbeiter* speichert die Namen und sonstigen Daten der Außendienstmitarbeiter, die Mitarbeiter-Nummer (ID) bildet den Primärschlüssel dieser Tabelle.

Zwischen den beiden Tabellen *Mitarbeiter* und *Kunden*, wird nun über das Feld Mitarbeiter-ID eine Beziehung hergestellt. Dadurch kann für jeden Kunden anhand der Mitarbeiter-ID auch der Name des zuständigen Mitarbeiters aus der Tabelle *Mitarbeiter* ermittelt werden. Da sich in der Tabelle *Kunden* das Feld Mitarbeiter-ID auf den Primärschlüssel der Tabelle *Mitarbeiter* bezieht, wird dieses Feld hier auch als Fremdschlüssel bezeichnet.

Tabelle Kunden

Kunden-Nr.	Nachname	Vorname	Mitarb-ID
54233	Schön	Uwe	100
54234	Sowitz	Sabine	100
54235	Achter	Sven	101
54236	Trisch	Otto	101

Tabelle Mitarbeiter

Mitarb-ID	Nachname
100	Sauer
101	Gruber
102	Moser
103	Hofmann

Diese Art der Beziehung stellt eine so genannte 1:n Beziehung dar. Die Tabelle *Mitarbeiter* enthält jeden Mitarbeiter bzw. jede Mitarbeiter-ID genau ein einziges Mal (1-Teil). Da jeder Mitarbeiter mehrere Kunden betreut, ist dagegen in der Tabelle *Kunden* das Feld Mitarbeiter-ID, also jede Mitarbeiternummer, mehrfach vorhanden (n-Teil).

Indizes

Für die schnelle Suche und Sortierung in Datenbanken spielt der Index eine wichtige Rolle. Er beschleunigt, gerade in umfangreichen Tabellen, Such- und Sortiervorgänge. Daher sollte für Schlüsselfelder grundsätzlich immer auch ein Index angelegt werden, für Primärschlüsselfelder erledigt dies Access automatisch. Auch Felder, die häufig für Sortierungen und die Suche herangezogen werden, sollte ein Index angelegt werden.

Ein Index beschleunigt in umfangreichen Tabellen Suche und Sortiervorgänge

Access legt für jeden Index im Hintergrund eine Indextabelle mit entsprechender Sortierung und Verweisen auf die jeweiligen Datensätze an. Da bei Änderungen oder Hinzufügen von Datensätzen auch der Index aktualisiert wird, können allerdings sehr viele Indizes in umfangreichen Datenbanken auch Verzögerungen bewirken. Indizes sollten deshalb nur für Felder eingerichtet werden, bei denen bei denen sie auch wirklich benötigt werden.

2.3   Die Daten in Tabellen aufteilen

Beim Erstellen einer neuen Datenbank steht die schwierigste Aufgabe gleich am Beginn: der Entwurf der Datenbank und damit die sinnvolle Aufteilung der Daten in Tabellen. Mit etwas Überlegung vermeiden Sie in diesem Schritt Fehler, die sich später nur mit erheblichem Aufwand beseitigen lassen.

Häufige Fehler in Datenbanken

Fehler in Datenbanken werden auch als Datenbankanomalien bezeichnet. Zu den Hauptursachen zählen vor allem Datenredundanz und Inkonsistenz der Daten.

▶ **Datenredundanz**
Unter Redundanz versteht man die unnötige Mehrfachspeicherung von Informationen. Datenredundanzen sind für einen höheren Speicherbedarf verantwortlich und häufig auch die Ursache für Fehler im Datenbestand. So ist es beispielsweise in einer Tabelle mit Artikeln überflüssig, auch Name und Anschrift des jeweiligen Lieferanten zu speichern. Es genügt, wenn hier die Nummer des Lieferanten gespeichert ist und alle dazugehörigen Informationen wie Anschrift, Telefon usw. sich in einer gesonderten Lieferantentabelle befinden. Über die

Datenredundanz = Mehrfachspeicherung von Daten

Lieferantennummer kann später eine Beziehung zwischen den beiden Tabellen hergestellt werden.

▶ **Dateninkonsistenz**

Als Inkonsistenz bezeichnet man Widersprüche zwischen gespeicherten Daten. Inkonsistenzen entstehen durch nachträgliche Änderungen an mehrfach gespeicherten, also redundanten, Daten.

Als kleines Beispiel eine Tabelle mit Bestellungen: Wird in dieser Tabelle nachträglich der Preis der Luftmatratze mit der Artikelnummer 920055 geändert, dann muss dies konsequent in der gesamten Tabelle passieren, was zu einem hohen Verwaltungsaufwand und Fehlern führt.

In dieser Tabelle existieren für denselben Artikel zwei unterschiedliche Preise!

Tabelle Bestellposten

Posten-Nr.	Artikel-Nr.	Bezeichnung	Einzelpreis Netto
01	920055	Luftmatratze	8,30
02	028712	Schwimmflossen	21,90
03	771234	Taucherbrille	32,20
04	920055	Luftmatratze	9,20

Tabellen normalisieren

Diese Fehlerquellen sollten Sie beim Datenbankentwurf bzw. beim Anlegen von Tabellen berücksichtigen. Die Regeln der sogenannten Normalisierung unterstützen Sie bei der Beantwortung der wichtigsten Fragen beim Datenbankentwurf.

▶ Welche Tabellen werden benötigt?

▶ Welche Spalten soll eine Tabelle enthalten?

▶ Wie sehen die Beziehungen zwischen den Tabellen aus?

▶ Wie kann Mehrfachspeicherung von Daten vermieden werden?

Normalisierung = sinnvolle Aufteilung der Daten in Tabellen

Als Normalisierung bezeichnet man die sinnvolle Aufteilung der Daten in Tabellen, um die Datenbankstruktur zu optimieren und die oben genannten Probleme zu vermeiden. Beim Anlegen von Tabellen sollten die drei nachfolgend beschriebenen Normalformen berücksichtigt werden.

Die erste Normalform

Die erste Normalform schreibt vor, dass eine Tabellenspalte nicht weiter zerlegbar sein darf. Dadurch können Sie die Werte der Spalte schnell abfragen und sortieren. In der unten abgebildeten Tabelle wäre beispielsweise eine Sortierung nach Nachnamen oder Postleitzahlen nur schwer möglich.

Diese Tabelle mit Personendaten entspricht nicht der ersten Normalform

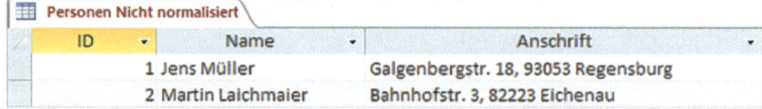

Die Lösung: Jede Information wird einer eigenen Spalte gespeichert

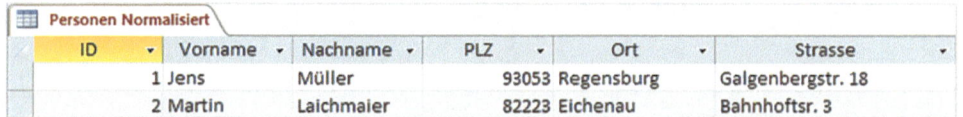

Diese Tabelle entspricht der ersten Normalform

> **Erste Normalform:** Eine Tabellenspalte darf nicht weiter zerlegbar sein.

Was ist mit Straße und Hausnummer? Eine Sortierung nach Hausnummern macht meist wenig Sinn, daher können Straße und Hausnummer durchaus auch als Einheit betrachtet und zusammen in einem Feld gespeichert werden. Etwas anders sieht es bei der Verwendung der Adresse zu Versandzwecken aus, hier fordern die meisten Logistikdienstleister getrennte Felder. Informieren Sie sich daher genau über die Anforderungen an die Datenbank!

Beispiel Artikel und Lieferanten

Als zweites Beispiel mehrere gleichartige Inhalte in einem einzigen Feld. Die unten abgebildete Artikeltabelle enthält in der Spalte Lieferanten mehrere Einträge. Hier einen bestimmten Lieferanten herauszufiltern, ist fast unmöglich.

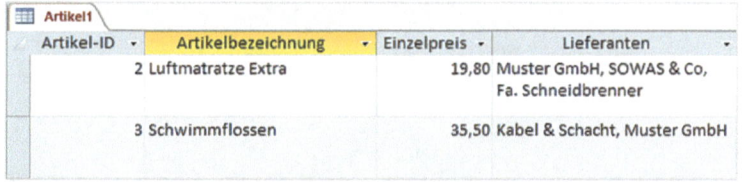

Alle Lieferanten sind in einer einzigen Spalte gespeichert

Eine Aufteilung in Spalten bringt in diesem Fall aber keine zufriedenstellende Lösung. Sie entspricht zwar der ersten Normalform, aber was, wenn zu einem Artikel mehr als drei Lieferanten existieren? Nachträglich Spalten hinzufügen oder gleich mehrere, allerdings meist überflüssige Spalten anlegen? Außerdem gestaltet sich die Suche nach einem bestimmten Lieferanten schwierig, da alle Spalten zu durchsuchen sind.

Jeder Lieferant in einer eigenen Spalte, aber keine optimale Lösung

Eine wesentlich bessere Lösung stellt die Aufteilung in mehrere Tabellen dar:

▶ Die Tabelle Artikel mit den Feldern ArtikelID, Artikelbezeichnung und Einzelpreis.

▶ Eine Tabelle Lieferanten mit LieferantenID, Firma, Anschrift usw.

▶ Welcher Artikel von welchem Lieferanten bezogen wird, speichern Sie in einer dritten Tabelle. Diese enthält eigentlich nur ArtikelID und die ID des jeweiligen Lieferanten.

Aufteilung in drei Tabellen

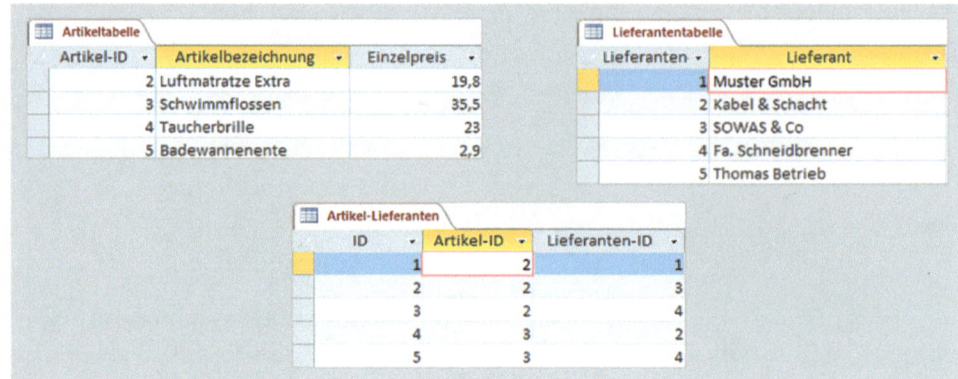

Die dazugehörigen Beziehungen gestalten sich wie im Bild unten, sie werden auch als n:m Beziehung bezeichnet, da theoretisch jeder Artikel (n) von jedem Lieferanten (m) bezogen werden könnte.

Artikel und Lieferanten stehen in einer n:m Beziehung zueinander

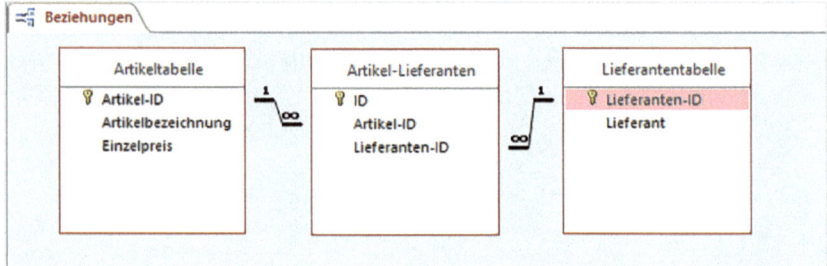

Die zweite Normalform

Jede Spalte hängt vom Primärschlüssel ab

> Eine Tabelle ist in der zweiten Normalform, wenn sie der ersten Normalform entspricht und gleichzeitig jede Spalte, die keine Schlüsselspalte ist, vollständig vom gesamten Primärschlüssel abhängig ist.

Die Tabelle im Bild unten entspricht nicht der zweiten Normalform: Bestell-Nr und Position bilden zusammen den Primärschlüssel, allerdings sind die Spalten Kunden-Nr und Datum abhängig von der Bestell-Nr und die Spalten Anzahl, Artikel und Einzelpreis abhängig von Position und Artikel-Nr.

Nicht alle Spalten sind vom gesamten Primärschlüssel abhängig

Bestell-Nr	Position	Kunden-Nr	Datum	Artikel-Nr	Anzahl	Artikel	Einzelpreis
1	1	209	14.03.2016	2	5	Luftmatratze Extra	19,80 €
1	2	209	14.03.2016	3	3	Schwimmflossen	35,50 €
1	3	209	14.03.2016	4	2	Taucherbrille	23,00 €
2	1	367	16.03.2016	4	2	Taucherbrille	23,00 €
3	1	345	17.03.2016	2	15	Luftmatratze Extra	19,80 €
3	2	345	17.03.2016	3	8	Schwimmflossen	35,50 €
3	3	345	17.03.2016	5	20	Badewannenente	2,90 €
4	1	299	17.03.2016	5	123	Badewannenente	2,90 €
4	2	299	17.03.2016	4	20	Taucherbrille	23,00 €

Abhilfe schafft auch hier wieder die Aufteilung in Tabellen, nämlich die Tabelle Bestellungen und die Tabelle Bestellposten. Die unten abgebildeten Tabellen entsprechen der zweiten Normalform.

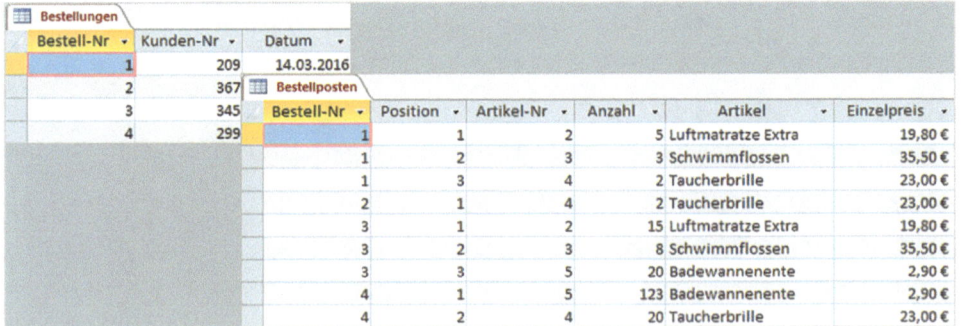

Diese beiden Tabellen entsprechen der zweiten Normalform

In der Tabelle Bestellposten setzt sich in diesem Beispiel der Primärschlüssel aus den Spalten Bestell-Nr und Position zusammen, genausogut könnte hier aber auch eine gesonderte Spalte mit einer fortlaufenden Nummer als Primärschlüssel verwendet werden. Zwischen den beiden Tabellen besteht eine 1:n Beziehung, da jede Bestellung beliebig viele Bestellposten bzw. Artikel enthalten könnte.

Die dritte Normalform

Die dritte Normalform schreibt vor, dass es auch zwischen den einzelnen Nichtschlüsselfeldern keine gegenseitige Abhängigkeit geben darf.

Keine Abhängigkeit zwischen Nichtschlüsselfeldern

Die Tabelle Bestellposten im Bild oben entspricht nicht den Vorgaben der dritten Normalform, da Artikelbezeichung und Einzelpreis abhängig sind von der Artikelnummer, nicht aber vom Bestellposten. Dadurch enthalten die Spalten Artikel und Einzelpreis mehrfach vorkommende Werte und bei der Eingabe könnte versehentlich ein Artikel zusammen mit dem falschen Preis erfasst werden.

Dies lässt sich mit einer dritten Tabelle Artikel vermeiden. Diese speichert alle Artikeldaten, z. B. Bezeichnung und Preis, die Artikelnummer bildet den Primärschlüssel. Die Tabelle Bestellposten speichert dagegen nur die Artikelnummer (Fremdschlüsselfeld).

Die Tabellen Bestellungen, Bestellposten und Artikel

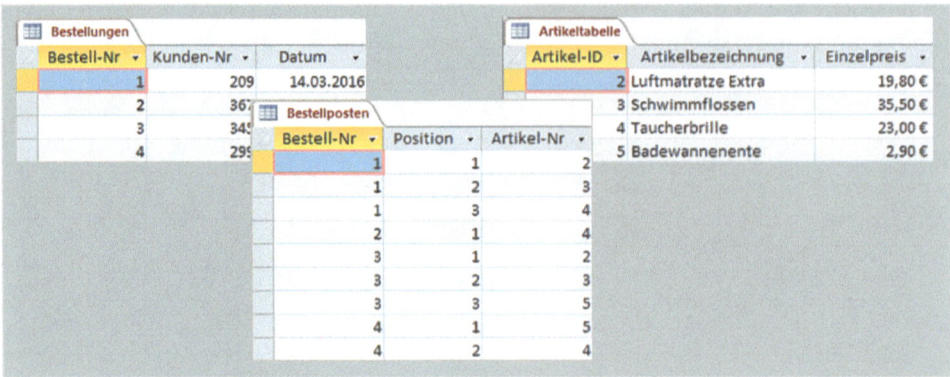

Auch hier ist das Ergebnis wieder eine n:m Beziehung zwischen den Tabellen Bestellungen und Artikel.

Die Beziehungen zwischen den Tabellen Bestellungen, Bestellposten und Artikeltabelle

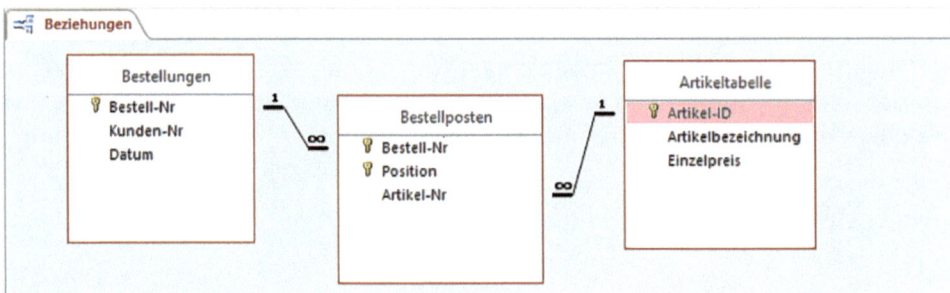

2.4   Wie gehen Sie beim Datenbankentwurf vor?

Checkliste

Beginnen Sie nicht sofort mit Access und dem Anlegen von Tabellen. Nehmen Sie erst Papier und Stift zur Hand, auch Excel eignet sich zur ersten Planung von Tabellen, und planen Sie Ihre Datenbank anhand der folgenden Checkliste.

▶ Was möchten Sie in Ihrer Datenbank abbilden? Lernen Sie zuerst das System genauer kennen.

▶ Notieren Sie in einer Liste, welche Vorgänge dargestellt werden sollen.

▶ Notieren Sie, welche Daten eingegeben und gespeichert werden sollen. Welche Daten benötigen Sie für Auswertungen?

▶ In welcher Form sollen die Daten später gedruckt werden?

▶ Überlegen Sie, welche Tabellen Sie benötigen und stellen Sie für jede Tabelle eine Liste aller erforderlichen Spalten zusammen.

▶ Legen Sie für jede Tabelle einen Primärschlüssel fest.

▶ In welcher Abhängigkeit stehen die Tabellen zueinander? Definieren Sie die Beziehungen zwischen den Tabellen und fügen Sie Fremdschlüssel in die Tabellen ein.

▶ Überprüfen Sie, ob Ihre Tabellen der ersten, zweiten und dritten Normalform entsprechen oder ob Sie noch weitere Tabellen benötigen.

▶ Erstellen Sie die Tabellen in Access und definieren Sie die Beziehungen.

Was Sie bei der Vergabe von Namen beachten sollten

Regeln für Namen von Objekten, Feldnamen und Steuerelementen

Für Namen von Access-Datenbankobjekten und Feldern gelten folgende Regeln:

▶ Ein Name darf maxinal 64 Zeichen lang sein.

▶ Der Name kann beliebige Zeichen und Ziffern enthalten, mit Ausnahme von Punkt (.), Ausrufezeichen (!), Akzentzeichen (`), einfachen (') und doppelten Anführungszeichen (") und eckigen Klammern ([ ]).

▶ Am Anfang und am Ende des Namens darf sich kein Leerzeichen befinden.

Namen dürfen zwar theoretisch Leer- und Sonderzeichen enthalten, allerdings erfordern diese in einigen Fällen eine Sonderbehandlung und führen dadurch leicht zu Fehlern.

> **Empfehlung:** Verwenden Sie in Namen keine Sonderzeichen und Leerzeichen. Eine Ausnahme stellt der Unterstrich (_) dar, dieser bereitet keinerlei Probleme. Zusammengesetzte Namen sollten nie mit Leerzeichen, sondern entweder mit Unterstrich, z. B. Artikel_Lieferanten, noch besser aber mit Großbuchstaben kenntlich gemacht werden, z. B. ArtikelLieferanten.

Der Objekttyp sollte erkennbar sein

Ferner sollten Sie bei der Vergabe von Namen an die Nachvollziehbarkeit bei der späteren Wartung und bei Änderungen an der Datenbank denken. Mit der Einhaltung bestimmter Namensregeln lassen sich Datenbanken auch zu einem späteren Zeitpunkt und von anderen Entwicklern leichter verstehen und nachvollziehen. Wenn Sie den Namen aller Datenbankobjekte ein Kürzel voranstellen, dann ist der Objekttyp später schnell am Namen zu erkennen. So sehen Sie z. B. bereits am Namen *tblKunden*, dass es sich hier um eine Tabelle handelt und beim Objekt *qryBestellungen* um eine Abfrage (engl. query).

In der Tabelle unten eine Übersicht über gebräuchliche Präfixe. Es spielt keine Rolle, ob Sie die deutsche oder englische Variante bevorzugen, aber bitte konsequent.

Datenbankobjekt	Kürzel deutsch	Kürzel englisch	engl. Bezeichnung
Tabellen	tab	tbl	tables
Abfragen	abf	qry	queries
Formulare	frm	frm	forms
Berichte	ber	rpt	reports
Makros	mak	mcr	macros

Feldnamen

Präfixe sind bei Feldnamen in Tabellen nicht üblich, hier sollten Sie aber auf folgendes achten:

▶ Gleichlautenden Feldnamen mit unterschiedlichen Inhalten in unterschiedlichen Tabellen sollten Sie zur besseren Unterscheidbarkeit den Namen der Tabelle voranstellen. So legt z. B. Access bei der Neuerstellung einer Tabelle automatisch ein Primärschlüsselfeld mit dem Namen *ID* an.

Stellen Sie sich nun eine komplexe Datenbank vor, in der alle Tabellen über das Feld *ID* verknüpft sind. Das Bild auf Seite 46 gibt einen ersten Vorgeschmack, wie schnell Sie hier den Überblick verlieren können.

Verwenden Sie also stattdessen besser *KundenID*, *LieferantenID* usw.

▶ Einige Feldnamen dürfen nicht verwendet werden, da diese von Access für Eigenschaften oder Funktionen reserviert sind. Ein schlechtes Beispiel hierfür ist das Feld *Name* in den Datenbank Kontakte aus Kapitel 1. Als Feldnamen ebenfalls nicht verwendet werden sollten *Wert* und *Anzahl*. Access blendet beim Anlegen einer Tabelle eine entsprechende Warnmeldung ein.

2.5 Die Übungsdatenbank zur Artikelverwaltung

In diesem Buch wird anhand von Beispielen und in Form von Übungsaufgaben Schritt für Schritt eine Datenbank zur Erfassung und Speicherung von Produkten und Kundenadressen erstellt. Zusätzlich soll die Nachverfolgung der Kundenkontakte möglich sein. Eine weitere Hauptaufgabe der Datenbank ist das Erfassen und Verwalten von Kundenbestellungen.

Bevor Sie mit der Datenspeicherung beginnen, müssen die Tabellen angelegt werden. Dazu sind einige Vorüberlegungen erforderlich:

▶ Welche Tabellen und welche Spalten bzw. Datenfelder benötigen Sie?

▶ Welche Felder verwenden Sie als Primärschlüssel?

▶ Wie sollen die Tabellen aufgeteilt und verknüpft werden?

▶ Über welche Felder sollen die Beziehungen hergestellt werden?

Unter Berücksichtigung der ersten bis dritten Normalform werden für dieses Beispiel die folgenden Tabellen benötigt:

Zweck	Tabelle	Primärschlüssel
Kundenadressen	tblKunden	Kundennummer
Kundenkontakte nachverfolgen	tblNachverfolgung	Kontaktnummer, fortlaufende Nummer
Artikel, Bezeichnung, Preis	tblArtikel	Artikelnummer
Warengruppen	tblWarengruppen	Warengruppenschlüssel
Bestellungen, Bestelldaten	tblBestellung	Bestellnummer
Einzelne Bestellposten	tblBestelldetails	Fortlaufende Numer

Hinweis: Um das Beispiel übersichtlich zu halten, werden in der Datenbank nur die wichtigsten Merkmale berücksichtigt. In der Praxis dürfte eine solche Datenbank allerdings erheblich umfangreicher ausfallen, da konsequenterweise auch noch die Rechnungsstellung aus der Datenbank erfolgen kann. Außerdem sollten alle Rechnungsposten in eine gesonderte Tabelle geschrieben werden, da sonst bei nachträglichen Preisänderungen diese auch in vorhandenen Rechnungen geändert würden.

2.6 Zusammenfassung

▶ Access ist eine Anwendung, mit der Datenbanken nach dem relationalen Datenbankmodell erstellt und verwaltet werden. Relationale Datenbanken speichern die Daten in verteilten Tabellen, die über Beziehungen (Relationen) miteinander verknüpft sind.

▶ Eine Zeile einer Tabelle beschreibt eine Einheit und wird als Datensatz bezeichnet. Die Spalten einer Tabelle werden auch als Datenfelder bezeichnet und speichern Eigenschaften, die jede Einheit näher beschreiben. Als Primärschlüssel bezeichnet man dasjenige Feld einer Tabelle, das für jeden Datensatz ein eindeutiges Merkmal enthält, beispielsweise die Kundennummer.

▶ Indizes beschleunigen in einer Datenbank das spätere Suchen und Sortieren. Daher legt Access für Schlüsselfelder automatisch einen Index an. Weitere Indizes können Sie jederzeit erstellen.

▶ Beziehungen werden über das Primärschlüsselfeld der Tabelle zum Fremdschlüssel der zweiten Tabelle hergestellt. In den meisten Fällen handelt es sich dabei um eine 1:n Beziehung, das bedeutet, dass jeder Datensatz der einen Tabelle mit mehreren Datensätzen der zweiten Tabelle verknüpft ist.

▶ Bei einer zweiten Beziehungsvariante, der n:m Beziehung, können jedem Datensatz der einen Tabelle beliebig viele Datensätze der anderen Tabell zugeordnet sein und umgekehrt. Diese Variante lässt sich in Access nur über eine dritte Tabelle realisieren.

▶ Die Normalisierung gibt Regeln vor, nach denen die Daten in mehrere Tabellen aufgeteilt werden sollten. Durch die Normalisierung vermeiden Sie Fehlerquellen in Datenbanken, wie Datenredundanz oder Dateninkonsistenz.

3 Tabellen erstellen

In diesem Kapitel lernen Sie...

- Tabellen in der Datenblattansicht und in der Entwurfsansicht erstellen
- Felddatentypen und deren Eigenschaften
- Dateneingabe mit Eingabeformaten und Regeln steuern
- Standardwerte vorgeben
- Nachschlagefelder einsetzen
- Primärschlüssel und Indizes erstellen und verwalten
- Tabellen verwalten

Das sollten Sie bereits wissen

- Aufbau und Funktionsweise relationaler Datenbanken

3.1 Die Übungsdatenbank Artikelverwaltung erstellen

Um die Lektüre dieses Buches verständlicher zu gestalten, wird in diesem und in den folgenden Kapiteln eine kleine Datenbank zur Artikelverwaltung entwickelt. Diese ist ähnlich der bekannten Nordwind-Datenbank, wird Schritt für Schritt erstellt, und Sie können die einzelnen Schritte auf Ihrem PC jederzeit nachvollziehen.

Eine neue leere Datenbank erstellen

Wie Sie auf einfache Weise eine Datenbank unter Verwendung einer Vorlage erstellen, haben Sie bereits in Kapitel 1 kennengelernt. Leider ist diese Datenbank nur begrenzt einsetzbar, da Sie in der Praxis viel mehr Informationen benötigen und auch einmal selbst Berichte erstellen oder bestehende Berichte anpassen möchten. Eine nähere Beschäftigung mit den einzelnen Datenbankobjekten ist dazu zwingend nötig.

1 Starten Sie Access. Auf der nachfolgenden Startseite klicken Sie auf *Leere Desktopdatenbank*. Falls die Startseite nicht erscheint, so klicken Sie auf *Datei* und hier auf *Neu*.

Leere Desktopdatenbank (lokal gespeichert) erstellen

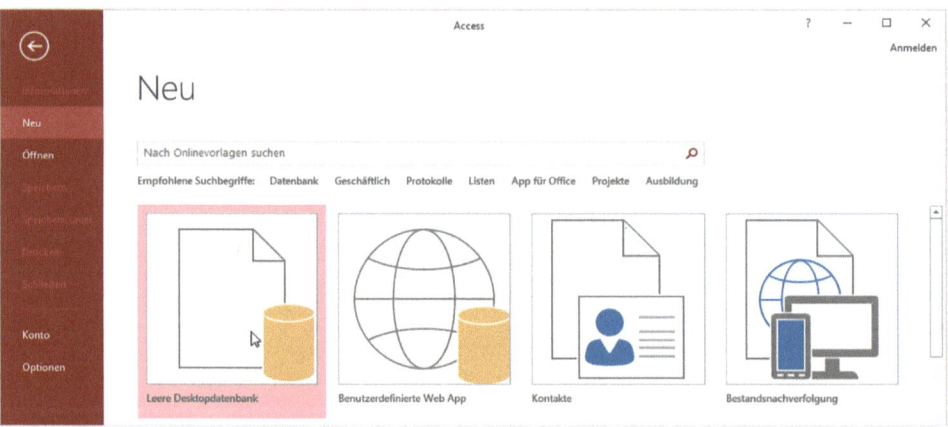

2 Im nächsten Schritt geben Sie im Feld *Dateiname* den Namen *Artikel* ein und klicken auf das Symbol daneben, um einen Speicherort auszuwählen. Klicken Sie zuletzt auf *Erstellen*.

Legen Sie Dateiname und Speicherort fest

Speicherort wählen ————

Unmittelbar nach dem Erstellen der neuen Datenbank öffnet Access eine leere Tabelle und Sie können mit dem Anlegen der Felder beginnen.

Die erste Tabelle wird automatisch geöffnet

3.2 Eine Tabelle in der Datenblattansicht anlegen

Eine neue Tabelle zur Speicherung von Kundenadressen erstellen

Nach dem Erstellen und Speichern einer neuen Datenbank öffnet Access normalerweise automatisch eine neue leere Tabelle in der sogenannten Datenblattansicht (siehe Bild oben). Die Datenblattansicht ist diejenige Ansicht einer Tabelle, in der Sie Daten eingeben und bearbeiten.

Sollte keine Tabelle geöffnet werden oder haben Sie die Tabelle versehentlich geschlossen, so klicken Sie auf das Register *Erstellen* und anschließend in der Gruppe *Tabellen* auf *Tabelle* (Bild unten).

Neue Tabelle erstellen

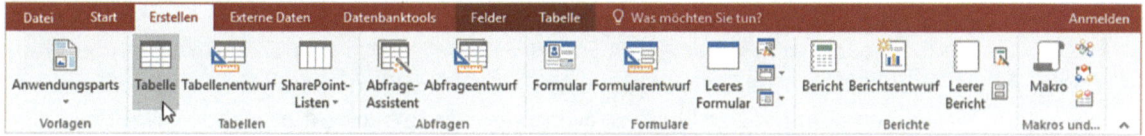

Spalten hinzufügen

Als erstes soll eine Tabelle zur Speicherung von Kundenadressen erstellt werden. Die neue Tabelle enthält bereits die erste Spalte, diese hat die Überschrift *ID* und bildet gleichzeitig den Primärschlüssel der Tabelle. Diese Spalte ist vom vom Typ *AutoWert* und erlaubt keine Eingabe, die Datensätze werden während der Eingabe automatisch fortlaufend nummeriert.

AutoWert, siehe „Felddatentypen" auf Seite 56

1 Um die zweite Spalte hinzuzufügen, klicken Sie auf *Zum Hinzufügen klicken* und wählen aus, welche Art Daten dieses Feld enthalten soll. Da in dieser Spalte der Vorname gespeichert werden soll, wählen Sie *Kurzer Text* aus (Bild auf der nächsten Seite).

Eine Spalte hinzufügen

Datentyp auswählen

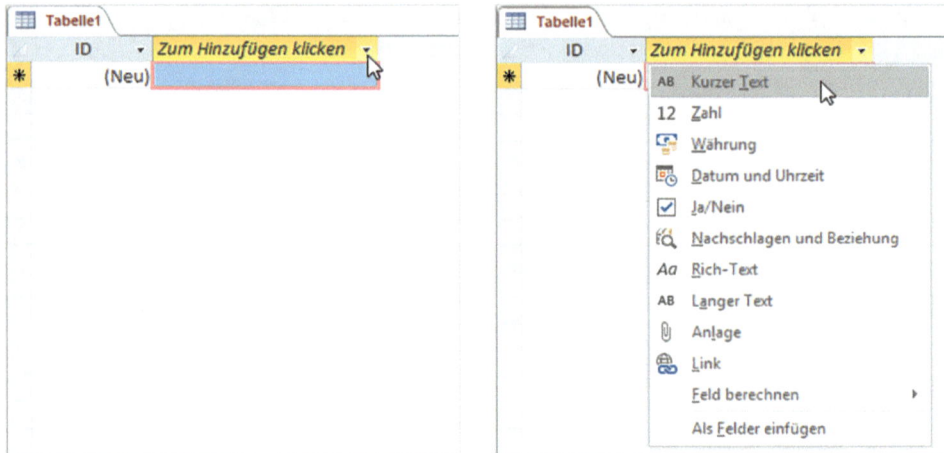

2   Die neu hinzugefügte Spalte ist zunächst mit *Feld1* beschriftet. Da die Überschrift bereits markiert ist, können Sie sie per Tastatureingabe sofort mit dem Feldnamen *Vorname* überschreiben.

Spaltenüberschrift ändern

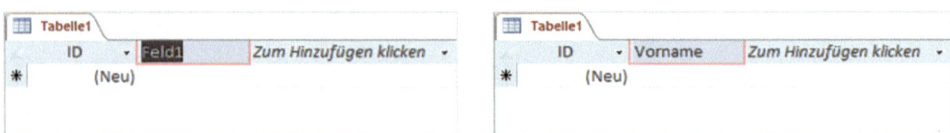

3   Genauso gehen Sie beim Hinzufügen der dritten Spalte vor. Diese soll den Nachnamen enthalten, wählen Sie daher ebenfalls *Kurzer Text* und geben Sie als Spaltenüberschrift *Nachname* ein.

> Beim Hinzufügen neuer Spalten/Datenfelder wählen Sie einen Datentyp aus und legen den Feldnamen bzw. die Spaltenüberschrift fest.

4   Die Überschrift der ersten Spalte soll *KundenID* lauten. Zum Umbenennen doppelklicken Sie auf die Überschrift, diese wird markiert und kann nun überschrieben oder mit den üblichen Methoden der Textkorrektur geändert werden.

Die erste Spalte mit Doppelklick umbenennen

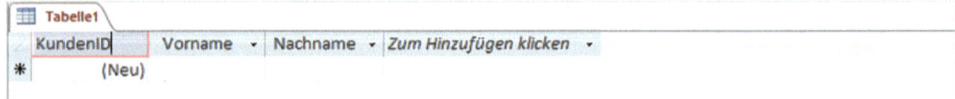

5   In der Tabelle werden noch weitere Felder benötigt. *KundenID*, *Vorname* und *Nachname* wurden bereits angelegt, die übrigen Felder und Datentypen entnehmen Sie der nachfolgenden Tabelle.

> **Tipp:** Schließen Sie das Umbenennen jeder neuen Spalte mit der Enter-Taste oder der Tab-Taste ab, dann öffnet Access automatisch das Auswahlfeld *Datentyp* für die nächste Spalte.

Feldname	Felddatentyp
KundenID	Autowert
Vorname	Kurzer Text
Nachname	Kurzer Text
Anrede	Kurzer Text
Land	Kurzer Text
Strasse	Kurzer Text
PLZ	Kurzer Text
Ort	Kurzer Text
Telefon	Kurzer Text
Bemerkung	Langer Text
Erfassdatum	Datum/Uhrzeit
Infopost	Ja/Nein
Umsatz	Währung
Rabatt	Währung

Tippfehler in Feldnamen lassen sich jederzeit per Doppelklick korrigieren, siehe oben. Wie Sie die Felddatentypen kontrollieren und nachträglich ändern, erfahren Sie weiter unten.

Hinweis: Neben der oben beschriebenen Methode können Sie Spalten auch anlegen, indem Sie einfach mit der Dateneingabe beginnen bzw. Werte in die Spalten eingeben und diese nachträglich umbenennen. Access legt dann den Datentyp anhand der Eingabe fest, in den meisten Fällen kommen Sie trotzdem um eine Kontrolle und manchmal auch eine Änderung des Datentyps nicht herum.

Tabelle speichern

Das Grundgerüst der Tabelle ist fertig, nun sollte die Tabelle gespeichert werden. Klicken Sie dazu entweder in der *Symbolleiste für den Schnellzugriff* auf das Symbol *Speichern* 🖫 oder auf das Register *Datei* und hier auf *Speichern*.

In beiden Fällen erscheint das Fenster *Speichern unter*. Geben Sie den Namen *tblKunden* ein und klicken Sie auf *OK*. Die Aufforderung zum Speichern erscheint auch, wenn Sie die Tabelle einfach schließen.

Tabelle speichern

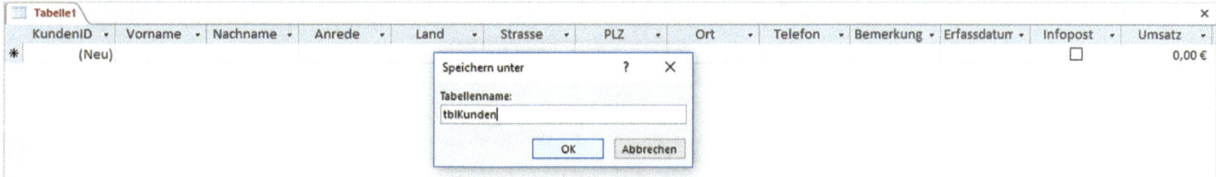

Felddatentypen

Der Felddatentyp legt fest, welche Art von Informationen im Feld gespeichert werden sollen. Access unterscheidet die folgenden Datentypen:

Felddatentyp	Mögliche Inhalte
Kurzer Text	Beliebige Zeichen, also Buchstaben und Sonderzeichen, aber auch Zahlen, mit denen keine Berechnungen durchgeführt werden sollen, z. B. Postleitzahlen. Max. Länge 255 Zeichen.
Langer Text	Erlaubt die Eingabe längerer Texte, max. 63.999 Zeichen. Dieser Typ eignet sich für Bemerkungen, nach Feldern dieses Typs kann allerdings nicht sortiert werden.
Rich-Text	Entspricht dem Typ Langer Text mit dem Unterschied, dass hier auch einfache Textformatierungen innerhalb der Feldes, z. B. Unterstreichen einzelner Wörter, unterstützt werden.
Zahl	Zahlen, die zu Berechnungen verwendet werden, standardmäßig ganze Zahlen. Die Eigenschaft *Feldgröße* unterscheidet weiter zwischen ganzen Zahlen und Dezimalzahlen. Bei letzteren kann es allerdings in Berechnungen zu Rundungsfehlern kommen. Für Währungsbeträge, z. B. Preise sollten Sie stattdessen besser den Typ Währung wählen.
Währung	Währungsbeträge und Zahlen mit Dezimalstellen.
Datum/Uhrzeit	Datumswerte, Uhrzeitangaben.
AutoWert	Eine eindeutige, fortlaufende Nummer, die von Access bei der Eingabe automatisch vergeben wird. Eine manuelle Eingabe oder Änderung des Inhalts ist nicht möglich.
Ja/Nein	Kann nur zwei Werte (Ja/Nein bzw. Wahr/Falsch) annehmen, sog. Boolesche Werte.
Link	Verknüpfungen zu Dateien, Webseiten oder E-Mail-Adressen.
Anlage *	Dateianlagen, vergleichbar mit Anhängen an E-Mails. Damit lassen sich Bilder und andere Dateien einbinden.
Feld berechnen *	Eine Spalte aus vorhandenen Feldern berechnen *. Das können arithmetischen Berechnungen sein, Berechnungen mit Funktionen oder Aneinanderfügen von Feldwerten.
Nachschlagen und Beziehung	Dies ist eigentlich kein Felddatentyp. Sie starten damit einen Assistenten zur Erstellung von Nachschlagefeldern (Dropdown-Felder) und Beziehungen zwischen Tabellen. Anhand Ihrer Auswahl legt der Assistent anschließend automatisch den Datentyp fest.

* Diese Felddatentypen stehen nur beim .accdb (Access 2007-2016) Datenbankformat zur Verfügung!

Bei der Wahl des Datentyps sollten Sie folgende Punkte berücksichtigen:

▶ **Text oder Zahl?**
Wenn ein Feld später für Berechnungen herangezogen werden soll, dann muss auf jeden Fall entweder der Felddatentyp Zahl oder Währung gewählt werden. Zahlen dürfen außer Komma und Tausenderpunkt keine Sonderzeichen oder Leerzeichen enthalten. Für Telefonnummern, die mit der Ländervorwahl z. B. mit +49 beginnen, muss daher *Kurzer Text* gewählt werden. Dasselbe gilt für Artikel- oder Kundennummern mit Bindestrich.

▶ **Text**
Welche Länge hat der Text maximal? Je nach Länge verwenden Sie *Kurzer Text* oder *Langer Text* bzw. *Rich-Text*.

▶ **Zahlen**

Handelt es sich bei Zahlen um ganze Zahlen oder Dezimalzahlen? Wählen Sie den Typ *Währung*, wenn Sie Währungsbeträge bzw. Zahlen mit Dezimalstellen speichern möchten. Diesen Typ können Sie auch für Prozentzahlen, in unserem Beispiel das Feld *Rabatt*, verwenden. Wie die Zahl angezeigt wird, steuern Sie über die Eigenschaft *Format*, siehe weiter unten.

Der Typ *Zahl* ist dagegen in der Standardeinstellung eine ganze Zahl (Integerzahl) und wird z. B. für Kunden- oder Artikelnummern verwendet, falls diese nicht bei der Eingabe automatisch vergeben werden, siehe *Autowert*. Wenn dieser Typ für Zahlen mit Dezimalstellen verwendet werden soll, dann können Sie dies über die Eigenschaft *Feldgröße* festlegen.

▶ **Autowert**

Der Felddatentyp *AutoWert* versieht während der Dateneingabe alle Datensätze automatisch mit einer fortlaufenden Nummerierung und kann beispielsweise für die Vergabe von Bestell- oder Kundennummern verwendet werden. Eine Eingabe oder Änderung ist in Feldern dieses Typs nicht möglich. Jede Tabelle kann immer nur ein Feld vom Typ *AutoWert* enthalten, daher finden Sie diesen Typ beim Hinzufügen weiterer Spalten auch nicht in der Liste.

Automatische Vergabe einer Nummerierung

Beim Löschen eines Datensatzes wird die gelöschte Nummer nicht wieder verwendet, sondern die Nummerierung einfach fortgesetzt. AutoWert eignet sich daher nicht, wenn eine lückenlose fortlaufende Nummerierung erforderlich ist, z. B. bei Rechnungsnummern.

▶ **Grafiken und Bilder speichern**

Bilder benötigen in der Regel relativ viel Speicherplatz und um zu verhindern, dass dadurch die gesamte Datenbank sehr umfangreich und somit langsam wird, verwenden Sie für Bilder den Datentyp *Anlage*. Da es sich bei diesem Datentyp eigentlich um Verknüpfungen handelt, sollten sich die Bilder am besten in einem eigenen Ordner befinden.

Vorsicht beim Speichern von Bildern in einer Datenbank

Das Speichern von Bildern in der Datenbank ist zwar theoretisch möglich, sollte aber aus dem oben genannten Grund in der Praxis vermieden werden. Access stellt dafür den Datentyp *OLE-Objekt* zur Verfügung, dieser erscheint allerdings in der Datenblattansicht nicht in der Liste.

▶ **Sonderfall Postleitzahl**

Mit Postleitzahlen werden in der Regel keinerlei Berechnungen angestellt, daher sollten Sie nicht den Typ *Zahl*, sondern *Kurzer Text* wählen. Der Grund: Einige Postleitzahlen beginnen mit einer 0, diese würde in einem Feld vom Typ *Zahl* wegfallen.

Sortierungen sind trotzdem problemlos möglich, diese erfolgen beim Typ Text nicht nach dem Wert, sondern nach Stellen von links nach rechts.

Weitere Feldeigenschaften

Abhängig vom Datentyp verfügen die Felder einer Tabelle über verschiedene Eigenschaften, über die Sie z. B. die Eingabe oder Anzeige steuern können oder den Datentyp genauer definieren. Die Schaltflächen dazu finden Sie im Register *Tabellentools - Felder*. Diese Registerkarte wird automatisch angezeigt, wenn Sie eine neue Spalte hinzufügen.

> **Achtung:** Um Datentyp und Eigenschaften eines Feldes anzuzeigen oder zu ändern, müssen Sie zuerst in der Tabelle in die betreffende Spalte klicken.

Name und Beschriftung

Mit Klick auf *Name und Beschriftung* können Sie nicht nur den Feldnamen ändern, sondern im Feld *Beschreibung* auch kurz den Feldinhalt beschreiben. Dies ist zwar beim Feld *Nachname* nicht unbedingt notwendig, kann aber bei nicht ganz eindeutigen Feldnamen für nachträgliche Bearbeitungen wichtige Hinweise auf Zweck und Inhalt liefern. Das Feld *Beschriftung* ist ebenfalls optional, dessen Inhalt erscheint später anstelle des eigentlichen Feldnamens in der Tabelle, in Berichten und in Formularen.

Siehe Kapitel 8, 9 und 10

Achtung: eine abweichende Beschriftung kann problematisch sein, wenn bei späteren Änderungen an der Datenbank der Feldname nicht sofort ersichtlich ist. Zudem können Sie in Formularen und Berichten ohnehin beliebige Beschriftungen verwenden.

Name und Beschriftung —————

Feldname, abweichende Beschriftung und Beschreibung

Standardwert

Mit der Eigenschaft *Standardwert* können Sie in einem Feld einen Wert für neue Datensätze vorgeben und so die Dateneingabe vereinfachen. Wenn keine weiteren Einschränkungen vorgenommen werden, kann der Standardwert während der Eingabe jederzeit ersetzt werden. So kann es beispielsweise sinnvoll sein, im Feld *Land* bereits das Länderkennzeichen DE vorzugeben. Oder im Feld *Erfassdatum* automatisch das aktuelle Datum zu verwenden.

1   Klicken Sie dazu in die Spalte *Erfassdatum* und anschließend auf *Standardwert*.

2   Das Fenster *Ausdrucks-Generator* öffnet sich. Geben Sie nach dem Gleichheitszeichen die Funktion *Datum()* ein und klicken Sie auf *OK*. Beim Feld *Land* geben Sie stattdessen einfach DE ein.

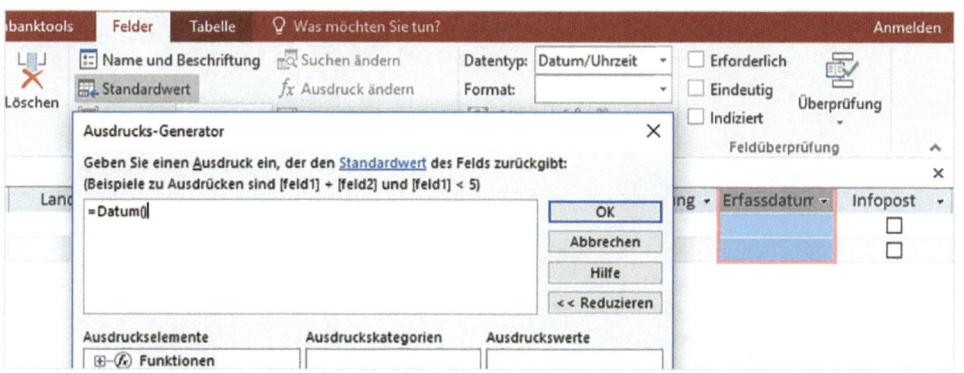

Das aktuelle Datum als Standardwert bei der Eingabe festlegen

> **Hinweis für Excel-Nutzer:** Wie Excel verfügt auch Access über Datumsfunktionen. Allerdings unterscheiden sich diese etwas: Um das Systemdatum einzufügen, verwendet Access die Funktion *Datum()* statt der Excel-Funktion Heute(), die Syntax ist dagegen gleich. Die Funktion *Jetzt()* existiert in beiden Anwendungen, sie liefert Datum und Uhrzeit und sollte nur mit Vorsicht eingesetzt werden, da Access beim Sortieren und Filtern immer den gesamten Feldinhalt mit einbezieht.

Feldgröße

In Felder vom Typ *Kurzer Text* können maximal 255 Zeichen eingegeben werden. Im Bedarfsfall können Sie im Feld *Feldgröße* auch einen kleineren Wert festlegen. Allerdings werden damit bereits vorhandene längere Inhalte einfach abgeschnitten. Eine nennennswerte Reduzierung des Speicherplatzbedarfs erfolgt dadurch nicht, da Access reservierten, aber nicht benötigten Speicherplatz ohnehin dynamisch verwaltet.

Beispiel: Eigenschaften und Datentyp des Feldes Nachname

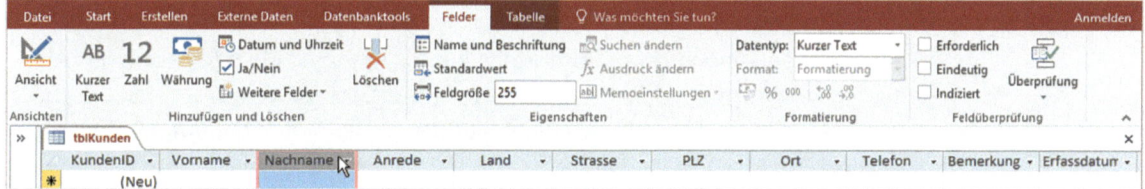

Ein Feld indizieren

Wenn Sie für ein Feld einen Index anlegen möchten, dann klicken Sie in die betreffende Spalte, z. B. die Postleitzahl, und aktivieren in der Gruppe *Feldüberprüfung* das Kontrollkästchen *Indiziert*.

Eindeutig

Das Kontrollkästchen *Eindeutig* legt fest, dass in dieser Spalte jeder Wert nur ein einziges Mal vorkommen darf. Bei Primärschlüsselfeldern ist dieses Kontrollkästchen automatisch aktiviert, für alle übrigen Felder sollte es deaktiviert bleiben.

Eindeutig

Feld indizieren

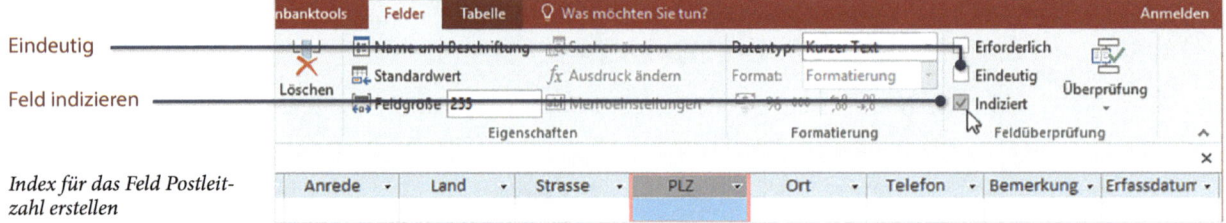

Index für das Feld Postleit-
zahl erstellen

Eingabe erforderlich

Über ein weiteres Kontrollkästchen, *Erforderlich*, können Sie für bestimmte Felder fest-legen, dass hier zwingend eine Eingabe erfolgen muss. In unserem Beispiel würde sich das Feld *Nachname* hierfür eignen, da eine Adresse ohne Nachname unvollständig ist.

Datentyp ändern

Im Feld *Datentyp* wird der Datentyp der aktuellen Spalte angezeigt und kann im Be-darfsfall über den Dropdown-Pfeil geändert werden.

Wählen Sie einen anderen
Datentyp aus

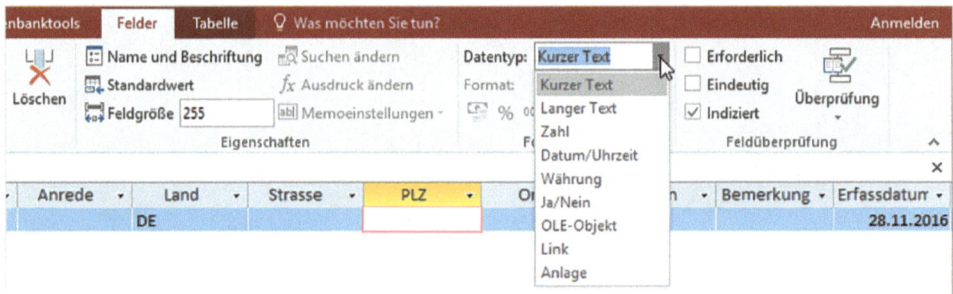

> **Achtung beim Ändern des Datentyps**
> Wenn die Tabelle noch keine Datensätze enthält, dann ist ein nachträgliches Än-dern problemlos möglich. Wurden jedoch bereits Datensätze erfasst, dann riskie-ren Sie beim Ändern womöglich Datenverlust. Nähere Informationen finden Sie am Ende dieses Kapitels auf Seite 86.

Zahlenformate

Bei Feldern vom Typ *Zahl* oder *Währung* können Sie über das Feld *Format* die Anzeige festlegen. Für das Feld *Umsatz* dürfte aufgrund des Datentyps *Währung* das Format *Euro* bereits automatisch ausgewählt sein. Soll der Umsatz ohne Währungssymbol an-gezeigt werden, so klicken Sie auf den Pfeil und wählen *Standardzahl*. Dieses Format beinhaltet zwei Nachkommastellen und einen Tausenderpunkt. Für das Feld *Rabatt* wählen Sie das Format *Prozentzahl*.

Zahlenformat auswählen

Tipp: Zur Formatierung als Prozentzahl, mit Währungssymbol und Angabe der Dezimalstellen können Sie auch die Symbole unterhalb benutzen.

Symbole für Zahlenformate

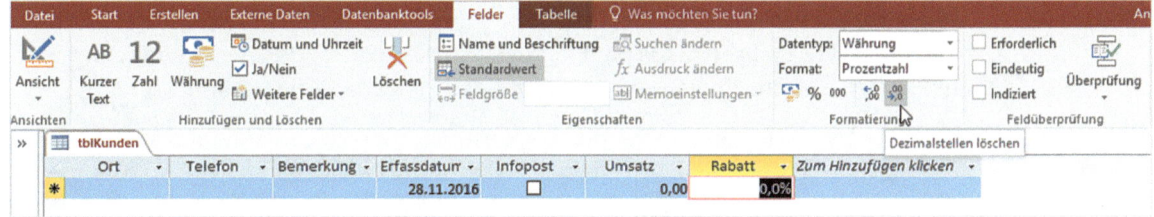

Spaltenbreite, Spalten hinzufügen und löschen

Spaltenbreite ändern

Zum Ändern der Spaltenbreite zeigen Sie mit der Maus im Bereich der Spaltenüberschriften auf die rechte Begrenzung. Am Mauszeiger wird ein waagrechter Doppelpfeil sichtbar und Sie können nun durch Ziehen mit gedrückter linker Maustaste die Spaltenbreite ändern. Wenn Sie stattdessen doppelklicken, erhalten Sie wie in Excel optimale Spaltenbreite, d.h. die Breite der Spalte richtet sich nach dem Inhalt.

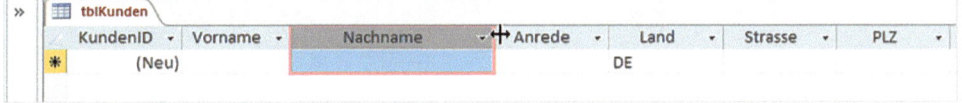

Spaltenbreite mit der Maus ändern

> **Achtung:** Wieviele Zeichen in einem Feld vom Typ *Kurzer Text* eingegeben werden können, hängt nicht von der Spaltenbreite, sondern von der Feldgröße bzw. der maximalen Anzahl der Zeichen ab.

Spalte löschen

Wenn Sie eine Spalte löschen möchten, dann klicken Sie in die betreffende Spalte und klicken im Register *Felder ▶ Hinzufügen und löschen* auf das Symbol *Löschen*.

Spalte hinzufügen

Weitere Spalten können nicht nur am Ende der Tabelle hinzugefügt werden, Sie können dazu auch im Register *Felder* die Schaltflächen der Gruppe *Hinzufügen und Löschen* verwenden. Klicken Sie einfach auf den benötigten Felddatentyp, die neue Spalte wird unmittelbar darauf links von der aktuellen Spalte eingefügt.

Felder hinzufügen/löschen

Spalte hinzufügen:
Datentyp wählen

Aktuelle Spalte löschen

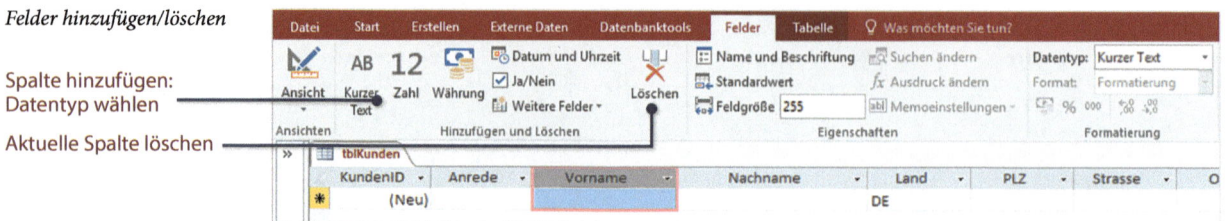

Spalten vertauschen

Manchmal stellen Sie erst bei der Eingabe fest, dass eine andere Reihenfolge der Spalten sinnvoller wäre. In diesem Fall verschieben Sie einfach die Spalten:

1   Markieren Sie die zu verschiebende Spalte. Dazu zeigen Sie mit der Maus in die Spaltenüberschrift. Es erscheint, wie im Bild unten in der Spalte *Anrede*, ein nach unten weisender schwarzer Pfeil und ein Klick markiert die gesamte Spalte.

Markieren Sie die Spalte...

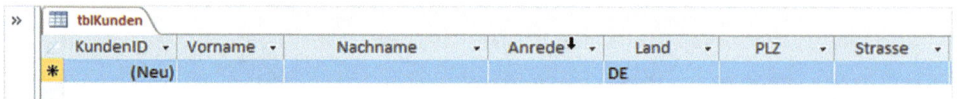

2   Zeigen Sie in die Spaltenüberschrift und ziehen Sie nun mit gedrückter Maustaste die Spalte nach rechts oder links an die gewünschte Stelle. Eine senkrechte Linie zeigt an, wo die Spalte nach dem Loslassen der Maustaste eingefügt wird.

...und ziehen Sie die Spalte mit der Maus an die gewünschte Stelle

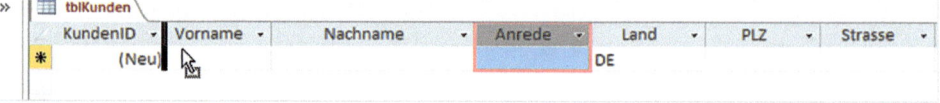

> **Achtung:** Wenn Sie nach Änderungen am Tabellenentwurf, z. B. Änderung des Zahlenformats oder am Layout, z. B. der Spaltenbreite, die Tabelle schließen, dann werden Sie aufgefordert, Ihre Änderungen zu speichern. Klicken Sie auf *Ja*.

Änderungen am Entwurf und/oder Layout speichern?

3.3   Eine Tabelle in der Entwurfsansicht erstellen

Als Alternative erstellen Sie eine Tabelle in der Entwurfsansicht. Diese bietet noch mehr Möglichkeiten und ist nach Meinung vieler Datenbankentwickler und in der Praxis auch die bessere und übersichtlichere Methode.

Tabelle in der Entwurfsansicht öffnen/anzeigen

▶   Um eine neue Tabelle in der Entwurfsansicht zu erstellen, klicken Sie im Register *Erstellen* auf *Tabellenentwurf*.

Neue Tabelle in der Ent-
wurfsansicht öffnen

▶   Haben Sie dagegen eine neue Tabelle bereits in der Datenblattansicht geöffnet, so klicken Sie im Register *Start* ganz links auf die Schaltfläche *Ansicht* und wählen hier *Entwurfsansicht*.

Geöffnete Tabelle in der
Entwurfsansicht anzeigen

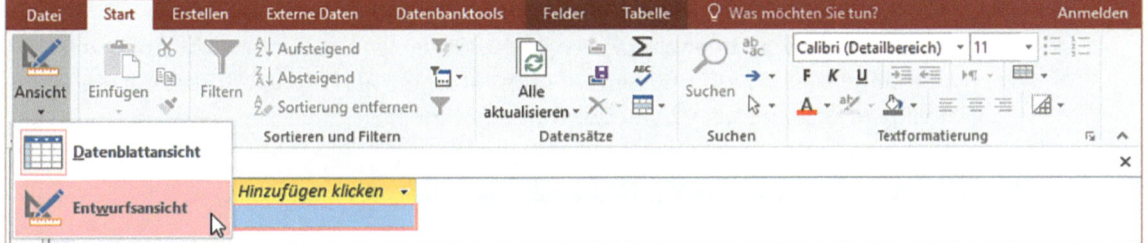

Mit der Schaltfläche *Ansicht* können Sie jederzeit zwischen den Ansichten *Datenblatt* und *Entwurf* wechseln. Alternativ benutzen Sie die Symbole der Statusleiste. Im Gegensatz zur Datenblattansicht müssen Sie bei jedem Wechsel auch Änderungen am Entwurf speichern.

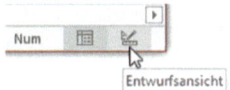

Die Tabelle Artikel anlegen

Als Beispiel soll in der Entwurfsansicht eine Tabelle zur Verwaltung der einzelnen Produkte/Artikel erstellt werden. Klicken Sie in der *Symbolleiste für den Schnellzugriff* auf das Symbol *Speichern* 🖫 und speichern Sie die Tabelle unter dem Namen *tblArtikel*.

In dieser Tabelle werden die Felder *ArtikelID*, *Artikelbezeichnung* (Kurzer Text), *Lagerbestand* (Zahl), *Mindestbestand* (Zahl), *Auslaufware* (Ja/Nein), *Einzelpreis* (Währung) und *Warengruppe* benötigt.

Die Entwurfsansicht dient ausschließlich zur Festlegung der Tabellenstruktur, eine Dateneingabe ist nicht möglich. Im oberen Bereich legen Sie Feldname und Datentyp fest, die dazugehörigen Eigenschaften finden Sie im unteren Bereich. Gleichzeitig steht im Menüband das Register *Tabellentools ▶ Entwurf* zur Verfügung.

Die Entwurfsansicht einer Tabelle

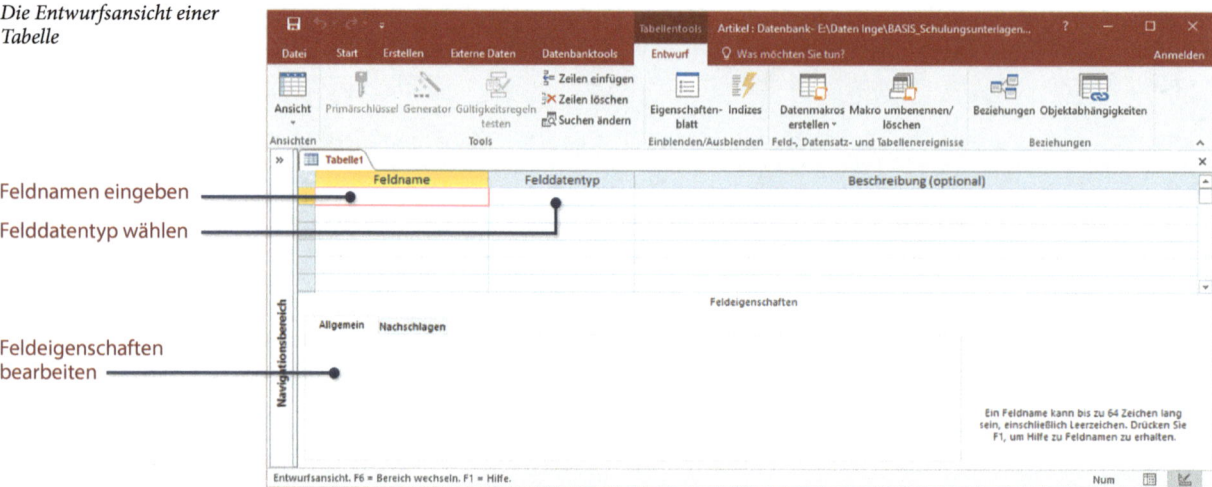

Feldnamen eingeben

Felddatentyp wählen

Feldeigenschaften bearbeiten

Primärschlüssel definieren

Im Gegensatz zur Datenblattansicht existiert in der Entwurfsansicht noch kein Primärschlüsselfeld, dieses müssen Sie selbst anlegen. Als Primärschlüssel soll die sechsstellige Artikelnummer verwendet werden, wählen Sie daher den Datentyp *Zahl* statt *AutoWert* .

1   Klicken Sie unter *Feldname* in die erste Zeile und geben Sie *ArtikelID* ein.

2   Daneben, in der Spalte *Felddatentyp*, erscheint automatisch der Typ *Kurzer Text*. Klicken Sie auf den Pfeil und wählen Sie stattdessen *Zahl* aus.

Felddatentyp in der Entwurfsansicht auswählen

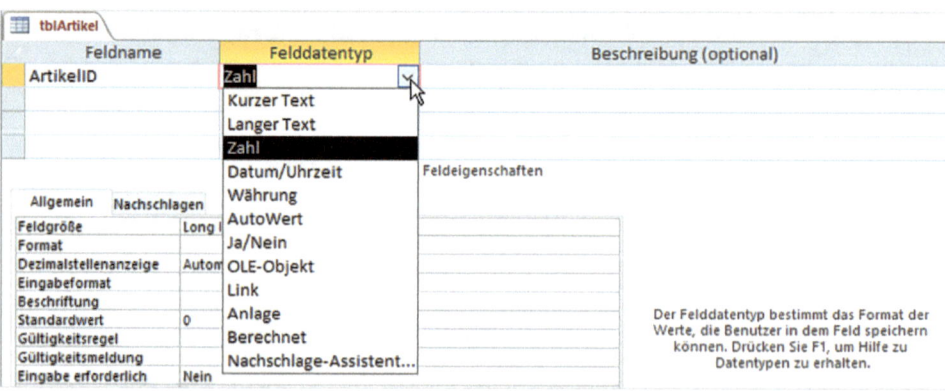

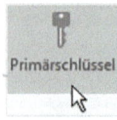

Primärschlüssel

3   Um dieses Feld als Primärschlüssel festzulegen, klicken Sie anschließend im Menüband, Register *Tabellentools - Entwurf* auf *Primärschlüssel*. In der Spalte links vom Feldnamen erscheint ein Schlüsselsymbol, das dieses Feld als Primärschlüssel ausweist.

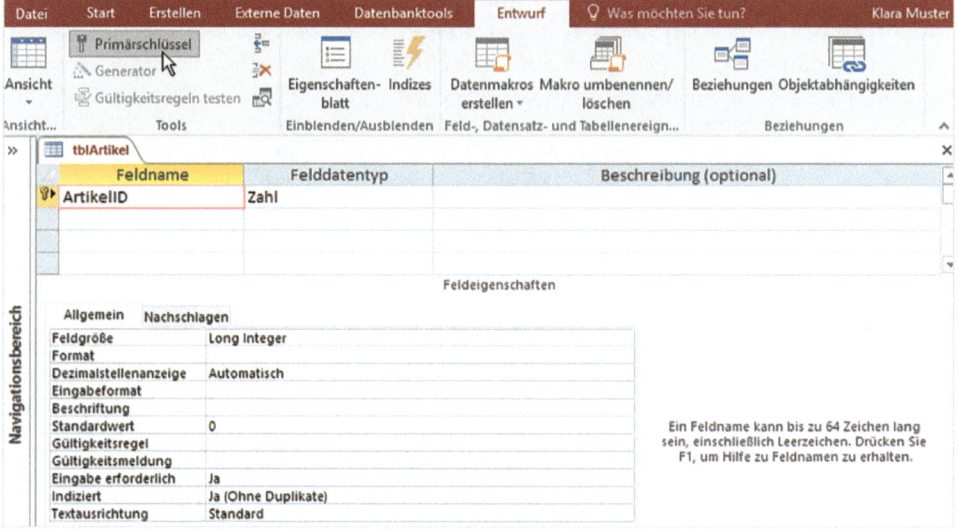

Primärschlüssel festlegen

Zusammen mit dem Primärschlüssel wurden für dieses Feld auch einige Eigenschaften festgelegt, die Sie unterhalb kontrollieren können.

▶ Die Eigenschaft *Eingabe erforderlich* wurde auf *Ja* gesetzt, d.h. in diesem Feld ist eine Eingabe zwingend nötig.

▶ *Indiziert Ja (Ohne Duplikate)* bedeutet, für dieses Feld wurde ein Index erstellt und die Werte müssen eindeutig sein. Jede Artikelnummer darf also nur ein einziges Mal vorkommen.

> **Achtung:** Nach Auffassung von Access benötigt jede Tabelle einen Primärschlüssel. Sollten Sie vergessen haben, einen solchen zu definieren, so werden Sie beim Schließen bzw. Speichern der Tabelle mit der unten abgebildeten Meldung darauf aufmerksam gemacht und Access bietet gleichzeitig das Erstellen an.
>
> Enthält die Tabelle ein Feld vom Typ *AutoWert*, dann wird dieses mit Klick auf die Schaltfläche *Ja* automatisch als Primärschlüssel festgelegt, andernfalls wird der Tabelle ein weiteres Feld vom Typ *AutoWert* und unter dem Namen *ID* als Primärschlüssel hinzugefügt. Wenn Sie eigentlich ein anderes Feld als Primärschlüssel vorgesehen haben, dann klicken Sie auf *Abbrechen* und legen das Feld selbst fest.

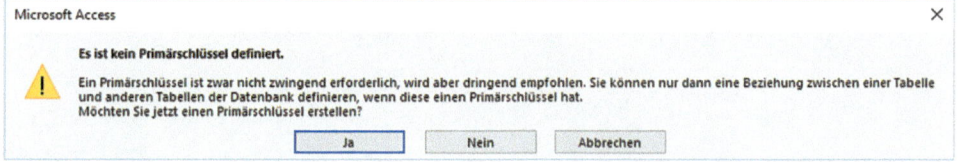

Primärschlüssel automatisch erstellen

Weitere Felder hinzufügen

Im Gegensatz zur Datenblattansicht fügen Sie in der Entwurfsansicht ein Feld hinzu, indem Sie in Zeilen untereinander in der Spalte *Feldname* die Feldnamen eingeben und rechts daneben den Datentyp auswählen. Unter *Beschreibung* können Sie optional einen kurzen Hinweistext eingeben (siehe Seite 58).

1   Geben Sie in der nächsten Zeile den Namen *Artikelbezeichnung* ein und wählen Sie den Datentyp *Kurzer Text*. Das dritte Feld erhält den Namen *Auslaufware* und den Typ *Ja/Nein*, unter *Beschreibung* geben Sie *Keine Nachbestellung* ein.

2   Legen Sie dann noch das Feld *Einzelpreis* an, dieses erhält den Typ *Währung*.

Die Felder Artikelbezeichnung, Auslaufware und Einzelpreis

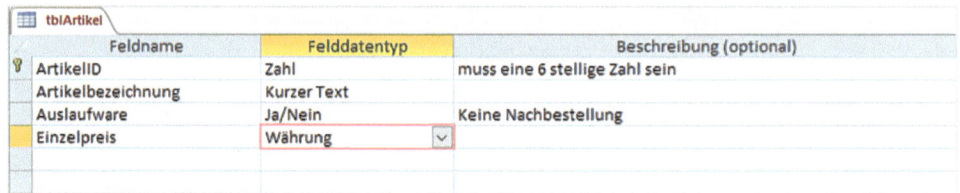

Tipp: Die Auswahl des Datentyps geht schneller, wenn Sie nach Eingabe des Feldnamens die Tab-Taste oder Enter-Taste betätigen und in der Spalte *Datentyp* den ersten Buchstaben des gewünschten Typs, z. B. W für *Währung* eingeben.

Felder einfügen, löschen oder verschieben

Die Reihenfolge der Felder kann zur besseren Übersicht geändert werden, spielt aber keine Rolle bei der Anzeige in Formularen oder Berichten

▷   Wenn Sie in der Entwurfsansicht ein Feld löschen möchten, dann klicken Sie in das betreffende Feld und klicken im Menüband, Register *Tabellentools - Entwurf* auf *Zeilen löschen*.

▷   Mit dem Symbol *Zeile einfügen* wird oberhalb der aktuellen Zeile eine neue Zeile eingefügt.

▷   Zum Verschieben von Feldern zeigen Sie ganz links in das Kästchen (Markierungsspalte), als Mauszeiger erscheint ein waagrechter Pfeil (Bild unten) und Sie können mit gedrückter Maustaste die Zeile nach oben oder unten verschieben.

Zeile verschieben

Zeilen einfügen, Zeilen löschen

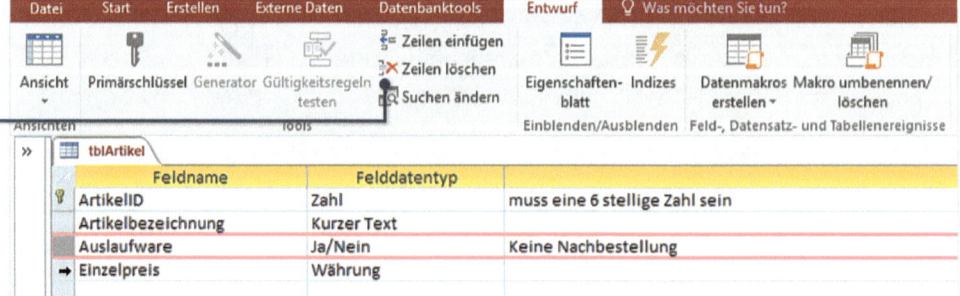

So verwenden Sie den Datentyp Zahl

Lagerbestand und Mindestbestand enthalten in unserem Fall nur ganze Zahlen, daher benötigen wir den Datentyp *Zahl*.

1 Geben Sie in der nächsten Zeile den Feldnamen *Lagerbestand* ein und wählen Sie den Typ *Zahl*.

2 In den Feldeigenschaften können Sie mit der *Feldgröße* den Zahlenbereich genauer definieren.

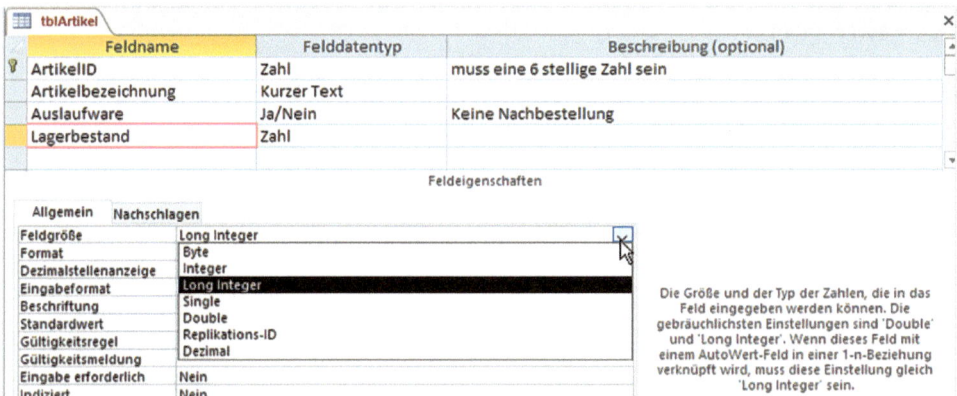

Datentyp Zahl: Feldgröße auswählen

3 Standardmäßig verwendet Access *Long Integer*, d.h. ganze Zahlen. Diese Feldgröße kann beibehalten werden.

> **Tipps zur Wahl der Feldgröße**
> Wenn Sie sicher sind, dass es sich um ganze Zahlen in einem genau festgelegten Zahlenraum handelt, z. B. von 1 bis 10, dann können Sie auch *Byte* oder *Integer* wählen. In allen anderen Fällen empfiehlt sich für ganze Zahlen die Feldgröße *Long Integer*. Für Dezimalzahlen wählen Sie dagegen *Singe* oder *Double*. Eine Übersicht erhalten Sie in der nachfolgenden Tabelle.

Feldgröße	Zahlenbereich	Dezimalstellen	Speicherbedarf
Byte	0 bis 255	Keine	1 Byte
Integer	-32.768 bis 32.767	Keine	2 Bytes
Long Integer	-2.147.483.648 bis +2.147.483.647	Keine	4 Bytes
Single	$-3,4*10^{38}$ bis $+3,4*10^{38}$	7 Dezimalstellen	4 Bytes
Double	$-1,797*10^{308}$ bis $+1,797*10^{308}$	15 Dezimalstellen	8 Bytes
Dezimal	$-9,999...* 10^{27}$ bis $+9,999...* 10^{27}$	bis 28 Dezimalstellen	12 Bytes

4 Das nächste Feld erhält den Namen *MinBestand*, den Typ *Zahl* und als Feldgröße ebenfalls *Long Integer*. Unter *Beschreibung* geben Sie noch *Mindestbestand* ein.

Zahlen- und Datumsformate

Für die Felddatentypen *Zahl*, *Währung* und *Datum/Uhrzeit* stehen auch in der Entwurfsansicht verschiedene Formate zur Auswahl. Wählen Sie mit Klick auf den Feldnamen ein Feld aus, z. B. *Lagerbestand* und klicken Sie im Bereich *Feldeigenschaften* auf den Dropdown-Pfeil der Eigenschaft *Format*. *Standardzahl* bedeutet, die Zahl erscheint mit Tausenderpunkt, die Anzahl sichtbarer Dezimalstellen legen Sie darunter im Feld *Dezimalstellenanzeige* fest.

Für Felder vom Typ *Datum/Uhrzeit* sollte, zumindest in Tabellen, das Format *Datum, kurz* gewählt werden.

Zahlenformate

Datumsformate

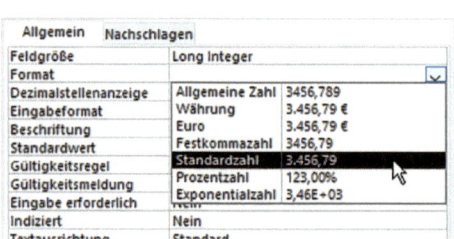

Die Dateneingabe mit Eingabeformaten steuern

Wenn Sie bestimmte Eingaben vorgeben möchten, z. B. eine sechsstellige Zahl oder eine Kombination aus Buchstaben, Zeichen und Ziffern, dann unterstützt Sie Access durch Eingabeformate. Ein Eingabeformat gibt ein Schema vor, das für jedes einzelne Zeichen die zulässige Eingabe festlegt. Auf diese Weise können Sie beispielsweise in einem Feld vom Typ *Kurzer Text* die Eingabe von Ziffern vorschreiben, etwa für Postleitzahlen, ISBN-Nummern oder Bankkonten. Auch die automatische Umwandlung in Großbuchstaben oder Vorgabe bestimmter Zeichen wird unterstützt.

Den Eingabeformat-Assistenten nutzen

Ein Eingabeformat-Assistent unterstützt Sie bei der Festlegung von Eingabeformaten für gängige Inhalte, z. B. Telefonnummern oder Postleitzahlen.

Beispiel: Sie möchten, dass in der Tabelle *tblKunden* die Telefonnummer in einheitlicher Schreibweise erfasst wird.

1   Öffnen Sie die Tabelle *tblKunden*, wechseln Sie in die Entwurfsansicht und markieren Sie mit einem Klick das Feld *Telefon*.

2   Klicken Sie im Bereich *Feldeigenschaften* in das Feld *Eingabeformat* und hier anschließend auf die Schaltfläche mit den drei Punkten.

Falls Sie der Eingabeformat-Assistent zunächst zum Speichern der Tabelle auffordert, klicken Sie auf *Ja*.

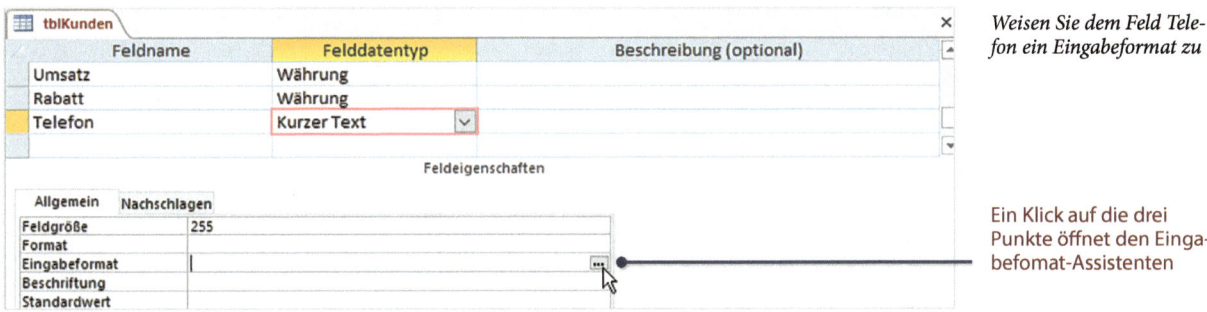

Weisen Sie dem Feld Telefon ein Eingabeformat zu

Ein Klick auf die drei Punkte öffnet den Eingabeformat-Assistenten

3 Klicken Sie dann auf die gewünschte Schreibweise, z. B. Telefonnummer international. Im Feld *Testen* können Sie anschließend das Eingabeverhalten durch Eingabe einer beliebigen Telefonnummer testen. Klicken Sie dann auf *Weiter*.

Nicht benötigte Stellen übergehen Sie mit der Leertaste

4 Im nächsten Schritt können Sie das Eingabeformat bearbeiten oder ein anderes Platzhalterzeichen auswählen. Klicken Sie dann auf *Weiter*.

Wählen Sie ein Eingabeformat

Eingabeformat bearbeiten

5 Zuletzt müssen Sie angeben, ob bereits vorgegebene Zeichen des Eingabeformats, im Fall Telefonnummer das + der Ländervorwahl, zusammen mit der Eingabe gespeichert werden soll. Klicken Sie auf *Weiter* und dann auf *Fertig stellen*.

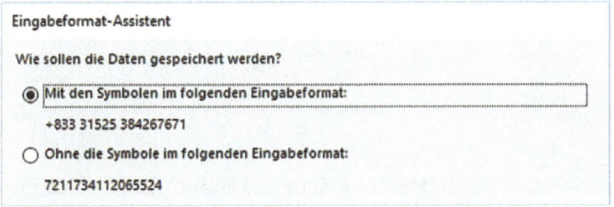

Symbole des Eingabeformats speichern?

6 In der Zeile *Eingabeformat* erscheint nun das gewählte Eingabeformat und kann ggfs. auch hier noch bearbeitet werden.

Das fertige Eingabeformat

Allgemein	Nachschlagen
Feldgröße	255
Format	
Eingabeformat	\+999\ 99999\ 000999999;0;_
Beschriftung	

Ein benutzerdefiniertes Eingabeformat erstellen

Der Eingabeformat-Assistent bietet nur eine begrenzte Auswahl von Eingabeformaten zu gängigen Inhalten. Für alle übrigen Zwecke erstellen Sie eigene Eingabeformate. **Beispiel:** Sie möchten im Feld *ArtikelID* die Eingabe einer sechsstelligen Zahl erzwingen.

1   Klicken Sie in der Entwurfsansicht der Tabelle *tblArtikel* in das Feld *Eingabeformat*.

2   Drücken Sie die Funktiontaste F1, um Hilfe zu den Eingabeformaten zu erhalten. Ihr Browser wird mit der Online-Hilfe von Microsoft gestartet. Beachten Sie, dass die Access-Hilfe auch die Programmierung von VBA-Modulen unterstützt und daher die hier gebräuchliche, englische Bezeichnung von Objekten und Eigenschaften verwendet. Klicken Sie für weitere Hilfe auf *TextBox.InputMask Property*.

Die Online-Hilfe von Access listet Objekte und Eigenschaften auf englisch auf

"InputMask"-Eigenschaft; Access [vbaac10.chm4395]

Dies ist eine vorläufige Dokumentation, an der noch Änderungen vorgenommen werden können.

Hallo! Sie sind auf einer unserer Redirector-Seiten zur F1-Hilfe gelandet. Bitte wählen Sie unten das Thema aus, das Sie gesucht haben.

TextBox.InputMask Property (Access)

ComboBox.InputMask Property (Access)

Anschließend erhalten Sie eine Übersicht und Beschreibung der möglichen Zeichen, sowie einige Beispiele zu deren Verwendung.

3   Bei unserer Artikelnummer handelt es sich um sechs Ziffern, daher benötigen Sie das Zeichen 0 (Zahl 0 bis 9, Eintrag erforderlich, Plus- + und Minuszeichen - nicht zulässig). Geben Sie für die *ArtikelID* das Eingabeformat 000000 ein.

ArtikelID mit Eingabeformat

⊞ tblArtikel		
Feldname	**Felddatentyp**	**Beschreibung (optional)**
⧉▶ ArtikelID	Zahl	muss eine 6 stellige Zahl sein
Artikelbezeichnung	Kurzer Text	
Auslaufware	Ja/Nein	Keine Nachbestellung

Feldeigenschaften

Allgemein	Nachschlagen
Feldgröße	Long Integer
Format	
Dezimalstellenanzeige	Automatisch
Eingabeformat	000000
Beschriftung	

Hinweise zur Verwendung von benutzerdefinierten Eingabeformaten:

▶   Ein Eingabeformat besteht aus drei Bereichen, die mit Semikolon (;) getrennt werden. Der erste Bereich enthält das eigentliche Eingabeformat. Im zweiten Bereich geben Sie an, ob die Sonderzeichen des Eingabeformats zusammen mit der Eingabe gespeichert werden sollen (0=Ja, 1 oder leer=Nein). Im dritten Bereich können Sie optional ein Platzhalterzeichen festlegen.

▶ Zeichen, die Sie mit dem Eingabeformat vorgeben möchten, setzen Sie entweder in Anführungszeichen " " oder stellen den Backslash (\) voran.

Beispiel: Das Eingabeformat >LL\-0000;0;* bedeutet, die ersten beiden Zeichen müssen als Buchstaben (LL) eingegeben werden, Kleinbuchstaben werden automatisch in Großbuchstaben umgewandelt (>). Anschließend folgen ein vorgegebener Bindestrich (\-) und vier Ziffern (0000), eine Eingabe ist erforderlich. Der Bindestrich wird mit der Eingabe gespeichert, als Platzhalterzeichen erscheint bei der Eingabe der *.

Regeln zur Kontrolle der Dateneingabe

Gültigkeitsregel und Gültigkeitsmeldung

Mit Hilfe der Eigenschaft *Gültigkeitsregel* können Sie Regeln für zulässige Eingabewerte definieren. Dann erhält der Benutzer bei fehlerhafter Eingabe später eine Fehlermeldung, die so genannte *Gültigkeitsmeldung*, die Sie in einer weiteren Eigenschaft formulieren können. So erreichen Sie mit dem Ausdruck im Bild unten beispielsweise, dass im Feld ausschließlich die Eingaben A, B oder C zulässig sind.

Wenn sich die Gültigkeitsregel auf Werte eines anderen Feldes beziehen soll, dann müssen Sie den Namen dieses Feldes in eckige Klammern setzen, z. B. <[Enddatum].

Allgemein	Nachschlagen
Feldgröße	1
Format	
Eingabeformat	
Beschriftung	
Standardwert	
Gültigkeitsregel	"A" Oder "B" Oder "C"
Gültigkeitsmeldung	Geben Sie A oder B oder C ein!
Eingabe erforderlich	Nein
Leere Zeichenfolge	Ja
Indiziert	Nein
Unicode-Kompression	Ja
IME-Modus	Keine Kontrolle
IME-Satzmodus	Keine
Textausrichtung	Standard

Allgemein	Nachschlagen
Feldgröße	255
Format	
Eingabeformat	
Beschriftung	
Standardwert	
Gültigkeitsregel	
Gültigkeitsmeldung	
Eingabe erforderlich	Ja
Leere Zeichenfolge	Nein
Indiziert	Nein
Unicode-Kompression	Ja
IME-Modus	Keine Kontrolle
IME-Satzmodus	Keine
Textausrichtung	Standard

Gültigkeitsregel festlegen

Eingabe erforderlich, leere Zeichenfolge zulassen

Eingabe erforderlich und Leere Zeichenfolge

Um die Funktionalität einer Tabelle zu gewährleisten, ist in manchen Feldern eine Eingabe unbedingt erforderlich. Dazu nutzen Sie die Eigenschaft *Eingabe erforderlich* (siehe auch Seite 60). In solchen Fällen können Sie zusätzlich mit der Eigenschaft *Leere Zeichenfolge* die Eingabe einer leeren Zeichenfolge, also eines Leerzeichens verhindern. Geben Sie hier dann *Nein* ein.

> **Tipp:** Einige Eigenschaften kennen nur *Ja* oder *Nein*. In der Datenblattansicht steht dafür ein Kontrollkästchen zur Verfügung. In der Entwurfsansicht wechselt ein Doppelklick auf *Ja* oder *Nein* schnell zwischen den beiden Möglichkeiten.

Hinweis: Falls Sie eine Gültigkeitsregel erst nachträglich erstellen, können Sie bereits vorhandene Datensätze mit Klick auf die Schaltfläche *Gültigkeitsregeln testen* (Register *Tabellentools - Entwurf*) prüfen lassen.

71

Standardwerte vorgeben

Wenn Sie zur schnelleren Dateneingabe für bestimmte Felder bereits Werte vorgeben möchten, dann benutzen Sie dazu die Eigenschaft *Standardwert*. Ein Beispiel dafür haben Sie bereits in Zusammenhang mit der Tabellenerstellung in der Datenblattansicht auf Seite 58 gesehen.

In der Entwurfsansicht finden Sie dazu in den Feldeigenschaften die Zeile *Standardwert*. Standardmäßig gibt Access in allen Feldern vom Typ *Zahl* oder *Währung* den Standardwert 0 vor. Soll beispielsweise in der Tabelle *tblArtikel* im Feld *MinBestand* der Wert 1 vorgegeben werden, dann markieren Sie dieses Feld mit einem Klick und geben im Bereich *Feldeigenschaften* bei *Standardwert* die 1 ein.

> Neu definierte oder geänderte Standardwerte wirken sich nur auf die Eingabe neuer Datensätze aus, bestehende werden nicht gändert.

Standardwert vorgeben

Besonderheiten bei Feldern von Typ Text

▶ **Feldgröße**
   Für Felder vom Typ *Kurzer Text* können Sie, falls gewünscht, mit der Eigenschaft *Feldgröße* die Anzahl der Zeichen zur Eingabe einschränken. Maximal sind 255 Zeichen möglich.

Kurzer Text: Feldgröße

Langer Text: Rich-Text

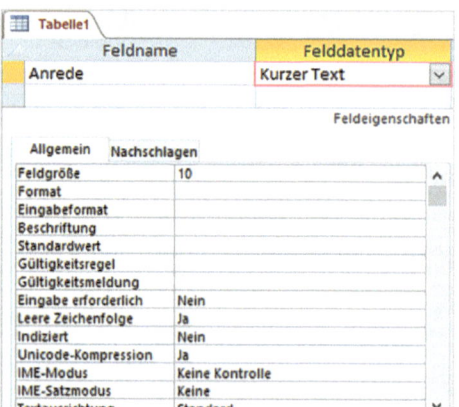

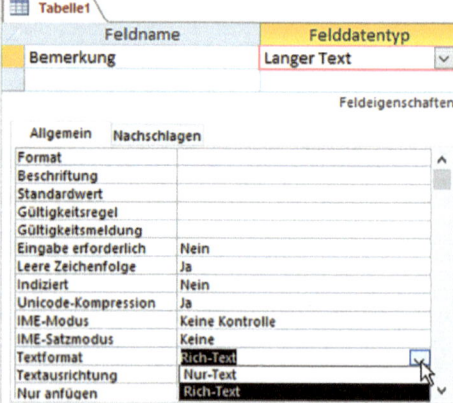

▶ **Text formatieren**

In Feldern vom Typ *Langer Text* ist die Formatierung einzelner Zeichen möglich, z. B. Wörter fett hervorheben oder unterstreichen. Da in der Entwurfsansicht im Gegensatz zur Datenblattansicht der Datentyp *Rich-Text* nicht in der Auswahl aufgeführt wird, müssen Sie den Typ *Langer Text* wählen und bei der Feldeigenschaft *Textformat* die Standardeinstellung *Nur-Text* auf *Rich-Text* ändern.

▶ **Weitere Eigenschaften**

Unicode-Kompression bedeutet, der verwendete Speicherplatz dieses Feldes wird durch Komprimierung verringert, dies ist vor allem bei der Speicherung von größeren Textmengen sinnvoll. Daher ist der Standardwert dieser Eigenschaft *Ja*.

Die beiden Eigenschaften *IMEModus* und *IMESatzmodus* steuern die Zeichenkonvertierung in einer asiatischen Version von Windows und sind hier nicht von Bedeutung.

Indizes erstellen und verwalten

Die Eigenschaft *Indiziert* haben Sie bereits in Verbindung mit dem Primärschlüssel kennen gelernt. Hier stehen zwei Varianten zur Auswahl:

▶ *Ja (Duplikate möglich)*

▶ *Ja (Ohne Duplikate)*

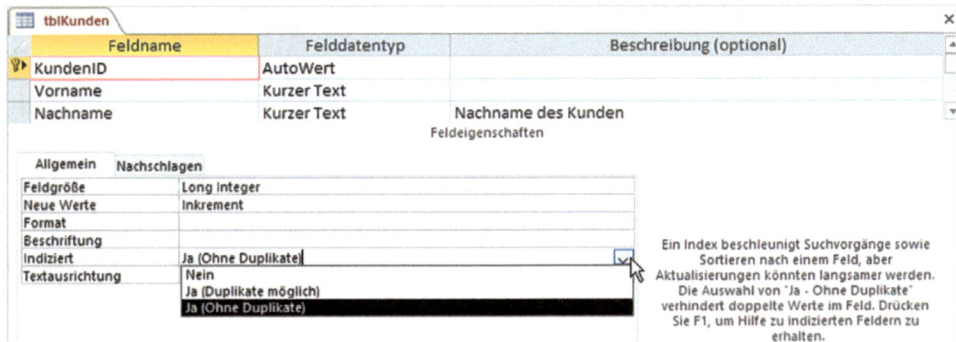

Index wählen

Ein Index ohne Duplikate bedeutet, in dem betreffenden Feld darf jeder Wert nur ein einziges Mal vorkommen, ein solcher Index wird automatisch für Primärschlüsselfelder verwendet. Für das Feld *Postleitzahl* würde allerdings ein Index ohne Duplikate bedeuten, dass jede Postleitzahl genau ein einziges Mal vorkommen darf. In diesem Fall benötigen Sie einen Index, der Duplikate erlaubt. Dasselbe gilt für Orte, Namen und Ähnliches.

Indizes verwalten

Aus der Entwurfsansicht heraus können Sie mit Klick auf die Schaltfläche *Indizes* (*Tabellentools - Entwurf*) das Fenster *Indizes* öffnen, das auf einen Blick alle vorhandenen Indizes der Tabelle, einschließlich Primärschlüssel (*PrimaryKey*) auflistet.

Indizes verwalten

Das Fenster Indizes
öffnen

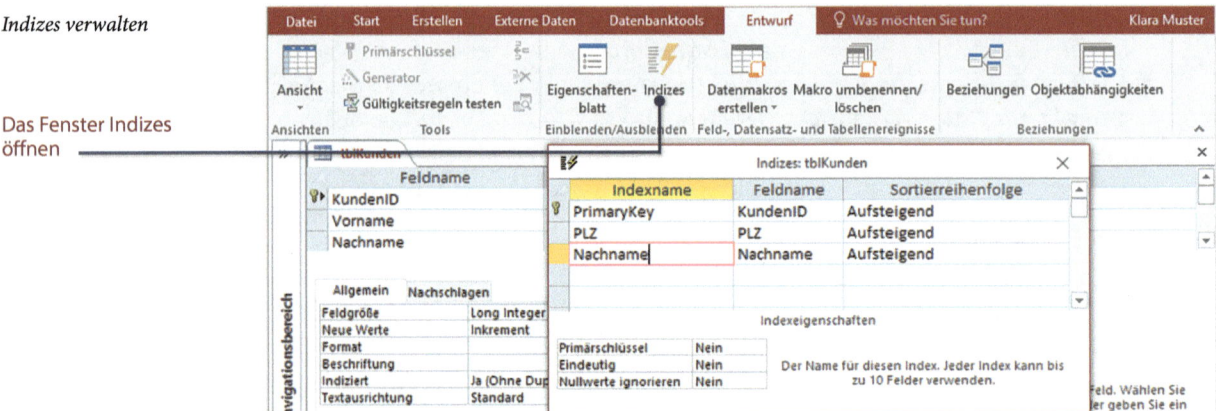

Sie können auch hier weitere Indizes hinzufügen. Klicken Sie dazu in der Spalte *Index-name* in die nächste freie Zeile und geben Sie einen Namen für den anzulegenden Index ein. In der Spalte *Feldname* wählen Sie das Feld, auf das sich der Index beziehen soll und ändern ggfs. die Sortierreihenfolge. Im Bereich *Indexeigenschaften* können Sie noch angeben, ob es sich bei diesem Index um einen Primärschlüssel handelt, ob Sie Duplikate erlauben möchten (*Eindeutig*) und mit der Eigenschaft *Nullwerte ignorieren*, ob auch keine Eingaben zulässig sind.

Wenn Sie hier einen Index löschen möchten, dann markieren Sie diesen mit Klick in die Markierungsspalte ganz links und betätigen die Entf-Taste.

Index aus mehreren Feldern

Ein Index kann auch mehrere Felder einbeziehen, beispielsweise Nachname und Vor-name. Um einen solchen zusammengesetzten Index zu erstellen, geben Sie einen Indexnamen ein und wählen zuerst das Feld *Nachname* als Hauptindex. In der Zeile darunter wählen Sie das zweite Feld, in diesem Beispiel *Vorname*, hier bleibt der Index-name leer. Insgesamt kann ein Index aus bis zu 10 Feldern zusammengesetzt werden.

*Index aus den Feldern
Nachname und Vorname
erstellen*

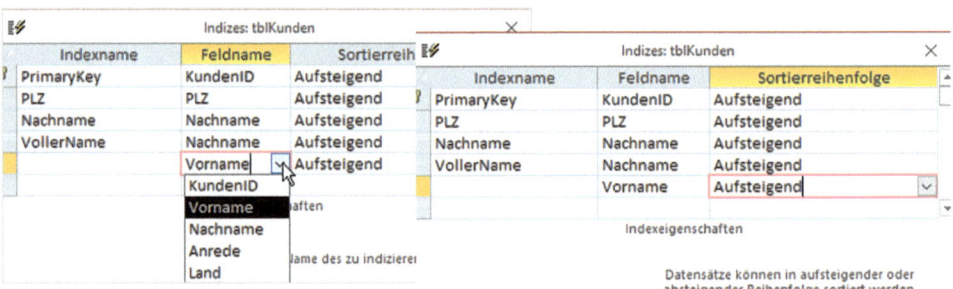

Zum Schließen klicken Sie in der rechten oberen Ecke des Fensters auf das Symbol *Schließen*.

3.4 Nachschlagefelder

Nachschlagefeld mit Werten aus Tabelle erstellen

Zur Vereinfachung der Dateneingabe können Sie sogenannte Nachschlagefelder erstellen. Bei der Eingabe eines neuen Datensatzes kann dann ein Wert aus einer Liste ausgewählt und übernommen werden. Auf diese Weise können gleichzeitig auch die zulässigen Eingaben vorgegeben werden.

Nachschlagefelder werden auch als Kombinationsfelder bezeichnet. Weitere Details zum Thema finden Sie in Kap. 9.4 dieses Buches.

Die Werte einer solchen Liste können entweder aus einer zweiten Tabelle stammen oder zusammen mit der Tabelle in Form einer Wertliste gespeichert werden. Die Verwendung von Daten aus einer zweiten Tabelle stellt grundsätzlich die bessere Methode dar, da sich eine Tabelle jederzeit schnell um weitere Datensätze und damit das Nachschlagefeld um weitere Einträge ergänzen lässt. Eine Wertliste dagegen sollte nur von erfahrenen Benutzern geändert werden. Sie eignet sich in erster Linie für Nachschlagewerte, die sich selten oder nie ändern, z. B. das Geschlecht von Personen.

Beispiel: Die Warengruppe als Nachschlagefeld

Als Beispiel soll die Tabelle *tblArtikel* um ein weiteres Feld Warengruppe ergänzt werden. Ein Nachschlagefeld kann in diesem Fall gleichzeitig sicherstellen, dass nur vorhandene Warengruppen eingegeben werden können.

Siehe „3.3 Eine Tabelle in der Entwurfsansicht erstellen" auf Seite 63

1   Zunächst benötigen wir eine gesonderte Tabelle zum Erfassen der Warengruppen. Klicken Sie im Menüband, Register *Erstellen* auf *Tabellenentwurf* und legen Sie die Tabelle an. Sie benötigen die beiden folgenden Felder:

- Der Warengruppenschlüssel erhält den Namen *WGRID*. Da er aus zwei Buchstaben besteht, benötigen Sie den Datentyp *Kurzer Text*. Dieses Feld legen Sie auch als Primärschlüssel fest.

- Wenn Sie möchten, können Sie für dieses Feld außerdem die Feldgröße auf 2 begrenzen und das Eingabeformat >LL verwenden.

- Das zweite Feld erhält den Namen *WGRBezeichnung* und ebenfalls den Datentyp *Kurzer Text*.

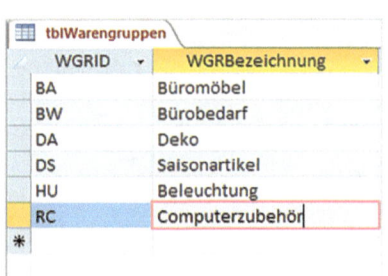

Der Entwurf der Tabelle tblWarengruppen

Die Datensätze

2   Speichern Sie die Tabelle unter dem Namen *tblWarengruppen*.

3 Klicken Sie im Register *Start* auf die Ansicht *Datenblattansicht* und geben Sie die oben abgebildeten Warengruppen ein. Schließen Sie dann die Tabelle *tblWarengruppen*.

Nachschlagefeld mit dem Nachschlage-Assistenten erstellen

1 Öffnen Sie die Tabelle *tblArtikel* und wechseln Sie in die Entwurfsansicht.

2 Fügen Sie ein weiteres Feld mit dem Namen *WGRID* hinzu und wählen Sie in der Spalte *Felddatentyp* statt eines Datentyps *Nachschlage-Assistent…* aus. In der Datenblattansicht klicken Sie bei der Auswahl des Datentyps auf *Nachschlagen und Beziehung*.

Den Nachschlage-Assistenten starten

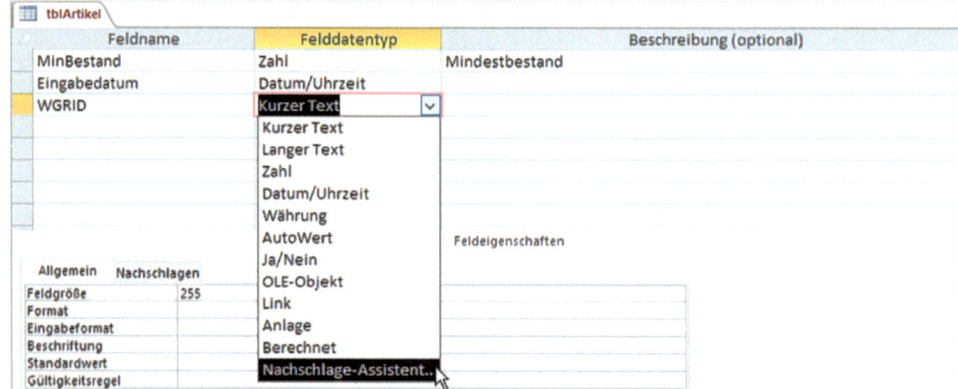

3 Im ersten Schritt des Assistenten geben Sie an, aus welcher Quelle das Nachschlagefeld die Werte beziehen soll. Wählen Sie die erste Option *Das Nachschlagefeld soll die Werte aus einer Tabelle oder Abfrage beziehen* und klicken Sie auf *Weiter*.

Aus welcher Quelle stammen die Werte?

4 Klicken Sie im nächsten Schritt auf die Tabelle *tblWarengruppen* und klicken Sie auf *Weiter*.

Wählen Sie die Tabelle aus

5 Anschließend müssen Sie die benötigten Felder auswählen: Klicken Sie auf den Doppelpfeil, um beide Felder auszuwählen und klicken Sie auf *Weiter*.

> **Zur Erklärung:** Der Inhalt des Feldes *WGRID*, also des Primärschlüsselfeldes der Tabelle *tblWarengruppen* soll bei der Eingabe in die Tabelle *tblArtikel* übernommen werden, die Bezeichnung dient zur Information.

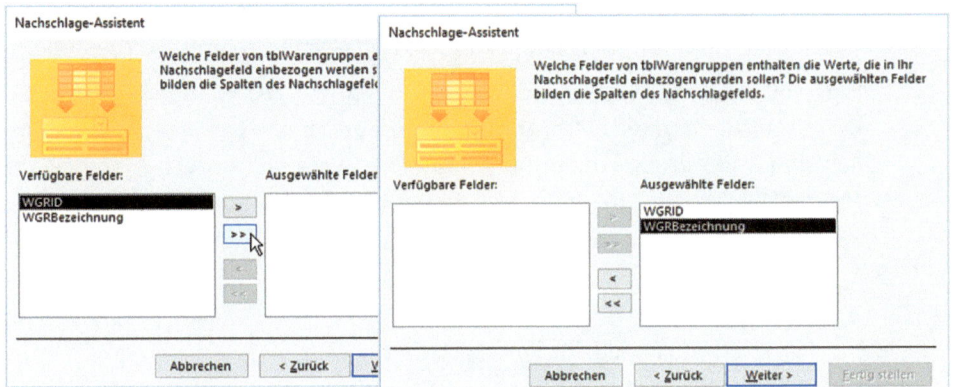

Wählen Sie die erforderlichen Felder aus

6 Im nächsten Schritt können Sie die Datensätze, falls erforderlich, sortieren. Eine explizite Sortierung nach dem Primärschlüssel ist nicht nötig, da Access nach diesem Feld automatisch sortiert. Klicken Sie auf *Weiter*.

7 Anschließend passen Sie die Breite der Spalten an, ziehen Sie einfach mit der Maus auf die benötigte Breite. Das Primärschlüsselfeld hat standardmäßig die Breite 0 und ist ausgeblendet. Deaktivieren Sie zum Einblenden das Kontrollkästchen *Schlüsselspalte ausblenden (empfohlen)*.

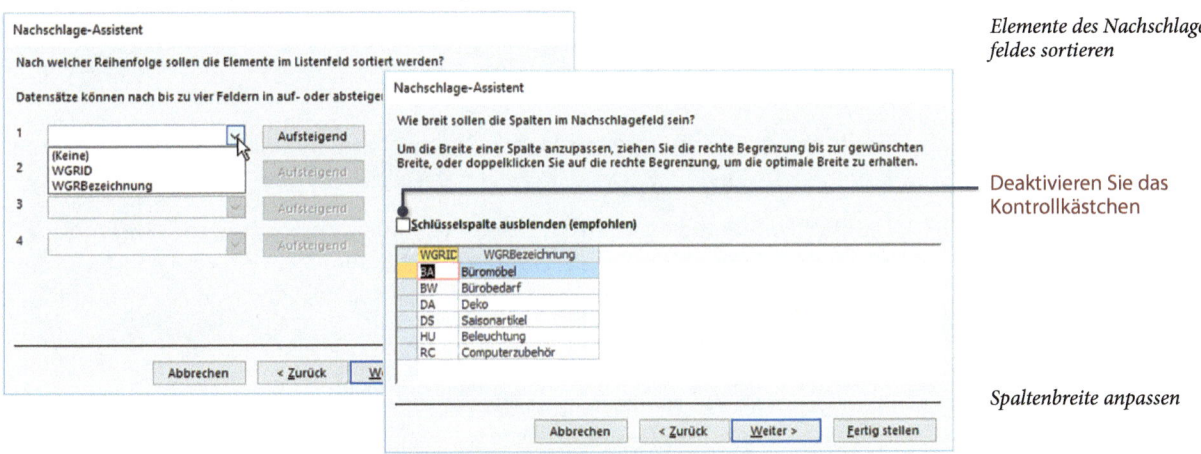

Elemente des Nachschlagefeldes sortieren

Deaktivieren Sie das Kontrollkästchen

Spaltenbreite anpassen

Standardmäßig blendet Access die Schlüsselspalte aus, d.h. Sie sehen dann nur die Warengruppenbezeichnung. In Tabellen sollte der tatsächliche Inhalt eines Feldes sichtbar sein, blenden Sie hier daher die Schlüsselspalte nicht aus. Anders verhält es sich bei Nachschlagefeldern in Formularen zur Dateneingabe.

Siehe Kombinations- und Listenfelder, Kapitel 9.4

8   Wenn, wie in unserem Fall, die Schlüsselspalte nicht ausgeblendet ist, dann müssen Sie im nächsten Schritt auswählen, welcher Wert bzw. welche Spalte in die Tabelle *tblArtikel* übernommen werden soll. Klicken Sie auf *WGRID* und auf *Weiter*. Bei ausgeblendeter Schlüsselspalte entfällt dieser Schritt und der Wert des Primärschlüssels wird automatisch übernommen.

9   Als Beschriftung des Feldes wird automatisch der Feldname des ausgewählten Feldes, *WGRID* übernommen. Diese kann im Bedarfsfall geändert werden.

Näheres zum Thema Datenintegrität lesen Sie in Kapitel 5.2

- Unterhalb können Sie über ein Kontrollkästchen die *Datenintegrität aktivieren*. Diese stellt sicher, dass zu jedem Datensatz der Tabelle *tblArtikel* auch tatsächlich eine Warengruppe in der Tabelle *tblWarengruppen* existiert.

- Über ein zweites Kontrollkästchen können Sie die Auswahl mehrerer Werte zulassen, was aber beim Beispiel Warengruppen keinerlei Sinn macht.

Welcher Wert soll gespeichert werden?

Beschriftung

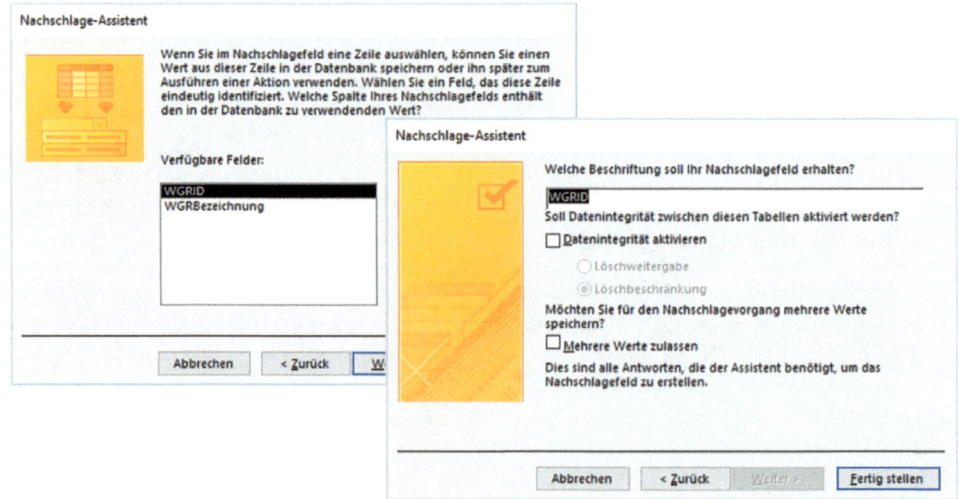

10   Übernehmen Sie die vorgeschlagene Beschriftung und lassen Sie beide Kontrollkästchen deaktiviert. Klicken Sie zuletzt auf *Fertig stellen*.

11   Der Assistent erstellt gleichzeitig eine Beziehung zwischen den Tabellen *tblWarengruppen* und *tblArtikel*, dazu muss die Tabelle vorher gespeichert werden. Eine entsprechende Meldung macht Sie darauf aufmerksam, klicken Sie auf *Ja*.

Speichern Sie die Tabelle

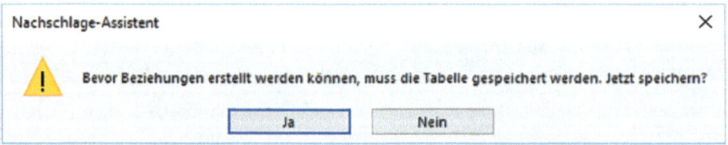

Das Feld *WGRID* erhält nun automatisch den Datentyp des Primärschlüsselfeldes der Tabelle *tblWarengruppen*, in unserem Beispiel *Kurzer Text* mit der Feldgröße 2.

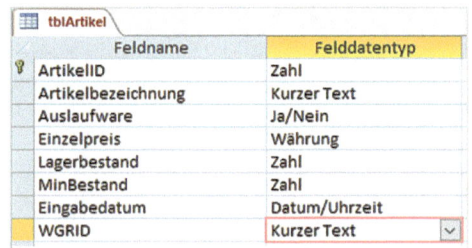

Das Nachschlagefeld in der Entwurfsansicht

... und in der Datenblattansicht bei der Eingabe

Die Eigenschaften von Nachschlagefeldern bearbeiten

Achtung: Haben Sie ein Nachschlage-Feld mit Hilfe des Assistenten erstellt und möchten das Nachschlagefeld nachträglich kontrollieren oder ändern, z. B. weil Sie vergessen haben, den Inhalt der Schlüsselspalte einzublenden, dann dürfen Sie den Nachschlage-Assistenten nicht erneut starten. Stattdessen bearbeiten Sie ein Nachschlagefeld über dessen Eigenschaften.

Siehe auch Kapitel 9.4

Wechseln Sie dazu in die Entwurfsansicht der Tabelle. Markieren Sie mit einem Klick das Nachschlagefeld und klicken Sie im Bereich *Feldeigenschaften* auf das Register *Nachschlagen*.

Das Register Nachschlagen

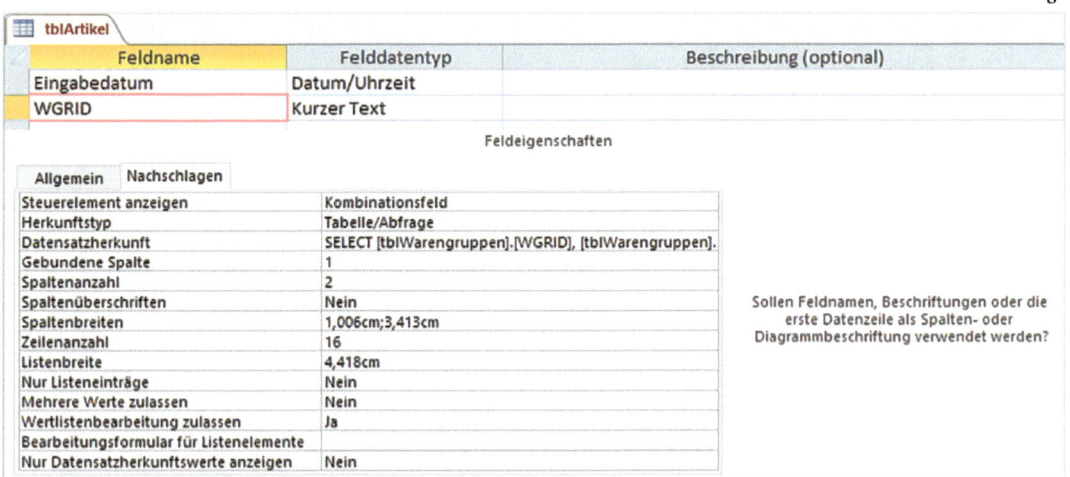

▶ Bei der Eigenschaft *Steuerelement anzeigen* ist hier *Kombinationsfeld* (=Nachschlagefeld) ausgewählt und darunter sehen Sie den Herkunftstyp *Tabelle/Abfrage*.

▶ Die *Datensatzherkunft* enthält einen Ausdruck, der mit *SELECT* beginnt, hierbei handelt es sich um einen SQL-Ausdruck, also eine Abfrage. Genausogut könnte hier aber auch der Name einer Tabelle, in diesem Fall *tblWarengruppen* stehen.

Näheres zum Thema Abfragen und SQL lesen Sie in Kapitel 7.6

▶ Als *Spaltenanzahl* ist 2 angegeben und *Gebundene Spalte* 1 bedeutet, der Inhalt der ersten Spalte, also die *WGRID* wird gespeichert.

▶ *Spaltenbreiten* legt, mit Semikolon (;) getrennt, die Breite jeder Spalte fest. Wenn hier für die erste Spalte 0cm angegeben ist, dann bedeutet dies, die erste Spalte ist ausgeblendet. Zum Einblenden brauchen Sie also hier nur einen entsprechenden Wert eingeben.

▶ Die *Zeilenanzahl* gibt an, wieviele Zeilen beim Ausklappen gleichzeitig angezeigt werden, standardmäßig 16. Enthält ein Feld mehr Werte, so erscheinen die übrigen beim Drehen des Mausrads bzw. Verschieben der Bildlaufleiste.

▶ Die Eigenschaft *Nur Listeneinträge* legt fest, ob neben der Auswahl von Listeneinträgen auch andere Eingaben erlaubt sind. Ändern Sie diese Eigenschaft auf *Ja*, wenn Sie die Eingabe nicht vorhandener Warengruppen ausschließen möchten.

▶ *Mehrere Werte zulassen* haben Sie bereits im letzten Schritt des Assistenten verneint.

▶ *Wertlistenbearbeitung zulassen* bedeutet, ein Benutzer kann während der Eingabe dem Nachschlagefeld weitere Werte hinzufügen. Dies funktioniert eigentlich nur, wenn es sich bei der Datensatzquelle um eine Wertliste handelt und nicht um eine Tabelle, siehe unten.

Eine Wertliste als Datenherkunft

Ein Nachschlagefeld Anrede erstellen

Wie bereits erwähnt eignen sich Nachschlagefelder, die ihre Werte aus einer Wertliste beziehen, vorwiegend für Inhalte, die sich nur selten ändern. Als Beispiel erstellen wir in der Tabelle *tblKunden* für das Feld *Anrede* ein Nachschlagefeld, das auf einer Wertliste basiert. Dazu wandeln wir das Feld *Anrede* nachträglich und ohne Assistent in ein Nachschlagefeld um.

1 Öffnen Sie die Tabelle *tblKunden* und wechseln Sie in die Entwurfsansicht.

2 Markieren Sie das Feld *Anrede* und klicken Sie im Bereich *Feldeigenschaften* auf das Register *Nachschlagen*.

3 Zunächst ist hier nur eine einzige Eigenschaft sichtbar, nämlich *Steuerelement anzeigen*. Klicken Sie auf den Pfeil und wählen Sie *Kombinationsfeld* statt *Textfeld*.

4 Nun erscheinen weitere Eigenschaften, legen Sie als Herkunftstyp *Wertliste* fest.

5 In der Zeile *Datensatzherkunft* geben Sie nun *Herr;Frau;Firma* ein, Trennzeichen ist wieder Semikolon (;), siehe Bild auf der nächsten Seite.

6 Die Werte der Eigenschaften *Gebundene Spalte* (1) und *Anzahl Spalten* (1) können beibehalten werden. Wenn keine Spaltenbreite und Listenbreite angegeben wird, dann richtet sich die Breite nach der Spalte der Tabelle.

7 Damit die Wertliste bei Bedarf schnell ergänzt werden kann, ändern Sie die Eigenschaft *Wertlistenbearbeitung zulassen* auf *Ja*.

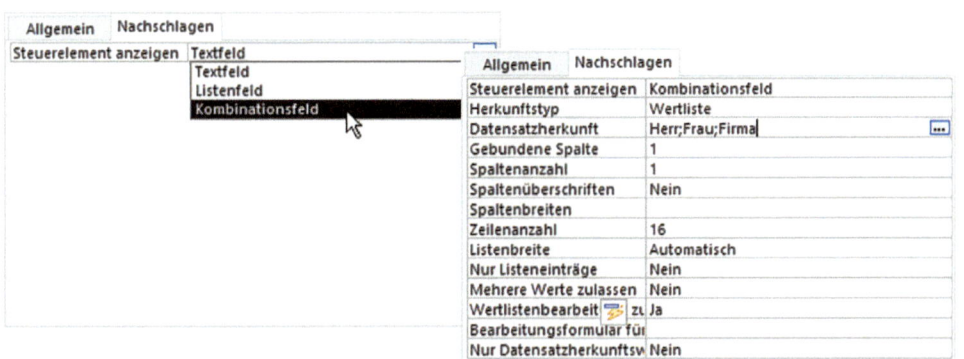

Steuerelement Kombinationsfeld wählen

Wertliste als Herkunftstyp

Einträge eines Nachschlagefeldes bearbeiten

Handelt es sich bei einem Nachschlagefeld um eine Wertliste, wie beim Beispiel *Anrede* und wurde die Eigenschaft *Wertlistenbearbeitung zulassen* auf *Ja* gesetzt, dann erscheint während der Eingabe in der Datenblattansicht ein kleines Symbol (Bild unten). Mit Klick auf das Symbol öffnet sich das Fenster *Listenelemente bearbeiten* und weitere Einträge können in Zeilen untereinander hinzugefügt werden.

Listenelemente bearbeiten

Einträge hinzufügen

Mehrere Werte auswählen

Wie Sie bereits gesehen haben, ist bei den Nachschlagefeldern auch die Auswahl mehrerer Einträge möglich. Dazu brauchen Sie nur im Register *Nachschlagen* der Eigenschaft *Mehrere Werte zulassen* den Wert *Ja* zuweisen oder im letzten Schritt des Nachschlage-Assistenten das entsprechende Kontrollkästchen aktivieren.

Solche mehrwertigen Nachschlagefelder lassen sich einsetzen, wenn aus einer überschaubaren Liste von Merkmalen jeweils mehrere und in unterschiedlicher Kombination ausgewählt werden sollen, z. B. Ausstattung oder Inhalte. Wenn allerdings dazu auch noch Mengenangaben erfasst werden müssen, wie z. B. bei Lebensmitteln oder Textilien, dann benötigen Sie statt eines Nachschlagefelds mit mehreren Werten eine n:m Beziehung über eine dritte Tabelle.

Beispiel: Weihnachtspräsente für Kunden

In der Tabelle *tblPraesente* sind die verschiedenen Weihnachtspräsente für gute Kunden gespeichert. Das Feld *PraesentID* ist vom Typ *AutoWert* und bildet den Primärschlüssel, das Feld *Bezeichnung* enthält eine kurze Bezeichnung. Um den Überblick zu behalten, sollen die vorgesehenen Präsente beim Kunden gespeichert werden.

Wenn Sie anschließend mit dem Nachschlage-Assistenten in der Tabelle *tblKunden* ein Nachschlagefeld erstellen, diesmal mit ausgeblendeter Schlüsselspalte und das *Mehrere Werte aus der Tabelle tblPraesente auswählen* Kontrollkästchen *Mehrere Werte zulassen* aktivieren, dann können Sie bei der Eingabe mittels Kontrollkästchen gleich mehrere Einträge auswählen und mit *OK* übernehmen.

Mehrere Werte aus der Tabelle tblPraesente auswählen

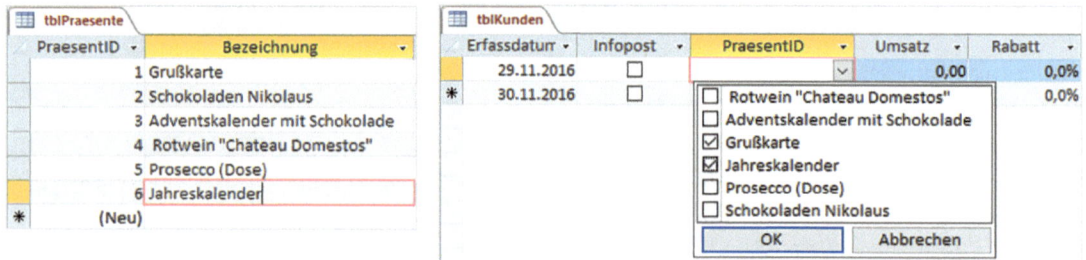

Die ausgewählten Einträge werden im Feld im Semikolon (;) getrennt angezeigt.

Mehrere ausgewählte Werte

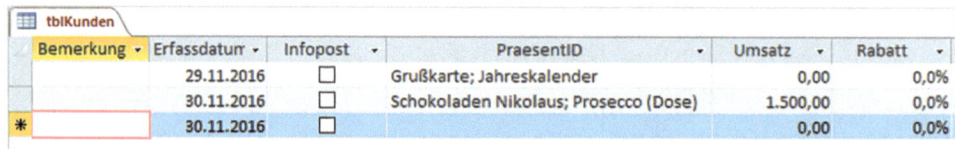

> **Achtung:** Die Einstellung *Mehrere Werte zulassen* kann nach dem Speichern nicht mehr rückgängig gemacht werden. Darauf werden Sie vor dem Speichern der Änderung des Tabellenentwurfs hingewiesen.

3.5 Felder in Tabellen berechnen

Berechnungen in Abfragen, siehe Kapitel 6.4 und 6.5

Grundsätzlich sollten Sie in Tabellen keine Eingaben speichern, die sich aus vorhandenen Feldern berechnen lassen. Verwenden Sie stattdessen Formeln in Tabellen und/oder Abfragen, hierbei wird nur die Formel, nicht aber der Wert gespeichert. Der Vorteil von Berechnungen in Tabellen: Diese können in Abfragen übernommen werden, häufig benötigte Formeln brauchen so nur einmal eingegeben werden.

Als Beispiel soll in der Tabelle *tblArtikel* der Lagerwert aus Einzelpreis und Lagerbestand berechnet werden.

1 Fügen Sie der Tabelle ein neues Feld hinzu: Dazu geben Sie in der Entwurfsansicht den Feldnamen *Lagerwert* ein und klicken unter *Datentyp* auf *Berechnet*. In der Datenblattansicht zeigen Sie auf *Feld berechnen* und wählen *Währung*.

Unmittelbar darauf öffnet sich der Ausdrucks-Generator von Access. Dieser entspricht etwa dem Funktionsassistent von Excel und unterstützt Sie bei der Eingabe von Formeln und Funktionen.

Nach Auswahl von Berechnet erscheint der Ausdrucksgenerator

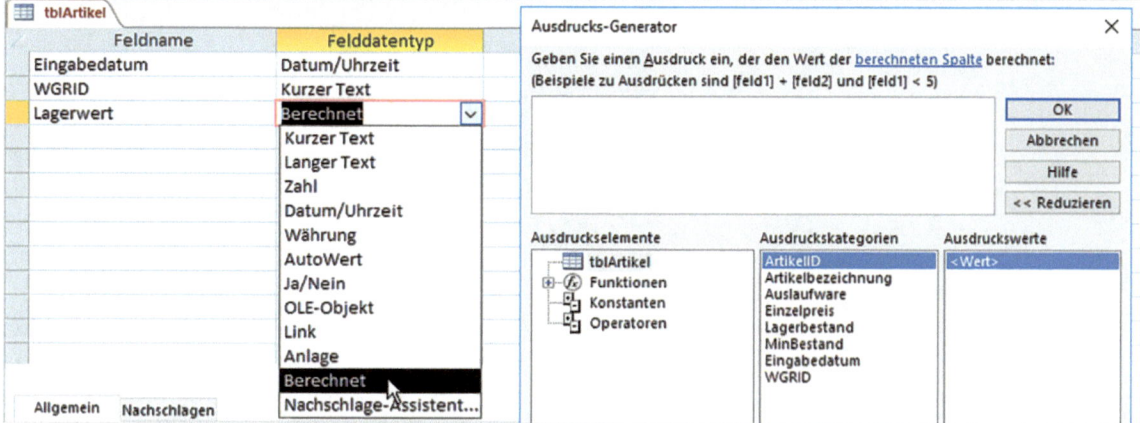

2 Unten finden Sie im mittleren Bereich unter *Ausdruckskategorien* alle Felder der Tabelle. Doppelklicken Sie das auf das erste Feld *Lagerbestand*. Dieses Feld erscheint oben in der Formel, geben Sie dann den Operator * über die Tastatur ein und fügen Sie mit einem weiteren Doppelklick das nächste Feld *Einzelpreis* hinzu.

3 Schließen Sie die Formeleingabe mit Klick auf die Schaltfläche *OK* ab.

Die Formel im Ausdrucks-Generator

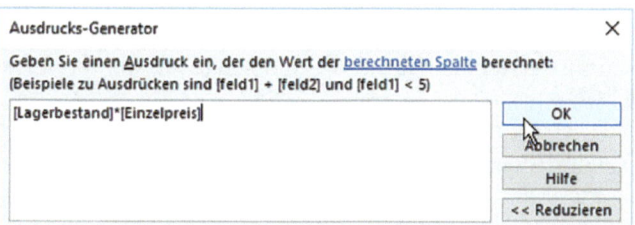

4 In den Feldeigenschaften erscheint die Formel unter *Ausdruck* in der Schreibweise *[Lagerbestand]*[Einzelpreis]*.

> **Achtung**: Ein berechnetes Feld kann nach dem Speichern des Tabellenentwurfs nicht mehr in einen anderen Datentyp umgewandelt werden!

In der Datenblattansicht ändert sich der Inhalt des berechneten Feldes automatisch, sobald Lagerbestand und Einzelpreis eingegeben oder geändert werden. Eine direkte Dateneingabe ist in diesem Feld nicht möglich.

Feldinhalte aneinanderfügen

Mit berechneten Feldern lassen sich auch die Inhalte mehrere Felder in einem einzigen zusammenfügen, d.h. verketten. **Beispiel:** Die Bestellnummer setzt sich zusammen aus den Feldern *WarengruppenID* und *ArtikelID*, getrennt durch einen Bindestrich.

Dazu legen Sie in der Tabelle *tblArtikel* ein Feld mit dem Namen *BestellNr* und dem Datentyp *Berechnet* an. Im Ausdrucks-Generator geben Sie folgenden Ausdruck ein, wobei der Bindestrich als Zeichen in Anführungszeichen eingegeben werden muss:

[WGRID] & "-" & [ArtikelID]

Als Ergebnis erhalten Sie beispielsweise folgende BestellNr: BA-100300

Tipp: Auf diese Weise lassen sich in der Tabelle *tblKunden* auch *Vorname* und *Nachname* oder *PLZ* und *Ort* in einem einzigen Feld zusammenfügen.

Ausdrucks-Generator erneut öffnen

Falls Korrekturen an der Formel erforderlich sind, so klicken Sie einfach unter *Feldeigenschaften* in die Zeile *Ausdruck* und ändern hier die Formel. Wenn Sie zur Korrektur den Ausdrucks-Generator erneut öffnen möchten, dann klicken Sie auf den Feldnamen und anschließend im Menüband auf die Schaltfläche *Generator*.

3.6 Tabellen im Navigationsbereich verwalten

Die Tabellen aus den vorangegangenen Beispielen sind im Navigationsbereich sichtbar. Den Navigationsbereich selbst öffnen und schließen Sie mit Klick auf den nach rechts oder links weisenden Doppelpfeil.

> Falls Sie nachträglich Datenbankobjekte umbenennen, kopieren oder löschen möchten, so erfolgt dies ausschließlich im Navigationsbereich und über das Kontextmenü der rechten Maustaste. Dies gilt für Tabellen und alle übrigen Datenbankobjekte, also Formulare, Berichte und Abfragen. Klicken Sie mit der rechten Maustaste auf die betreffende Tabelle bzw. das Datenbankobjekt.

Tabelle öffnen

Neben der bereits bekannten Möglichkeit, eine Tabelle mit Doppelklick zu öffnen, finden Sie den Befehl *Öffnen* auch im Kontextmenü, außerdem den Befehl *Entwurfsansicht*, mit dem Sie die Tabelle sofort in der Entwurfsansicht öffnen können.

Tabelle umbenennen oder löschen

▶ Klicken Sie mit der rechten Maustaste auf die Tabelle und auf *Umbenennen*. Der Name erscheint in einem Textfeld und kann nun überschrieben oder geändert werden. Mit der Enter-Taste übernehmen Sie die Änderung.

▶ Mit dem Befehl *Löschen* entfernen Sie das markierte Objekt aus der Datenbank.

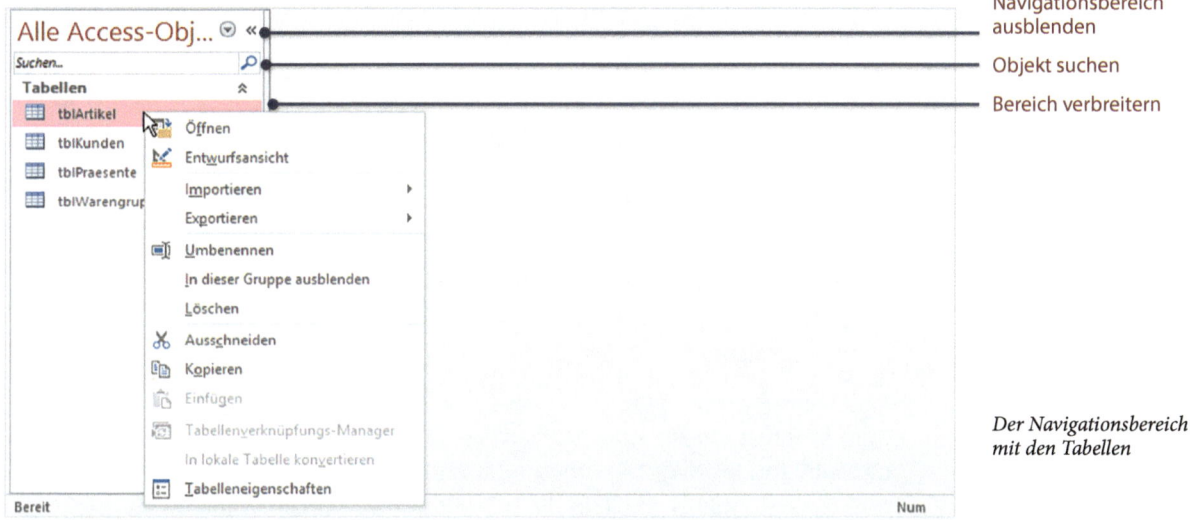

Navigationsbereich ausblenden

Objekt suchen

Bereich verbreitern

Der Navigationsbereich mit den Tabellen

Tabelle kopieren und wieder einfügen

Eine Tabelle samt Inhalt können Sie beispielsweise zu Sicherungszwecken kopieren und wieder einfügen. Dazu können Sie außer den Befehlen des Kontextmenüs auch die Symbole der Gruppe *Zwischenablage* im Menüband verwenden.

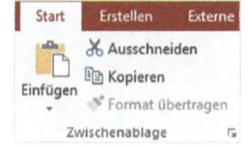

Eine nützlich Option stellt das Kopieren der Tabellenstruktur dar, wenn z. B. eine neu anzulegende Tabelle einen ähnlichen Aufbau wie eine bereits vorhandene Tabelle erhalten soll. Dazu klicken Sie auf den Befehl *Kopieren* und anschließend auf *Einfügen*.

Access öffnet das Fenster *Tabelle einfügen als*. Geben Sie einen Namen für die Kopie ein und wählen Sie zwischen den Optionen *Nur Struktur* und *Struktur und Daten*, also die gesamte Tabelle. Die dritte Option, *Daten an vorhandene Tabelle anfügen*, erlaubt es, die kopierten Datensätze an eine Tabelle anzufügen, setzt aber Übereinstimmung der Datentypen voraus.

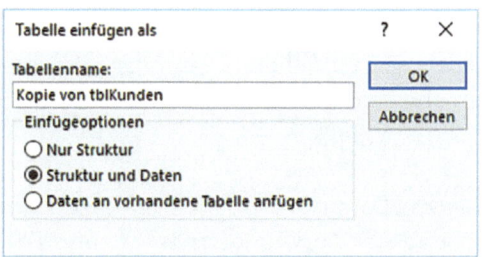

Tabelle mit Inhalt einfügen oder Tabellenstruktur kopieren

3.7   Nachträgliche Änderungen am Tabellenentwurf

Nachträgliche Änderungen am Tabellenentwurf sind grundsätzlich möglich. In der Datenblattansicht können Sie dazu die Schaltflächen des Registers *Felder* verwenden. In der Entwurfsansicht gehen Sie vor wie oben beschrieben. Beim Schließen der Tabelle bzw. beim Wechseln aus der Entwurfsansicht in die Datenblattansicht werden Sie aufgefordert, Ihre Änderungen am Tabellenentwurf zu speichern. Sind allerdings bereits Datensätze vorhanden, so kann es zu Problemen kommen.

Felder hinzufügen und löschen

▶ Weitere Felder können in jedem Fall problemlos hinzugefügt werden. In der Datenblattansicht werden Felder rechts von der aktuellen Spalte eingefügt. In der Entwurfsansicht können Sie ein Feld entweder am Ende oder über die Schaltfläche *Zeilen einfügen* oberhalb des markierten Feldes hinzufügen.

▶ Zum Löschen eines Feldes klicken Sie in der Entwurfsansicht in die betreffende Zeile und im Register *Entwurf* auf die Schaltfläche *Zeilen löschen*. In der Datenblattansicht klicken Sie in die betreffende Spalte und dann im Register *Start*, Gruppe *Datensätze*, auf den Dropdown-Pfeil der Schaltfläche *Löschen*. Hier wählen Sie *Spalte löschen*. Vorhandene Daten in diesem Feld werden natürlich ebenfalls gelöscht!

Datenblattansicht: Spalte löschen

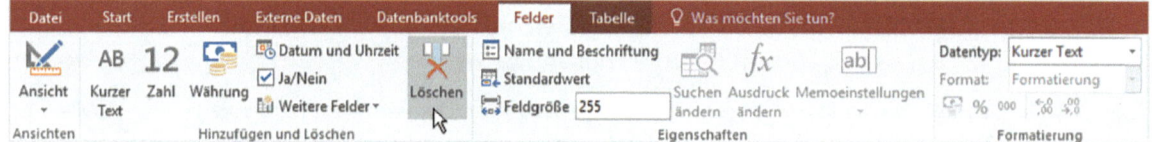

Sonstige Änderungen

Feldgröße
In Feldern vom Typ *Kurzer Text* kann es bei der Eingabe vorkommen, dass Inhalte abgeschnitten werden. In diesem Fall ändern Sie mit der Eigenschaft *Feldgröße* die Anzahl der maximal zulässigen Zeichen. Benötigen Sie mehr als 255 Zeichen, dann müssen Sie den Datentyp *Langer Text* verwenden. Dies ist problemlos möglich, sofern dieses Feld kein Primärschlüsselfeld ist. Allerdings kann nach Feldern vom Typ *Langer Text* nicht gefiltert oder gesucht werden.

Datentyp
Sind in einer Tabelle bereits Datensätze oder Beziehungen zu anderen Tabellen vorhanden, dann sind nachträgliche Änderungen des Datentyps generell keine gute Idee. Sollten trotzdem Änderungen nötig sein, dann sollten Sie folgende Punkte beachten:

Zahlen- und Datumsfelder lassen sich ohne Datenverlust in Felder vom Typ *Text* umwandeln, allerdings gehen dabei Formatierungen verloren und Berechnungen sind dann nicht mehr möglich. Wandeln Sie dagegen den Felddatentyp *Text* in *Zahl* oder *Datum/Uhrzeit* um, so kann es zu folgenden Problemen kommen:

▶ Enthält das Feld Buchstaben oder Sonderzeichen, so werden diese in jedem Fall gelöscht.

▶ Enthält das Feld Zahlen, dann müssen Sie beim Umwandeln auch die benötigte Feldgröße, Long Integer oder Double, angeben, da sonst eventuell ebenfalls Zahlen gelöscht werden.

▶ Die Umwandlung in den Typ *Datum/Uhrzeit* ist nur dann problemlos, wenn das Feld Datumswerte in der korrekten Schreibweise enthält.

▶ Der Datentyp *AutoWert* kann zwar ohne Schwierigkeiten in den Typ *Text* oder *Zahl* bzw. *Währung* geändert werden, eine nachträgliche Umwandlung von Text- oder Zahlenfeldern in den Typ *AutoWert* ist aber nur dann möglich, wenn die Tabelle noch keine Datensätze enthält.

3.8 Zusammenfassung

▶ Das Anlegen einer Tabelle kann zusammen mit der Dateneingabe erfolgen, in diesem Fall legt Access den Felddatentyp anhand der eingegebenen Daten automatisch fest. Weitergehende Möglichkeiten bietet die Erstellung und Bearbeitung in der Entwurfsansicht. Diese Ansicht dient ausschließlich zur Definition der Tabellenstruktur.

▶ Sie können auch selbst für jedes Feld bzw. jede Spalte Feldname und Felddatentyp festlegen. Weitere Feldeigenschaften stehen in der Entwurfsansicht oder im Register *Felder* (Datenblattansicht) zur Verfügung. Sie sind optional und erlauben eine Steuerung und Kontrolle der Dateneingabe.

▶ Bei der Tabellenerstellung legen Sie auch fest, welches Feld als Primärschlüssel verwendet werden soll und erstellen weitere Indizes. Für das Primärschlüsselfeld wird automatisch ein Index ohne Duplikate erstellt. Bei allen weiteren Indizes ist zu unterscheiden, ob in diesem Feld auch mehrfach vorkommende Inhalte zulässig sein sollen (Duplikate).

▶ Nachschlage- oder Kombinationsfelder erlauben bei der Dateneingabe eine Auswahl aus einer Liste. Die Werte dieser Liste können entweder aus einer Tabelle oder Abfrage stammen, oder direkt eingegeben werden. Bei der Erstellung von Nachschlagefeldern unterstützt Sie der Nachschlage-Assistent.

3.9   Übung: Tabellen erstellen

Teil 1: Zusammenfassung und Kontrolle

Die Datenbank *Artikel* sollte jetzt die Tabellen *tblKunden*, *tblArtikel*, *tblWarengruppen* und *tblPraesente* umfassen. Kontrollieren Sie die Tabellen Ihrer Datenbank anhand der nachfolgenden Übersicht, ergänzen Sie eventuell fehlende Felder und überprüfen Sie unbedingt Datentyp und sonstige Eigenschaften. Die Reihenfolge der Felder in den Tabellen spielt keine Rolle. Erstellen Sie die fehlenden Tabellen, egal ob in der Datenblatt- oder Entwurfsansicht.

Tipp: Den besten Überblick über die Tabellenstruktur bietet die Entwurfsansicht!

tblWarengruppen
Die Tabelle *tblWarengruppen* sollte folgende Felder und Datensätze enthalten.

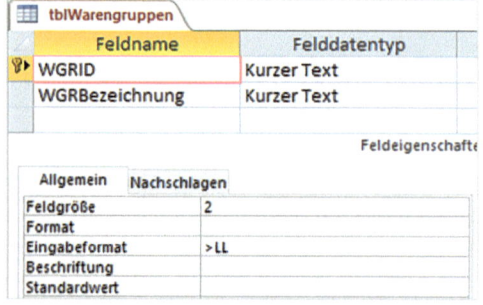 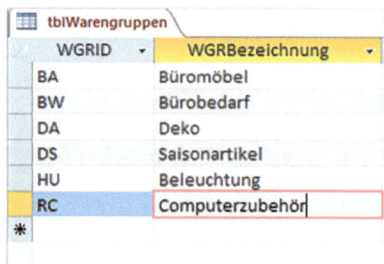

tblPraesente

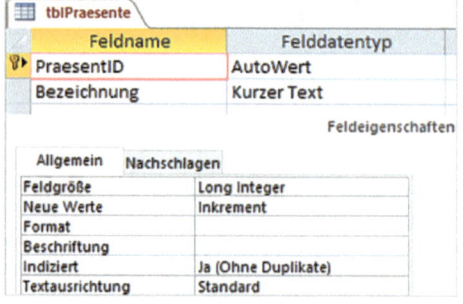 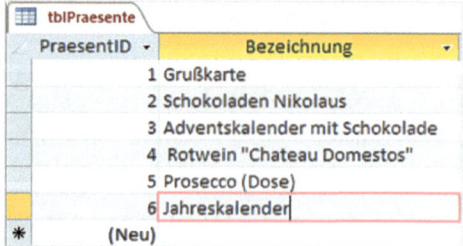

tblArtikel

Feldname	Datentyp	Eigenschaften
ArtikelID	Zahl	Primärschlüssel; Feldgröße: Long Integer; Eingabeformat: 000000
Artikelbezeichnung	Kurzer Text	
Auslaufware	Ja/Nein	

Feldname	Datentyp	Eigenschaften
Einzelpreis	Währung	Format: Euro
Lagerbestand	Zahl	Feldgröße: Long Integer; Format: Standardzahl; Dezimalstellenanzeige: 0
MinBestand	Zahl	Feldgröße: Long Integer; Format: Standardzahl; Dezimalstellenanzeige: 0
Eingabedatum	Datum/Uhrzeit	Standardwert: Datum()
WGRID	Kurzer Text	Nachschlagen aus der Tabelle tblWarengruppen; Herkunftstyp: Tabelle/Abfrage; Schlüsselspalte nicht ausblenden; Mehrere Werte zulassen: Nein; Nur Listeneinträge: Ja; Indiziert: Ja (Duplikate möglich)
Lagerwert	Berechnet	Ausdruck: [Lagerbestand]*[Einzelpreis]; Format Euro
BestellNr	Berechnet	Ausdruck: [WGRID] & "-" & [ArtikelID]

tblKunden

Feldname	Datentyp	Eigenschaften
KundenID	Autowert	Primärschlüssel
Vorname	Kurzer Text	
Nachname	Kurzer Text	Eingabe erforderlich: Ja; Indiziert: Ja (Duplikate möglich)
Anrede	Kurzer Text	Feldgröße : 10; Nachschlagefeld; Herkunftstyp: Wertliste; Datensatzherkunft: Herr;Frau;Firma; Wertlistenbearbeitung zulassen: Ja
Land	Kurzer Text	Feldgröße: 5; Standardwert: DE
Strasse	Kurzer Text	
PLZ	Kurzer Text	Indiziert: Ja (Duplikate möglich)
Ort	Kurzer Text	
Telefon	Kurzer Text	Eingabeformat: \+999\ 99999\ 000999999;0;_
Bemerkung	Langer Text	Textformat: Rich-Text
Erfassdatum	Datum/Uhrzeit	Standardwert: Datum()
Infopost	Ja/Nein	
Umsatz	Währung	Format: Euro
Rabatt	Währung	Format: Prozentzahl; Dezimalstellenanzeige: 1
PraesentID	Zahl	Nachschlagen aus Tabelle tblPraesente; Spaltenanzahl: 2; Gebundene Spalte: 1; Schlüsselspalte ausblenden (Spaltebreite: 0cm); Mehrere Werte zulassen: Ja

Hinweis: Das Feld Umsatz dient hier eigentlich nur als Beispiel für Felder vom Typ Währung. In der Praxis braucht der Umsatz nicht erfasst und gespeichert werden, da sich der tagesaktuelle Umsatz jederzeit aus den Bestellsummen bzw. Rechnungssummen ermitteln lässt.

Hinweis: Die Spalte *PraesentID* ist korrekt vom Typ *Zahl*, da sie die ID enthält. In der Datenblattansicht sehen Sie allerdings den Inhalt der zweiten Spalte des Nachschlagefeldes. Die ausgeblendete Schlüsselspalte wird von der Bezeichnung überlagert.

Teil 2: Übungsaufgaben

Achtung: Im Hinblick auf eventuelle künftige Änderungen der Steuersätze ist es wichtig, dass die SteuerID und nicht der Prozentsatz in der Tabelle tblArtikel gespeichert wird.

Damit braucht der Steuersatz nur an einer einzigen Stelle, nämlich in der Tabelle tblSteuer geändert werden.

Da für die Artikel unterschiedliche Steuersätze existieren können (Normalsatz und ermäßigter Satz), benötigen wir zur Berechnung des korrekten Verkaufspreises den jeweiligen Steuersatz. Dieser soll aus der Tabelle *tblSteuer* übernommen werden.

1 Erstellen Sie eine neue Tabelle mit folgenden Feldern und speichern Sie die Tabelle unter dem Namen *tblSteuer*.

Feldname	Datentyp	Eigenschaften
SteuerID	Zahl	Primärschlüssel; Feldgröße: Byte
SteuerProzent	Währung	Format: Prozentzahl, Dezimalstellenanzeige: 0
SteuerText	Kurzer Text	

2 Geben Sie in der Datenblattansicht dieser Tabelle die folgenden Datensätze ein:

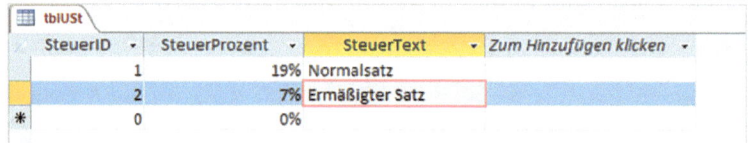

3 Ergänzen Sie die Tabelle *tblArtikel* um ein Nachschlagefeld zum Erfassen der Umsatzsteuer. Das Feld erhält den Namen *SteuerID*.

Hinweise: Erstellen Sie das Nachschlagefeld mit dem Assistenten. Datensatzquelle ist die Tabelle *tblSteuer* und Sie benötigen die Felder *SteuerID* und *SteuerProzent*. Die Schlüsselspalte soll nicht ausgeblendet und das Feld *SteuerID* übernommen werden (Gebundene Spalte: 1).

4 Erstellen Sie eine weitere Tabelle für die Lieferanten. Sie benötigen folgende Felder, speichern Sie die Tabelle unter dem Namen *tblLieferanten*.

Feldname	Datentyp	Eigenschaften
LieferantenID	Zahl	Primärschlüssel; Feldgröße Long Integer
Firma	Kurzer Text	Eingabe erforderlich: Ja; Indiziert: Ja (Duplikate möglich)
Ansprechpartner	Kurzer Text	
Land	Kurzer Text	Feldgröße: 5
Strasse	Kurzer Text	
PLZ	Kurzer Text	Indiziert: Ja (Duplikate möglich)
Ort	Kurzer Text	
Telefon	Kurzer Text	Eingabeformat: \+999\ 99999\ 000999999;0;_
E-Mail	Link	

4 Dateneingabe und Umgang mit Tabellen

In diesem Kapitel lernen Sie...

- Daten in Tabellen eingeben
- Allgemeine Tipps zur Eingabe
- Tabellenlayout in der Datenblattansicht ändern
- Dateianlagen und Bilder erfassen
- Tabellen filtern und sortieren
- Datensätze suchen
- Einfache Summen und Zusammenfassungen in Tabellen

Das sollten Sie bereits wissen

- Datenbankobjekte öffnen und schließen
- Tabellenentwurf und Datentypen

4.1 Dateneingabe in Tabellen

Neue Datensätze hinzufügen

Die Dateneingabe erfolgt bei Tabellen in der Datenblattansicht. Dazu öffnen Sie entweder die Tabelle mit Doppelklick oder wechseln aus der Entwurfsansicht über die Schaltfläche *Ansicht* (Menüband, Register *Start*) in die Datenblattansicht. Als Beispiel erfassen wir einige Kunden in der Tabelle *tblKunden*.

Elemente der Datenblattansicht

▶ **Markierungsspalte**

Links von der ersten Spalte befindet sich die sogenannte Markierungsspalte. Hier erkennen Sie schnell den aktuellen Datensatz (gelb hervorgehoben). Während der Eingabe erscheint hier ein Stiftsymbol und der Stern kennzeichnet einen neuen Datensatz.

▶ **Navigation**

Am unteren Rand befindet sich die Navigationsleiste, über die Sie zum nächsten/ vorherigen sowie zum ersten/letzten Datensatz wechseln. Mit Klick auf den Stern gelangen Sie zu einem neuen Datensatz. Zusätzlich sehen Sie die Nummer des aktuellen Datensatzes und die Anzahl aller Datensätze.

Neuer Datensatz

Ist die Tabelle leer, so klicken Sie in die erste Zeile und beginnen mit der Eingabe. Bei vorhandenen Datensätzen klicken Sie am Ende der Tabelle in die leere Zeile mit dem Stern in der Markierungsspalte (Bild unten) oder klicken in der Navigationsleiste auf das Symbol mit dem Stern, um schnell in die Zeile *Neuer Datensatz* zu gelangen. Alternativ klicken Sie im Menüband, Register *Start* auf das Symbol *Neu*.

Die Tabelle tblKunden in der Datenblattansicht

Aktuell bearbeiteter Datensatz ────

Neuer Datensatz ────

Navigationsleiste ────

Abhängig von der Ansicht, in der die Tabelle erstellt wurde, beginnt der AutoWert in der Spalte KundenID möglicherweise nicht mit 1.

Achtung: In der Tabelle *tblKunden* ist das Feld *KundenID* vom Typ *AutoWert* und erlaubt keine Eingabe, beginnen Sie daher in der nächsten Spalte.

Daten eingeben

Um während der Eingabe in das nächste Feld zu gelangen, verwenden Sie die Enter-Taste, die Tab-Taste oder die Pfeiltaste nach rechts. Natürlich können Sie auch einfach mit der Maus in das gewünschte Feld klicken und dann die Eingabe vornehmen oder einen vorhandenen Eintrag ändern. Der aktuell bearbeitete Datensatz ist in der Markierungsspalte farbig hervorgehoben und mit einem Stift gekennzeichnet.

Zur Dateneingabe und -bearbeitung können Sie alle bekannten Funktionen verwenden. Tippfehler während der Eingabe korrigieren Sie mit der Rückschritt- (Backspace) oder der Entf- (Del) Taste.

Eine Zusammenstellung aller Tastenkombinationen zur Dateneingabe finden Sie im Anhang dieses Buches.

Beachten Sie aber, dass mit der Schaltfläche *Rückgängig* in der *Symbolleiste für den Schnellzugriff* der soeben eingegebene Datensatz gelöscht wird. Eine Warnung erscheint nur, wenn der neue Datensatz bereits gespeichert wurde.

Datensatz speichern

Nachdem Sie die Eingabe eines Datensatzes in der letzten Spalte beendet haben, gelangen Sie durch Drücken der Enter-Taste oder der Tab-Taste in die nächste Zeile und können mit der Eingabe des nächsten Datensatzes fortfahren. Der zuletzt erfasste Datensatz wird beim Verlassen der Zeile automatisch gespeichert!

Datensätze werden automatisch gespeichert!

> Datensätze werden beim Verlassen der Zeile automatisch gespeichert! Im schlimmsten Fall kann also bei einem Absturz nur ein einziger Datensatz, nämlich der gerade eingegebene und noch nicht gespeicherte Datensatz verloren gehen.

Während der Eingabe brauchen Sie sich also nicht um das Speichern der Datensätze kümmern. Falls Sie während der Eingabe umfangreicherer Datensätze trotzdem den aktuellen Datensatz speichern möchten, so klicken Sie im Register *Start* in der Gruppe *Datensätze* auf die Schaltfläche *Speichern*.

Mögliche Fehler beim Speichern

Vor dem eigentlichen Speichervorgang wird der aktuelle Datensatz auf Gültigkeit überprüft. Dies betrifft das Primärschlüsselfeld, allgemeine Gültigkeitsregeln und Feldeigenschaften wie *Eingabe erforderlich*. Im Bild unten als Beispiel die Fehlermeldung, die erscheint, wenn bei der Eingabe ein Feld leer bleibt, für das die Eigenschaft *Eingabe erforderlich* auf *Ja* eingestellt wurde.

Siehe Kap. 3.3 Tabellenentwurf

Bestätigen Sie die Meldung mit *OK* und nehmen Sie eine Eingabe in dem betreffenden Feld vor.

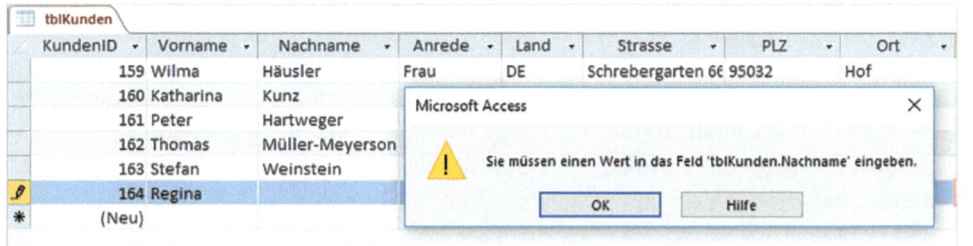

Eingabe erforderlich: Fehlermeldung

Gelegentlich kommt es vor, dass in der Tabelle versehentlich ein Wert in der Zeile *Neuer Datensatz* eingegeben und damit der Datensatz angelegt wurde. In solchen Fällen erhalten Sie beim Verlassen bzw. Speichern dieses Datensatzes meist gleich mehrere Feldermeldungen dieser Art.

Das nachträgliche Ergänzen der Felder ist hier keine Lösung, da Sie ja den neuen Datensatz gar nicht erfassen möchten. Als Abhilfe schließen Sie in solchen Fällen einfach die Tabelle. Zunächst erscheint die Fehlermeldung erneut, diese bestätigen Sie mit *OK*. Mit der nächsten Meldung macht Sie nun Access darauf aufmerksam, dass dieser Datensatz nicht gespeichert werden kann und fragt, ob Sie die Tabelle trotzdem schließen möchten. Klicken Sie auf *Ja*. Anschließend können Sie die Tabelle wieder öffnen.

Datensatz kann nicht gespeichert werden

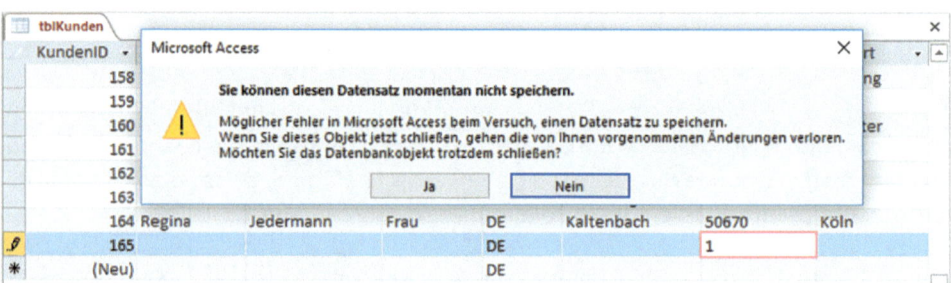

Doppelter Wert in Primärschlüssel oder Index

Mehrfach vorkommende Werte im Primärschlüssel

Eine andere häufige Fehlermeldung beim Speichern betrifft das Primärschlüsselfeld. Wurde hier ein bereits vorhandener Wert versehentlich doppelt eingegeben, so erhalten Sie beim Speichern die unten abgebildete Fehlermeldung.

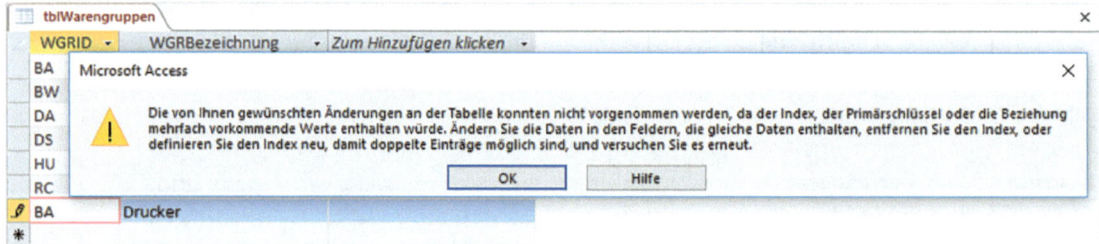

Eine ähnliche Fehlermeldung erhalten Sie auch, wenn das Primärschlüsselfeld leer ist.

Auch hier gilt: klicken Sie auf *OK* und korrigieren Sie den Fehler. Falls Sie den Datensatz versehentlich angelegt haben, so schließen Sie einfach die Tabelle, siehe oben.

In der Tabelle bewegen

Um einen Datensatz auszuwählen, klicken Sie einfach in die entsprechende Zeile oder verwenden Sie die Pfeiltasten der Tastatur. In umfangreichen Tabellen leistet die Navigationsleiste am unteren Rand des Datenblattes gute Dienste. Sie zeigt an, wieviele Datensätze die Tabelle enthält und in welchem Datensatz sich der Cursor gerade befindet bzw. welcher Datensatz markiert ist. Darüber hinaus können Sie die Schaltflächen *Erster* und *Vorheriger Datensatz* bzw. *Nächster* und *Letzter Datensatz* zum schnellen Bewegen in der Tabelle verwenden. Als Alternative benutzen Sie im Register *Start*, Gruppe *Suchen*, die Befehle der Schaltfläche *Gehe zu*.

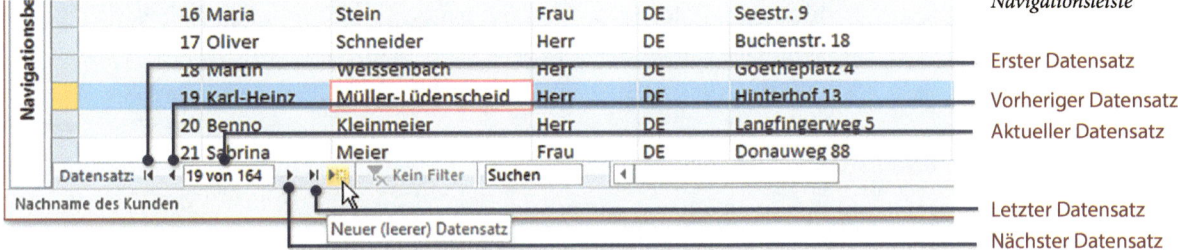

Navigationsleiste

Erster Datensatz

Vorheriger Datensatz

Aktueller Datensatz

Letzter Datensatz

Nächster Datensatz

Tipp: Sie können in der Navigationsleiste auch die Nummer des gewünschten Datensatzes direkt in das Feld eingeben, das normalerweise die Anzahl der Datensätze anzeigt und anschließend die Eingabe-Taste drücken.

> **Verwechseln Sie die Satznummer nicht mit dem Primärschlüssel!**
>
> Bei der im Navigationsbereich angezeigten Nummer handelt es sich um die relative Satznummer des aktuellen Datensatzes. Wenn, wie bei der Tabelle *tblKunden*, der Primärschlüssel vom Typ *AutoWert* ist, dann kann die Satznummer bei entsprechender Sortierung zufällig dieselbe sein, wie die *KundenID*, darf aber nicht mit dieser verwechselt werden! Bei einer anderen Sortierung, z. B. nach Nachnamen, befindet sich jeder Datensatz an einer anderen Stelle der Tabelle und erhält somit eine andere Satznummer.

Datensätze nachträglich ändern

Die Inhalte bereits gespeicherter Datensätze können jederzeit geändert werden. Klicken Sie in die Zelle und nehmen Sie Ihre Änderungen vor. Beachten Sie die Unterschiede beim Ansteuern mit Tastatur und Maus.

▶ Wenn Sie mit der Tab-Taste oder einer der Pfeiltasten in eine Zelle springen, wird der Inhalt invers markiert und durch Tastatureingabe wird der gesamte Zellinhalt überschrieben! Um nur einzelne Zeichen zu ändern, müssen Sie entweder die F2-Taste betätigen oder mit der Maus an die gewünschte Stelle im Text klicken.

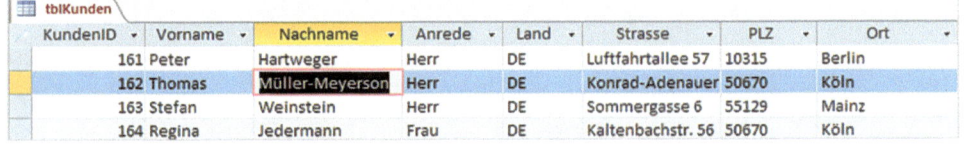

Zelle mit der Tastatur ansteuern: der Zellinhalt wird markiert

▶ Klicken Sie dagegen mit der Maus in eine Zelle, so achten Sie auf den Mauszeiger:

■ Zeigen Sie auf die Umrandung der Zelle, so erscheint als Mauszeiger ein weißes Kreuz (wie in Excel) und ein Mausklick markiert die gesamte Zelle. Der

Zellinhalt wird dann ebenfalls durch Eingabe überschrieben. Zum Ändern einzelner Zeichen, siehe oben.

- Zeigen Sie dagegen direkt auf den Zellinhalt, so erscheint als Mauszeiger eine Einfügemarke wie in Word und mit einem Klick positionieren Sie den Cursor an dieser Stelle. Auf diese Weise lassen sich schnell einzelne Zeichen korrigieren.

Zellen/Zellinhalte mit der Maus auswählen

Auch bei nachträglichen Änderungen erscheint in der Markierungsspalte ein Stift und beim Verlassen des Datensatzes werden diese automatisch gespeichert.

> **Tipp:** Solange Sie die geänderte Zelle noch nicht verlassen haben, können Sie durch Drücken der Esc-Taste den ursprünglichen Inhalt wiederherstellen.

Datensätze löschen

Zum Löschen eines Datensatzes gibt es zwei Möglichkeiten:

Datensatz markieren und löschen

▷ Klicken Sie in die Markierungsspalte, um den gesamten Datensatz zu markieren und betätigen Sie dann zum Löschen die Entf-Taste der Tastatur oder klicken Sie im Menüband (*Start*) auf das Symbol *Löschen*.

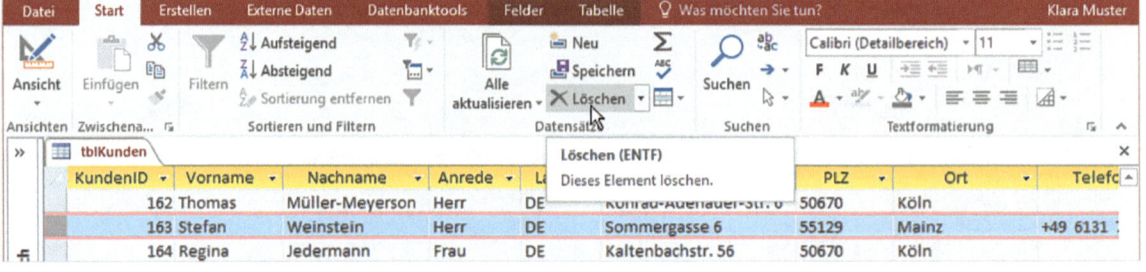

▷ Oder klicken Sie an eine beliebige Stelle in der Zeile des zu löschenden Datensatzes. Dann erscheint das Symbol *Löschen* im Menüband inaktiv und Sie müssen auf den Dropdown-Pfeil des Symbols klicken und *Datensatz löschen* auswählen.

In beiden Fällen fordert Access anschließend eine Löschbestätigung an und macht Sie darauf aufmerksam, dass das Löschen nicht rückgängig gemacht werden kann. Erst mit Klick auf *Ja* wird der Datensatz endgültig gelöscht.

Access fordert eine Lösch-bestätigung an

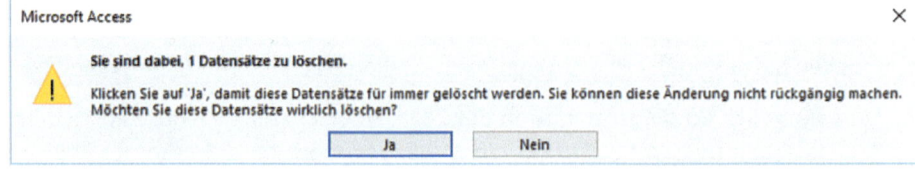

4.2 Tabellenlayout anpassen

Spaltenbreiten ändern

Stellen Sie während der Dateneingabe in der Datenblattansicht fest, dass eine Spalte zu schmal ist, so zeigen Sie mit der Maus auf die rechte Trennlinie der Spaltenüberschrift. Als Mauszeiger erscheint ein waagrechter Doppelpfeil und Sie können mit gedrückter linker Maustaste die Spalte in die gewünschte Breite ziehen. Ein Doppelklick auf die Trennlinie stellt die optimale Spaltenbreite her, d. h. die Breite der Spalte orientiert sich am Inhalt der gesamten Spalte.

Wenn allerdings in Feldern vom Typ *Kurzer Text* der Inhalt bei der Eingabe nach einer bestimmten Anzahl Zeichen automatisch abgeschnitten wird, dann liegt dies daran, dass die Feldgröße nicht ausreicht. Zur Abhilfe ändern Sie die Eigenschaft *Feldgröße*.

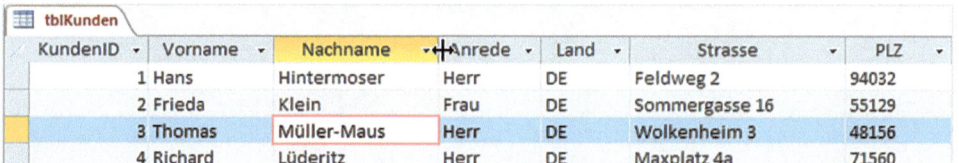

Spaltenbreite ändern

Spalten verschieben

Zur Dateneingabe in der Tabelle kann es sinnvoll sein, die Reihenfolge der Spalten zu ändern. Sie können in der Datenblattansicht mit der Maus einfach eine Spalte an die gewünschte Stelle ziehen, die Reihenfolge der Felder in der Entwurfsansicht der Tabelle ändert sich dadurch nicht. Dazu klicken Sie zuerst auf die Spaltenüberschrift der betreffenden Spalte, um sie zu markieren. Dann zeigen Sie auf die Überschrift der markierten Spalte, drücken die linke Maustaste und ziehen die Spalte mit gedrückter Maustaste an die gewünschte Stelle. Ein schwarzer Balken kennzeichnet in der Tabelle die Einfügeposition.

Markierte Spalten mit der Maus verschieben

Tabelle formatieren

In der Datenblattansicht könnten Sie Tabellen theoretisch auch formatieren. Dazu finden Sie im Menüband, Register *Start* in der Gruppe *Textformatierung* die entsprechenden Schaltflächen und Symbole. Allerdings beziehen fast alle Formate, z. B. *Fett* oder

Ausnahme: Ausrichtung links, zentriert, rechts

Schriftfarbe die gesamte Tabelle ein. Abweichende Formate für festimmte Felder sind nur in Formularen und Berichten möglich, diese bieten auch wesentlich mehr Möglichkeiten zur optischen Gestaltung. Mit Ausnahme von *Schriftgröße*, *Schriftart* und *Zeilenfarben* können Sie sich also in Tabellen die Mühe der Formatierung sparen.

Textformate im Register Start

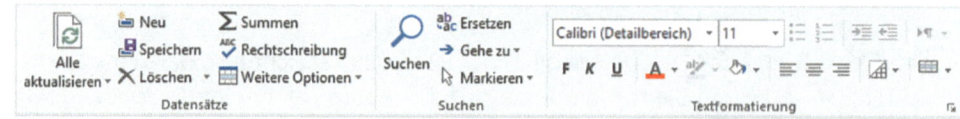

Zeilenfarben

Access stellt in der Datenblattansicht zur besseren Lesbarkeit jede zweite Zeile in einer anderen Farbe, in der Standardeinstellung grau, dar. Wenn Sie diese zweite Farbe ändern möchten, dann klicken Sie auf den Pfeil des Symbols *Hintergrundfarbe* und wählen eine Farbe. Die Auswahl *Automatisch* stellt die ursprüngliche Farbe wieder her.

Alternative Zeilenfarbe

Über das Symbol *Alternative Zeilenfarbe* (*Start ▸ Textformatierung*) können Sie ebenfalls die abweichende Farbe festlegen, zusätzlich lassen sich hier mit der Auswahl *Keine Farbe* die unterschiedlichen Zeilenfarben deaktivieren.

Falls die Tabelle ohne oder nur mit vertikalen/horizontalen Gitternetzlinien angezeigt werden soll, so legen Sie dies über das Symbol *Gitternetzlinien* fest.

Layout-Änderungen speichern

Beim Schließen der Tabelle werden eventuelle Änderungen an Datensätzen automatisch gespeichert. Nach Änderungen am Aussehen der Tabelle, z. B. Änderung der Spaltenbreiten oder Verschieben von Spalten, erscheint dagegen beim Schließen eine Meldung, ob Änderungen am Layout gespeichert werden sollen. Bestätigen Sie mit *Ja*, wenn die Tabelle künftig mit den geänderten Einstellungen geöffnet werden soll. *Nein* bedeutet, die ursprünglichen Einstellungen werden beibehalten.

Layoutänderungen speichern

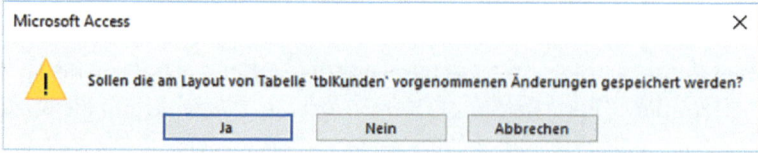

4.3   Tipps und Besonderheiten bei der Eingabe

Nützliche Tastenkombinationen bei der Eingabe

Mit Tastenkombinationen lässt sich die Eingabe einiger Inhalte beschleunigen, eine Zusammenstellung aller Tastenkombinationen finden Sie im Anhang.

Tasten	Beschreibung
Strg + Umschalt Komma (,)	Fügt das aktuelle Datum ein
Strg + Umschalt + Punkt (.)	Fügt die aktuelle Uhrzeit ein
Strg + Alt + Leer	Fügt den Standardwert ein
Strg + # (Raute)	Übernimmt in der Spalte den Wert des vorherigen Datensatzes
Esc	Rückgängigmachen von Änderungen im aktuellen Feld. Drücken Sie nochmals Esc, so werden die Änderungen im aktuellen Datensatz rückgängig gemacht.
Strg + Pluszeichen (+)	Bewegt den Cursor in einen neuen Datensatz
Strg + Enter	Fügt einen Zeilenumbruch innerhalb eines Feldes ein, z. B. in einem Feld vom Typ Langer Text

Eine Zusammenstellung aller Tastenkombinationen finden Sie auch im Anhang.

Was ist bei einzelnen Felddatentypen zu beachten?

AutoWert

In einem Feld vom Typ *AutoWert* ist keine Eingabe oder Änderung möglich. Hier wird automatisch eine fortlaufende Nummer vergeben, sobald Sie in einem neuen Datensatz mit der Dateneingabe beginnen. Wurde ein Datensatz gelöscht, so wird dessen Nummer nicht mehr verwendet, sondern Access fährt mit der nächsten Zahl fort. Ist z. B. die Kundennummer 100 die letzte Kundennummer der Tabelle und wird dieser Kunde gelöscht, so erhält der nächste neu erfasste Kunde trotzdem die Nummer 101.

Abhängig von der Ansicht, in der die Tabelle erstellt wurde, beginnt der AutoWert in der Spalte KundenID möglicherweise nicht mit 1.

Primärschlüsselfeld

In einem Primärschlüsselfeld muss jeder Wert eindeutig sein, d.h. darf in der Tabelle nur ein einziges Mal vorkommen. Auch Nullwerte (leer) sind in Primärschlüsselfeldern nicht erlaubt. Aus dieser Tatsache resultiert eine der häufigsten Fehlermeldungen beim Speichern des Datensatzes, da Access erst beim Speichern die eingegebenen Daten zu Zulässigkeit überprüft, siehe Seite 93.

Nachschlagefeld

In einem Nachschlage- oder Kombinationsfeld erscheint ein Dropdown-Pfeil, sobald sich der Cursor im Feld befindet und ein Mausklick auf den Pfeil öffnet die Liste. Schneller geht es, wenn Sie während der Eingabe über die Tastatur die ersten Buchstaben eingeben, Groß- oder Kleinschreibung spielt keine Rolle. Dann erscheint der erste entsprechende Vorschlag aus der Liste, den Sie mit der Enter- oder der Tab-Taste übernehmen können. Geben Sie beispielsweise im Feld *Anrede* den Buchstaben H ein, so erscheint die vollständige Anrede „Herr", die Sie anschließend übernehmen können.

Liste mit der Maus öffnen oder die ersten Zeichen eingeben

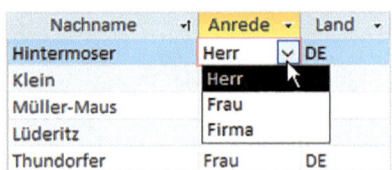 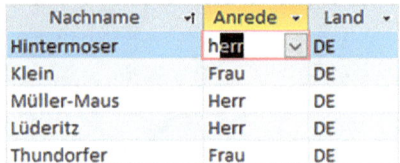

Als Alternative öffnen Sie ein Nachschlagefeld mit der Tastenkombination Alt+Pfeil nach unten. Anschließend markieren Sie mit der Pfeiltaste nach unten einen Wert, den Sie mit der Enter- oder Tab-Taste übernehmen.

Tipp: Bei umfangreichen Listen geben Sie am besten die ersten Zeichen ein und öffnen dann mit Alt+Pfeil nach unten die Liste an dieser Stelle.

Handelt es sich um ein Nachschlagefeld, das die Auswahl mehrerer Werte erlaubt, dann wählen Sie die Einträge mit den Kontrollkästchen aus und übernehmen diese dann mit *OK*.

Mehrere Einträge auswählen

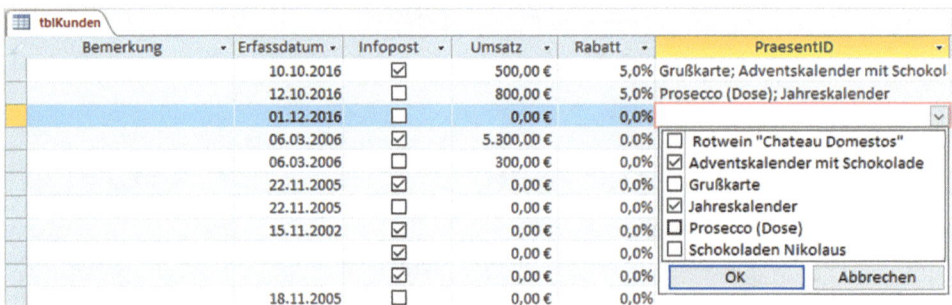

Ja/Nein
Der Felddatentyp *Ja/Nein* erscheint in der Datenblattansicht als Kontrollkästchen. Mit einem Mausklick oder mit der Leertaste auf der Tastatur aktivieren und deaktivieren Sie das Kontrollkästchen.

Ja/Nein Feld mit Maus oder Leertaste umschalten

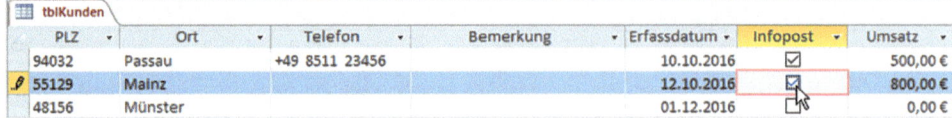

Datumswerte
Bei der Eingabe in ein Datumsfeld erscheint ein kleines Kalenderblatt. Ein Mausklick öffnet das Kalenderblatt und Sie können das gewünschte Datum durch Anklicken übernehmen. Sinnvoll ist dies allerdings nur bei der Eingabe eines Datums im aktuellen Zeitraum. Ein Geburtsdatum beispielsweise geben Sie besser über die Tastatur ein.

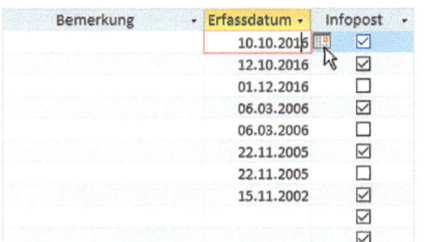 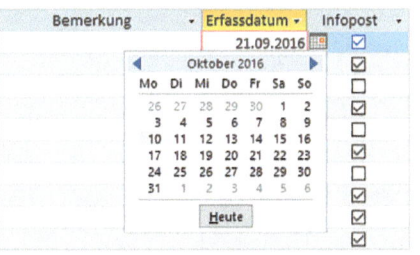

Datumseingabe über den Kalender

Datumswerte werden standardmäßig mit einem Punkt als Trennzeichen angezeigt, beispielsweise 24.12.2016 (*Format: Datum kurz*). Bei der Datumseingabe über die Tastatur sind neben dem Punkt (.) auch noch folgende Trennzeichen zulässig: Komma (,), Schrägstrich (/) oder Bindestrich (-). Eine führende Null muss nicht eingegeben werden. Ein Datum kann also auch so eingegeben werden: 1-1-16 oder 1/1/16. Bei Eingabe der Uhrzeit ist der Doppelpunkt (:) erforderlich, z. B. 10:23.

Langer Text und Rich-Text

Felder vom Datentyp *Langer Text* können auch längere Texte speichern, daher erscheinen die Feldinhalte in der Datenblattansicht meist abgeschnitten. Allerdings wäre es hier Unsinn, die Spaltenbreite entsprechend anzupassen. Besser ist es, wenn Sie zur Eingabe und Anzeige mit der Tastenkombination Umschalt+F2 den Feldinhalt in einem gesonderten Fenster anzeigen (Zoom).

Falls erforderlich, erzeugen Sie mit Strg+Enter einen Zeilenumbruch

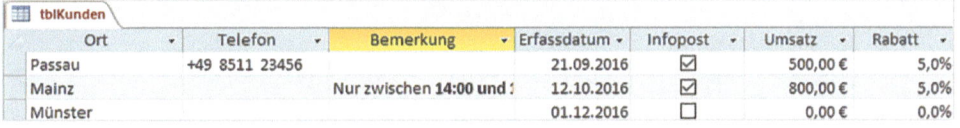

Inhalte von Feldern des Typs Langer Text erscheinen meist abgeschnitten

Haben Sie im Tabellenentwurf beim Datentyp *Langer Text* als Textformat *Rich-Text* vereinbart, dann erscheint eine Symbolleiste mit Formaten, sobald Sie eine Textstelle markieren. Die Schaltfläche *Schriftart...* steht dagegen immer zur Verfügung, ihre Formate beziehen sich allerdings auf den gesamten Feldinhalt.

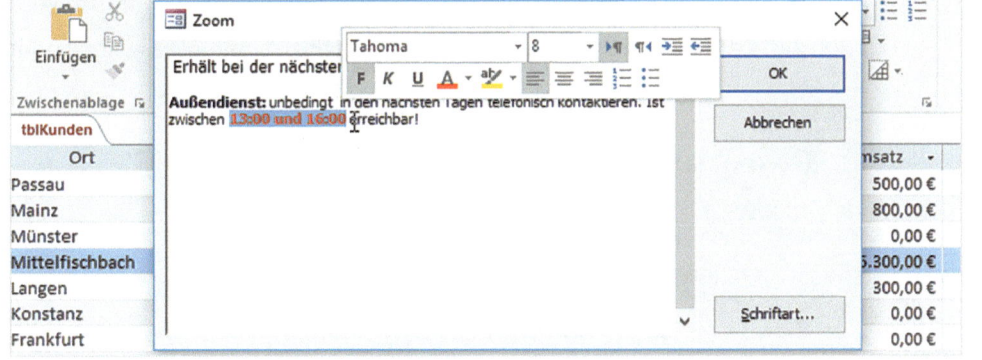

Rich-Text im Zoomfenster formatieren

Zur Formatierung können Sie natürlich auch im Menüband (*Start*) die Symbole der Gruppe *Textformatierung* verwenden. Auch hier gilt: Beim Textformat *Rich-Text* können

Sie damit markierten Text formatieren, bei der Standardeinstellung *Nur-Text* dagegen den gesamten Feldinhalt.

Link eingeben und nutzen

Inhalte von Feldern des Typs *Link* werden in der Standardformatierung für Hyperlinks, also in blauer Schrift und unterstrichen angezeigt. Beim Zeigen wird als Mauszeiger eine Hand sichtbar und ein Klick öffnet eine neue E-Mail Nachricht Ihres Standard E-Mail Programms mit dieser E-Mail Adresse, z. B. Outlook. Handelt es sich dagegen um eine Webadresse, so wird beim Klicken der Standardbrowser mit der angegebenen Adresse geöffnet.

Links werden in der Standardformatierung für Hyperlinks angezeigt

Beim Klicken wird automatisch eine neue Nachricht erstellt

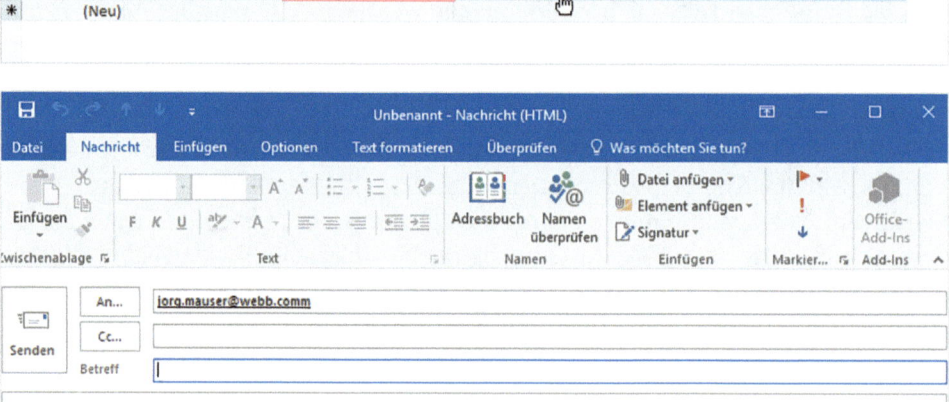

Dateianlagen, Bilder

Dateianlage hinzufügen

1   Beim Datentyp *Anlage* genügt zum Einfügen ein Doppelklick in das Feld. Alternativ klicken Sie mit der rechten Maustaste in das Feld und auf *Anlagen verwalten....*

2   Das Fenster *Anlagen* öffnet sich. Klicken Sie zum Hinzufügen eines Bildes oder einer anderen beliebigen Datei auf die Schaltfläche *Hinzufügen....*

Eine Datei als Anlage hinzufügen

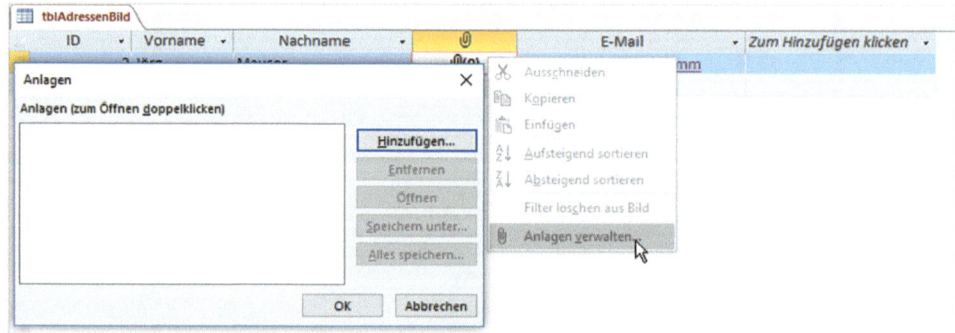

3   Das Fenster *Datei auswählen* wird geöffnet. Navigieren Sie zum Speicherort, markieren Sie die Datei und klicken Sie auf *Öffnen*.

> Ein Feld vom Typ *Anlage* kann auf diese Weise auch mehrere Dateien aufnehmen. Access speichert in der Datenbank nur einen Verweis, nicht aber die Datei bzw. das Bild selbst. Daher sollten die verwendeten Dateien am besten in einem gesonderten Ordner gespeichert sein und dürfen selbstvertändlich nicht nachträglich verschoben und umbenannt werden.

Achtung: Felder vom Typ Anlage können nachträglich nicht in einen anderen Datentyp umgewandelt werden!

Dateianlage in der Tabelle öffnen/anzeigen

In der Datenblattansicht erkennen Sie an der Zahl in Klammern die Anzahl der angefügten Dateien. Der Dateiinhalt selbst kann zwar, sofern es sich um eine Grafikdatei handelt, in Formularen und Berichten angezeigt werden, nicht aber in Tabellen.

Zum Anzeigen doppelklicken Sie in das Feld, markieren im Fenster *Anlagen* die gewünschte Datei und klicken auf die Schaltfläche *Öffnen*. Schneller geht's mit Doppelklick auf den Dateinamen.

Dateianlagen verwalten

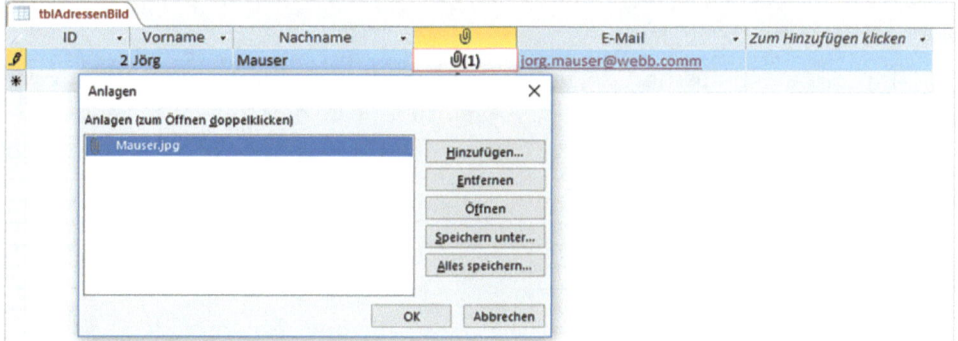

Die Datei wird mit der dazugehörigen Standard-App geöffnet, Bilder beispielsweise mit der App Fotos, Excel-Arbeitsmappen mit Microsoft Excel, usw.. Je nach Dateityp und App ist auch ein Bearbeiten des Dateiinhalts möglich.

Automatische Korrekturen während der Eingabe

Genau wie Word verfügt auch Access über eine so genannte AutoKorrektur, die während der Eingabe Buchstabendreher oder häufige Rechtschreibfehler automatisch korrigiert. Allerdings ist dies in Access nur selten erwünscht und führt häufig, z. B. bei der Eingabe von Namen, zu fehlerhaften Eingaben. Zwar erscheint unmittelbar nach erfolgter AutoKorrektur im Tabellenblatt ein Symbol, über das Sie die AutoKorrektur anschließend wieder rückgängig machen können. Aber dieses Symbol wird bei der Erfassung großer Datenmengen leicht übersehen.

Achtung: Automatische Korrektur der Eingabe!

Beispiel AutoKorrektur

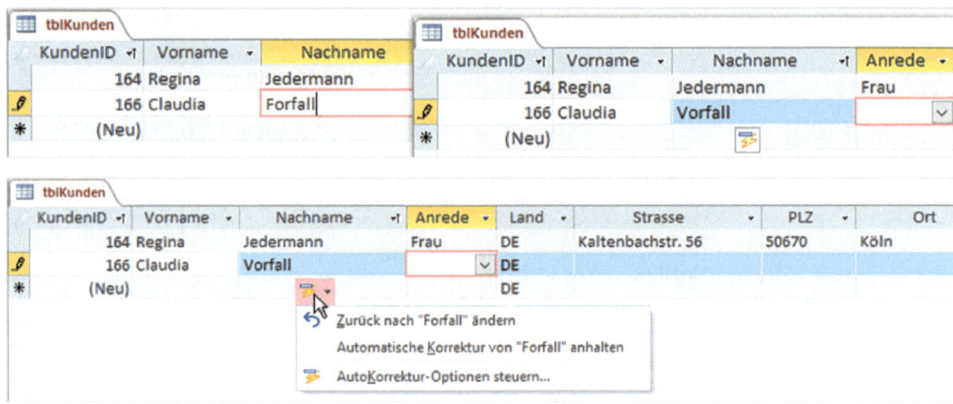

AutoKorrektur deaktivieren

1   Wenn Sie die AutoKorrektur ganz deaktivieren möchten, dann klicken Sie auf den Befehl *AutoKorrektur-Optionen steuern…* oder ändern dies in den Access-Optionen. Dazu klicken Sie auf das Register *Datei* und hier auf *Optionen*.

2   Klicken Sie auf die Kategorie *Dokumentprüfung* und anschließend auf die Schaltfläche *AutoKorrektur-Optionen*.

3   Um das automatische Ersetzen von vermeintlichen Buchstabendrehern oder Rechtschreibfehlern auszuschalten, brauchen Sie im nachfolgenden Fenster *AutoKorrektur* nur das Kontrollkästchen *Während der Eingabe ersetzen* deaktivieren (Bild unten).

Access-Optionen: Auto-
Korrektur

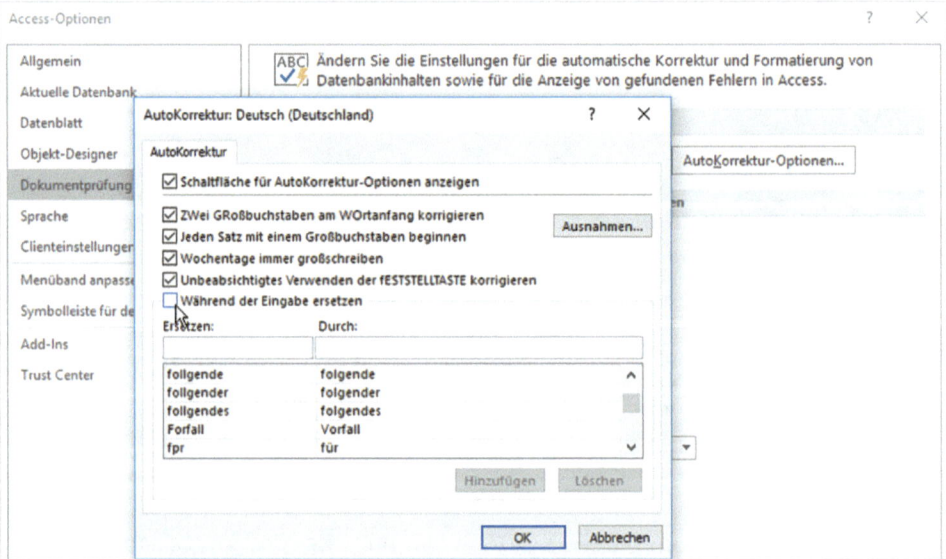

4.4 Tabellen sortieren, filtern und drucken

Tabelle sortieren

Standardmäßig werden Tabellen beim Öffnen automatisch nach dem Primärschlüsselfeld sortiert. Da Sortieren zu den typischen Aufgabenstellungen einer Datenbank gehört, lässt sich eine Tabelle in der Datenblattansicht schnell nach beliebigen Feldern sortieren. Dazu stehen Ihnen verschiedene Möglichkeiten offen:

▶ Klicken Sie im Bereich der Spaltenüberschiften auf den Dropdown-Pfeil derjenigen Spalte, nach der Sie sortieren möchten und wählen Sie die gewünschte Sortierreihenfolge, im Bild unten als Beispiel das Feld *Nachname*.

▶ Mit den Schaltflächen der Gruppe *Sortieren und Filtern* im Register *Start* können Sie die Spalte, in der sich der Cursor gerade befindet, ebenfalls aufsteigend oder absteigend sortieren.

▶ Oder klicken Sie mit der rechten Maustaste in die Spalte, nach der Sie sortieren möchten und verwenden den entsprechenden Befehl aus dem Kontextmenü.

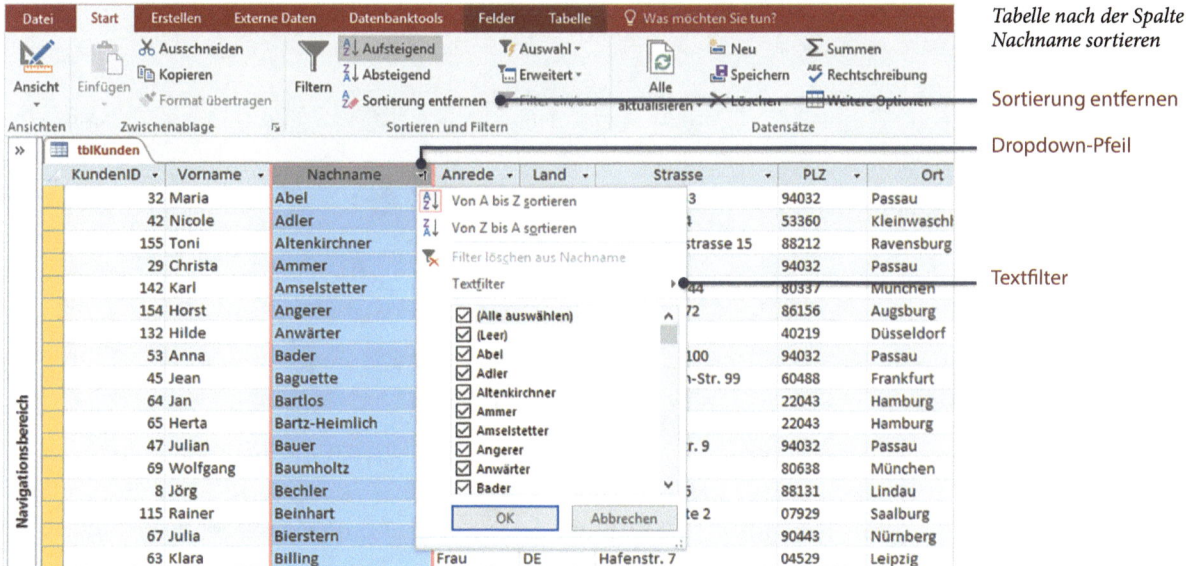

Tabelle nach der Spalte Nachname sortieren

Sortierung entfernen

Dropdown-Pfeil

Textfilter

Nach welcher Spalte die Tabelle gerade sortiert ist, erkennen Sie am Pfeil in der Spaltenüberschrift. Mit Klick auf das Symbol *Sortierung entfernen* löschen Sie alle Sortierungen aus der Tabelle. Auch beim Schließen der Tabelle erscheint eine Meldung, ob Sie Änderungen am Entwurf der Tabelle speichern möchten. Klicken Sie auf *Nein*, um alle Sortierungen zu entfernen.

Tipp: Möchten Sie nach mehreren Feldern sortieren, beispielsweise nach Land und Postleitzahl, dann müssen Sie in umgekehrter Reihenfolge vorgehen. Sortieren Sie

zuerst nach dem Feld *PLZ* und anschließend nach *Land*, das letzte Sortierkriterium ist immer die Hauptsortierung!

Datensätze filtern

Für komplexe Filterbedingungen verwenden Sie besser Abfragen

Filter werden eingesetzt, um ausschließlich bestimmte Datensätze einer Tabelle schnell anzuzeigen, beispielsweise Adressen aus einem bestimmten Ort. Filter sind im Gegensatz zu Abfragen nur temporär gültig, gehen also beim Schließen der Tabelle verloren. Zum Filtern können Sie aus verschiedenen Möglichkeiten wählen.

Auswahlbasierte Filter

Auswahlbasierte Filter eignen sich vor allem für Felder, deren Inhalte nur wenige Möglichkeiten zulassen z. B. für Felder vom Typ *Ja/Nein*. Möchten Sie beispielsweise alle Kundenadressen aus Deutschland herausfiltern, dann klicken Sie einfach mit der rechten Maustaste innerhalb der Spalte *Land* auf einen beliebigen Datensatz mit dem gesuchten Inhalt, also DE. Dann wählen Sie aus dem Kontextmenü den Filter *Ist gleich "DE"*. Anstelle des Kontextmenüs können Sie auch in die betreffende Spalte klicken und die Schaltfläche *Auswahl* der Gruppe *Sortieren und Filtern* im Register *Start* verwenden.

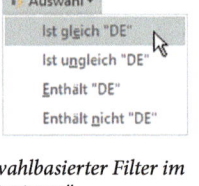

Auswahlbasierter Filter im Kontextmenü

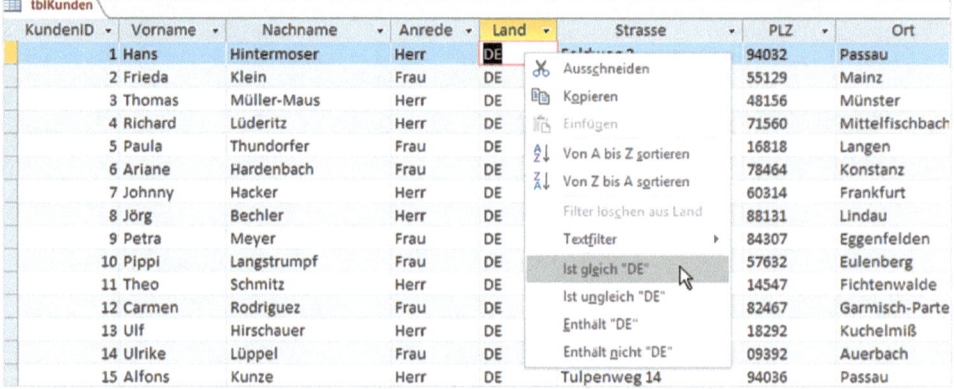

Eine weitere Möglichkeit bietet der Dropdown-Pfeil der jeweiligen Spaltenüberschrift oder die Schaltfläche *Filtern* in der Gruppe *Sortieren und Filtern*, Register *Start*. Deaktivieren Sie nun einfach die Anzeige für nicht benötigte Feldinhalte (siehe Bild unten) und bestätigen Sie mit der Schaltfläche *OK*.

Aktive Filter erkennen Sie am Filtersymbol in der jeweiligen Spaltenüberschrift. Zudem ist in der Navigationsleiste am unteren Rand des Tabellenfensters die Schaltfläche *Gefiltert* aktiviert und rechts in der Statusleiste erscheint *Filtered*.

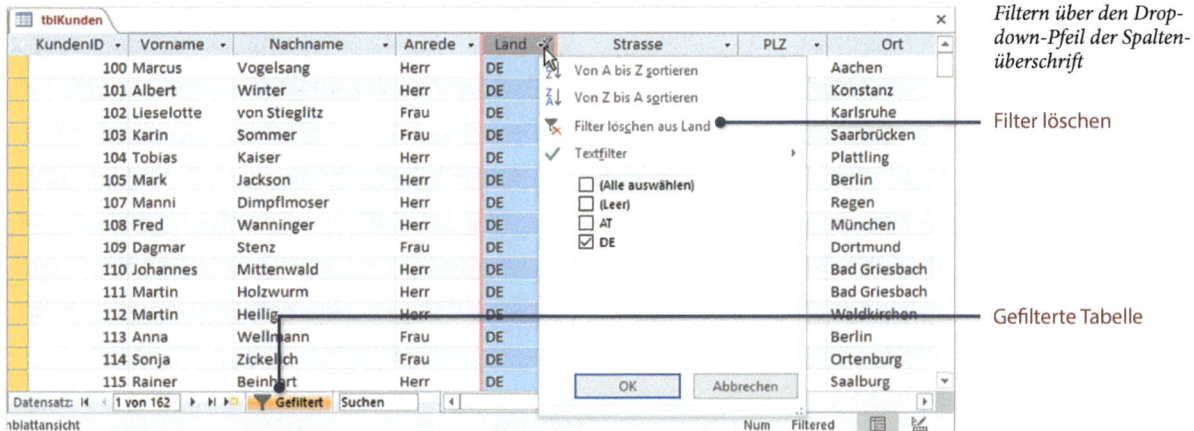

Filtern über den Drop-down-Pfeil der Spalten-überschrift

Filter löschen

Gefilterte Tabelle

Filter entfernen

Über den Dropdown-Pfeil der jeweiligen Spaltenüberschrift können Sie Filter auch wieder löschen. Oder klicken Sie in der Navigationsleiste auf die Schaltfläche *Gefiltert*.

> **Tipp:** Mit der Schaltfläche *Filter ein/aus* im Menüband oder der Schaltfläche *Gefiltert* in der Navigationsleiste können Sie schnell zwischen ungefilterter Tabelle und dem letzten Filter umschalten.

Filter löschen, Wechsel zwischen Gefiltert und Ungefiltert

Benutzerdefinierte Filter

Die flexibelste Möglichkeit, vor allem in umfangreichen Tabellen, stellen benutzerde-finierte Filter dar. Der verfügbare Filtertyp ist abhängig vom Daten des jeweiligen Fel-des. Bei Feldern vom Typ *Text* steht Ihnen der *Textfilter* zur Verfügung, für Felder vom Typ *Zahl* oder *Währung* erscheint der *Zahlenfilter* und für Datumswerte bietet Access den *Datumsfilter* an.

> Access unterscheidet bei Filterkriterien nicht zwischen Groß- und Kleinschrei-bung!

So gehen Sie vor:

1   Klicken Sie auf den Dropdown-Pfeil in der Überschrift derjenigen Spalte, nach der Sie filtern möchten. Oder klicken Sie mit der rechten Maustaste in die betreffende Spalte.

2   Zeigen Sie auf den entsprechenden Filtertyp, als Beispiel im Bild unten *Textfilter* und wählen Sie im Untermenü eine genauere Filtermethode, beispielsweise *Enthält...* oder *Beginnt mit...*.

Textfilter auswählen

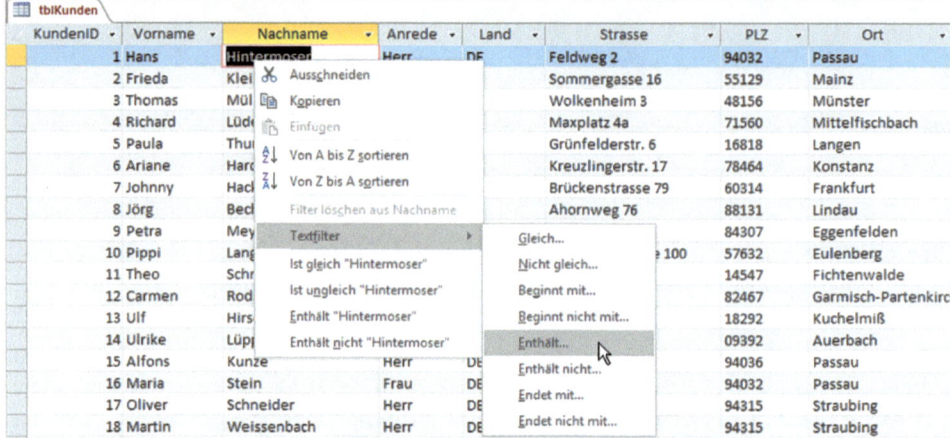

3   Geben Sie den Wert oder die Zeichenfolge ein, nach der Sie filtern möchten und bestätigen Sie mit der Schaltfläche *OK*.

Nachname enthält...

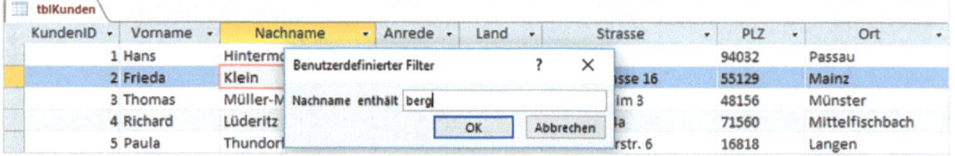

Tipp: Besonders umfangreiche Möglichkeiten, z. B. auch für bestimmte Zeiträume, bietet der Datumsfilter.

Sie können natürlich mit jeder der beschriebenen Methoden auch mehrere Filter kombinieren und so die Auswahl Schritt für Schritt eingrenzen.

Änderungen am Entwurf speichern?

Wenn Sie eine Tabelle in der Datenblattansicht sortiert und/oder gefiltert haben, dann erscheint beim Schließen die Frage, ob Sie Änderungen am Tabellenentwurf speichern möchten. Sie sollten hier auf *Nein* klicken, um insbesondere Filter wieder zu entfernen!

Änderungen (Filter und Sortierungen) nicht speichern!

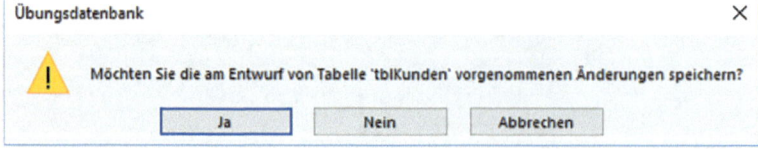

Feldinhalte suchen und ersetzen

Suchen

Im Gegensatz zu Filtern werden mit dem Befehl *Suchen* keine Datensätze ausgeblendet, sondern der gefundene Wert wird in der Tabelle markiert. Möchten Sie beispielsweise nach einem bestimmten Nachnamen suchen, dann klicken Sie einfach in der Tabelle an eine beliebige Stelle innerhalb der Spalte *Nachname*. Klicken Sie dann im Register *Start* in der Gruppe *Suchen* auf das Symbol *Suchen*.

1   Geben Sie anschließend den gesuchten Namen ein und klicken Sie auf die Schaltfläche *Weitersuchen*. Damit wird der erste gefundene Name in der Tabelle markiert.

2   Mit einem erneuten Mausklick auf die Schaltfläche setzt Access die Suche fort. Wird kein weiterer Datensatz mit diesem Suchbegriff gefunden, so erhalten Sie eine entsprechende Meldung.

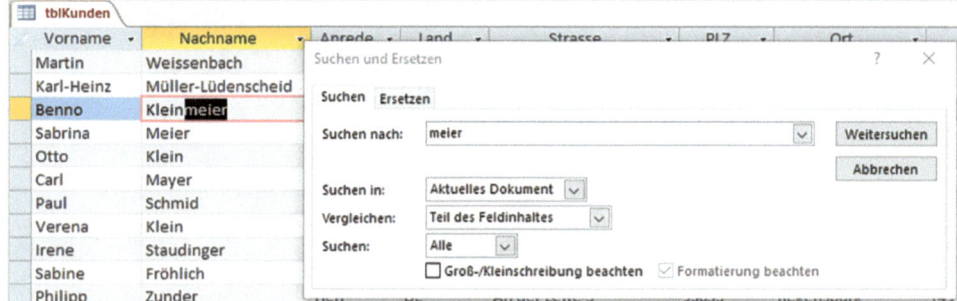

Das Fenster Suchen und Ersetzen

Alternativ können Sie auch in der Navigationsleiste in das Feld *Suchen* klicken und hier einen Suchbegriff eingeben. Bereits während der Eingabe markiert Access in der Tabelle die Zeichenfolge im ersten gefundenen Datensatz.

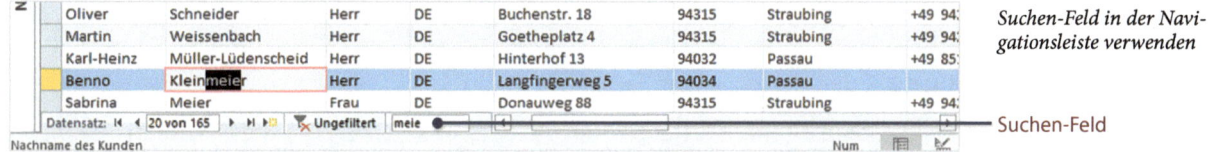

Suchen-Feld in der Navigationsleiste verwenden

Suchen-Feld

Suchoptionen

Im Fenster *Suchen und Ersetzen* (siehe Bild oben) können Sie die Suche noch verfeinern. Im Feld *Suchen in* legen Sie fest, ob ausschließlich im aktuellen Feld oder in der gesamten Tabelle (*Dokument*) gesucht werden soll. Das Feld *Vergleichen* lässt die Möglichkeiten *Teil des Feldinhalts*, *Ganzes Feld* und *Anfang des Feldinhalts* zu. Wenn Sie z. B. den gesuchten Namen nicht genau wissen, dann können Sie *Anfang des Feldinhalts* wählen und nur die ersten Buchstaben des Namens eingeben.

Ferner können Sie über Kontrollkästchen steuern, ob auch Formatierung und Groß- und Kleinschreibung beachtet werden sollen.

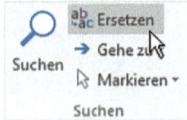

Inhalte ersetzen

Wenn Sie einen bestimmten Feldinhalt durch einen anderen ersetzen möchten, bei-spielsweise die Anrede „Herr" durch „Herrn", dann klicken Sie im Register *Start* in der Gruppe *Suchen* auf die Schaltfläche *Ersetzen* oder klicken im Fenster *Suchen und Ersetzen* auf das Register *Ersetzen*. Zusätzlich zum Suchbegriff geben Sie hier auch noch den Begriff ein, durch den die gefundene Zeichenfolge ersetzt werden soll.

Achtung: Um unbeabsichtigtes Ersetzen zu vermeiden, sollten Sie darauf achten, dass im Feld *Suchen in* das aktuelle Feld ausgewählt ist und Sie bei *Vergleichen* eventuell *Ganzes Feld* wählen.

Feldinhalte suchen und ersetzen

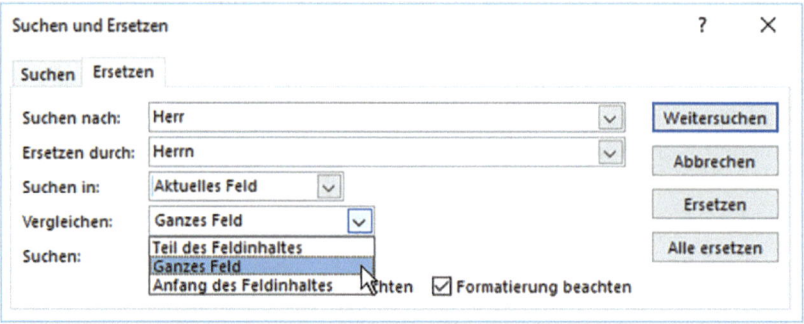

Aktualisierungsabfragen, siehe Kapitel 7.4

Hinweis: Da sich diese Aufgabe in Access mit Hilfe einer Aktionsabfrage ebenfalls und sogar wesentlich flexibler erledigen lässt, können Sie anstelle des Befehls *Ersetzen* auch eine Abfrage verwenden, Näheres dazu in Kapitel 7.4.

Summen und Zusammenfassungen anzeigen

Vielleicht kennen Sie von Microsoft Excel her die Möglichkeit, unterhalb einer Spal-te schnell eine Summe einzufügen. Mit Access 2016 ist dies ebenfalls in der Daten-blattansicht einer Tabelle möglich. Die Ergebnisse werden bei nachträglichen Ände-rungen oder der Eingabe neuer Datensätze automatisch aktualisiert und erscheinen auch auf dem Ausdruck der Tabelle.

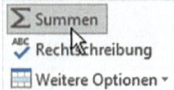

1   Klicken Sie im Register *Start* in der Gruppe *Datensätze* auf das Symbol *Summen*.

2   Unterhalb der letzten Tabellenzeile erscheint eine weitere Zeile mit der Be-schriftung *Summe*. Klicken Sie in dieser Zeile auf den Dropdown-Pfeil unterhalb derjenigen Spalten, die Sie auswerten möchten. Hier erhalten Sie nicht nur die Summe, sondern unter anderen auch Mittelwert, Minimum und Maximum zur Auswahl. Bei Spalten vom Datentyp *Text* steht nur die Funktion *Anzahl*, also die Anzahl der Datensätze, zur Verfügung.

3   Mit einem weiteren Mausklick auf das Symbol *Summen* blenden Sie die Sum-menzeile wieder aus.

Sollte keine automatische Aktualisierung der Summen erfolgen, so klicken Sie in der Gruppe *Datensätze* auf die Schaltfläche *Alle Aktualisieren*.

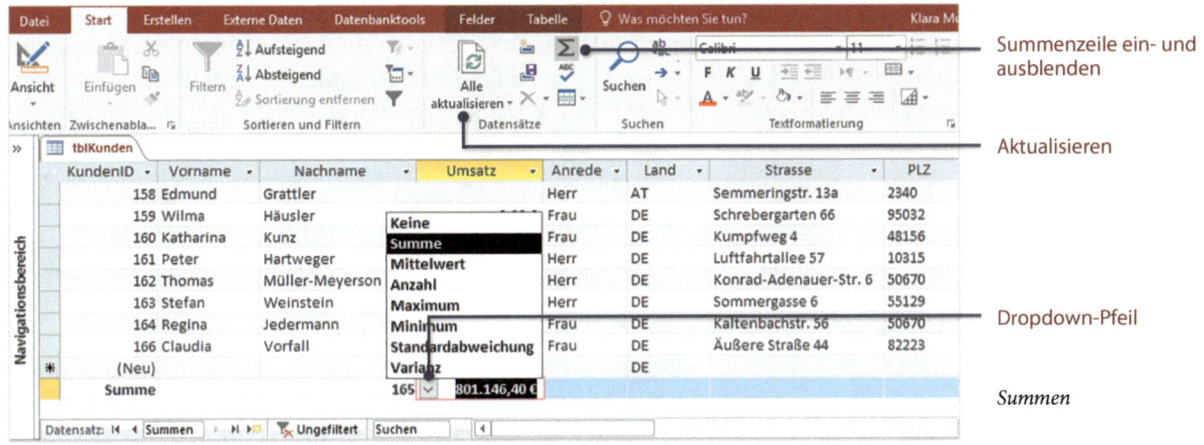

Summenzeile ein- und ausblenden

Aktualisieren

Dropdown-Pfeil

Summen

Tabelle drucken

Um eine geöffnete oder im Navigationsbereich markierte Tabelle zu drucken, klicken Sie im Register *Datei* auf *Drucken* und wählen eine der drei Möglichkeiten.

Geöffnete oder markierte Tabelle drucken

Befehl	Beschreibung
Schnelldruck	Die Tabelle wird an den Standarddrucker gesendet, weitere Einstellungen sind nicht möglich.
Drucken	Access öffnet ein Dialogfenster, in dem Sie den Drucker, die Anzahl der Exemplare und den Druckbereich auswählen können.
Seitenansicht	Access öffnet eine Vorschau, in der Sie die Druckeinstellungen ändern und die Tabelle anschließend drucken können.

Druckseite einrichten

Zusammen mit der Seitenansicht bzw. der Druckvorschau öffnet Access im Menüband das Register *Seitenansicht*. Hier können Sie über Schaltflächen zwischen Hoch- und Querformat wählen sowie Papiergröße und Seitenränder festlegen. Verwenden Sie dazu entweder in der Gruppe *Seitengröße* die Schaltflächen *Größe und Seitenränder* oder öffnen Sie mit einem Mausklick auf die Schaltfläche *Seite einrichten* ein Dialogfenster, das alle Einstellungen zusammenfasst.

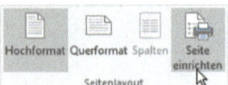

Mit Klick auf das Symbol *Drucken* starten Sie den Ausdruck und mit der Schaltfläche *Seitenansicht schließen* oder durch Drücken der Esc-Taste gelangen Sie zurück zur vorherigen Ansicht.

Einstellungen in der Seitenansicht

Drucken ————

Seitenansicht schließen ————

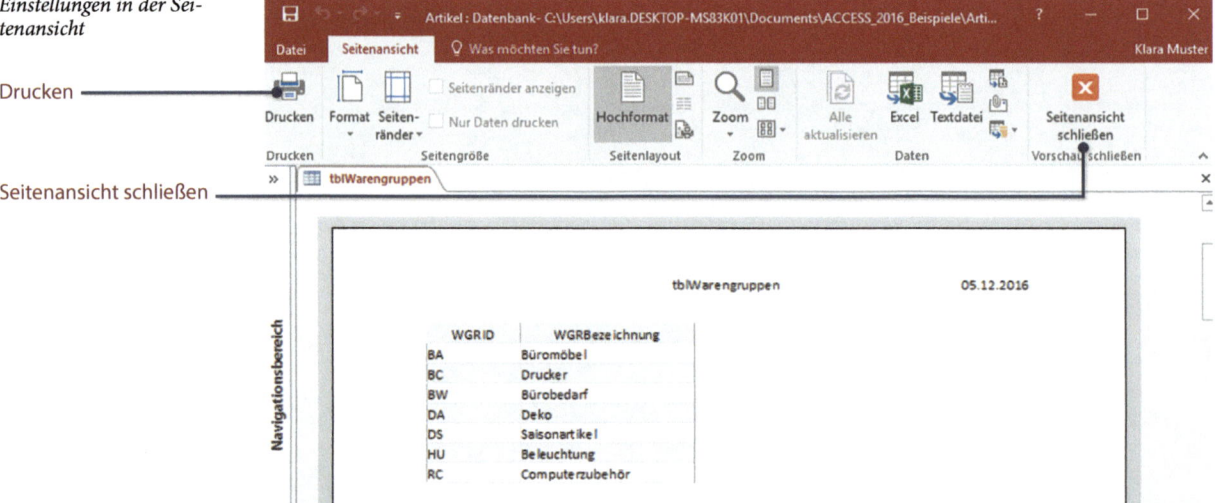

Siehe Kapitel 10, Berichte

Das Drucken einer Tabelle dient meist nur zu Kontrollzwecken und eignet sich nicht unbedingt für umfangreiche Tabellen. Für optisch ansprechende Ausdrucke sollten Sie besser Berichte erstellen.

4.5   Zusammenfassung

▶ Die Datenblattansicht ist diejenige Ansicht einer Tabelle, in der Sie Daten eingeben, anzeigen und ändern. Neue Datensätze geben Sie am Ende der Tabelle in der Zeile *Neuer Datensatz* ein. Auch mit Klick auf das Symbol * in der Navigationsleiste gelangen Sie schnell zu einem neuen Datensatz. Neue und nachträglich geänderte Datensätze werden nach der Eingabe bzw. beim Verlassen des Datensatzes automatisch gespeichert.

▶ Verwenden Sie die Symbole der Navigationsleiste zum schnellen Bewegen, vor allem in umfangreichen Tabellen. In der Datenblattansicht stehen Ihnen Schaltflächen zum Formatieren einer Tabelle zur Verfügung, Änderungen wirken sich aber meist auf die gesamte Tabelle aus. Über die Schaltfläche *Alternative Zeilen* können Sie zur besseren Lesbarkeit jede zweite Zeile mit einer anderen Hintergrundfarbe versehen.

▶ In der Datenblattansicht können Sie eine Tabelle schnell sortieren und filtern, allerdings nur mit temporärer Gültigkeit. Mit der Schaltfläche *Summe* können Sie unterhalb der Tabelle einfache Auswertungen vornehmen, beispielsweise die Summe einer Spalte oder die Anzahl der Datensätze.

▶ Befehle zum Drucken einer Tabelle finden Sie im Register *Datei*. Zusammen mit der Seitenansicht stehen Ihnen in einem weiteren Register Schaltflächen zur Verfügung, über die Sie eine Druckseite einrichten können.

4.6   Übungsaufgaben

Teil 1: Die Tabelle tblKunden

1 Öffnen Sie die Tabelle *tblKunden* und geben Sie in der Datenblattansicht etwa zehn beliebige Adressen ein. Passen Sie dabei die Spaltenbreiten entsprechend an bzw. benutzen Sie zur Eingabe der Bemerkung das Zoomfenster.

2 Sortieren Sie die Tabelle nach der Postleitzahl, anschließend nach Nachnamen und heben Sie dann wieder alle Sortierungen auf.

3 Filtern Sie die Tabelle: Es sollen nur noch Datensätze angezeigt werden, deren Postleitzahl mit einer bestimmten Ziffer, z. B. 5 beginnt. Heben Sie den Filter wieder auf.

4 Suchen Sie nach Kunden, deren Nachname die Zeichenfolge „er" enthält.

5 Schließen Sie die Tabelle: Änderungen am Layout sollen gespeichert werden, nicht dagegen Änderungen am Entwurf.

Teil 2 : Die Tabelle tblLieferanten

Erfassen Sie in der Tabelle *tblLieferanten* die folgenden Datensätze in der Datenblattansicht. Passen Sie die Spaltenbreite an und ändern Sie ggfs. in der Datenblattansicht die Reihenfolge der Felder.

Lieferant Nr. 70001

Werner & Walter; Frau Ingrid Walter; Telefon 08249-7777777; Gewerbepark 15a; DE; 92224 Amberg; info@wernerundwalter.dee;

Lieferant Nr. 70002

NIXDA GmbH; Herr Robert Hussen; Telefon 0911-12345678; Waldstr. 108; DE; 90471 Nürnberg; robert.hussen@nixda.comm

Lieferant Nr. 70003

InnArt; Herr Klaus Neumann-König; Telefon 0851-9999999; Münchner Str. 71; DE; 94032 Passau; koenig@innart-passau.dee

Lieferant Nr. 70004

Sebastian Knauser; Herr Sebastian Knauser; Tel. 0795-13131313; Haldenweg 4; 88213 Ravensburg; sk@beispiel.comm

Teil 3: Die Tabelle tblArtikel

Erfassen Sie in der Tabelle *tblArtikel* die unten abgebildeten Artikel in der Datenblattansicht. Ändern Sie die Zeilenhöhe so, dass die Artikelbezeichnung nicht abgeschnitten erscheint und ordnen Sie die Spalten so an, dass die Reihenfolge der Abbildung unten entspricht. Als Eingabedatum verwenden Sie das aktuelle Datum.

ArtikelID	Artikelbezeichnung	Auslaufware	Einzelpreis	Lagerbestan	MinBesta	WGRIC	SteuerII	Eingabedat
100010	Arbeitsdrehstuhl, Holz mit Rollen	☐	89,00 €	1	5	BA	1	05.12.
100023	Arbeitsdrehstuhl mit Bodengleitern und verchromtem Fußring	☐	129,00 €	0	5	BA	1	05.12.
100200	Kugelschreiber, transparent mit Innenbeleuchtung	☐	1,50 €	200	50	BW	1	05.12.
100230	Tischleuchte Modell "Einstein"	☐	75,20 €	3	5	HU	1	05.12.
100234	Arbeitsdrehstuhl Tec 20 mit Rollen	☑	59,00 €	1	5	BA	1	05.12.
100245	Bleistifte, extra hart, 100 St.	☑	6,23 €	15	100	BW	1	05.12.
100248	PROFI Kugelschreiber, farbig sortiert, 100 St.	☑	13,00 €	0	20	BW	1	05.12.
100251	Klebestift, Sparkleber extrastark 10,0 g	☐	0,35 €	600	800	BW	1	05.12.
100256	IQ Kugelschreiber, Oberfläche metallic 10 St.	☐	4,33 €	60	50	BW	1	05.12.
100300	Kaffeetasse "Guten Morgen"	☑	1,30 €	5	3	DA	1	05.12.
100402	Kaffeetasse "Böhnchen"	☐	2,10 €	15	5	DA	1	05.12.
100405	Kaffeetasse "Wolke 7"	☐	2,10 €	0	5	DA	1	05.12.
100409	Kaffeetasse "Chefsache"	☐	2,30 €	0	5	DA	1	05.12.
100411	Tischleuchte schwenkbar, Halogen	☐	42,00 €	10	8	HU	1	05.12.

5 Beziehungen zwischen Tabellen

In diesem Kapitel lernen Sie...
- Beziehungen zwischen Tabellen herstellen
- Die verschiedenen Beziehungstypen
- Beziehungen mit Datenintegrität
- Mögliche Probleme beheben

Das sollten Sie bereits wissen
- Normalisierung
- Tabellenentwurf und Datentypen

5.1   1:n Beziehungen

Beziehungen sind die Grundlage einer relationalen Datenbank und dienen dazu, Informationen aus zwei Tabellen zusammenzuführen. Sie können in Access automatisch mit Hilfe des Nachschlage-Assistenten oder in einem gesonderten Fenster erstellt werden. In letzterem können Sie alle vorhandenen Beziehungen einer Datenbank kontrollieren und bearbeiten.

Relationale Datenbanken, wozu auch Access zählt, unterscheiden zwischen verschiedenen Beziehungstypen. Die 1:n Beziehung ist bei weitem der wichtigste und häufigste Typ, eine solche wurde zum Beispiel in Kapitel 3.4 durch den Nachschlage-Assistenten zwischen den Tabellen *tblWarengruppen* und *tblArtikel* automatisch erstellt.

Eine 1:n Beziehung wird zwischen dem Primärschlüsselfeld der einen Tabelle und einem Feld mit gleichem Inhalt in der nachgeordneten Tabelle erstellt. Hier bezeichnet man dieses Feld als Fremdschlüsselfeld. In der Tabelle *tblWarengruppen* bildet die *WarengruppenID* den Primärschlüssel, jede ID ist in dieser Tabelle nur ein einziges Mal vorhanden. In der Tabelle *tblArtikel* dagegen kann jede *WarengruppenID* auch mehrfach existieren, da zu jeder Warengruppe ja in der Regel mehrere Artikel gehören.

> In 1:n Beziehungen bezeichnet man diejenige Tabelle, die in dieser Beziehung den Primärschlüssel enthält, als übergeordnete oder Mastertabelle. Die Tabelle mit dem Fremdschlüssel wird als Detailtabelle bezeichnet.
>
> Beim Beispiel Warengruppen bildet die Tabelle *tblWarengruppen* die Mastertabelle und die Tabelle *tblArtikel* die Detailtabelle.

Beziehung mit dem Nachschlage-Assistenten erstellen

Den Nachschlage-Assistent haben Sie bereits in Zusammenhang mit dem Tabellenentwurf kennen gelernt. Er unterstützt Sie nicht nur bei der Erstellung von Nachschlagefeldern, mit denen Sie bei der Dateneingabe Werte aus einer Liste übernehmen können, sondern erstellt automatisch auch eine Beziehung zu dieser Tabelle, genauer gesagt zwischen diesen Feldern der beiden Tabellen.

Beispiel Nachverfolgung von Kundenkontakten

Ein weiteres Beispiel für eine 1:n Beziehung stellt die Nachverfolgung von Kundenkontakten dar. In einer zweiten Tabelle *tblNachverfolgung* soll festgehalten werden, welcher Kunde wann und mit welchem Betreff kontaktiert wurde, als Schlüsselfeld für die Beziehung zwischen den beiden Tabellen dient das Feld *KundenID*.

In der Tabelle *tblKunden* bildet die *KundenID* den Primärschlüssel, daher ist diese Tabelle auch die Mastertabelle in dieser Beziehung. Die Tabelle *tblNachverfolgung* kann jede

KundenID auch mehrfach enthalten, das Feld *KundenID* ist hier der Fremdschlüssel und die Tabelle *tblNachverfolgung* somit die Detailtabelle.

Die Tabelle tblNachverfolgung erstellen

Erstellen Sie eine neue Tabelle mit folgenden Feldern in der Entwurfsansicht und speichern Sie die Tabelle unter dem Namen *tblNachverfolgung*. Das Feld *ID* dient in dieser Tabelle eigentlich nur zur fortlaufenden Nummerierung der Datensätze und als Primärschlüssel, wird aber weiter nicht benötigt.

Feldname	Datentyp	Eigenschaften
ID	AutoWert	Primärschlüssel
Kontaktdatum	Datum/Uhrzeit	Standardwert: Datum()
Betreff	Kurzer Text	
Notizen	Langer Text	Textformat: Rich Text
KundenID	Nachschlage-Assistent...	

1 Das Feld *KundenID* soll ein Nachschlagefeld sein. Klicken Sie daher in der Entwurfsansicht auf das Feld *KundenID* und wählen Sie in der Spalte *Felddatentyp Nachschlage-Assistent...*.

2 Geben Sie an, dass das Nachschlagefeld die Daten aus einer Tabelle oder Abfrage beziehen soll und legen Sie anschließend die Tabelle *tblKunden* als Quelle fest.

Das Nachschlagefeld soll die Wert aus der Tabelle tblKunden beziehen

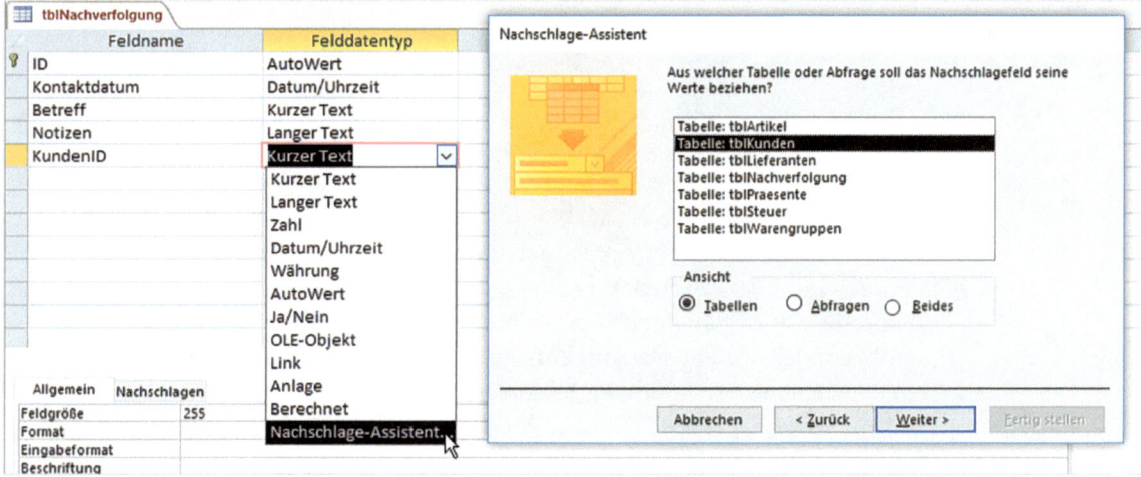

3 Links erscheinen nun die verfügbaren Felder der ausgewählten Tabelle. Markieren Sie das Feld *KundenID* und nehmen Sie es mit Klick auf den Pfeil in die Auswahl auf (Bild unten). Genauso verfahren Sie mit den Feldern *Nachname* und *Vorname*, beachten Sie hierbei die Reihenfolge.

Felder auswählen

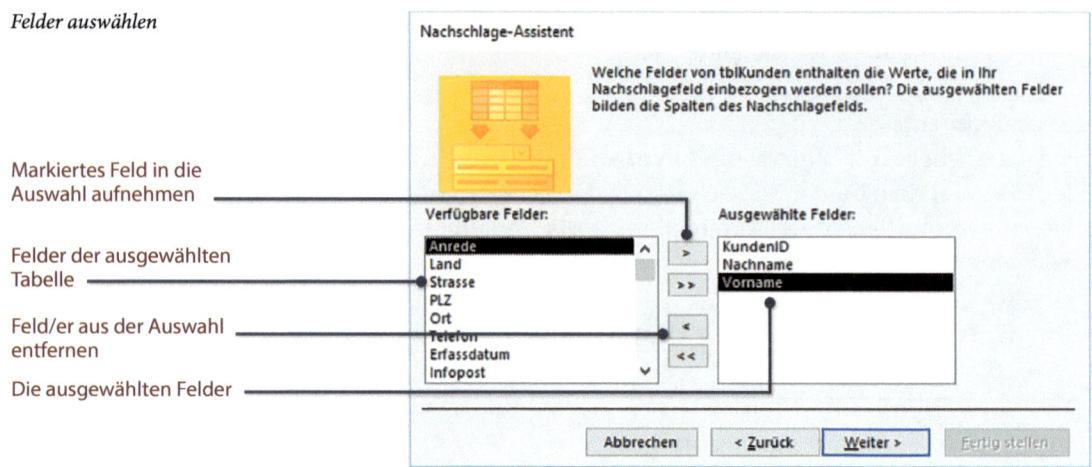

Markiertes Feld in die Auswahl aufnehmen

Felder der ausgewählten Tabelle

Feld/er aus der Auswahl entfernen

Die ausgewählten Felder

4   Anschließend legen Sie aufsteigende Sortierung nach Nachname und dann nach Vorname fest.

Werte des Nachschlagefeldes sortieren

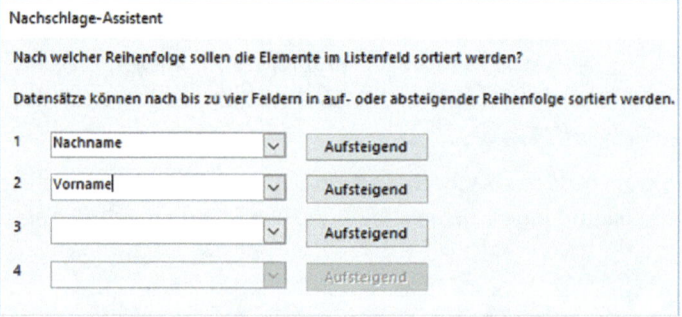

5   Im nächsten Schritt passen Sie die Breite der beiden Spalten entsprechend an und deaktivieren das Kontrollkästchen *Schlüsselspalte ausblenden*.

> **Schlüsselspalte ausblenden oder nicht?**
>
> Standardmäßig empfiehlt Access das Ausblenden der Schlüsselspalte, in diesem Fall der *KundenID*. Dies bedeutet, diese erhält die Spaltenbreite 0 und in der Tabelle und bei der Eingabe erscheint statt der Kundennummer der Nachname. Dies dient zur Erleichterung der Eingabe und macht daher eigentlich nur in Formularen zur Dateneingabe Sinn. Im Tabellenentwurf und damit in der Datenblattansicht sollte dagegen die Schlüsselspalte nicht ausgeblendet sein, damit hier der tatsächliche Inhalt des Feldes ersichtlich ist.
>
> Nachschlagefelder in Formularen können unabhängig vom Tabellenentwurf eigens zu diesem Zweck erstellt oder bearbeitet werden, der Assistent ist derselbe.

Siehe Kapitel 9.4, Kombinations- und Listenfelder

6   Im nächsten Schritt legen Sie fest, welches Feld den Wert enthält, der in der Tabelle gespeichert werden soll. Klicken Sie auf den Primärschlüssel, die *KundenID*.

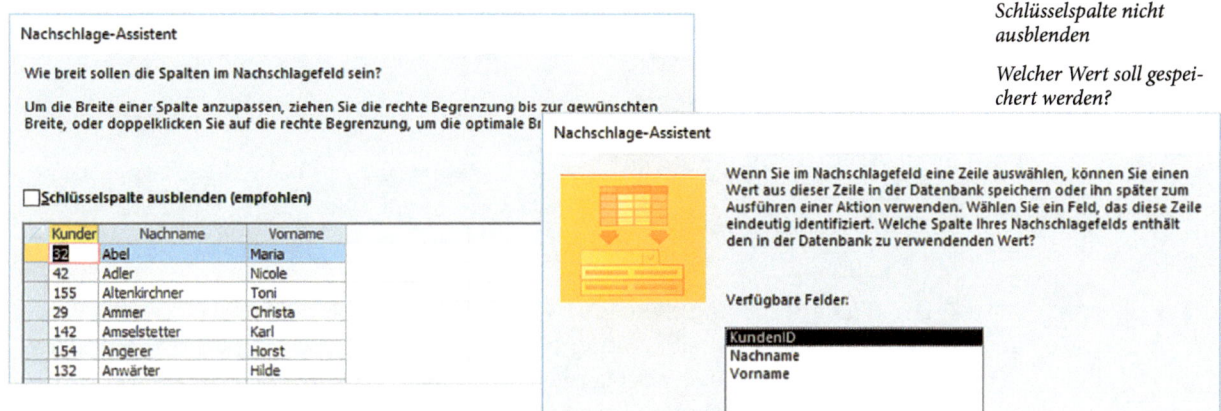

Schlüsselspalte nicht ausblenden

Welcher Wert soll gespeichert werden?

7 Im letzten Schritt aktivieren Sie das Kontrollkästchen *Datenintegrität aktivieren*. Diese stellt sicher, dass zu jedem Datensatz dieser Tabelle auch ein Datensatz in der Tabelle *tblKunden* existiert.

Damit beim Löschen eines Kunden aus der Tabelle *tblKunden* in der Tabelle *tbl-Nachverfolgung* keine KundenIDs zurückbleiben, die nicht mehr zugeordnet werden können, klicken Sie auf die Option *Löschweitergabe*. *Löschbeschränkung* würde dagegen bedeuten, ein Kunde kann erst gelöscht werden, wenn in der Tabelle *tblNachverfolgung* alle dazugehörigen Datensätze gelöscht wurden.

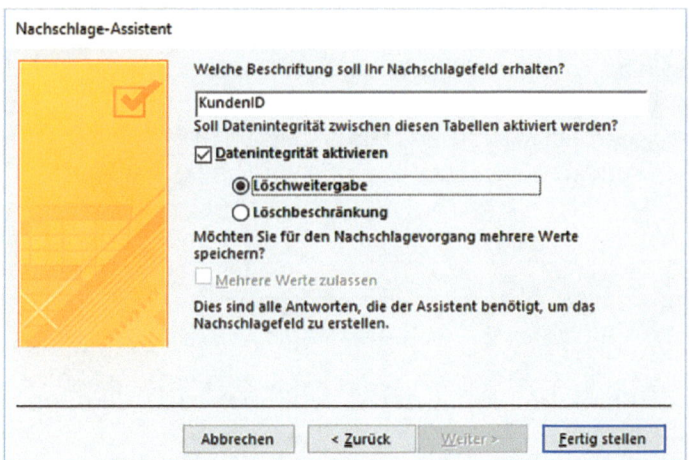

Datenintegrität mit Löschweitergabe

Datenintegrität lässt natürlich eine Auswahl mehrerer Werte nicht zu, daher ist dieses Kontrollkästchen inaktiv.

8 Klicken Sie zuletzt auf *Fertig stellen*. Damit eine Beziehung zwischen den beiden Tabellen erstellt werden kann, muss die Tabelle gespeichert werden. Klicken Sie daher bei der Rückfrage auf *Ja*.

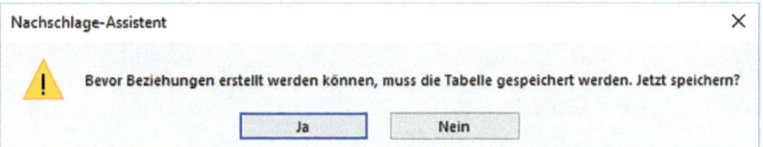

Beziehung erstellen und Tabelle speichern

9 Als Datentyp des Feldes wurde vom Assistent automatisch *Zahl* mit der Feldgröße *Long Integer* festgelegt.

Das Feld hat automatisch den Datentyp Zahl erhalten

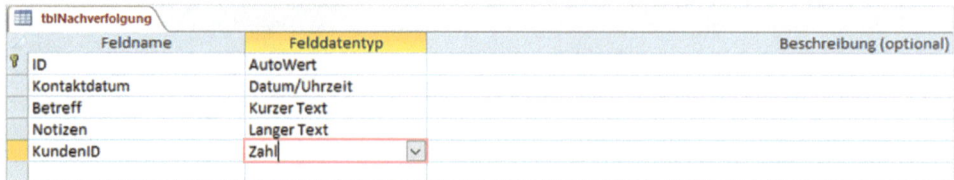

Damit eine Beziehung zwischen zwei Tabellen bzw. Feldern erstellt werden kann, müssen beide vom selben Datentyp sein, wobei der Typ *Zahl*, *Long Integer* dem Typ *AutoWert* entspricht. Bei Verwendung des Assistenten wird der Felddatentyp automatisch festgelegt.

Schließen Sie zuletzt die Tabelle *tblNachverfolgung* und speichern Sie eventuelle Änderungen am Entwurf.

Dateneingabe mit Unterdatenblatt

Öffnen Sie die Tabelle *tblKunden*, also die Mastertabelle in dieser Beziehung, in der Datenblattansicht. Links, unmittelbar neben der Markierungsspalte ist nun jeder Datensatz mit einem kleinen Kästchen mit einem Plus-Zeichen (+) versehen.

1 Klicken Sie bei einem beliebigen Kunden auf dieses Kästchen. Die Detailtabelle *tblNachverfolgung* erscheint als Unterdatenblatt und Sie können hier nun Datensätze eingeben. Ein Klick auf das Minus-Zeichen (-) blendet das Unterdatenblatt für diesen Kunden wieder aus.

Die Tabelle tblNachverfolgung als Unterdatenblatt öffnen

2 Erfassen Sie im Unterdatenblatt bei drei bis vier weiteren Kunden beliebige Kontaktdaten, auch mehrfach, wie im Bild unten.

Im Unterdatenblatt ist zu jedem Kunden auch eine mehrfache Eingabe möglich

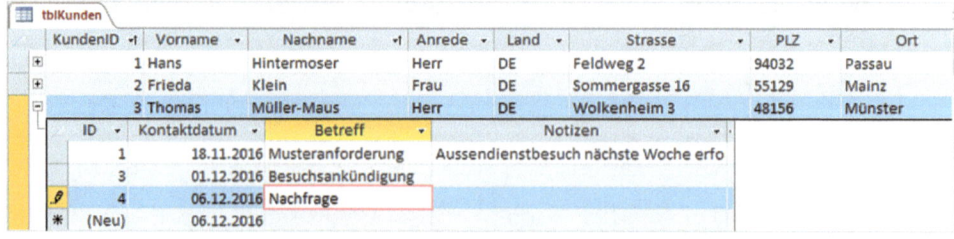

3 Die *KundenID* wird im Unterdatenblatt bzw. in der Tabelle *tblNachverfolgung* automatisch aus der Tabelle *tblKunden* übernommen und ist hier daher ausgeblendet. Das Feld *ID* wird im Unterdatenblatt ebenfalls nicht zur Eingabe benötigt und kann daher ausgeblendet werden. Zeigen Sie in der Überschrift auf die rechte Begrenzung dieser Spalte, als Mauszeiger erscheint ein waagrechter Doppelpfeil und Sie können die Trennlinie bis ganz nach links verschieben.

ID	Kontaktdatum
1	18.11.2
3	01.12.2
4	06.12.2

Sie können nun in beiden Tabellen gleichzeitig neue Datensätze erfassen und vorhandene bearbeiten. Beim Schließen der Tabelle erscheint die Rückfrage, ob auch Änderungen am Layout der Tabelle *tblNachverfolgung* gespeichert werden sollen.

Unterdatenblatt festlegen

Sollten in der Tabelle *tblKunden* die Plus-Zeichen bzw. das Unterdatenblatt nicht angezeigt werden, so haben Sie vermutlich während der Erstellung des Nachschlagefeldes die Rückfrage des Assistenten, ob die Tabelle gespeichert werden soll, verneint. Dann konnte keine Beziehung erstellt werden.

In diesem Fall, oder wenn eine Tabelle gleichzeitig mit mehreren Tabellen verknüpft ist, können Sie auswählen, welche Tabelle als Unterdatenblatt eingefügt werden soll.

1 Öffnen Sie dazu die Mastertabelle in der Datenblattansicht, klicken Sie im Menüband, Register *Start*, auf das Symbol *Weitere Optionen* und zeigen auf *Unterdatenblatt*. Mit dem Befehl *Unterdatenblatt…* öffnen Sie das Fenster *Unterdatenblatt einfügen* (Bild unten) und können die gewünschte Tabelle auswählen.

2 Kontrollieren Sie unterhalb, über welche Felder die beiden Tabellen verknüpft werden sollen bzw. wählen Sie die entsprechenden Felder aus.

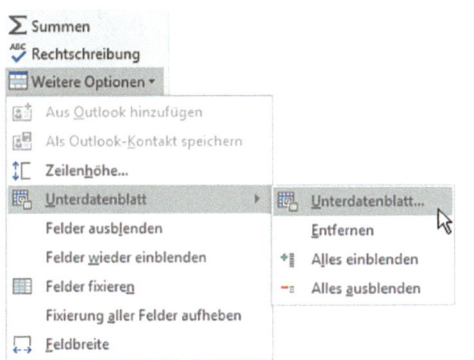

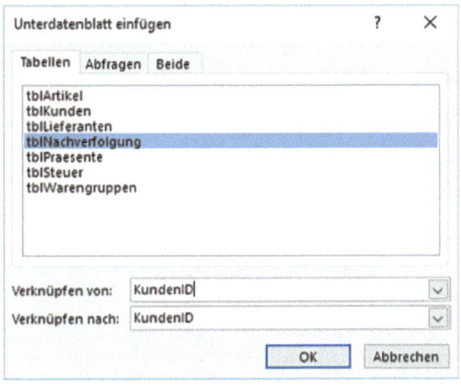

Weitere Optionen - Unterdatenblatt

Wählen Sie eine Tabelle als Unterdatenblatt und legen Sie die Verknüpfungsfelder fest

Falls Sie ein Unterdatenblatt entfernen möchten, so klicken Sie ebenfalls in der Datenblattansicht auf *Weitere Optionen ▶ Unterdatenblatt* und wählen hier *Entfernen* (siehe Bild oben).

5.2 Beziehungen kontrollieren und bearbeiten

Beziehungen anzeigen

Alle Beziehungen der Datenbank können Sie in einer gesonderten Ansicht anzeigen, bearbeiten und bei Bedarf drucken. Außerdem erstellen und speichern Sie hier weitere Beziehungen. Beachten Sie, dass ein Bearbeiten der Beziehungen nur möglich ist, wenn die dazugehörige Tabelle nicht geöffnet ist. Schließen Sie also vorher alle eventuell noch geöffneten Tabellen.

Zum Anzeigen klicken Sie im Menüband, Register *Datenbanktools* auf die Schaltfläche *Beziehungen*.

Beziehungen öffnen

Access öffnet die Ansicht *Beziehungen*, gleichzeitig erscheint im Menüband das dazugehörige Register *Entwurf* mit Befehlen zu deren Bearbeitung. Unter Umständen sind einige Beziehungen ausgeblendet, daher sollten Sie zunächst auf das Symbol *Alle Beziehungen* klicken, um sicherzustellen, dass alle vorhandenen Beziehungen sichtbar sind.

Die Anordnung der Tabellen dürfte sich auf Ihrem PC von der Abbildung unten unterscheiden. Um mehr Übersicht zu erhalten, verschieben Sie die Tabellen mit der Maus, dazu müssen Sie auf den Tabellennamen zeigen. Auch die Größe der Tabellenfelder lässt sich mit der Maus ändern.

Alle Beziehungen der Datenbank

Alle Beziehungen anzeigen

Beziehungen schließen

Beziehung mit Datenintegrität

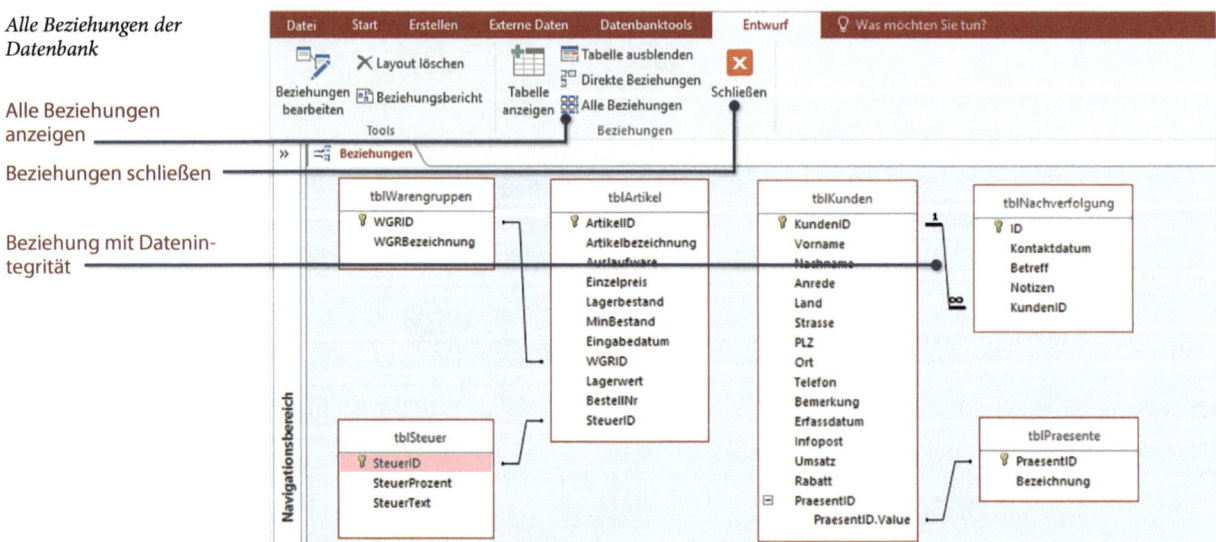

Die Beziehungen zwischen den Tabellen sind als Linien dargestellt. So ist beispielsweise die Tabelle *tblArtikel* über das Feld *WGRID* und eine Linie mit der Tabelle *tblWarengruppen* und über das Feld *SteuerID* mit der Tabelle *tblSteuer* verknüpft. Die jeweiligen Primärschlüsselfelder der Tabellen sind am Symbol leicht zu erkennen.

Datenintegrität festlegen

Die Verknüpfung zwischen den Tabellen *tblKunden* und *tblNachverfolgung* unterscheidet sich etwas von den übrigen, hier erscheinen zusätzlich die 1 und die liegende Acht (∞, das Zeichen für unendlich). Der Grund: Hier wurde beim Erstellen des Nachschlagefeldes im letzten Schritt des Assistenten Datenintegrität vereinbart.

Was bedeutet Datenintegrität?

Beim Löschen eines Datensatzes kann es passieren, dass sich in der verknüpften Detailtabelle noch Datensätze befinden, die auf diesen Datensatz verweisen. Stellen Sie sich beispielsweise vor, Sie löschen eine Warengruppe aus der Tabelle *tblWarengruppen* und in der Tabelle *tblArtikel* existieren noch Artikel mit der gelöschten WarengruppenID. Diese Artikel können nun keiner Warengruppe mehr zugeordnet werden. Oder was passiert, wenn Sie aus einer Tabelle Kunden einen Kunden löschen, obwohl in der Tabelle Rechnungen noch eine offene Rechnung mit dieser Kundennummer vorhanden ist?

Ähnliche Probleme können auftauchen, wenn der Inhalt des Primärschlüsselfeldes nachträglich geändert wird. Beispiel: Die *WarengruppenID* bildet den Primärschlüssel der Tabelle *tblWarengruppen* und die Tabelle *tblArtikel* ist über dieses Feld mit der Tabelle verknüpft. Wenn nachträglich eine Warengruppe anstatt der bisherigen *WarengruppenID* eine neue ID erhält, z. B. AB statt wie bisher BW, dann muss dieser Schlüssel auch für alle entsprechenden Datensätze der Tabelle *tblArtikel* geändert werden.

Solche Probleme lassen sich mit Datenintegrität (referentieller Integrität) vermeiden. Wenn Sie beim Erstellen oder Bearbeiten einer Beziehung Datenintegrität vereinbaren, ist damit sichergestellt, dass jeder Fremdschlüsselwert der Detailtabelle, also z. B. die WarengruppenID, auch im dazugehörigen Schlüsselfeld der Mastertabelle, der Tabelle *tblWarengruppen*, enthalten ist. Dies gilt auch für nachträgliche Änderungen.

▶ **Löschen von Datensätzen**

Datenintegrität bedeutet beim Löschen von Datensätzen, Sie können einen Datensatz der Mastertabelle erst dann löschen, wenn in der Detailtabelle keine Datensätze mit diesem Schlüssel mehr vorhanden sind. Sie können also z. B. eine Warengruppe erst dann aus der Tabelle *tblWarengruppen* löschen, wenn auch die Tabelle *tblArtikel* keine Datensätze mehr mit diesem Schlüssel enthält.

Als Alternative können Sie eine Löschweitergabe vereinbaren. Das bedeutet, wenn ein Datensatz der Mastertabelle gelöscht wird, dann werden automatisch auch alle dazugehörigen Datensätze der Detailtabelle gelöscht. Ob allerdings eine Löschweitergabe sinnvoll ist, müssen Sie von Fall zu Fall entscheiden.

▶ **Aktualisierungsweitergabe**
Für eventuelle nachträgliche Änderungen kann eine Aktualisierungsweitergabe vereinbart werden. Dadurch werden alle Änderungen, die Sie am Primärschlüssel der Mastertabelle vornehmen, automatisch auch am Fremdschlüssel der Detailtabelle vorgenommen.

Eine Beziehung mit Datenintegrität erstellen

Als Beispiel soll für die Beziehung zwischen den Tabellen *tblWarengruppen* und *tblArtikel* nachträglich Datenintegrität vereinbart werden.

1   Klicken Sie mit der rechten Maustaste auf die Beziehungslinie zwischen diesen beiden Tabellen und hier auf *Beziehung bearbeiten*.… Oder markieren Sie mit einem Klick die Linie und klicken im Menüband, Register *Entwurf* auf *Beziehungen bearbeiten*. Am einfachsten ist ein Doppelklick auf die Beziehungslinie.

Beziehung bearbeiten

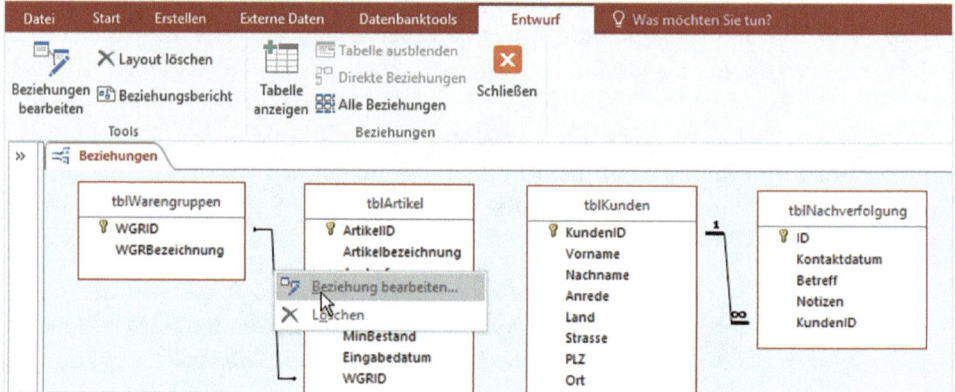

2   Im Fenster *Beziehungen bearbeiten* (Bild unten) können Sie nun Details dieser Beziehung kontrollieren und bearbeiten. Sie sehen die beiden Tabellen und unterhalb die verknüpften Felder.

3   Aktivieren Sie das Kontrollkästchen *Mit referentieller Integrität*. Nun sind auch Löschweitergabe und Aktualisierungsweitergabe verfügbar, aktivieren Sie *Aktualisierungsweitergabe an verwandte Felder*.

Beziehungen bearbeiten

4   Nachdem Sie die geänderte Beziehung mit Klick auf die Schaltfläche *OK* übernommen haben, hat diese Beziehung ebenfalls die Symbole 1 und ∞ erhalten.

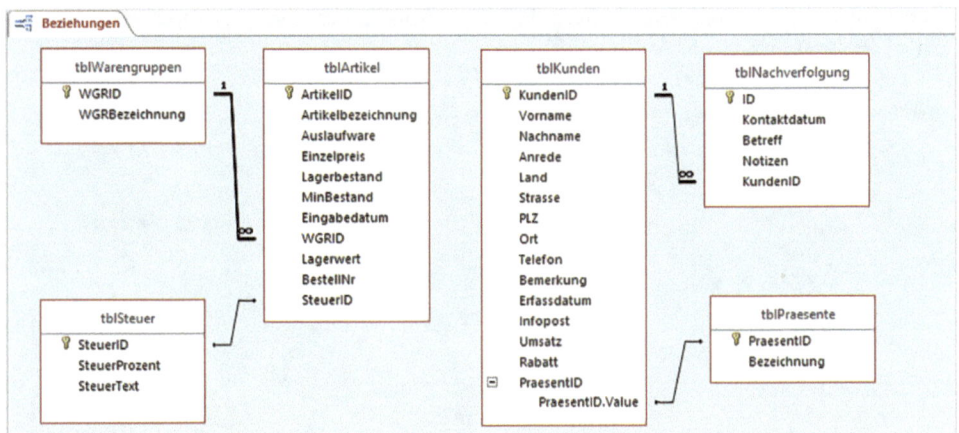

Referentielle Integrität erkennen Sie an den Symbolen

> **Achtung:** Wird Datenintegrität nachträglich vereinbart, also wenn bereits Datensätze in den Tabellen vorhanden sind, dann werden diese auf Datenintegrität überprüft. Bei einer Verletzung der Regeln kann die geänderte Beziehung nicht erstellt werden und Sie erhalten eine entsprechende Meldung. In diesem Fall müssen Sie in der betreffenden Tabelle zuerst die Werte korrigieren.

Tipp: Am schnellsten korrigieren Sie Tabellenentwurf und Datensätze aus dem Beziehungsfenster heraus, indem Sie mit der rechten Maustaste in die Tabelle und hier auf *Tabellenentwurf* klicken. Die Tabelle wird in der Entwurfsansicht geöffnet und Sie können hier Ihre Änderungen vornehmen oder über das Symbol *Ansicht ▶ Datenblattansicht* in die Datenblattansicht wechseln.

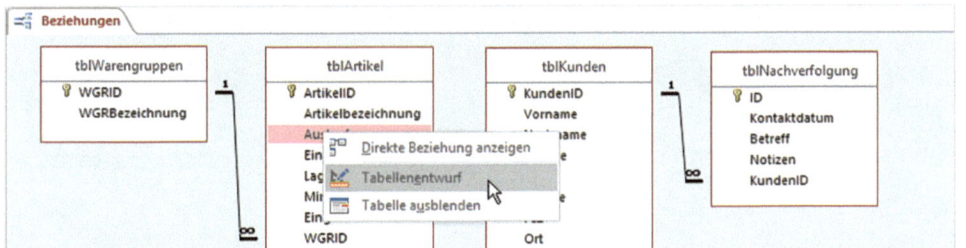

Tabellenentwurf öffnen

Beim Schließen der Ansicht *Beziehungen* erscheint die Rückfrage, ob Änderungen am Layout der Beziehung, also der Anordnung der Tabellen gespeichert werden sollen. Klicken Sie auf *Ja*.

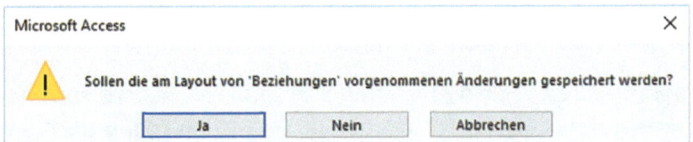

Layout der Beziehungen speichern

Referentielle Integrität testen

Wenn Sie anschließend die Tabelle *tblWarengruppen* in der Datenblattansicht öffnen und versuchen eine Warengruppe, z. B. Büromöbel, zu löschen, dann erhalten Sie die unten abgebildete Fehlermeldung.

Die Warengruppe kann nicht gelöscht werden, da in der Tabelle tblArtikel noch entsprechende Artikel existieren.

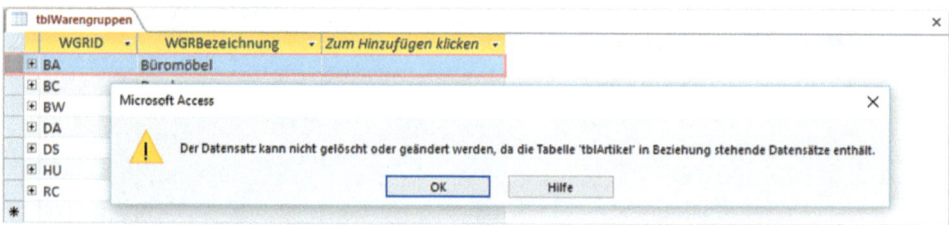

Beziehungen drucken

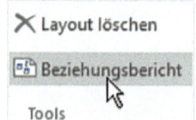

Zur Dokumentation des Aufbaus einer Datenbank können Sie die Beziehungen drucken. Dazu klicken Sie in der Ansicht *Beziehungen* im Menüband, Register *Entwurf* auf *Beziehungsbericht*.

Access erstellt einen Bericht und zeigt ihn in der Druckvorschau bzw. Seitenansicht an. Gleichzeitig erscheint im Menüband das Register *Seitenansicht*. Über Schaltflächen können Sie nun beispielsweise zwischen Hoch- und Querformat wechseln, Seitenränder einstellen und mit der Schaltfläche *Drucken* den Ausdruck starten.

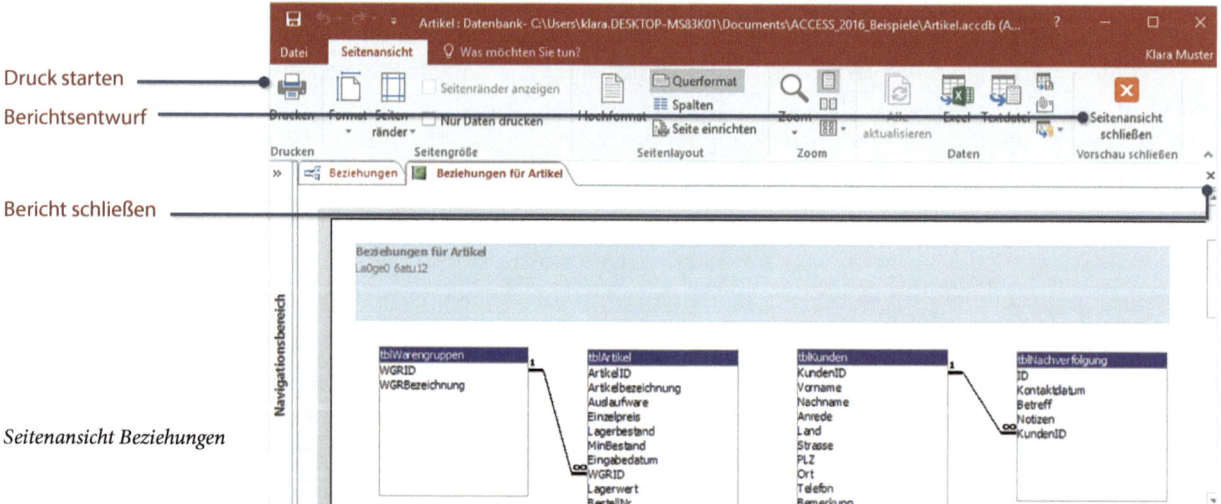

Seitenansicht Beziehungen

Achtung: Zum Schließen der Seitenansicht klicken Sie am besten auf das *Schließen*-Symbol des Datenbankobjekts (Bild oben), da mit der Schaltfläche *Seitenansicht schließen* der Bericht in der Entwurfsansicht erscheint.

Beim Schließen erhalten Sie eine Rückfrage, ob Sie den Bericht speichern möchten. Dies ist in der Regel nicht erforderlich, da Sie die Beziehungen und deren aktuellen Stand jederzeit wieder ausdrucken können.

5.3   n:m Beziehungen

Eine n:m Beziehung am Beispiel Artikel und Lieferanten

In einer einfachen 1:n Beziehung ist jeweils ein Datensatz der Mastertabelle mit beliebig vielen Datensätzen der Detailtabelle verknüpft. Im Gegensatz dazu kann in einer n:m Beziehung jeder Datensatz der einen Tabelle mit beliebig vielen Datensätzen der anderen Tabelle verknüpft sein und umgekehrt. Solche n:m Beziehungen lassen sich in Access nur über eine dritte Tabelle realisieren. Als Beispiel die Tabellen *tblArtikel* und *tblLieferanten*. Für die meisten Artikel kommen gleich mehrere Lieferanten in Frage, und jeder Lieferant liefert mehrere Artikel, also eine klassische n:m Beziehung.

Tabelle erstellen

Dazu wird eine weitere Tabelle mit folgenden Feldern benötigt, speichern Sie die Tabelle unter dem Namen *tblArtikelLieferanten*. Für die Felder *LieferantenID* und *ArtikelID* sollen diesmal keine Nachschlagefelder gewählt werden, da wir im nächsten Schritt die Beziehungen selbst erstellen wollen.

Feldname	Datentyp	Eigenschaften
ID	AutoWert	Primärschlüssel
LieferantenID	Zahl	Feldgröße: Long Integer: Indiziert: Ja (Duplikate möglich)
ArtikelID	Zahl	Feldgröße: Long Integer: Indiziert: Ja (Duplikate möglich)

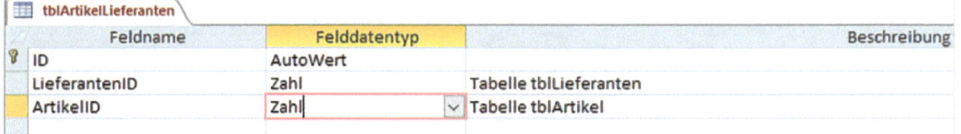

Die Tabelle tblArtikelLieferanten in der Entwurfsansicht

Eine Beziehung ohne Assistent erstellen

Schließen Sie die soeben erstellte Tabelle und öffnen Sie die Ansicht *Beziehungen*.

1   Im ersten Schritt müssen Sie die benötigten Tabellen *tblLieferanten* und *tblArtikelLieferanten* hinzufügen. Klicken Sie dazu im *Menüband ▶ Entwurf* auf *Tabelle anzeigen*.

2   Markieren Sie nacheinander die Tabellen *tblLieferanten* und *tblArtikelLieferanten* und klicken Sie jeweils auf *Hinzufügen*. **Tipp:** Schneller gehts mit Doppelklick auf die benötigte Tabelle. Schließen Sie dann das Fenster *Tabelle anzeigen* wieder.

Tipp: Als Alternative können Sie die benötigten Tabellen auch einfach mit der Maus aus dem Navigationsbereich in die Ansicht *Beziehungen* ziehen.

Tabellen hinzufügen

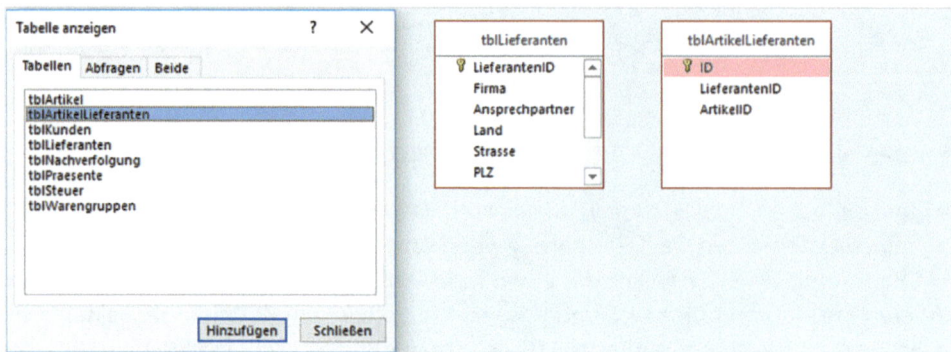

3 Anschließend sollten Sie die neu hinzugefügten Tabellen etwas übersichtlicher anordnen und darauf achten, dass sich Beziehungslinien möglichst nicht überkreuzen.

4 Im nächsten Schritt kann die erste Beziehung erstellt werden: Klicken Sie in der Tabelle *tblArtikel* auf das Feld *ArtikelID* und ziehen Sie es mit gedrückter Maustaste auf das Feld *ArtikelID* der Tabelle *tblArtikelLieferanten*.

5 Anschließend öffnet sich das Fenster *Beziehungen bearbeiten*. Aktivieren Sie referentielle Integrität mit Aktualisierungs- und Löschweitergabe und klicken Sie auf *Erstellen*.

Ziehen Sie das Feld aus der einen Tabelle auf das entsprechende Feld der zweiten Tabelle

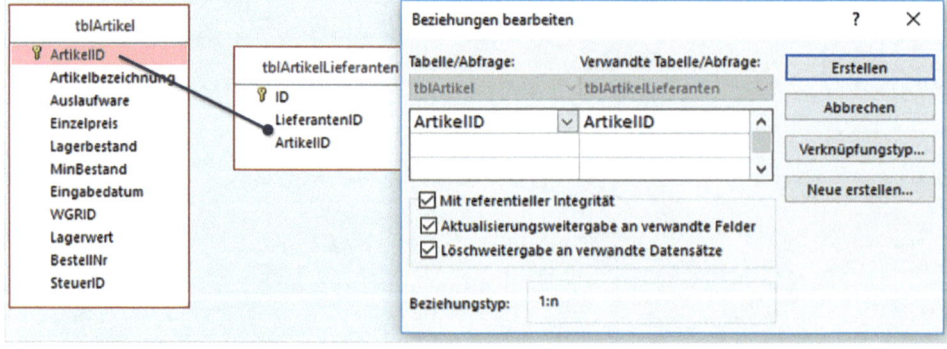

Hinweis: Da beim Löschen eines Artikels auch die Zuordnung zu den jeweiligen Lieferanten nicht mehr benötigt wird, können Sie hier problemlos Löschweitergabe vereinbaren.

6 Um anschließend eine Beziehung zwischen den Tabellen *tblLieferanten* und *tblArtikelLieferanten* zu erstellen, verfahren Sie genauso. Ziehen Sie das Feld *LieferantenID* auf das Feld *LieferantenID* der anderen Tabelle und vereinbaren Sie referentielle Integrität.

Es spielt beim Erstellen von 1:n Beziehungen keine Rolle, bei welcher Tabelle bzw. mit welchem Feld Sie mit dem Ziehen beginnen.

In der Datenbank sollten nun die unten abgebildeten Beziehungen vorhanden sein. Die Tabellen *tblArtikel* und *tblLieferanten* sind jeweils mit einer 1:n Beziehung mit der Tabelle *tblArtikelLieferanten* verknüpft.

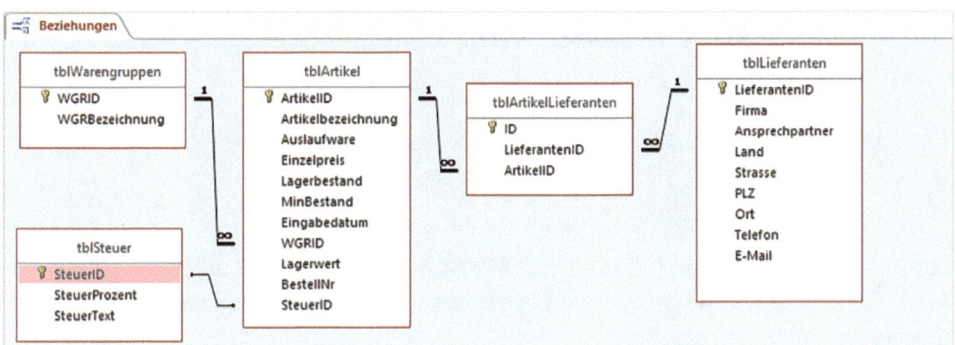

Die Tabellen tblArtikel und tblLieferanten sind jeweils mit einer 1:n Beziehung mit der Tabelle tblArtikelLieferanten verknüpft

n:m Beziehungen in der Datenblattansicht

Die Datenblattansicht kann immer nur eine Tabelle als Unterdatenblatt anzeigen, also die Tabelle *tblArtikelLieferanten* als Unterdatenblatt der Tabelle *tblArtikel* oder der Tabelle *tblLieferanten*. Eine n:m Beziehung kann daher in dieser Form nicht vollständig abgebildet werden. In Abfragen und Formularen ist dies dagegen problemlos möglich. Um daher in der Tabelle *tblArtikelLieferanten* zu erfassen, welche Artikel von welchen Lieferanten bezogen werden, benötigen wir ein entsprechendes Formular. Näheres hierzu in Kapitel 8.

Ein entsprechendes Formular erstellen Sie im Anschluß an Kapitel 8

Mögliche Probleme beim Erstellen von Beziehungen

Tabelle wurde ein zweites Mal hinzugefügt

Falls eine Tabelle versehentlich ein zweites Mal in der Ansicht Beziehungen hinzugefügt wurde, dann erhält diese automatisch den Namenszusatz 1, also z. B. *tblKunden_1*. Zum Entfernen klicken Sie mit der rechten Maustaste in die Tabelle und auf *Tabelle ausblenden*. Alternativ genügt es, wenn Sie auf die Tabelle klicken und die Entf-Taste betätigen.

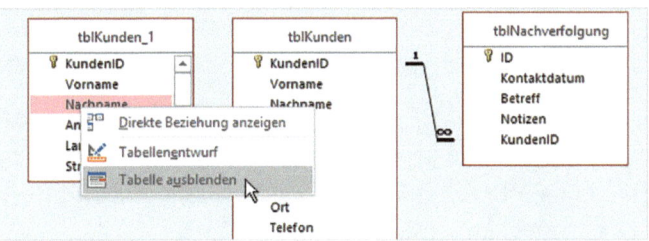

Tabelle aus der Ansicht Beziehungen entfernen/ ausblenden

Achtung: Wenn eine Beziehung zu dieser Tabelle existiert, z. B. weil Sie den Nachschlage-Assistenten ein zweites Mal gestartet haben, dann müssen Sie zuerst die Beziehung löschen. Klicken Sie dazu mit der rechten Maustaste auf die Beziehungslinie und auf *Löschen*.

Datentypen stimmen nicht überein

Die Felder, über die Sie eine Beziehung erstellen, müssen in beiden Tabellen exakt vom selben Typ sein, sonst erhalten Sie die unten abgebildete Fehlermeldung. Identische Feldnamen sind dagegen nicht erforderlich.

Fehlermeldung: Unterschiedliche Datentypen

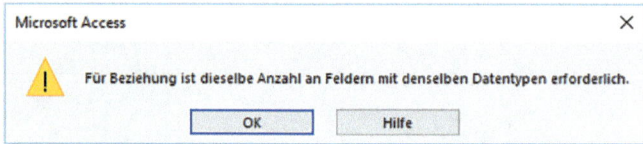

Zur Abhilfe klicken Sie mit der rechten Maustaste in die Tabelle und auf *Tabellenentwurf*. Die Tabelle wird in der Entwurfsansicht geöffnet und Sie können die erforderlichen Änderungen vornehmen.

> Falls der Primärschlüssel der einen Tabelle vom Typ *AutoWert* ist, so muss in der zweiten Tabelle für das dazugehörige Fremschlüsselfeld der Typ *Zahl*, *Long Integer* gewählt werden.

5.4   Sonderfälle

1:1 Beziehung

Datenbanken kennen noch einen weiteren Beziehungstyp, die 1:1-Beziehung. Dieser Typ bildet eher die Ausnahme. Er wird meist aus Datenschutzgründen oder zur Aufteilung umfangreicher Tabellen verwendet. Bei einer 1:1-Beziehung existiert für jeden Datensatz der einen Tabelle maximal ein Datensatz in der anderen Tabelle. In diesem Fall bildet das Feld, über das die Beziehung erstellt wird, in beiden Tabellen den Primärschlüssel.

Beispiel Personaldaten

Denkbar wäre folgender Fall einer Personaldatenbank. Die Tabelle *tblMitarbeiter* verwaltet alle Mitarbeiter mit MitarbeiterID, Name, Position, Adresse, Telefonnummer usw.. Die Informationen dieser Tabelle werden von mehreren Sachbearbeitern benötigt, diese haben entsprechenden Zugriff auf die Tabelle.

Die Höhe des Gehalts gehört zwar ebenfalls zu den Mitarbeiterdaten, auf diese Daten sollen aber nur befugte Personen Zugriff haben. Lösen lässt sich dieses Problem über eine zweite Tabelle *tblMitarbeiterGehalt*, die über die *MitarbeiterID* verknüpft wird. Die *MitarbeiterID* bildet in beiden Tabellen den Primärschlüssel und jedem Datensatz der Tabelle *tblMitarbeiter* entspricht genau 1 Datensatz in der Tabelle *tblMitarbeiterGehalt*.

Achtung: Wenn Sie in einer 1:1 Beziehung referentielle Integrität mit Aktualisierungs- und/oder Löschweitergabe vereinbaren möchten, dann sollten Sie sich vorher überlegen, welche Tabelle in dieser Beziehung die Änderungen weitergeben soll, also die übergeordnete Tabelle darstellt. Beim Beispiel Personaldaten dürfte dies die Tabelle *tblMitarbeiter* sein, d.h. Änderungen der *MitarbeiterID* werden an die Tabelle *tblMitarbeiterGehalt* weitergegeben.

Beachten Sie in solchen Fällen die Richtung: Beim Erstellen der Beziehung müssen Sie daher die *MitarbeiterID* der Tabelle *tblMitarbeiter* auf die *MitarbeiterID* der Tabelle *tblMitarbeiterGehalt* ziehen und nicht umgekehrt!

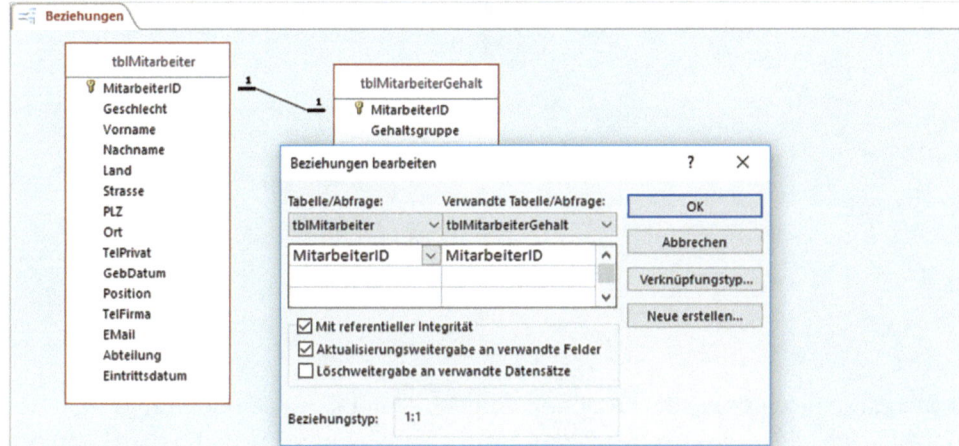

Ein Beispiel für eine 1:1 Beziehung. Achten Sie beim Erstellen auf die Richtung!

Verknüpfungseigenschaften

Im Fenster *Beziehungen bearbeiten* finden Sie außerdem die Schaltfläche *Verknüpfungstyp…*. Hier können Sie für 1:n Beziehungen zusätzlich festlegen, welche Datensätze einbezogen werden, wenn Sie später in einer Abfrage oder einem Bericht Felder aus den beiden verknüpften Tabellen verwenden. In der Standardeinstellung zeigt Access nur diejenigen Datensätze an, zu denen Werte in beiden Tabellen vorhanden sind.

Beispiel Warengruppen und Artikel
Betrachten wir die Verknüpfungseigenschaften am Beispiel der Beziehung zwischen den Tabellen *tblWarengruppen* und *tblArtikel* genauer.

1   Klicken Sie in der Ansicht *Beziehungen* mit der rechten Maustaste auf die Beziehungslinie zwischen diesen beiden Tabellen und auf *Beziehung bearbeiten*.

2 Klicken Sie dann im Fenster *Beziehungen bearbeiten* auf die Schaltfläche *Verknüp-fungstyp....* Im gleichnamigen Fenster erhalten Sie die folgenden drei Optionen zur Auswahl (Bild unten):

- Mit der Standardeinstellung *Beinhaltet nur Datensätze, bei denen die Inhalte der verknüpften Tabellen gleich sind* erscheinen nur diejenigen Warengruppen, zu denen in der Tabelle *tblArtikel* auch tatsächlich Artikel vorhanden sind

- *Beinhalter ALLE Datensätze aus tblWarengruppen...* würde bedeuten, es werden grundsätzlich alle Warengruppen einbezogen, auch wenn keine entsprechenden Artikel vorhanden sind.

- *Beinhaltet ALLE Datensätze aus tblArtikel...* bedeutet, alle Artikel werden angezeigt, auch wenn dazu keine Warengruppe existiert.

Verknüpfungseigenschaften bearbeiten

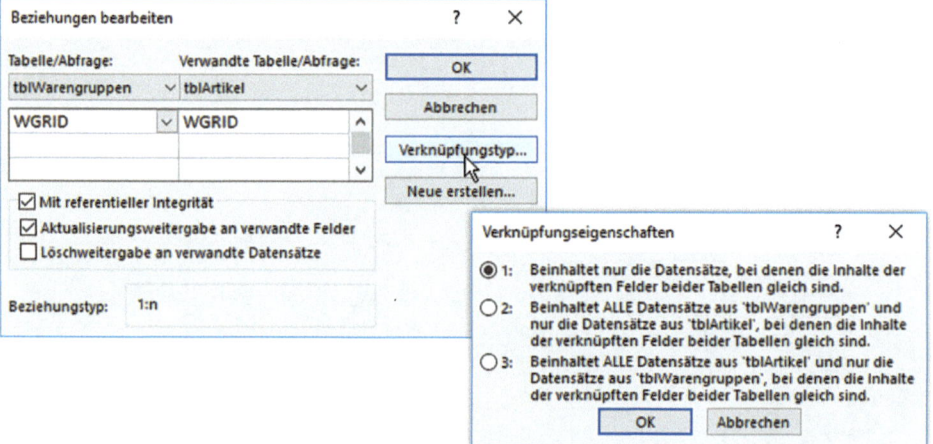

Achtung: Die Reihenfolge der Optionen 2 und 3 richtet sich nach der Anordnung der Tabellen (von links nach rechts) in der Ansicht Beziehungen und kann daher von der Abbildung abweichen!

> Diese Verknüpfungseigenschaften sind eigentlich nur für einzelne Abfragen interessant. Sie können auch in der Entwurfsansicht einer Abfrage geändert werden und besitzen dann ausschließlich für diese Gültigkeit. Beziehungen und Verknüpfungseigenschaften, die Sie dagegen in der Ansicht *Beziehungen* festlegen, gelten für die gesamte Datenbank.
>
> Behalten Sie daher hier am besten die Standardeinstellung bei und ändern Sie bei Bedarf die Eigenschaften in der betreffenden Abfrage.

5.5   Zusammenfassung

▶ Damit Felder aus zwei oder mehr Tabellen in Auswertungen oder Berichten verwendet werden können, muss eine Beziehung zwischen den Tabellen erstellt werden. Beziehungen werden entweder vom Nachschlage-Assistenten oder in der Ansicht *Beziehungen* (Register *Datenbanktools*) erstellt und gespeichert.

▶ Eine Beziehung zwischen zwei Tabellen wird über Felder hergestellt, wobei das Primärschlüsselfeld der einen Tabelle mit dem Fremdschüsselfeld der anderen Tabelle verbunden wird. Beide Felder müssen vom gleichen Felddatentyp sein, gleiche Feldnamen sind dagegen nicht zwingend erforderlich. Der Beziehungstyp 1:n ist der häufigste Typ und bedeutet, jedem Datensatz entsprechen beliebig (n) viele Datensätze der zweiten Tabelle. Beim Beziehungstyp 1:1 ist dagegen jedem Datensatz genau ein Datensatz der zweiten Tabelle zugeordnet.

▶ Bei einer n:m Beziehung können jedem Datensatz der einen Tabelle beliebig viele Datensätze der zweiten Tabelle zugeordnet sein und umgekehrt. Solche Beziehungen lassen sich nur über eine dritte Tabelle realisieren.

▶ Zur Erstellung einer Beziehung ziehen Sie einfach das Feld der einen Tabelle mit gedrückter linker Maustaste auf das entsprechende Feld der zweiten Tabelle. Die Option *Mit referentieller Integrität* stellt sicher, dass zu jedem Wert des Fremdschlüsselfeldes auch ein Wert in der übergeordneten Tabelle existiert. Dateneingabe oder nachträgliche Änderungen an den Daten, wie z. B. Löschen von Datensätzen, sind dann nur noch möglich, wenn dadurch die Regeln der Datenintegrität nicht verletzt werden.

5.6   Übungsaufgabe: Bestellungen erfassen

1   Zum Erfassen von Bestellungen benötigen wir in der Datenbank zwei weitere Tabellen. Erstellen Sie die beiden nachfolgenden Tabellen wie unten angegeben.

Tabelle tblBestellungen

Feldname	Felddatentyp	Sonstiges/ Eigenschaften
BestellID	AutoWert	Primärschlüssel
BestellDatum	Datum/Uhrzeit	Standardwert: Datum()
KundenID	Zahl	Nachschlagen aus der Tabelle *tblKunden*; Felder: KundenID, Nachname, Vorname, Schlüsselspalte nicht ausblenden; Datenintegrität aktivieren

Hinweis: Um die Beispieldatenbank überschaubar zu halten, umfasst diese Tabelle nur die wichtigsten Felder. In der Praxis werden wesentlich mehr benötigt, z. B. AuftragsID des Kunden, Zahlungsweise, Versandart, usw..

Tabelle tblBestelldetails

Feldname	Felddatentyp	Sonstiges/ Eigenschaften
ID	AutoWert	Primärschlüssel
BestellID	Zahl	Feldgröße: Long Integer
ArtikelID	Zahl	Nachschlagen aus der Tabelle *tblArtikel*; Felder: ArtikelID, ArtikelBezeichnung; Schlüsselspalte nicht ausblenden; Datenintegrität aktivieren
Menge	Zahl	Feldgröße: Long Integer; Format: Standardzahl, ohne Dezimalstellen; Standardwert: 1

2   Stellen Sie zwischen diesen beiden Tabellen in der Ansicht *Beziehungen* über die *BestellID* eine Beziehung mit referentieller Integrität einschließlich Aktualisierungs- und Löschweitergabe her.

3   Kontrollieren Sie, ob zwischen den Tabellen *tblBestellungen* und *tblKunden* über das Feld *KundenID* eine Beziehung mit referentieller Integrität besteht. Ändern oder erstellen Sie die Beziehung ggfs.. Ob hier eine Löschweitergabe sinnvoll ist, entscheiden Sie selbst.

4   Kontrollieren Sie auch, ob für die Tabelle *tblBestelldetails* über das Feld *ArtikelID* eine Beziehung mit referentieller Integrität zur Tabelle *tblArtikel* existiert und ändern Sie bei Bedarf die Beziehung entsprechend.

Alle bisher vorhandenen Beziehungen der Datenbank

Das Ergebnis sollte etwa so aussehen wie im Bild unten.

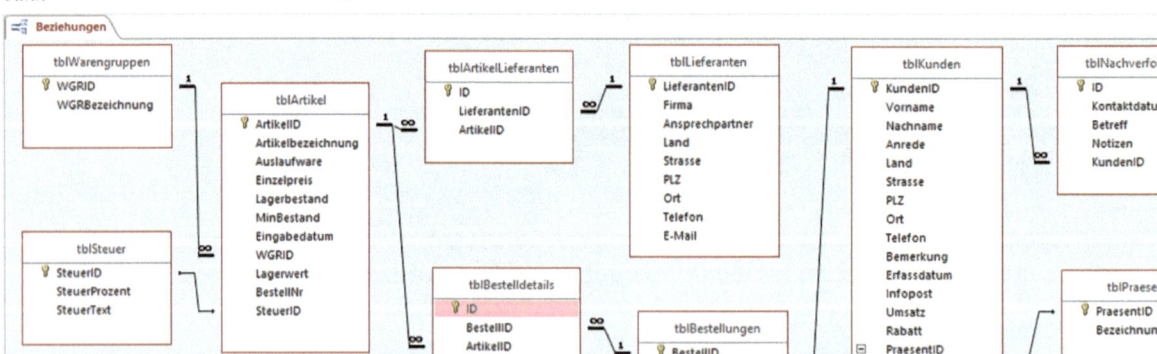

6 Abfragen

In diesem Kapitel lernen Sie...

- Abfragen in der Entwurfsansicht erstellen
- Abfragekriterien verwenden
- Beziehungen und Verknüpfungseigenschaften in Abfragen
- Felder mit Formeln und Funktionen berechnen

Das sollten Sie bereits wissen

- Tabellenentwurf und Datentypen
- Beziehungen

Wie in Kapitel 4 beschrieben, lassen sich Tabellen in der Datenblattansicht zwar schnell sortieren und filtern, allerdings besitzen die verwendeten Auswahlkriterien nur temporäre Gültigkeit. Benötigen Sie immer dieselben Kriterien oder komplexe Bedingungen, dann verwenden Sie besser Abfragen, die Sie speichern und immer wieder aufrufen können.

> Eine Abfrage speichert keine Datensätze, sondern nur Filter- und Sortierkriterien, sowie Formeln. Bei jedem Öffnen wird die Abfrage erneut ausgeführt und liefert so stets aktuelle Ergebnisse.

6.1   Abfrage erstellen

Eine neue Abfrage in der Entwurfsansicht erstellen

Näheres zu diesen Spezialabfragen lesen Sie in Kapitel 7.5

Zur Abfrageerstellung bietet Access zwei Möglichkeiten an: den Abfrageentwurf und einen Assistenten, der Sie durch die einzelnen Schritte führt. Mit seiner Hilfe lassen sich schnell Spezialabfragen, z. B. zur Suche nach Duplikaten, erstellen. Für einfache Auswahlabfragen ist der Assistent weniger geeignet, da er keinerlei Kriterien und Sortierungen unterstützt.

Bis auf wenige Ausnahmen erstellen Sie daher eine Abfrage in der Entwurfsansicht. Die Schritte sind immer gleich:

Tabellen auswählen

1   Klicken Sie im Menüband auf das Register *Erstellen* und hier auf *Abfrageentwurf*.

Klicken Sie im Register Erstellen auf Abfrageentwurf

2   Accesss öffnet eine neue Abfrage und im ersten Schritt müssen Sie ein oder mehrere Tabellen auswählen. Dazu markieren Sie die Tabelle mit einem Klick und klicken auf *Hinzufügen*. Schneller geht's mit einem Doppelklick auf die benötigte Tabelle. Fügen Sie für dieses Beispiel die Tabelle *tblKunden* hinzu.

3   Das Fenster *Tabelle anzeigen* wird nun nicht mehr benötigt und kann geschlossen werden.

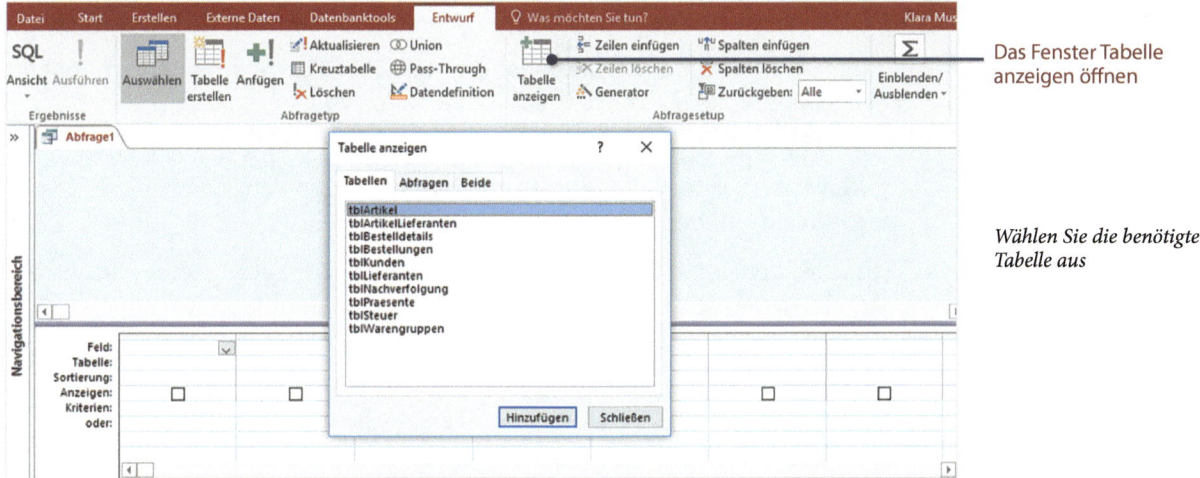

Das Fenster Tabelle anzeigen öffnen

Wählen Sie die benötigte Tabelle aus

Tipp: Haben Sie das Fenster versehentlich zu früh geschlossen oder eine Tabelle vergessen, dann klicken Sie auf *Tabelle anzeigen* (*Abfragetools ▶ Entwurf*). Oder ziehen Sie die Tabelle mit der Maus aus dem Navigationsbereich in den oberen Bereich der Abfrage.

Die Entwurfsansicht einer Abfrage

Der Abfrageentwurf besteht aus zwei Bereichen: Im oberen Teil, dem Tabellenbereich, befinden sich die ausgewählten Tabellen mit allen Feldern. Der untere Bereich, eine leere Tabelle, stellt den eigentlichen Abfrageentwurf dar. Durch Verschieben der Trennlinie können Sie die Bereiche vergrößern bzw. verkleinern. Im Bild unten enthält der Abfrageentwurf vorerst nur ein einziges Feld, die *KundenID*.

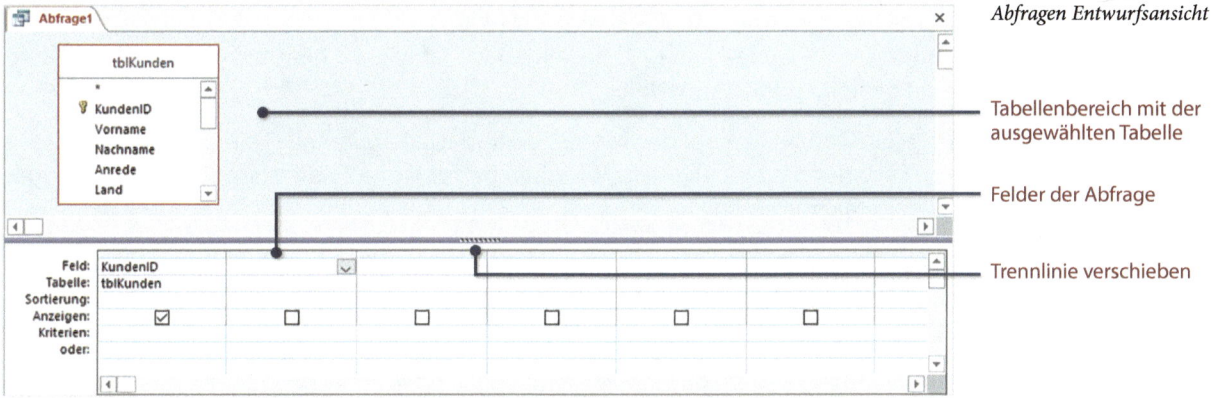

Abfragen Entwurfsansicht

Tabellenbereich mit der ausgewählten Tabelle

Felder der Abfrage

Trennlinie verschieben

Achtung: Wenn Sie versehentlich die falsche Tabelle ausgewählt oder eine Tabelle doppelt hinzugefügt haben, dann sollten Sie die überzählige Tabelle unbedingt aus der Abfrage entfernen, da die Abfrage sonst möglicherweise doppelte Datensätze liefert! Klicken Sie dazu im Tabellenbereich auf die Tabelle und betätigen Sie die Entf-Taste oder klicken Sie mit der rechten Maustaste auf die Tabelle und auf *Tabelle entfernen*.

Felder hinzufügen

Im nächsten Schritt nehmen Sie die benötigten Felder in die Abfrage auf. Dazu können Sie folgende Möglichkeiten verwenden:

▶ Ziehen Sie mit gedrückter Maustaste ein Feld aus der Tabelle nach unten in die gewünschte Spalte. Befindet hier bereits ein Feld, so wird das neue Feld links davon in einer neuen Spalte eingefügt.

▶ Schneller geht's mit Doppelklick auf ein Feld der Tabelle. Dieses wird in der nächsten freien Spalte des Abfragebereichs hinzugefügt.

▶ Oder klicken Sie in die erste Zeile einer freien Spalte und wählen das Feld über den Dropdown-Pfeil aus (Bild unten).

Wählen Sie ein Feld über der Dropdown-Pfeil aus

Oder ziehen Sie das Feld in den Abfragebereich

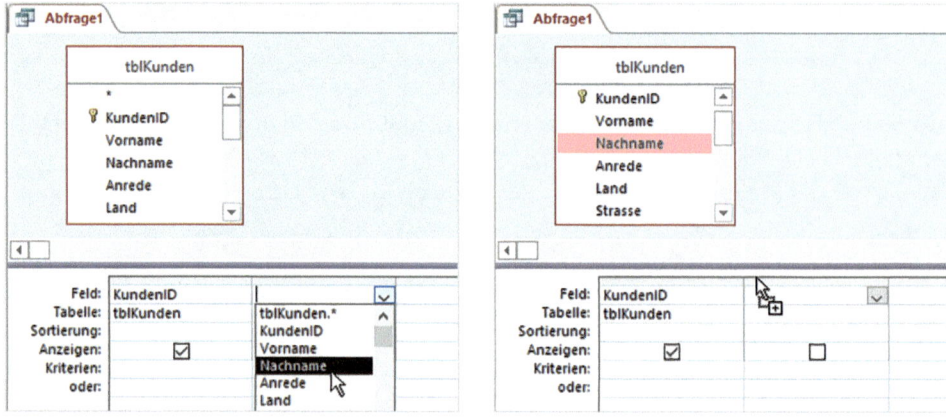

Schnell alle Felder der Tabelle auswählen und hinzufügen

Benötigen Sie in der Abfrage alle Felder der Tabelle, so benutzen Sie am schnellsten eine der folgenden Methoden:

▶ Ein Doppelklick auf den Namen der Tabelle markiert alle Felder der Tabelle. Diese können Sie anschließend, wie oben beschrieben, in die erste Spalte des Abfragebereichs ziehen.

Markieren Sie mit Klick auf den Tabellennamen alle Felder und ziehen Sie diese in den Abfragebereich.

Oder Wählen Sie das Sternchen aus

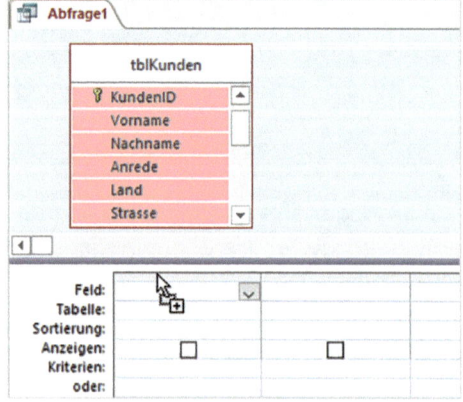 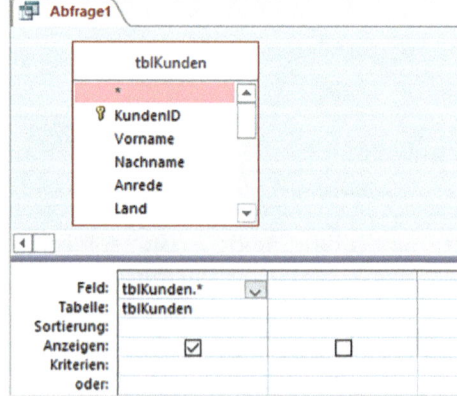

▶ Der Stern * am Beginn der Tabelle steht für alle Felder der Tabelle. Wenn Sie den Stern in den Abfrageentwurf ziehen, werden ebenfalls alle Felder hinzugefügt. Der Stern nimmt aber im Gegensatz zur ersten Methode nur eine einzige Spalte ein. Nachteil: Wenn Sie für ein Feld Abfragekriterien benötigen, dann müssen Sie dieses Feld ein zweites Mal hinzufügen.

Felder entfernen

Auch zum Entfernen versehentlich hinzugefügter oder nicht benötigter Felder haben Sie die Wahl zwischen verschiedenen Methoden:

▶ Löschen Sie einfach der Feldnamen aus der ersten Zeile.

▶ Oder deaktivieren Sie das Kontrollkästchen der Zeile *Anzeigen* in dieser Spalte.

▶ Oder zeigen Sie mit der Maus in der Markierungsleiste oberhalb der ersten Zeile auf die betreffende Spalte. Der Mauszeiger verwandelt sich in einen senkrechten schwarzen Pfeil und ein Klick markiert die gesamte Spalte. Anschließend können Sie die Spalte mit der Entf-Taste löschen.

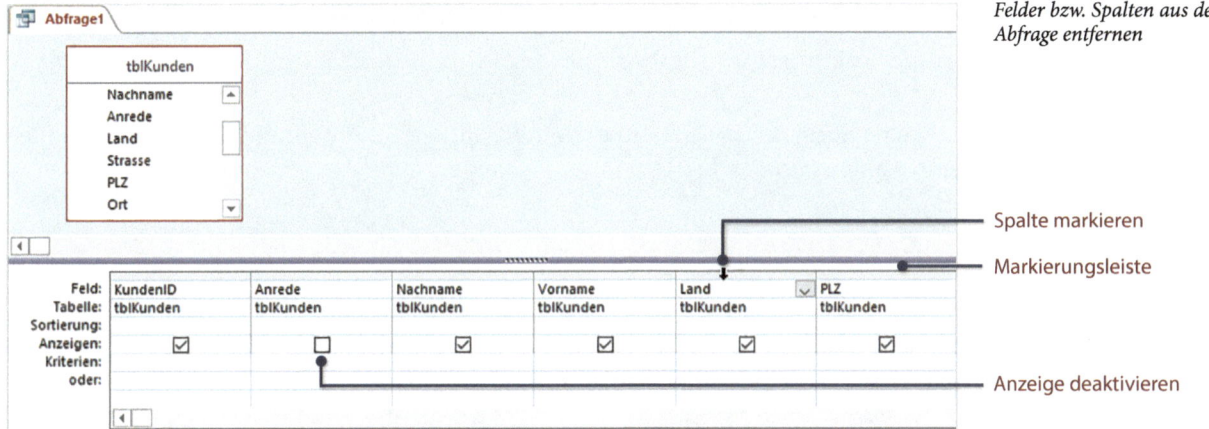

Felder bzw. Spalten aus der Abfrage entfernen

Spalten vertauschen

Die Felder können in beliebiger Reihenfolge in die Abfrage aufgenommen werden. Falls Sie nachträglich einzelne Spalten im Abfrageentwurf verschieben bzw. vertauschen möchten, dann markieren Sie die betreffende Spalte mit einem Klick in die Markierungsleiste, siehe oben. Zeigen Sie dann in die Markierungsleiste (Pfeil als Mauszeiger) und ziehen Sie die Spalte mit der Maus an die gewünschte Stelle.

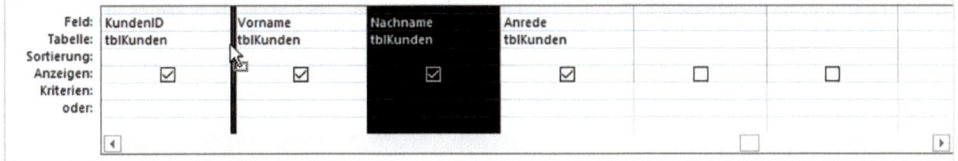

Ziehen Sie die markierte Spalte mit der Maus an die gwünschte Stelle

Datensätze in Abfragen sortieren

Wenn nicht anders festgelegt, erhält eine Abfrage die Sortierung der zugrunde liegenden Tabelle, in der Regel nach dem Primärschlüssel. In Abfragen können Sie auch eine andere Sortierung festlegen und diese zusammen mit der Abfrage speichern.

Dazu benutzen Sie im Abfragebereich die Zeile *Sortierung*. Klicken Sie in der entsprechenden Spalte auf den Dropdown-Pfeil und wählen Sie *Aufsteigend* oder *Absteigend*.

Wenn Sie nach mehreren Feldern sortieren, dann erfolgt die Sortierung von links nach rechts. Das Hauptsortierkriterium muss sich also immer ganz links befinden. Soll beispielsweise, wie im Bild unten, nach Nachnamen und bei gleichen Nachnamen zusätzlich nach Vornamen sortiert werden (Prinzip Telefonbuch), dann muss sich in der Abfrage das Feld *Nachname* links vom Feld *Vorname* befinden.

Nach Nachname und Vorname sortieren

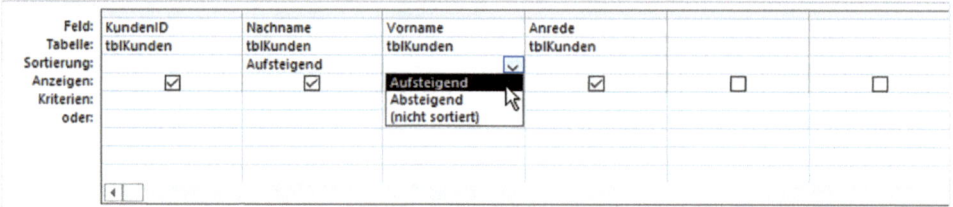

Um eine Sortierung wieder zu entfernen, klicken Sie erneut auf den Dropdown-Pfeil und wählen *(nicht sortiert)*.

Abfrage ausführen, Ergebnis in der Datenblattansicht anzeigen

Wechseln Sie über den Dropdown-Pfeil des Symbols Ansicht oder das Symbol Ausführen in die Datenblattansicht

Klicken Sie in der Entwurfsansicht im Menüband, Register *Entwurf* oder Register *Start* auf den Dropdown-Pfeil des Symbols *Ansicht* und hier auf *Datenblattansicht*. Oder klicken Sie im Register *Entwurf* auf das Symbol *Ausführen*.

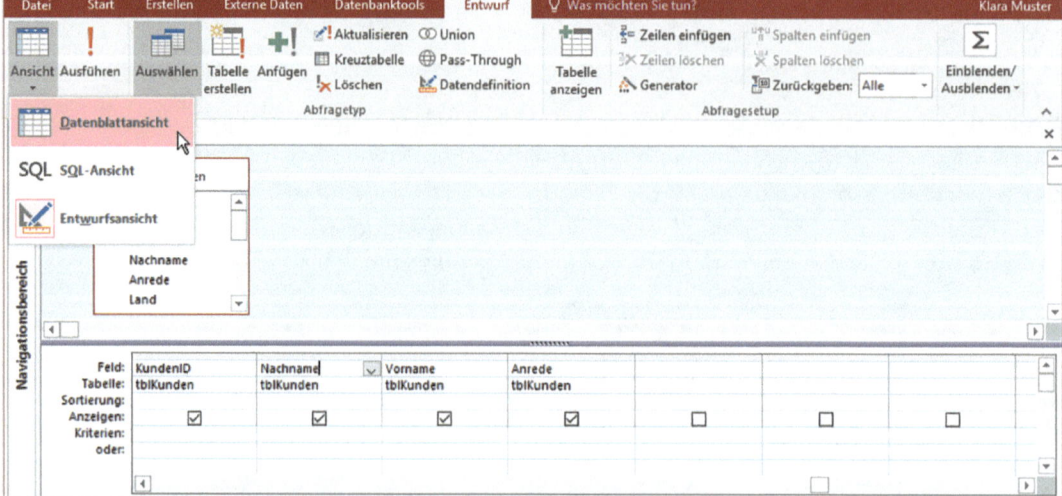

Als Alternative können Sie auch die Symbole im rechten Bereich der Statusleiste am unteren Rand des Access-Fensters verwenden.

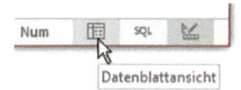

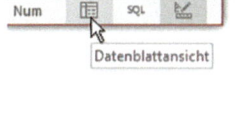

Über dieselbe Schaltfläche *Ansicht* und die Auswahl *Entwurfsansicht* oder das entsprechende Symbol in der Statusleiste wechseln Sie wieder zurück in die Entwurfsansicht der Abfrage.

Das Abfrageergebnis in der Datenblattansicht

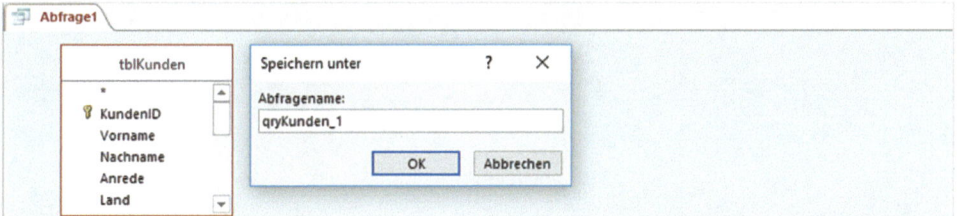

Abfrage speichern

Zum Speichern der Abfrage klicken Sie entweder auf das Symbol *Speichern* 🖫 in der *Symbolleiste für den Schnellzugriff* oder im Register *Datei* auf *Speichern*. Wie bei Tabellen geben Sie anschließend einen Namen ein und klicken auf *OK*.

Abfrage speichern

Achten Sie beim Speichern von Abfragen darauf, dass der Name der Abfrage nicht bereits für eine Tabelle verwendet wird. Stellen Sie daher zur besseren Unterscheidung dem Namen der Abfrage das Kürzel qry (query, dt. Abfrage) oder abf voran.

Die Abfrage erscheint anschließend in der Navigationsleiste, die genaue Anzeige hängt davon ab, welche Anzeige Sie hier gewählt haben.

Siehe Kapitel 1.3

Genau wie eine Tabelle öffnen Sie auch eine Abfrage mit Doppelklick. Beim Öffnen wird die Abfrage ausgeführt und liefert immer die aktuellen Daten, falls in der Zwischenzeit Datensätze in der zugrundeliegenden Tabelle geändert wurden.

6.2 Auswahlkriterien

Kriterienausdrücke

Auswahlkriterien benötigen Sie, wenn die Abfrage nur bestimmte Datensätze liefern soll, z. B. alle Kunden, die dem Erhalt von Werbung in Form von E-Mails oder Postsendungen zugestimmt haben (Feld *Infopost*).

1 Dazu erstellen Sie eine neue Abfrage in der Entwurfsansicht, wählen die Tabelle *tblKunden* aus und nehmen die benötigten Felder in die Abfrage auf, in unserem Beispiel das Feld *Infopost* sowie alle Namen- und Anschriftfelder.

Access unterscheidet bei Abfragekriterien nicht zwischen Groß- oder Kleinschreibung!

2 Klicken Sie in der Spalte *Infopost* in die erste Kriterienzeile und geben Sie hier als Kriterium Ja ein, da es sich hier um ein Feld vom Datentyp *Ja/Nein* handelt.

3 Schließen Sie die Eingabe mit der Enter-Taste oder der Tab-Taste ab. Dadurch erfolgt eine automatische Syntaxprüfung, d.h Ihre Eingabe wird auf korrekte Schreibweise überprüft und eventuell auch korrigiert.

Kriterium eingeben

Erscheint eine Funktion, so drücken Sie die Esc-Taste

Hinweis: In manchen Fällen kann es vorkommen, dass Access bei der Eingabe eine Funktion vorschlägt, wie im Bild rechts unten die Funktion *Jahr*. Drücken Sie dann die Esc-Taste, um Ihre Eingabe beizubehalten.

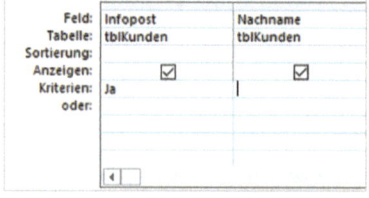 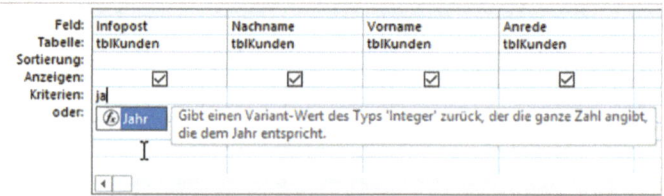

Um das Abfrageergebnis zu kontrollieren, wechseln Sie wieder über die Schaltfläche *Ansicht* in die Datenblattansicht.

Das Ergebnis der Abfrage in der Datenblattansicht

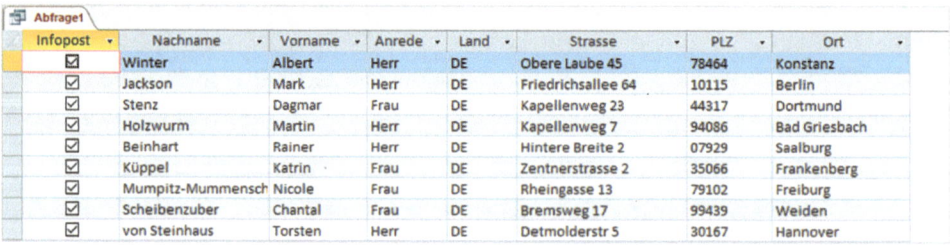

Die korrekte Schreibweise der Auswahlkriterien ist abhängig vom Datentyp. So muss zum Beispiel Text in Anführungszeichen stehen und ein Datum wird in Nummernzeichen # eingeschlossen. In den meisten Fällen erfolgt nach der Eingabe und dem Drücken der Enter-Taste eine automatische Korrektur, trotzdem sollten Sie Ihre Kriterien nochmals kontrollieren. In der nachfolgenden Tabelle finden Sie die korrekte Syntax der jeweiligen Datentypen.

Datentyp	Korrekte Syntax mit Beispiel	Eingabe
Text (Kurzer Text, Langer Text)	"Hamburg"	Hamburg
Währung	156,23 oder 125	156,23 oder 125 (nicht benötigte Dezimalstellen können weggelassen werden)
Zahl	100	100
Datum/Uhrzeit	#01.01.2016#	1.1.16 oder 1-1-16 oder 1/1/16
Ja/Nein	Ja oder Nein	Ja oder Nein; zulässig sind auch die Werte 0 (Nein) und -1 (Ja)

Schreibweise für Kriterienausdrücke

Vergleichsoperatoren

Häufig werden zur Formulierung von Abfragekriterien zusätzliche Vergleichsoperatoren benötigt, beispielsweise wenn Sie alle Kunden ermitteln möchten, deren Umsatz größer als ein bestimmter Wert ist. Hierzu können alle bekannten Vergleichsoperatoren verwendet werden:

=	Gleich		>	Größer als
<	Kleiner als		>=	Größer oder gleich
<=	Kleiner oder gleich		<>	Ungleich

Übersicht Vergleichsoperatoren

Hier zwei Beispiele:

Feld:	Erfassdatum	Nachname
Tabelle:	tblKunden	tblKunden
Sortierung:		
Anzeigen:	☑	☑
Kriterien:	>=#01.01.2016#	
oder:		

PLZ	Ort	Umsatz
tblKunden	tblKunden	tblKunden
☑	☑	☑
	"Hamburg"	

Datumskriterium

Textkriterium

Außerdem können noch die folgenden Ausdrücke eingesetzt werden:

Ausdruck	Beschreibung	Beispiel
Ist Null	Feld ist leer	
Ist nicht Null	Feld ist nicht leer	
Zwischen	Erlaubt die Angabe eines Wertebereichs und liefert alle Werte zwischen den angegebenen Werten und entspricht dem Ausdruck >= Zahl1 Und <=Zahl2	Zwischen 1 Und 100
Nicht	Schließt eine Bedingung aus	Nicht "Hamburg"

Leere Werte

Möchten Sie ermitteln, welche Datensätze in einem Feld keine Informationen (sogenannte Nullwerte) enthalten, dann verwenden Sie den Kriterienausdruck *Ist Null*. Auf diese Weise lassen sich beispielsweise alle Kunden ermitteln, von denen keine Telefonnummer gespeichert ist.

Keine Telefonnummer vorhanden

Feld:	Nachname	Vorname	Telefon	Anrede	Land	Strasse
Tabelle:	tblKunden	tblKunden	tblKunden	tblKunden	tblKunden	tblKunden
Sortierung:						
Anzeigen:	☑	☑	☑	☑	☑	☑
Kriterien:			Ist Null			
oder:						

> Verwechseln Sie diesen Ausdruck nicht mit der Zahl 0! Die Bedingung *Ist Null* bezieht sich auf leere Inhalte, sogenannte Nullwerte. Benötigen Sie dagegen z. B. alle Kunden mit Umsatz 0 €, dann müssen Sie das Kriterium 0 verwenden.

Feldinhalte in Kriterien verwenden

Wenn Sie als Kriterium den Inhalt eines anderen Feldes verwenden möchten, dann muss der Name dieses Feldes in eckigen Klammern [ ] angegeben werden. Wenn Sie beispielsweise aus der Tabelle *tblArtikel* alle Artikel ermitteln möchten, deren Lagerbestand unter dem Mindestbestand liegt, dann müssen Sie den Kriterienausdruck wie folgt eingeben: *<[MinBestand]*

Feldnamen in Kriterienausdrücken müssen in eckigen Klammern stehen

Feld:	ArtikelID	Artikelbezeichnung	Einzelpreis	Lagerbestand	MinBestand	
Tabelle:	tblArtikel	tblArtikel	tblArtikel	tblArtikel	tblArtikel	
Sortierung:						
Anzeigen:	☑	☑	☑	☑	☑	☐
Kriterien:				<[MinBestand]		
oder:						

Komplexe Ausdrücke im Zoomfenster eingeben

Genau wie in der Datenblattansicht können Sie auch im Abfrageentwurf die Breite einer Spalte mit der Maus ändern, sollte diese zu schmal für einen Kriterienausdruck sein. Ein komfortablere Möglichkeit ist die Anzeige und Eingabe in einem gesonderten Fenster (Zoom).

▶ Dazu klicken Sie in die Zelle, in die Sie den Ausdruck eingeben möchten und drücken die Tastenkombination Umschalt (Shift)+F2.

▶ Oder klicken Sie mit der rechten Maustaste in die betreffende Zelle und verwenden den Befehl *Zoom...*.

▶ Mit Klick auf die Schaltfläche *OK* übernehmen Sie Ihren Kriterienausdruck.

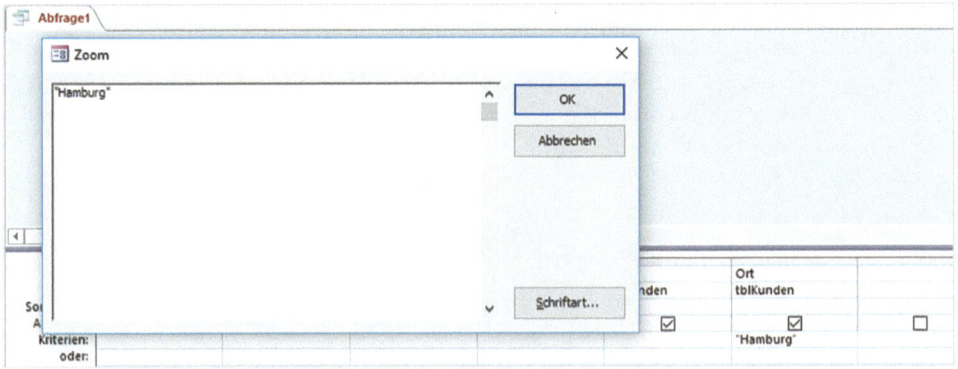

Das Zoomfenster

Tipp: Über die Schaltfläche *Schriftart...* können Sie bei Bedarf zur Eingabe eine andere Schriftart wählen und die Schrift etwas vergrößern. Leider behält Access diese Einstellung nur bis zum Beenden bei.

Platzhalter in Kriterienausdrücken

Sie können in Kriterienausdrücken auch Platzhalter- oder sogenannte Jokerzeichen verwenden, ausgenommen für den Datentyp *Langer Text*. Die wichtigsten Zeichen und ihre Verwendung kennen Sie vielleicht von Windows.

▶ Der Stern * steht für eine beliebige Zeichenfolge,

▶ das Fragezeichen ? steht für genau ein einziges Zeichen.

> **Achtung:** Bei der Verwendung von Platzhaltern muss immer der Operator *Wie* vorangestellt sein. Dies wird aber bei der Syntaxüberprüfung nicht immer automatisch korrigiert.

Platzhalterzeichen werden auch als Jokerzeichen bezeichnet.

Einzelne Zeichen ersetzen, Beispiel Postleitzahlenbereiche

Ein häufiger Einsatzzweck sind Postleitzahlenbereiche, z. B. alle Postleitzahlen, die mit 5 beginnen. Da dieses Feld vom Typ *Kurzer Text* ist, funktioniert der Ausdruck *Zwischen 50000 Und 60000* nicht korrekt, sondern liefert auch vierstellige Postzeitzahlen aus Österreich, die mit 5 beginnen. In diesem Fall benötigen Sie den folgenden Kriterienausdruck: *Wie "5????"*. Der Operator *Wie* wird bei der Syntaxüberprüfung automatisch vorangestellt, es genügt in diesem Beispiel, wenn Sie einfach 5???? eingeben.

Feld:	Nachname	PLZ	Ort
Tabelle:	tblKunden	tblKunden	tblKunden
Sortierung:			
Anzeigen:	☑	☑	☑
Kriterien:		5????	
oder:			

PLZ	Ort
tblKunden	tblKunden
☑	☑
Wie "5????"	

Kriterienausdruck eingeben

Nach der Syntaxüberprüfung

Beliebige Zeichenfolgen durch den Stern ersetzen

Den Stern * verwenden Sie, um in Kriterienausdrücken eine Zeichenfolge beliebiger Länge zu ersetzen. Suchen Sie beispielsweise nach Nachnamen, die mit *H* beginnen und auf *er* enden, dann verwenden Sie den Ausdruck *Wie "H*er"*. Damit erhalten Sie das unten abgebildete Ergebnis.

Beispiel Zeichenfolge durch Stern ersetzen

Access kennt noch weitere, in der Praxis allerdings seltener verwendete, Platzhalter. Eine Zusammenstellung erhalten Sie in der Tabelle unten.

Zeichen	Beschreibung	Beispiel
*	ersetzt beliebig viele Zeichen	Wie "M*er" zeigt alle Inhalte an, die mit M beginnen und mit "er" enden
?	ersetzt genau 1 Zeichen an der angegebenen Stelle	Wie "?eier" zeigt alle Inhalte an, die mit einem beliebigen Buchstaben beginnen und dann die Zeichenfolge "eier" enthalten, etwa Meier, Geier,…
#	ersetzt eine beliebige Ziffer	9403# liefert alle Postleitzahlen, die mit 9403 beginnen.
[]	berücksichtigt nur diejenigen Zeichen, die innerhalb der Klammer an dieser Stelle aufgeführt sind.	Wie "M[ae][iy]er" sucht nach Meier, Mayer, Maier, usw.

Mehrere Abfragekriterien kombinieren

Alle Bedingungen müssen erfüllt sein (Und-Verknüpfung)

Wenn alle Bedingungen erfüllt sein müssen, dann müssen die Kriterien in einer einzigen Kriterienzeile angegeben werden. Als Beispiel im Bild unten: Alle Kunden in Hamburg mit einem Umsatz von 1000 € oder mehr.

Beispiel Und-Verknüpfung

Feld:	KundenID	Nachname	Vorname	Ort	Umsatz	
Tabelle:	tblKunden	tblKunden	tblKunden	tblKunden	tblKunden	
Sortierung:						
Anzeigen:	☑	☑	☑	☑	☑	☐
Kriterien:				"Hamburg"	>=1000	
oder:						

Mindestens eine der Bedingungen muss erfüllt sein (Oder-Verknüpfung)

Befinden sich dagegen die Kriterien in unterschiedlichen Kriterienzeilen, so bedeutet dies eine Oder-Verknüpfung. Das Beispiel im Bild unten liefert als Ergebnis alle Kunden, die entweder in Hamburg wohnen oder deren Umsatz 1000 Euro und mehr beträgt.

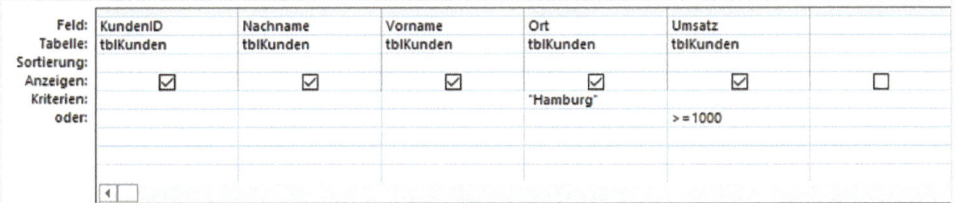

Besispiel Oder-Verknüpfung

Bedingungen kombinieren

Mehrere Kriterien für dasselbe Feld verknüpfen Sie mit den Operatoren *Und* und *Oder* oder geben Sie die Kriterien in derselben Spalte einfach untereinander ein. Die beiden unten abgebildetem Beispiele liefern dasselbe Ergebnis, nämlich alle Kunden, die in Hamburg oder München wohnen.

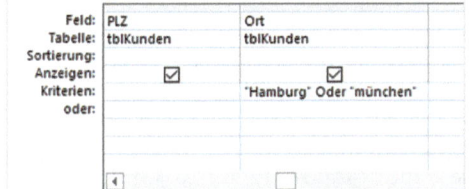

Kriterien mit Oder verknüpfen oder in verschiedenen Zeilen eingeben

Ausdruck	Beschreibung	Beispiel
Und	Beide Bedingungen müssen erfüllt sein (Und-Verknüpfung)	>=100 Und <=200
Oder	Mindestens eine Bedingung muss erfüllt sein (Oder-Verknüpfung)	"Hamburg" Oder "München"

Hinweis: Access wertet die Kriterien zeilenweise aus, bei Verwendung mehrerer Kriterien über mehrere Zeilen müssen Sie unter Umständen einige mehrfach eingeben.

Als Beispiel alle Kunden der Postleitzahlenbereiche 3, 5 und 7, die dem Erhalt von Infopost zugestimmt haben. Beide Abfragen unten liefern dasselbe Ergebnis.

Bei Kriterien über mehrere Zeilen müssen einige Kriterien mehrfach eingegeben werden

6.3 Mehrere Tabellen in Abfragen verwenden

Beziehungen zwischen Tabellen

Siehe Kapitel 5

Wenn Sie in einer Abfrage Felder aus zwei oder mehr Tabellen verwenden möchten, dann ist eine Beziehung zwischen den Tabellen zwingend erforderlich. Existiert bereits eine Beziehung zwischen den benötigten Tabellen, z. B. durch den Nachschlage-Assistenten automatisch erstellt, dann wird diese in die Abfrage übernommen. Dies gilt auch für Beziehungen mit referentieller Integrität.

Sie können in einer Abfrage aber auch Beziehungen erstellen oder vorhandene bearbeiten, die dann ausschließlich für diese Abfrage gelten.

Beispiel Artikel mit Steuersatz und Warengruppe

Als Beispiel benötigen wir für eine Preisliste Artikelnummer, Artikelbezeichnung und Einzelpreis sowie den Steuersatz und die Warengruppenbezeichnung. Dazu werden neben der Tabelle *tblArtikel* auch die Tabellen *tblWarengruppen* und *tblSteuer* benötigt.

1 Erstellen Sie eine neue Abfrage in der Entwurfsansicht und fügen Sie die oben genannten Tabellen hinzu. Die Beziehungen, durch den Nachschlage-Assistent oder in der Ansicht *Beziehungen* erstellt, werden automatisch übernommen.

2 Fügen Sie dann dem Abfrageentwurf die benötigten Felder hinzu. Aus der Tabelle *tblArtikel* sind dies *ArtikelID*, *Artikelbezeichnung* und *Einzelpreis*. Aus der Tabelle *tblSteuer* fügen Sie *SteuerProzent* hinzu und aus der Tabelle *tblWarengruppen* *WGRBezeichnung*.

Die Schlüsselfelder *WGRID* und *SteuerID* dienen nur als Schlüsselfelder und werden in der Abfrage nicht benötigt.

Mit den Tabellen werden auch die Beziehungen automatisch übernommen

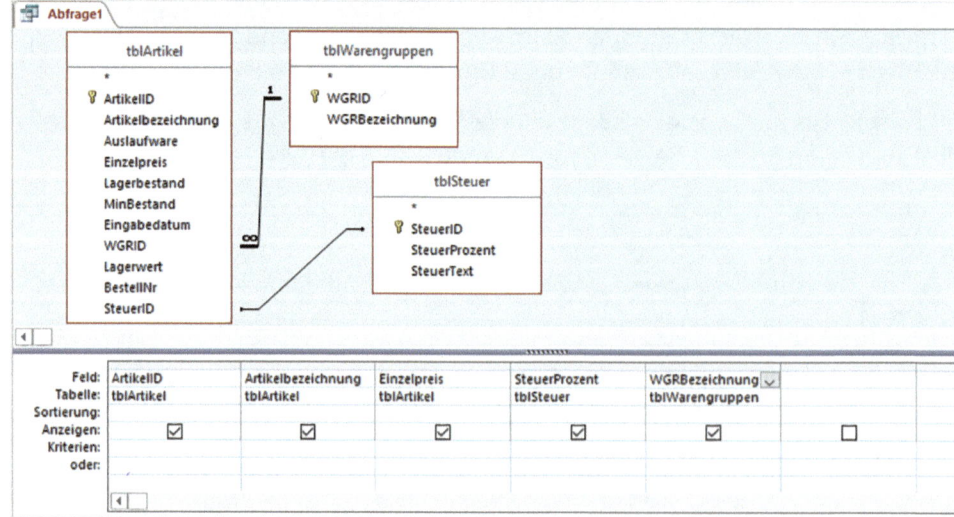

3 Kontrollieren Sie das Ergebnis in der Datenblattansicht. Sie erhalten für jeden Datensatz der Tabelle *tblArtikel* den dazugehörigen Steuersatz und die Warengruppe. In der Navigationsleiste sehen Sie die Anzahl der Datensätze.

Das Ergebnis der Abfrage

Eine Beziehung im Abfrageentwurf erstellen

Falls keine Beziehung zwischen den Tabellen existiert, können Sie diese in der Entwurfsansicht der Abfrage herstellen. Die Beziehung wird zusammen mit der Abfrage gespeichert und besitzt nur für diese Abfrage Gültigkeit. Die Vorgehensweise unterscheidet sich nicht von der Ansicht *Beziehungen*, mit einer Ausnahme: Datenintegrität kann in einer Abfrage nicht vereinbart werden.

Als Beispiel nehmen wir an, es existiert noch keine Beziehung zwischen den Tabellen *tblKunden* und *tblNachverfolgung*.

1 Im ersten Schritt erstellen Sie die Abfrage in der Entwurfsansicht und fügen die benötigten Tabellen hinzu.

2 Sind, wie in unserem Beispiel, in beiden Tabellen übereinstimmende Feldnamen vorhanden, dann erstellt Access beim Hinzufügen in der Abfrage automatisch eine Beziehung zwischen diesen beiden Feldern.

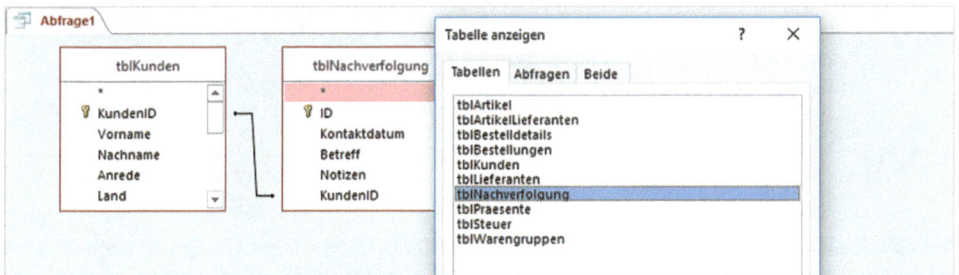

Bei übereinstimmenden Feldnamen erstellt Access beim Hinzufügen in der Abfrage automatisch eine Beziehung

3 Wenn die Beziehung nicht automatisch erstellt wird, dann stellen Sie diese mit der Maus her: Klicken Sie auf das Schlüsselfeld der einen Tabelle und ziehen Sie das Feld auf das dazugehörige Schlüsselfeld der zweiten Tabelle. Es spielt keine Rolle, bei welcher der beiden Tabellen Sie beginnen.

Siehe Kapitel 5.3

> **Achtung:** Wenn Access eine Beziehung automatisch erstellt, dann passiert dies nicht immer zwischen den Feldern bzw. Tabellen, die Sie eigentlich dafür vorgesehen haben. In solchen Fällen klicken Sie zum Löschen der Beziehung mit der rechten Maustaste auf die Beziehungslinie und im Kontextmenü auf *Löschen*. Anschließend erstellen Sie die Beziehung neu.

Fehler bei fehlenden Beziehungen!

Ist in einer Abfrage mit zwei oder mehr Tabellen keine Beziehung zwischen den Tabellen vorhanden, so zeigt Access als Ergebnis der Abfrage zu jedem Datensatz der einen Tabelle alle Datensätze der zweiten Tabelle an.

Die Verknüpfungseigenschaften in Abfragen nutzen

Nicht immer liefert eine Abfrage mit Feldern aus mehreren Tabellen die gewünschte Anzahl an Datensätzen. Die Ursache liegt in den Verknüpfungseigenschaften: Standardmäßig berücksichtigt eine Abfrage ausschließlich Datensätze, bei denen die Inhalte der verknüpften Datenfelder gleich sind, also Datensätze, zu denen in der verknüpften Tabelle ebenfalls Datensätze vorhanden sind.

Beispiel Tabelle tblKunden und tblNachverfolgung

Die unten abgebildete Abfrage liefert als Ergebnis aus der Tabelle *tblKunden* ausschließlich die Namen derjenigen Kunden, die auch in der Tabelle *tblNachverfolgung* enthalten sind. Sie erhalten also ausschließlich Kunden, die bereits mindestens einmal kontaktiert wurden und das Ergebnis könnte aussehen wie im Bild unterhalb.

Die Abfrage in der Entwurfsansicht...

... und das Ergebnis in der Datenblattansicht

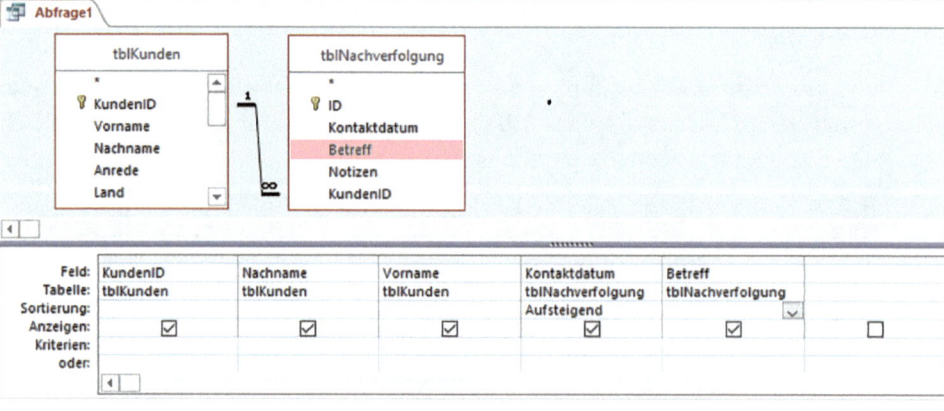

Wenn Sie ausschließlich eine Übersicht über alle erfolgten Kundenkontakte benötigen, dann ist diese Abfrage in Ordnung. Benötigen Sie allerdings auch die Namen aller übrigen Kunden, dann müssen Sie die Verknüpfungseigenschaften ändern.

Verknüpfungseigenschaften bearbeiten

1   Öffnen Sie in der Entwurfsansicht der Abfrage mit Doppelklick auf die Beziehungslinie oder über den Befehl aus dem Kontextmenü (Bild) das Dialogfenster *Verknüpfungseigenschaften*.

Verknüpfungseigenschaften siehe auch Kapitel 5.4

2   Wählen Sie die Option *Beinhaltet ALLE Datensätze aus tblKunden…* und übernehmen Sie die Einstellung mit Klick auf *OK*.

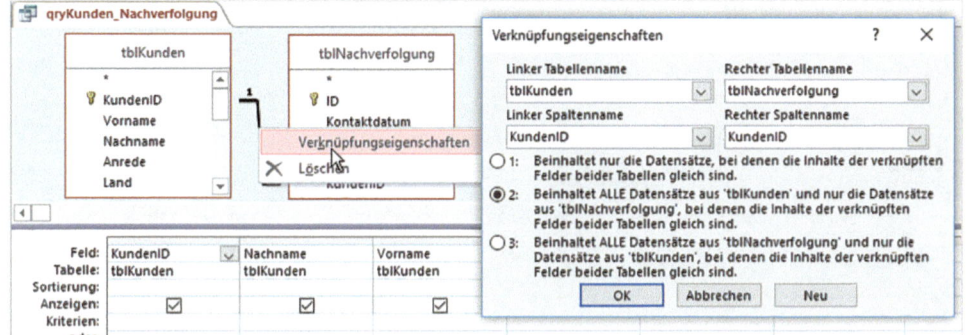

Verknüpfungseigenschaften ändern

Die Reihenfolge der Optionen richtet sich nach der Anordnung der Tabellen in der Abfrage und muss daher in Ihrer Abfrage nicht mit der Abbildung übereinstimmen!

Die Beziehungslinie ist nun mit einem Pfeil versehen, der von der Tabelle *tblKunden* auf die Tabelle *tblNachverfolgung* weist und das Ergebnis der Abfrage bezieht alle Datensätze der Tabelle *tblKunden* ein.

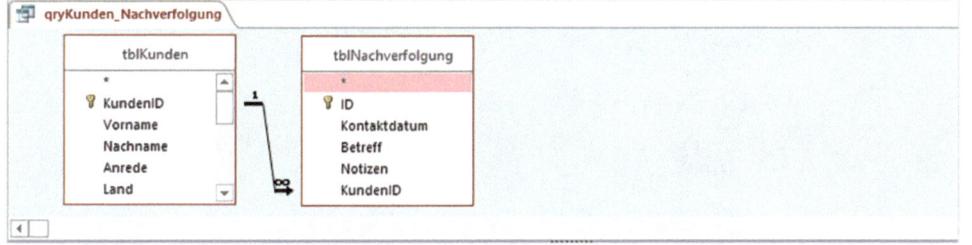

Diese Verknüpfung bezieht ALLE Datensätzee der Tabelle tblKunden ein

Im Bild unten das Ergebnis in der Datenblattansicht. Das Feld *KontaktDatum* ist bei einigen Datensätzen leer. Umgekehrt erscheinen Kunden, die bereits mehrmals kontaktiert wurden, auch im Abfrageergebnis mehrmals, z. B. die KundenID 3.

Das Ergebnis in der Datenblattansicht

Datensätze ermitteln, zu denen in der zweiten Tabelle keine Entsprechung existiert

Diese Abfrage können Sie nun so erweitern, dass Sie das Gegenteil der ersten Version erhalten, nämlich alle Kunden, die noch nie kontaktiert wurden.

Dazu brauchen Sie eigentlich nur das Feld *KundenID* aus der Tabelle *tblNachverfolgung* hinzufügen und hier als Kriterium den Ausdruck *Ist Null* eingeben. Beim Feld *Kontakt-Datum* wäre dies theoretisch zwar ebenfalls möglich. Dies berücksichtigt aber nicht, dass möglicherweise bei einigen Datensätzen ein Betreff existiert, aber kein Datum eingegeben wurde.

Nur Kunden anzeigen, die noch nie kontaktiert wurden

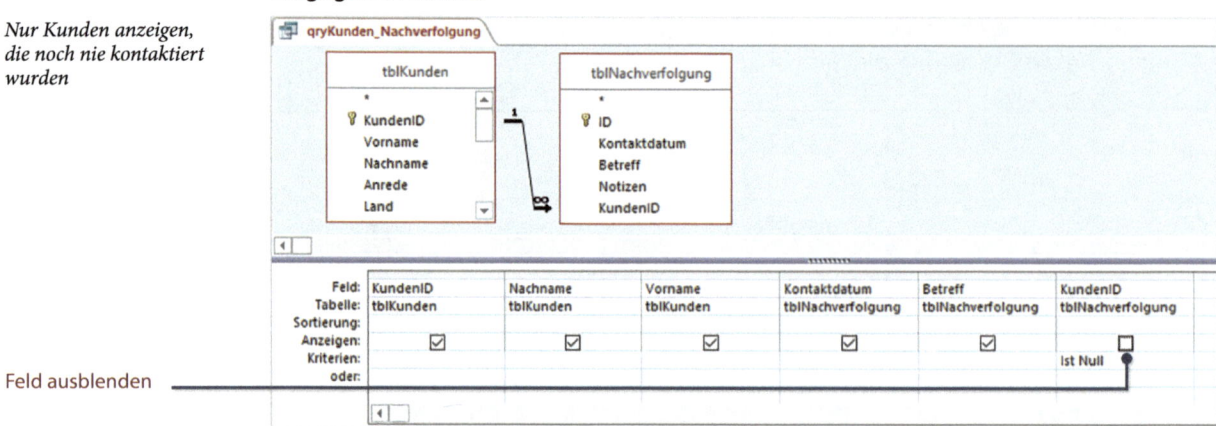

Feld ausblenden

Tipp: Das Feld *KundenID* wird nur für das Abfragekriterium benötigt. Wenn es nicht in der Datenblattansicht erscheinen soll, dann blenden Sie das Feld aus, indem Sie das Kontrollkästchen in der Zeile *Anzeigen* deaktivieren.

6.4 Felder in Abfragen berechnen

Formel mit dem Ausdrucks-Generator erstellen

Eine weitere wichtige Funktion von Abfragen ist die Berechnung von Feldern aus vorhandenen Werten. Zwar erlaubt Access auch im Tabellenentwurf die Berechnung von Feldern, allerdings nur mit Feldern dieser Tabelle. Abfragen sind dagegen wesentlich flexibler, da Sie auch Felder aus verschiedenen Tabellen in einer Formel verwenden können. Zudem wirkt es sich positiv auf die Geschwindigkeit der Datenbank aus, wenn Sie nur Felder berechnen, die Sie auch wirklich benötigen.

Für Berechnungen geben Sie entweder eine Formel ein oder verwenden wie in Excel eine der integrierten Funktionen von Access. Die arithmetischen Operatoren dürften in der Regel bekannt sein, hier trotzdem eine Übersicht:

+	Addition	/	Division
-	Subtraktion	^	Potenz
*	Multiplikation	Mod	Gibt den Rest einer Division zurück

Beispiel Bruttoverkaufpreis berechnen

Als Beispiel berechnen wir in einer Abfrage für die Artikel der Tabelle *tblArtikel* aus Einzelpreis und Umsatzsteuer den Umsatzsteuerbetrag und den Brutto-Verkaufspreis.

1 Erstellen Sie eine neue Abfrage in der Entwurfsansicht und wählen Sie die Tabellen *tblArtikel* und *tblSteuer* aus.

2 Fügen Sie die Felder *ArtikelID*, *ArtikelBezeichnung*, *Einzelpreis* und *SteuerProzent* hinzu.

3 **Wichtig:** Speichern Sie die Abfrage, sie erhält den Namen *qryArtikelVerkaufspreise*.

4 Klicken Sie im Abfrageentwurf in der nächsten leeren Spalte in die erste Zeile (*Feld*). Hier geben Sie die Formel entweder per Tastatur oder über den Ausdrucksgenerator von Access ein.

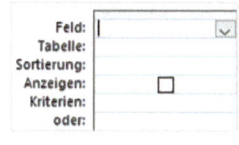

5 Um den Ausdrucks-Generator zu öffnen, klicken Sie entweder im Menüband *Abfragetools ▶ Entwurf* auf das Symbol *Generator* oder drücken die Tastenkombination Strg+F2. Im Kontextmenü der rechten Maustaste öffnen Sie den Ausdrucksgenerator über den Befehl *Aufbauen...*.

6 Im unteren Bereich des Ausdrucks-Generators erhalten Sie über die Liste links (*Ausdruckslemente*) Zugriff auf alle Access-Objekte und Funktionen. Die aktuelle Abfrage *qryArtikelVerkaufspreise* ist hier bereits ausgewählt. In der mittleren Liste *Ausdruckskategorien* sehen Sie alle Felder der Abfrage.

Der Ausdrucksgenerator

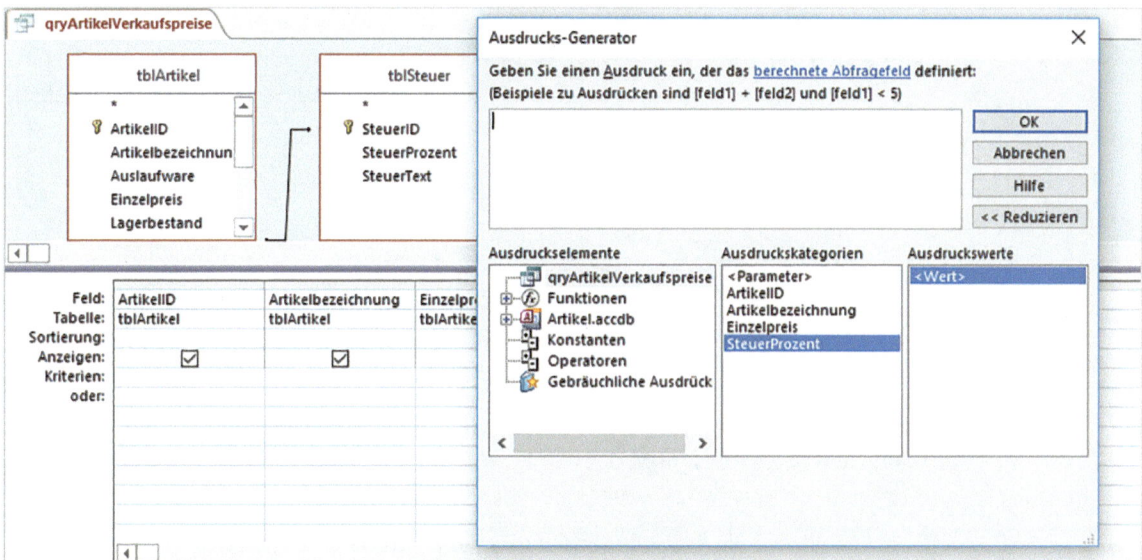

> **Achtung:** Im Ausdrucks-Generator sind nur die Felder eines zuvor gespeicherten Datenbankobjekts verfügbar! Falls die mittlere Liste keine Felder enthält, so müssen Sie die Abfrage zuerst speichern.

7 Im nächsten Schritt fügen Sie die Felder in die Formel ein: Doppelklicken Sie auf das erste Feld *Einzelpreis*, dieses erscheint nun in eckigen Klammern [ ] im oberen Feld des Ausdrucks-Generators. Den Operator * (Multiplikation) geben Sie über die Tastatur ein und fügen dann mit Doppelklick das zweite Feld *SteuerProzent* hinzu.

8 Klicken Sie dann auf *OK*, um die Formel in die Abfrage zu übernehmen.

Formel im Ausdrucks-Generator eingeben

Formelbereich

Die Felder der markierten Abfrage

Die aktuelle Abfrage

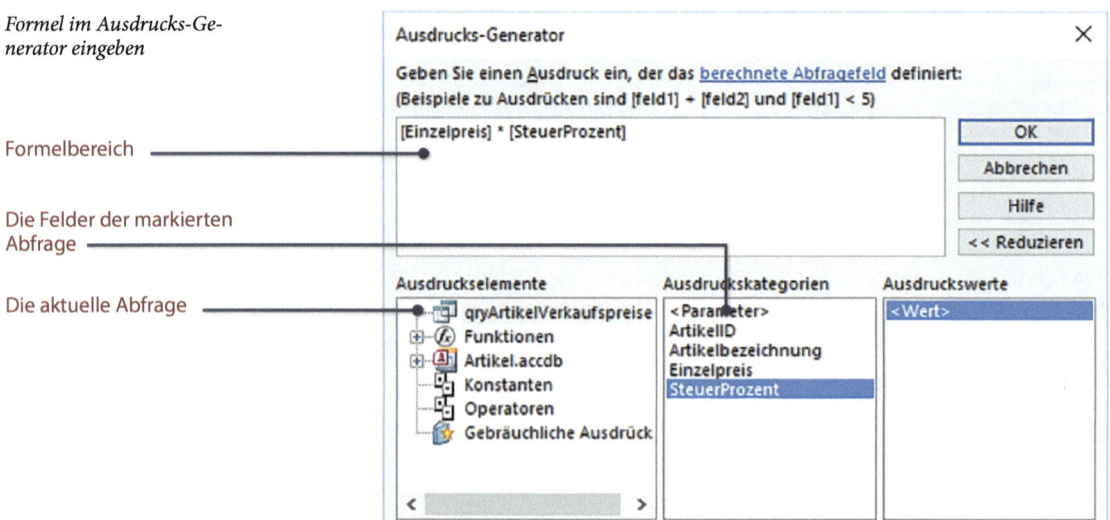

9 In der aktuellen Zelle erscheint nun die vollständige Formel. Dieser wurde automatisch der Feldname *Ausdr1:* (Ausdruck) mit Doppelpunkt vorangestellt. Statt-dessen sollten Sie auf einen aussagefähigeren Feldnamen verwenden, ersetzen Sie *Ausdr1* durch *UStBetrag*.

Das berechnete Feld

Feld:	ArtikelID	Artikelbezeichnung	Einzelpreis	SteuerProzent	Ausdr1: [Einzelpreis]*[SteuerProzent]
Tabelle:	tblArtikel	tblArtikel	tblArtikel	tblSteuer	
Sortierung:					
Anzeigen:	☑				
Kriterien:					
oder:					

Feld:	ArtikelID	Artikelbezeichnung	Einzelpreis	SteuerProzent	USTBetrag: [Einzelpreis]*[SteuerProzent]
Tabelle:	tblArtikel	tblArtikel	tblArtikel	tblSteuer	
Sortierung:					
Anzeigen:	☑	☑	☑	☑	☑
Kriterien:					
oder:					

> **Achtung:** Feldname und Formel werden durch Doppelpunkt getrennt. Beim Umbenennen des Feldes muss der Doppelpunkt unbedingt beibehalten werden!

10 Kontrollieren Sie anschließend das Ergebnis in der Datenblattansicht.

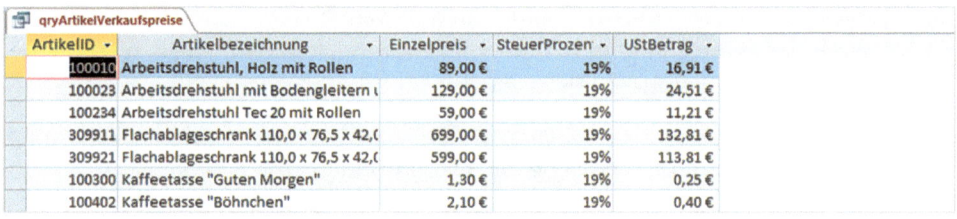

Das Ergebnis in der Daten-blattansicht

Formel per Tastatur eingeben

Als Alternative können Sie eine Formel bzw. die Feldnamen der Formel auch über die Tastatur eingeben. In diesem Fall müssen Sie auf die korrekte Schreibweise der Feldnamen achten. Die eckigen Klammern müssen nicht eingegeben werden, sie werden bei der Syntaxprüfung in der Regel automatisch hinzugefügt.

Achten Sie auf korrekte Schreibweise der Feldnamen. Access interpretiert nicht vorhandene Feldnamen sonst als Parameter!

Eine Ausnahme sind Feldnamen, die Leerzeichen oder Bindestriche enthalten. In solchen Fällen müssen Sie auch die eckigen Klammern eingeben, da Access sonst jeden Teil des Feldnamens gesondert einklammert. Aus dem Feldnamen *Steuersatz-Prozent* wird so [Steuersatz]-[Prozent].

1 Klicken Sie in die erste Zeile der nächsten leeren Spalte und geben Sie über die Tastatur die folgende Formel ein: Einzelpreis+UstBetrag. Zur Eingabe längerer Formeln können Sie mit Umschalt+F2 das Zoomfenster öffnen.

2 Nach dem Drücken der Enter-Taste wandelt Access den Ausdruck um, der Feldname wurde automatisch in eckige Klammern eingeschlossen und die korrekte Schreibweise lautet nun: *Ausdr1:[Einzelpreis]+ [UStBetrag]*.

3 Anschließend ersetzen Sie den Feldnamen *Ausdr1* durch *VKPreis*. Sie können natürlich den Feldnamen auch gleich zusammen mit der Formel eingeben.

Formel per Tastatur eingeben

Feld:	ArtikelID	Artikelbezeichnung	Einzelpreis	SteuerProzent	UStBetrag: [Einzelpreis]*[SteuerProzent]	Einzelpreis+UStbetrag	⌄
Tabelle:	tblArtikel	tblArtikel	tblArtikel	tblSteuer			
Sortierung:							

Feld:	ArtikelID	Artikelbezeichnung	Einzelpreis	SteuerProzent	UStBetrag: [Einzelpreis]*[SteuerProzent]	VKPreis: [Einzelpreis]+[UStbetrag]	⌄
Tabelle:	tblArtikel	tblArtikel	tblArtikel	tblSteuer			
Sortierung:							
Anzeigen:	☑	☑	☑	☑	☑	☑	
Kriterien:							
oder:							

Hinweis: Access geht bei Berechnungen von links nach rechts vor. Sie können also, wie in unserem Beispiel, problemlos in einer Formel den Namen eines zuvor berechneten Feldes verwenden.

Formelergebnisse in der Datenblattansicht

qryArtikelVerkaufspreise					
ArtikelID ▾	Artikelbezeichnung ▾	Einzelpreis ▾	SteuerProzent ▾	UStBetrag ▾	VKPreis ▾
100010	Arbeitsdrehstuhl, Holz mit Rollen	89,00 €	19%	16,91 €	105,91 €
100023	Arbeitsdrehstuhl mit Bodengleitern ι	129,00 €	19%	24,51 €	153,51 €
100234	Arbeitsdrehstuhl Tec 20 mit Rollen	59,00 €	19%	11,21 €	70,21 €
309911	Flachablageschrank 110,0 x 76,5 x 42,(	699,00 €	19%	132,81 €	831,81 €
309921	Flachablageschrank 110,0 x 76,5 x 42,(	599,00 €	19%	113,81 €	712,81 €
100300	Kaffeetasse "Guten Morgen"	1,30 €	19%	0,25 €	1,55 €
100402	Kaffeetasse "Böhnchen"	2,10 €	19%	0,40 €	2,50 €
100405	Kaffeetasse "Wolke 7"	2,10 €	19%	0,40 €	2,50 €

Die folgenden Punkte sollten Sie bei der Eingabe von Formeln beachten:

▶ Bei der Formelberechnung gilt die Punkt-vor-Strich-Regelung, Sie müssen also eventuell auch Klammern ( ) verwenden.

▶ Feldnamen müssen in Formeln immer in eckigen Klammern stehen, dies erledigt Access meist automatisch bei der Syntaxüberprüfung.

▶ Achten Sie beim Eintippen von Formeln auf exakte Schreibweise der Feldnamen.

▶ Wenn Sie eine Formel im Ausdrucks-Generator erstellen möchten, dann müssen Sie die Abfrage zuvor speichern.

Achtung: Enthält die Abfrage mehrere Felder mit gleichem Namen, dann müssen Sie in Formeln dem Feldnamen zusätzlich den Namen der Tabelle voranstellen, und zwar in der Schreibweise: [Tabellenname].[Feldname], also z. B. [tblArtikel].[WGRID]

Sie erhalten sonst beim Ausführen oder Wechsel in die Datenblattansicht eine Fehlermeldung, ähnlich der unten abgebildeten.

Das in der Formel verwendete Feld ist in der Abfrage mehrfach vorhanden

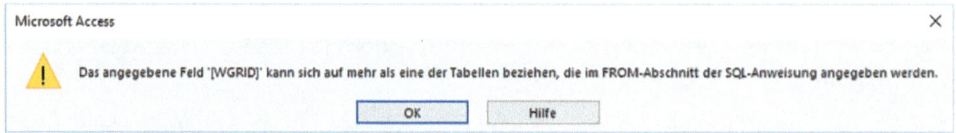

Formelergebnis formatieren

Manchmal entspricht das Ergebnis in der Datenblattansicht noch nicht ganz den Erwartungen, da Formelergebnisse nicht immer korrekt mit zwei Dezimalstellen angezeigt werden. Access richtet sich bei der Anzeige von Formelergebnissen nach dem Datentyp der verwendeten Felder. Sind diese vom Typ *Währung*, dann erhält das Ergebnis denselben Typ mit dem Standardformat.

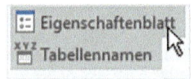

Falls Sie das Ergebnis einer Formel in einem anderen Format benötigen, so klicken Sie in der Entwurfsansicht der Abfrage mit der rechten Maustaste in die Formel und wählen *Eigenschaften*. Oder klicken Sie in die Formel und im Menüband, Register *Tabellentools ▶ Entwurf* auf *Eigenschaftenblatt*.

Feldeigenschaften anzeigen

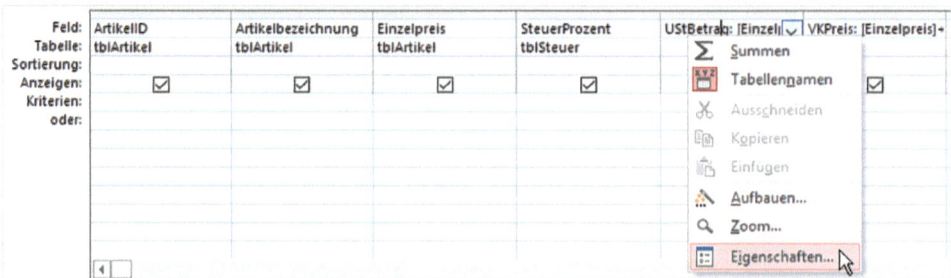

Das Eigenschaftenblatt erscheint am rechten Rand des Fensters. Klicken Sie im Feld *Format* auf den Dropdown-Pfeil und wählen Sie das gewünschte Format aus.

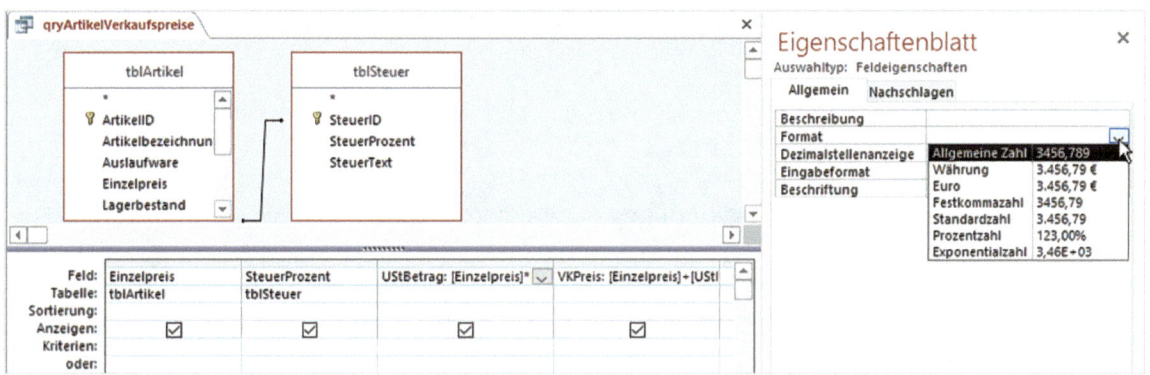

*Format im Eigenschaften-
blatt auswählen*

Zeichenfolgen verketten

Um zwei oder mehr Felder vom Typ *Kurzer Text* zu einem einzigen Feld aneinanderzu-
fügen, verwenden Sie den &-Operator. Mit ihm lassen sich z. B. die Inhalte der Felder
Vorname und *Nachname* in einem einzigen Feld zusammensetzen. Zusätzliche Zei-
chenfolgen, die nicht Bestandteile eines Feldes sind, etwa Leerzeichen oder Bindstrich,
müssen in Anführungszeichen stehen und können ebenfalls mit dem &-Operator verkettet werden. In der Tabelle einige Beispiele:

*& verkettet Zeichenfol-
gen*

Ausdruck	Ergebnis
Gesamtname: [Vorname]&[Nachname]	ThomasMoser
Gesamtname: [Vorname]&" "&[Nachname]	Thomas Moser
Anschrift: [PLZ]&" - "&[Ort]	94315 - Straubing

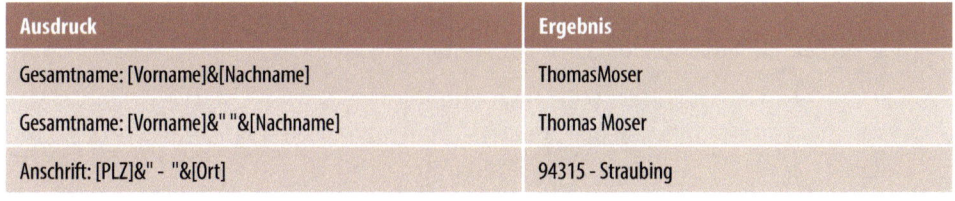

*Felder verketten in der
Entwurfsansicht*

*Das Ergebnis in der Daten-
blattansicht*

6.5 Funktionen einsetzen

Aufbau und Eingabe von Funktionen

Genau wie Excel verfügt auch Access über eine ganze Reihe von Funktionen. Diese können Sie entweder über die Tastatur oder mit Hilfe des Ausdrucks-Generators eingeben. Name und Aufbau ist bei einigen Funktionen identisch mit Excel, z. B. die Wenn-Funktion. Leider ist dies jedoch nicht immer der Fall.

Einheitlich ist jedoch die Schreibweise: Funktionsname(Argument1;Argument2;...). Die Argumente müssen in runde Klammern eingeschlossen werden, diese sind auch erforderlich, wenn die Funktion keine Argumente benötigt. Mehrere Argumente werden mit Semikolon (;) getrennt.

Funktion mit dem Ausdrucks-Generator eingeben

Wenn Sie eine Funktion im Ausdrucks-Generator eingeben möchten, dann gehen Sie so vor:

1 Fügen Sie der Abfrage alle erforderlichen Felder hinzu und speichern Sie die Abfrage.

2 Klicken Sie im Abfrageentwurf in die erste Zeile (*Feld*) einer leeren Spalte und öffnen Sie den Ausdrucks-Generator, z. B. mit Strg+F2.

3 In der Liste links finden Sie unter anderem *Funktionen*. Klicken Sie auf das Plus-Zeichen (+) links davon, um Details einzublenden. Markieren Sie dann mit einem Klick *Integrierte Funktionen* (Bild unten).

Beispiel: Die Funktion Wenn im Ausdrucks-Generator eingeben

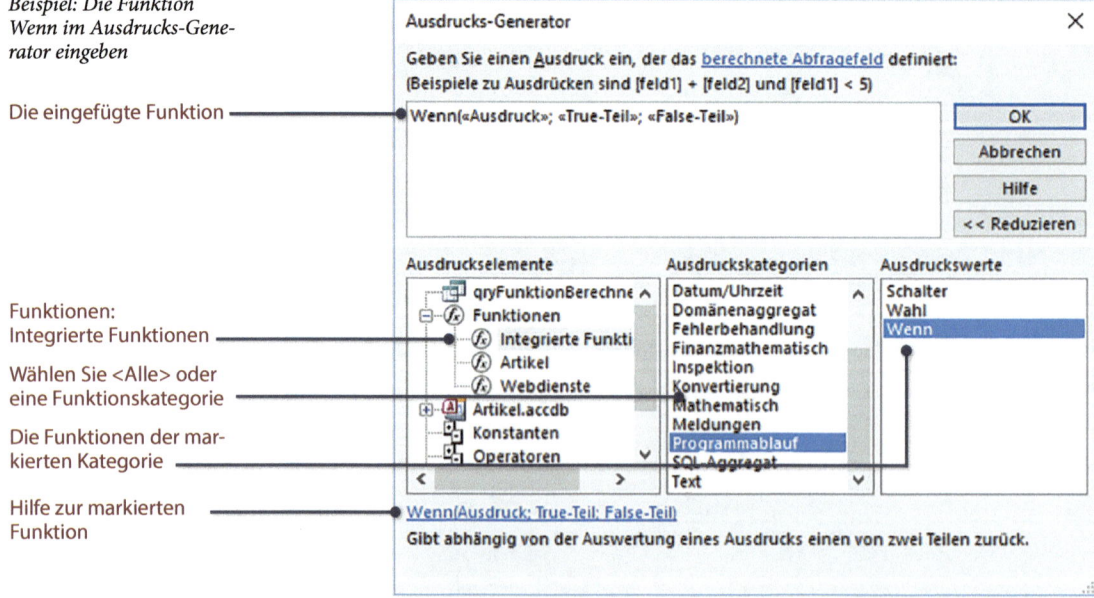

Die eingefügte Funktion —

Funktionen: Integrierte Funktionen —

Wählen Sie <Alle> oder eine Funktionskategorie —

Die Funktionen der markierten Kategorie —

Hilfe zur markierten Funktion —

4 In der mittleren Liste erscheinen die einzelnen Funktionskategorien, z. B. *Datum/Uhrzeit* oder *Text*. Standardmäßig ist die Kategorie *<Alle>* ausgewählt, d.h. rechts davon sind alle Access-Funktionen in alphabetischer Reihenfolge aufgeführt.

5 Scrollen Sie nun entweder in der Liste der Funktionen nach unten bis zur gesuchten Funktion oder klicken Sie in der mittleren Kategorienliste auf eine Kategorie, um die Anzeige einzuschränken. Als Beispiel die Funktion *Wenn*, diese ist in der Kategorie *Programmablauf* zu finden.

6 Fügen Sie dann mit Doppelklick die gewünschte Funktion in den Formelbereich im oberen Teil des Ausdrucks-Generators ein.

7 Anschließend ersetzen Sie im oberen Bereich die Platzhalter der Funktion, erkennbar an den doppelten spitzen Klammern, durch die Felder Ihrer Abfrage. Um wieder die Felder Ihrer Abfrage anzuzeigen, klicken Sie links auf den Namen der Abfrage. Klicken Sie dann in der Funktion auf den ersten Platzhalter «Ausdruck», dieser wird markiert. Fügen Sie nun mit Doppelklick das benötigte Feld an dieser Stelle in die Funktion ein.

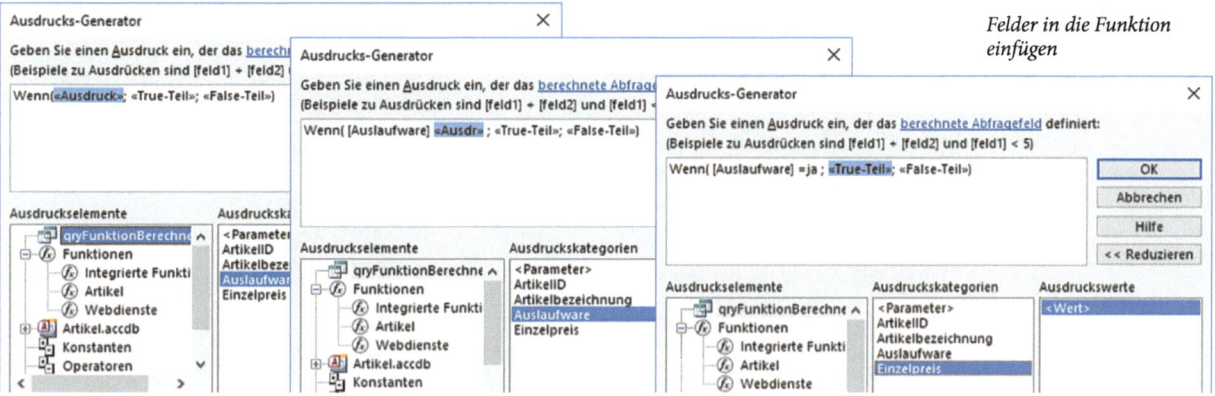

Felder in die Funktion einfügen

8 Aus dieselbe Weise fügen Sie anschließend auch die übrigen Argumente in die Funktion ein, nicht benötigte Platzhalter, z. B. *«False-Teil»*, können einfach gelöscht werden. Übernehmen Sie zuletzt die Funktion mit der Schaltfläche *OK*.

> Sollte Ihnen die hier beschriebene Vorgehensweise zu umständlich erscheinen, so können Sie die gesamte Funktion natürlich auch über die Tastatur im Zoom-Fenster eingeben. Vorausgesetzt, Sie kennen den Aufbau dieser Funktion.

Die Funktion Wenn

Die Funktion Wenn wurde oben als Beispiel für die Auswahl und Eingabe von Funktionen mit dem Ausdrucks-Generator verwendet. Sie ermöglicht Berechnungen, abhängig vom Resultat einer Bedingung und ihr Aufbau sieht so aus:

Wenn(Bedingung; Dann-Teil; Sonst-Teil)

Als Beispiel berechnen wir in einer Abfrage Sonderpreise für alle Auslaufartikel der Tabelle *tblArtikel*: Wenn Auslaufware = Ja, dann gilt als Sonderpreis der halbe Preis, andernfalls wird kein Sonderpreis berechnet. Die entsprechende Wenn-Funktion sehen Sie im Bild unten. Der False-Teil wird in diesem Beispiel nicht benötigt und kann weggelassen werden.

Sonderpreise mit der Wenn Funktion berechnen

Feld:	ArtikelID	Artikelbezeichnung	Auslaufware	Einzelpreis ⌄	Sonderpreis: Wenn([Auslaufware]=Ja;[Einzelpreis]/2)
Tabelle:	tblArtikel	tblArtikel	tblArtikel	tblArtikel	
Sortierung:					
Anzeigen:	☑	☑	☑	☑	☑
Kriterien:					
oder:					

Möglicherweise müssen Sie noch über die Feldeigenschaften dem Formelergebnis ein Zahlenformat und eine feste Anzahl Dezimalstellen zuweisen.

Die berechneten Sonderpreise in der Datenblattansicht

ArtikelID	Artikelbezeichnung	Auslaufwar	Einzelpreis	Sonderpreis
100010	Arbeitsdrehstuhl, Holz mit Rollen	☐	89,00 €	
100023	Arbeitsdrehstuhl mit Bodengleitern	☐	129,00 €	
100200	Kugelschreiber, transparent mit Inne	☐	1,50 €	
100230	Tischleuchte Modell "Einstein"	☐	75,20 €	
100234	Arbeitsdrehstuhl Tec 20 mit Rollen	☑	59,00 €	29,5
100245	Bleistifte, extra hart, 100 St.	☑	6,23 €	3,115
100248	PROFI Kugelschreiber, farbig sortiert,	☑	13,00 €	6,5
100251	Klebestift, Sparkleber extrastark 10,0	☐	0,35 €	

Wichtige Datumsfunktionen

Eine Zusammenstellung der wichtigsten Funktionen für Berechnungen mit Datumswerten finden Sie in der Tabelle unten.

Funktion	Beschreibung	Beispiel
Datum()	liefert das aktuelle Systemdatum	11.11.2016
Jetzt()	liefert das aktuelle Datum zusammen mit der aktuellen Uhrzeit	11.11.2016 17:23
Jahr()	liefert aus einem Datumswert das Jahr als Zahl. Mit Hilfe dieser Funktion lassen sich Datensätze nach Jahren sortieren, wenn einzelne Datumswerte vorliegen.	Erfassdatum = 01.12.2014 Jahr([Erfassdatum]) = 2014
Monat()	liefert aus einem Datumswert den Monat als Zahl	Monat(01.07.2016) = 7
Tag()	liefert aus einem Datumswert den Tag als Zahl	Tag(01.07.2016) = 1
DatDiff	Berechnet die Differenz aus zwei Datumswerten, z. B. das Alter. Die Schreibweise: **DatDiff(Intervall;Datumswert1;Datumswert2)** Folgende Intervallangaben sind möglich: jjjj = Jahr; q = Quartal; m = Monat; t = Tag	Alter berechnen: Datdiff("jjjj";15.09.1985;Datum())

Beispiel 1: Die unten abgebildete Abfrage liefert alle Kunden, die seit 10 Jahren oder länger Kunde sind, als Kriterium dient das *Erfassdatum*.

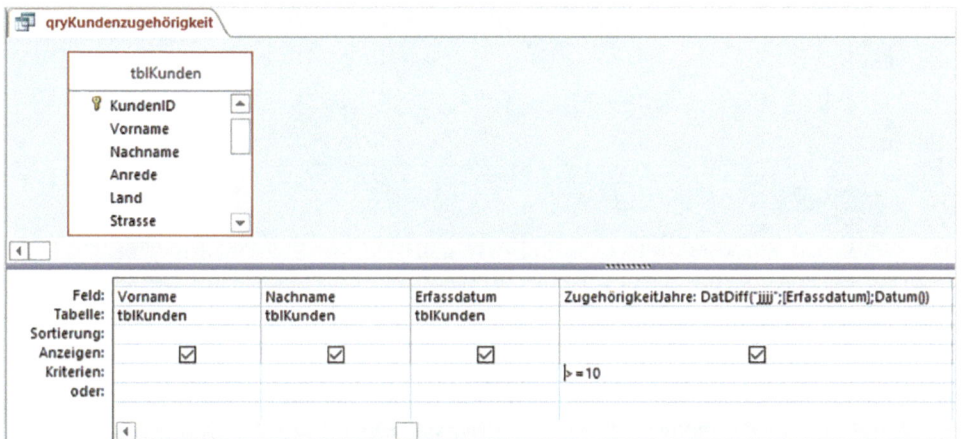

Beispiel: Datumsdifferenz berechnen

Beispiel 2: Als weiteres Beispiel eine Abfrage, die alle Neukunden ermittelt, d.h. Kunden, die im aktuellen Jahr erfasst wurden.

Die Funktion Jahr

Feld:	Vorname	Nachname	Erfassdatum	NeuKunden: Jahr([Erfassdatum])	
Tabelle:	tblKunden	tblKunden	tblKunden		
Sortierung:					
Anzeigen:	☑	☑	☑	☑	☐
Kriterien:				Jahr(Datum())	
oder:					

Ausgewählte Textfunktionen

Mit Hilfe von Textfunktionen lassen sich beispielsweise Teile einer Zeichenfolge ermitteln. Dazu kennt Access unter anderem die folgenden Funktionen:

Funktion	Beschreibung
Links(Zeichenfolge; Anzahl_Zeichen)	Liefert aus einer Zeichenfolge, beginnend von links die angegebene Anzahl Zeichen.
Rechts(Zeichenfolge; Anzahl_Zeichen)	Liefert aus einer Zeichenfolge, beginnend von rechts die angegebene Anzahl Zeichen.
Teil(Zeichenfolge;Beginn;Anzahl_Zeichen)	Liefert aus einer Zeichenfolge die angegebene Anzahl Zeichen und beginnt dabei an der angegebenen Position (Beginn).
InStr(Startwert;Zeichenfolge;SuchenNach)	Sucht eine Zeichenfolge in einer anderen Zeichenfolge und liefert die erste Position als Zahl.

Beispiel 1: In der Abfrage im Bild unten liefert das Feld *Teil1* die ersten drei Zeichen der *ArtikelID* und das Feld *Teil2* die letzten zwei Zeichen bzw. Ziffern.

Beispiel Textfunktionen

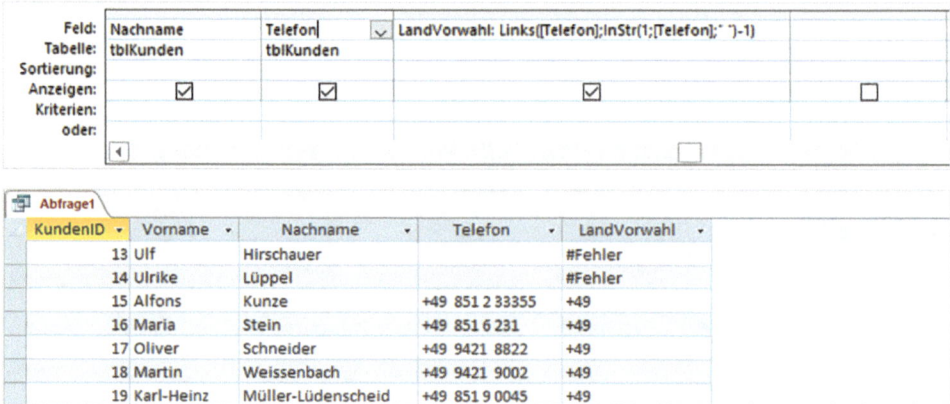

Feld:	ArtikelID ⌄	Artikelbezeichnung	Teil1: Links([ArtikelID];3)	Teil2: Rechts([ArtikelID];2)	
Tabelle:	tblArtikel	tblArtikel			
Sortierung:					
Anzeigen:	☑	☑	☑	☑	☐
Kriterien:					
oder:					

Das Abfrageergebnis

🔲 qryFunktionen				
ArtikelID ▾	Artikelbezeichnung ▾	Teil1 ▾	Teil2 ▾
100010	Arbeitsdrehstuhl, Holz mit Rollen	100	10
100023	Arbeitsdrehstuhl mit Bodengleitern (	100	23
100200	Kugelschreiber, transparent mit Inne	100	00
100230	Tischleuchte Modell "Einstein"	100	30

Beispiel 2 Telefonnummern trennen: Sie möchten aus dem Feld *Telefon* nur die Ländervorwahl ermitteln. Achtung: Dieses Bespiel funktioniert nur, wenn alle Telefonnummern
konsequent in einheitlicher Schreibweise erfasst wurden!

*Die Ländervorwahl
aus der Telefonnummer
ermitteln*

Feld:	Nachname	Telefon ⌄	LandVorwahl: Links([Telefon];InStr(1;[Telefon];" ")-1)	
Tabelle:	tblKunden	tblKunden		
Sortierung:				
Anzeigen:	☑	☑	☑	☐
Kriterien:				
oder:				

🔲 Abfrage1					
KundenID ▾	Vorname ▾	Nachname ▾	Telefon ▾	LandVorwahl ▾
13	Ulf	Hirschauer		#Fehler
14	Ulrike	Lüppel		#Fehler
15	Alfons	Kunze	+49 851 2 33355	+49
16	Maria	Stein	+49 851 6 231	+49
17	Oliver	Schneider	+49 9421 8822	+49
18	Martin	Weissenbach	+49 9421 9002	+49
19	Karl-Heinz	Müller-Lüdenscheid	+49 851 9 0045	+49

Allerdings erhalten Sie bei fehlenden Telefonnummern einen Fehlerwert, siehe Bild
oben. Dieser lässt sich jedoch mit der Funktion Wenn leicht unterdrücken, der Ausdruck lautet dann:

Wenn(IstNull([Telefon];Null;Links([Telefon];InStr(1;[Telefon];" ")-1))

Die Funktion *IstNull* prüft, ob ein Feld leer ist und liefert die Wahrheitswerte Ja oder
Nein bzw. -1 oder 0. Leere Werte (Nullwerte) weisen Sie mit der Angabe *Null* zu.

*Fehler bei leeren Feldern
unterdrücken*

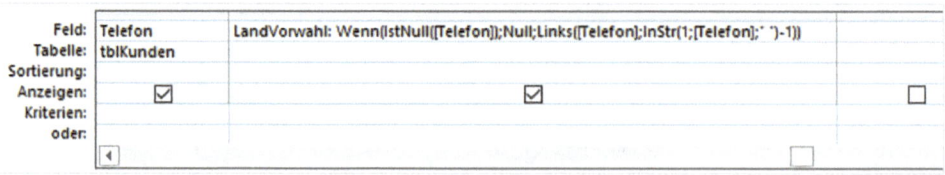

Feld:	Telefon	LandVorwahl: Wenn(IstNull([Telefon]);Null;Links([Telefon];InStr(1;[Telefon];" ")-1))	
Tabelle:	tblKunden		
Sortierung:			
Anzeigen:	☑	☑	☐
Kriterien:			
oder:			

6.6　Zusammenfassung

▶ Abfragen werden verwendet, um Daten aus Tabellen nach bestimmten Bedingungen zu filtern und/oder um Felder zu berechnen. Zusätzlich können auch Sortierungen festgelegt werden. Bei Verwendung mehrerer Sortierschlüssel erfolgt die Sortierung immer von links nach rechts. Abfragen speichern keine Datensätze, sie werden ausgeführt, wenn Sie die Abfrage öffnen, in die Datenblattansicht wechseln oder auf die Schaltfläche *Ausführen* klicken.

▶ Mehrere Auswahlkriterien können Sie mit *Und* verknüpfen; dann muss ein Datensatz alle Bedingungen erfüllen. Bei einer *Oder*-Verknüpfung genügt es dagegen, wenn mindestens eine der Bedingungen erfüllt ist.

▶ Nach Eingabe der Auswahlkriterien erfolgt eine automatische Syntaxüberprüfung. Bei Verwendung von Platzhalterzeichen muss in jedem Fall der Operator *Wie* vorangestellt werden. Feldnamen als Kriterien oder in Formeln müssen in eckigen Klammern eingegeben werden.

▶ Wenn Sie in einer Abfrage Felder aus mehreren Tabellen oder Abfragen benötigen, dann muss zwischen diesen eine Beziehung bestehen. Welche Datensätze die Abfrage liefert, legen Sie mit den Verknüpfungseigenschaften fest.

▶ Zur Berechnung von Werten können Sie neben der manuellen Formeleingabe auch den Ausdrucks-Generator von Access verwenden. Beachten Sie aber, dass dann die Abfrage zuvor gespeichert werden muss. Genau wie Excel verfügt auch Access über eine ganze Reihe integrierter Funktionen, die Sie ebenfalls entweder über den Generator aufrufen oder manuell eingeben können.

6.7　Übungsaufgaben: Abfragen

Erstellen Sie die folgenden Abfragen. Wenn nichts anderes angegeben ist, dann verwenden Sie alle Felder der jeweiligen Tabelle. Speichern Sie die Abfragen unter den in Klammern angegebenen Namen.

▶ Erstellen Sie eine Abfrage. Diese Abfrage soll alle Kunden ermitteln, deren Nachname Meier, Maier, Meyer oder ähnlich lautet. (qryMeier)

▶ Ermitteln Sie in einer neuen Abfrage alle Kunden mit einem Umsatz zwischen 1.000 und 3.000 Euro. (qryUmsatz)

▶ Erstellen Sie eine Abfrage, die alle Kunden in Deutschland ermittelt, die in den Postleitzahlenbereichen 7, 8 oder 9 wohnen und die dem Empfang von Infopost zugestimmt haben. Die Datensätze sollen nach der Postleitzahl aufsteigend sortiert werden. (qryPLZBereich_Süd)

Hinweis: Sollte diese Abfrage keine Datensätze liefern, dann kontrollieren Sie die vorhandenen Datensätze. Möglicherweise entspricht keiner den angegebenen Kriterien. In diesem Fall passen Sie einfach die Abfrage entsprechend an und verwenden z. B. die Bereiche 1,2, und 3.

▶ Ermitteln Sie in einer Abfrage alle Kunden, die im letzten Jahr neu erfasst wurden. (qryNeukunden_Vorjahr)

▶ Erstellen Sie eine weitere Abfrage. Sortieren Sie die Kunden nach Nachnamen und Vornamen (aufsteigend). Verbinden Sie in einer weiteren Spalte die Felder *Anrede*, *Nachname* und *Vorname* mit jeweils einem Leerzeichen dazwischen zu einem einzigen Feld (qryVollerName).

▶ Alle Kunden mit einem Umsatz von 500 € oder mehr sollen einen Bonus in Höhe von 20 € erhalten. Achtung: Die Abfrage soll alle Datensätze der Tabelle *tblKunden* liefern. (qryKundenbonus)

7 Spezialabfragen

In diesem Kapitel lernen Sie...

- Flexible Abfragekriterien mit Parametern
- Mehrwertige Felder auswerten
- Datensätze gruppieren und zusammenfassen
- Daten mit Aktionsabfragen an eine Tabelle anfügen, ändern und löschen
- Spezialabfragen zur Duplikatsuche
- Kreuztabellen mit einer Abfrage erzeugen
- Eine kleine Einführung in SQL

Das sollten Sie bereits wissen

- Tabellenentwurf, Datentypen und Beziehungen
- Abfrageentwurf
- Kriterienausdrücke

7.1   Flexible Abfragen mit Parametern

Stellen Sie sich vor, Sie benötigen eine Abfrage, die als Ergebnis jedes Mal eine andere Warengruppe liefern soll. Bei 20 Warengruppen wären dies 20 Abfragen und mit jeder neuen Warengruppe müssten Sie auch eine entsprechende Abfrage erstellen. Dass dies wenig Sinn macht, ist klar. In solchen Fällen halten Sie die Abfragekriterien variabel und geben diese erst beim Öffnen oder Ausführen der Abfrage ein. Solche Abfragen bezeichnet man als Parameterabfragen.

Beispiel: Eine Abfrage für alle Warengruppen

1   Als Beispiel eine Abfrage über die Tabelle *tblArtikel*, die erst beim Öffnen oder Ausführen die gewünschte Warengruppe abfragt.

2   Im ersten Schritt erstellen Sie für die Tabellen *tblArtikel* und *tblWarengruppen* eine neue Abfrage in der Entwurfsansicht. Fügen Sie dann die Felder *ArtikelID*, *Artikelbezeichnung*, *Einzelpreis*, *WGRID* und aus der Tabelle *tblWarengruppen* die *WGRBezeichnung* hinzu.

3   Speichern Sie die Abfrage unter dem Namen *qryWarengruppen_Parameter*.

   Tipp: Zur besseren Unterscheidung sollten Sie Parameterabfragen bereits am Namen kenntlich machen, da Access fehlende oder falsch geschriebene Feldnamen in Formeln ebenfalls beim Öffnen als Parameter anfordert.

Für Texte als Parameter gelten dieselben Regeln wie für Feldnamen! Also keinen Punkt oder Doppelpunkt verwenden. Leerzeichen sind hier dagegen unproblematisch.

4   Geben Sie dann in der Spalte *WGRID* in der Kriterienzeile den Parameter anstelle eines festen Kriteriums ein. Dieser muss in eckigen Klammern stehen und kann beliebigen Hinweistext enthalten, z. B. [Geben Sie die gesuchte Warengruppe ein]. **Achtung:** Der Hinweistext darf keine Sonderzeichen enthalten und nicht identisch sein mit einem Feldnamen in der Abfrage oder den verwendeten Tabellen.

Parameter statt eines festen Auswahlkkriteriums

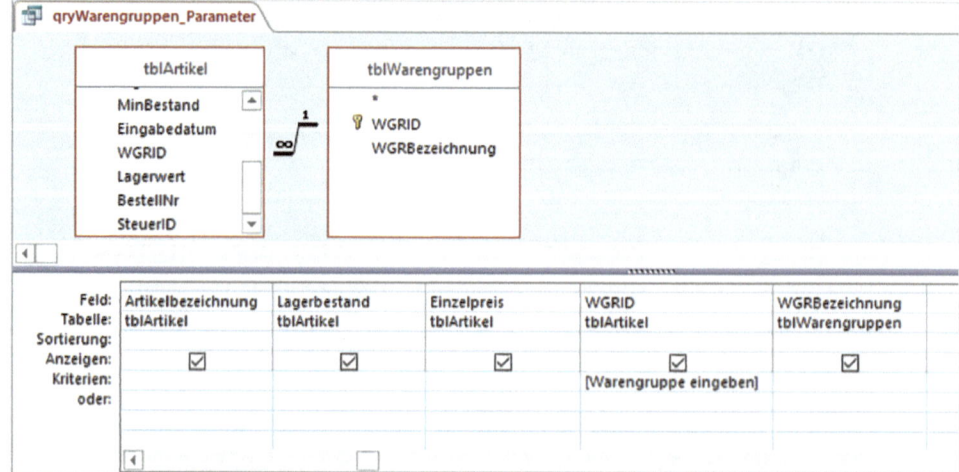

5 Beim Ausführen oder Öffnen der Abfrage bzw. beim Wechseln in die Datenblatt-ansicht erscheint ein kleines Dialogfenster, das Sie zur Eingabe des Parameter-wertes auffordert. Geben Sie den gewünschten Warengruppenschlüssel ein und bestätigen Sie mit *OK*.

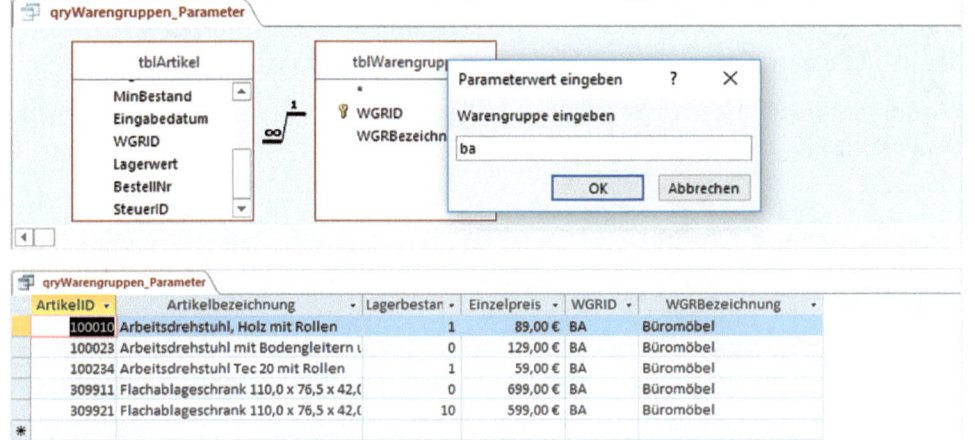

Parameterwert eingeben

Nachteil einer solchen Parameterabfrage: Die *WarengruppenID* muss bekannt sein. Eine sol-che Aufgabe lässt sich in einem Formular mit einem Nachschlage-oder Listenfeld we-sentlich besser und vor allem benutzerfreundlicher lösen.

Siehe Kapitel 9.4, Kombi-nations- und Listenfelder

Mehrere Parameter einsetzen

Parameter können Sie für Felder vom Typ *Kurzer Text*, *Zahl* bzw. *Währung* und Datum einsetzen. Sie können problemlos auch mehrere Parameter verwenden, diese werden beim Öffnen der Abfrage von links nach rechts abgefragt. Etwa, wenn Sie Kunden mit einem Umsatz zwischen 500 und 1.000 € ermitteln möchten. Beim Beispiel unten wer-den Sie zunächst aufgefordert, den Mindestumsatz 500 einzugeben, anschließend als maximalen Umsatz 1.000.

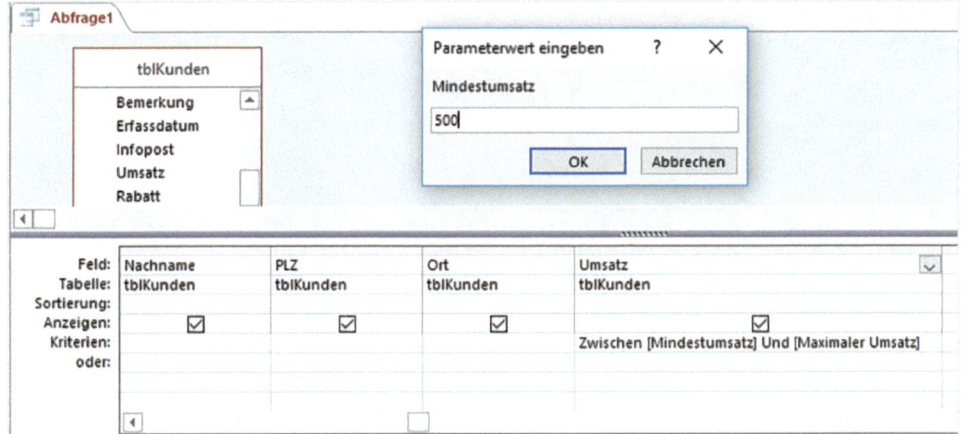

Zwei Parameter verwen-den

Parameter mit Platzhalterzeichen verknüpfen

Beispiel Postleitzahlenbereiche

Eine Abfrage nach Postleitzahlenbereichen haben wir bereits im vorherigen Kapitel erstellt. Eine solche Abfrage lässt sich auch als Parameterabfrage realisieren. Dazu verknüpfen Sie mit dem &-Operator den Parameter und das Platzhalterzeichen, z. B. den Stern*. Außerdem dürfen Sie nicht vergessen, dem Ausdruck ein *Wie* voranzustellen!

Die unten abgebildete Abfrage erlaubt eine Parameterabfrage nach den ersten Ziffern der Postleitzahl, z. B. den Bereich 8.

Parameterabfrage mit Platzhalterzeichen

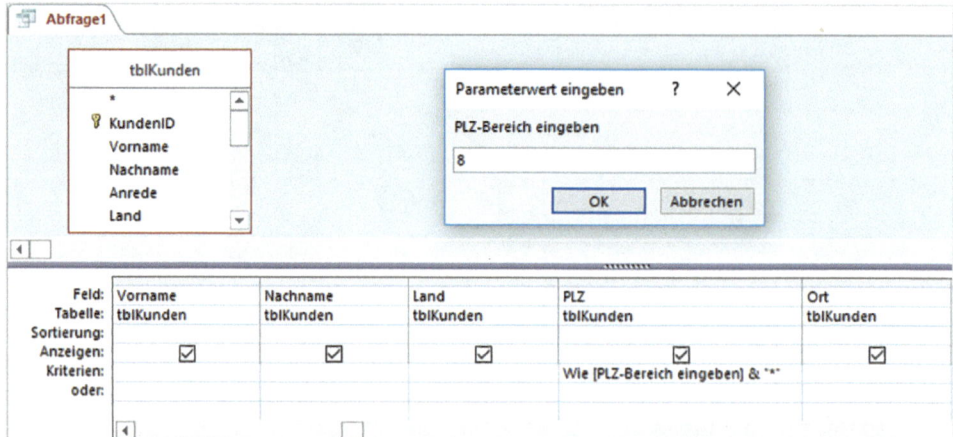

Beim Öffnen einer Parameterabfrage werden Sie aufgefordert, den Parameterwert einzugeben.

Achtung: Bei fehlenden Feldnamen oder wenn ein Feldname falsch geschrieben wurde, erscheint beim Öffnen ebenfalls die Aufforderung zur Eingabe eines Parameterwerts. Wenn Sie in solchen Fällen eine Parameterabfrage zur Kontrolle in der Entwurfsansicht öffnen möchten, dann finden Sie den Befehl dazu im Kontextmenü der rechten Maustaste.

7.2 Mehrwertige Felder in Abfragen auswerten

Nachschlagefelder zur Auswahl einem oder mehreren von Werten bei der Dateneingabe haben Sie bereits in Kapitel 3.4 kennen gelernt. Mit Abfragen haben Sie die Möglichkeit, auch Felder, in denen die Auswahl mehrerer Werte möglich ist, sogenannte mehrwertige Felder, auszuwerten.

Mehrwertige Felder erkennen Sie im Abfrageentwurf daran, dass die Tabelle nicht nur das Feld dieser Tabelle, sondern auch das Feld der verknüpften Tabelle anzeigt, wie im Bild unten das Feld *PraesentID*. Wenn Sie dieses Feld in der Abfrage verwenden, dann erhalten Sie dasselbe Ergebnis wie in der Tabelle: Die einzelnen Werte sind mit Semikolon getrennt. Datensätze, bei denen dieses Feld leer ist, werden angezeigt.

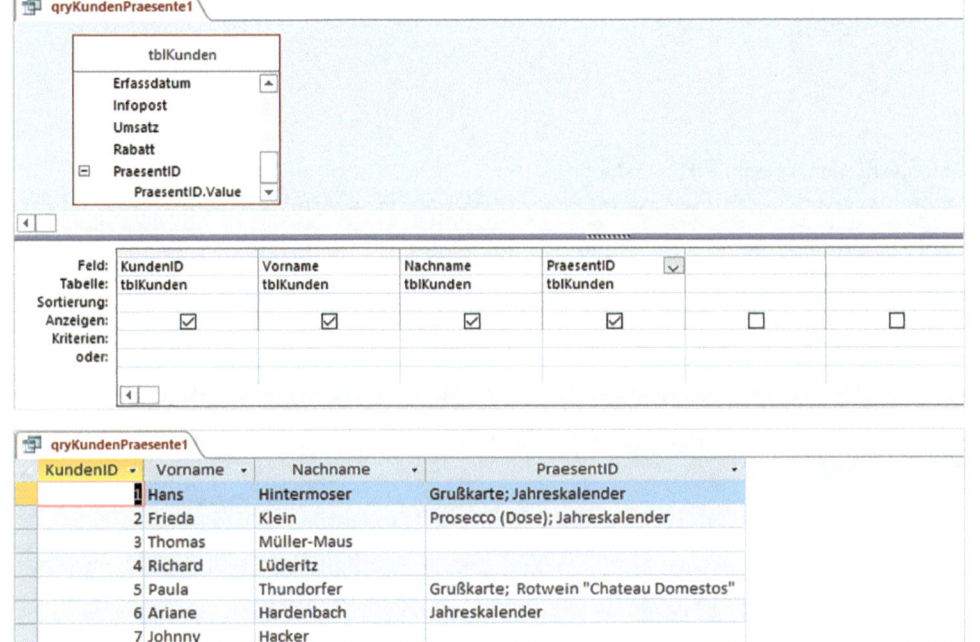

Abfrage mit einem mehrwertigen Feld

Und das Ergebnis in der Datenblattansicht

Felder aus der verknüpften Tabelle verwenden

Verwenden Sie dagegen in der Abfrage das Feld der verknüpften Tabelle, im Bild unten das Feld *PraesentID.Value*, dann verhält sich das Abfrageergebnis wie bei verknüpften Tabellen. Sie erhalten zu jedem Datensatz der Tabelle *tblPraesente* den dazugehörigen Datensatz der Tabelle *tblKunden*. Das bedeutet, dass bei mehrfach vorhandenen Praesenten auch der Kunde mehrfach angezeigt enthalten ist.

Siehe Kapitel 6.3

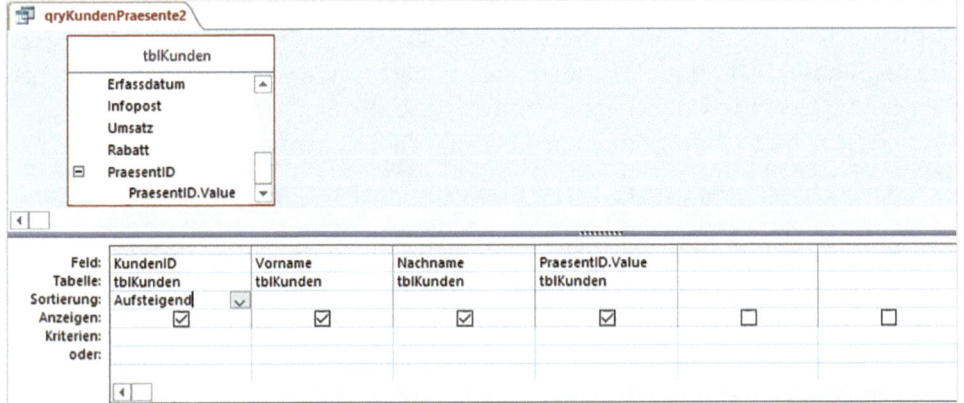

Hier wurde das Feld PraesentID.Value verwendet

Das Ergebnis dieser Abfrage sehen Sie im Bild unten.

Zu jeder PraesentID wird der dazugehörige Kunde angezeigt, auch mehrfach

KundenID	Vorname	Nachname	tblKunden.PraesentID.Value
1	Hans	Hintermoser	Grußkarte
1	Hans	Hintermoser	Jahreskalender
2	Frieda	Klein	Jahreskalender
2	Frieda	Klein	Prosecco (Dose)
3	Thomas	Müller-Maus	
4	Richard	Lüderitz	
5	Paula	Thundorfer	Rotwein "Chateau Domestos"
5	Paula	Thundorfer	Grußkarte

Abfragekriterien für mehrwertige Felder einsetzen

Mehrwertiges Feld mit Abfragekriterium

Und das Ergebnis in der Datenblattansicht

Wenn Sie anschließend wissen möchten, welche Kunden beispielsweise einen Jahreskalender erhalten sollen, dann brauchen Sie hier nur das entsprechende Abfragekriterium verwenden.

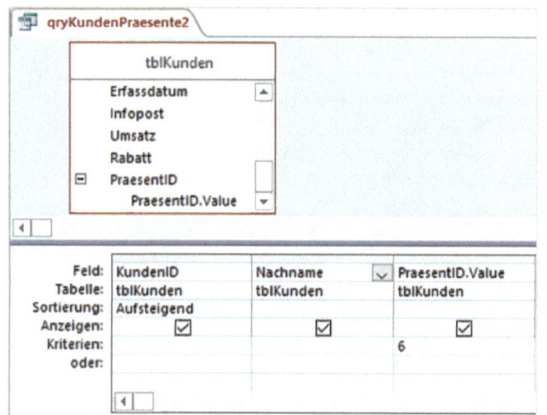

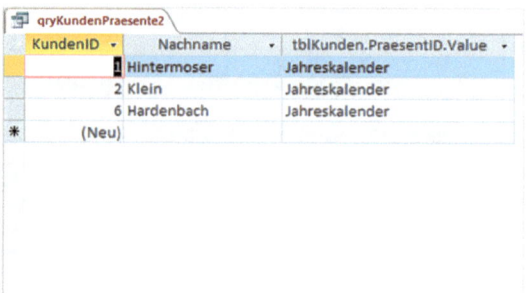

> **Achtung:** Das Feld speichert die *PraesentID* und nicht die Bezeichnung! In diesem Beispiel wurde die *PraesentID* im Nachschlagefeld ausgeblendet (Spaltenbreite 0) und durch den Text überlagert. Sie müssen also für dieses Beispiel als Kriterium die ID des Jahreskalenders angeben.

Das ist auch der Grund, warum Sie bei Nachschlagefeldern in Tabellen die Schlüsselspalte grundsätzlich nicht ausblenden sollten. Nichteingeweihte können in solchen Fällen nur schwer nachvollziehen, weshalb in der Datenblattansicht der Text Jahreskalender erscheint, als Abfragekriterium aber eine Zahl eingegeben werden muss.

Es sollte auch klar sein, dass eine Beziehung zur Tabelle *tblPraesente* über *PraesentID.Value* hergestellt werden muss, falls Sie aus dieser Tabelle eventuell weitere Details zum Präsent, z. B. Preis oder verfügbare Menge, benötigen.

7.3   Gruppierungen und Zusammenfassungen in Abfragen

Eine gruppierte Abfrage erstellen

In vielen Fällen werden nicht die einzelnen Datensätze, sondern eine Auswertung über Gruppen von bestimmten Datensätzen benötigt. Beispielsweise, wenn Sie die Summe des Lagerwertes oder die Anzahl der Artikel je Warengruppe ermitteln möchten.

Im ersten Schritt erstellen Sie wieder die Abfrage und fügen aus der Tabelle *tblArtikel* die benötigten Felder hinzu, im Bild unten sind dies die Felder *ArtikelID*, *WGRBezeichnung* aus der Tabelle *tblWarengruppen* und das Feld *Lagerwert*. Dieses Feld ist vom Typ *Berechnet* und enthält die Formel [LagerBestand]*[Einzelpreis].

1   Klicken Sie dann in der Entwurfsansicht der Abfrage im Menüband, Register *Entwurf*, auf das Symbol *Summen*. Oder klicken Sie mit der rechten Maustaste auf eine beliebige Spalte und hier auf *Summen*.

Summen einblenden

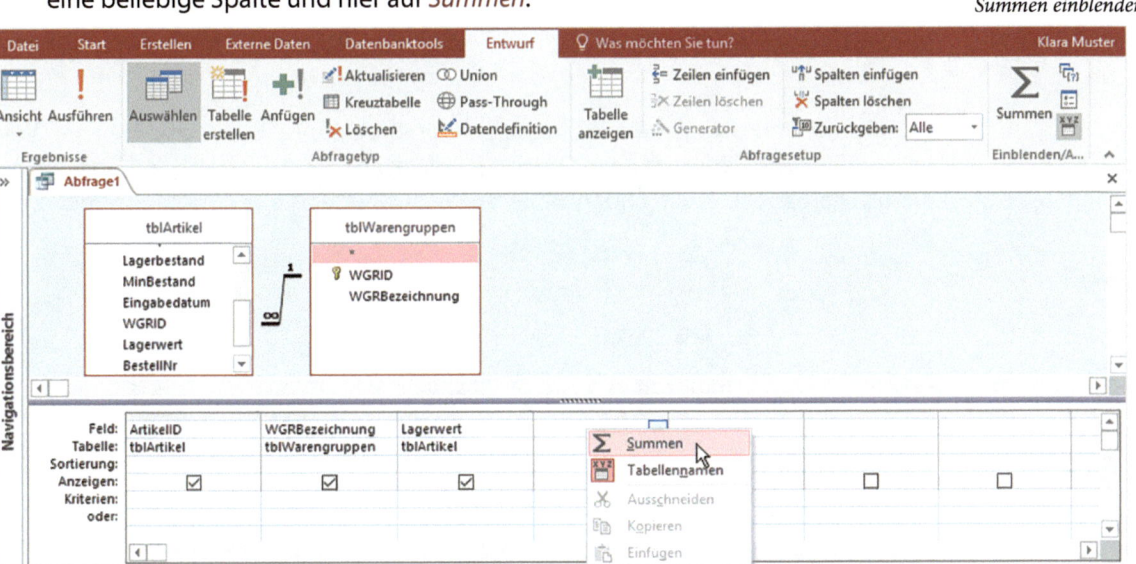

2   Im Abfrageentwurf erscheint unterhalb der Tabellennamen die zusätzliche Zeile *Funktion*. Hier wählen Sie nun für jedes Feld die Art der Zusammenfassung, standardmäßig verwendet Access zunächst *Gruppierung*.

3   Klicken Sie in der Zeile *Funktion* auf den Dropdown-Pfeil der jeweiligen Spalte und wählen Sie die gewünschte Funktion aus. In unserem Beispiel wird beim Feld *WGRBezeichnung* die Gruppierung beibehalten, für die *ArtikelID* wählen Sie *Anzahl* und für den Lagerwert die *Summe* aus.

Funktion auswählen

Die Zeile Funktion

Wählen Sie für jedes Feld die gewünschte Zusammenfassung aus.

4   Das Ergebnis einer gruppierten Abfrage sieht in der Datenblattansicht aus wie im nachfolgenden Bild. Access generiert aufgrund der Feldnamen automatisch mehr oder weniger passende Beschriftungen für die zusammengefassten Felder.

Das Ergbenis der gruppierten Abfrage

WGRBezeichnung	AnzahlvonArtikelID	SummevonLagerwert
Beleuchtung	2	645,60 €
Bürobedarf	12	3.802,58 €
Büromöbel	5	6.138,00 €
Deko	5	200,40 €
Saisonartikel	4	1.881,13 €

Falls Sie für ein Feld mehrere Werte berechnen möchten, z. B. Summe, kleinster Wert und größter Wert, dann müssen Sie dieses Feld auch mehrfach in die Abfrage aufnehmen. In der Tabelle unten finden Sie eine Übersicht über die verfügbaren Funktionen.

Gruppierung	Fasst Gruppen zusammen (z. B. nach Warengruppen). Wurden mehrere Gruppierungen angegeben, so erfolgt die Gruppierung von links nach rechts
Summe	Berechnet die Summe der Werte
Mittelwert	Ermittelt den Durchschnitt der Werte
Min	Ermittelt den kleinsten Wert des Feldes
Max	Liefert den höchsten Wert eines Feldes
Anzahl	Ermittelt die Anzahl der Werte, leere Werte (Nullwerte) werden nicht berücksichtigt
StdAbw	Berechnet die Standardabweichung
Varianz	Berechnet die Varianz (Quadrat der Standardabweichung)
Erster Wert	Ermittelt den ersten Wert der Gruppe
Letzter Wert	Ermittelt den letzten Wert der Gruppe
Ausdruck	Kennzeichnet Formeln
Bedingung	Kennzeichnet Felder, die Abfragekriterien (Bedingungsfelder) enthalten. Diese werden dann nicht in die Zusammenfassung einbezogen.

Bedingungen und Formeln in gruppierten Abfragen

Eine gruppierte Abfrage kann auch Abfragekriterien enthalten, für diese müssen Sie statt einer Funktion *Bedingung* auswählen. Sie möchten z. B. die Anzahl der Kunden und die Summe der Umsätze je Postleitzahlenbereich. Für die Gruppierung wird nur die erste Ziffer der Postleitzahl benötigt, diese ermitteln Sie mit der Funktion *Links*. Damit nur Kunden in Deutschland in das Ergebnis einfließen, brauchen Sie für das Feld *Land* außerdem ein entsprechendes Abfragekriterium. Für diese Spalte müssen Sie dann *Bedingung* auswählen.

Felder, die Bedingungen enthalten, können nicht in die Abfrage bzw. Gruppierung einbezogen werden und erscheinen daher auch nicht im Abfrageergebnis. Das Kontrollkästchen *Anzeigen* ist automatisch deaktiviert. Das Ergebnis sieht in der Datenblattansicht aus wie im unteren Bild.

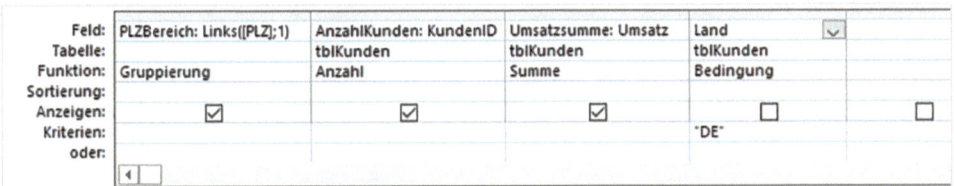

Nach berechnetem Feld gruppieren, Abfragekriterien

Das Ergebnis in der Datenblattansicht

Aliasnamen in Abfragen

Nicht nur berechneten Feldern, sondern jedem beliebigen Feld können Sie in einer Abfrage einen anderen Namen voranstellen. Diese abweichenden Namen werden als Aliasnamen bezeichnet und dem eigentlichen Feldnamen mit Doppelpunkt (:) vorangestellt. Im Bild oben hat das Feld den Aliasnamen *AnzahlKunden* statt *AnzahlvonArtikelID* erhalten und das Feld *SummevonUmsatz* den Alias *Umsatzsumme*.

Ein weiteres Beispiel: Der folgende Ausdruck weist dem Feld *Artikelbezeichnung* den Aliasnamen *ArtBez* zu. ArtBez:Artikelbezeichnung

Für Aliasnamen gelten dieselben Regeln wie für Feldnamen, sie müssen eindeutig sein und dürfen in der Abfrage nicht bereits für ein anderes Feld verwendet werden. Wählen Sie außerdem möglichst kurze Aliasnamen.

Aliasnamen sollten Sie auch verwenden, wenn Sie sich in weiteren Abfragen auf die Ergebnisse einer gruppierten Abfrage beziehen möchten. Zwar verzichtet Access 2016 inzwischen im Gegensatz zu früheren Versionen wenigstens auf Leerzeichen in den automatisch generierten Feldnamen, kürzere Namen sind trotzdem zu empfehlen.

Aliasnamen in Formeln

Auch in Formeln können Aliasnamen verwendet werden. Beachten Sie aber, dass die Berechnung von links nach rechts erfolgt, der Aliasname muss also links von der Formel definiert werden. Das Beispiel im Bild unten berechnet die Differenz zwischen Lagerbestand (LB) und Mindestbestand (MB) unter Verwendung der Aliasnamen.

Aliasnamen für Formeln: Im Abfrageentwurf

Feld:	ArtikelID	Auslaufware	LB: Lagerbestand	MB: MinBestand	Differenz: [MB]-[LB]
Tabelle:	tblArtikel	tblArtikel	tblArtikel	tblArtikel	
Sortierung:					
Anzeigen:	☑	☑	☑	☑	☑
Kriterien:					
oder:					

... und als Ergebnis in der Datenblattansicht

ArtikelID ▾	Auslaufwar ▾	LB ▾	MB ▾	Differenz ▾
100010	☐	1	5	4
100023	☐	0	5	5
100200	☐	200	50	-150
100230	☐	3	5	2
100234	☑	1	5	4
100245	☑	15	100	85
100248	☑	0	20	20
100251	☐	600	800	200
100256	☐	60	50	-10

Eine Alternative: Erstellen Sie eine zweite Abfrage mit Feldern aus der ersten und geben Sie in dieser Ihre Kriterien an.

Achtung: in Verbindung mit Kriterien sind Aliasnamen nicht zulässig. Wenn etwa die Abfrage oben als Ergebnis nur Lagerbestände anzeigen soll, die unter dem Mindestbestand liegen, dann müssen Sie entweder auf Aliasnamen verzichten oder die Differenz ein zweites Mal mit den Feldnamen berechnen und hier Ihre Kriterien angeben, wie im Bild unten. Hier wurde der zweite Ausdruck ausgeblendet.

Kriterien verwenden

Feld:	ArtikelID	LB: Lagerbestand ⌄	MB: MinBestand	Differenz: [MB]-[LB]	Ausdr1: [MinBestand]-[Lagerbestand]
Tabelle:	tblArtikel	tblArtikel	tblArtikel		
Sortierung:					
Anzeigen:	☑	☑	☑	☑	☐
Kriterien:					<0
oder:					

Extremwerte mit Hilfe von Abfragen ermitteln

Manchmal werden auch die Ergebnisse einer Abfrage als Kriterien benötigt. Ein Beispiel: Sie wollen wissen, welcher Artikel jeweils der teuerste in seiner Warengruppe ist. Die unten abgebildete Abfrage liefert zwar den höchsten Preis je Warengruppe, enthält aber keinerlei Informationen zum Artikel. Sie wissen also nicht, um welchen Artikel es sich handelt.

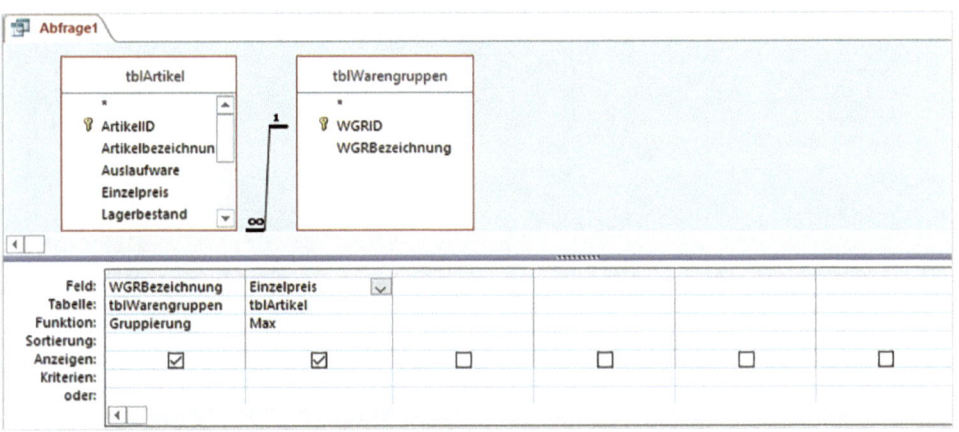

Diese Abfrage liefert den teuersten Artikel jeder Warengruppe

Abhilfe schafft eine zweite Abfrage, in der Sie die Details über eine Verknüpfung zwischen dieser Abfrage und der Tabelle *tblArtikel* ermitteln. Vorher muss der Abfrage aber noch das Feld *WGRID* hinzugefügt werden, da dieses als eindeutiges Feld zur Verknüpfung benötigt wird und der höchste Preis erhält den Aliasnamen *MaxPreis*. Speichern Sie diese Abfrage unter dem Namen *qyrMaxPreisWarengruppe*.

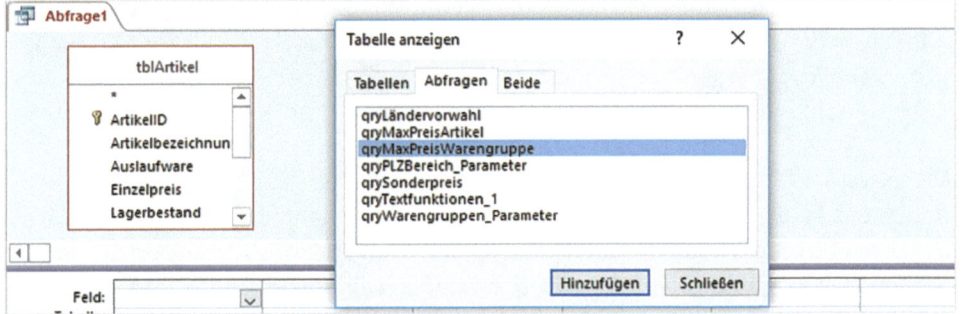

Ergänzen Sie die Abfrage um das Feld WGRID

Anschließend erstellen Sie eine neue Abfrage. Fügen Sie die Tabelle *tblArtikel* und die oben erstellte Abfrage hinzu. Dazu klicken Sie im Fenster *Tabelle anzeigen* auf das Register *Abfragen*, hier finden Sie alle Abfragen der Datenbank. Oder ziehen Sie die Abfrage aus der Navigationsleiste in den Tabellenbereich der Abfrage.

Klicken Sie auf das Register Abfragen und fügen Sie die Abfrage hinzu

Erstellen Sie dann über das Feld *WGRID* eine Beziehung zwischen der Tabelle und der Abfrage. Damit das Abfrageergebnis nur den Artikel mit dem höchsten Preis liefert, benötigen wir außerdem eine zweite Beziehung und zwar zwischen dem Feld *MaxPreis* der Abfrage und dem *Einzelpreis* der Tabelle *tblArtikel*.

Erstellen Sie eine Beziehung zwischen der Abfrage und der Tabelle

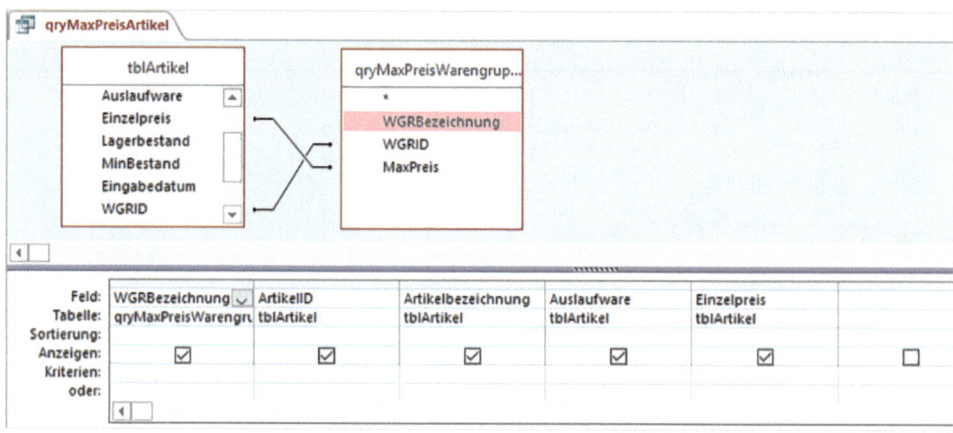

7.4 Aktionsabfragen

Wozu Aktionsabfragen?

Bisher haben wir uns ausschließlich mit Auswahlabfragen befasst. Diese speichern keine Datensätze und verändern auch die Werte der zugrundeliegenden Tabelle nicht. Im Gegensatz zu den Auswahlabfragen verändern Aktionsabfragen die Daten in den zugrunde liegenden Tabellen. Diese Änderungen können nicht mehr rückgängig gemacht werden, daher sollten Sie zumindest vor dem Testen eine Sicherungskopie der Tabelle erstellen.

Tabellen kopieren, siehe Kapitel 3.6

> **Sicherungskopie erstellen**
> Erstellen Sie vor dem Testen einer neuen Aktionsabfrage eine Sicherungskopie der Tabelle, da Änderungen nicht mehr rückgängig gemacht werden können.

Abfragetypen

Access unterstützt mehrere Typen von Abfragen, die Schaltflächen dafür finden Sie in der Entwurfsansicht einer Abfrage im Register *Entwurf*, Gruppe *Abfragetyp*. Die Schaltflächen bzw. Symbole von Aktionsabfragen sind mit einem Ausrufezeichen (!) gekennzeichnet. Eine Übersicht über die wichtigsten Typen erhalten Sie in der Tabelle.

Die Abfragetypen

Abfrage ausführen ————

Datenblattansicht ————

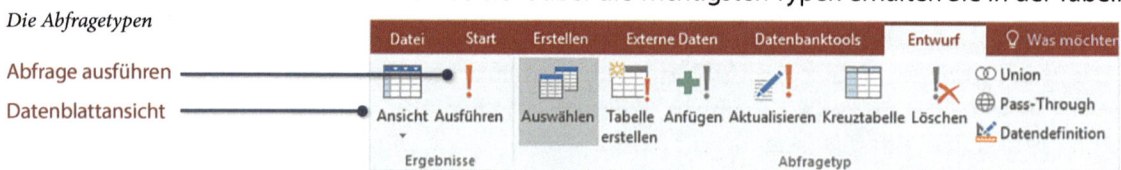

Abfragetyp	Beschreibung	Kürzel
Auswählen	Einfache Auswahlabfrage	qry
Tabelle erstellen	Erstellt aus dem Abfrageergebnis eine neue Tabelle	qmak
Anfügen	Fügt die Datensätze der Abfrage an eine bestehende Tabelle an	qapp
Aktualisieren	Aktualisiert den Inhalt einer bestimmten Spalte der Tabelle	qupd
Löschen	Entfernt Datensätze nach den angegebenen Kriterien aus der Tabelle	qdel

Eine Aktionsabfrage erstellen und ausführen

1 Eine Aktionsabfrage erstellen Sie zunächst wie eine Auswahlabfrage: Wählen Sie Tabellen und Felder aus und kontrollieren das Ergebnis in der Datenblattansicht.

2 Im nächsten Schritt wandeln Sie die Auswahlabfrage in eine Aktionsabfrage um. Klicken Sie dazu in der Entwurfsansicht der Abfrage auf den gewünschten Abfragetyp.

3 Im Gegensatz zu Auswahlabfragen muss eine Aktionsabfrage ausgeführt werden. Dazu klicken Sie im Menüband auf die Schaltfläche *Ausführen*. Die nachfolgende Rückfrage bestätigen Sie mit *Ja*, im Bild unten als Beispiel das Ausführen einer Tabellenerstellungsabfrage.

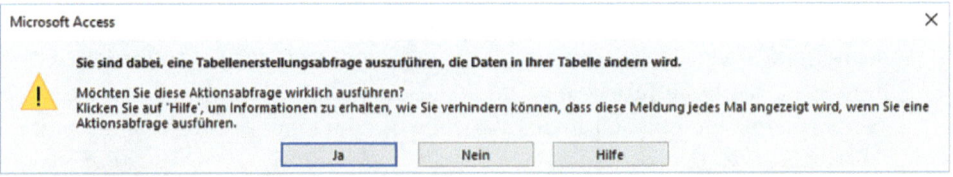

Rückfrage beim Öffnen einer Aktionsabfrage

Abfrage ausführen
Eine Aktionsabfrage wird erst ausgeführt, wenn Sie auf die Schaltfläche *Ausführen* klicken. Über die Schaltfläche *Ansicht* bzw. *Datenblattansicht* wechseln Sie nur zur *Datenblattansicht* ohne dass die Aktion ausgeführt wird.

Aktionsabfragen werden wie alle Abfragen gespeichert. Sie sind im Navigationsbereich mit dem Symbol des jeweiligen Abfragetyps gekennzeichnet und unterscheiden sich so von Auswahlabfragen. Viele Datenbankentwickler stellen den Namen von Aktionsabfragen auch bestimmte Kürzel voran, siehe Tabelle oben.

Vorsicht beim Öffnen von Aktionsabfragen
Gespeicherte Aktionsabfragen werden beim Öffnen ausgeführt und es erscheint eine entsprechende Rückfrage. Wenn Sie eine Aktionsabfrage öffnen möchten, ohne dass diese ausgeführt wird, dann müssen Sie diese in der Entwurfsansicht öffnen: Klicken Sie dazu im Navigationsbereich mit der rechten Maustaste auf die Abfrage und wählen Sie *Entwurfsansicht*.

Aktionsabfragen gehören zu den Inhalten, die eventuell beim Öffnen der Datenbank aus Sicherheitsgründen deaktiviert werden. In der Statusleiste unterhalb des Menübandes erscheint dann eine entsprechende Meldung. Damit die Abfragen trotzdem ausgeführt werden, müssen Sie über die Schaltfläche den Inhalt aktivieren.

Inhalte beim Öffnen der Datenbank aktivieren

Aus dem Abfrageergebnis eine Tabelle erstellen

Eine Tabellenerstellungsabfrage speichert das Abfrageergebnis als Kopie in einer neuen Tabelle. Aus der ursprünglichen Tabelle werden dabei die Datensätze nicht entfernt, das Sicherheitsrisiko ist daher bei diesem Abfragetyp gering. Tabellenerstellungsabfragen lassen sich beispielsweise einsetzen, wenn bestimmte Datensätze zur Weitergabe exportiert werden sollen, etwa für Serienbriefe mit Microsoft Word.

Als Beispiel sollen Namen und Anschrift aller Kunden, die Infopost wünschen, in einer neuen Tabelle gespeichert werden. So gehen Sie vor:

1 Erstellen Sie eine Auswahlabfrage mit allen Feldern, die Sie in der neuen Tabelle benötigen und geben Sie die Abfragekriterien ein. Kontrollieren Sie das Abfrageergebnis in der Datenblattansicht.

2 Nun wandeln Sie die Abfrage in eine Tabellenerstellungsabfrage um. Dazu klicken Sie in der Entwurfsansicht im Menüband, Register *Entwurf*, auf die Schaltfläche *Tabelle erstellen*. Access öffnet ein Dialogfenster, das Sie auffordert, einen Namen für die neue Tabelle einzugeben. Geben Sie außerdem an, wo die neue Tabelle erstellt werden soll, in der aktuellen oder in einer anderen Datenbank.

Neue Tabelle erstellen: Geben Sie einen Namen für die neue Tabelle an.

Tabelle erstellen

Wählen Sie einen Speicherort

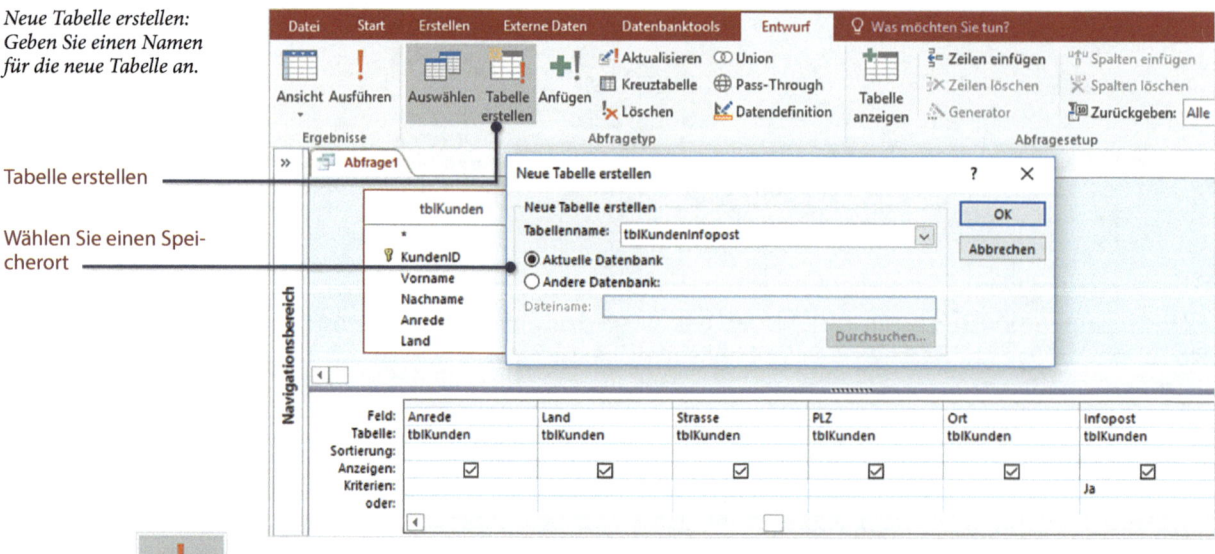

3 Zuletzt müssen Sie die Abfrage ausführen: Klicken Sie dazu in der Entwurfsansicht auf die Schaltfläche *Ausführen*. Es erscheint eine Meldung, die Sie nochmals bestätigen müssen. Alle Feldeigenschaften werden mit Ausnahme von Nachschlagefeldern in die neue Tabelle übernommen.

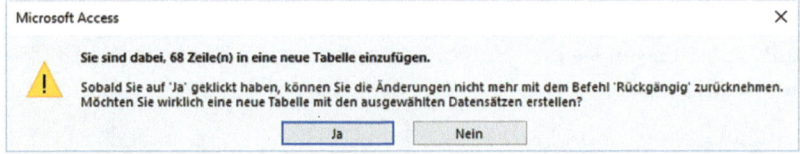

Meldung vor der Ausführung

Hinweis: Falls bereits eine Tabelle mit dem angegebenen Namen existiert, so wird diese bei der Ausführung durch die neue Tabelle überschrieben.

Datensätze importieren und an eine Tabelle anfügen

Mit Hilfe einer Anfügeabfrage können Sie das Ergebnis einer Abfrage an eine bestehende Tabelle, entweder in der aktuellen oder in einer anderen Datenbank anfügen. Eine Anfügeabfrage wird beispielsweise in der Praxis verwendet, um importierte Daten an eine bestehende Tabelle anzufügen. Als Beispiel sollen weitere Artikel an die Tabelle *tblArtikel* angefügt werden. Diese liegen als Excel-Tabelle vor und müssen erst einmal in die Datenbank importiert werden.

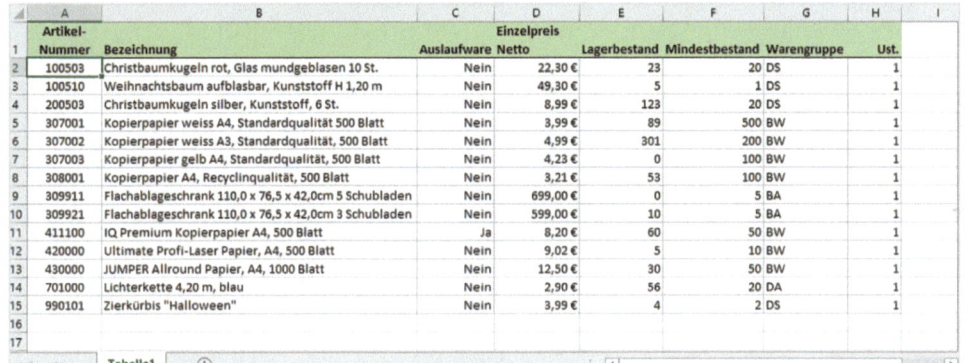

Die Artikelliste als Excel-Tabelle

Excel-Tabelle importieren

1 Im ersten Schritt klicken Sie im Menüband auf das Register *Externe Daten* und hier in der Gruppe *Importieren und Verknüpfen* auf *Excel*.

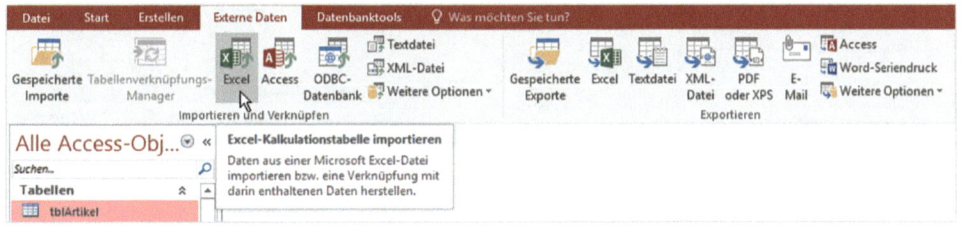

Klicken Sie im Register Externe Daten, Importieren und Verknüpfen auf Excel

2   Im nächsten Schritt geben Sie Quelle und Ziel der zu importierenden Daten an. Klicken Sie auf die Schaltfläche *Durchsuchen* und wählen Sie die Excel-Arbeitsmappe aus.

3   Außerdem müssen Sie hier angeben, wie und wo die importierten Daten gespeichert werden sollen:

Wählen Sie den Import in eine neue Tabelle. Hier steht zwar auch die Option *Anfügen* an eine Tabelle zur Wahl, aber erfahrungsgemäß müssen die importierte Daten erst kontrolliert und eventuell an die Zieltabelle angepasst werden. Die dritte Option erzeugt keine Kopie, sondern eine Verknüpfung zur Excel-Tabelle.

Quelle und Ziel angeben

Quelle auswählen ——

Importieren, an Tabelle —— *anfügen oder verknüpfen?*

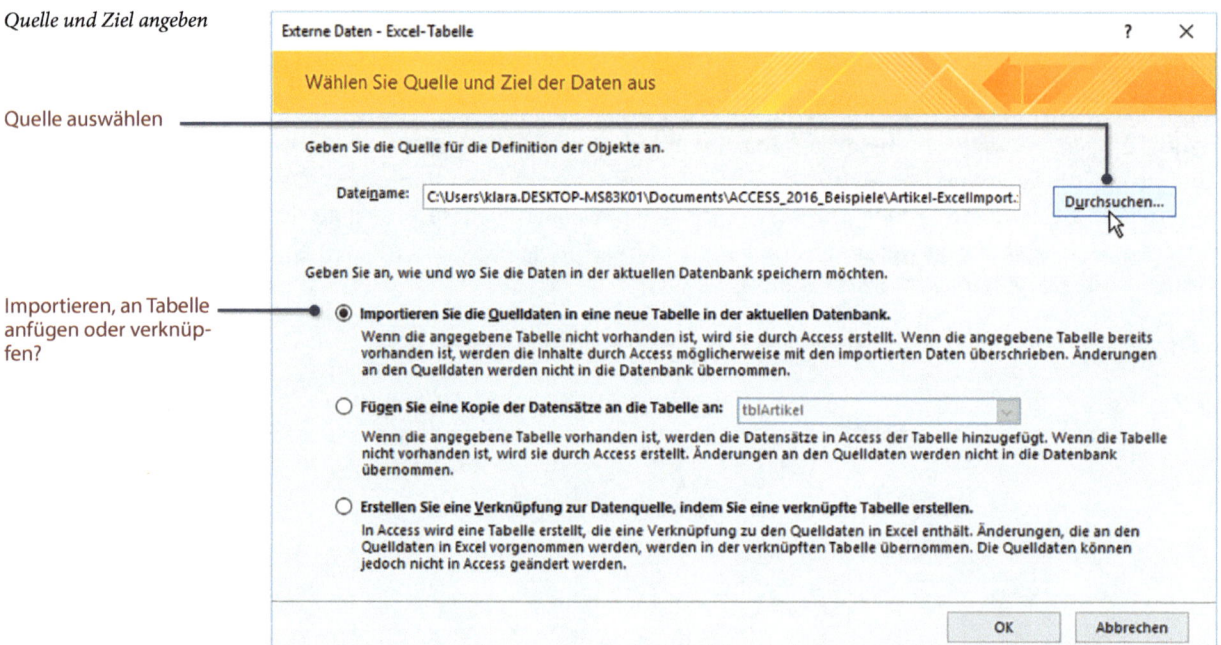

4   Klicken Sie auf *OK*, um mit dem Import fortzufahren. Access startet den *Import-Assistent für Kalkulationstabellen*, der Sie durch die weiteren Schritte führt.

5   In den meisten Fällen enthält die erste Zeile der Tabelle die Spaltenüberschriften. Damit diese als Feldnamen verwendet werden, müssen Sie das Kontrollkästchen *Erste Zeile enthält Spaltenüberschriften* aktivieren. Klicken Sie dann auf *Weiter*.

Erste Zeile enthält Spaltenüberschriften

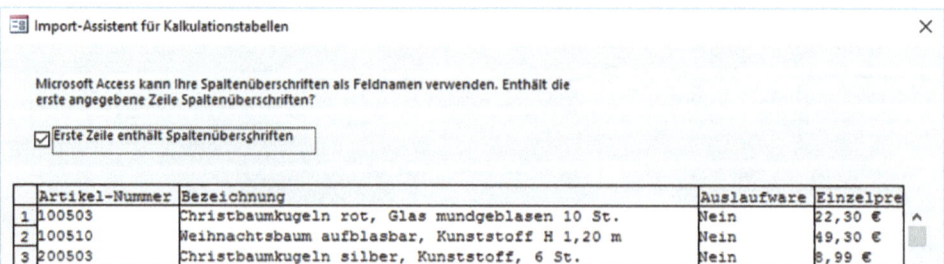

6 Nun legen Sie für jede Spalte Feldname, Datentyp und Index fest. Die Feldnamen können vorerst beibehalten werden und der Index spielt keine Rolle, da die Daten anschließend an eine bestehende Tabelle angefügt werden. Wichtig ist hingegen der Datentyp, dieser muss mit den Datentypen der Tabelle übereinstimmen.

Klicken Sie auf die erste Spalte Artikel-Nummer und wählen Sie den Datentyp *Long Integer* aus. Klicken Sie dann auf die nächste Spalte usw.. **Achtung:** Der Inhalt der Spalte *Auslaufware* wird als Text behandelt. Um Datenverlust auszuschließen muss dieser Datentyp vorerst beibehalten werden.

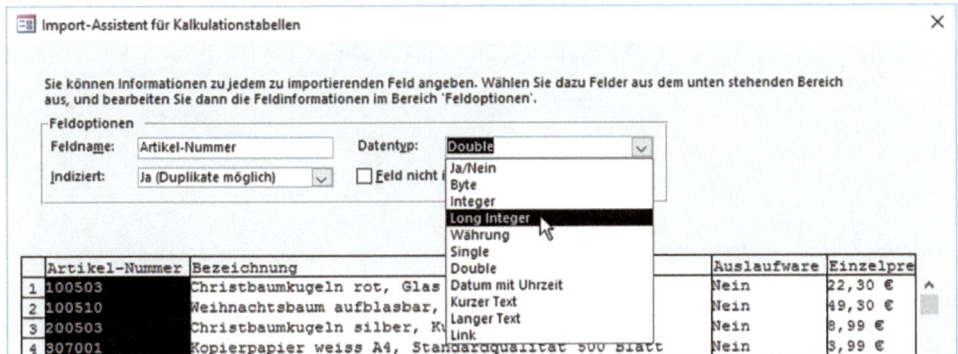

Datentyp der Spalten festlegen

7 Die Frage nach dem Primärschlüssel im nächsten Schritt erübrigt sich beim Anfügen an eine Tabelle. Wählen Sie daher die Option *Kein Primärschlüssel*.

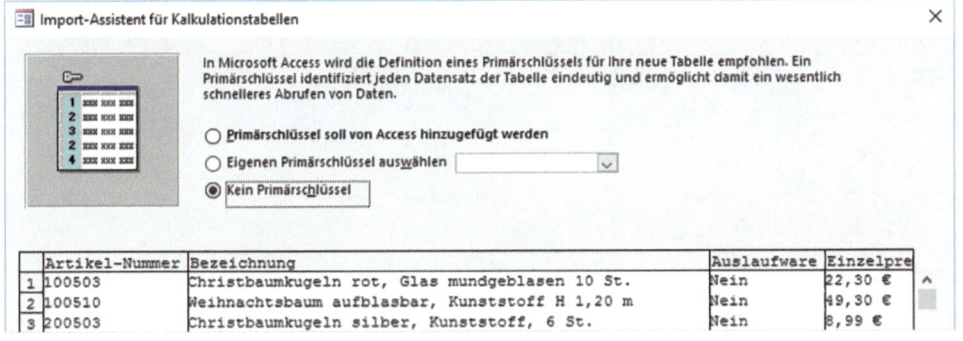

Primärschlüssel hinzufügen?

8 Zuletzt geben Sie einen Namen für die importierte Tabelle an und klicken auf *Fertig stellen*.

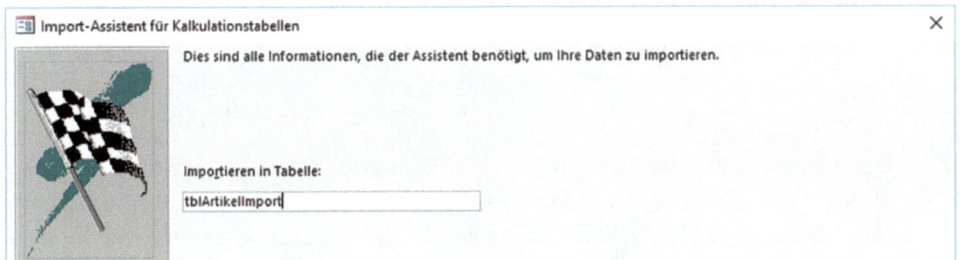

In welche Tabelle sollen die Daten importiert werden?

Zum Abschluss bietet Access an, die einzelnen Importschritte zu speichern. Dies ist bei einem einmaligen Datenimport nicht nötig, klicken Sie auf *Schließen*.

Die importierte Tabelle erscheint nun im Navigationsbereich und kann zur Kontrolle mit Doppelklick geöffnet werden. Mit Ausnahme der Spalte *Auslaufware* ist die Tabelle bereit zum Anfügen.

Die importierte Tabelle

Die Anfügeabfrage erstellen und ausführen

Als nächstes wird die Anfügeabfrage erstellt. Wählen Sie die anzufügende Tabelle, also die importierte Tabelle aus und fügen Sie der Abfrage alle Felder dieser Tabelle hinzu.

1   Klicken Sie in der Entwurfsansicht der Abfrage im Menüband auf *Anfügen*. Im nachfolgenden Fenster können Sie nun mit Klick auf den Dropdown-Pfeil auswählen, an welche Tabelle die Datensätze angefügt werden sollen. Klicken Sie auf die Tabelle *tblArtikel* und dann auf *OK*.

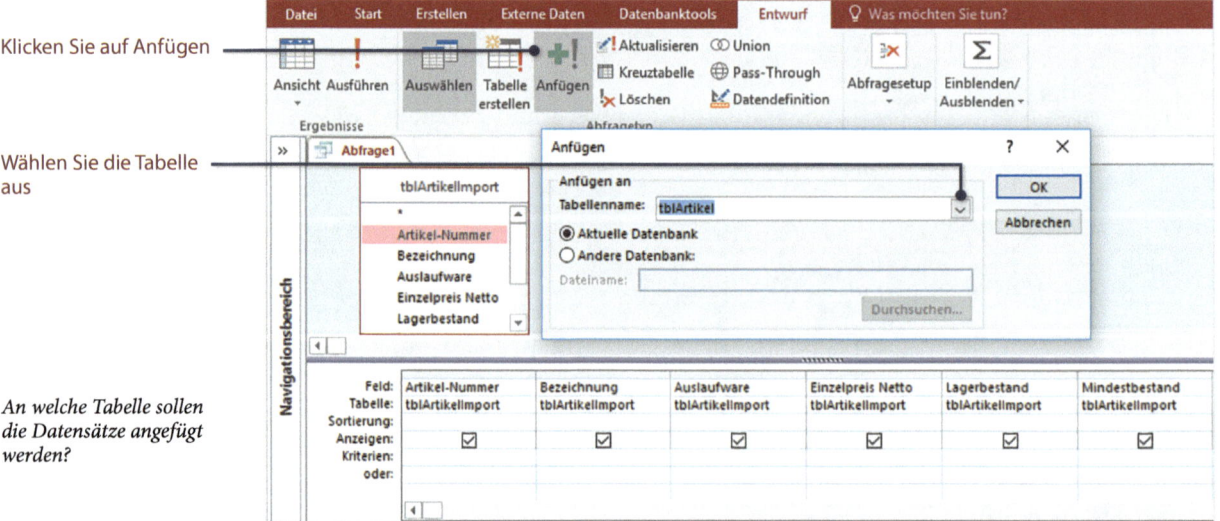

An welche Tabelle sollen die Datensätze angefügt werden?

2   Der Abfrageentwurf wurde nun um die Zeile *Anfügen an* ergänzt und bei übereinstimmenden Feldnamen automatisch das entsprechende Feld der Tabelle *tblArtikel* ausgewählt, im Bild unten die Felder *Auslaufware* und *Lagerbestand*, alle übrigen Felder müssen Sie manuell zuordnen.

3   Klicken Sie in der Zeile *Anfügen an* auf den Dropdown-Pfeil der ersten Spalte und wählen Sie aus, an welche Spalte der Tabelle *tblArtikel* dieses Feld ausgefügt werden soll. Genauso verfahren Sie mit den übrigen Spalten.

Wählen Sie aus, an welches Feld diese Spalte angefügt werden soll

Feld:	Artikel-Nummer	Bezeichnung	Auslaufware	Einzelpreis Netto	Lagerbestand	Mindestbestand	Warengruppe
Tabelle:	tblArtikelImport	tblArtikelImport	tblArtikelImport	tblArtikelImport	tblArtikelImport	tblArtikelImport	tblArtikelImport
Sortierung:							
Anfügen an:	ArtikelID		Auslaufware		Lagerbestand		
Kriterien:	tblArtikel.*						
oder:	ArtikelID						
	Artikelbezeichnung						
	Auslaufware						
	Einzelpreis						
	Lagerbestand						
	MinBestand						
	Eingabedatum						
	WGRID						
	Lagerwert						

4   Für das Feld *Eingabedatum* enthält die importierte Tabelle keine entsprechende Spalte, aber dieser Inhalt ist leicht über eine Formel zu ergänzen. Klicken Sie in die erste Zeile einer freien Spalte und geben Sie hier zusammen mit einem beliebigen Namen ein Datum oder, wie im Bild unten, die Funktion Datum() ein. Dieses Feld ordnen Sie dann dem Feld *Eingabedatum* zu.

Eingabedatum festlegen

Feld:	Lagerbestand	Mindestbestand	Warengruppe	Ust	Erfassdatum: Datum()	
Tabelle:	tblArtikelImport	tblArtikelImport	tblArtikelImport	tblArtikelImport		
Sortierung:						
Anfügen an:	Lagerbestand	MinBestand	WGRID	SteuerID	Eingabedatum	
Kriterien:						
oder:						

5   Jetzt brauchen Sie nur noch im Feld *Auslaufware* die korrekten Werte für den Datentyp *Ja/Nein*. Dies lässt sich mit der Funktion Wenn und folgendem Ausdruck erledigen. *Wenn(Auslaufware="Ja";Ja;Nein)*.

Beachten Sie, dass der Inhalt dieser Spalte als Text importiert wurde und Sie daher Zeichen vergleichen müssen, deshalb steht das erste Ja in Anführungszeichen. Die beiden Werte *Ja* und *Nein* stellen dagegen Wahrheitswerte dar und werden ohne Anführungszeichen eingegeben. Stattdessen können Sie auch die Zahlen 0 und -1 verwenden.

Dem Feld Auslaufware mit einer Wenn-Funktion korrekte Werte zuweisen

Feld:	Artikel-Nummer	Bezeichnung	Ausdr1: Wenn([Auslaufware]="Ja";Ja;Nein)	Einzelpreis Netto	Lagerbestand
Tabelle:	tblArtikelImport	tblArtikelImport		tblArtikelImport	tblArtikelImport
Sortierung:					
Anfügen an:	ArtikelID	Artikelbezeichnung	Auslaufware	Einzelpreis	Lagerbestand
Kriterien:					
oder:					

6   Kontrollieren Sie die Abfrage nochmals in der Datenblattansicht und führen Sie sie dann aus. Bestätigen Sie die Rückfrage, ob Sie die Abfrage ausführen möchten mit *Ja*.

Bestätigen Sie die Ausführung mit Ja

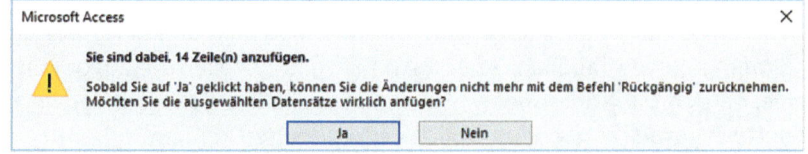

Microsoft Access ✕

Sie sind dabei, 14 Zeile(n) anzufügen.

Sobald Sie auf 'Ja' geklickt haben, können Sie die Änderungen nicht mehr mit dem Befehl 'Rückgängig' zurücknehmen. Möchten Sie die ausgewählten Datensätze wirklich anfügen?

[Ja]   [Nein]

Wenn Sie im Anschluss daran keine Fehlermeldung erhalten, dann wurden alle Datensätze der importierten Tabelle erfolgreich angefügt. Die importierte Tabelle wird nun nicht mehr benötigt und kann aus der Datenbank gelöscht werden.

Mögliche Fehler beim Anfügen

Wie Sie oben gesehen haben, beinhaltet das Anfügen an Tabellen einige Tücken, hier die häufigsten Fehler beim Anfügen und was Sie dagegen tun können.

▶ Typumwandlungsfehler, wie im Bild unten, bedeutet, dass die Datentypen nicht übereinstimmen. Sie haben z. B. versucht, das Feld *Auslaufware* als Text an den Datentyp *Ja/Nein* anzufügen.

Datensätze können wegen Typumwandlungsfehler nicht angefügt werden.

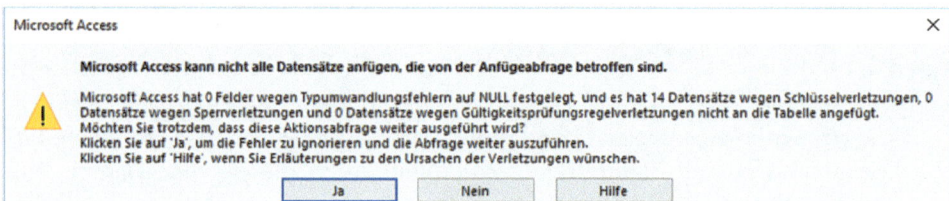

▶ Schlüsselverletzungen treten auf, wenn der Inhalt des Primärschlüsselfeldes bereits vorhanden ist. In solchen Fällen sollten Sie die Abfrage nicht weiter ausführen, sondern zunächst die Inhalte der anzufügenden Tabelle kontrollieren und korrigieren. Ist dagegen der Primärschlüssel vom Typ *AutoWert*, so werden alle angefügen Datensätze automatisch nummeriert.

Auch wenn anzufügende Datensätze gegen die Datenintegrität verstoßen, z. B. bei fehlenden Werten, erhalten Sie die Fehlermeldung *Schlüsselverletzungen*.

▶ Sperrverletzungen bedeutet, die Tabelle ist noch geöffnet und damit gesperrt.

▶ Sind Gültigkeitsregeln vorhanden, so müssen auch diese berücksichtigt werden, andernfalls erhalten Sie ebenfalls eine Fehlermeldung.

> In allen oben genannten Fällen werden nicht alle oder keine Datensätze angefügt. Da sich fehlende Datensätze später nur schwer ermitteln lassen, sollten Sie die Frage, ob die Abfrage weiter ausgeführt werden soll, mit *Nein* beantworten und zunächst die fehlerhaften Datensätze korrigieren.

Datensätze mit einer Aktualisierungsabfrage ändern

Eine Aktualisierungsabfrage verwenden Sie, um Änderungen an Datensätzen einer Tabelle durchzuführen und zu speichern. Sinnvoll sind Aktualisierungsabfragen vor allem in umfangreichen Tabellen. Aber auch hier gilt: Erstellen Sie zuvor eine Sicherungskopie, da sich die Änderungen nicht mehr rückgängig machen lassen und die Originalwerte eventuell unwiederbringlich verlorengehen können.

Beispiel: Preisänderung von Artikeln einer bestimmten Warengruppe

Die Preise der Warengruppe Büromöbel sollen um 5% erhöht werden. Beginnen Sie zunächst wieder mit einer Auswahlabfrage, der Sie aus der Tabelle *tblArtikel* die Felder *Einzelpreis* und *WGRID* hinzufügen. Im Gegensatz zu den bisherigen Abfragen benötigt eine Aktualisierungsabfrage nur das zu aktualisierende Feld und Felder für eventuelle Kriterien. Weitere Felder können Sie natürlich zu Kontrollzwecken hinzufügen, diese werden aber nach dem Umwandeln in eine Aktualisierungsabfrage ignoriert.

1 Klicken Sie im Register *Entwurf* auf *Aktualisieren*. Im Abfrageentwurf finden Sie nun die Zeile *Aktualisieren*. Hier geben Sie als neuen Feldinhalt entweder einen festen Wert oder eine Formel zur Berechnung ein.

2 Für das Beispiel Preiserhöhung wird eine Formel benötigt: Klicken Sie in der Spalte *Einzelpreis* in die Zeile *Aktualisieren* und geben Sie die folgende Formel ein: *[Einzelpreis]*1,05*

> Achtung: Der Feldname muss in eckigen Klammern eingegeben werden!

3 In der Spalte *WGRID* geben Sie im Kriterienbereich die ID für die Warengruppe Büromöbel ein, BA.

4 Klicken Sie auf *Ausführen* und bestätigen Sie die nachfolgende Rückfrage mit *Ja*. Ein anschließender Wechsel in die Datenblattansicht zeigt die neuen Preise an.

> *Beispiel: Preise der Warengruppe BA aktualisieren*

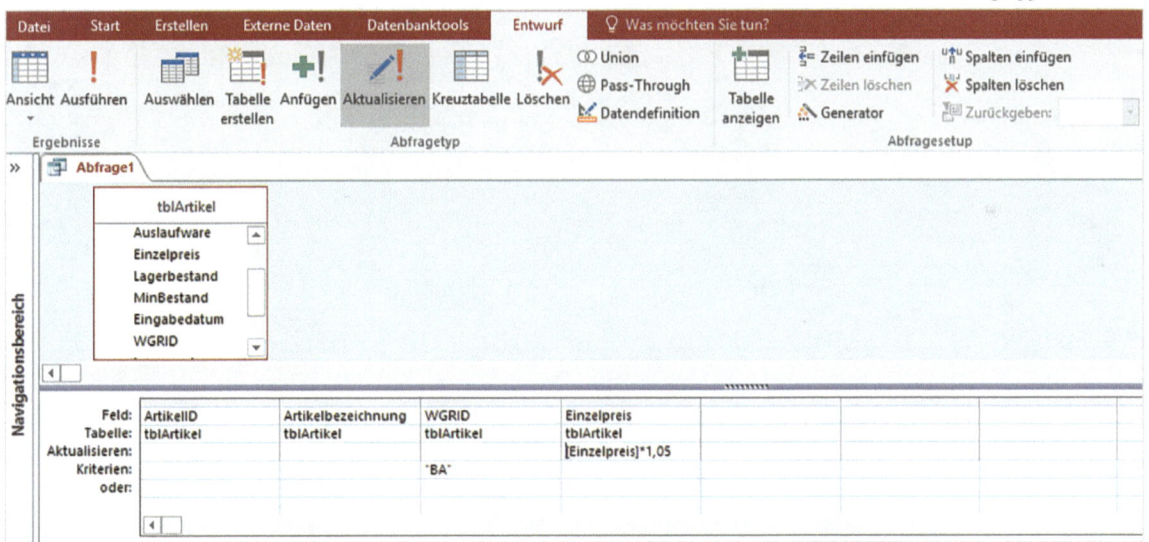

Eine Aktualisierungsabfrage eignet sich außerdem, um z. B. den Kunden der Tabelle *tblKunden* nach bestimmten Kriterien einen Rabatt oder einen Aussendienstbezirk zuzuweisen. Sollen beispielsweise alle Kunden der Postleitzahlenbereiche 7, 8 und 9 zum Bezirk Süd gehören, die Kunden der Bereiche 1, 2, 3, 4 zum Bereich Nord und alle übrigen zum Bereich Mitte, dann erledigen Sie dies am besten nacheinander mit mehreren Abfragen. Dazu brauchen Sie eigentlich nur die Kriterien und den jeweils zu aktualisierenden Wert ändern.

Datensätze mit einer Löschabfrage entfernen

Um Datensätze nach bestimmten Kriterien aus einer Tabelle zu entfernen, benutzen Sie eine Löschabfrage. Auch hier gilt, dass die Ausführung nicht mehr rückgängig gemacht werden kann.

Achtung: Falls Sie Datensätze aus einer Tabelle löschen wollen, die zu einer anderen Tabelle in einer Beziehung mit referentieller Integrität steht, so werden bei vereinbarter Löschweitergabe auch die dazugehörigen Datensätze aus dieser Tabelle gelöscht. Besteht keine Löschweitergabe, so können unter Umständen einige Datensätze nicht gelöscht werden.

Beispiel: Sie möchten alle Artikel aus der Tabelle *tblArtikel* entfernen, die als Auslaufware gekennzeichnet sind (Auslaufware Ja) und deren Lagerbestand 0 ist.

1   Fügen Sie der Abfrage diesmal den Stern (*) und die Felder *Lagerbestand* und *Auslaufware* hinzu. Geben Sie die erforderlichen Kriterien ein und kontrollieren Sie die Abfrage in der Datenblattansicht.

2   Klicken Sie anschließend in der Entwurfsansicht im Menüband auf *Löschen*. Dem Tabellenentwurf wird nun die Zeile *Löschen* hinzugefügt. Hier steht in der Spalte mit dem Stern (= alle Felder) *Von*, in den übrigen Spalten *Bedingung*.

Löschabfrage erstellen

Löschen

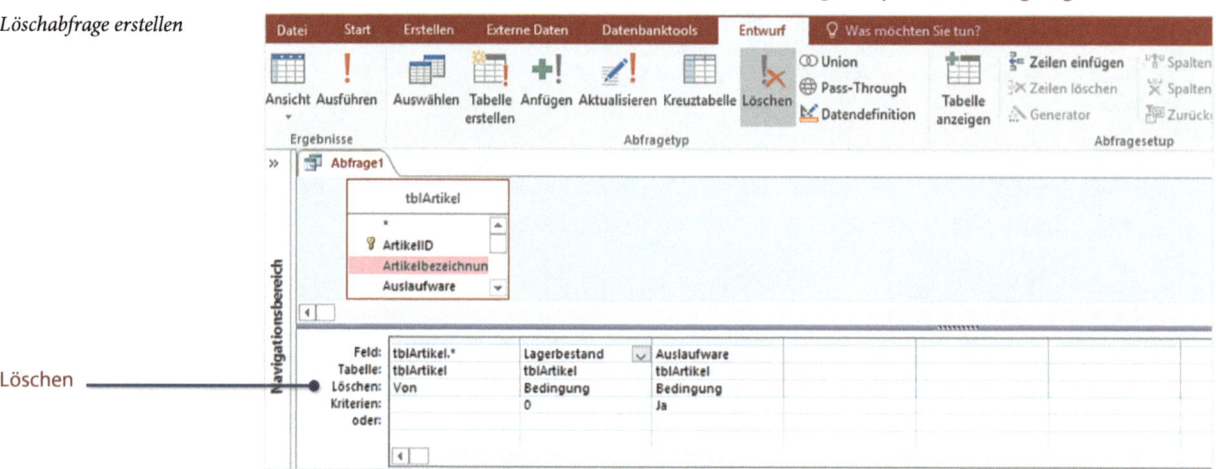

3   Anschließend führen Sie die Abfrage aus. Bevor die Datensätze gelöscht werden, müssen Sie die Ausführung in der entsprechenden Meldung bestätigen.

Löschen von Datensätzen bestätigen

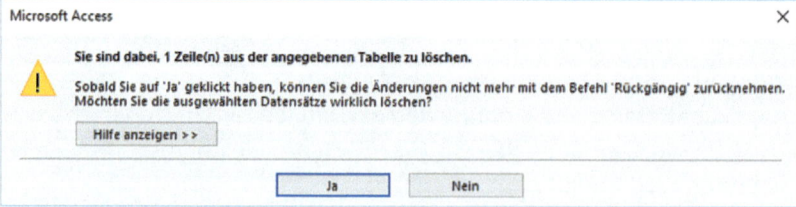

7.5   Besondere Abfragen mit dem Abfrage-Assistenten

Duplikate suchen

Ein häufiges Problem in Datenbanken sind doppelt vorhandene Datensätze. Diese lassen sich mit Hilfe von Abfragen ermitteln. Zu diesem Zweck bringt Access einen Abfrage-Assistenten mit, der Sie bei der Erstellung von Abfragen zur Duplikatsuche unterstützt.

1   Klicken Sie zum Erstellen der Abfrage im Register *Erstellen* auf *Abfrage-Assistent*.

Abfrage-Assistent starten

2   Klicken Sie anschließend im Fenster *Neue Abfrage* auf *Abfrage-Assistent zur Dupli-katsuche* und dann auf *OK*.

3   Im nächsten Schritt geben Sie an, welche Tabelle auf Duplikate untersucht wer-den soll, als Beispiel nehmen wir die Tabelle *tblKunden*. Markieren Sie diese Tabel-le und klicken Sie auf *Weiter*.

Klicken Sie auf Abfra-ge-Assistent zur Duplikat-suche

Wählen Sie eine Tabelle

4   Wählen Sie anschließend die Felder aus, die doppelte Werte enthalten können. Bei Adressen sind dies häufig die Felder Nachname, Vorname, PLZ und Ort.

5   Zur Kontrolle können Sie im nächsten Schritt weitere Felder hinzufügen und an-hand dieser Felder später prüfen, ob es sich wirklich um Duplikate handelt. Dabei können beispielsweise Telefon, Straße oder Geburtsdatum nützlich sein.

Welche Felder können Duplikate enthalten?

Zusätzliche Felder zur Kontrolle

6   Im letzten Schritt speichern Sie die Abfrage und lassen sich das Ergebnis in der Datenblattansicht anzeigen. Das Ergebnis könnte aussehen wie im Bild unten. Sie können nun in der Datenblattansicht der Abfrage die Datensätze kontrollieren, eventuell korrigieren oder Duplikate löschen.

Das Ergebnis der Duplikatsuche

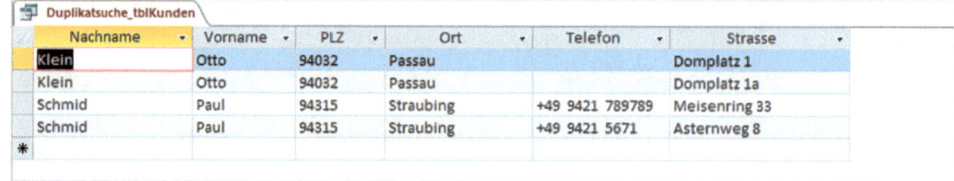

Abfrage zur Inkonsistenzsuche

Ein weiterer Assistent unterstützt Sie bei der Erstellung einer Abfrage zur Suche nach Datensätzen, die gegen die Datenintegrität in einer Beziehung verstoßen. Sie liefert Datensätze, zu denen in der übergeordneten Tabelle, der Mastertabelle, kein entsprechender Datensatz existiert.

1   Klicken Sie dazu ebenfalls im Register *Erstellen*, Gruppe *Abfragen*, auf die Schaltfläche *Abfrage-Assistent* und wählen Sie dann den *Abfrage-Assistent zur Inkonsistenzsuche*.

2   In den nächsten beiden Schritten werden Sie aufgefordert, nacheinander die beiden verknüpften Tabellen auszuwählen, die auf Datenintegrität überprüft werden sollen.

3   Geben Sie dann das übereinstimmende (verknüpfte) Feld an und wählen Sie, welche Felder im Abfrageergebnis angezeigt werden sollen.

4   Zuletzt speichern Sie die Abfrage und klicken auf *Fertig stellen*.

Geben Sie die übereinstimmenden Felder in beiden Tabellen an

Kreuztabellen

Eine weitere Abfrage- bzw. Auswertungsform sind Kreuztabellen. Diese fassen Datensätze nach Gruppen zusammen und können ebenfalls ohne tiefergehende Kenntnisse mit dem Abfrage-Assistent erstellt werden.

> Falls Sie Pivot-Tabellen aus Excel oder älteren Access-Versionen kennen und diese vermissen: Diese werden seit der Version 2013 von Access nicht mehr unterstützt und können nur noch in Excel per Datenimport oder PowerPivot erstellt werden.

In einer Kreuztabelle können Sie beispielsweise anhand der Tabelle *tblBestellungen* Verkaufszahlen oder Umsätze nach Zeiträumen oder Warengruppen gegenüberstellen. Beachten Sie aber, dass der Assistent nur die Auswahl einer einzigen Tabelle oder Abfrage erlaubt. Wenn Sie in der Auswertung Felder aus zwei oder mehr Tabellen oder Formeln brauchen, dann müssen Sie zuvor eine entsprechende Abfrage erstellen, speichern und diese dann zur Erstellung der Kreuztabelle verwenden.

Beispiel monatliche Verkaufszahlen von Artikeln

Für eine monatliche Auswertung der Verkaufszahlen nach Artikeln muss daher, wie im Bild unten, zuerst eine Abfrage unter Einbeziehung der Tabellen *tblBestellungen*, *tblBestelldetails* und *tblArtikel* erstellt werden. Der jeweilige Monat wird mit der Funktion Monat aus dem *Bestelldatum* ermittelt (Bild unten). Die Abfrage wurde anschließend unter dem Namen *qryBestellungenMonat* gespeichert.

Erstellen Sie eine Abfrage mit allen benötigten Tabellen und Formeln

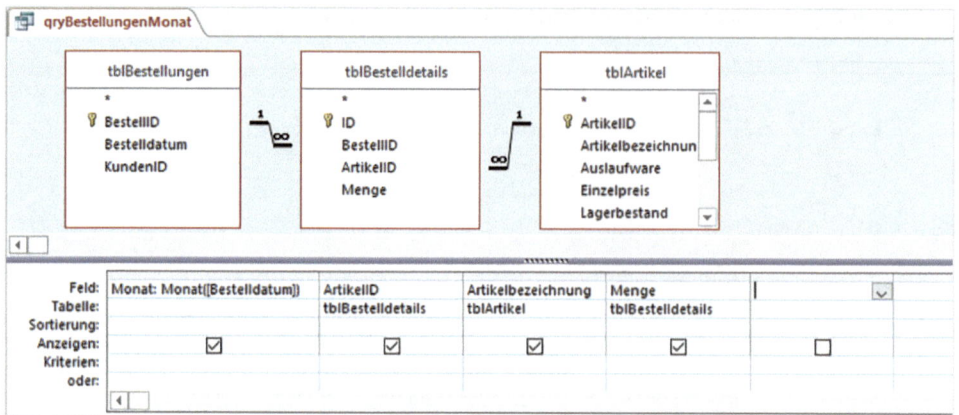

Wählen Sie die oben erstellte Abfrage aus

1   Im nächsten Schritt klicken Sie im Register *Erstellen* auf *Abfrage-Assistent*. Wählen Sie *Kreuztabellenabfrage-Assistent* und geben Sie anschließend an, welche Tabelle oder Abfrage die benötigten Daten enthält. Klicken Sie die Option *Abfragen*, markieren Sie die zuvor erstellte Abfrage und klicken Sie auf *Weiter*.

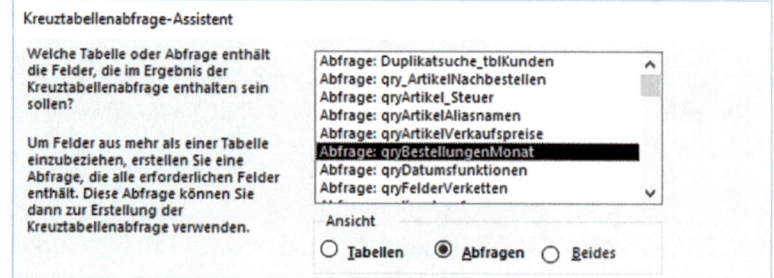

Welche Felder sollen als Zeilenbeschriftungen verwendet werden?

2   Wählen Sie dann die Felder aus, die als Zeilenbeschriftung verwendet werden sollen, in unserem Beispiel *ArtikelID* und *ArtikelBezeichnung*.

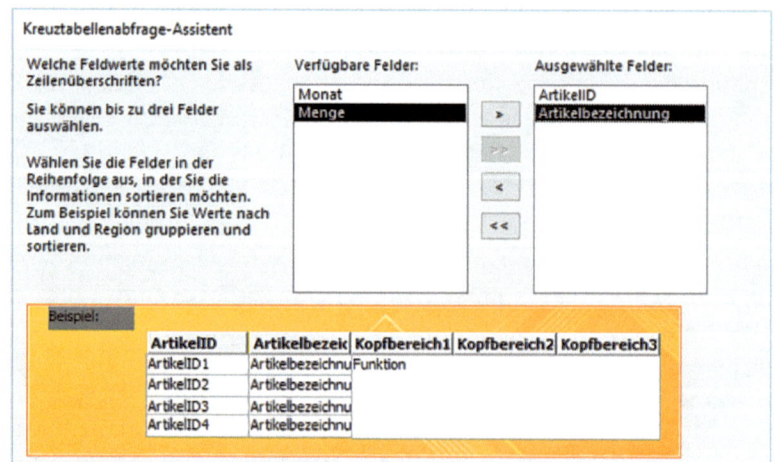

3   Im nächsten Schritt wählen Sie die Spaltenbeschriftung. Klicken Sie auf *Monat*.

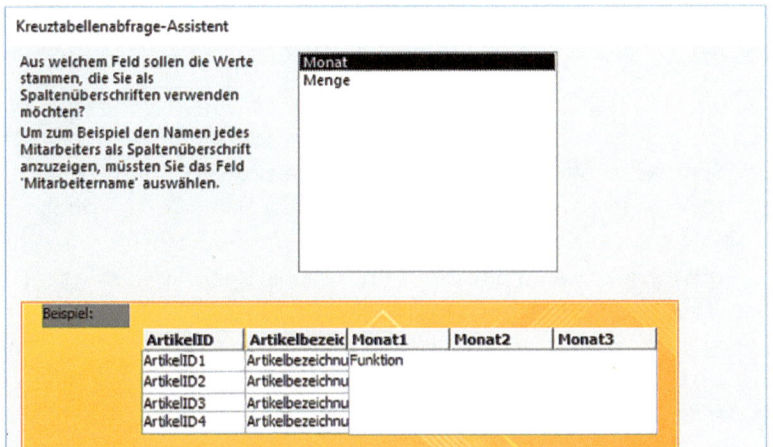

Wählen Sie den Monat als Spaltenbeschriftung

4   Anschließend müssen Sie angeben, für welches Feld eine Zufassung berechnet werden soll. Klicken Sie auf das Feld *Menge* und auf die Funktion *Summe*. Zusätzlich können Sie über ein Kontrollkästchen die Zeilensummen berechnen lassen.

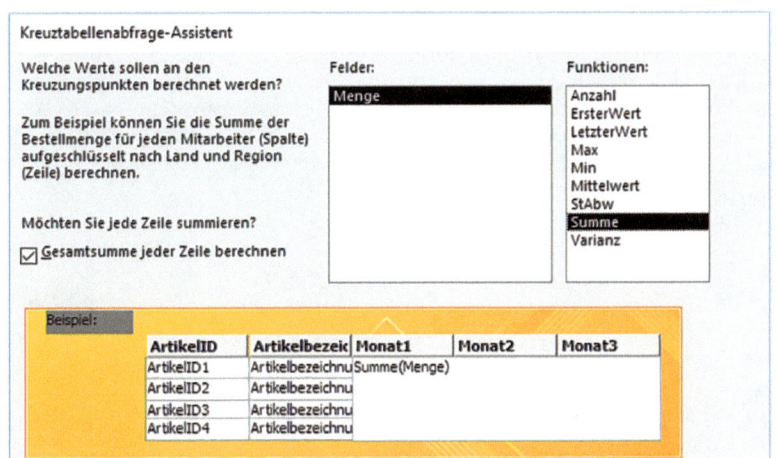

Berechnet werden soll die Summe der jeweiligen Bestellmengen

5   Zuletzt speichern Sie die Abfrage und klicken auf *Fertig stellen*. Als Ergebnis erhalten Sie in der Datenblattansicht eine Tabelle wie im Bild unten.

Das Ergebnis der Kreuztabellenabfrage

ArtikelID	Artikelbezeichnung	Gesamtsum	8	9	10	11	12
100010	Arbeitsdrehstuhl, Holz mit Rollen	8	5			3	
100023	Arbeitsdrehstuhl mit Bodengleitern ı	3	3				
100200	Kugelschreiber, transparent mit Inne	3		3			
100230	Tischleuchte Modell "Einstein"	3		3			
100234	Arbeitsdrehstuhl Tec 20 mit Rollen	1			1		
100245	Bleistifte, extra hart, 100 St.	100		100			
100251	Klebestift, Sparkleber extrastark 10,0	110	10				100
100256	IQ Kugelschreiber, Oberfläche metall	100				100	
100402	Kaffeetasse "Böhnchen"	30	20	10			
100405	Kaffeetasse "Wolke 7"	30	20	10			

Das Ergebnis liefert nur die Monate August bis Dezember, da auch die Tabelle tblBestellungen dieses Beispiels nur Bestellungen dieser Monate enthält.

7.6 Eine kleine Einführung in SQL

Abfragen in der SQL-Ansicht anzeigen

SQL = Abkürzung für Structured Query Language, eine Sprache zum Bearbeiten und Abfragen von relationalen Datenbanken

SQL ist eine Sprache zur Verwaltung und Abfrage relationaler Datenbanken. Auch alle Access-Abfragen basieren auf SQL, das bedeutet, dass Sie mit jeder Abfrage eigentlich eine SQL-Abfrage erstellen. Allerdings unterstützt Access nicht den gesamten Leistungsumfang von SQL. SQL-Kenntnisse sind für Einsteiger nicht zwingend erforderlich, da fast alle Abfragen in Access auch in der Entwurfsansicht eingegeben werden können. In manchen Siutationen erweisen sich aber grundlegende SQL-Kenntnisse als nützlich. So erstellt beispielsweise der Nachschlage-Assistent aus den angegebenen Feldern zunächst einmal einen SQL-Ausdruck. Dieser erscheint, wenn Sie sich in den Eigenschaften die Datensatzherkunft anzeigen lassen und kann natürlich in der Entwurfsansicht wie jede andere Abfrage bearbeitet werden.

Eine Ausnahme stellen Union-Abfragen dar, diese können ausschließlich in der SQL-Ansicht erstellt werden, ein kleines Beispiel dafür finden Sie weiter unten.

Um eine Abfrage in der SQL-Ansicht anzuzeigen, öffnen Sie die Abfrage, klicken im Register *Start* auf den Dropdown-Pfeil der Schaltfläche *Ansicht* und wählen *SQL-Ansicht*.

Eine einfache Abfrage in der Entwurfsansicht

Klicken Sie auf Ansicht - SQL-Ansicht

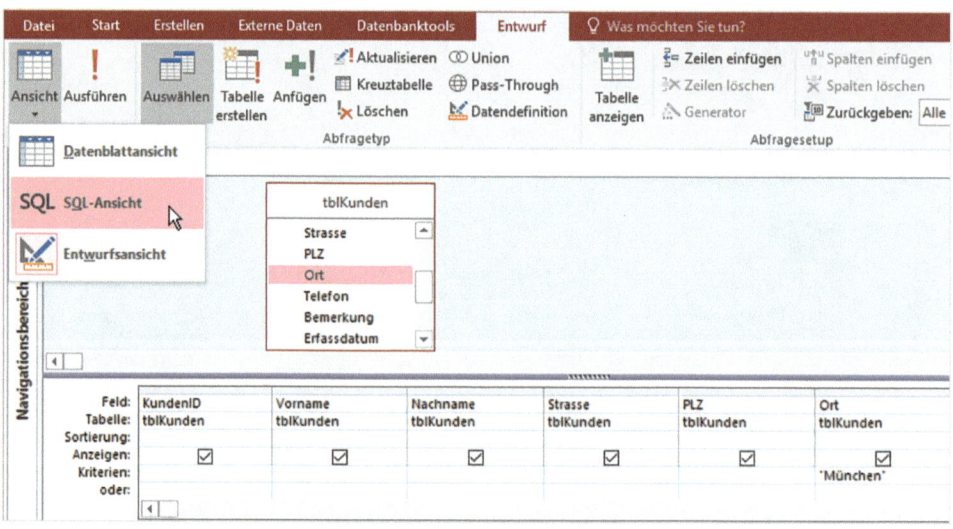

Die SQL-Ansicht zeigt anstelle von Tabellen nur SQL-Anweisungen an. Die Abfrage vom Bild oben sieht dann so aus.

Die Abfrage in der SQL-Ansicht

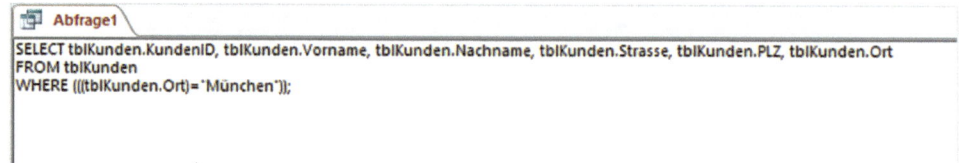

Einfache Auswahlabfragen mit einer einzigen Tabelle

Eine vollständige Beschreibung des Sprachumfangs von SQL würde den Rahmen dieses Buches sprengen. Daher an dieser Stelle nur eine kleine Einführung, die Ihnen hilft, einfache Auswahlabfragen ohne Beziehungen zu verstehen und eventuell selbst zu erstellen. Wenn Sie eine Abfrage als SQL-Ausdruck erstellen möchten, dann geben Sie diesen in der SQL-Ansicht ein. Anschließend können Sie sich das Ergebnis in der Datenblattansicht anzeigen lassen oder Ihren Ausdruck in der Entwurfsansicht kontrollieren.

Auswahlabfragen beginnen in SQL immer mit der Anweisung *SELECT* nach dem folgenden Schema, wobei Kriterien und Sortierungen optional sind.

SELECT Feldliste
FROM Tabelle
WHERE Kriterien (optional)
ORDER BY Sortierfeld (optional)

Tipp: Die Schriftart der SQl-Ansicht können Sie in den Access-Optionen unter Objektdesigner - Abfrageentwurf - Schriftart zum Erstellen von Abfragen ändern.

Feldliste und Tabelle

Unmittelbar nach der Anweisung *SELECT* folgt, durch Komma (,) getrennt, die Liste der benötigten Felder und nach dem Schlüsselwort *FROM* wird der Name der Tabelle angegeben. Den Feldnamen muss der Tabellenname, z. B. *tblKunden.KundenID*, wie im Bild oben, eigentlich nur dann vorangestellt werden, wenn die Abfrage Felder aus verschiedenen Tabellen und mehrfach vorkommende Feldnamen enthält. Die Abfrage könnte vereinfacht also auch so lauten:

SELECT KundenID, Vorname, Nachname, Strasse, PLZ, Ort FROM tblKunden

Wenn Sie alle Felder der Tabelle benötigen, dann geben Sie den Stern * an und der Ausdruck lautet dann: *SELECT * FROM tblKunden* oder *SELECT tblKunden.* FROM tblKunden*

Abfragekriterien

Abfragekriterien werden nach dem Schlüsselwort WHERE eingegeben. Der folgende Ausdruck liefert den Kunden mit der Kundennummer 18:

*SELECT * FROM tblKunden WHERE KundenID =18*

Handelt es sich beim Abfragekriterium um Text, dann muss dieser in Anführungszeichen eingeschlossen werden, z. B. alle Kunden aus München.

*SELECT * FROM tblKunden WHERE Ort ="München"*

Mehrere Bedingungen werden mit den Schlüsselwörtern *AND* und *OR* verknüpft. Benötigen Sie beispielsweise alle Kunden aus Hamburg oder München mit einem Umsatz über 5000 €, dann muss der Ausdruck wie unten lauten. Achtung: Wenn das Kriterium Umsatz für beide Orte gelten soll, dann müssen Sie die Orte in Klammern zusammenfassen.

*SELECT * FROM tblKunden WHERE (Ort ="Hamburg" OR Ort = "München") AND Umsatz >=5000*

Beachten Sie die Schreibweise: Handelt es sich beim Abfragekriterium um eine Dezimalzahl, dann muss als Dezimalzeichen der Punkt verwendet werden, also z. B. *WHERE Umsatz <= 500.50.* Bei Feldern vom Typ *Datum* erfordert SQL die Schreibweise MM/TT/JJJJ und das Kriterium muss in Nummernzeichen eingeschlossen werden.

WHERE Erfassdatum >=#25/01/2016#

Sortierung

Sortierungen können nach dem Schlüsselwort *ORDER BY* angegeben werden. Der Zusatz *ASC* (Ascending) steht für aufsteigende Sortierung, *DES* (Descending) für absteigende Sortierung. Der folgende Ausdruck liefert aus der Tabelle *tblKunden* alle Kunden aus München und sortiert aufsteigend nach Nachnamen.

*SELECT * FROM tblKunden WHERE Ort="München" ORDER BY Nachname ASC*

Felder mit SQL zusammensetzen

Wenn Sie Felder, z. B. Vorname und Nachname in einem SQL-Ausdruck zusammensetzen möchten, dann lautet dieser:

SELECT KundenID, [Vorname] & " " & [Nachname] AS Kundenname FROM tblKunden

Nachschlagefeld mit einer Union-Abfrage erweitern

Union-Abfragen bieten die Möglichkeit, die Daten aus zwei oder mehr Tabellen untereinander zusammenzufügen. Sie verändern aber im Gegensatz zu Anfügeabfragen keine Tabellen und sollten daher nicht mit diesen verwechselt werden. **Voraussetzung:** Die Tabellen müssen identisch aufgebaut sein.

Ein einfaches aber nützliches Beispiel für den Einsatz von Union-Abfragen sind Nachschlagefelder. Wenn kein Eintrag ausgewählt wurde, dann sind diese leer. Mit Hilfe einer Union-Abfrage lässt sich die Auswahlliste um eine eindeutige Aufforderung z. B. *<Auswählen>* erweitern, die erscheint, wenn das Feld leer ist. Als Beispiel das Nachschlagefeld zur Auswahl der *KundenID* in der Tabelle *tblBestellungen*.

Nachschlagefeld mit vorgegebenem Inhalt

In der Entwurfsansicht der Tabelle klicken Sie dazu auf das Feld und im Bereich *Feldeigenschaften* auf das Register *Nachschlagen*. Handelt es sich um ein Formular, so markieren Sie das betreffende Feld in der Layout- oder der Entwurfsansicht und öffnen per Rechtsklick und den Befehl *Eigenschaften...* das Eigenschaftsblatt.

Die Zeile *Datensatzherkunft* enthält einen SQL-Ausdruck, der durch den Nachschlage-Assistenten erstellt wurde. Um diesen zu bearbeiten, klicken Sie auf die drei Punkte.

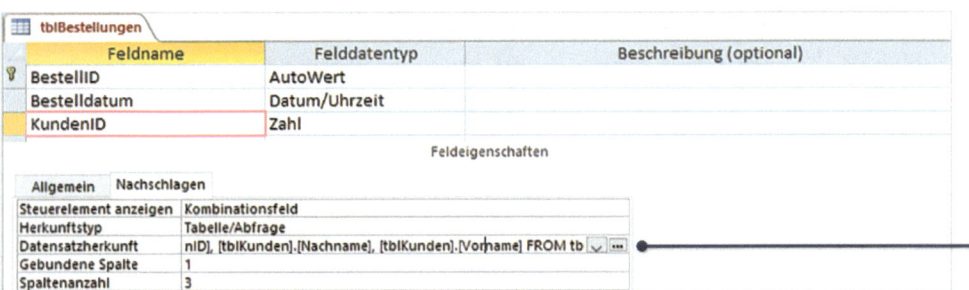

Die Datenherkunft des Nachschlagefeldes KundenID

Abfrage in der Entwurfsansicht öffnen und bearbeiten

Access zeigt daraufhin diese Abfrage im Abfrage-Generator, also in der Entwurfsansicht an. Hier könnten Sie nun die Abfrage bearbeiten oder nachträglich eine Sortierung hinzufügen. Bei dieser Gelegenheit fügen Sie mit dem &-Operator die Felder *Nachname* und *Vorname* zu einem einzigen zusammen, wie im Bild unten. Da wir eine Union-Abfrage benötigen, wechseln Sie anschließend über die Schaltfläche *Ansicht* in die SQL-Ansicht dieser Abfrage.

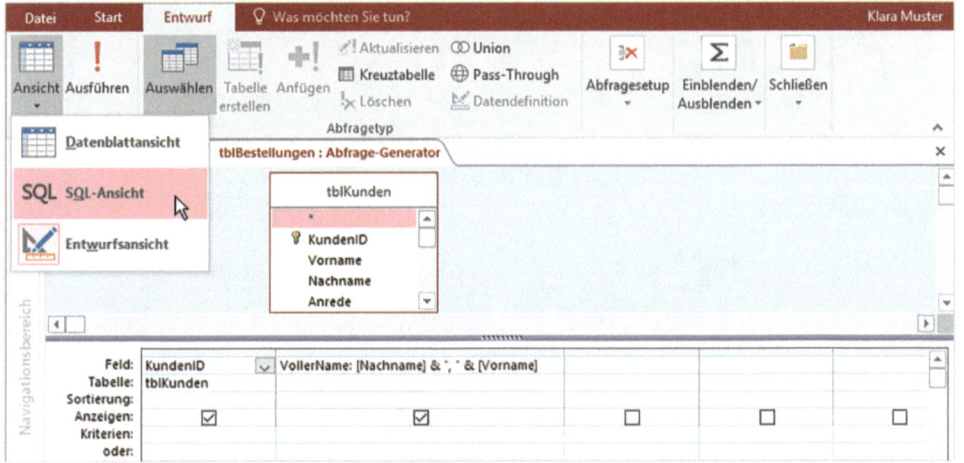

Der SQL-Ausdruck im Abfrage-Generator

Achtung: Klicken Sie nicht im Menüband auf Union, da die SQL-Ansicht sonst leer geöffnet wird!

Ergänzen Sie dann den vorhandenen Ausdruck wie unten. Wenn die Schlüsselspalte ausgeblendet werden soll, dann sollte die Liste außerdem nach den Namen sortiert werden. Das Ergebnis in der Datenblattansicht sehen Sie rechts daneben.

SELECT KundenID, VollerNamen FROM tblKunden
UNION SELECT 0 AS KundenID, "<Auswählen>" AS VollerName FROM tblKunden
ORDER BY VollerName

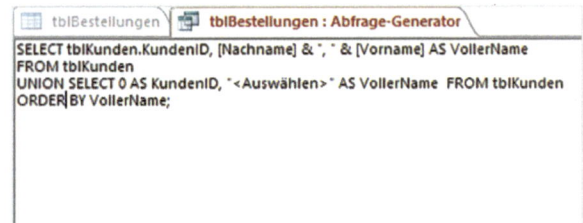
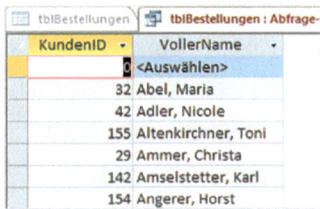

Die Union-Abfrage in der SQL-Ansicht und das Ergebnis in der Datenblattansicht

Schließen Sie dann die Abfrage und speichern Sie die Änderungen der SQL-Anweisung bzw. die Datensatzherkunft.

Speichern Sie die Änderungen an der Datenherkunft

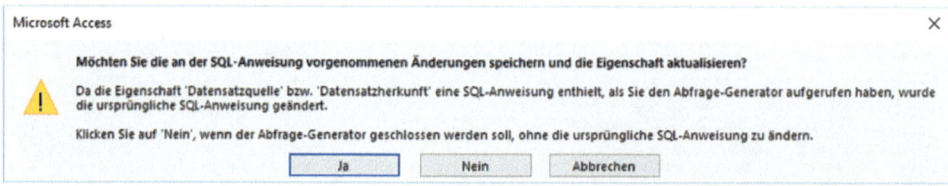

6 Zuletzt müssen noch einige Eigenschaften des Nachschlagefeldes angepasst werden: Ändern Sie im Register *Nachschlagen* die Spaltenanzahl auf 2 und zum Ausblenden der Schlüsselspalte die Spaltenbreiten auf 0 und 4 cm. Damit der Text *<Auswählen>* erscheint, wenn das Feld leer ist, müssen Sie außerdem im Register *Allgemein* als *Standardwert* 0 eintragen.

Feldeigenschaften an die geänderte Datensatzherkunft anpassen:

Spaltenanzahl und Spaltenbreiten

Standardwert

Das Nachschlagefeld bei der Eingabe

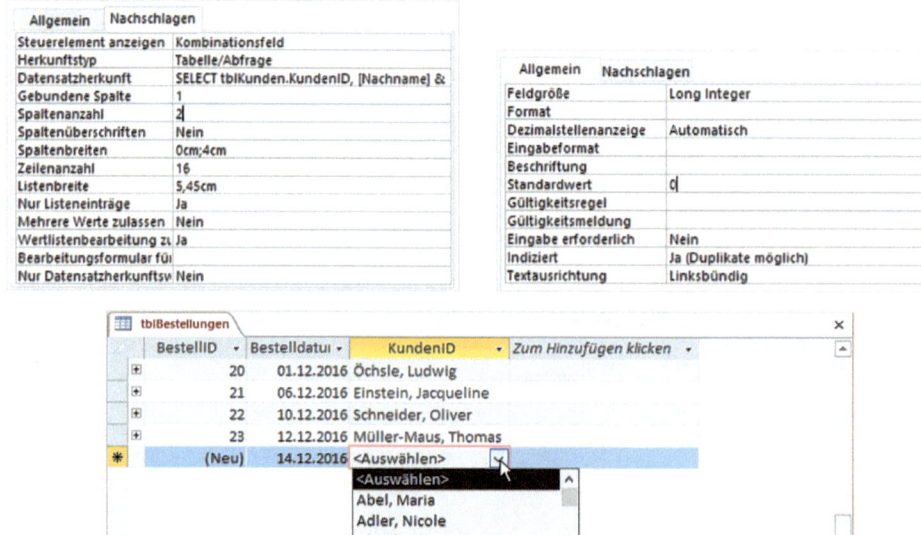

7.7   Zusammenfassung

▶ Parameterabfragen erlauben die Verwendung flexibler Abfragekriterien, da die eigentlichen Vergleichswerte erst beim Öffnen bzw. Ausführen der Abfrage eingegeben werden. Parameter müssen in eckigen [ ] Klammern eingegeben werden und es gelten die gleichen Regeln wie für Feldnamen.

▶ Wenn Sie in einer Abfrage Gruppen von Datensätzen zusammenfassen und auswerten möchten, dann klicken Sie im Abfrageentwurf auf die Schaltfläche *Summen*. In der zusätzlichen Zeile *Funktion* können Sie neben *Summe* und *Gruppierung* auch Min, Max und andere Zusammenfassungsfunktionen auswählen. Als Feldnamen können Sie statt der automatisch generierten Feldnamen sogenannte Aliasnamen verwenden.

▶ Aktionsabfragen führen Änderungen an Datensätzen in Tabellen durch, die nicht mehr Rückgängig gemacht werden können. Daher sollten Sie zuvor eine Sicherungskopie der betreffenden Tabelle erstellen. Access unterscheidet die folgenden Typen: Tabellenerstellungsabfrage, Löschabfrage, Aktualisierungsabfrage und Anfügeabfrage. Aktionsabfragen werden beim Öffnen ausgeführt oder wenn Sie auf *Ausführen* klicken, einfaches Wechseln in die Datenblattansicht genügt im Gegensatz zu Auswahlabfragen nicht.

▶ Allen Access-Abfragen liegt eigentlich ein SQL-Ausdruck zugrunde, den Sie über die Schaltfläche *Ansicht* und der Auswahl *SQL-Ansicht* kontrollieren können. Auf diese Weise können Sie sich auch schnell die wichtigsten SQL-Ausdrücke aneignen. Union-Abfragen fügen Datensätze aus zwei oder mehr identisch aufgebauten Tabellen aneinander. Diese Abfragen können ausschließlich in der SQL-Ansicht erstellt werden.

7.8   Übungsaufgaben

▶ Importieren Sie neue Kunden aus der Excel-Arbeitsmappe *Neukunden.xlsx*. Diese Mappe finden Sie bei den Downloadbeispielen. Importieren Sie zunächst in eine neue Tabelle mit beliebigem Namen und fügen Sie diese Tabelle dann per Abfrage an die Tabelle *tblKunden* an. Als Erfassdatum verwenden Sie das aktuelle Datum, die bisherige Kundennummer wird nicht benötigt.

▶ Überprüfen Sie mit Hilfe des Assistenten und einer Abfrage zur Duplikatsuche die Tabelle *tblKunden* auf eventuelle Duplikate.

▶ Aktualisieren Sie in der Tabelle *tblKunden* die Rabatte. Alle Kunden mit einem Umsatz von 10.000 € oder mehr erhalten künftig 20% Rabatt, die übrigen Kunden 0%. **Achtung:** Erstellen Sie zuvor von der Tabelle *tblKunden* eine Sicherheitskopie!

▶ Erstellen Sie für die Tabelle *tblKunden* eine Auswertung: Sie soll für die jeweiligen Postleitzahlbereiche (1, 2, 3 usw.) die Umsatzsumme und die Anzahl der Kunden anzeigen. Speichern Sie die Abfrage unter dem Namen *qryKundenumsatz*.

▶ Erstellen Sie eine Abfrage, die beim Öffnen die Kundennummer abfragt. Testen Sie dann die Abfrage, indem Sie jedes Mal eine andere Kundennummer angeben. Speichern Sie die Abfrage unter dem Namen *qryKundennummer_Parameter*.

8 Rund um Formulare

In diesem Kapitel lernen Sie...

- Formulare erstellen, Formulartypen und Formularansichten
- Schnelle Gestaltungsmöglichkeiten in der Layoutansicht
- Designs verwenden
- Formularbereiche
- Steuerelemente abhängig vom Inhalt formatieren
- Arbeiten mit Unterformularen
- Formularantwurf und Formulareigenschaften

Das sollten Sie bereits wissen

- Tabellenentwurf
- Dateneingabe, Filtern und Sortieren
- Abfragen und Beziehungen

8.1 Ein einfaches Formular zur Dateneingabe erstellen

Formulare bilden das wichtigste Element der Benutzeroberfläche einer Datenbank. Sie sorgen dafür, dass auch Benutzer ohne tiefergehende PC-Kenntnisse und ohne Datenbankkenntnisse Daten eingeben, übersichtlich darstellen und drucken können. Da Formulare auf bereits vorhandenen Tabellen und Abfragen aufbauen, sind umfangreiche Vorarbeiten nötig, wie Sie in den vorangegangenen Kapiteln gesehen haben.

Dieses Kapitel beschäftigt sich mit der grundlegenden Erstellung und Gestaltung von Formularen und stellt die verschiedenen Formulartypen vor. Mit welchen Mitteln Sie Formulare noch zusätzlich optimieren können, lesen Sie in Kapitel 9.

Ein Standardformular erstellen

Generell haben Sie mit Access verschiedene Möglichkeiten, ein Formular zu erstellen, diese finden Sie in der Gruppe *Formulare* des Registers *Erstellen*. Zudem stehen Ihnen hier verschiedene Formulartypen zur Auswahl. Im einfachsten Fall markieren Sie im Navigationsbereich die Tabelle oder Abfrage, aus der das Formular die Daten beziehen soll und klicken auf *Formular*. Eine gute Alternative ist der *Formular-Assistent*, der Sie Schritt für Schritt durch die Erstellung führt, angefangen von der Auswahl einer oder mehrerer Tabellen bis hin zum Layout. Versierte Datenbankentwickler können auch mit einem leeren Formular beginnen und dieses komplett individuell gestalten.

Formular erstellen

Beginnen wir zunächst einmal mit einem einfachen Standardformular, das zur Dateneingabe in die Tabelle *tblArtikel* verwendet werden soll.

1 Markieren Sie diese Tabelle im Navigationsbereich und klicken Sie im Menüband auf *Formular*.

Markieren Sie die Tabelle und klicken Sie auf Formular

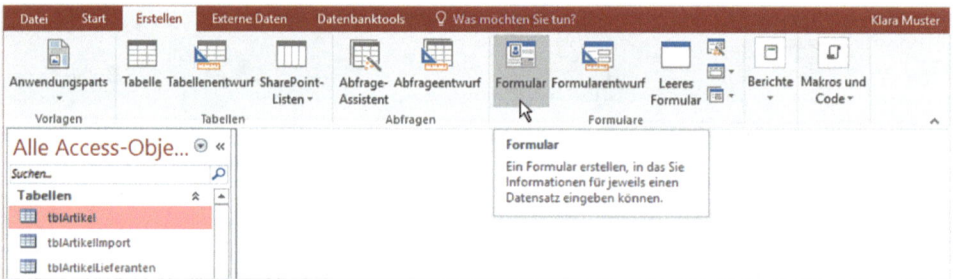

2 Das Formular wird sofort im Arbeitsbereich geöffnet. Es enthält alle Felder der Tabelle und wird zunächst in der Layoutansicht angezeigt. Dies ist die Ansicht, in der Sie das Formular weiter gestalten können. Die Daten der Tabelle werden zwar angezeigt, können in dieser Ansicht aber nicht bearbeitet werden.

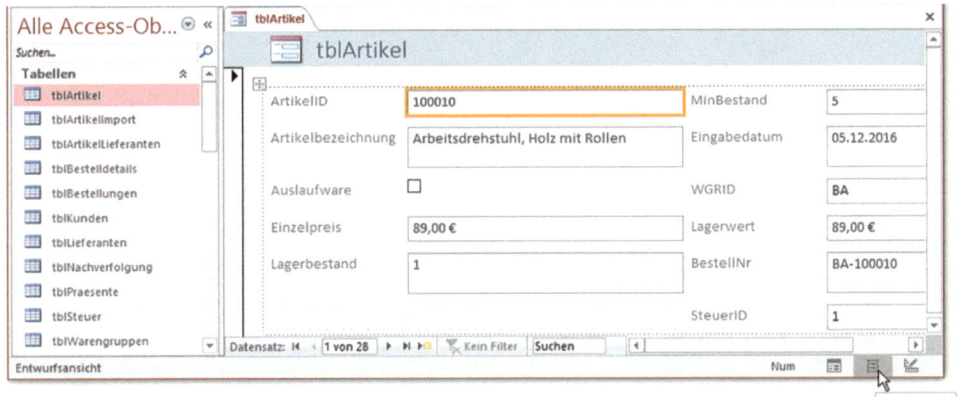

Das Standardformular zur Tabelle tblArtikel in der Layoutansicht

> Ein Formular kann auf Tabellen oder Abfragen basieren, diese Methode funktioniert also auch, wenn Sie eine Abfrage markieren.

Formularansichten

Für Formulare stellt Access drei verschiedene Ansichten zur Verfügung. Zwischen diesen Ansichten wechseln Sie, wie gewohnt, entweder über die Symbole im rechten Bereich der Statusleiste oder im Menüband, Register *Start*, über den Dropdown-Pfeil der Schaltfläche *Ansicht*. Welche Ansicht gerade verwendet wird, sehen Sie bei einem Blick in die Statusleiste (siehe Bild oben). Im Menü der Schaltfläche *Ansicht* ist die aktuelle Ansicht hervorgehoben. Eine weitere Möglichkeit zum Wechseln zwischen den Ansichten ist ein Rechtsklick an eine freie Stelle des Formulars.

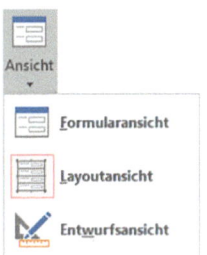

In der Tabelle finden Sie einen ersten Überblick, Details zu den Ansichten werden weiten unten behandelt.

Ansicht	Beschreibung
Formularansicht	Die Formularansicht ist eigentliche Benutzeroberfläche und dient zur Anzeige, Eingabe und Bearbeitung der Daten. Genau wie in der Datenblattansicht von Tabellen finden Sie am unteren Rand eine Navigationsleiste, mit deren Schaltflächen Sie zwischen den Datensätzen wechseln bzw. einen neuen Datensatz eingeben.
Layoutansicht	In der Layoutansicht bearbeiten Sie das Aussehen des Formulars, dazu stehen Ihnen im Menüband die *Formularlayouttools* Register *Entwurf*, *Anordnen* und *Format* zur Verfügung. Sie sehen hier zwar die Daten wie in der Formularansicht, eine Bearbeitung ist aber nicht möglich.
Entwurfsansicht	Die Entwurfsansicht dient ebenfalls zur Gestaltung des Formulars. Hier sind die Daten nicht sichtbar, dafür stehen Ihnen wesentlich mehr Möglichkeiten zur Verfügung. Details zur Entwurfsansicht finden Sie unter Punkt 8.5.

Formular speichern

Formulare, die mit der oben beschriebenen Methode erstellt wurden, erhalten provisorisch den Namen der zugrundliegenden Tabelle oder Abfrage. Beim Schließen des Formulars erscheint eine Meldung, ob Sie Änderungen bzw. den Entwurf des Formulars speichern möchten. Klicken Sie auf *Ja*, so werden Sie anschließend aufgefordert, einen Namen für das Formular einzugeben. Wenn Sie dagegen das Formular nicht speichern möchten, dann klicken Sie auf *Nein*.

Formular speichern, Formularnamen eingeben

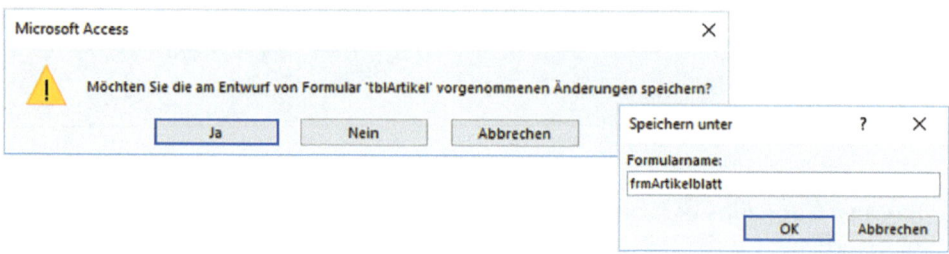

Dateneingabe in Formularen

Die Dateneingabe erfolgt in der Formularansicht, in dieser Ansicht wird auch ein gespeichertes Formular automatisch geöffnet. Ist das Formular in der Layoutansicht geöffnet, dann müssen Sie zur Dateneingabe in die Formularansicht wechseln.

Nach dem Öffnen eines Formulars wird standardmäßig der erste Datensatz der dazugehörigen Tabelle oder Abfrage angezeigt. Genau wie in der Datenblattansicht von Tabellen finden Sie auch in den meisten Formularen am unteren Rand eine Navigationsleiste, über deren Symbole Sie zwischen den Datensätzen wechseln und zu einem neuen Datensatz gelangen.

Das Formular in der Formularansicht

Datensätze filtern und sortieren

Aktuellen Datensatz löschen

Neuer Datensatz

Navigation zwischen den Datensätzen

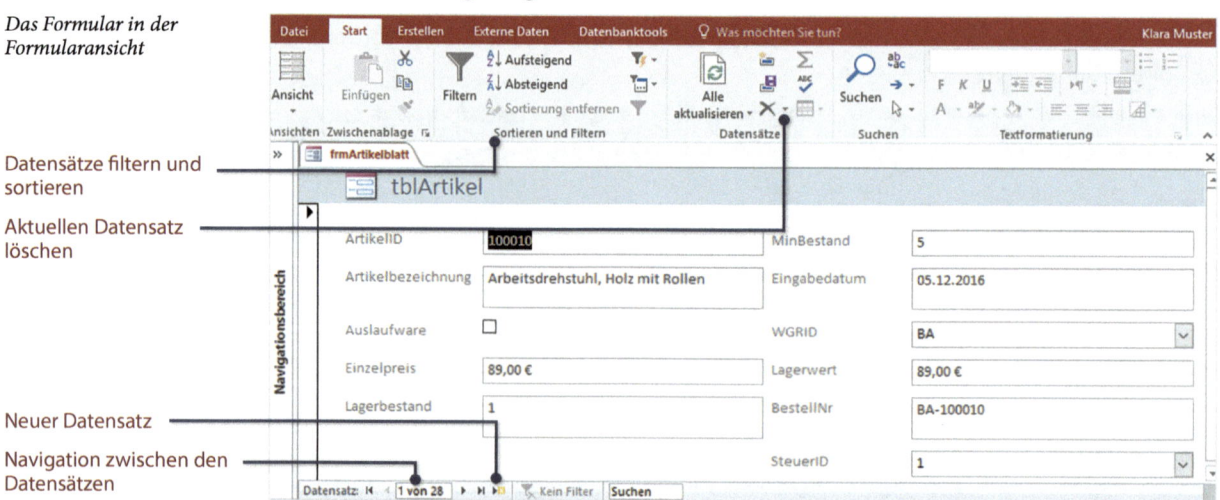

Die Dateneingabe selbst unterscheidet sich in Formularen nicht von der Eingabe und Bearbeitung der Daten in einer Tabelle. Sie bewegen sich mit der Enter- oder Tab-Taste durch die Felder und nachdem Sie die Eingabe im letzten Feld abgeschlossen haben, erscheint im Formular der nächste Datensatz.

Eine Zusammenstellung wichtiger Tasten zur Eingabe finden Sie im Anhang dieses Buches

> **Achtung bei Feldern vom Typ Langer Text**
>
> Im Gegensatz zur Dateneingabe in Tabellen erzeugt in Formularen die Enter- bzw. Eingabe-Taste in Feldern vom Typ *Langer Text* einen Zeilenumbruch im Feld. Um zum nächsten Feld zu gelangen, müssen Sie hier die Tab-Taste betätigen.

Um einen neuen Datensatz einzugeben, klicken Sie entweder in der Navigationsleiste auf das Symbol *Neuer Datensatz* oder im Menüband, Register *Start*, auf das Symbol *Neu*. Über den Dropdown-Pfeil der Schaltfläche *Löschen* können Sie den aktuellen Datensatz löschen.

Filtern und Sortieren ist in Formularen ebenfalls möglich, die Sortierung erfolgt nach dem Feld, in dem sich der Cursor bzw. die Markierung gerade befindet. Auch die Suche (Symbol *Suchen*) bezieht sich jeweils auf das aktuelle Feld. Sortier- und Filtermöglichkeiten erhalten Sie auch über das Kontextmenü der rechten Maustaste.

Siehe Kapitel 4.4

8.2   Formulartypen

Formulare können die Datensätze auf unterschiedliche Weise anzeigen: Entweder in Tabellenform, ähnlich der Datenblattansicht oder als einzelnes Formular mit je einem Datendatz pro Bildschirmseite. Den Typ *Einzelnes Formular* haben Sie bereits als Standardformular kennengelernt. Hier die weiteren wichtigsten Formulartypen, wie Sie die beiden Sonderformen *Modales Dialogfeld* und *Navigation* einsetzen, erfahren Sie unter Punkt 8.8 bzw. in Kapitel 9.8.

Formular mit Unterformular erstellen

Stellt eine Tabelle in einer 1:n Beziehung die übergeordnete Mastertabelle dar, dann bezieht Access bei der Erstellung eines Standardformulars die Detailtabelle automatisch mit ein und zeigt die dazugehörigen Datensätze dieser Tabelle in einem Unterformular an. Vergleichbar dem Unterdatenblatt in der Datenblattansicht der Tabelle.

Beispiel Warengruppen mit Artikel im Unterformular

Als Beispiel ein Formular, das zu jeder Warengruppe der Tabelle *tblWarengruppen* die dazugehörigen Artikel aus der Tabelle *tblArtikel* anzeigt. Markieren Sie im Navigationsbereich die Tabelle *tblWarengruppen* und klicken Sie im Register *Erstellen* auf *Formular*.

Als Ergebnis erhalten Sie das unten abgebildete Formular. Das Hauptformular zeigt jede Warengruppe als einzelnes Formular an, die dazugehörigen Artikel erscheinen im eingebetteten Unterformular als Datenblatt. Beachten Sie, dass jedes Formular über eine eigene Navigationsleiste und eventuell auch über gesonderte Bildlaufleisten verfügt. Eine Dateneingabe ist in beiden Formularen möglich.

Formular mit Unterformular in der Formularansicht

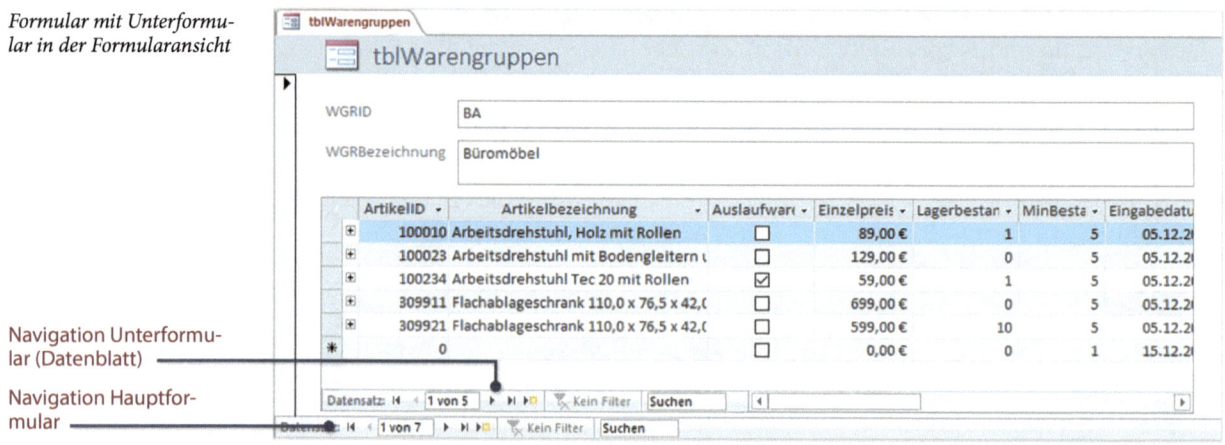

Navigation Unterformular (Datenblatt)

Navigation Hauptformular

Selbstverständlich können Sie ein nicht benötigtes Unterformular aus dem eigentlichen Formular entfernen oder dessen Größe anpassen. Näheres hierzu weiter unten unter Punkt „8.3 Formulare in der Layoutansicht anpassen" auf Seite 206 .

Beim Schließen dieses Formulars erscheint eine Rückfrage, ob Sie Änderungen am Formular und an der Tabelle speichern möchten. Letztere beziehen sich in erster Linie auf eventuelle Änderungen der Spaltenbreiten. Klicken Sie auf *Ja*, so werden Sie anschließend aufgefordert, einen Namen für das Hauptformular einzugeben.

Tipp: Möchten Sie Änderungen nur an einem der Objekte speichern, dann entfernen Sie von diesem mit einem Klick die Markierung, bevor Sie auf *Ja* klicken.

Änderungen an Formular und Tabelle speichern

Formularname eingeben

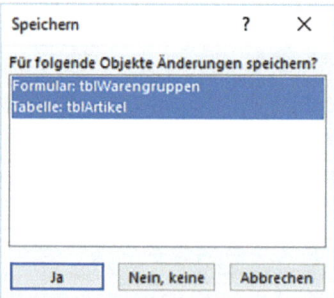

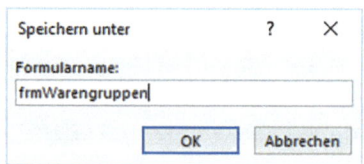

Formulare in Tabellenform

Für manche Zwecke sind Formulare in Tabellenform sinnvoll, etwa für eine bessere Übersicht oder zur Dateneingabe in kleineren Tabellen mit nur wenigen Feldern wie z. B. die Tabelle *tblWarengruppen*.

Dazu markieren Sie wieder im Navigationsbereich die Tabelle und klicken im Register *Erstellen* auf *Weitere Formulare* und hier auf *Mehrere Elemente*.

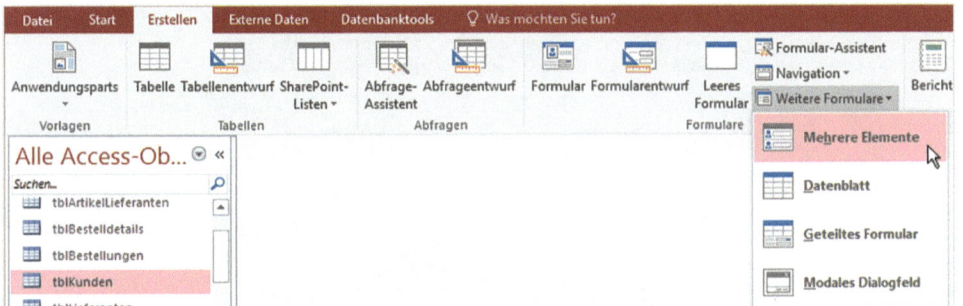

Klicken Sie auf Weitere Formulare und wählen Sie mehrere Elemente

Ein Formular wie das unten abgebildete für die Tabelle *tblKunden* entspricht sicher nicht auf Anhieb Ihren Vorstellungen, lässt sich aber in der Layoutansicht schnell anpassen, insbesondere die Zeilenhöhe und Spaltenbreite.

Ein Formular in Tabellenform

Ein Formular als Datenblatt erstellen

Im Menü der Schaltfläche *Weitere Formulare* finden Sie auch noch den Typ *Datenblatt*. Dieser stellt die Datensätze wie in der Datenblattansicht der Tabelle dar. Da hier keinerlei zusätzliche Elemente, z. B. Beschriftungen oder Schaltflächen angezeigt werden können, eignet sich dieser Formulartyp in der Praxis vor allem für Unterformulare. Auf diesen Typ wird hier nicht weiter eingegangen.

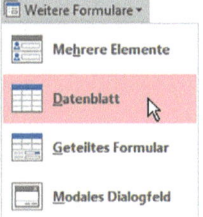

Geteiltes Formular

Ein geteiltes Formular kombiniert eine Tabelle oder Liste mit einem einzelnen Formular. Vorteil: Die Tabelle ermöglicht einen Überblick und die schnelle Auswahl eines Datensatzes, während sich im einzelnen Formular die Inhalte besser darstellen und bearbeiten lassen.

Klicken Sie in die Liste, so erscheint dieser Datensatz im einzelnen Formular. Um die Größe der Liste bzw. des einzelnen Formulars zu ändern, verschieben Sie die Trennlinie mit der Maus nach oben oder unten.

Die Tabelle tblArtikel als geteiltes Formular

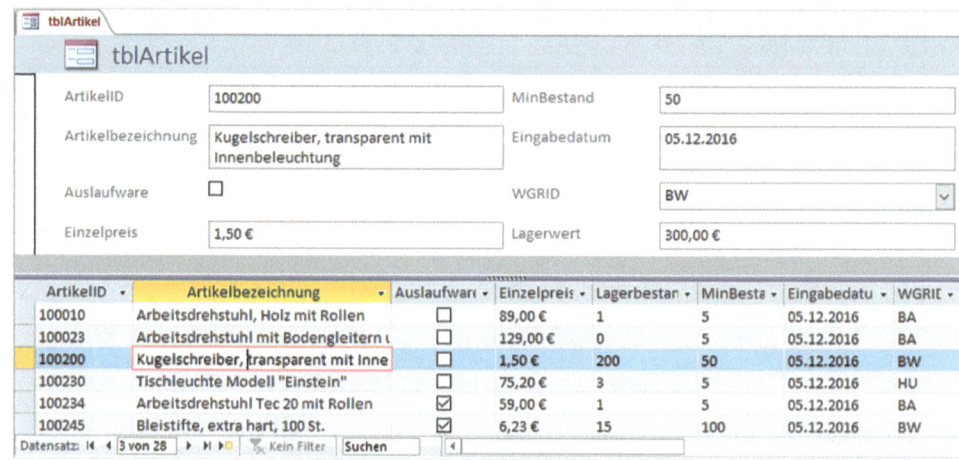

Tipp: Ob das Formular waagrecht oder senkrecht geteilt wird, können Sie in den Formulareigenschaften steuern. Näheres hierzu unter Punkt 8.8.

8.3   Formulare in der Layoutansicht anpassen

So arbeiten Sie in der Layoutansicht

In der Layoutansicht bearbeiten Sie das Aussehen des Formulars, dazu stehen Ihnen im Menüband die Register *Entwurf*, *Anordnen* und *Format* zur Verfügung. Die Daten dagegen werden zwar wie in der Formularansicht angezeigt, können aber nicht bearbeitet werden.

Formular in der Layoutansicht.

Markiertes Steuerelement

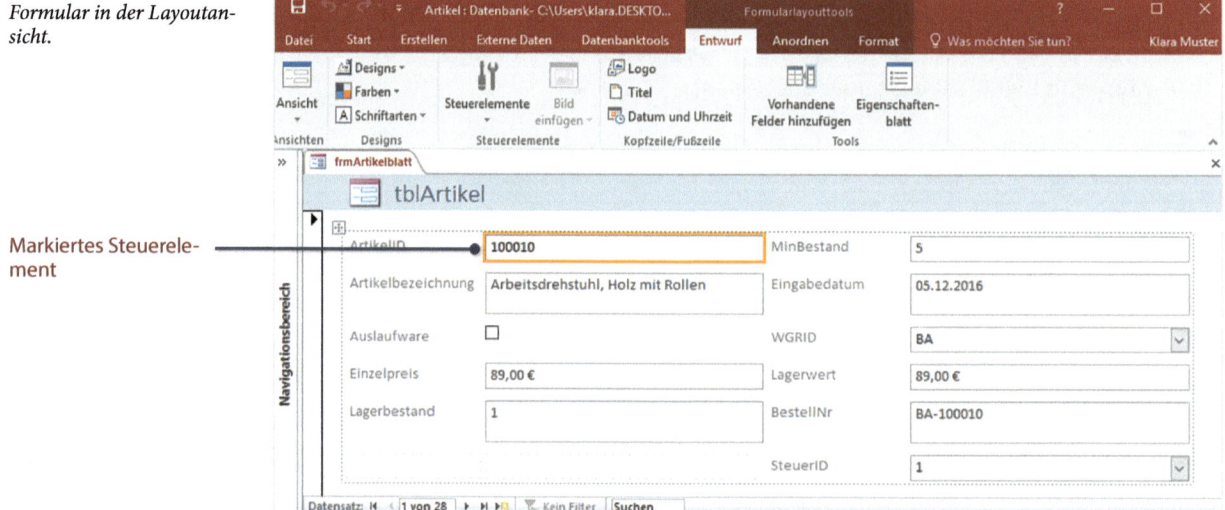

> Die einzelnen Elemente eines Formulars oder Berichts bezeichnet Access pauschal als Steuerelemente. Es kann sich dabei um Felder, beliebige Beschriftungen oder Grafiken handeln.

Steuerelemente auswählen

Vor der Bearbeitung müssen Sie ein Steuerelement per Mausklick auswählen bzw. markieren. Markierte Steuerelemente erkennen Sie an der gelben Umrandung. In einem tabellarischen Formular markiert ein Klick auf die Zelle einer Spalte gleich die gesamte Spalte mit, bei einem einzelnen Formular wird nur dieses Steuerelement markiert.

Feld im Tabellenlayout markieren

Feld in einem einzelnen Formular markieren

Mehrere Steuerelemente markieren

Einzelne bestimmte Steuerelemente markieren Sie einfach durch Anklicken mit gleichzeitig gedrückter Strg-Taste (Mehrfachmarkierung). Darüber hinaus können Sie zum Markieren die Symbole im Register *Anordnen* verwenden.

▸ Ein Klick auf die Schaltfläche *Layout auswählen* markiert alle Steuerelemente mit Ausnahme der Überschrift. Als Alternative können Sie dazu das kleine Kästchen in der linken oberen Ecke benutzen, siehe Bild unten.

▸ *Spalte auswählen* markiert die gesamte Spalte, in der sich die Markierung gerade befindet und mit *Zeile markieren* markieren Sie alle Steuerelemente dieser Zeile.

Layout, Zeile, Spalte auswählen

Layout auswählen (alle Steuerelemente markieren)

Steuerelemente markieren

Layoutgestaltung mit automatischen Layouts

Die bisher erstellten Formulare verwenden zum Anordnen der Steuerelemente ein automatisches Layout. Dieses sorgt dafür, dass z. B. beim Verschieben, Vergrößern oder Verkleinern von Steuerelementen innerhalb des Layouts Ausrichtung und Abstände erhalten bleiben.

Zeilehöhe und Spaltenbreite anpassen

Als Beispiel erstellen wir für die Tabelle *tblKunden* ein Formular in Tabellenform (*Weitere Formulare ▶ Mehrere Elemente*). Das Ergebnis sieht zunächst aus, wie im Bild auf Seite 205.

Um die Spaltenbreite zu ändern, klicken Sie auf eine beliebige Zelle der ersten Spalte, diese wird markiert. Zeigen Sie nun auf die rechte Umrandung, der Mauszeiger erscheint als waagrechter Doppelpfeil und gedrückter Maustaste passen Sie die Spaltenbreite an. Die übrigen Spalten rücken automatisch nach und auch die Breite der Spaltenüberschrift passt sich an. Auf diese Weise können Sie bequem die Breite jeder einzelnen Spalte individuell anpassen.

Genauso verfahren Sie mit der Zeilenhöhe. Hier genügt es, wenn Sie die Höhe einer beliebigen Zeile ändern, die Änderung wirkt sich automatisch auf alle Zeilen und Spalte aus (siehe Bild unten).

Spaltenbreite und Zeilenhöhe in einem Tabellenlayout anpassen

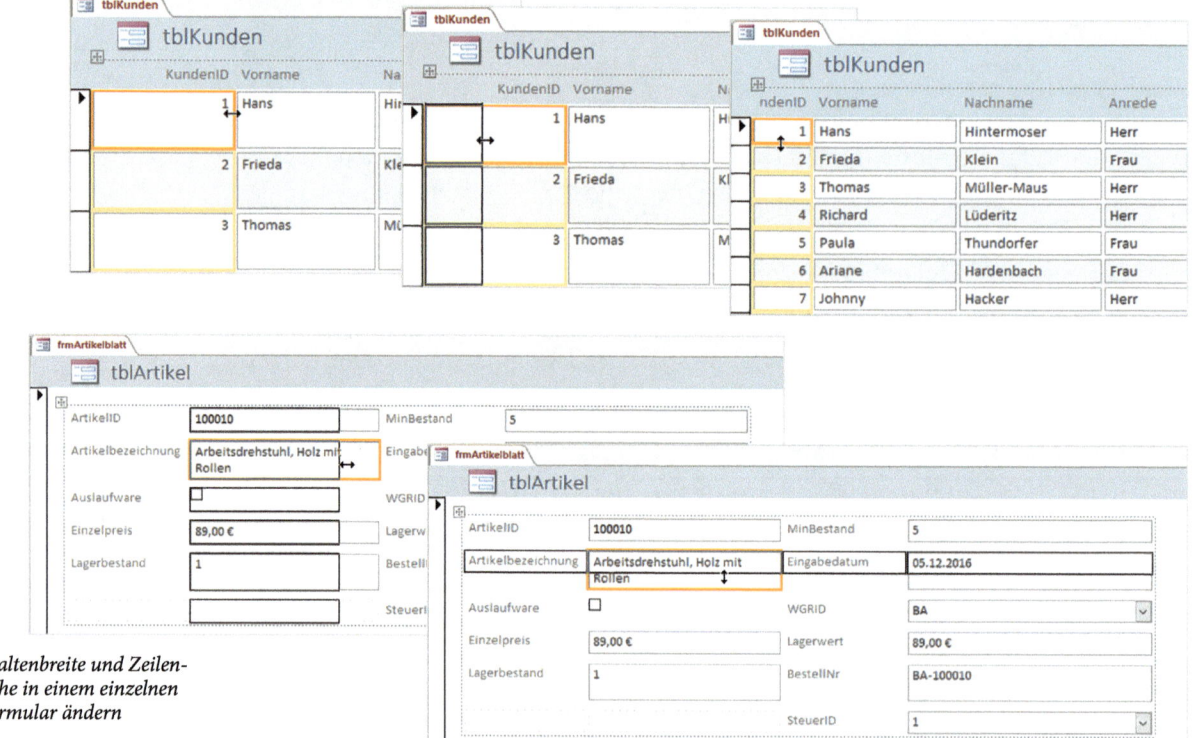

Spaltenbreite und Zeilenhöhe in einem einzelnen Formular ändern

Nicht immer den gewünschten Effekt hat dagegen die Größenänderung von Steuerelementen in einem einzelnen Formular. Hier wirkt sich eine Änderung der Breite auf die gesamte Spalte aus. Es ist also nicht möglich, jedem Steuerelement eine individuelle Breite zuzuweisen (siehe Bild oben) außer, Sie entfernen das automatische Layout, Näheres hierzu weiter unten. Änderungen der Zeilenhöhe beziehen sich dagegen immer nur auf die aktuelle Zeile.

Steuerelemente verschieben

Die Reihenfolge der Steuerelemente entspricht in den Standardformularen ihrer Reihenfolge in der Tabelle oder Abfrage. Zum Verschieben benutzen Sie in einem einzelnen Formular die beiden Schaltflächen *Nach oben* bzw. *Nach unten* im Register *Anordnen*. In einem tabellarischen Layout markieren Sie die Spalte und ziehen diese einfach mit der Maus an die gewünschte Position.

Die markierte Spalte in einem Tabellenlayout verschieben

Steuerelemente löschen

Nicht benötigte Steuerelemente entfernen Sie aus dem Formular, indem Sie diese markieren und anschließend mit der Entf-Taste löschen. Die übrigen Steuerelemente rücken automatisch nach. Mit diese Methode löschen Sie auch ein nicht benötigtes Unterformular.

Abstände

Mit der Schaltfläche *Abstand zwischen den Steuerelementen* im Register *Anordnen* haben Sie außerdem die Möglichkeit, die Abstände im gesamten Layout einheitlich zu ändern. Dies funktioniert bei tabellarischen Layouts und in einzelnen Formularen.

Abstände zwischen den Steuerelementen

Titel und Beschriftungen ändern

Standardmäßig übernimmt Access die Feldnamen aus der Tabelle als Beschriftung in das Formular. Sie können jedoch jederzeit mit einem Doppelklick in das Element die Beschriftung ändern. Der Cursor wird sichtbar und Sie können nun beliebigen Text eingeben. Dies gilt auch für den Titel eines Formulars, für diesen verwendet Access den Namen der Tabelle oder Abfrage.

Titel des Formulars ändern

Titel hinzufügen

Sollte das Formular über keinen Titel verfügen, so klicken Sie im Register *Entwurf* ▶ *Kopfzeile/Fußzeile*, auf die Schaltfläche *Titel*. Als weiteres Element lassen sich Datum und Uhrzeit über die entsprechende Schaltfläche im Kopfbereich eines Formulars einfügen. Allerdings müssen Sie dann den *Titel* etwas verkleinern. Mit der Schaltfläche *Logo* öffnet Access das Fenster *Grafik einfügen* und Sie können anstelle des Formularsymbols in der Überschrift eine Grafikdatei auswählen und hinzufügen. Selbstverständlich können Sie dieses Symbol stattdessen auch markieren und mit der Entf-Taste entfernen.

Datum und Uhrzeit einfügen

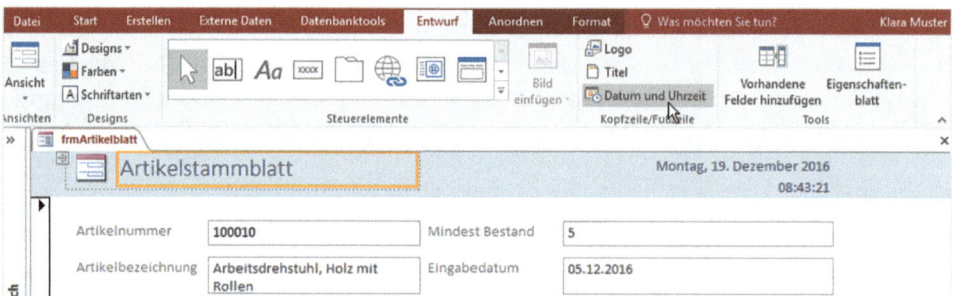

Weitere Felder hinzufügen

Haben Sie ein Feld versehentlich gelöscht oder benötigen Sie weitere Felder aus verknüpften Tabellen, dann können Sie diese aus der Feldliste hinzufügen.

Feldliste anzeigen

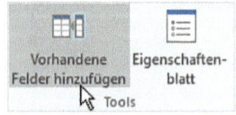

Zum Anzeigen der Feldliste klicken Sie in der Layoutansicht im Register *Entwurf* ▶ *Tools* auf die Schaltfläche *Vorhandene Felder hinzufügen*. Die Feldliste wird am rechten Rand des Anwendungsfensters oder als verschiebbares Fenster eingeblendet und zeigt alle Felder der zugrundeliegenden Tabelle oder Abfrage an.

Zum Hinzufügen ziehen Sie einfach mit der Maus das Feld aus der Feldliste an die gewünschte Stelle des Formulars. In einem einspaltigen Layout können Sie das Feld an jeder beliebigen Stelle platzieren, in einem tabellarischen Layout fügen Sie das Feld einfach zwischen zwei Spalten ein.

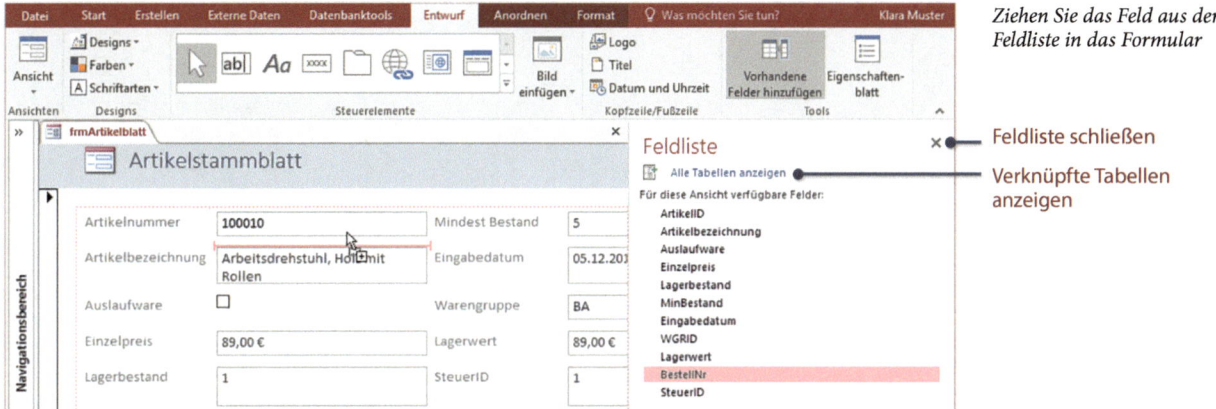

Ziehen Sie das Feld aus der Feldliste in das Formular

Feldliste schließen

Verknüpfte Tabellen anzeigen

Felder aus verknüpften Tabellen hinzufügen

Wie in Abfragen, können Sie auch in Formularen Felder aus verknüpften Tabellen hinzufügen. Dazu klicken Sie in der Feldliste auf *Alle Tabellen anzeigen*. Access listet nun zusätzlich zu den Feldern der aktuellen Datensatzquelle alle verknüpften Tabellen auf. Mit Klick auf das Plus-Symbol (+) blenden Sie die Felder einer Tabelle ein und können diese mit der Maus ebenfalls in das Formular ziehen. Mit dem Befehl *Tabelle bearbeiten* öffnet Access die Tabelle im Arbeitsbereich.

Mit Klick auf Nur Felder aus der aktuellen Datensatzquelle anzeigen kehren Sie zurück zur ursprünglichen Anzeige.

In unserem Beispiel im Bild unten wird das Feld *Warengruppenbezeichnung* aus der Tabelle *tblWarengruppen* hinzugefügt.

Felder aus verknüpften Tabellen hinzufügen

Die aktuelle Datensatzquelle

Verknüpfte Tabellen

Felder anzeigen

Tabelle öffnen

Access listet ganz unten auch noch die übrigen Tabellen der Datenbank auf. Sinnvoll ist das Hinzufügen von Feldern aber nur aus verknüpften Tabellen, d.h. Sie müssen zuvor eine Beziehung zwischen diesen Tabellen erstellt haben.

Zur Info: Sobald Sie Felder aus weiteren Tabellen hinzugefügt haben, erstellt Access automatisch eine Abfrage bzw. einen SQL-Ausdruck als Datensatzquelle des Formulars. Das bedeutet, die Feldliste enthält jetzt auch die Felder der verknüpften Tabelle, wenn Sie auf *Nur Felder aus der aktuellen Datensatzquelle anzeigen* klicken.

8.4   Farben und Schriftarten

Farben und Schriftarten mit Designs steuern

Wie PowerPoint, Word und Excel verfügt auch Access über die Möglichkeit, mit Designs das Aussehen von Formularen und Berichten einfach und schnell anzupassen und für ein einheitliches Aussehen zu sorgen. Die Schaltflächen dazu finden Sie in der Layoutansicht im Register *Entwurf*.

▶ Mit der Schaltfläche *Designs* wählen Sie ein komplettes Design, bestehend aus einer Zusammenstellung von aufeinander abgestimmten Farben und zwei Schriftarten.

▶ Über die Schaltfläche *Farben* wählen Sie für das aktuelle Design eine andere Farbzusammenstellung, diese Farben stehen dann auch über die Schaltflächen *Schriftfarbe* und *Hintergrundfarbe* als Designfarben zur Auswahl.

Designs, Farben und Schriftarten auswählen

▶ Mit der Schaltfläche *Schriftarten* ändern Sie die Schriftarten des Designs.

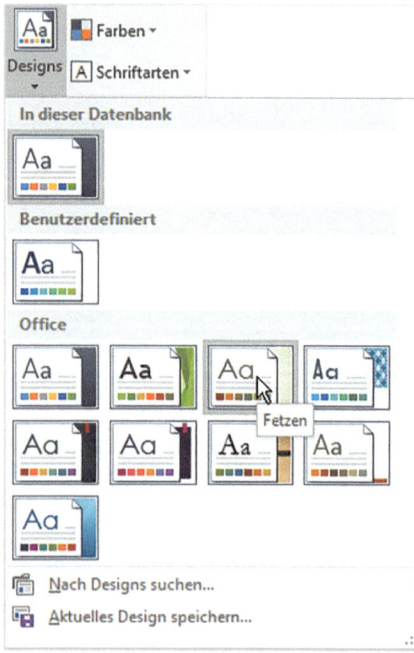  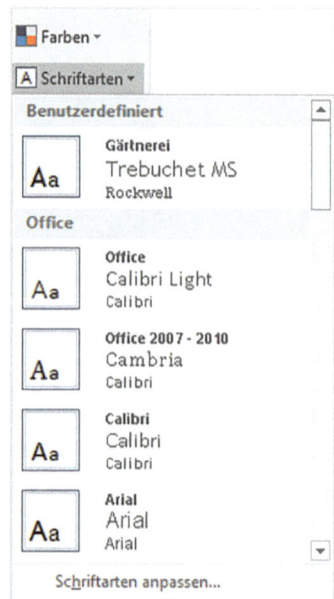

Beachten Sie, dass das ausgewählte Design bzw. alle Designänderungen sich nicht nur auf das aktuelle Formular auswirken, sondern auch auf alle übrigen Formulare und Berichte der gesamten Datenbank.

Eigene Farben und Schriften definieren

Wenn Sie in der Datenbank eigene Farben verwenden möchten, dann klicken Sie auf *Farben* und hier auf *Farben anpassen*. Access ordnet jedem Element eine bestimmte Farbe zu. *Text/Hintergrund -1* umfasst beispielsweise eine dunkle und eine helle Farbe und wird für Schriftfarbe und Hintergrund eines Steuerelements verwendet. Für Titel von Formularen und Berichten verwendet Access die Farben *Text/Hintergund - 2*.

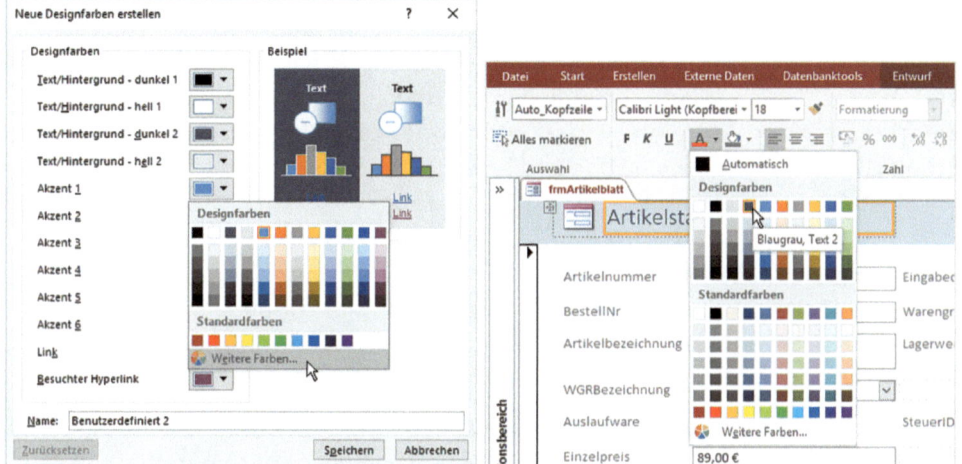

Neue Designfarben erstellen

Beispiel: Die Designfarben bei der Auswahl der Schriftfarbe

Zum Ändern klicken Sie auf den Dropdown-Pfeil einer Farbe (Bild oben) und hier auf *Weitere Farben…*. Im nachfolgenden Fenster *Farben* können Sie nun entweder eine der Standardfarben auswählen oder im Register *Benutzerdefiniert* eine Farbe anhand Ihres RGB-Farbwerts definieren. Um die geänderten Farben zu speichern, geben Sie im Feld *Name* statt *Benutzerdefiniert* einen Namen ein und klicken auf *Speichern*.

Die Designfarben erscheinen, wenn Sie ein Steuerelement markieren, im Bild oben rechts den Formulartitel, und im Register *Format* auf *Schriftfarbe* oder *Füllfarbe* klicken. *Text 2* wie im Bild bedeutet, das Element verwendet die Schemafarbe *Text/Hintergrund - dunkel 2*. Zu jeder Farbe sind außerdem unterhalb noch verschiedene Farbabstufungen verfügbar.

Genauso verfahren Sie bei der Auswahl eigener Schriften. Klicken Sie auf *Schriftarten* und hier auf *Schriftarten anpassen…*.

Design speichern

Um das geänderte Design anschließend für weitere Verwendung zu speichern, klicken Sie auf *Designs* und auf *Aktuelles Design speichern*.

Einzelne Steuerelemente gestalten

Unabhängig vom Design, können Sie jedes einzelne Steuerelement markieren und über die Symbole des Registers *Format* nach Belieben formatieren. Die Symbole der Gruppen *Schriftart* und *Zahl*, sowie die Schaltflächen *Fülleffekt* und *Formkontur* sind eindeutig und dürften aus Word und Excel bekannt sein.

Das Register Format

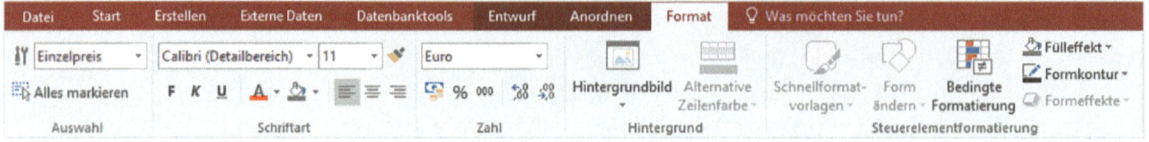

Steuerelemente abhängig vom Inhalt formatieren

Die bedingte Formatierung erlaubt eine Formatierung, abhängig vom Inhalt des Steuerelements. Die Schaltfläche dazu finden Sie im Register *Format*, Gruppe *Steuerelementformatierung*. Markieren Sie das betreffende Steuerelement, klicken Sie auf die Schaltfläche *Bedingte Formatierung* und legen Sie im *Manager zur bedingten Formatierung* Regeln und Formate fest.

Beispiel: Lagerbestand hervorheben

Als Beispiel sollen in einem Formular für die Tabelle *tblArtikel* alle Lagerbestände, deren Wert 0 ist, mit orangefarbenem Hintergrund und fett formatiert werden. So gehen Sie vor:

1 Wechseln Sie zur Layoutansicht und markieren Sie das Feld *Lagerbestand*. Klicken Sie im Register *Format* auf die Schaltfläche *Bedingte Formatierung*.

2 Der *Manager für Regeln zur bedingten Formatierung* wird geöffnet, klicken Sie auf die Schaltfläche *Neue Regel*.

Bedingte Formatierung: Neue Regel erstellen

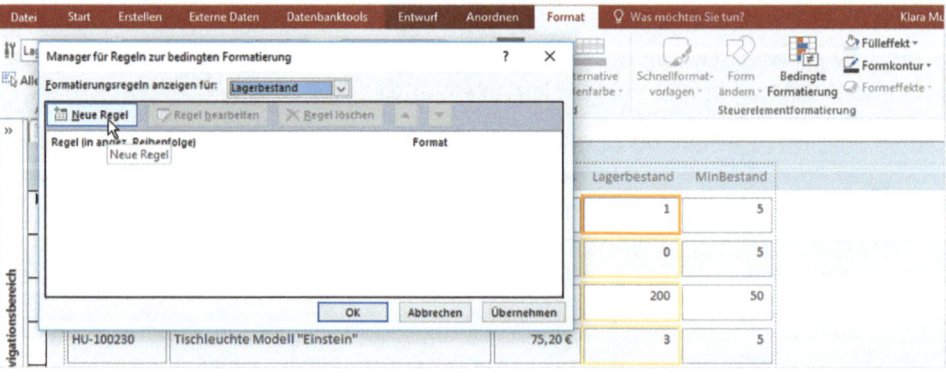

3 Wählen Sie anschließend einen Regeltyp: Für dieses Beispiel benötigen Sie den Typ *Werte im aktuellen Datensatz prüfen oder einen Ausdruck verwenden*. Darunter geben Sie die Regel ein: Feldwert ist gleich 0.

4   Mit den Schaltflächen unterhalb legen Sie die gewünschten Formate fest und klicken auf *OK*.

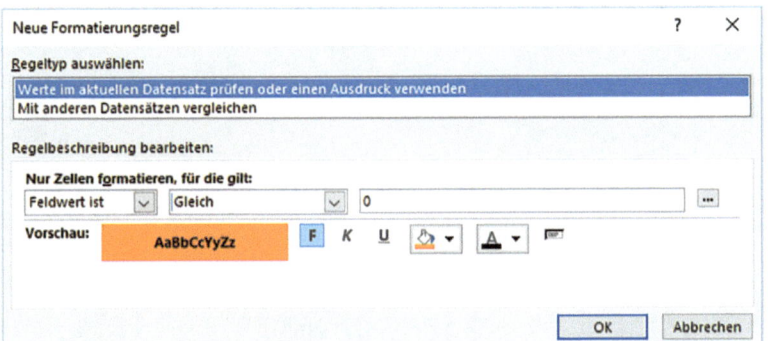

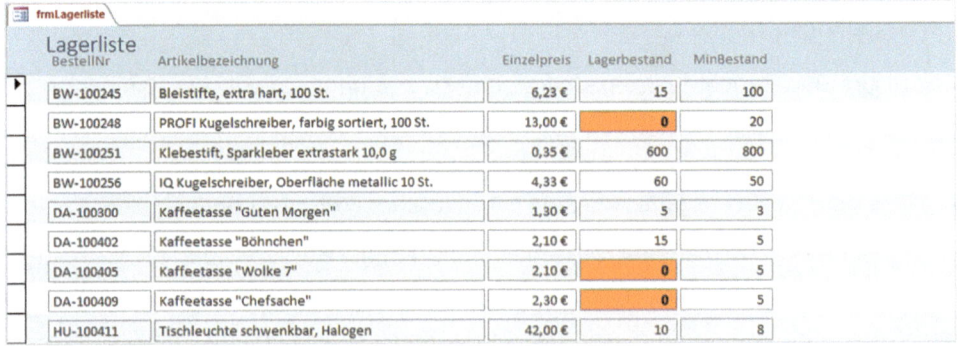

Datenbalken anzeigen

Der zweite Regeltyp, *Mit anderen Datensätzen vergleichen* erlaubt eine grafische Darstellung. Als Beispiel sollen in einem weiteren Formular die Lagerbestände mit einem Datenbalken hinterlegt werden.

Erstellen Sie dazu für die Tabelle *tblArtikel* ein tabellarisches Formular (Auswahl *Mehrere Elemente*). Nehmen Sie in der Layoutansicht ggfs. Änderungen von Spaltenbreite und Zeilenhöhe vor und entfernen Sie nicht benötigte Spalten.

1   Markieren Sie die Spalte *Lagerbestand*, klicken Sie auf *Bedingte Formatierung* und im Manager für Regeln zur bedingten Formatierung auf *Neue Regel*.

2   Wählen Sie den Regeltyp *Mit anderen Datensätzen vergleichen*.

3   Legen Sie nun die Formateinstellungen fest. Für den kürzesten und längsten Balken können Sie jeweils zwischen *Niedrigster* bzw. *Höchster Wert*, *Prozent* und einer vorgegebenen *Zahl* wählen. Darunter wählen Sie die Balkenfarbe (Bild unten). Standardmäßig wird im Steuerelement der Wert zusammen mit dem Balken angezeigt, mit dem Kontrollkästchen *Nur Balken anzeigen* lässt sich bei Bedarf die Anzeige der Werte ausblenden.

Feld mit Datenbalken hinterlegen

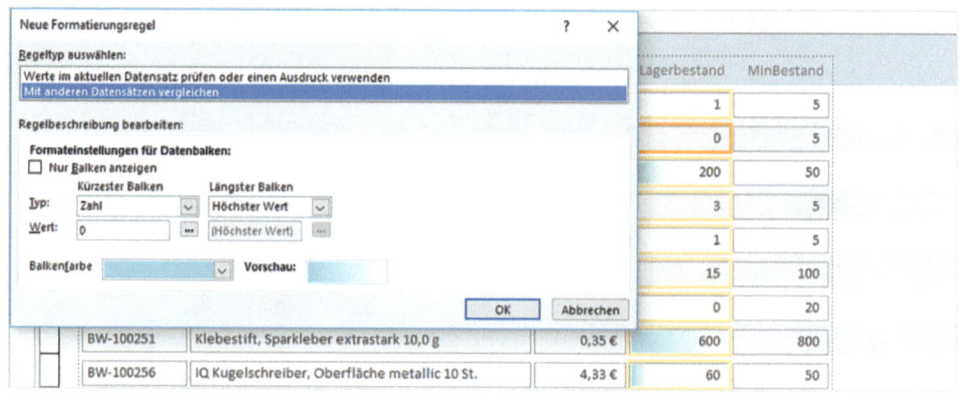

Hintergrund von Formularbereichen ändern

Formulare und Berichte setzen sich eigentlich aus unterschiedlichen Bereichen zusammen, deren Hintergrundfarbe Sie ebenfalls ändern können.

▶ *Formularkopf* und *-fuß* erscheinen automatisch auf jeder Bildschirmseite, egal ob es sich um ein einzelnes oder ein tabellarisches Formular handelt.

▶ Der *Detailbereich* enthält den Inhalt eines Datensatzes.

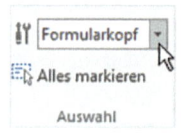

Leider funktioniert das Markieren von Bereichen durch Anklicken in der Layoutansicht nicht. Sie müssen daher in dieser Ansicht die Bereiche im Register *Format ▶ Auswahl* mit Klick auf den Dropdown-Pfeil *Objekt* auswählen.

Hintergrund des Formulartitels ändern

Bei den meisten Designs erhält der Titelbereich des Formulars eine Hintergrundfarbe. Wenn Sie eine andere Farbe auswählen möchten, dann wählen Sie über *Formular ▶ Auswahl* und Klick auf den Dropdown-Pfeil *Formularkopf* aus. Anschließend klicken Sie auf *Fülleffekt* und wählen die gewünschte Farbe aus.

Bereich auswählen über Fülleffekt die Hintergrundfarbe ändern

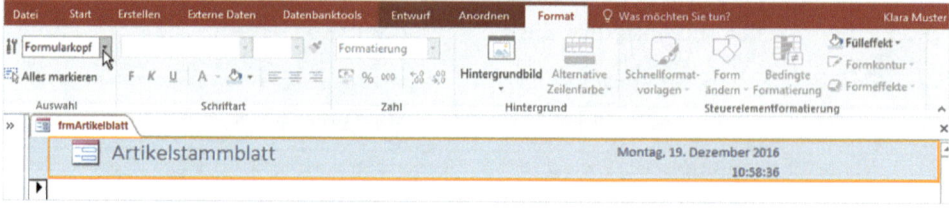

Abwechselnde Zeilenfarben in Tabellenlayouts

In tabellarischen Layouts verwendet Access automatisch abwechselnde Zeilenfarben. Diese Farben steuern Sie über die Schaltfläche *Alternative Zeilenfarbe* im Register *Format*. Da diese Schaltfläche zunächst inaktiv sein dürfte, müssen Sie zuerst den *Detailbereich* auswählen. Anschließend klicken Sie in der Tabelle auf eine Zeile in der zu ändernden Farbe, klicken auf *Alternative Zeilenfarbe* und wählen eine Farbe aus. Dieselbe Vorgehensweise können Sie auch auf die zweite Zeilenfarbe anwenden.

Wählen Sie Detailbereich und klicken Sie auf Alternative Zeilenfarbe

8.5 Formulare in der Entwurfsansicht bearbeiten

Die Entwurfsansicht

In der Entwurfsansicht haben Sie dieselben Bearbeitungsmöglichkeiten wie in der Layoutansicht. Hinzu kommen noch einige Besonderheiten, mit denen wir uns in diesem Punkt näher befassen werden. Im Gegensatz zur Layoutansicht sind in dieser Ansicht die Datensätze nicht sichtbar, Sie müssen also eventuell mehrmals zur Kontrolle zwischen Entwurfsansicht und Formularansicht wechseln.

Beispiel: Ein Lieferantenformular gestalten

Als Beispiel ein Formular zur Eingabe der Lieferantenadressen, das am schnellsten zunächst als einfaches Standardformular erstellt wird. Markieren Sie daher die Tabelle *tblLieferanten* und klicken Sie im Register *Erstellen* auf die Schaltfläche *Formular*.

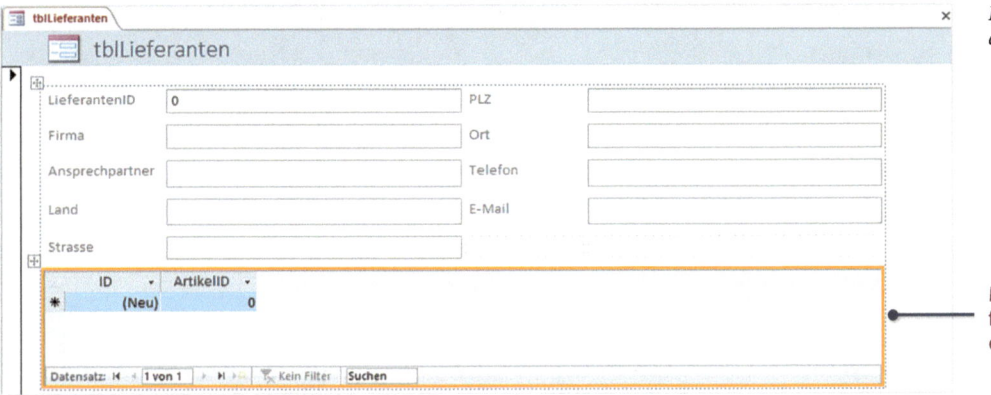

Das Standardformular für die Tabelle tblLieferanten

Markieren Sie das Unterformular und löschen Sie es mit der Entf-Taste.

Access hat die verknüpfte Tabelle *tblLieferantenArtikel* automatisch als Unterformular eingefügt. Da dieses Unterformular vorerst nicht benötigt wird, markieren Sie es per Mausklick und löschen es in der Layoutansicht mit der Entf-Taste.

Klicken Sie dann im Register *Start* oder *Entwurf* auf den Dropdown-Pfeil der Schaltfläche Ansicht und wählen Sie *Entwurfsansicht*.

Die Elemente der Entwurfsansicht

In der Entwurfsansicht ist der Formularbereich mit einem Raster versehen. Dieses Raster dient zusammen mit dem horizontalen und vertikalen Lineal als Hilfe bei der Ausrichtung von Steuerelementen.

Horizontales Lineal

Rasterlinien

Rechter Rand des Formularbereichs

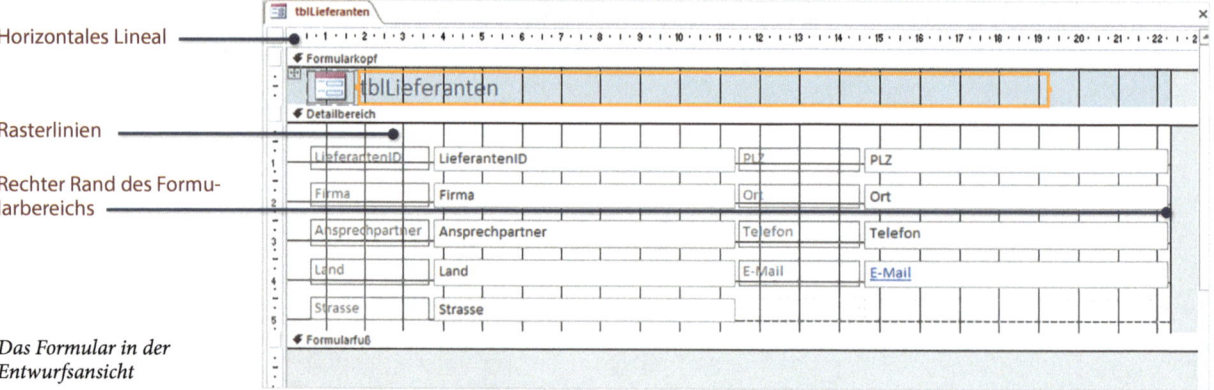

Das Formular in der Entwurfsansicht

Formularbereiche vergrößern und verkleinern

Formularkopf- und Formularfuß erscheinen in der Formularansicht stets am oberen und unteren Rand des Fensters.

Die Formularbereiche sind mit einer entsprechenden Beschriftung versehen. Die Größe der Bereiche können Sie mit der Maus ändern. Zeigen Sie dazu auf den unteren Rand des jeweiligen Bereichs. Sobald der Mauszeiger als Doppelpfeil erscheint, ziehen Sie zum Vergrößern bzw. Verkleinern in die gewünschte Richtung. Ausgeblendete Bereiche, wie im Bild unten den Formularfuß, ziehen Sie zum Einblenden einfach nach unten. Am rechten Rand können Sie außerdem die Breite des gesamten Formulars ändern (Bild rechts).

Formularkopf vergrößern

Formularbreite ändern

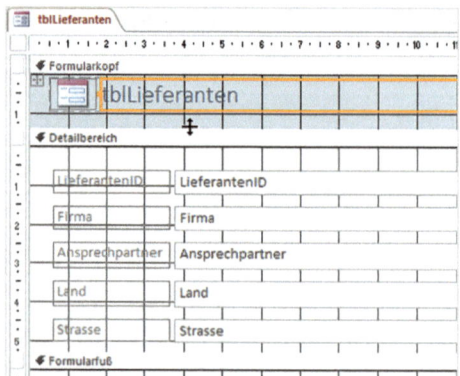
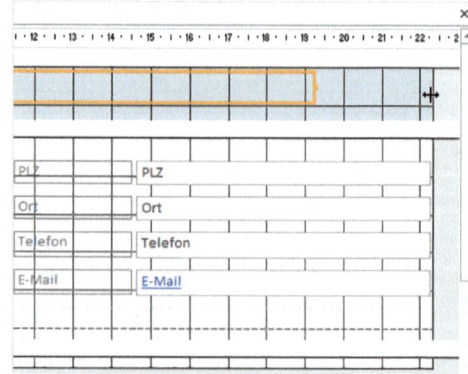

Formulare sollten nicht breiter als der Bildschirm sein, da sonst bei der Dateneingabe Bildlaufleisten erscheinen und möglicherweise nicht alle Felder auf einen Blick sichtbar sind.

Achtung: Um einen Bereich zu verkleinern, müssen Sie eventuell erst die Steuerelemente in diesem Bereich entsprechend verkleinern oder löschen.

Der Detailbereich

Der Detailbereich ist derjenige Bereich, der die Anzeige eines einzelnen Datensatzes steuert. Daher unterscheidet sich die Anordnung der Felder beim Typ *Einzelnes Formular* von einem tabellarischen Layout. Bei dem unten abgebildeten tabellarischen Layout besteht der Detailbereich nur aus einer einzigen Zeile.

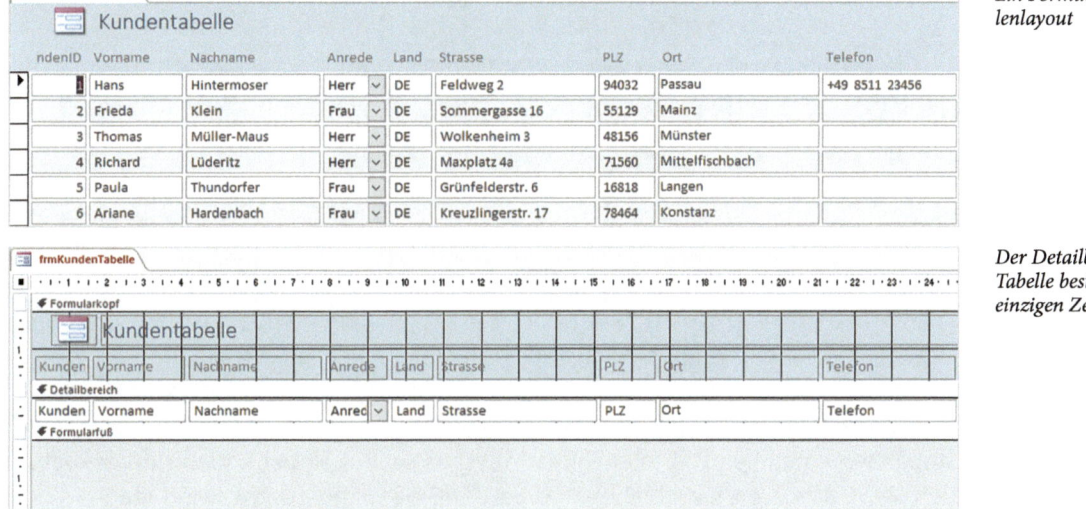

Ein Formular im Tabellenlayout

Der Detailbereich einer Tabelle besteht aus einer einzigen Zeile

Bereich markieren

Um einen Formularbereich zu markieren, klicken Sie einfach auf dessen Beschriftung, im Bild unten *Formularkopf*.

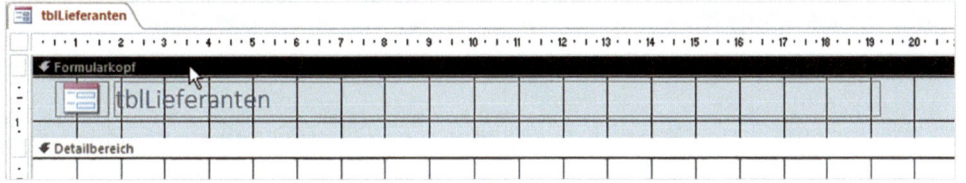

Beispiel: Formularkopf markieren

Die übrigen Techniken der Layoutgestaltung und Formatierung unterscheiden sich nicht von der Layoutansicht.

Ohne automatisches Layout mit Steuerelementen arbeiten

Layout entfernen

Achtung: Layout
entfernen ist nur in der
Entwurfsansicht möglich!

Beim Formulartyp *Einzelnes Formular* ist es meist sinnvoll, für jedes Steuerelement eine individuelle Breite festzulegen. In Verbindung mit einem automatischen Layout ist dies nicht möglich, daher müssen Sie in solchen Fällen vor der weiteren Bearbeitung das Layout entfernen.

Dazu markieren Sie das gesamte Layout, entweder mit Klick in das Kästchen in dessen linker oberer Ecke oder im Register *Anordnen ▶ Zeilen und Spalten* über die Schaltfläche *Layout auswählen* und klicken dann auf *Tabellen ▶ Layout entfernen*.

Layout entfernen

Layout vom markierten
Bereich entfernen

Layout markieren

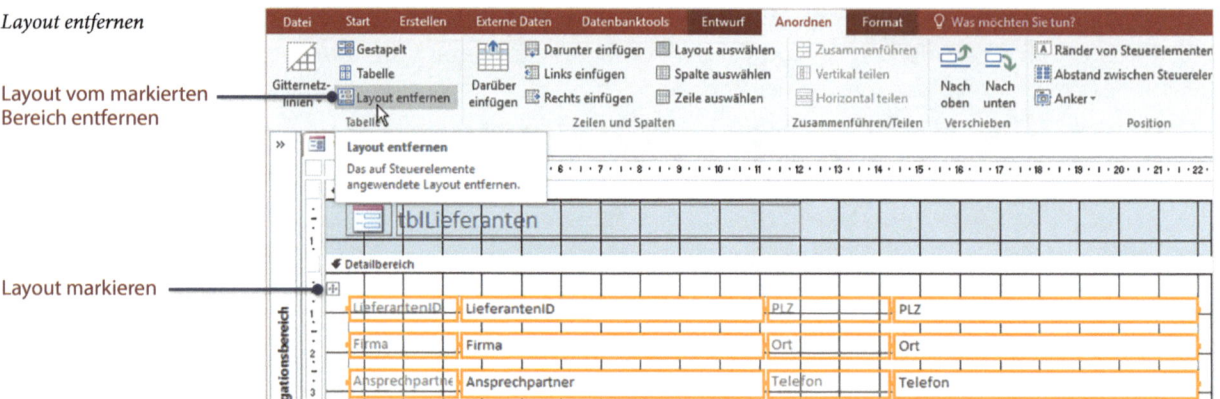

Theoretisch könnten Sie auch nur bestimmte Steuerelemente markieren und diese aus dem Layout entfernen. Dies ist aber in der Praxis nicht zu empfehlen.

Steuerelemente markieren und positionieren

Steuerelemente, die nicht in ein automatisches Layout eingebunden sind, verhalten sich beim Markieren, Verschieben und bei der Größenänderung etwas anders.

Wenn Sie auf ein beliebiges Feld klicken, dann erhält dieses nicht nur den gelben Markierungsrahmen, sondern auch in der linken oberen Ecke ein Markierungskästchen. Auch das zweite dazugehörige Feld ist mit einem solchen Kästchen gekennzeichnet.

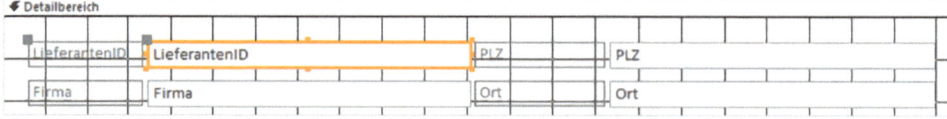

▶   Zum Vergrößern oder Verkleinern benutzen Sie die Ziehpunkte des gelben Markierungsrahmens. Diese befinden sich in der Mitte jeder Seite und an den Ecken.

▶   Zum Verschieben zeigen Sie auf eine beliebige Stelle des Markierungsrahmens. Am Mauszeiger werden vier Richtungspfeile sichtbar und Sie können das Steuerelement mit der Maus verschieben.

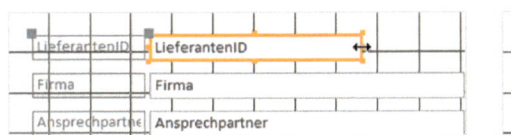

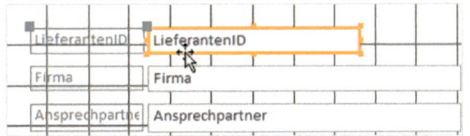

Größe ändern

Verschieben

▶ Normalerweise werden auf diese Weise immer zwei Steuerelemente verschoben: Das eigentliche Feld und die dazugehörige Beschriftung. Wenn Sie dagegen ein Steuerelement unabhängig vom zweiten versschieben möchten, dann benutzen Sie dazu das Markierungskästchen in der linken oberen Ecke.

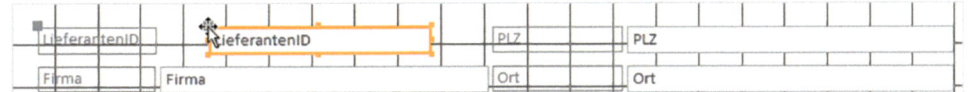

Steuerelement unabhängig vom zweiten dazugehörigen Feld verschieben

Alternativ benutzen Sie die Pfeiltasten bzw. folgende Tastenkombinationen:

Sie möchten...	Tasten
das markierte Steuerelement nach rechts/links verschieben	Pfeil rechts / Pfeil links
das markierte Steuerelement nach oben/unten verschieben	Pfeil oben / Pfeil unten
die Breite des markierten Steuerelements ändern	Umschalt + Pfeil rechts / Pfeil links
die Höhe des markierten Steuerelements ändern	Umschalt + Pfeil oben / Pfeil unten

Mehrere Steuerelemente markieren

Zum Formatieren, Verschieben und exakten Ausrichten ist es nützlich, wenn gleich mehrere Steuerelemente markiert sind. Verwenden Sie zum Markieren eine der folgenden Möglichkeiten:

▶ Klicken Sie die Steuerelemente nacheinander mit gedrückter Strg-Taste an.

▶ Oder ziehen Sie mit gedrückter Maustaste einen Rahmen um die markierenden Elemente. Beginnen Sie dazu an einer freien Stelle des Formulars. Die Steuerelemente müssen sich nicht vollständig innerhalb des Rahmens befinden.

▶ Um mehrere Steuerelemente zu markieren, die sich in einer Zeile nebeneinander befinden, klicken Sie einfach an der entsprechenden Position mit der Maus in das vertikale Lineal. Gleiches gilt auch für das horizontale Lineal.

▶ Mit der Tastenkombination Strg+A markieren Sie alle Steuerelemente.

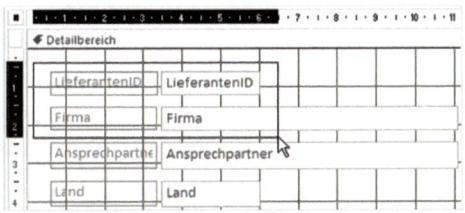

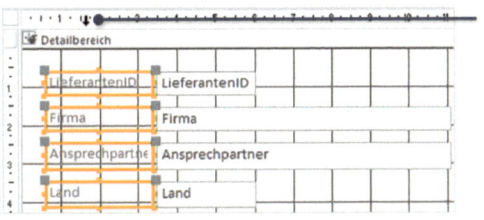

Mauszeiger

Ziehen Sie einen Rahmen

Oder klicken Sie in das Lineal

Markierte Steuerelemente ausrichten

Mehrere markierte Steuerelemente lassen sich auch ohne automatisches Layout in der Entwurfsansicht bündig untereinander oder in einer Zeile ausrichten. Markieren Sie dazu die Steuerelemente, klicken Sie im Register *Anordnen ▸ Anpassung und Anordnung* auf die Schaltfläche *Ausrichten* und wählen Sie die gewünschte Ausrichtung. Die Ausrichtung orientiert sich an demjenigen Element, das sich am weitesten links/rechts bzw. oben/unten befindet.

Zur Ausrichtung in einer Zeile wählen Sie zwischen *Oben* und *Unten*. Dieselben Möglichkeiten erhalten Sie auch im Kontextmenü, wenn Sie hier auf *Ausrichten* zeigen.

Markierte Steuerelemente ausrichten

Größe und Abstände angleichen

Um identische Abstände herzustellen oder zum Vergrößern bzw. Verkleinern der Abstände zwischen den markierten Steuerelementen, klicken Sie im Register *Anordnen ▸ Anpassung und Anordnung* auf die Schaltfläche *Größe/Abstand*. Im Abschnitt *Abstand* finden Sie verschiedene Möglichkeiten. Bei Bedarf lassen sich über diese Schaltfläche auch Raster und Lineale aus-, bzw. einblenden.

Identische Abstände herstellen

Über dieselbe Schaltfläche *Größe/Abstand* können Sie im Abschnitt *Größe* auch die Größe mehrerer markierter Elemente angleichen.

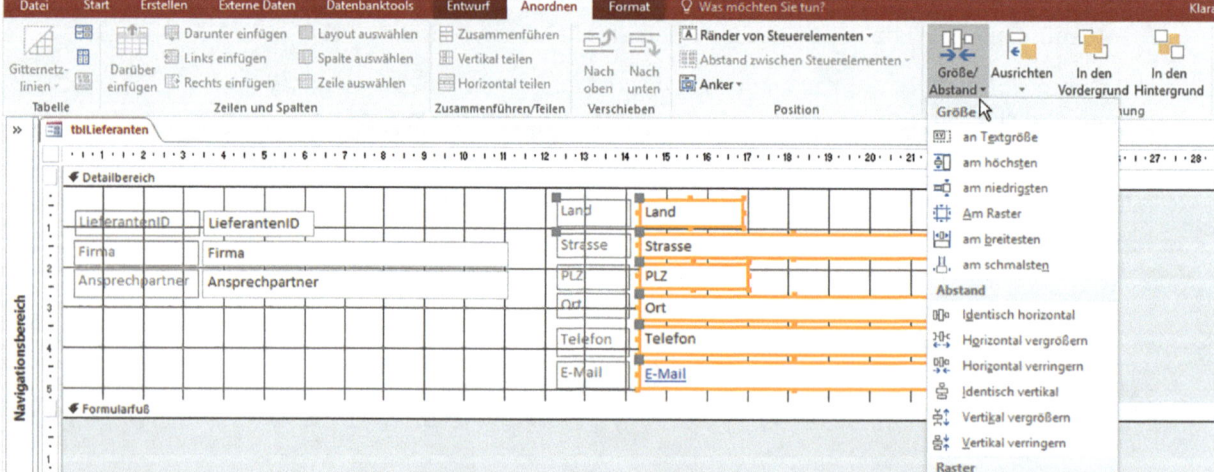

Fazit: In Formularen mit einem tabellarischen Layout ist das automatische Layout eine äußerst nützliche Hilfe beim Verschieben von Spalten und Angleichen der Spaltenbreiten. Hier gibt es eigentlich keinen Grund, das Layout zu entfernen.

Anders dagegen beim Formulartyp *Einzelnes Formular*. Hier können Sie zunächst das automatische Layout nutzen, um nicht benötigte Felder zu entfernen, Felder zu verschieben und Abstände anzugleichen. Wenn Sie anschließend das Layout entfernen, dann können Sie jedes Steuerelement noch individuell bearbeiten.

Aktivierreihenfolge der Steuerelemente

Bei der Dateneingabe im Formular wandert nach Drücken der Enter-Taste oder der Tab-Taste der Cursor zum nächsten Feld. Die Reihenfolge, in der die Felder während der Eingabe aktiviert werden, ist abhängig von der Reihenfolge, in der sie in das Formular eingefügt wurden und nicht von der Anordnung im Formular. Beim Verschieben oder nachträglichen Einfügen von Steuerelementen kann es daher vorkommen, dass die angezeigte Reihenfolge nicht mit der Aktivierreihenfolge übereinstimmt.

1 Zum Ändern der Reihenfolge klicken Sie im Register *Entwurf*, Gruppe *Tools*, auf die Schaltfläche *Aktivierreihenfolge*, oder benutzen Sie denselben Befehl aus dem Kontextmenü eines beliebigen Steuerelements. Access öffnet das Fenster *Definierte Reihenfolge*, hier können Sie nun durch Ziehen mit der Maus die Reihenfolge ändern, dabei gehen Sie wie folgt vor:

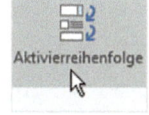

2 Klicken Sie zum Markieren in das Kästchen links von einem Feldnamen. Dieser wird markiert.

3 Ziehen Sie das markierte Feld mit dem Kästchen an die gewünschte Position in der Liste und und speichern Sie die Änderungen mit der Schaltfläche *OK*.

Aktivierreihenfolge ändern

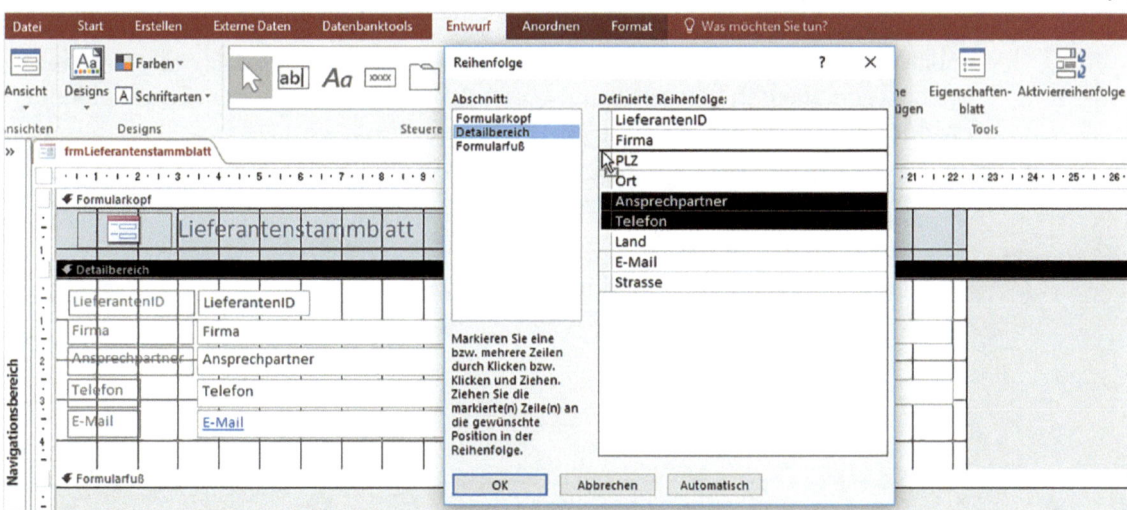

Textfelder und Bezeichnungsfelder

Access unterscheidet bei Steuerelementen zwischen Textfeldern zur Anzeige und Eingabe der eigentlichen Daten und Bezeichnungsfeldern mit beliebigen Beschriftungen. Diese sind in der Entwurfsansicht nicht immer auf Anhieb zu unterscheiden.

Weitere Informationen zu Text- und Bezeichnungsfeldern sowie zu Steuerelementen allgemein finden Sie in Kapitel 9

Steuerelement	Name/Bezeichnung
Textfeld	Textfelder dienen zur Anzeige, Eingabe oder Bearbeitung von Daten (Zeichenfolgen oder Zahlen) aus einer Tabelle oder Abfrage. Im Gegensatz zur Layoutansicht sehen Sie in der Entwurfsansicht anstelle der gespeicherten Daten den Feldnamen aus der Tabelle.
Bezeichnungsfeld	Bezeichnungsfelder werden für beliebige Beschriftungen verwendet, der Inhalt kann in der Entwurfs- oder Layoutansicht geändert werden. Standardmäßig verwendet Access als Beschriftung den Feldnamen des dazugehörigen Textfeldes.

Bezeichnungsfeld (links) und Textfeld (rechts) in der Entwurfsansicht

und in der Formularansicht

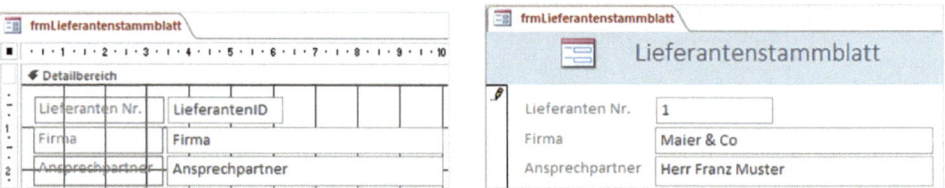

Den Inhalt eines Bezeichnungsfeldes können Sie jederzeit ändern und statt des Feldnamens eine aussagefähigere Beschriftung eingeben. Nicht benötigte Bezeichungsfelder lassen sich problemlos löschen.

Ein Textfeld zeigt in der Entwurfsansicht zwar ebenfalls den Feldnamen an, dieser darf aber auf keinen Fall geändert werden, da sonst das Steuerlement keinem Feld der Tabelle mehr zugeordnet werden kann.

Für einen besseren Überblick können Sie jederzeit zwischen der Entwurfsansicht und der Formularansicht wechseln. Wenn Sie nicht sicher sind, hilft in der Entwurfsansicht auch ein Blick auf das Auswahlfeld im Register *Format*, Gruppe *Auswählen*. Bezeichnungsfelder werden hier mit dem Namen *Bezeichnungsfeld* und einer fortlaufenden Nummer aufgelistet.

Das zuvor erstellte und bearbeitete Formular *frmLieferantenstammblatt* könnte dann nach verschiedenen Änderungen aussehen wie unten.

Das Formular Lieferantenstammblatt

Weitere Felder ohne automatisches Layout hinzufügen

Wenn Sie in der Entwurfsansicht weitere Felder hinzufügen möchten, dann klicken Sie wie in der Layoutansicht im Register *Entwurf* auf *Vorhandene Felder hinzufügen*. Die Feldliste wird am rechten Rand geöffnet und Sie können, wie bereits beschrieben, die benötigten Felder mit der Maus in den Detailbereich des Formulars ziehen.

Das Hinzufügen und die Positionierung von Feldern funktioniert in der Entwurfsansicht etwas anders, wenn Sie kein automatisches Layout benutzen. Beachten Sie in solchen Fällen, dass Sie eigentlich das Textfeld in das Formular ziehen und sich links davon, wie im Bild unten, noch das dazugehörige Bezeichnungsfeld befindet.

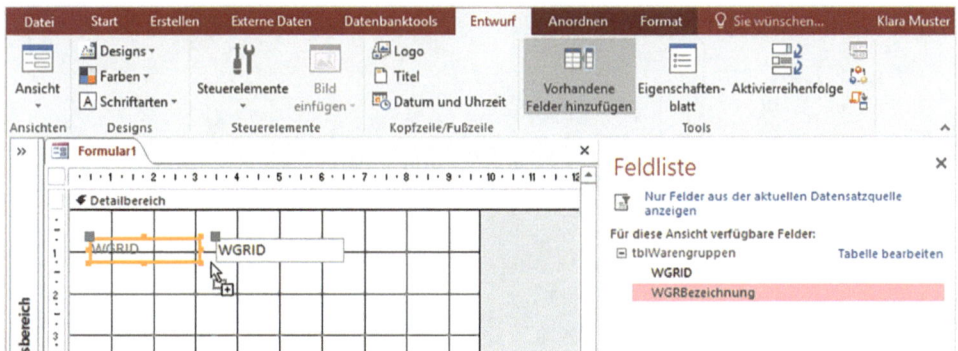

Felder ohne automatisches Layout hinzufügen

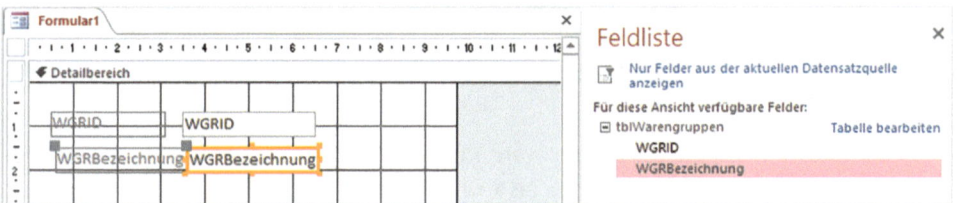

Links vom Textfeld befindet sich das dazugehörige Bezeichnungsfeld

8.6   Formulare mit dem Formular-Assistenten erstellen

Der Formular-Assistent

Mit dem Formular-Assistent stellt Access eine weitere Möglichkeit der Formularerstellung zur Verfügung. Dieser führt Sie durch die einzelnen Schritte, angefangen mit der Auswahl der Tabelle oder Abfrage und der benötigten Felder bis zur Festlegung des Layouts und zum Speichern des Formulars.

> Im Gegensatz zu den bisherigen Standardformularen erstellt der Assistent Formulare ohne automatisches Layout!

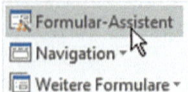

1 Sie starten den Formular-Assistent im Register *Erstellen*, Gruppe *Formulare*, über die gleichnamige Schaltfläche, voheriges Markieren einer Tabelle ist nicht erforderlich.

2 Im ersten Schritt wählen Sie, auf welcher Tabelle oder Abfrage das Formular basieren soll, im Bild unten die Tabelle *tblKunden*. Anschließend fügen Sie nacheinander die benötigten Felder zum Formular hinzu: Dazu markieren Sie entweder ein Feld und klicken auf die Schaltfläche > oder fügen es mit Doppelklick hinzu. Klicken Sie dann auf die Schaltfläche *Weiter*.

Alle Felder können Sie Sie mit der Schaltfläche >> übernehmen.

Hinweis: Die Reihenfolge, in der Sie die Felder hinzufügen, entspricht später der Aktivierreihenfolge im Formular.

Formular-Assistent: Tabelle und Felder auswählen

Wählen Sie zuerst die Tabelle aus

Verfügbare Felder der Tabelle

Felder im Formular

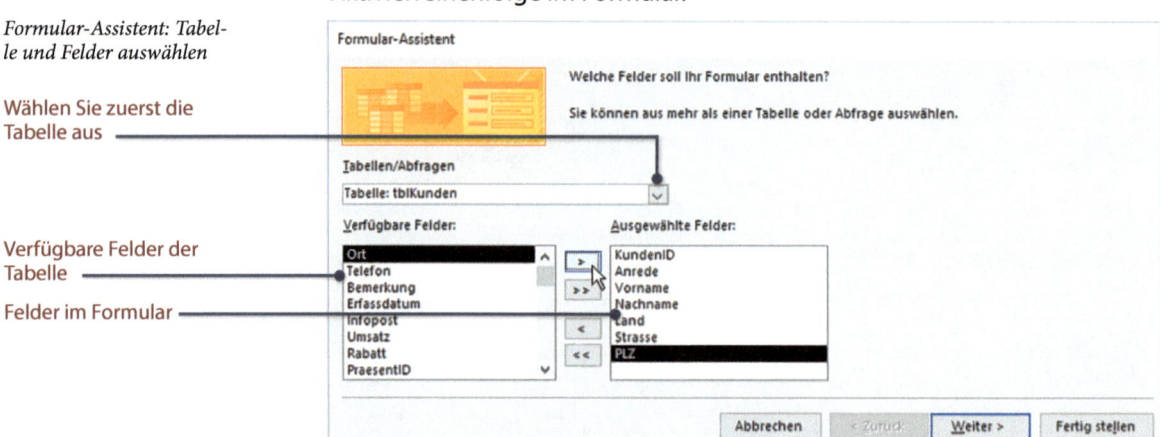

3 Im nächsten Schritt des Assistenten wählen Sie ein Layout. *Einspaltig* bedeutet, je Datensatz eine Bildschirmseite, also *Einzelnes Formular* (siehe Standardformular). *Tabellarisch* entspricht dem Formulartyp *Mehrere Elemente* und mit der Auswahl *Datenblatt* erhält das Formular das Aussehen einer Tabelle. Zusätzlich finden Sie hier noch die Sonderform *Blocksatz*, die die Bezeichnungsfelder oberhalb statt links anordnet.

Wählen Sie ein Layout

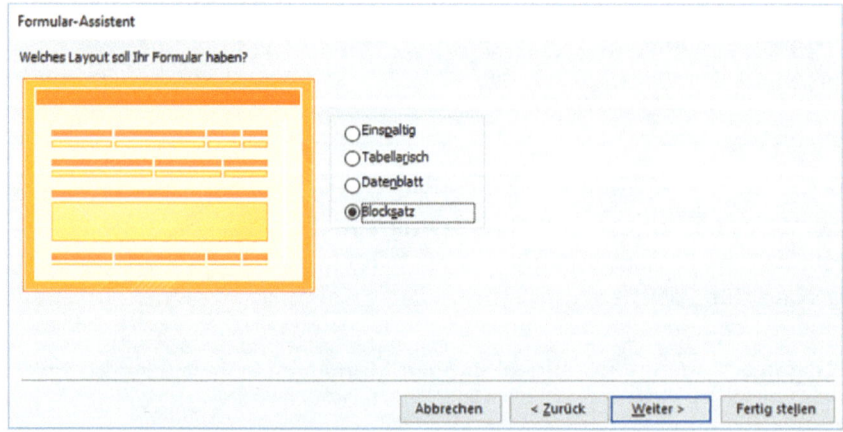

4 Zuletzt geben Sie noch an, unter welchem Namen bzw. Titel das Formular ge-speichert werden soll, wählen zwischen Formularansicht und Entwurfsansicht und klicken auf die Schaltfläche *Fertig stellen*.

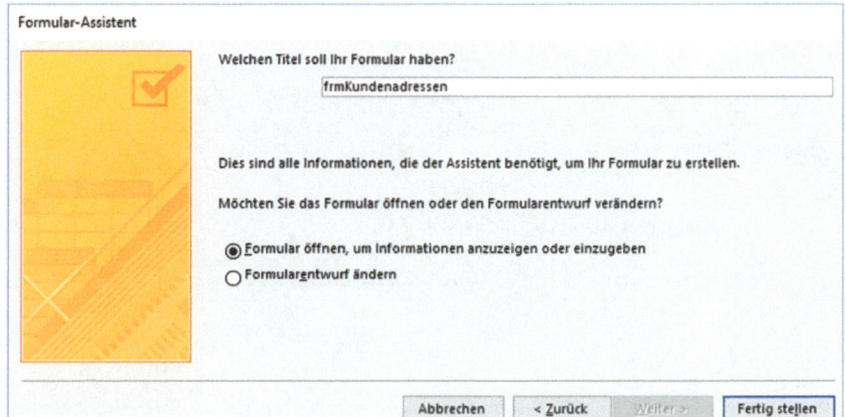

Formular speichern

Im Bild unten das fertige Formular als Beispiel für das Layout *Blocksatz*. Die weitere Bearbeitung nehmen Sie entweder in der Layout- oder der Entwurfsansicht vor, siehe Punkt 8.3 bis 8.5.

Das Formular im Layout Blocksatz

Ein Formular mit Feldern aus mehreren Tabellen

Der Assistent erlaubt auch die Auswahl von Feldern aus zwei oder mehr verknüpften Tabellen. In solchen Fällen haben Sie die Wahl zwischen den Darstellungsarten *Ein-spaltiges Formular*, *Formular mit Unterformular* und *Verknüpften Formularen*. Bei letze-rer wird das zweite Formular über eine Schaltfläche geöffnet. Diese Formulare erfor-dern zumindest Grundkenntnisse der VBA-Programmierung und werden hier daher nicht näher behandelt.

Beispiel: Einspaltiges Formular der Tabelle tblArtikel mit Warengruppenbezeichnung

Starten Sie den Formular-Assistenten und wählen Sie die Tabelle *tblArtikel* aus. Aus dieser Tabelle werden die Felder *ArtikelID*, *ArtikelBezeichnung* und *Einzelpreis* benötigt. Wählen Sie anschließend die Tabelle *tblWarengruppen* aus und fügen Sie noch das Feld *WGRBezeichnung* hinzu.

Wählen Sie Felder aus den verknüpften Tabellen tblArtikel und tblWaren-gruppen aus

5 Bei Formularen, die Felder aus mehreren Tabellen verwenden, können Sie nun im nächsten Schritt des Formular-Assistenten festlegen, wie die Daten angezeigt werden sollen. Für dieses Beispiel wählen Sie *Nach tblArtikel*. Dies bedeutet, jeder Datensatz der Tabelle *tblArtikel* wird zusammen mit der entsprechenden Waren-gruppenbezeichnung angezeigt.

Nach welcher Tabelle sollen die Daten angezeigt werden?

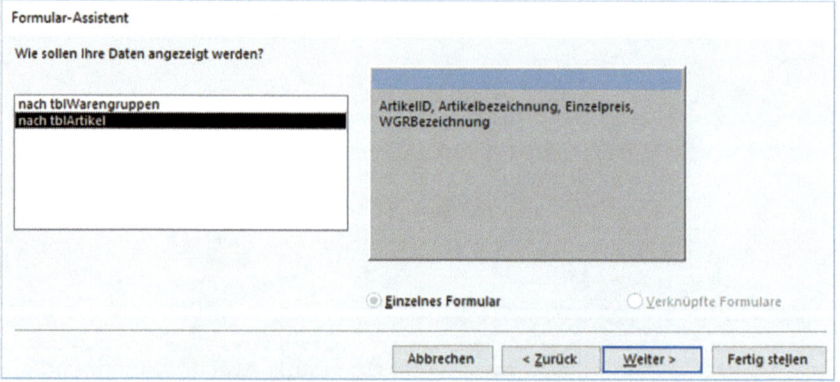

6 Anschließend wählen Sie *Einspaltiges Layout* und speichern im letzten Schritt das Formular unter einem Namen. Klicken Sie dann auf *Fertig stellen*.

Das Ergebnis

Formular mit Unterformular

Formulare mit einer eingebundenen Tabelle als Unterformular haben Sie bereits bei der Erstellung eines Standardformulars kennengelernt. Der Formular-Assistent bietet ebenfalls Unterformulare an, diese werden als eigenständige Formulare gespeichert. Als Beispiel ein Formular, in dem Sie die Warengruppen anzeigen und erfassen können und das in einem Unterformular alle dazugehörigen Artikel der Tabelle *tblArtikel* anzeigt.

1   Starten Sie den Formular-Assistenten und wählen Sie aus der Tabelle *tblWaren-gruppen* alle Felder aus. Aus der Tabelle *tblArtikel* werden dann noch die Felder *ArtikelID*, *Artikelbezeichnung*, *Einzelpreis*, *Lagerbestand*, *Minbestand* und *Auslauf-ware* in dieser Reihenfolge benötigt.

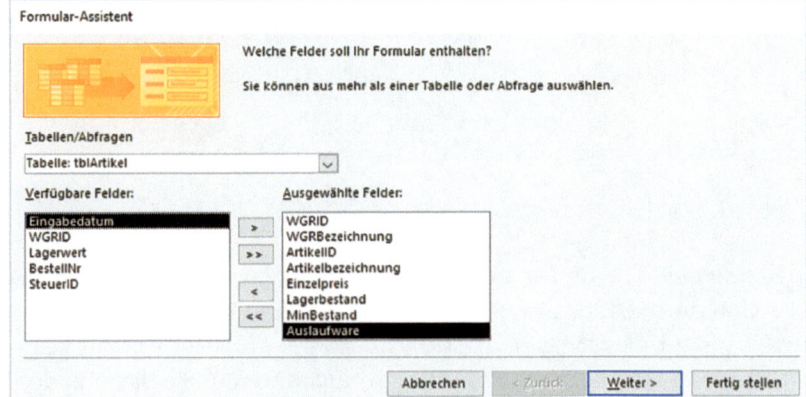

Wählen Sie eine Tabelle oder Abfrage und fügen Sie die benötigten Felder hinzu

2   Bei der nächsten Frage *Wie sollen Ihre Daten angezeigt werden?* klicken Sie auf *nach Warengruppen* und wählen Sie die *Option Formular mit Unterformular(en)*.

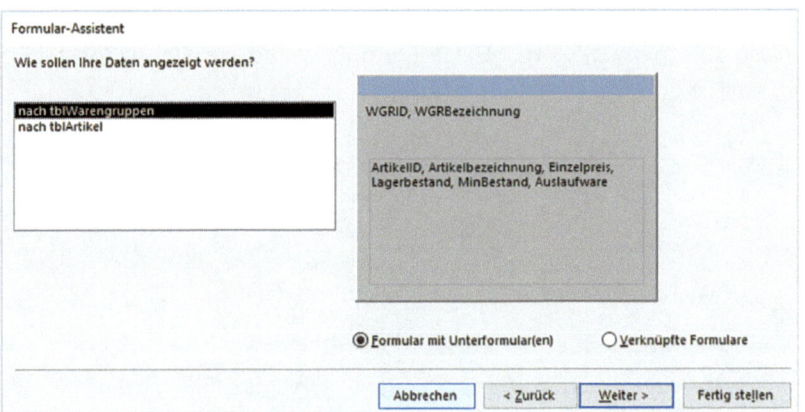

Nach tblWarengruppen als Formular mit Unterformular anzeigen

3   Mit dieser Auswahl werden die Datensätze der Tabelle *tblWarengruppen* automatisch einspaltig angezeigt und Sie können im nächsten Schritt das Layout des Unterformulars festlegen. Wählen Sie *Datenblatt* und klicken Sie auf *Weiter*.

4 Zuletzt geben Sie an, unter welchen Namen die beiden Formulare gespeichert werden sollen und klicken auf *Fertig stellen*.

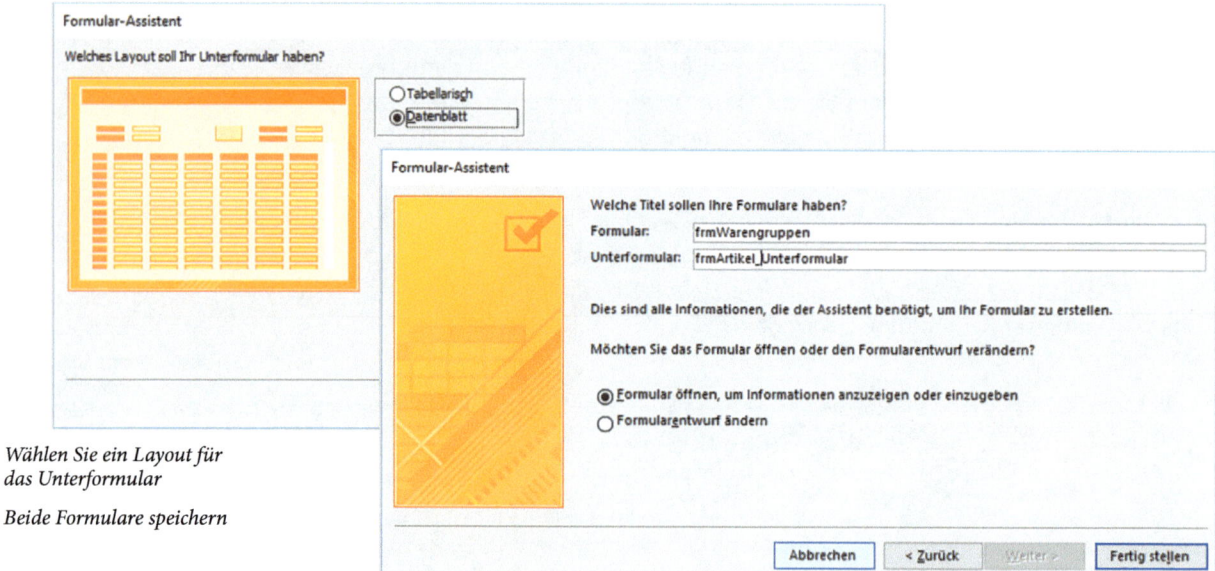

Wählen Sie ein Layout für das Unterformular

Beide Formulare speichern

Sie können nun beide Formulare nach Ihren Vorstellungen bearbeiten. **Achtung:** Wenn Sie für das Unterformular das Layout *Datenblatt* gewählt haben, dann wird dieses in der Entwurfsansicht einspaltig dargestellt, da Access in dieser Ansicht keine Daten anzeigen kann. Die Spaltenbreite des Unterformulars ändern Sie direkt in der Formularansicht oder in der Layoutansicht. Änderungen, die Sie dagegen in der Entwurfsansicht am Unterformular vornehmen, haben keinerlei Auswirkung auf die Datenblattansicht.

Beim Schließen des Formulars erscheint die Rückfrage, ob und für welche Objekte Sie Änderungen speichern möchten. Beide Formulare sind bereits markiert, klicken Sie auf *Ja*.

Das fertige Formular mit Unterformular

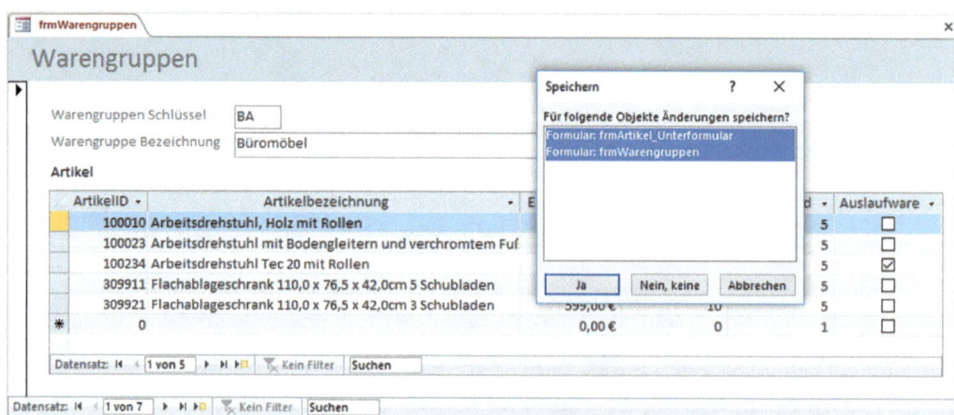

8.7 Mit einem leeren Formular beginnen

Ein leeres Formular in der Layoutansicht erstellen

Neben den oben beschriebenen Methoden bietet Access auch noch die Möglichkeit eines leeren Formulars, dem Sie anschließend die benötigten Felder hinzufügen. Wenn Sie ein solches Formular mit einem automatischen Layout erstellen möchten, dann klicken Sie im Register *Erstellen* auf *Leeres Formular*.

1 Access öffnet sofort das leere Formular in der Layoutansicht und blendet rechts die Feldliste ein. Diese verwenden Sie, wie auf Seite 210 beschrieben.

2 Klicken Sie in der Feldliste auf das Plus-Zeichen (+) der benötigten Tabelle, um die dazugehörigen Felder einzublenden und ziehen Sie nacheinander die Felder in der gewünschten Reihenfolge in das Formular. Standardmäßig verwendet das Formular ein einspaltiges Layout.

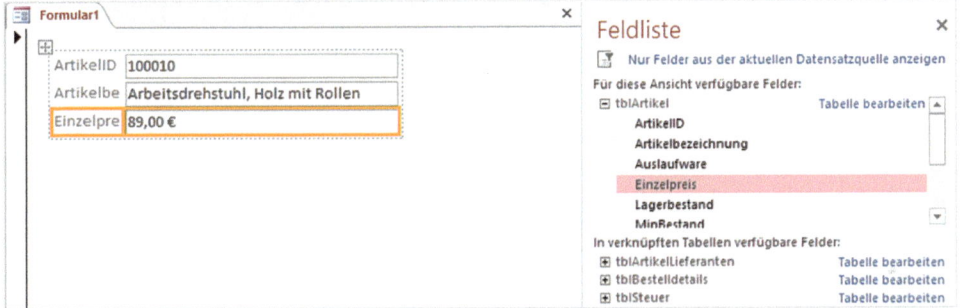

Ziehen Sie die Felder aus der Feldliste in das Layout

Falls Sie ein tabellarisches Layout benötigen, dann markieren Sie anschließend das gesamte Layout und aktivieren im Register *Anordnen ▶ Tabelle* statt *Gestapelt* die Schaltfläche *Tabelle*.

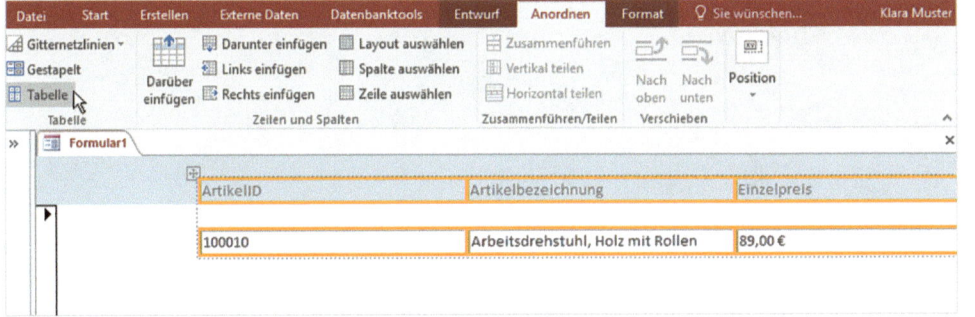

In ein Tabellenlayout umwandeln

Achtung: In erster Linie eignet sich diese Methode für einspaltige bzw. einzelne Formulare. Bei der Umwandlung in ein Tabellenlayout erscheint nämlich trotzdem zunächst ein Datensatz pro Bildschirmseite, also nicht gerade das, was Sie erwartet hätten. Damit alle Datensätze angezeigt werden, müssen Sie in den Formulareigenschaften die Standardansicht des Formulars ändern, Näheres hierzu unter Punkt 8.8.

Ein neues leeres Formular in der Entwurfsansicht

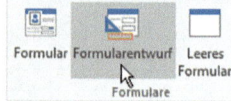

Ein leeres Formular ohne automatisches Layout erhalten Sie dagegen, wenn Sie im Register *Erstellen* auf *Formularentwurf* klicken. Access öffnet ein neues leeres Formular in der Entwurfsansicht und Sie können nun die Felder hinzufügen. Dazu klicken Sie im Register *Entwurf* auf *Vorhandene Felder hinzufügen* und ziehen anschließend die einzelnen Felder, wie oben beschrieben in den Detailbereich des Formulars.

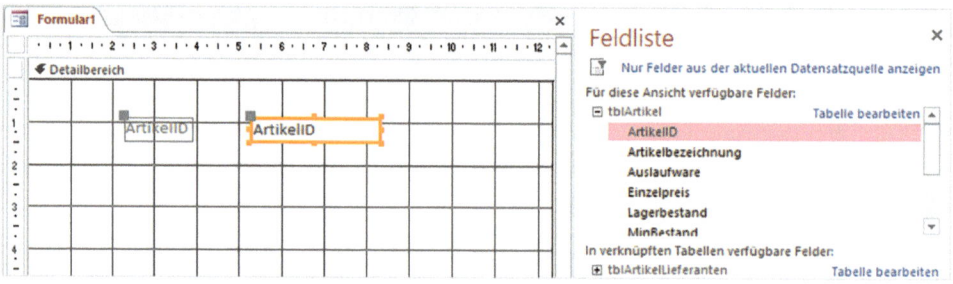

Formularkopf und -fuß hinzufügen

Dies funktioniert in der Layoutansicht und in der Entwurfsansicht

Egal ob Sie ein neues leeres Formular in der Layoutansicht oder in der Entwurfsansicht erstellen, das Formular besteht zunächst nur aus dem Detailbereich. Wenn Sie die Bereiche Formularkopf oder -fuß für einen Titel oder ähnliches benötigen, dann klicken Sie im Register *Entwurf* ▶ *Kopfzeile/Fußzeile* auf *Titel*.

Access fügt nicht nur ein Steuerelement ein, in das Sie eine beliebige Überschrift eingeben können (siehe Bild unten), sondern gleichzeitig auch die Bereiche *Formularkopf* und *Formularfuß*. Sollte der Bereich *Formularfuß* geschlossen sein, so ziehen Sie einfach zum Vergrößern mit der Maus nach unten.

Klicken Sie im Register Entwurf auf Titel

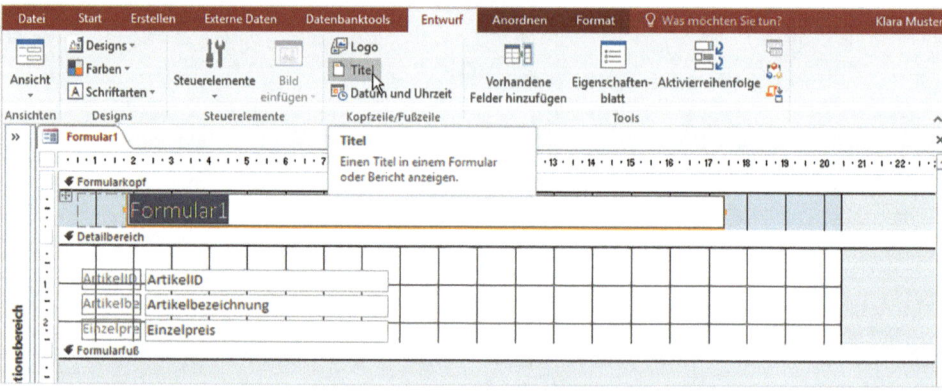

8.8   Formulareigenschaften

Eigenschaften anzeigen

Formulare verfügen über eine Reihe von Eigenschaften, über die Sie deren Aussehen und Verhalten steuern können.

Formular auswählen

Um die Formulareigenschaften anzuzeigen, müssen Sie zunächst das Formular auswählen. Dazu klicken Sie in der Entwurfsansicht links oben auf das Kästchen im Schnittpunkt der beiden Lineale oder an eine beliebige Stelle außerhalb des Formularbereichs. Oder klicken Sie im Register *Format ▶ Auswahl* auf den Dropdown-Pfeil im Feld *Objekt* und wählen hier *Formular* aus.

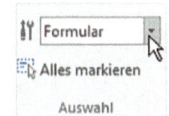

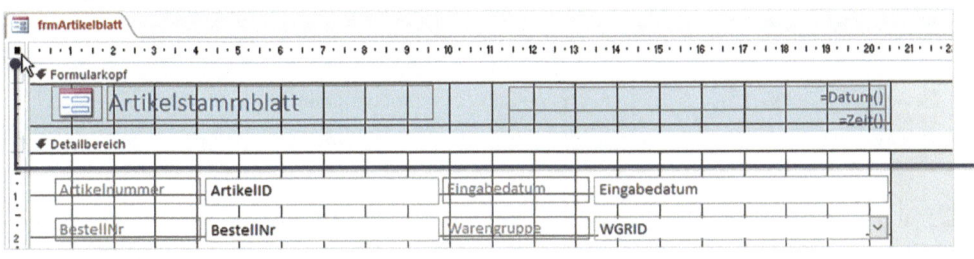

Formular auswählen

Klicken Sie zum Auswählen des Formulars hier

Eigenschaftenblatt anzeigen

Anschließend klicken Sie im Register *Entwurf* auf die Schaltfläche *Eigenschaftenblatt*. Das Eigenschaftenblatt erscheint am rechten Rand des Arbeitsbereichs. Zum Ausblenden des Eigenschaftenblatts klicken Sie entweder im Menüband erneut auf *Eigenschaftenblatt* oder klicken auf das Symbol *Schließen*.

Zur Kontrolle zeigt das Eigenschaftenblatt das ausgewählte Element bzw. Objekt an, im Bild unten *Formular*, die Eigenschaften selbst sind zwecks besserer Übersicht in verschiedene Register aufgeteilt. Das Register *Alle* enthält alle Eigenschaften, leider nicht alphabetisch sortiert.

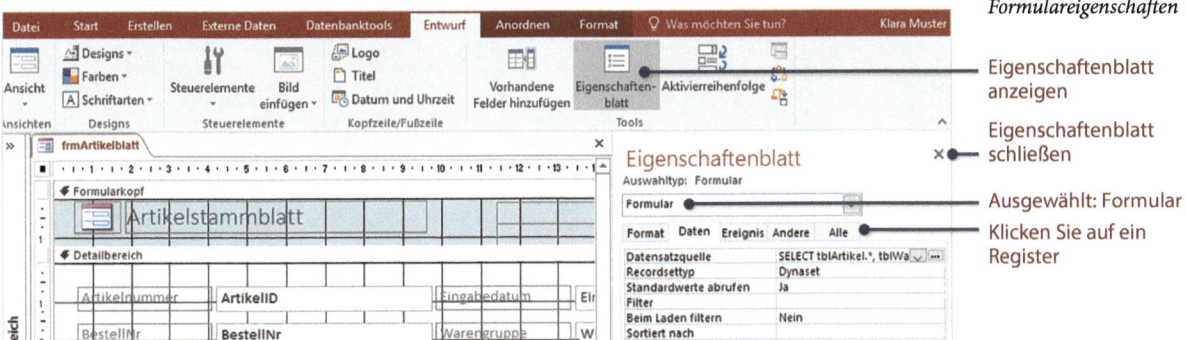

Formulareigenschaften

Eigenschaftenblatt anzeigen

Eigenschaftenblatt schließen

Ausgewählt: Formular

Klicken Sie auf ein Register

Datensatzquelle anzeigen und bearbeiten

SQL, siehe Kapitel 7.6

Eine der wichtigsten Eigenschaften eines Formulars ist die *Datensatzquelle*, also die Tabelle oder Abfrage, aus der die verwendeten Felder stammen. Diese ist im Register *Daten* zu finden und kann eine Tabelle, eine gespeicherte Abfrage oder einen SQL-Ausdruck enthalten. Ein SQL-Ausdruck beginnt mit der Anweisung *SELECT* und wird von Access automatisch erstellt, wenn Sie nachträglich dem Formular Felder aus verknüpften Tabellen hinzugefügt haben, siehe Seite 210.

Um eine andere Tabelle oder Abfrage auszuwählen, klicken Sie auf den Dropdown-Pfeil. Wenn Sie dagegen die Datensatzquelle bearbeiten möchten, dann klicken Sie auf die Schaltfläche mit den drei Punkten.

Datensatzquelle Tabelle

SQL-Ausdruck

Abfrage-Generator öffnen

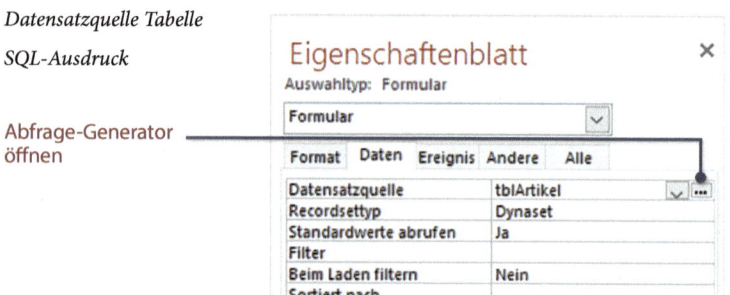

Damit öffnen Sie den Abfrage-Generator, der nichts anderes ist, als eine Abfrage in der Entwurfsansicht. Hier können Sie nun weitere Felder hinzufügen, nicht benötigte Felder entfernen, sortieren, Felder berechnen oder Kriterien bearbeiten. Mit der Schaltfläche *Speichern unter* lässt sich die SQL-Anweisung auch als Abfrage speichern. Um zum Formular zurückzukehren, klicken Sie auf die Schaltfläche *Schließen* im Menüband. Zuvor erscheint noch die Rückfrage, ob Sie Änderungen an der Abfrage bzw. SQL-Anweisung speichern möchten.

Die Datensatzquelle im Abfrage-Generator bearbeiten

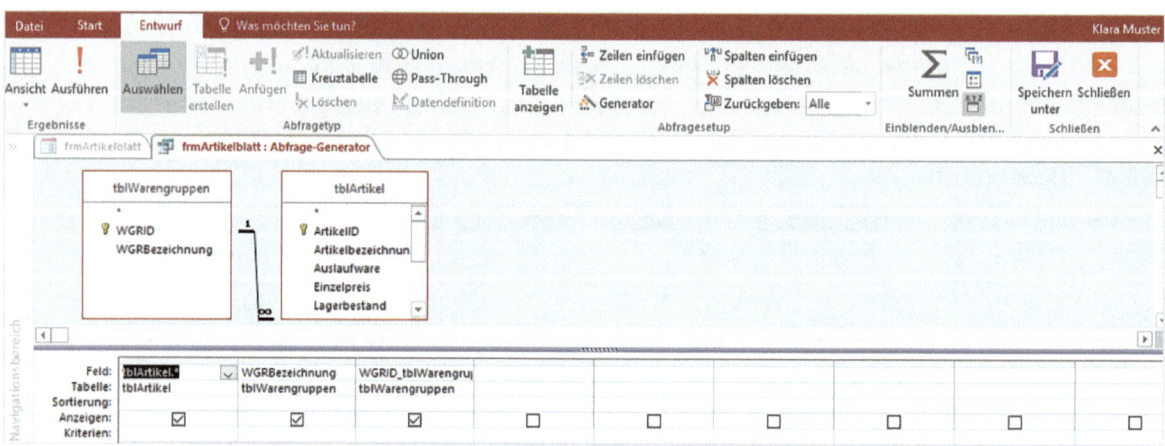

Hinweis: Handelt es sich bei der Datensatzquelle um eine Tabelle, dann erscheint vor dem Öffnen des Abfrage-Generators die Frage, ob Sie basierend auf dieser Tabelle eine Abfrage erstellen möchten. Klicken Sie auf *Ja*.

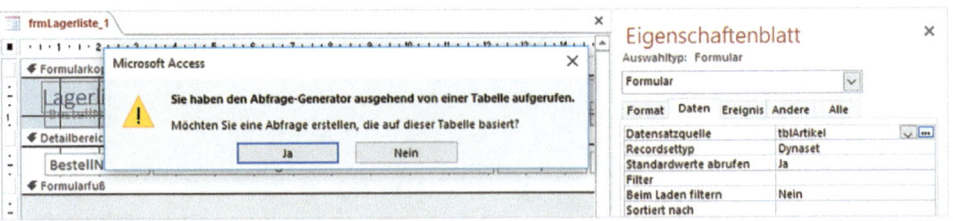

Statt der Tabelle eine Abfrage erstellen

Datensatzanzeige und Formularlayout

Ob die Datensätze im Formular als Tabelle oder einzeln dargestellt werden, steuert die Eigenschaft *Standardansicht*, zu finden im Register *Format*. Hier stehen die Ansichten *Einzelnes Formular*, *Endlosformular*, *Datenblatt* und *Geteiltes Formular* zur Auswahl. Wenn ein automatisches Layout nachträglich in eine Tabelle umgewandelt wurde und trotzdem, wie auf Seite 231, noch als *Einzelnes Formular* erscheint, dann müssen Sie hier stattdessen *Endlosformular* wählen.

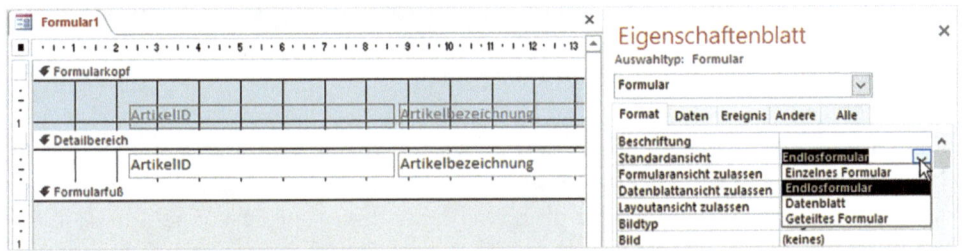

Wählen Sie, mit welcher Ansicht das Formular geöffnet werden soll

> **Beachten Sie beim Endlosformular**
> Der Detailbereich steuert die Anzeige eines einzelnen Datensatzes. Dies gilt auch für die Höhe des Detailbereichs in der Entwurfsansicht: Je höher dieser Bereich, umso größer der Zeilenabstand in der Formularansicht.

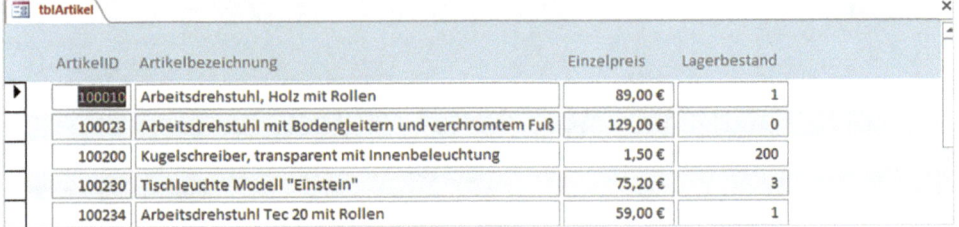

Endlosformular

Geteiltes Formular

Wenn es sich um ein geteiltes Fomular handelt, dann können Sie über die Eigenschaft *Ausrichtung des geteilten Formulars* die Position des Datenblatts wählen. Dabei ist es egal, ob Sie das Formular über die Schaltfläche *Weitere* erstellt haben oder nachträglich *Geteiltes Formular* als Standardansicht festgelegt haben.

Die Eigenschaft Ausrichtung des geteilten Formulars steuert die Position des Datenblatts

Bearbeitungen im Datenblatt zulassen?

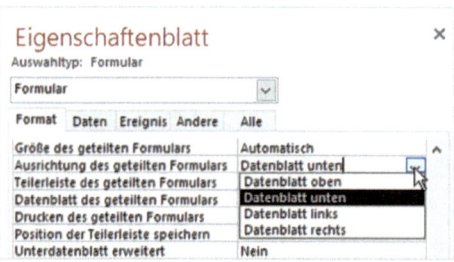
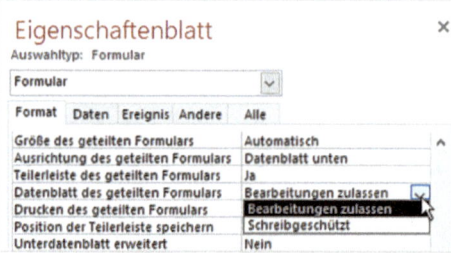

Das Datenblatt eines geteilten Formulars dient meist nur zur Übersicht und zur Datensatzauswahl. Wenn Sie im Datenblatt versehentliche Änderungen an Datensätzen verhindern möchten, dann ändern Sie die Eigenschaft *Datenblatt des geteilten Formulars* von *Bearbeitungen zulassen* auf *Schreibgeschützt* (Bild oben).

Dateneingabe steuern

Im Register *Daten* finden Sie außerdem Formulareigenschaften, mit denen Sie das Verhalten des Formulars bei der Dateneingabe steuern.

Daten eingeben

Standardmäßig ist die Eigenschaft *Daten eingeben* auf *Nein* gesetzt, das bedeutet, im Formular ist sowohl die Anzeige und Bearbeitung vorhandener Datensätze als auch die Eingabe neuer Datensätze möglich. Wenn Sie dagegen diese Eigenschaft auf *Ja* ändern, dann wird das Formular automatisch mit einem neuen leeren Datensatz geöffnet und es können ausschließlich neue Datensätze erfasst werden. Auch über die Navigationsleiste ist kein Wechsel zu vorhandenen Datensätzen möglich, wie im Bild unten zu sehen.

Formular mit einem neuen leeren Datensatz öffnen

Kein Wechsel zu weiteren Datensätzen möglich

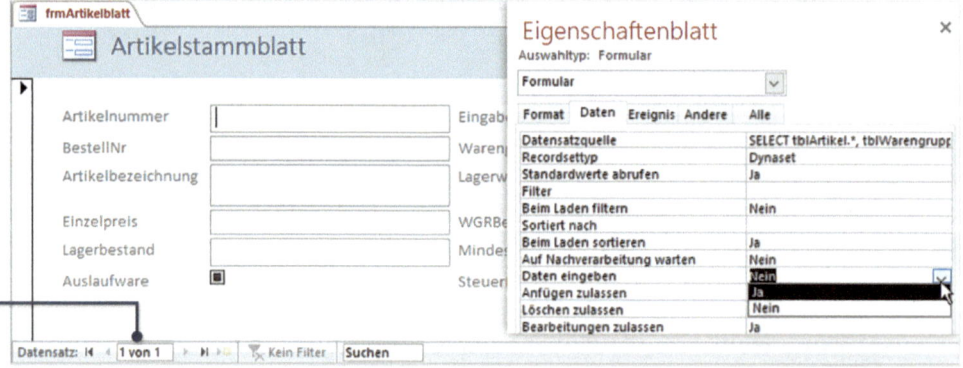

> Wenn Sie ein Formular auch zum Erfassen und Anzeigen bzw. nachträglichen Bearbeiten nutzen möchten, dann setzen Sie mit Hilfe eines einfachen Makros beim Öffnen des Formulars und nur bei Bedarf die Eigenschaft *Daten eingeben* auf *Ja*. Dies stellt die bessere Lösung dar, wie Sie dabei vorgehen, lesen Sie in Kap. 11.

Bearbeitungen zulassen

Mit den Eigenschaften *Anfügen zulassen*, *Löschen zulassen* und *Bearbeitungen zulassen* können Sie bei Bedarf die Bearbeitungsmöglichkeiten einzeln einschränken.

Formularelemente anzeigen/ausblenden

Standardmäßig enthalten Formulare dieselben Elemente wie Tabellen in der Datenblattansicht. Dazu gehören die Markierungsspalte am linken Rand und die Navigationsleiste mit Schaltflächen am unten Rand des Formulars.

▶ Die Markierungsspalte wird in den meisten Formularen, insbesondere in der Ansicht *Einzelnes Formular* nicht benötigt und kann ausgeblendet werden. Dazu ändern Sie im Register *Format* die Eigenschaft *Datensatzmarkierer* auf *Nein*.

▶ Die Navigationsleiste mit den Schaltflächen Vorheriger/Nächster Datensatz können Sie mit der Eigenschaft *Navigationsschaltflächen* ausblenden. Damit in diesem Fall trotzdem ein Wechsel zwischen den Datensätzen möglich ist, sollten Sie entsprechende Schaltflächen einfügen, siehe Kapitel 9.

▶ Weitere Eigenschaften legen fest, ob auch die typischen Windows-Fensterelemente Bildlaufleisten, die Schaltfläche *Schließen* und Schaltflächen zum Minimieren/Maximieren des Fensters sichtbar sind.

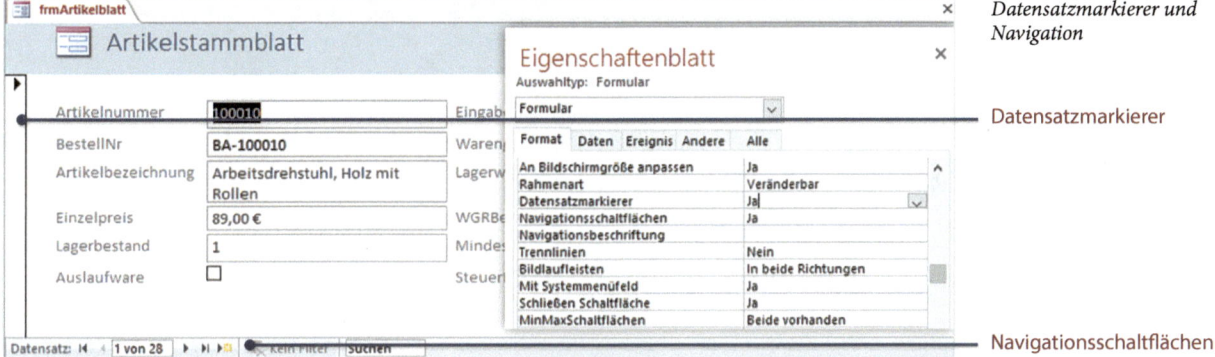

Datensatzmarkierer und Navigation

Datensatzmarkierer

Navigationsschaltflächen

Beschriftung bzw. Formulartitel

In der Formularansicht verwendet Access als Beschriftung des Registers oder im Titel des Fensters den Namen des Formulars. Wenn hier stattdessen ein aussagefähigerer Titel erscheinen soll, dann geben Sie diesen bei der Eigenschaft *Beschriftung* ein.

Beschriftung des Formulars

Formular als gebundenes Dialogfenster öffnen

Access erlaubt normalerweise das gleichzeitige Öffnen und Bearbeiten mehrerer Datenbankobjekte. Das bedeutet beispielsweise, Sie können ein weiteres Formular öffnen, während das erste noch geöffnet ist und beliebig zwischen den Formularen wechseln. Wenn Sie dies verhindern und ausschließlich das Arbeiten im aktuellen Formular erlauben möchten, dann öffnen Sie das Formular in einem gebundenen Fenster. Dazu wählen Sie das Formular aus und klicken im Eigenschaftenblatt auf das Register *Andere*. Ändern Sie hier die Eigenschaft *Gebunden* auf *Ja*.

Ein gebundenes Formular erstellen

Die Bezeichnung Gebunden wird von Access auch für Formulare verwendet, die an ein bestimmtes Datenbankobjekt, z. B. eine Tabelle gebunden sind.

Solage ein gebundenes Formularfenster geöffnet ist, sind alle übrigen Access-Fenster deaktiviert und auch der Navigationbereich links ist inaktiv, d.h. es kann kein weiteres Objekt geöffnet werden.

Ein gebundenes Formularfenster in der Formularansicht: Der Navigationsbereich ist deaktiviert.

Ein gebundenes Fenster verhindert allerdings nicht den Zugriff auf andere Anwendungen, z. B. über die Taskleiste.

Formular als PopUp-Fenster öffnen

Im Register *Andere* finden Sie auch die Eigenschaft *PopUp*. Diese legt fest, ob das Formular im Arbeitsbereich des Access-Fensters oder in einem gesonderten PopUp-Fenster vor allen übrigen Fenstern geöffnet wird. Wenn Sie die Formulareigenschaft *PopUp* auf *Ja* ändern, dann wird das Formular als Fenster geöffnet (siehe Bild unten). Wurde außerdem noch die Eigenschaft *Gebunden* auf *Ja* eingestellt, dann behält das Formularfenster, wie bei einem Dialogfenster den Fokus bis zum Schließen, es stehen also auch keine Schaltflächen des Menübands zur Verfügung.

Beachten Sie, dass bei einem gebundenen PopUp-Formular auch die Schaltfläche *Ansicht* nicht verfügbar ist, Sie müssen daher für einen etwaigen Wechsel in die Layout- oder Entwurfsansicht das Kontextmenü verwenden. Klicken Sie dazu mit der rechten Maustaste entweder an eine freie Stelle im Formular oder in die Titelleiste des Fensters.

Das Formular wird ausschließlich in der Formularansicht als PopUp-Fenster angezeigt, nicht aber in der Layout- und Entwurfsansicht.

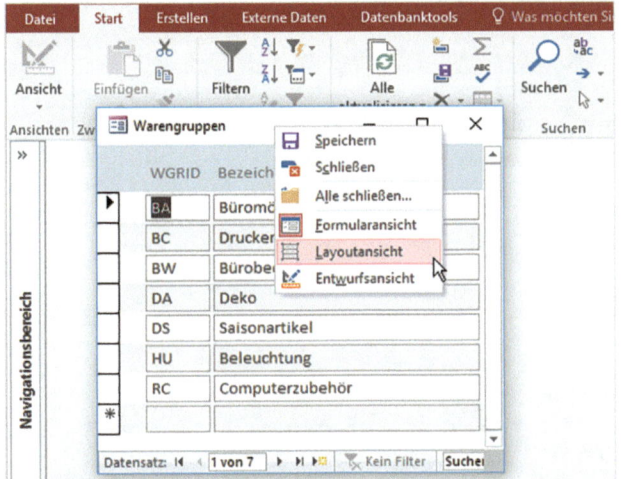

In einem PopUp-Fenster zwischen den Ansichten wechseln

Ein Formular als PopUp-Fenster öffnen

Ein Formular als modales Dialogfeld erstellen

Über die Schaltfläche *Weitere* (Register *Erstellen* ▶ *Formulare*) lässt sich mit der Auswahl *Modales Dialogfeld* ein leeres Formular gleichzeitig als gebundenes PopUp-Fenster erstellen. Ein solches Formular wird nach dem Erstellen grundsätzlich in der Entwurfsansicht geöffnet. Es ist bis auf die beiden Schaltflächen *OK* und *Abbrechen* leer und zunächst auch an keine Datensatzquelle gebunden. Die Eigenschaften *PopUp* und *Gebunden* wurden automatisch auf *Ja* gesetzt, Datensatzmarkierer und Navigationsschaltflächen sind ausgeblendet und das Formular erhielt die Rahmenart *Dialog* (Register *Format*).

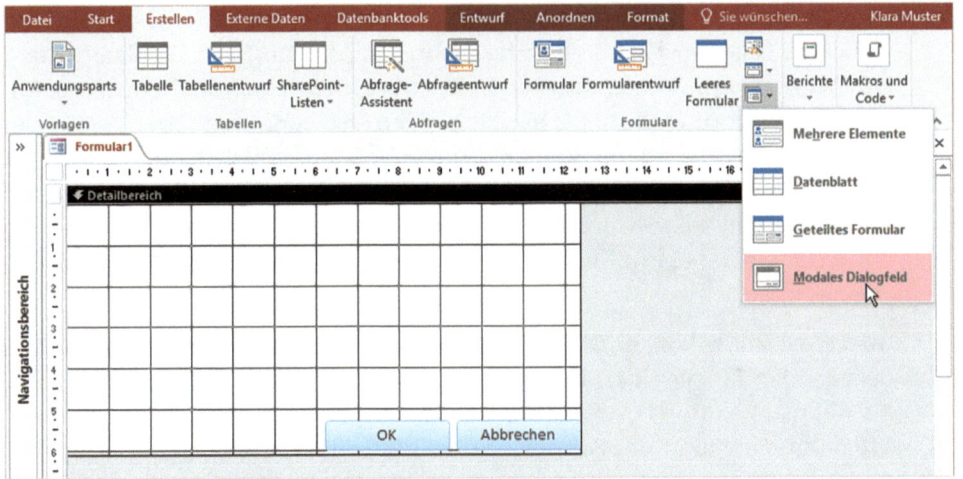

Ein leeres Formular als Modales Dialogfeld erstellen

Anschließend können Sie eine Datensatzquelle auswählen und Felder hinzufügen. Näheres zu den Schaltflächen lesen Sie im nächsten Kapitel.

Ein modales Dialogfeld wird in der Formularansicht als PopUp-Fenster geööfnet

8.9 Zusammenfassung

▶ Formulare erleichtern aufgrund ihrer übersichtlichen Darstellung und einfachen Bedienung ungeübten Benutzern die Dateneingabe und -bearbeitung. Access stellt mehrere Möglichkeiten der Formularerstellung und verschiedene Formulartypen zur Verfügung. Bei einem *Einzelnen Formular* wird immer ein Datensatz je Bildschirmseite angezeigt, für Tabellen wählen Sie *Mehrere Elemente*. 1:n Beziehungen werden meist in einem Hauptformular mit eingebettetem Unterformular dargestellt. Der Typ *Geteiltes Formular* kombiniert eine Übersicht in Tabellenform und die Darstellung *Einzelnes Formular* zur Anzeige des ausgewählten Datensatzes.

▶ Wie alle Access-Objekte verfügen auch Formulare über verschiedene Ansichten, wobei die Dateneingabe stets in der Formularansicht erfolgt. Die Bearbeitung erfolgt in der Layoutansicht und/oder der Entwurfsansicht, wobei jede dieser Ansichten ihre Vor- und Nachteile hat. Bei einigen Erstellungsmethoden verwendet Access zur Anordnung der Steuerelemente ein automatisches Layout, das z. B. schnelles Anpassen der Spaltenbreite erlaubt. Für individuelle Anordnung und Ausrichtung müssen Sie das automatische Layout entfernen. Die Formatierung der Steuerelemente mit Farben und Schriftattributen ist dagegen unabhängig vom Layout.

▶ Über die Feldliste können Sie jederzeit weitere Felder, entweder aus der zugrundeliegenden Tabelle oder Abfrage oder aus verknüpften Tabellen hinzufügen. Als Alternative öffnen und bearbeiten Sie über die Eigenschaft *Datensatzquelle* die Datenherkunft des Formulars. Über die Formulareigenschaften lässt sich auch das Verhalten beim Öffnen und bei der Dateneingabe steuern.

8.10   Übungsaufgaben

Ein Kundenstammblatt erstellen

Erstellen Sie ein Formular, das zum Erfassen neuer Kunden und nachträglichen Bearbeiten bereits vorhandener Kunden verwendet werden kann. Das Formular soll alle Felder der Tabelle *tblKunden* enthalten, Layout und Anordnung der Felder sollen etwa so aussehen, wie im Bild unten. Farben, Schriften und sonstige Formate wählen Sie nach Ihren Vorstellungen. Es spielt keine Rolle, wie Sie mit der Erstellung des Formulars beginnen, speichern Sie das Formular unter dem Namen *frmKundenstammblatt*.

Kundenstammblatt

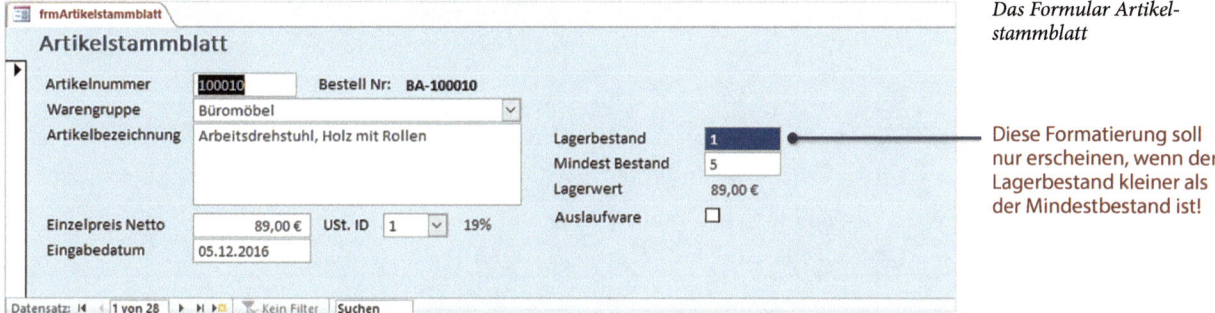

Testen Sie das Formular, indem Sie ein bis zwei beliebige neue Kunden erfassen. Achten Sie insbesondere darauf, ob die Felder in der richtigen Reihenfolge aktiviert werden und passen Sie eventuell die Aktivierreihenfolge entsprechend an.

Artikelstammblatt

Erstellen Sie ein Artikelstammblatt entsprechend dem Bild unten und speichern Sie das Formular unter dem Namen *frmArtikelstammblatt*. Ob Sie mit einem Standardformular beginnen oder den Assistenten verwenden, spielt keine Rolle. Sie benötigen alle Felder der Tabelle *tblArtikel* sowie das Feld *SteuerProzent* aus der Tabelle *tblSteuer*.

Das Formular Artikelstammblatt

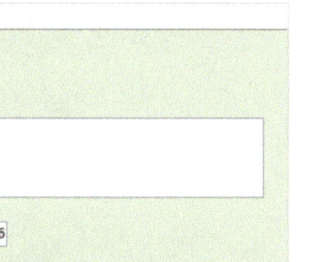

Diese Formatierung soll nur erscheinen, wenn der Lagerbestand kleiner als der Mindestbestand ist!

Formatieren Sie das Feld *Lagerbestand* so, dass dieses mit heller Schrift vor dunklem Hintergrund erscheint, wenn der Lagerbestand kleiner dem Mindestbestand ist.

Eine n:m Beziehung mit Haupt- und Unterformular darstellen

Beispiel Artikel und Lieferanten

Auch n:m Beziehungen lassen sich als Formular mit eingebettetem Unterformular darstellen. In dieser Übungsaufgabe erstellen Sie ein Formular, das anzeigt, welche Artikel von den einzelnen Lieferanten bezogen werden. Außerdem lassen sich einem Lieferanten bestehende Artikel neu zuordnen und neue Lieferanten erfassen. Das fertige Formular soll etwa aussehen wie im Bild unten.

So sollte das fertige Formular in etwa aussehen

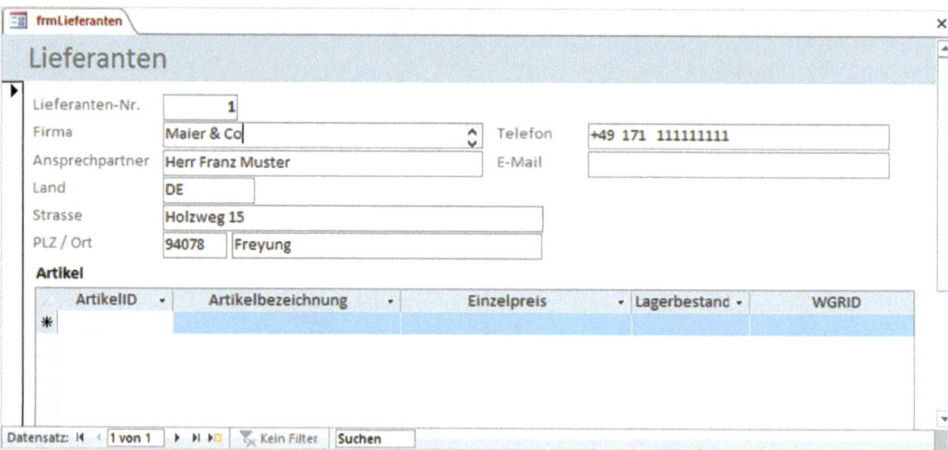

Die Tabellen *tblArtikel* und *tblLieferanten* stehen über die Tabelle *tblArtikelLieferanten* in einer n:m Beziehung zueinander, wie das Bild unten zeigt.

Das Datenmodell der n:m Beziehung

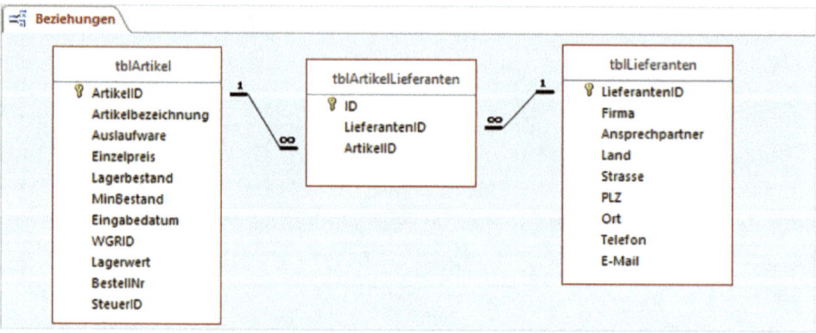

1   Am einfachsten erstellen Sie ein solches Formular zunächst mit dem Formular-Assistenten. Für das oben abgebildete Formular benötigen Sie folgende Felder:

tblLieferanten: Alle Felder
tblArtikelLieferanten: *ArtikelID*
tblArtikel: *Artikelbezeichnung*, *Einzelpreis*, *Lagerbestand*, *WGRID*

2 Im nächsten Schritt geben Sie an, welche der Tabellen im Hauptformular angezeigt werden soll: Wählen Sie die Tabelle *tblLieferanten*.

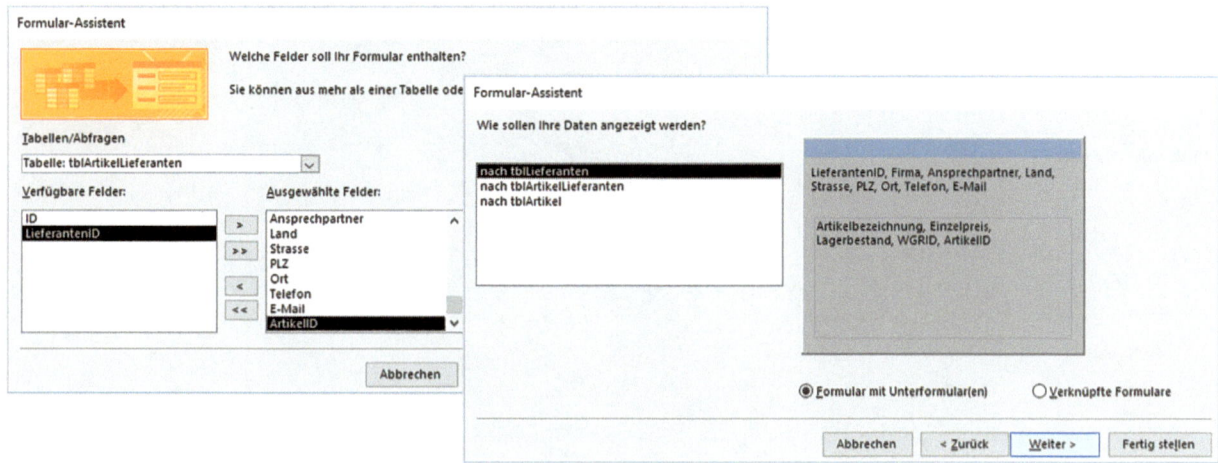

3 Als Layout für das Unterformular wählen Sie *Datenblatt* und speichern anschließend die beiden Formulare unter den Namen *frmLieferanten* und *frmArtikelLieferanten_UF*.

4 Formatieren Sie anschließend das Formular und passen Sie insbesondere die Spaltenbreiten des Unterformulars an. Auch Breite und Höhe des gesamten Unterformulars können Sie mit der Maus ändern. Design, Schriftarten und Farben wählen Sie nach Ihren Vorstellungen.

5 Testen Sie das Formular, indem Sie beim ersten Lieferanten zwei bis drei Artikelnummern der Tabelle *tblArtikel* eingeben. Die dazugehörige Artikelbezeichnung erscheint automatisch, ebenso Einzelpreis, Lagerbestand und Warengruppe.

Hinweis: Sie dürfen im Unterformular natürlich nur bereits vorhandene Artikel-IDs eingeben und hier hat das Unterformular vorerst noch einen gravierenden Nachteil; es steht kein Nachschlagefeld zur Auswahl der Artikel zur Verfügung. Wie Sie Nachschlagefelder in Formularen erstellen, lesen Sie in Kap. 9.

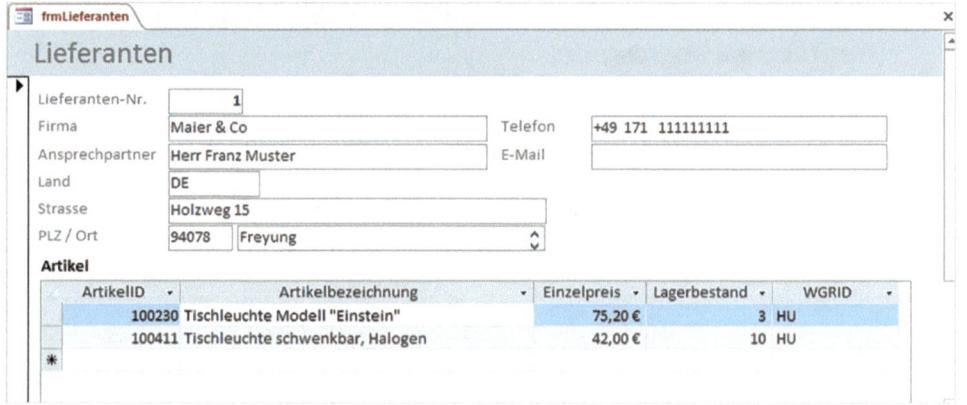

Testen Sie das fertige Formular und erfassen Sie einige Artikel

Ein Formular zum Erfassen von Bestellungen erstellen

Nun benötigen wir noch ein Formular zum Erfassen von Bestellungen. Auch Kunden, Bestellungen und Artikel stehen in einer n:m Beziehung zueinander, wie das Bild unten zeigt.

Die Tabellen tblKunden, tblBestellungen, tblBestell-details und tblArtikel

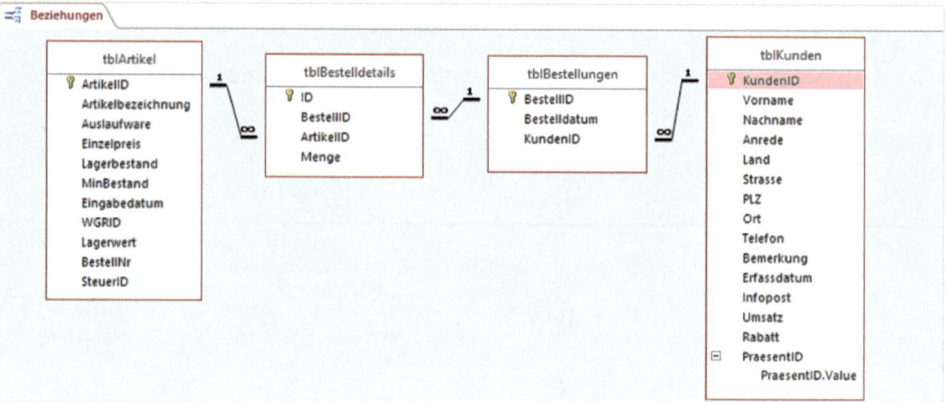

Erstellen Sie ein Formular, mit dem Sie Bestellungen erfassen können, dazu einige Tipps und Hinweise:

▶ Erstellen Sie das Formular mit dem Formular-Assistenten und nehmen Sie die notwendigen Anpassungen später vor.

▶ Sie benötigen folgende Felder aus folgenden Tabellen:

tblBestellungen	Alle Felder
tblKunden	Alle Namens- und Anschriftfelder
tblBestelldetails	*ArtikelID* und *Menge*
tblArtikel	*Artikelbezeichnung, Einzelpreis*

▶ Wählen Sie im Assistenten die Anzeige der Daten nach *tblBestellungen* in Form eines Formulars mit Unterformular.

Anzeigen nach tblBestel-lungen

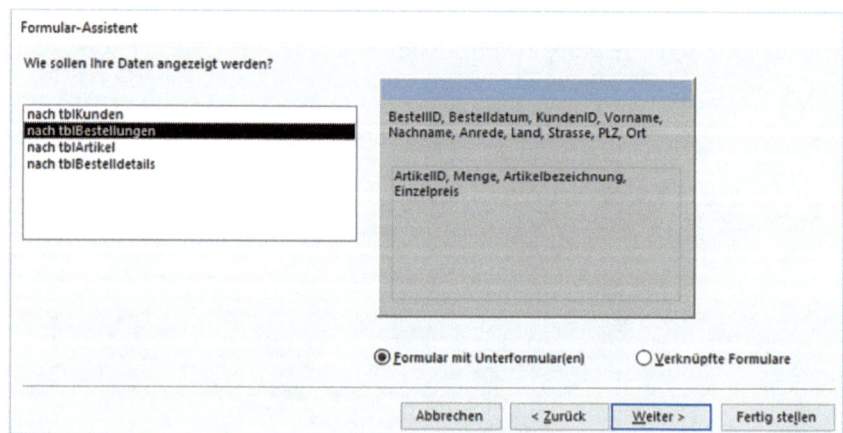

▶ Wählen Sie für das Unterformular die Anzeige *Datenblatt*. Speichern Sie das Hauptformular unter dem Namen *frmBestellungen* und das Unterformular unter dem Namen *frmBestelldetailsUF*.

▶ Passen Sie anschließend das Formular so an, dass es etwa der Abbildung unten entspricht. Farben und Schriftarten können Sie selbstverständlich nach Ihren Vorstellungen wählen

Das fertige Formular

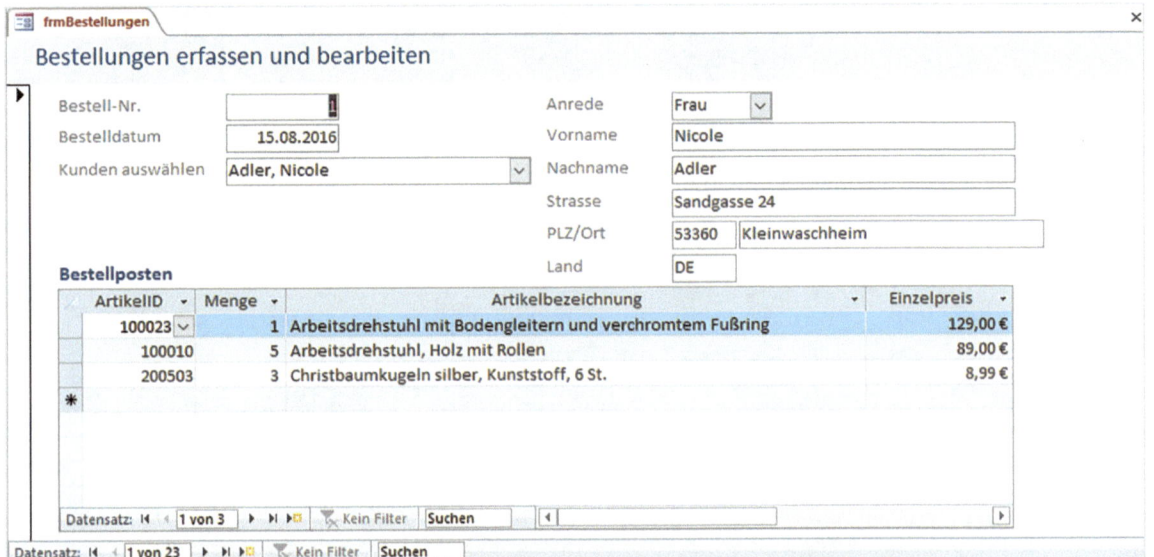

Hinweis: Dieses Beispiel verwendet den Preis aus der Tabelle *tblArtikel*. In der Praxis sollte jedoch der aktuelle Preis in die Tabelle *tblBestelldetails* übernommen werden, z. B. durch eine Aktualisierungsabfrage. Dadurch wird sichergestellt, dass bei etwaigen späteren Preisänderungen der, zum Zeitpunkt der Bestellung gültige Preis berechnet wird.

▶ Berechnen in der Datensatzherkunft des Unterformulars ein neues Feld *Gesamt-Preis* mit der Formel *[Einzelpreis]*[Menge]*.

Gesamtpreis berechnen

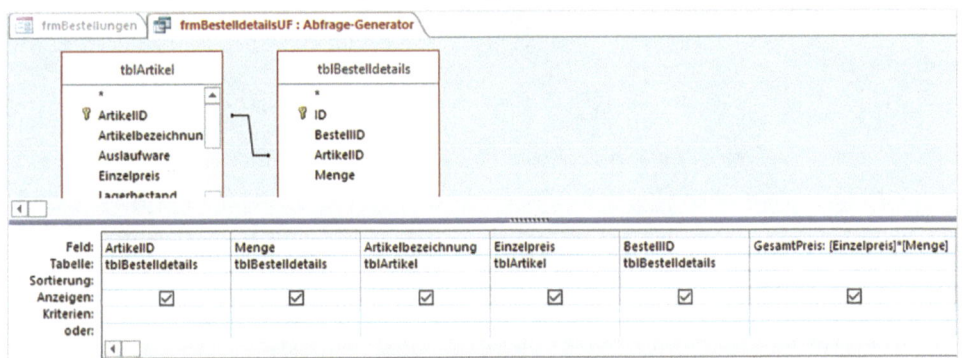

▶   Fügen Sie anschließend dieses Feld dem Unterformular hinzu.

Das Feld dem Unterformular hinzufügen

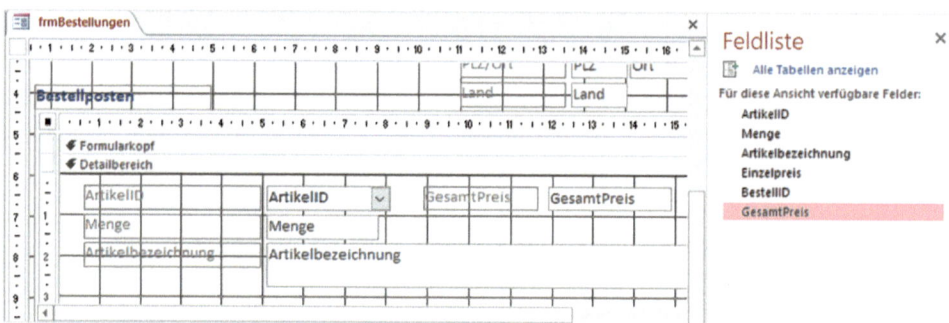

So etwa sollte das fertige Formular aussehen.

Das geänderte Unterformular mit dem Gesamtpreis

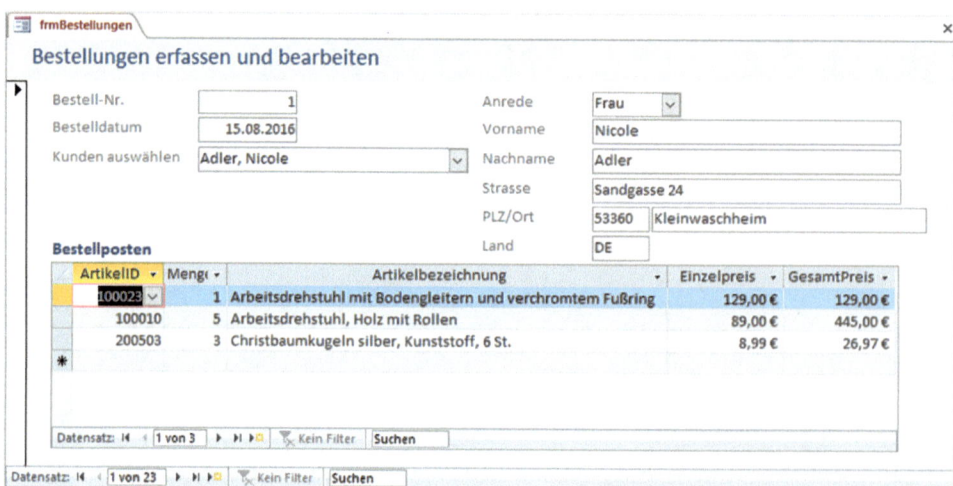

9 Ausgewählte Steuerelemente

In diesem Kapitel lernen Sie...

- Zusätzliche Steuerelemente in Formularen und Berichten einsetzen
- Eigenschaften von Steuerelementen
- Formeln in ungebundenen Textfeldern berechnen
- Einsatzmöglichkeiten von Kombinations- und Listenfeldern
- Unterformulare als Steuerelement hinzufügen
- Zugriff auf Steuerelemente in Unterformularen
- Schaltflächen einfügen
- Ein Startformular mit Schaltflächen gestalten

Das sollten Sie bereits wissen

- Tabellen und Beziehungen
- Formulare erstellen und in der Entwurfsansicht bearbeiten
- Abfragen

9.1 Grundlagen

Die beiden wichtigsten Steuerelemente, nämlich Textfelder und Bezeichnungsfelder haben Sie am Beispiel Formulare bereits kennengelernt. Weitere Steuerelemente für unterschiedliche Zwecke, sowohl für Formulare als auch Berichte, finden Sie im Register *Entwurf*.

> Die meisten Steuerelemente und ihre Eigenschaften sind in Formularen und Berichten gleich. Daher lassen sich fast alle nachfolgend beschriebenen Methoden auch auf Berichte anwenden, allerdings werden hier meist nur Text- und Bezeichnungsfelder benötigt. Alle Steuerelemente sind in der Entwurfsansicht und in der Layoutansicht verfügbar. Es spielt auch keine Rolle, ob sie in ein automatisches Layout oder an beliebiger Stelle eingefügt werden. Da aber die Entwurfsansicht die größe Flexibilität bietet, wird in allen folgenden Beschreibungen und dazugehörigen Abbildungen diese Ansicht verwendet.

Steuerelement einfügen

Steuerelemente anzeigen

Klicken Sie im Register *Entwurf* auf den Pfeil *Weitere*, um den gesamten Katalog der Steuerelemente zu öffnen.

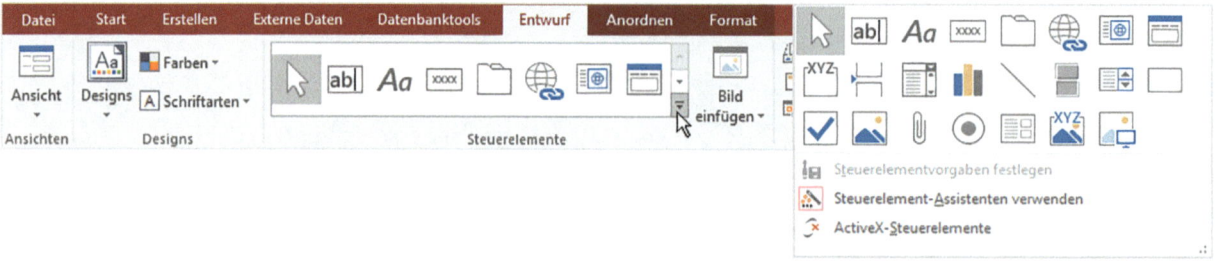

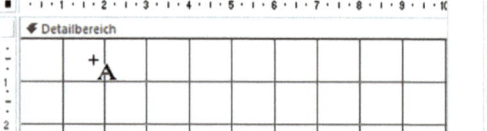

Beispiel Bezeichnungsfeld: Ziehen Sie ein Feld in der gewünschten Größe auf.

1 Zum Einfügen klicken Sie auf das gewünschte Element, z. B. *Bezeichnungsfeld*. Achtung: In das Formular ziehen funktioniert nicht!

Tipp: Beim Zeigen auf ein Symbol erscheint ein kurzer Infotext, um welchen Steuerelementtyp es sich handelt.

2 Der Mauszeiger verwandelt sich in ein Fadenkreuz mit dem Symbol des ausgewählten Steuerelements. Ziehen Sie nun mit der Maus im Formular an der gewünschten Stelle ein Feld in der benötigten Größe auf.

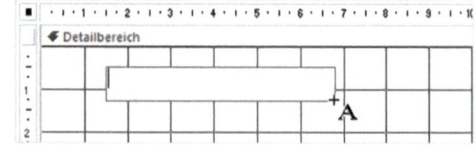

Bei einigen Steuerelementen, z. B. Schaltflächen genügt es auch, wenn Sie zum Einfügen im Formular an der gewünschten Stelle klicken. Dadurch wird das Steuerelement in seiner Standardgröße eingefügt.

Steuerelement-Assistenten verwenden

Bei manchen Steuerelementen, z. B. Kombinationsfeldern, Schaltflächen und Optionsgruppen unterstützen Sie bei der Erstellung ein Assistent. Dieser öffnet sich automatisch, sobald Sie das ausgewählte Steuerelement eingefügt haben und führt Sie durch die weiteren Schritte. Sollte dieser Assistent nicht erscheinen, so klicken Sie im Register *Entwurf ▶ Steuerelemente* auf *Weitere* und aktivieren den Befehl *Steuerelement-Assistenten verwenden*.

Steuerelement-Assistent aktivieren

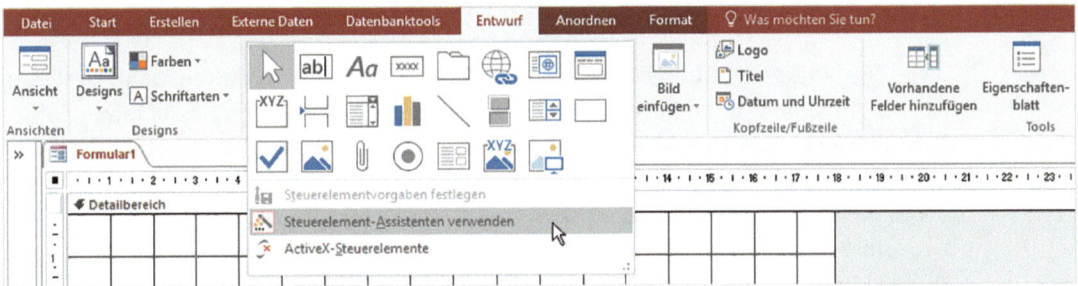

Eigenschaften von Steuerelementen

Genau wie Felder, verfügen auch Steuerelemente über eine ganze Reihe von Eigenschaften. Diese öffnen Sie mit Klick auf das Symbol *Eigenschaftenblatt* im Register *Entwurf* oder über das Kontextmenü und den Befehl *Eigenschaften*. Im Bild unten als Beispiel die Eigenschaften eines Textfeldes.

Das Eigenschaftenblatt zeigt die Eigenschaften des jeweils markierten Steuerelements an. Um die Eigenschaften mehrerer Elemente nacheinander anzuzeigen und zu bearbeiten, brauchen Sie nur ein Steuerelement markieren. **Tipp:** Im Eigenschaftenblatt sehen Sie auch auch schnell, um welchen Steuerelementtyp es sich handelt (Bild unten).

Das Eigenschaftenblatt öffnet sich am rechten Rand des Fensters

Eigenschaften anzeigen

Steuerelementtyp

Name des markierten Steuerelements

Markiertes Textfeld

Die verfügbaren Eigenschaften selbst sind abhängig vom Typ des markierten Steuerelements. Sie sind zur besseren Übersicht in die Register *Format*, *Daten*, *Ereignis* und *Andere* aufgeteilt. Im Register *Alle* sehen Sie alle Eigenschaften, leider nicht in alphabetischer Reihenfolge.

9.2   Bezeichnungsfelder

Aa

Für zusätzliche beliebige Texte, Beschriftungen oder Hinweise benötigen Sie Bezeichnungsfelder. Nach dem Einfügen erscheint automatisch der Cursor im Bezeichnungsfeld und Sie können Text eingeben.

Einen Zeilenumbruch erzeugen Sie in Bezeichnungsfeldern mit den Tasten Strg+Enter

Wenn Sie ein Bezeichnungsfeld in den Detailbereich eingefügt haben, dann ist dieses Feld in der linke oberen Ecke mit einem grünen Dreieck als Hinweis auf einen Fehler gekennzeichnet und beim Klicken in das Feld erscheint links davon ein Symbol (Bild unten). Klicken Sie auf dieses Symbol, so erscheint ein kleines Menü mit dem Hinweis *Neues nicht dazugehöriges Bezeichnungsfeld*. Der Grund für diese Meldung: Bezeichnungsfelder gehören in der Regel zu einem Textfeld als Beschriftung, dieses wurde aber keinem Textfeld zugeordnet.

Handelt es sich um eine zusätzliche Beschriftung, wie im Bild unten, dann können Sie diese Warnung einfach ignorieren.

Bezeichnungsfeld: Text eingeben

Warnhinweis

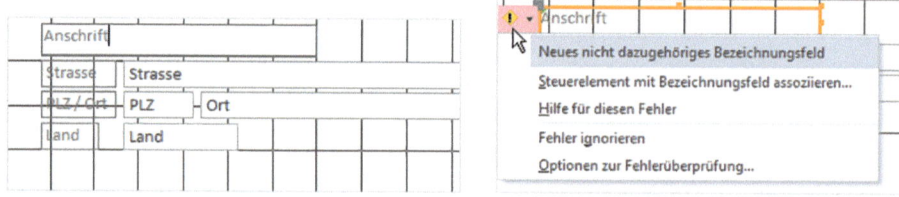

Bezeichnungsfeld mit Textfeld verbinden
Wenn Sie dagegen das Bezeichungsfeld fest mit einem Textfeld verbinden möchten, dann markieren Sie beide Elemente, klicken auf das Symbol und hier auf Befehl *Steuerelement mit Bezeichnungsfeld assoziieren*.

Haben Sie dagegen nur das Bezeichnungsfeld markiert, so öffnet sich mit diesem Befehl das Fenster *Bezeichnung zuordnen*, in dem Sie das Textfeld auswählen können.

Das markierte Bezeichnungsfeld einem Textfeld zuordnen

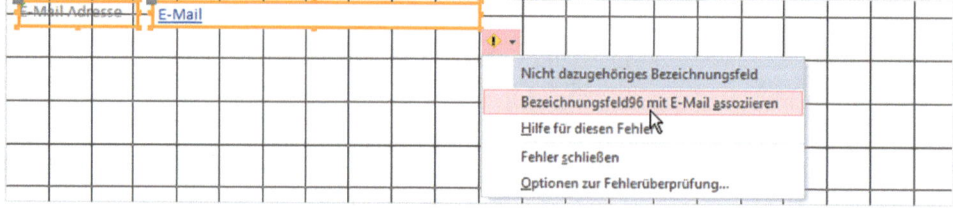

9.3   Textfelder

Ein ungebundenes Textfeld mit dem aktuellen Datum einfügen

Textfelder sind das meistgenutzte Steuerelement in Formularen und Berichten. Sie werden benötigt, um Daten anzuzeigen oder in Formeln zu berechnen. Zum Einfügen klicken Sie im Register *Entwurf ▸ Steuerelemente* auf *Textfeld* und ziehen im Formular an der gewünschten Stelle das Textfeld auf. Beachten Sie beim Einfügen bzw. Positionieren, dass Textfelder immer zusammen mit einem Bezeichnungsfeld eingefügt werden, das sich links davon befindet.

Den Inhalt des dazugehörigen Bezeichnungsfeldes können Sie beliebig ändern. Das Textfeld selbst zeigt nach dem Einfügen anstelle eines Inhalts *Ungebunden* an, das bedeutet, es ist an kein Feld der Datensatzquelle gebunden.

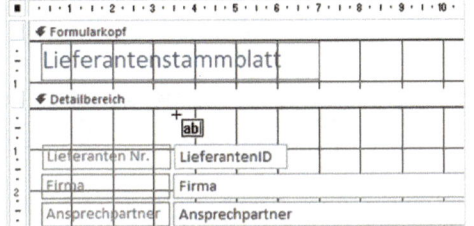 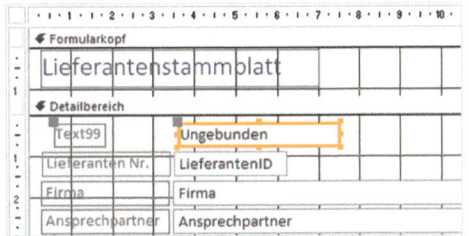

Textfeld einfügen

Steuerelementinhalt festlegen

Den Inhalt des Steuerelements legen Sie in den Eigenschaften fest: Markieren Sie das Textfeld und klicken Sie auf *Eigenschaftenblatt*.

Klicken Sie auf das Register *Daten* und in das Feld *Steuerelementinhalt*. Geben Sie dann die Funktion *=Datum()* zusammen mit einem Gleichheitszeichen ein. Bereits während der Eingabe listet Access verschiedene Vorschläge auf, die Sie mit Doppelklick übernehmen können. In diesem Fall müssen Sie trotzdem die schließende Klammer der Funktion über die Tastatur eingeben und diese abschließend mit der Enter-Taste übernehmen.

Steuerelementinhalt festlegen

Ausdrucks-Generator öffnen

Tipp: Wenn Sie eine Funktion oder einen Ausdruck lieber im Ausdrucksgenerator eingeben möchten, dann klicken Sie im Feld auf das Symbol mit den drei Punkten. Soll dem
Textfeld dagegen ein Feld der Tabelle oder Abfrage als Steuerelementinhalt zugewiesen werden, so klicken Sie im Feld auf den Dropdown-Pfeil und wählen das Feld aus.

> **Achten Sie auf die Schreibweise:** Formeln und Funktionen erfordern in Formularen
> und Berichten ein Gleichheitszeichen, Felder der Datensatzquelle dagegen nicht.

Anzeigeformat wählen

In welcher Schreibweise bzw. in welchem Format das Datum im Formular erscheint,
legen Sie im Register *Format* des Eigenschaftsblattes fest. Klicken Sie im Feld *Format*
auf den Dropdown-Pfeil und wählen Sie das gewünschte Format, z. B. *Datum, lang*.

*Wählen Sie ein Datums-
format*

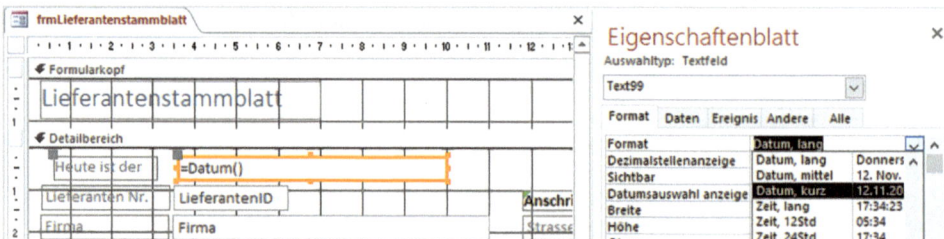

Wenn Sie dann noch den Inhalt des Textfeldes entsprechend ausrichten und die Rahmenlinien entfernen, könnte das Ergebnis aussehen wie im Bild unten.

*Das Textfeld in der Formu-
laransicht*

Name des Steuerelements

Alle Steuerelemente verfügen über einen eindeutigen Namen. Bei Feldern aus einer
Tabelle oder Abfrage verwendet Access den Feldnamen. Ungebundene Steuerelemente erhalten automatisch zunächst als Name den Typ zusammen mit einer fortlaufende Nummerierung, z. B. *Text25* oder *Bezeichnung48*.

*Namen für das markierte
Textfeld festlegen*

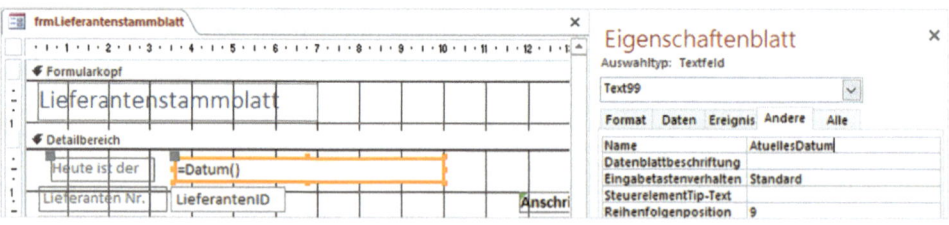

Wenn Sie sich später auf den Inhalt eines Textfeldes beziehen möchten, dann sollten Sie einen aussagekräftigeren Namen vergeben: Klicken Sie im Eigenschaftsblatt auf das Register *Andere* und überschreiben Sie den Namen im Feld *Name*. Für den Namen gelten dieselben Regeln wie für alle Feldnamen in Access: Der Name darf im Formular nicht bereits vorhanden sein und sollte weder Leer- noch Sonderzeichen enthalten.

Die Namen von Bezeichnungsfeldern brauchen Sie in der Regel nicht ändern.

Formel in Textfeld berechnen

Wenn Sie in einem Formular oder Bericht eine Formel berechnen möchten, dann benötigen Sie dazu ebenfalls ein Textfeld. Im Formular unten soll als Beispiel aus den Feldern *Einzelpreis* und *Umsatzsteuer* der Verkaufspreis Brutto berechnet werden.

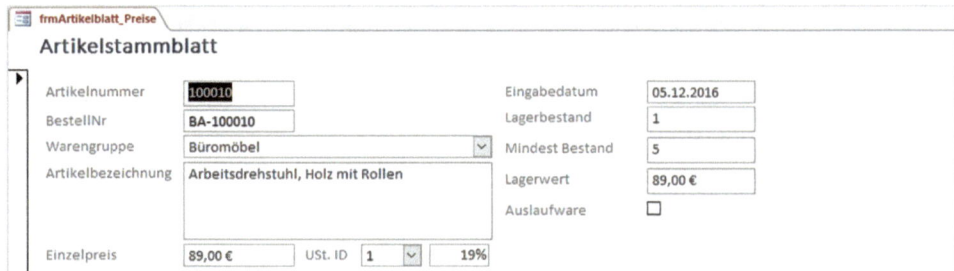

Im Formular Artikelblatt sollen die Verkaufpreise Brutto berechnet werden.

Dazu fügen Sie in der Entwurfsansicht ein Textfeld ein und geben im dazugehörigen Bezeichnungsfeld eine passende Beschriftung ein. Öffnen Sie dann das Eigenschaftenblatt, klicken Sie hier auf das Register *Daten* und geben bei *Steuerelementinhalt* die folgende Formel zusammen mit einem Gleichheitszeichen ein:

[Einzelpreis]*(1+[Steuerprozent])

Im Gegensatz zu Formeln in Abfragen muss in Textfeldern das Gleichheitszeichen vorangestellt werden.

Bereits während der Eingabe der ersten Zeichen erscheinen entsprechende Vorschläge, die Sie mit Doppelklick übernehmen können. Die Vorschlagsliste zum AutoVervollständigen umfasst sowohl Funktionen als auch Feldnamen bzw. Namen von Steuerelementen. Diese sind am Symbol leicht zu unterscheiden. Die eckigen Klammern um die Feldnamen müssen nicht zwingend mit eingegeben werden, diese fügt Access in der Regel automatisch hinzu.

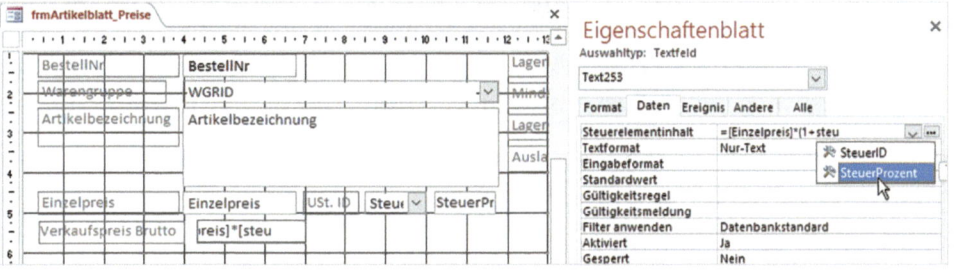

Steuerelementinhalt bzw. Formel per Tastatur eingeben

Falls Sie die Formel lieber per Ausdrucks-Generator eingeben möchten, dann klicken Sie bei der Eigenschaft *Steuerelementinhalt* auf die drei Punkte.

Formel im Ausdrucksgenerator eingeben

Die Formel

Aktuelles Formular

Die Felder des Formulars

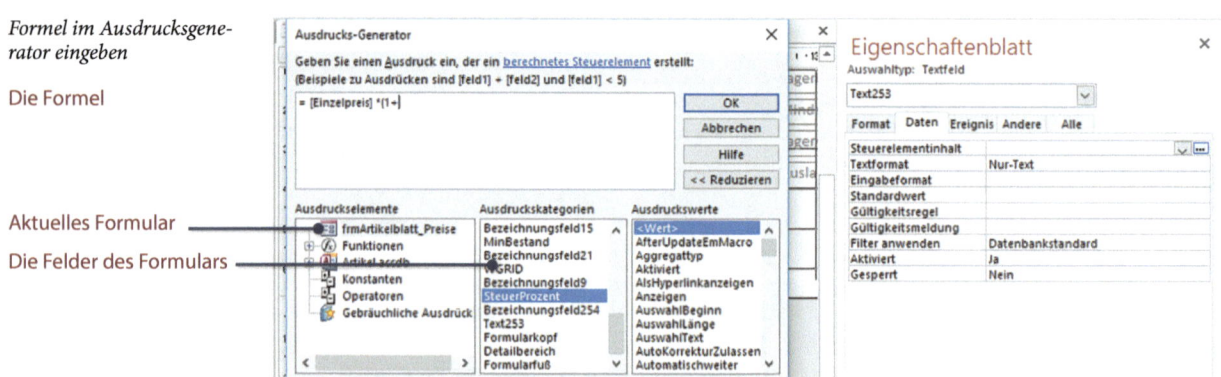

Links in der Liste *Ausdruckselemente* ist das aktuelle Formular bereits ausgewählt und alle Steuerelemente des Formulars finden Sie daneben in der Liste *Ausdruckskategorien*. Fügen Sie die benötigten Felder mit Doppelklick in die Formel ein, Gleichheitszeichen, Operatoren und runde Klammern müssen über die Tastatur eingegeben werden. Mit der Schaltfläche *OK* übernehmen Sie die fertige Formel. Anschließend wählen Sie noch das Format *Währung* oder ein anderes Zahlenformat.

> Beachten Sie, dass Sie bei Formeln in Formularen oder Berichten den Namen des jeweiligen Steuerelements verwenden müssen! Dieser muss nicht zwingend mit dem Feldnamen in der Datensatzquelle identisch sein.
>
> *Datensatzquelle bearbeiten, siehe Kap. 8.8.*
>
> Generell sollten Sie solche Formeln aber eigentlich nicht im Formular oder Bericht berechnen, sondern besser in der Abfrage, die als Datensatzquelle des Formulars oder Berichts dient. Der Grund: Berechnungen in Abfragen werden wesentlich schneller ausgeführt als in Formularen, was bei einer Vielzahl an Datensätzen deutlich mehr Geschwindigkeit bringt.

Zusammenfassende Funktionen berechnen

Zusammenfassende Funktionen, z. B. die Anzahl aller Kunden oder Artikel sind ein weiterer Einsatzzweck für Textfelder. Access stellt dazu dieselben Funktionen wie Excel bereit: Summe, Anzahl, Mittelwert, Max und Min. Diese Funktionen beziehen alle Datensätze der Datensatzquelle ein. Sollte dies eine Abfrage mit Filterkriterien sein oder wurden Formular oder Bericht mit einem Filter geöffnet, so werden nur diese Datensätze berücksichtigt. Für solche Auswertungen bietet sich eine Platzierung im Kopf- oder Fußbereich an.

Beispiel: Anzahl der Artikel im Formularkopf

Textfeld deaktivieren/sperren

Berechnete Inhalte eines Textfeldes können in der Formularansicht nicht geändert werden und bei entsprechenden Versuchen erscheint in der Statusleiste ein Hinweis, dass das Steuerelement nicht bearbeitet werden kann. Solche Felder deaktivieren Sie am besten, das bedeutet, diese können in der Formularansicht nicht mehr ausgewählt werden. Auch Felder mit zusätzlichen Informationen aus verknüpften Tabellen sollten in der Regel nicht änderbar sein. Als Beispiel im Bild unten der Steuersatz aus der Tabelle *tblSteuer*, dieser richtet sich ja nach dem Feld *USt. ID*.

Markieren Sie das Textfeld und klicken im Eigenschaftenblatt auf das Register *Daten*. Ändern Sie hier die Eigenschaft *Aktiviert* auf *Nein*.

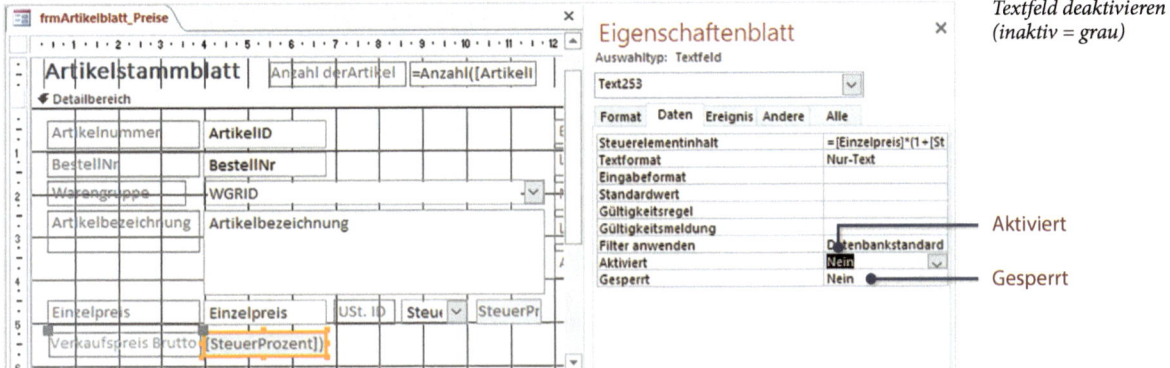

Textfeld deaktivieren (inaktiv = grau)

Inaktive Steuerelemente erscheinen in der Formularansicht automatisch mit grauem Hintergrund und hellerer Schrift, siehe Bild unten, das genaue Aussehen ist vom Design abhängig. Eine Änderung mit Hilfe von Formatierungen ist nicht möglich.

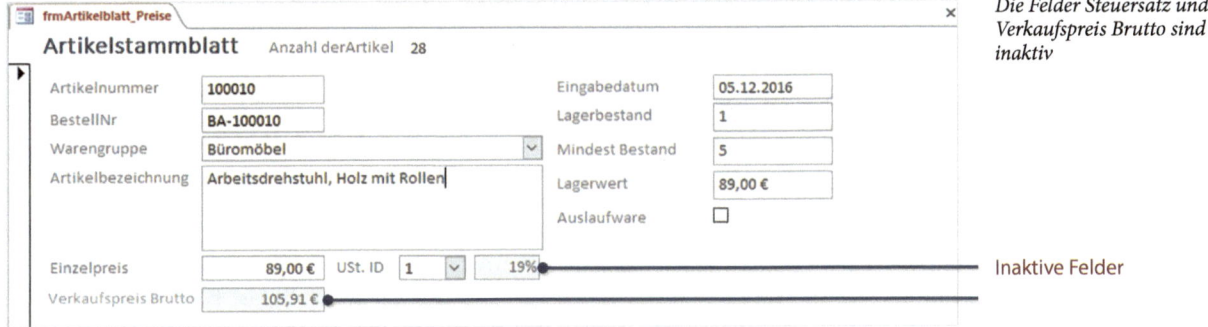

Die Felder Steuersatz und Verkaufspreis Brutto sind inaktiv

Textfeld sperren

Wenn Sie dagegen die Eigenschaft *Gesperrt* auf *Ja* ändern, dann kann das Textfeld zwar ausgewählt, sein Inhalt aber weder geändert noch gelöscht werden.

Tipp: Wenn Sie die Eigenschaften *Aktiviert* auf *Nein* und *Gesperrt* auf *Ja* setzen, dann werden Textfeld und Bezeichnungsfeld normal angezeigt und können beliebig formatiert werden, z. B. ohne Rahmen.

Datum auswählen

Bei der Eingabe von Datumswerten erscheint in der Datenblattansicht und in Formularen eine kleine Schaltfläche, über die Sie einen Kalender zur Datumsauswahl öffnen. Sollte diese Schaltfläche nicht sichtbar sein, wenn sich der Cursor in einem Datumsfeld befindet, dann können Sie dies über die Eigenschaften des Textfeldes ändern.

Im Register *Format* finden Sie die Eigenschaft *Datumsauswahl anzeigen* mit den Alternativen *Nie* und *Für Datumsangaben*. Achtung: diese Eigenschaft ist nur für Textfelder verfügbar, die an ein Feld vom Typ *Datum/Uhrzeit* gebunden sind.

Kalenderblatt zur Datumsauswahl anzeigen

Bildlaufleiste bei Feldern vom Typ Kurzer Text ausblenden

Vielleicht haben Sie bereits bemerkt, dass Access in Formularen Felder vom Typ *Langer Text* und *Kurzer Text* automatisch mit vertikalen Bildlaufleisten versieht. Diese erscheinen, wenn Sie in das Feld klicken. In Feldern vom Typ *Langer Text* können auf diese Weise auch längere Inhalte durch Scrollen angezeigt werden. Nicht immer erwünscht sind die Bildlaufleisten dagegen in Namens- oder Adressfeldern vom Typ *Kurzer Text*, wie im Bild unten.

Nicht immer sind Bildlaufleisten in Textfeldern sinnvoll

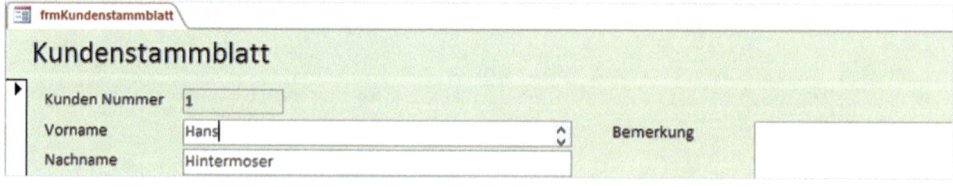

Ändern Sie für das markierte Steuerelement die Eigenschaft Bildlaufleisten

Ändern Sie in solchen Fällen im Register *Format* für das markierte Steuerelement die Eigenschaft *Bildlaufleisten* von *Vertikal* auf *Keine*.

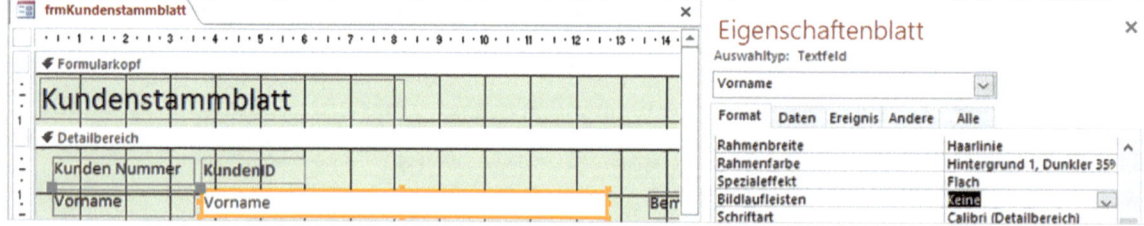

9.4　Kombinations- und Listenfelder

Nachschlagefelder zur Auswahl aus einer vorgegebenen Liste haben Sie bereits in Verbindung mit dem Tabellenentwurf kennengelernt. Am sinnvollsten ist ihr Einsatz natürlich in Formularen, hier werden sie von Access als Kombinationsfeld bezeichnet.

Nachschlagefelder, die Sie im Tabellenentwurf festgelegt haben, werden automatisch auch in Formulare übernommen. Darüber hinaus können Sie in ein Formular jederzeit weitere Kombinationsfelder einfügen oder ein bestehendes Textfeld in ein Kombinationsfeld umwandeln.

Kombinationsfeld einfügen

Klicken Sie im Register *Entwurf ▸ Steuerelemente* auf *Kombinationsfeld* und ziehen Sie im Formular an der gewünschten Stelle das Feld auf. Beachten Sie beim Positionieren des Kombinationsfeldes dass sich, wie bei Textfeldern, links davon das dazugehörige Bezeichnungsfeld befindet.

Ziehen Sie das Kombinationsfeld auf die gewünschte Größe

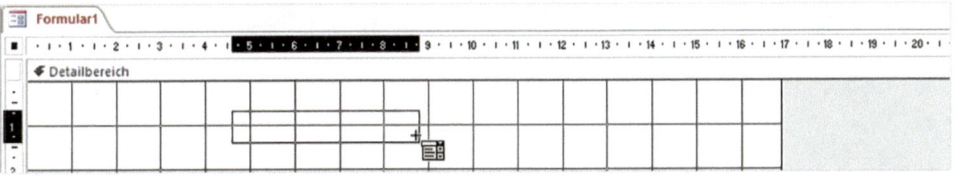

Unmittelbar nach dem Loslassen der Maustaste öffnet sich der Kombinationsfeld-Assistent (siehe Bild auf der nächsten Seite). Er unterscheidet sich eigentlich nur in ein einem einzigen Punkt vom Nachschlage-Assistenten aus dem Tabellenentwurf: Sie haben hier zusätzlich die Möglichkeit, im Formular einen Datensatz anhand der Auswahl im Kombinationsfeld suchen. Näheres hierzu weiter unten.

1　Im ersten Schritt des Assistenten wählen Sie, woher das Kombinationsfeld seine Werte beziehen soll, im Normalfall aus einer Abfrage oder Tabelle und klicken auf *Weiter*.

2　Wählen Sie dann die Tabelle oder Abfrage und anschließend die benötigten Felder aus. Für das Beispiel im Bild unten werden aus der Tabelle *tblArtikel* die Felder *ArtikelID* und *Artikelbezeichnung* benötigt.

3　Da das Kombinationsfeld nach Eingabe der ersten Zeichen automatisch passende Vorschläge anzeigt, sollten Sie anschließend die Datensätze nach dem sichtbaren Feld, der Artikelbezeichnung sortieren.

4　Die Schlüsselspalte, die *ArtikelID* wird im nächsten Schritt ausgeblendet und die Breite der Artikelbezeichnung entsprechend angepasst, da es in Formularen durchaus sinnvoll sein kann, wenn Benutzer bei der Eingabe einen Artikel nicht anhand der Nummer, sondern anhand der Bezeichnung auswählen können.

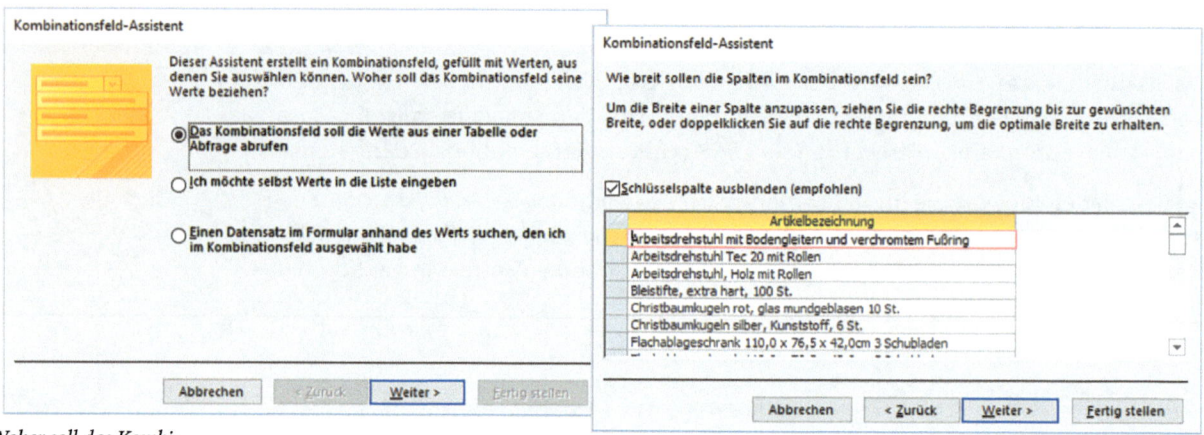

Woher soll das Kombinationsfeld die Werte beziehen?

Spaltenbreite anpassen

5 Im nächsten Schritt müssen Sie festlegen, was mit dem ausgewählten Wert passieren soll. Wählen Sie die Option *Wert speichern in Feld* und wählen Sie daneben das entsprechende Feld aus (Bild unten).

6 Zuletzt können Sie angeben, welche Beschriftung das Kombinationsfeld im dazugehörigen Bezeichnungsfeld erhalten soll. Klicken Sie dann auf *Fertig stellen*.

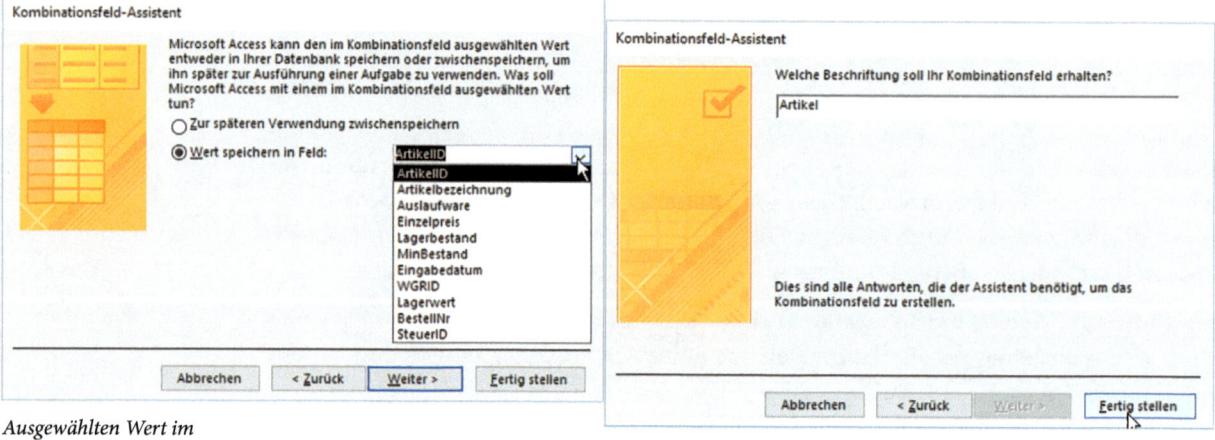

Ausgewählten Wert im Feld speichern

Beschriftung

Das fertige Kombinationsfeld sieht dann so aus

Das Kombinationsfeld in der Formularansicht.

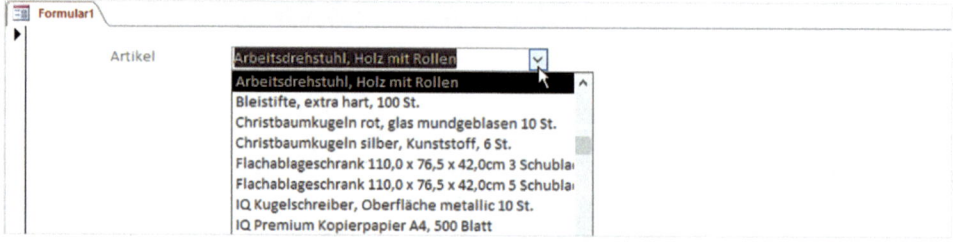

Textfeld in Kombinationsfeld umwandeln

Oft enthält das Formular bereits das benötigte Feld, allerdings in Form eines Textfeldes. Dann ist es am einfachsten, wenn Sie dieses in ein Kombinationsfeld umwandeln. Als Beispiel das Formular aus der Übungsaufgabe auf Seite 242. Die Auswahl der *ArtikelID* soll künftig über ein Kombinationsfeld erfolgen.

> **Achtung:** Umwandeln in ein Kombinationsfeld funktioniert hier nur, wenn das Unterformular als eigenständiges Formular gespeichert wurde. Nicht aber, wenn die Tabelle als Unterformular eingeblendet wird.

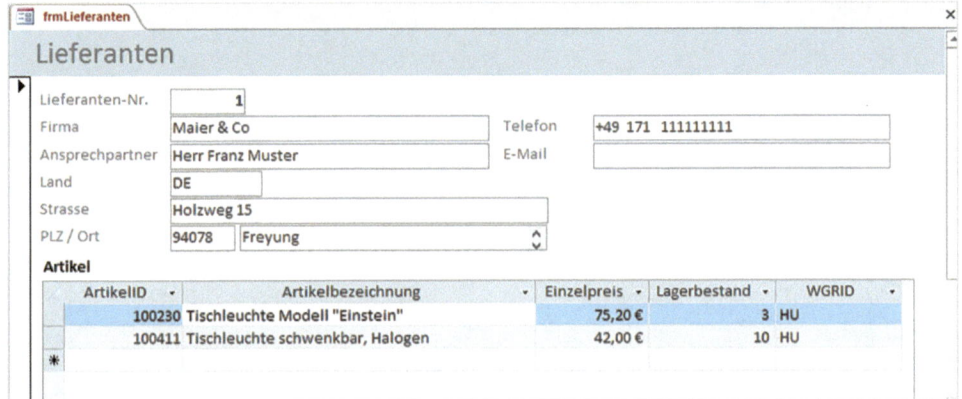

Die Auswahl des Artikels im Unterformular soll über ein Kombinationsfeld erfolgen

Wechseln Sie in die Entwurfsansicht des Formulars und klicken Sie im Unterformular mit der rechten Maustaste auf das Feld *ArtikelID*. Zeigen Sie auf *Ändern zu* und wählen Sie *Kombinationsfeld*.

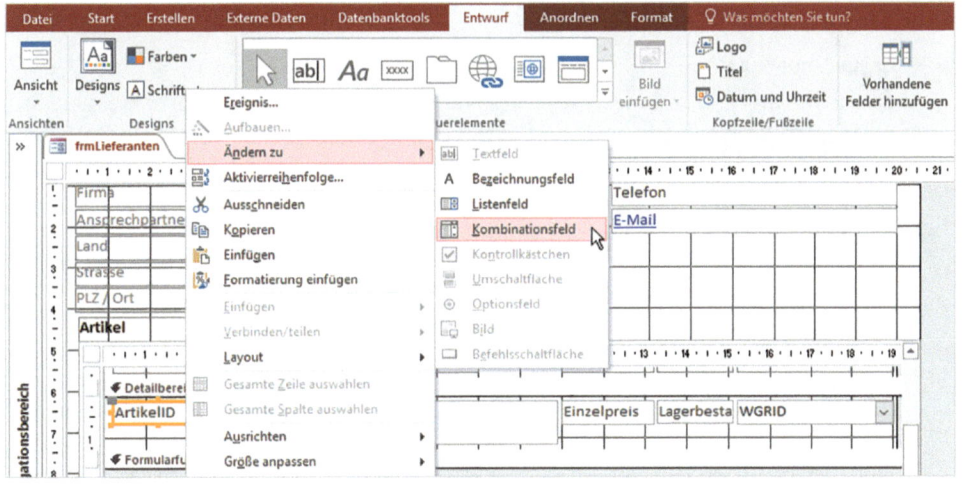

Textfeld in Kombinationsfeld umwandeln

Das Unterformular wird in der Entwurfsansicht nicht als Datenblatt, sondern als tabellarisches Formular angezeigt. Das Kombinationsfeld wird trotzdem in die Datenblattansicht übernommen.

Allerdings startet im Anschluß daran kein Assistent, Sie müssen daher Eigenschaften wie *Datenherkunft* und *Spaltenbreite* des Kombinationfeldes im Eigenschaftenblatt festlegen. Markieren Sie das Feld *ArtikelID* und klicken Sie im Menüband, Register *Entwurf*, auf *Eigenschaftenblatt*.

Eigenschaften von Kombinationsfeldern

Datensatzherkunft

Klicken Sie im Eigenschaftenblatt auf das Register *Daten*. Bei der Eigenschaft *Herkunftstyp* kann die Standardeinstellung *Tabelle/Abfrage* beibehalten werden. Um Tabelle und Felder auszuwählen, klicken bei der Eigenschaft *Datensatzherkunft* auf die drei Punkte. Fügen Sie dann im Abfrage-Generator die Tabelle *tblArtikel* hinzu und wählen Sie die benötigten Felder *ArtikelID* und *Artikelbezeichnung* aus. Falls Sie möchten, können Sie auch noch eine Sortierung festlegen.

Klicken Sie bei Datensatzherkunft auf die drei Punkte

Wählen Sie im Abfrage-Generator Tabelle und Felder aus

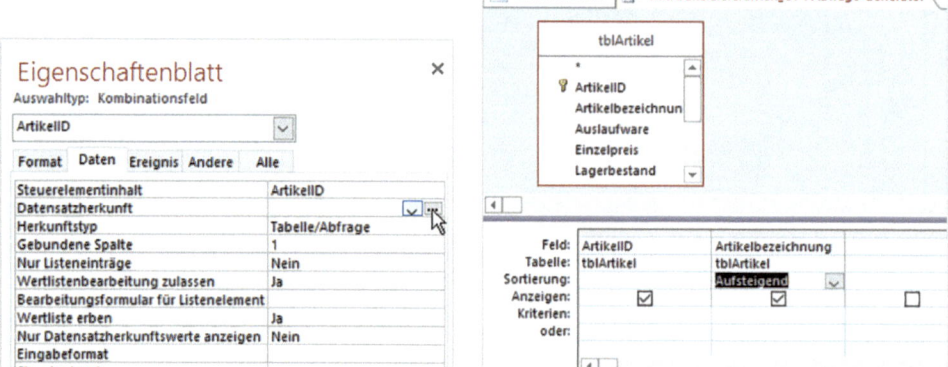

Schließen Sie dann den Abfrage-Generator wieder und speichern Sie Ihre Änderungen. Die Datensatzherkunft zeigt nun den entsprechenden SQL-Ausdruck an. Die weiteren Eigenschaften:

▶ **Gebundene Spalte**
Die gebundene Spalte legt fest, welcher der ausgewählten Werte gespeichert werden soll. 1 bedeutet, der Wert in der ersten Spalte, im Beispiel *ArtikelID*, diese Einstellung kann beibehalten werden.

▶ **Nur Listeneinträge**
Ändern Sie diese Eigenschaft auf *Ja*, wenn ausschließlich Artikel aus der Tabelle *tblArtikel* ausgewählt werden sollen.

▶ **Wertlistenbearbeitung zulassen**
Wenn die Eigenschaft *Nur Listeneinträge* auf *Nein* gesetzt wurde, dann ist auch die Eingabe von Werten zulässig, die nicht in der Auswahlliste enthalten sind. Falls in einem solchen Fall der eingegebene Wert der Liste hinzugefügt werden soll, dann ändern Sie die Eigenschaft *Wertlistenbearbeitung zulassen* auf *Ja*.

In der Praxis eignet sich diese Einstellung eigentlich nur für Kombinationsfelder, die ihre Werte aus kleineren Tabellen ohne Primärschlüssel beziehen.

▶ **Spaltenanzahl und Spaltenbreite**

Im Register Format des Eigenschaftsblattes legen Sie die Anzahl der Spalten fest. Geben Sie bei der Eigenschaft *Spaltenanzahl* 2 ein und legen Sie darunter, getrennt durch Semikolon (;) die Spaltenbreiten fest. Soll die erste Spalte ausgeblendet werden, dann geben Sie als Spaltenbreite 0cm an. Ferner können Sie festlegen, ob auch die Spaltenüberschriften in der Liste erscheinen sollen sowie die gleichzeitig sichtbare Anzahl Zeilen, in der Standardeinstellung 16.

Tipp: Die Listenbreite richtet sich standardmäßig nach der Breite des Kombinationsfeldes im Formular (*Listenbreite: Automatisch*). Da diese nicht immer zur Anzeige beider Spalten ausreicht, sollten Sie hier ein, aus den Spaltenbreiten errechnetes Maß eingeben.

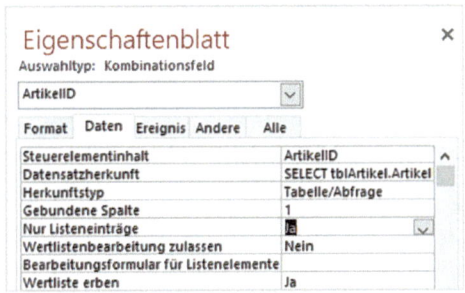

Gebundene Spalten, Nur Listeneinträge

Spaltenanzahl und Spaltenbreiten

Reihenfolge ändern

Durch die Änderung befindet sich das Feld *ArtikelID* möglichweise in der letzten Spalte des Unterformulars. Um es wieder in der ersten Spalte anzuzeigen, wählen Sie in der Entwurfsansicht mit Klick in das Kästchen (siehe Bild unten) das Unterformular aus und klicken im Menüband, Register *Entwurf* auf *Aktivierreihenfolge*. Ziehen Sie im Fenster *Reihenfolge* das Feld mit der Maus an die gewünschte Position und übernehmen Sie die Änderung mit Klick auf die Schaltfläche *OK*.

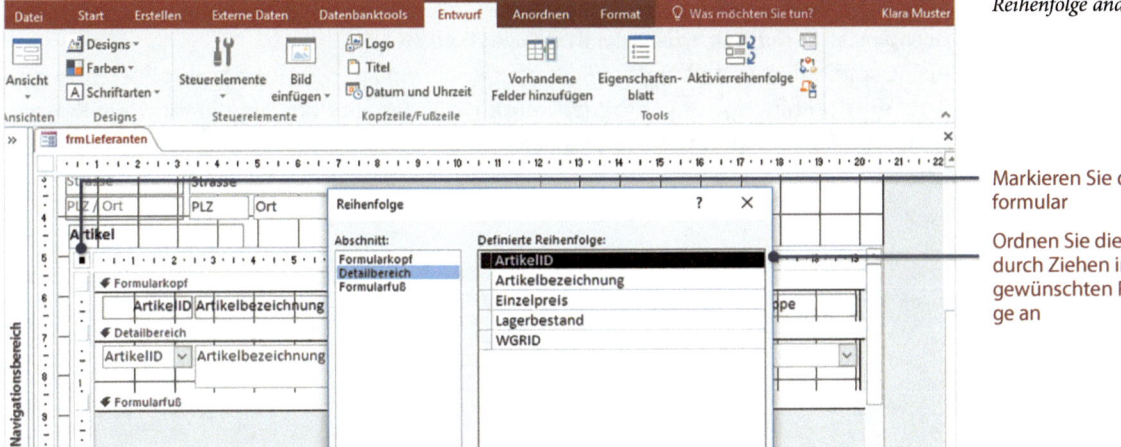

Reihenfolge ändern

Markieren Sie das Unterformular

Ordnen Sie die Spalten durch Ziehen in der gewünschten Reihenfolge an

Testen Sie das Kombinationsfeld und ordnen Sie einzelnen Lieferanten verschiedene Artikel zu. Die Eingabe neuer Lieferanten ist ebenfalls möglich, beachten Sie aber, dass ein neuer Lieferant zuerst angelegt werden muss, bevor Sie diesem Artikel zuweisen.

Das Formular mit dem Kombinationsfeld

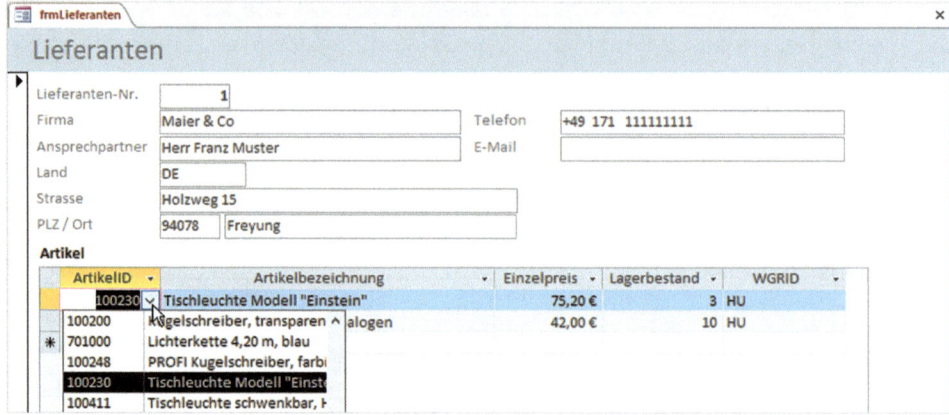

Datensatz mit Kombinationsfeld suchen

In Formularen lassen sich Kombinationsfelder auch zur Suche nach einem bestimmten Datensatz einsetzen. Dabei handelt es sich um ein ungebundenes Kombinationsfeld, bei dessen Erstellung Sie der Kombinationsfeld-Assistent unterstützt.

Siehe Kap. 8, Seite 234

> **Beachten Sie eine wichtige Voraussetzung**
> Der Assistent unterstützt die Erstellung eines Kombinatinationsfeldes zur Suche nur, wenn die Datensatzquelle des Formulars eine Tabelle oder gespeicherte Abfrage ist. Handelt es sich um einen SQL-Ausdruck, dann müssen Sie diesen zuvor im Abfrage-Generator öffnen und als Abfrage speichern.

Einen Kunden im Formular anhand des Nachnamens suchen

Als Beispiel soll das Formular *frmKundenstammblatt* aus der Übungsaufgabe zu Kapitel 8 um ein Kombinationsfeld ergänzt werden, mit dessen Hilfe Sie schnell einen Kunden anhand seines Nachnamens suchen können.

Das Formular frmKundenstammblatt aus Kap. 8

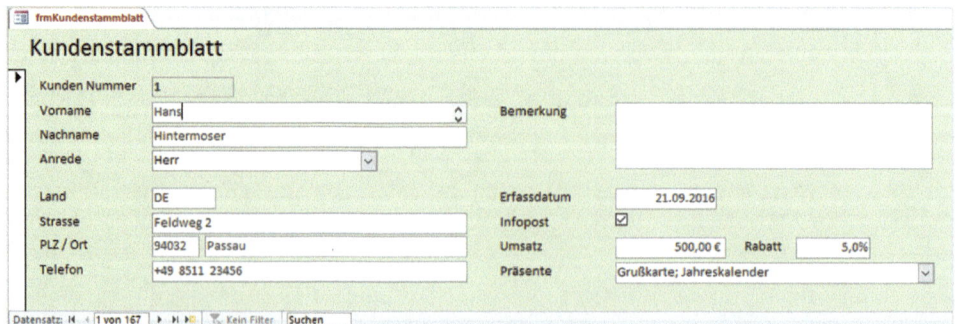

1   Dazu öffnen Sie das Formular in der Entwurfsansicht und fügen ein Kombinationsfeld ein. Zur besseren Unterscheidung von normalen Eingabefeldern sollten Sie es etwas abseits, z. B. im Formularkopf, platzieren.

2   Wählen Sie dann im Kombinationsfeld-Assistent die dritte Option, *Einen Datensatz im Formular anhand des Werts suchen, den ich eingegeben habe* und klicken Sie auf *Weiter*.

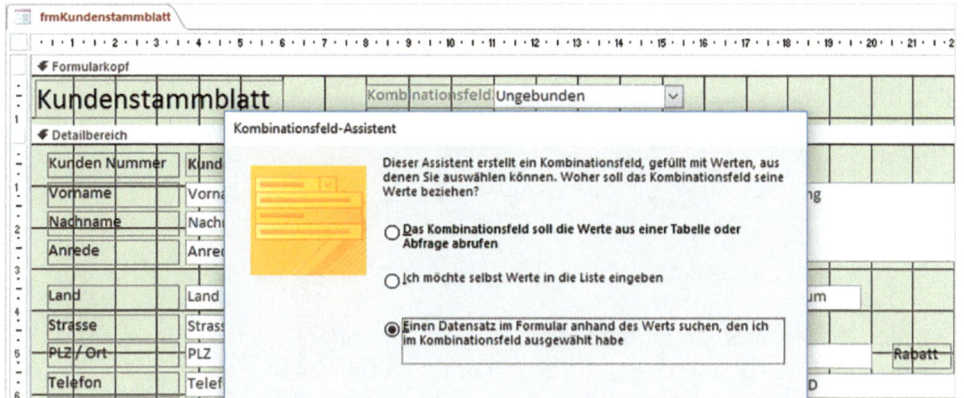

Sollte die dritte Option hier nicht angeboten werden, dann basiert das Formular auf einem SQL-Ausdruck, siehe oben.

3   Im nächsten Schritt wählen Sie die benötigten Felder aus. Die *KundenID* ist als Primärschlüssel und damit eindeutiges Merkmal erforderlich, Nachname und Vorname dienen als Suchkriterium.

4   Anschließend passen Sie die Spaltenbreiten an. Damit der Nachname im Kombinationsfeld erscheint und zur Suche verwendet werden kann, muss das Schlüsselfeld in diesem Fall unbedingt ausgeblendet werden.

Felder auswählen

Spaltenbreite anpassen

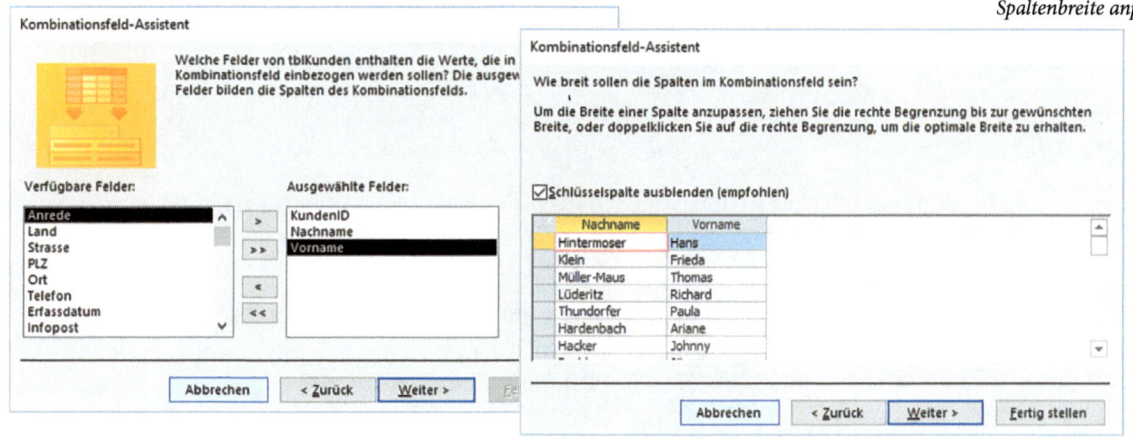

5   Zuletzt geben Sie dem Kombinationsfeld eine entsprechende Beschriftung, z. B. *Kunden suchen* und klicken auf *Fertig stellen*.

Beim Test in der Formularansicht werden Sie allerdings bemerken, dass das Kombinationsfeld noch einige kleine Schönheitsfehler hat. Die Liste ist automatisch nach dem

Die Auswahlliste des Kombinationsfeldes sollte nach Nachnamen sortiert sein

Primärschlüssel sortiert, sinnvoller wäre aber eine Sortierung nach Nachnamen. Zudem wäre die Liste übersichtlicher, wenn Nachname und Vorname in einer einzigen Spalte angezeigt würden.

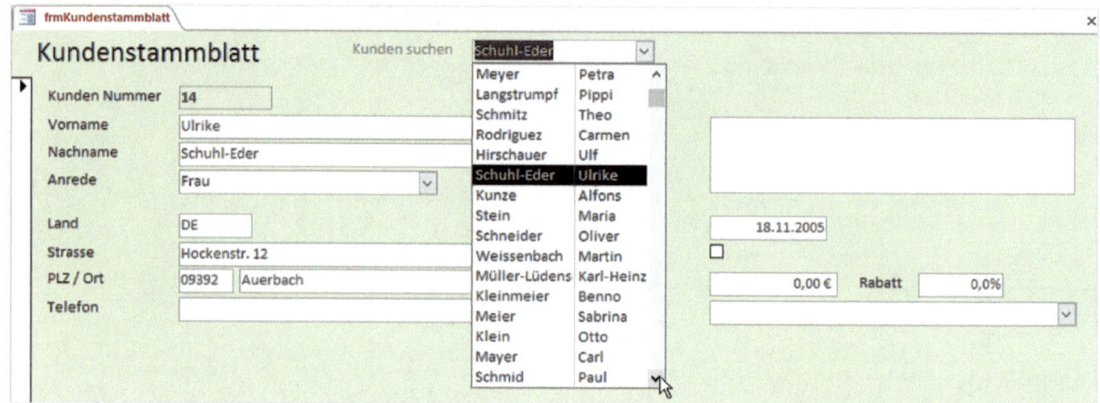

Dies ändern Sie über die Eigenschaft *Datensatzherkunft*. Klicken Sie hier auf die drei Punkte, um dem Abfrage-Generator zu öffnen. Verketten Sie die Felder *Nachname* und *Vorname* mit folgendem Ausdruck und sortieren Sie nach diesem Feld:

VollerName:[Nachname] & ", " & [Vorname]

Abfrage-Generator öffnen

Felder verketten und sortieren

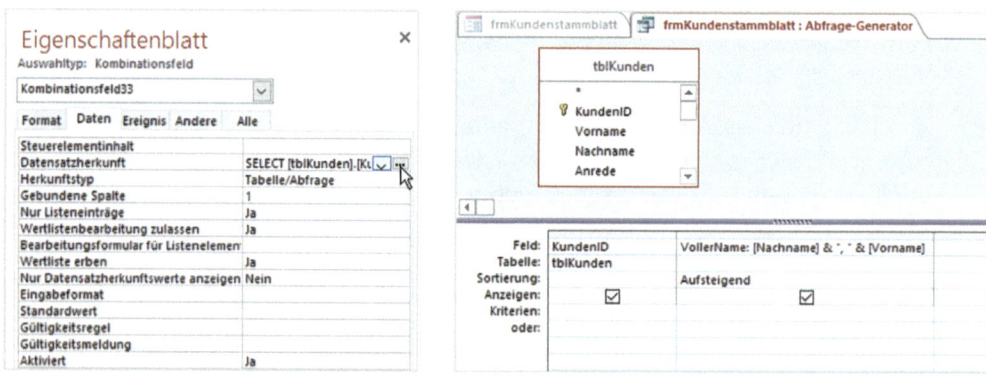

Spaltenanzahl und Spaltenbreite anpassen

Das Ergebnis in der Formularansicht

Nun brauchen Sie in den Eigenschaften, Register *Format*, nur noch die Anzahl der Spalten auf 2 ändern und die Spaltenbreiten entsprechend anpassen.

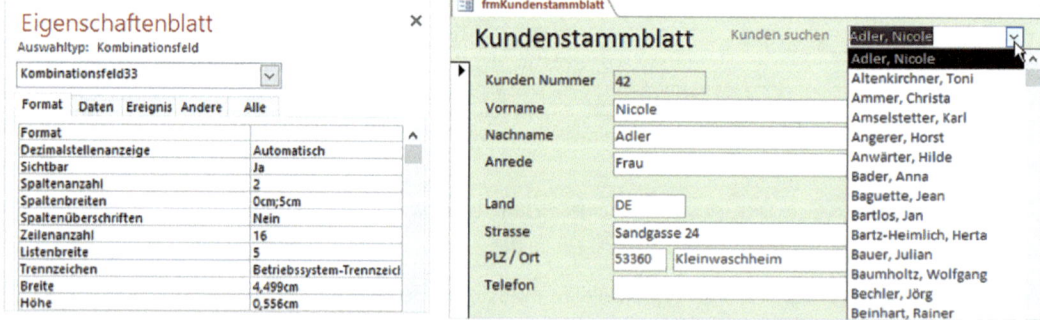

Listenfelder einsetzen

Listenfelder verfügen über ähnliche Eigenschaften wie Kombinationsfelder. Sie werden aber im Gegensatz zu diesen nicht über einen Dropdown-Pfeil geöffnet, sondern zeigen alle Datensätze in Listenform an, die aktuelle Auswahl ist markiert. Für die Dateneingabe sind Listenfelder eher ungeeignet. Sie werden in der Praxis zur schnellen Übersicht oder Auswahl von Datensätzen eingesetzt. Im Bild unten ein Beispiel: Sobald Sie im Listenfeld oben auf einen Datensatz klicken, wird dieser unten im eigentlichen Formular angezeigt.

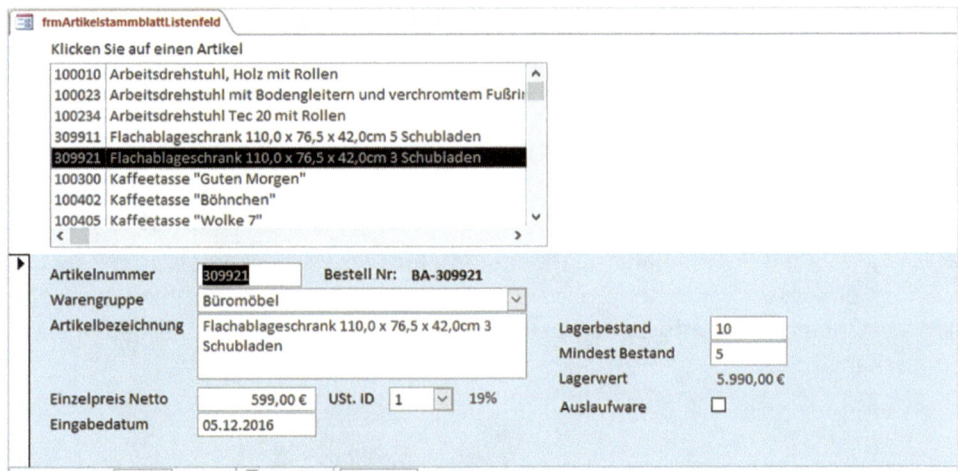

Beispiel: Anhand eines Listenfeldes einen Datensatz suchen

Einen Artikel anhand eines Listenfeldes suchen

Mit einem Listenfeld lässt sich das Formular *frmArtikelstammblatt* aus der Übung zu Kapitel 8 schnell um eine komfortable Übersicht und Suchmöglichkeit erweitern.

1   Dazu öffnen Sie das Formular in der Entwurfsansicht und vergrößern zunächst den Formularkopf entsprechend. Klicken Sie dann im Katalog der Steuerelemente auf *Listenfeld* und ziehen Sie im Formularkopf ein Rechteck in der gewünschten Größe auf.

2   Der anschließend erscheinende Listenfeld-Assistent bietet dieselben Optionen wie der Kombinationsfeld-Assistent an, wählen Sie die dritte Option *Einen Datensatz im Formular anhand des Werts suchen, den ich im Listenfeld ausgewählt habe*. Falls diese Option nicht erscheint, basiert das Formular auf einem SQL-Ausdruck und Sie müssen zuerst die Datensatzquelle des Formulars als Abfrage speichern. Siehe Seite 262

3   Im nächsten Schritt wählen Sie die Felder aus. Auch hier wird die *ArtikelID* als eindeutiges Merkmal zur Suche benötigt, außerdem noch die Felder *Artikelbezeichnung*, *Einzelpreis* und *Auslaufware*.

4   Passen Sie anschließend die Spaltenbreiten an, ein Ausblenden der Schlüsselspalte bietet der Assistent nicht an.

5   Zuletzt geben Sie eine passende Beschriftung ein und klicken auf *Fertig stellen*.

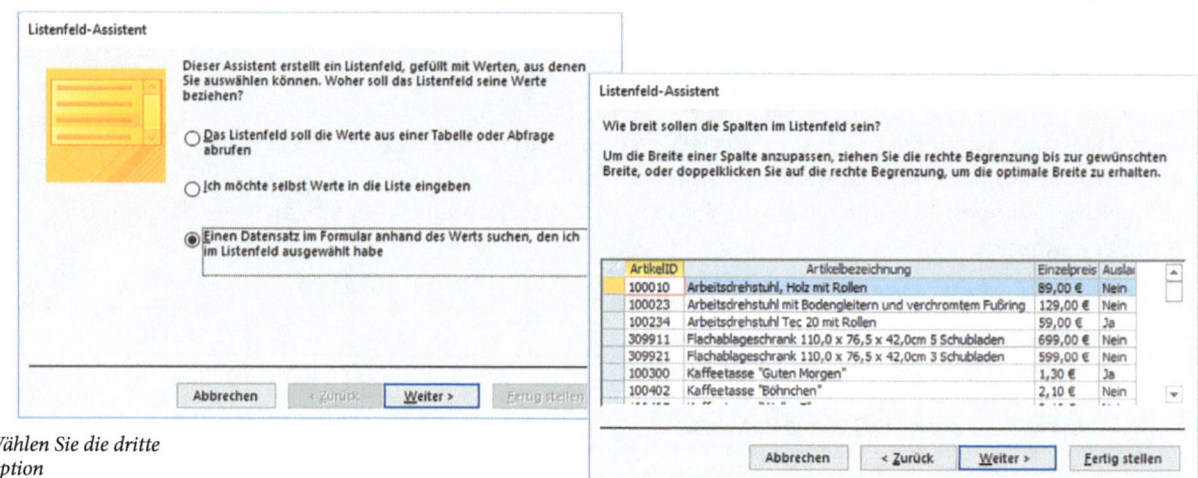

Wählen Sie die dritte Option

Passen Sie die Spalten-breite an

Das Ergebnis in der Formularansicht sieht etwa aus, wie das Bild unten. Auch hier gibt es noch einiges zu verbessern: Leider ist ein rechtsbündiges Ausrichten von Zahlen in Listenfeldern nicht möglich und auch das Aussehen von *Ja/Nein* Feldern lässt zu wünschen übrig.

Das fertige Listenfeld in der Formularansicht

frmArtikelstammblattListenfeld			
Klicken Sie auf einen Artikel			
100010	Arbeitsdrehstuhl, Holz mit Rollen	89,00 €	Nein
100023	Arbeitsdrehstuhl mit Bodengleitern und verchromtem Fußrir	129,00 €	Nein
100234	Arbeitsdrehstuhl Tec 20 mit Rollen	59,00 €	Ja
309911	Flachablageschrank 110,0 x 76,5 x 42,0cm 5 Schubladen	699,00 €	Nein
309921	Flachablageschrank 110,0 x 76,5 x 42,0cm 3 Schubladen	599,00 €	Nein
100300	Kaffeetasse "Guten Morgen"	1,30 €	Ja
100402	Kaffeetasse "Böhnchen"	2,10 €	Nein
100405	Kaffeetasse "Wolke 7"	2,10 €	Nein

Listenfeld bearbeiten

Im nächsten Schritt soll das Listenfeld Spaltenüberschriften erhalten und Auslaufware soll mit einem x gekennzeichnet werden. Dazu wechseln Sie in die Layout- oder Entwurfsansicht, markieren das Listenfeld und öffnen das Eigenschaftenblatt.

Ändern Sie die Eigenschaft *Spaltenüberschriften* (Register *Format*) auf *Ja*.

Spaltenüberschriften im Listenfeld anzeigen

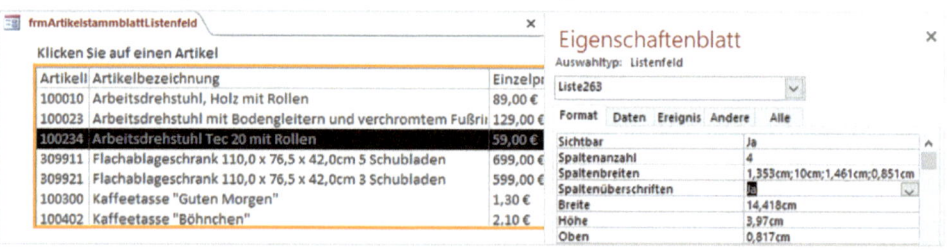

Access verwendet die Feldnamen als Spaltenüberschriften. Wenn diese zu lang oder wenig aussagefähig sind sind, dann vergeben Sie in der Datensatzherkunft einfach Aliasnamen. Dazu klicken Sie bei der Eigenschaft *Datensatzherkunft* auf die drei Punkte und ändern die Abfrage wie unten abgebildet. Die Anzeige des *Ja/Nein* Feldes *Auslaufware* lässt sich mit Hilfe einer Wenn-Funktion ändern, siehe Bild unten.

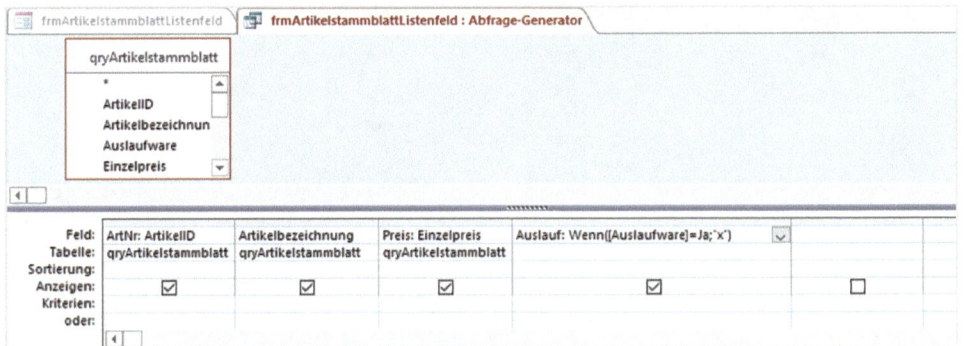

Anzeige Ja/Nein ändern und Aliasnamen verwenden

Datensatzmarkierer und Navigationsleiste werden im Formular nun nicht mehr benötigt und können ausgeblendet werden, dann könnte das Formular mit dem fertigen Listenfeld so aussehen.

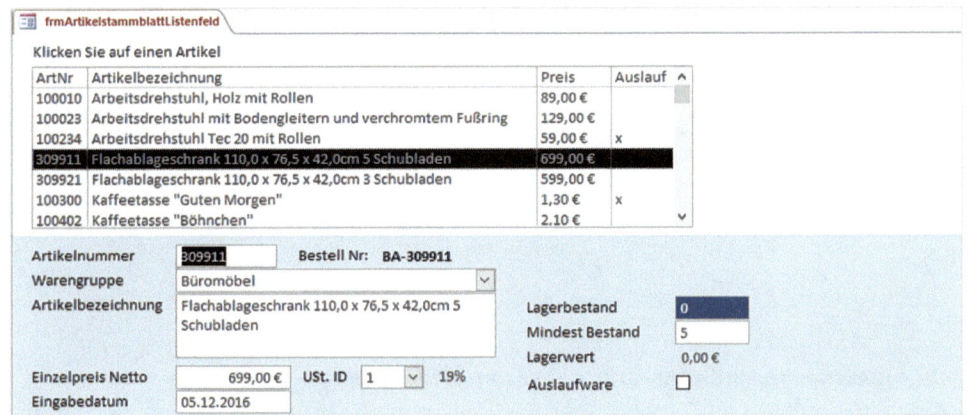

Das fertige Formular mit ausgeblendetem Datensatzmarkierer und ohne Navigationsleiste

Formularelemente ausblenden, siehe Kap. 8, Seite 237

9.5   Dateianlagen und Bilder

Dateianlagen in Formularen

Enthält ein Feld vom Typ *Anlage* ein Bild, dann zeigt das Steuerelement im Formular das Bild automatisch an. Bei anderen Dateitypen, z. B. einer Excel-Arbeitsmappe sehen Sie als Inhalt des Steuerelements nur das Symbol für diesen Dateityp.

Hinzufügen und Verwalten von Dateianlagen, siehe Kap. 4.3

Zum Hinzufügen einer Datei klicken Sie auf das Steuerelement und benutzen dann die Minisymbolleiste (Bild unten). Ein Klick auf das Büroklammersymbol öffnet das Fenster *Anlagen*, klicken Sie hier auf die Schaltfläche *Hinzufügen...* und wählen Sie die gewünschte Datei aus.

Dateianlage hinzufügen

Bilder werden im Formular angezeigt

Falls das Steuerelement mehrere Dateien enthält, dann benutzen Sie bei Bildern die Pfeile der Minisymbolleiste, um diese nacheinander anzuzeigen. Bei anderen Dateitypen klicken Sie auf das Symbol *Anlagen verwalten* (Büroklammer) oder doppelklicken einfach in das Steuerelement, markieren im Fenster *Anlagen* die gewünschte Datei und klicken auf *Öffnen*.

Dateianlagen in Formularen öffnen

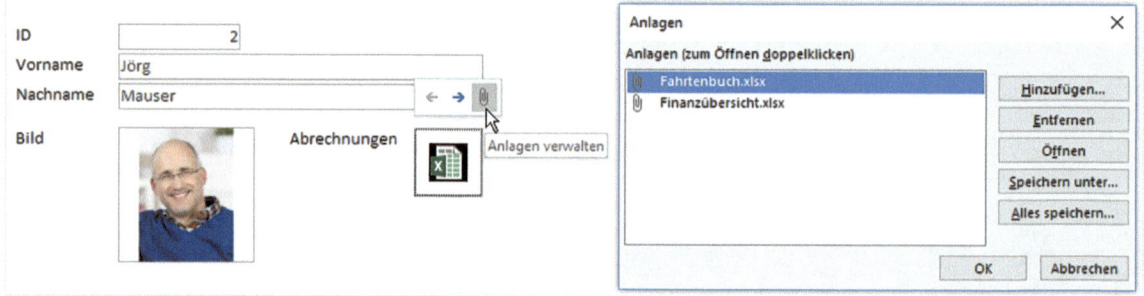

Anlagensteuerelement in der Entwurfsansicht nachträglich hinzufügen
Wenn Sie ein Feld vom Typ *Anlage* nachträglich in ein Formular einfügen möchten, dann klicken Sie in der Entwurfsansicht auf *Vorhandene Felder hinzufügen* (Register *Entwurf*). In der Feldliste erscheint das Feld, wie unten abgebildet.

Markieren Sie das gesamte Feld mit allen Details

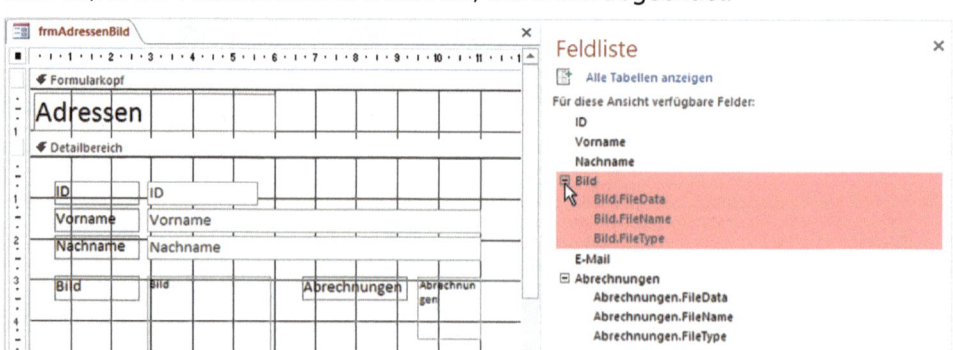

Klicken Sie in der Feldliste auf den Feldnamen, um alle dazugehörigen Unterelemente zu markieren und ziehen Sie das gesamte Feld in das Formular.

Im Katalog *Steuerelemente* finden Sie ebenfalls das Symbol *Anlage* und nach dem Einfügen können Sie im Eigenschaftsblatt über die Eigenschaft *Steuerelementinhalt* ein Feld auswählen.

Bildgröße

Die Größenanpassung von Bildern und Symbolen regeln Sie in den Eigenschaften, Register *Format*, *Bildgrößenmodus*. In der Regel werden Anlagen und Bilder im Modus *Zoomen* eingefügt, damit wird unabhängig vom Rahmen das ursprüngliche Seitenverhältnis beibehalten. Sollte dies nicht Fall sein, so klicken Sie auf den Dropdown-Pfeil und wählen den gewünschten Bildgrößenmodus.

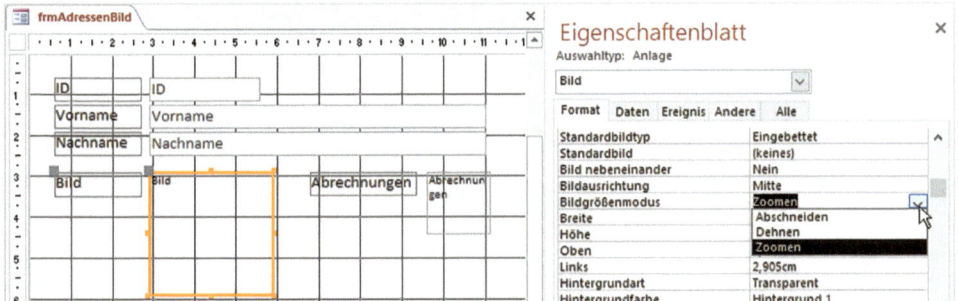

Bildgrößenmodus wählen

Firmenlogo einfügen

Um ein beliebiges Bild, z. B. ein Firmenlogo in ein Formular einzufügen, klicken Sie im Katalog der Steuerelemente auf das Symbol *Bild* und anschließend im Formular an die gewünschte Stelle. Daraufhin öffnet sich automatisch das Fenster *Grafik einfügen*: Wählen Sie die Bilddatei aus und klicken Sie auf die Schaltfläche *OK*.

Das Bild wird zunächst in der Originalgröße und Größenanpassung *Zoomen* (siehe oben) eingefügt, Sie können also die Bildgröße mit der Maus beliebig ändern. Die Eigenschaft *Bildtyp* legt fest, ob das Bild in der Datenbankdatei gespeichert wird (Standardeinstellung *Eingebettet*) oder mit der Originaldatei verknüpft wird.

Die Eigenschaft Größenanpassung entspricht der Eigenschaft Bildgrößenmodus von Anlagesteuerelementen

Der Dateiname erscheint bei der Eigenschaft *Bild* und mit Klick auf die drei Punkte können Sie bei Bedarf eine andere Bilddatei auswählen.

Die Eigenschaften Bildtyp, Bild und Größenanpassung

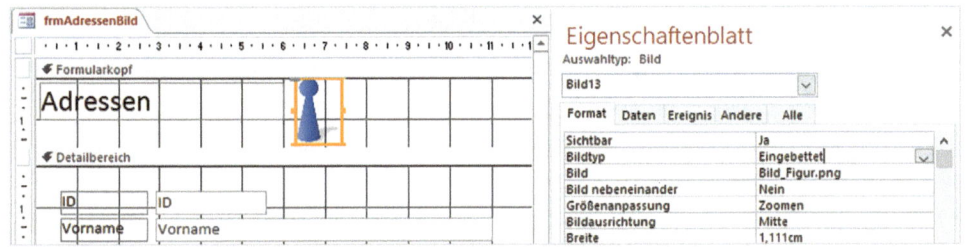

Linien und Rechtecke

Für optische Gliederungen stehen die Steuerelemente *Linie* und *Rechteck* zur verfügung. Zum Einfügen klicken Sie auf das jeweilige Symbol und zeichnen dieses anschließend mit der Maus. Hier einige Tipps:

▶ Um exakt waagrechte oder senkrechte Linien zu erhalten, halten Sie während des Zeichnens die Umschalt- (Shift)-Taste gedrückt.

▶ Zum Formatieren verwenden Sie im Menüband, Register *Format* die Schaltflächen *Fülleffekt* (Rechtecke) und *Formkontur*. Über letztere können Sie auch Linienstärke und Linienart festlegen.

▶ Wenn Sie ein Rechteck mit einer Füllfarbe versehen, kann es passieren, dass dadurch dahinterliegende Steuerelemente verdeckt werden. Dann markieren Sie das Rechteck und klicken im Menüband ▶ *Anordnen* ▶ *Anpassung und Anordnung* auf *In den Hintergrund*.

Beispiel Rechteck

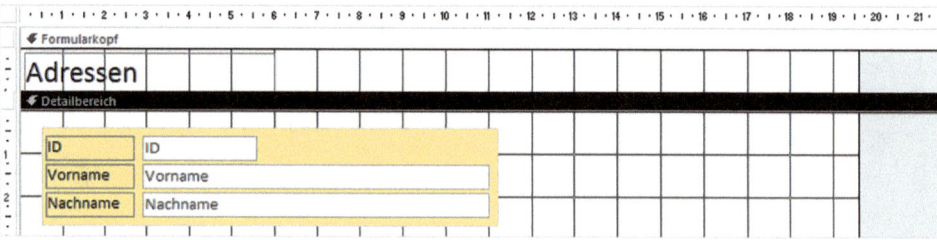

9.6   Unterformular per Steuerelement einfügen

Ein Unterformular zur Nachverfolgung von Kundenkontakten einfügen

Der Steuerelementekatalog enthält auch noch das Symbol *Unterformular/-bericht*, mit dessen Hilfe Sie ein bestehendes Formular als Unterformular einfügen. Damit das Unterformular zum Hauptformular passende Datensätze anzeigt, müssen die beiden Formulare über ein gemeinsames Feld verknüpft werden.

Tabellarisches Unterformular erstellen

Als Beispiel soll in das bereits vorhandene Formular *frmKundenstammblatt* (siehe Kapitel 8, Übungsaufgabe) ein Unterformular zur Nachverfolgung von Kundenkontakten eingefügt werden. Um zuerst das tabellarische Unterformular zu erstellen, markieren Sie im Navigationsbereich die Tabelle *tblNachverfolgung*, klicken im Menüband, Register *Erstellen* auf *Weitere Formulare* und wählen *Mehrere Elemente*.

Passen Sie im nächsten Schritt die Breite der Spalten an, das Feld *ID* wird nicht benötigt und kann gelöscht werden, das Feld *KundenID* brauchen Sie dagegen zum Verknüpfen mit dem Hauptformular. Speichern Sie das Formular unter dem Namen *frmNachverfolgungUF* und schließen Sie das Formular.

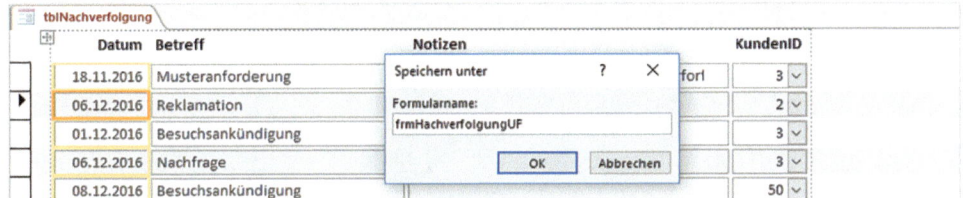

Das Unterformular

Unterformular in das Hauptformular einfügen

Im nächsten Schritt öffnen Sie das Formular *frmKundenstammblatt* in der Entwurfsansicht.

1 Sorgen Sie dafür, dass im Detailbereich ausreichend Platz für das Unterformular zur Verfügung steht, klicken Sie im Register *Entwurf* auf das Steuerelement *Unterformular/-bericht* und ziehen Sie im Formular einen Rahmen ungefähr in der gewünschten Größe auf.

2 Unmittelbar darauf startet automatisch der Unterformular-Assistent. Wählen Sie die Option *Vorhandenes Formular* verwenden und markieren Sie in der Liste unterhalb das benötigte Formular *frmNachverfolgungUF*. Klicken Sie auf *Weiter*.

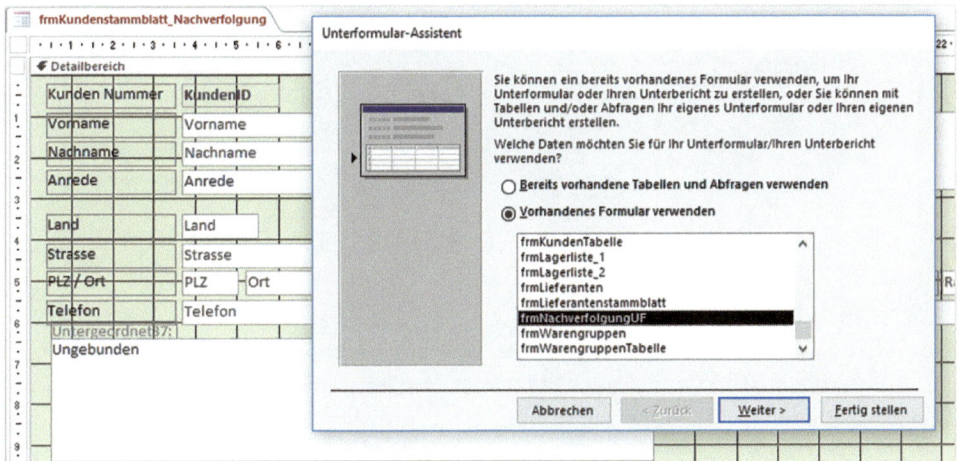

Wählen Sie im Unterformular-Assistent die Option Vorhandenes Formular verwenden

3 Im nächsten Schritt legen Sie fest, über welches Feld Haupt- und Unterformular verknüpft werden sollen. Standardmäßig ist die Option *Aus Liste auswählen* ausgewählt und Access schlägt unterhalb ein oder mehrere Varianten vor. Da diese nicht immer korrekt sind, sollten Sie stattdessen die Option *Eigene definieren* aktivieren und die verknüpften Felder selbst festlegen. Dazu klicken Sie unter *Formular-/Berichtsfelder* auf den Dropdown-Pfeil und wählen das Feld des Hauptformulars, die *KundenID* aus. Anschließend wählen Sie, mit welchem Feld des Unterformulars verknüpft werden soll, in diesem Beispiel das Feld *KundenID*.

*Wählen Sie für Haupt-
und Unterformular die
verknüpften Felder*

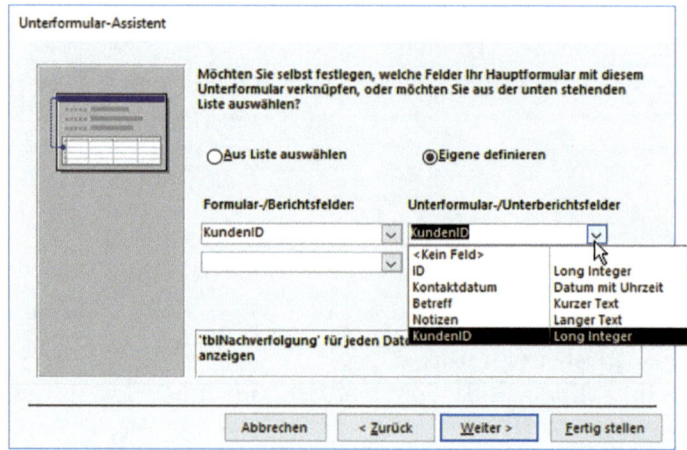

4 Zuletzt geben Sie an, welche Beschriftung das Unterformular erhalten soll und klicken auf *Fertig stellen*.

*Formular mit Unterformu-
lar in der Formularansicht*

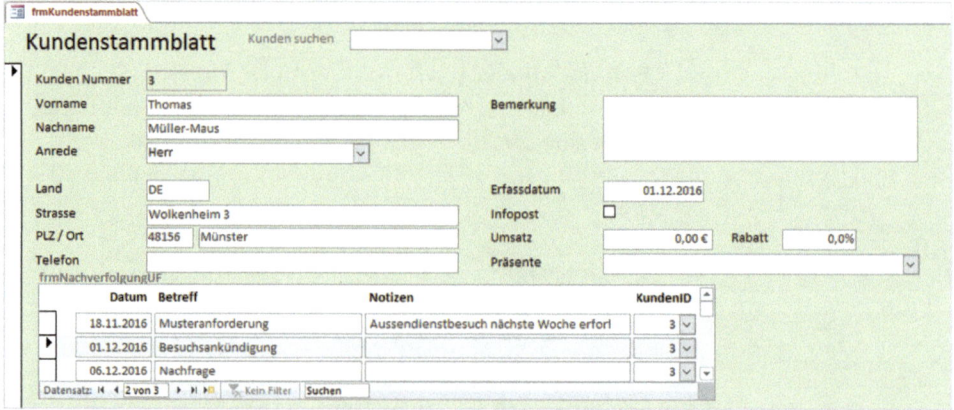

Nicht benötigte Felder ausblenden

Das Feld *KundenID* dient im Unterformular nur zum Verknüpfen mit dem Hauptformular, wird aber sonst eigentlich nicht benötigt und kann daher ausgeblendet werden. Dazu markieren Sie das Steuerelement im Unterformular und ändern die Eigenschaft *Sichtbar* auf *Nein*.

Feld ausblenden

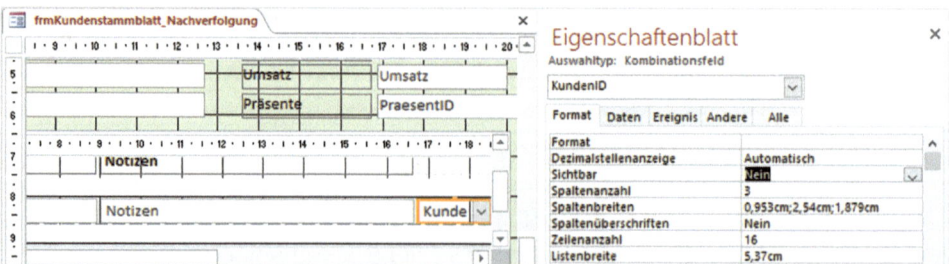

Bezüge auf Steuerelemente in Unterformularen

Wenn Sie im Hauptformular einen Bezug auf ein Steuerelement des Unterformulars benötigen, dann müssen Sie dem Steuerelement den Namen des Unterformulars voranstellen in den Schreibweise:

=[Name des Unterformulars].[Formular]![Name des Steuerelements im Unterformular]

> **Achtung:** Der Name des Unterformulars darf nicht verwechselt werden mit der Eigenschaft *Herkunftsobjekt*! In vielen Fällen sind beide zwar identisch, Sie sollten aber trotzdem den Namen im Eigenschaftenblatt, Register *Andere*, kontrollieren.

Die Eigenschaft Name des Unterformulars

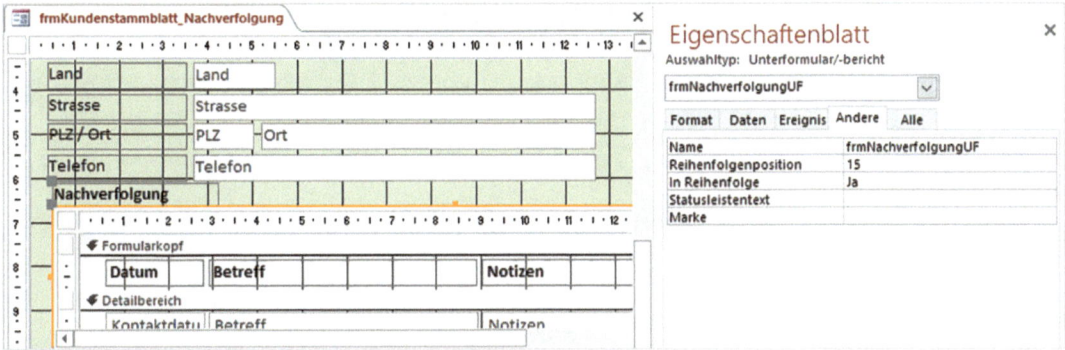

Beispiel: Im Hauptformular das Datum des letzten Kontakts anzeigen

In vielen Fällen wird im Hauptformular die Summe oder eine andere Zusammenfassung über ein Feld des Unterformulars benötigt. Als Beispiel soll das Datum des letzten Kundenkontakts im Hauptformular wie unten abgebildet erscheinen.

Bezug auf Unterformular

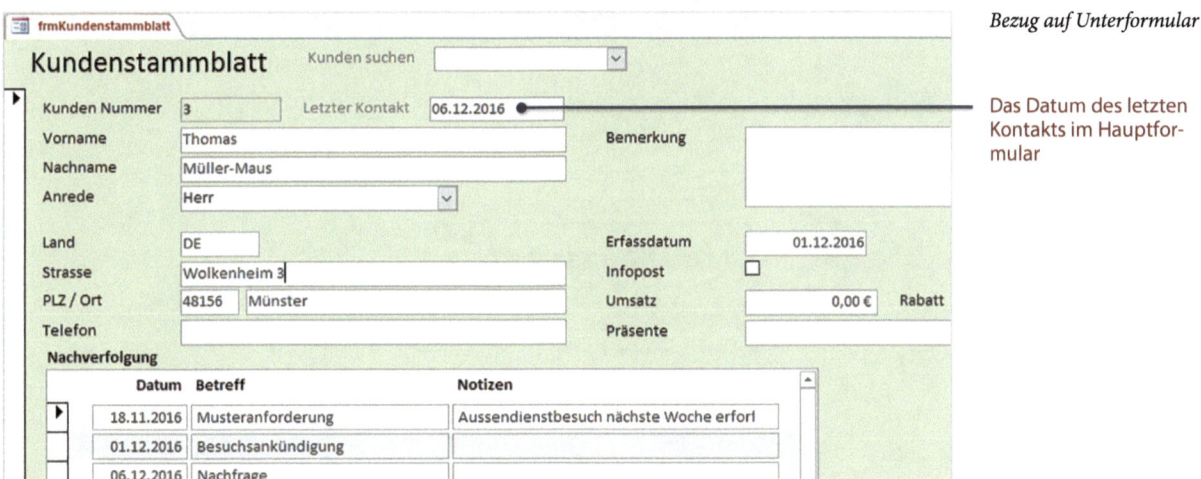

Das Datum des letzten Kontakts im Hauptformular

Am einfachsten fügen Sie zunächst im Formularfuß des Unterformulars ein ungebundendes Textfeld ein, in dem Sie mit der Funktion Max und folgender Formel das letzte bzw. höchste Datum ermitteln: *=Max([Kontaktdatum]*. Dieses Textfeld erhält den Namen *LetzterKontakt*.

Fügen Sie im Formularfuß des Unterformulars ein Textfeld mit der Formel ein

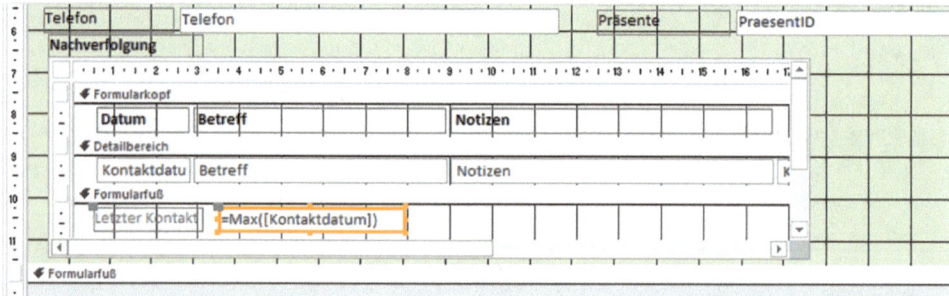

Anschließend fügen Sie im Hauptformular ebenfalls ein ungebundenes Textfeld ein. Hier geben Sie als Steuerelementinhalt den Bezug in folgender Schreibweise ein:

=[frmNachverfolgungUF].[Formular]![LetzterKontakt]

Fügen Sie im Hauptformular ein Textfeld mit dem Bezug ein

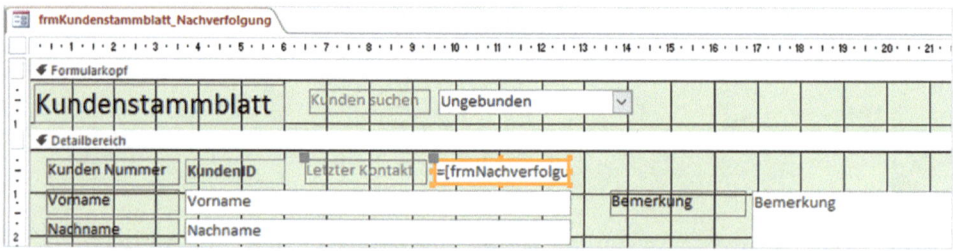

Zuletzt blenden Sie den Formularfuß des Unterformulars aus, damit hier das Formelergebnis nicht erscheint. Dazu markieren Sie den Formularfuß und ändern im Eigenschaftenblatt, Register *Format*, die Eigenschaft *Sichtbar* auf *Nein*.

Formularfuß des Unterformulars ausblenden

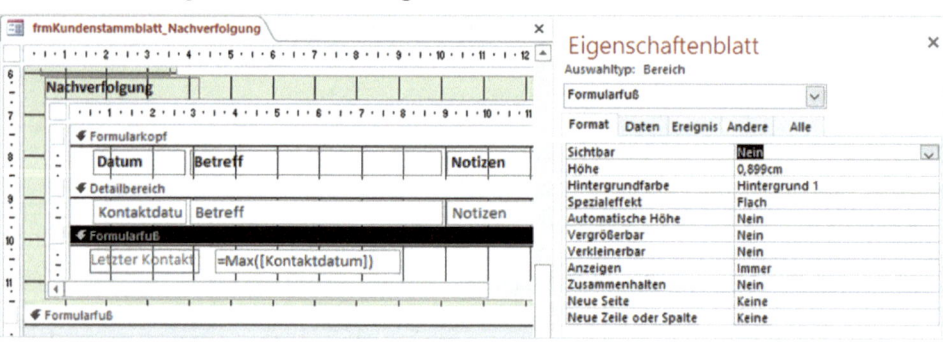

9.7   Befehlsschaltflächen

Der Befehlsschaltflächen-Assistent

Äußerst nützliche Steuerelemente in Formularen sind Schaltflächen, über die sich per Mausklick schnell bestimmte Befehle ausführen lassen, z. B. Wechsel zum nächsten/vorherigen Datensatz oder Schließen des aktuellen Formulars. So erleichtern Sie Benutzern mit geringen Kenntnissen den Umgang mit der Datenbank. Bei der Erstellung von Schaltflächen unterstützt Sie ein Assistent.

Beipiel: Formular über eine Schaltfläche schließen

Als Beispiel eine Schaltfläche, mit der Sie das aktuelle Formular schließen können. Klicken Sie im Steuerelementekatalog auf das Symbol *Schaltfläche* und anschließend im Formular an die gewünschte Stelle.

1   Der *Befehlsschaltflächen-Assistent* wird gestartet: Wählen Sie im ersten Schritt, welche Aktion später beim Klick auf diese Schaltfläche ausgeführt werden soll.

Dazu wählen Sie links zuerst eine Kategorie, in diesem Beispiel *Formularoperationen*. Rechts erscheinen die dazugehörigen Aktionen, klicken Sie hier auf *Formular schließen*. Klicken Sie dann auf *Weiter*.

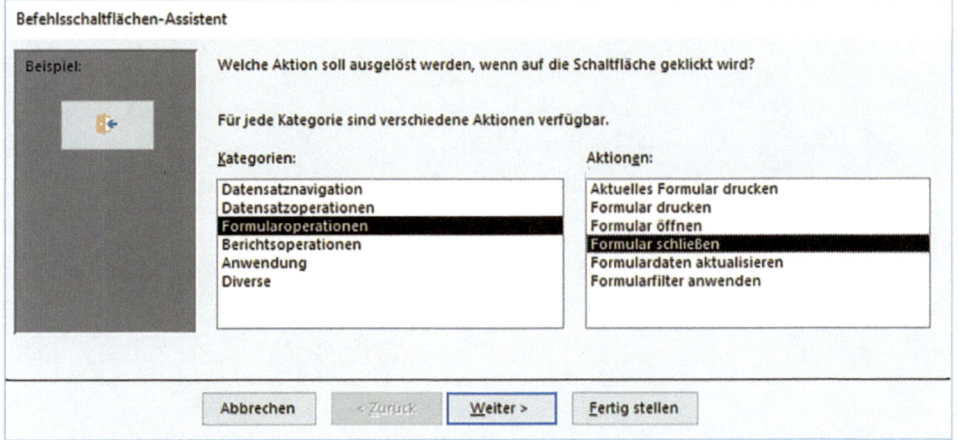

Wählen Sie eine Aktion aus

2   Anschließend wählen Sie, ob die Schaltfläche eine Bild bzw. Symbol oder eine Beschriftung erhalten soll. Mit der Option *Bild* können Sie unter verschiedenen Vorschlägen wählen, Sie erhalten eine Vorschau, wenn Sie auf ein Bild klicken. Möchten Sie ein bestimmtes Bild verwenden, dann klicken Sie auf die Schaltfläche *Durchsuchen....*.

Wenn Sie statt eines Bildes die Schaltfläche mit einer Beschriftung versehen möchten, dann wählen Sie die Option *Text* und geben den Text im dazugehörigen Feld ein. Klicken Sie dann auf *Weiter*.

Soll die Schaltfläche Text oder ein Bild erhalten?

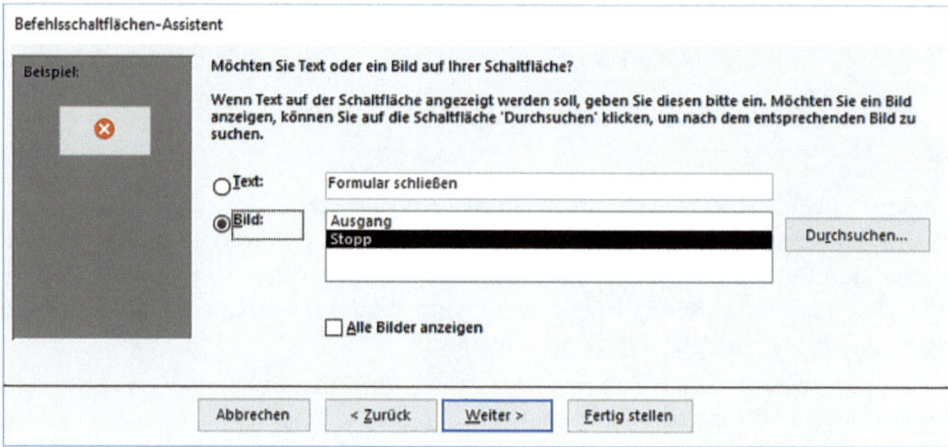

3 Im letzten Schritt erhält die Schaltfläche einen Namen, standardmäßig setzt sich dieser aus Typbezeichnung und einer fortlaufenden Nummer zusammen. Ein aussagefähiger Name kann nützlich sein, wenn Sie sich später auf dieses Element beziehen möchten. Klicken Sie zuletzt auf *Fertig stellen*.

> **Achtung:** Namen von Steuerelementen müssen mit einem Buchstaben beginnen und dürfen mit Ausnahme des Unterstrichs keine Sonder- oder Leerzeichen enthalten. Ferner muss der Name eindeutig sein, darf also innerhalb des Formulars nicht bereits anderweitig verwendet werden.

Geben Sie einen Namen für die Schaltfläche ein

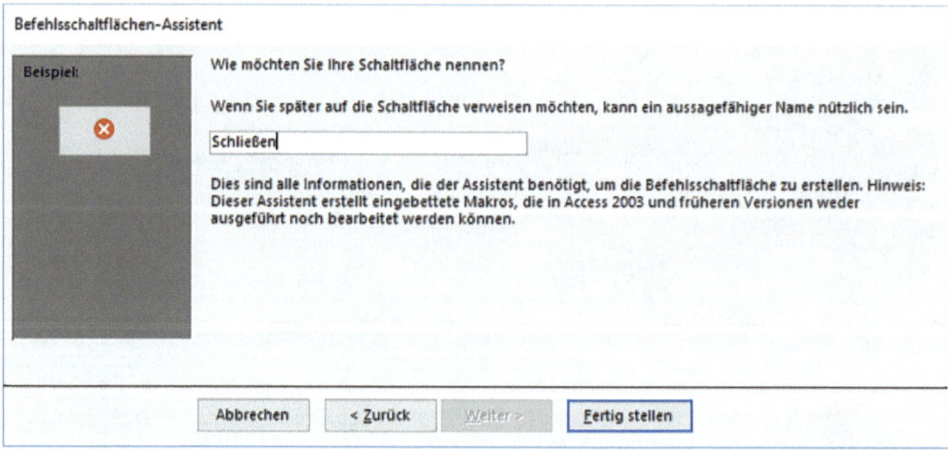

Schaltfläche formatieren

Das Aussehen der fertigen Schaltfläche hängt vom verwendeten Design ab, kann aber im Menüband, Register *Format* über die Schaltflächen *Fülleffekt* und *Formkontur* beliebig geändert werden. Am einfachsten verwenden Sie eine der Schnellformatvorlagen,

die Access in der Gruppe *Steuerelementformatierung* über die gleichnamige Schaltfläche zur Verfügung stellt, auch dieser Katalog ist vom Design abhängig. Mit der Schaltfläche *Form ändern* können Sie bei Bedarf auch eine andere Schaltflächenform wählen.

Schaltfläche formatieren

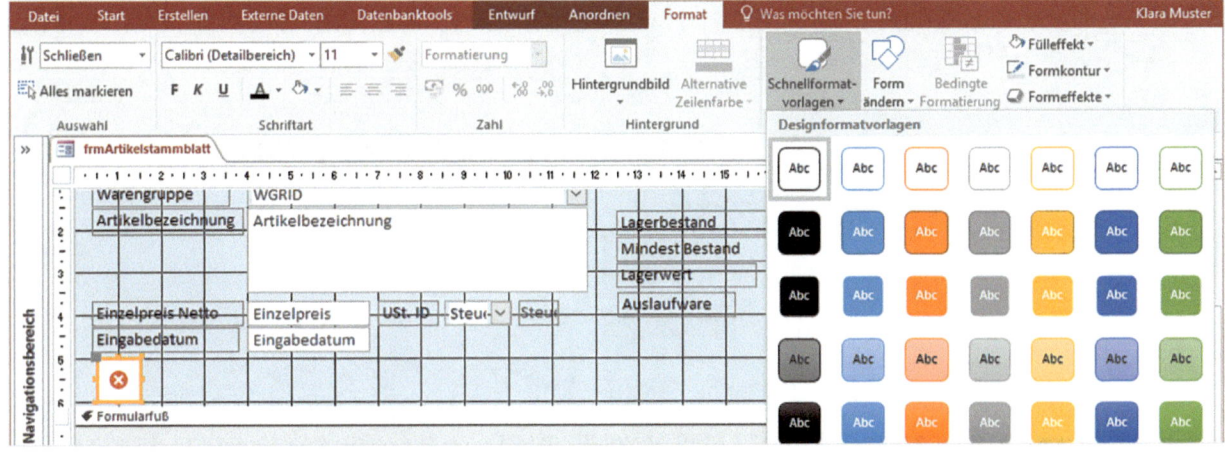

Wichtige Eigenschaften von Schaltflächen

Änderungen von Symbol und/oder Beschriftung einer Schaltfläche erledigen Sie wieder über die Eigenschaften, Register *Format*.

▶ Die Eigenschaft *Beschriftung* legt den angezeigten Text fest.

▶ Um ein anderes Symbol auszuwählen, klicken Sie bei der Eigenschaft *Bild* auf
die drei Punkte. Soll statt des Symbols die Beschriftung angezeigt werden, dann
löschen Sie hier einfach den Eintrag *(Bild)*.

▶ Wenn Sie für die Schaltfläche ein Symbol verwenden, dann kann es für Benutzer
eine Hilfe sein, wenn beim Zeigen auf die Schaltfläche ein kurzer Hinweistext
erscheint. Diesen können Sie bei der Eigenschaft *SteuerelementTip-Text* (Register
Andere) eingeben.

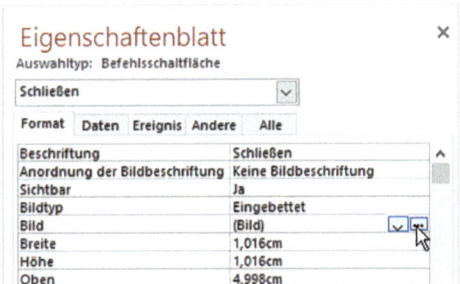

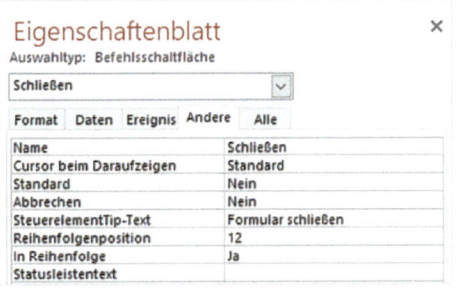

Beschriftung und/oder Bild ändern

Tip-Text

▶ Eine weitere wichtige Eigenschaft von Schaltflächen ist die Aktion, die beim Klicken ausgeführt wird. Diese finden Sie im Register *Ereignis* der Eigenschaften.
Hier wurde vom Befehlsschaltflächen-Assistent dem Ereignis *Beim Klicken* auto-

Makros, siehe Kapitel 11

matisch ein Makro zugewiesen, das Sie mit Klick auf die drei Punkte anzeigen und bearbeiten können. Näheres zum Thema Makros lesen Sie in Kapitel 11 dieses Buches.

Dem Ereignis Beim Klicken wurde ein Makro zugewiesen

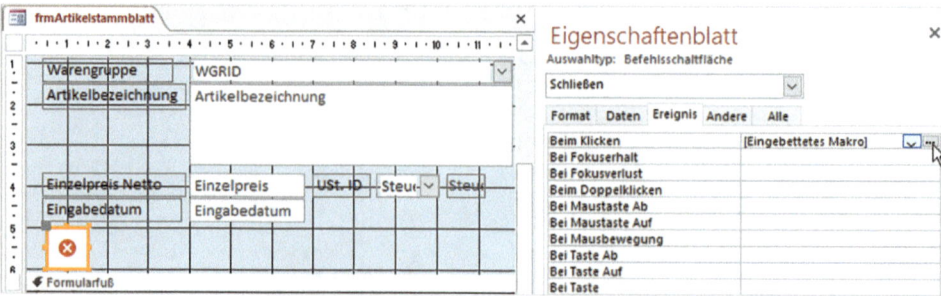

Einsatzmöglichkeiten von Schaltflächen

Eine kleine Übersicht über die wichtigsten Kategorien und Aktionen des Befehlsschaltflächen-Assistenten.

Navigationsleiste ausblenden, siehe Seite 237

▶ In der Kategorie *Datensatznavigation* finden Sie die verschiedenen Möglichkeiten der Navigation zwischen Datensätzen, die statt der Navigationsleiste verwendet werden können.

▶ *Datensatzoperationen* enthält unter anderem die Aktionen *Datensatz löschen*, *Datensatz speichern* und *Neuen Datensatz hinzufügen*.

▶ *Formularoperationen* erlaubt neben dem Schließen auch das Öffnen eines bestimmten Formulars, wobei Sie außerdem angeben können, ob hier alle oder nur ein bestimmter Datensatz angezeigt werden sollen.

Siehe Kapitel 10, Berichte

▶ Mit *Berichtsoperationen* haben Sie die Möglichkeit, einen bestimmten Bericht zu öffnen, zu drucken oder per E-Mail zu versenden.

▶ In der Kategorie *Anwendung* lässt sich mit der Aktion *Anwendung beenden* Access beenden und damit die Datenbank schließen.

Die Navigationsleiste durch Schaltflächen ersetzen

9.8 Ein Startformular erstellen

Um ungeübten Benutzern das Arbeiten mit der Datenbank zu erleichtern, sollten Sie ein Formular bereitstellen, das auschließlich zur Navigation zwischen den einzelnen Datenbankobjekten dient, also meist zum Öffnen eines bestimmten Formulars oder Berichts. Das solche Formulare keinerlei Daten anzeigen und an keine Tabelle oder Abfrage gebunden sind, werden sie auch als ungebundene Formulare bezeichnet. Access stellt zur Erstellung zwei Möglichkeiten zur Verfügung:

▶ Mit der alten Methode erstellen Sie ein leeres Formular und fügen hier Schaltflächen mit den gewünschten Aktionen ein.

▶ Ab Version 2010 stellt Access zu diesem Zweck den Formulartyp *Navigationsformular* zur Verfügung.

Der Formulartyp Navigationsformular

Auswahl und Anzeige von Datenbankobjekten erfolgt in Navigationsformularen über Registerkarten. Zum Erstellen klicken Sie im *Menüband ▶ Erstellen ▶ Formulare* auf *Navigation* und klicken auf die gewünschte Position der Registerkarten, im Bild unten wurde *Vertikale Registerkarten, links* gewählt.

Wählen Sie die Position der Registerkarten

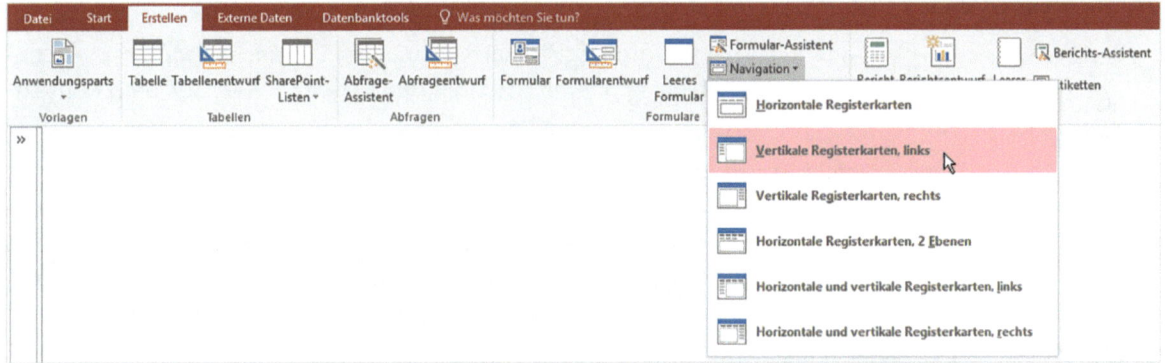

Das neue Navigationsformular wird in der Layoutansicht geöffnet. Ziehen Sie nun aus dem Navigationsbereich nacheinander alle benötigten Datenbankobjekte, z. B. Formulare auf den Platzhalter des Navigationsformulars *[Neues hinzufügen]*. Sie können ein Objekt auch zwischen bereits vorhandenen einfügen.

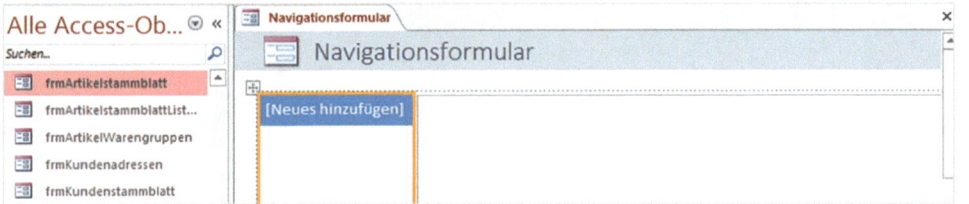

Das leere Navigationsformular

Ziehen Sie ein Formular in das Navigationsformular und auf den Platzhalter

Beschriftung ändern

Standardmäßig erhalten die Registerkarten den jeweiligen Objektnamen als Beschriftung. Diese können Sie in der Layout- oder Entwurfsansicht jederzeit ändern.

Beschriftung ändern

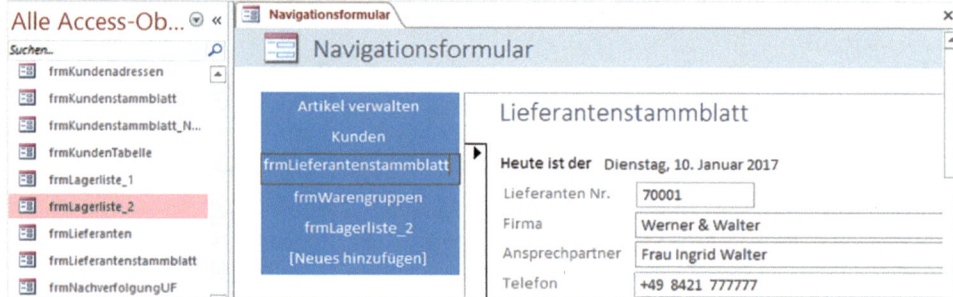

Eine versehentlich hingefügte Registerkarte markieren Sie und entfernen diese anschließend mit der Entf-Taste oder verwenden den Befehl *Löschen* aus dem Kontextmenü.

Das Navigationsformular in der Formularansicht sehen Sie im Bild unten. Wenn Sie auf eine Schaltfläche bzw. Registerkarte klicken, wird das dazugehörige Formular angezeigt und die Schaltfläche hervorgehoben. Beim Wechseln zwischen den Formularen wird das vorherige automatisch geschlossen, es ist also immer nur das aktuelle Datenbankobjekt geöffnet.

Das Navigationsformular in der Formularansicht: das aktuelle Register ist hervorgehoben

Navigationsschaltflächen formatieren

Die Farbe der Register bzw. Navigationsschaltflächen richtet sich nach dem verwendeten Design, kann aber mit Hilfe von Schnellformatvorlagen oder der Schaltflächen *Fülleffekt* und *Formkontur* beliebig geändert werden.

Siehe Schaltflächen, Seite 277

Ein ungebundenes Formular als Startformular

Wesentlich mehr Flexibilität erhalten Sie, wenn Sie mit einem leeren Formular in der Entwurfsansicht beginnen und anschließend Befehlsschaltflächen mit der gewünschten Aktion hinzufügen.

Beispiel: Das Formular frmKundenstammblatt über eine Schaltfläche öffnen

Klicken Sie zum Erstellen des Formulars im *Menüband ▶ Erstellen* auf *Formularentwurf*. Fügen Sie dann die erste Schaltfläche ein (Register *Entwurf*, Symbol *Schaltfläche*. Klicken Sie im Befehlsschaltflächen-Assistent auf die Kategorie *Formularoperationen* und wählen Sie die Aktion *Formular öffnen*.

Klicken Sie auf die Aktion Formular öffnen

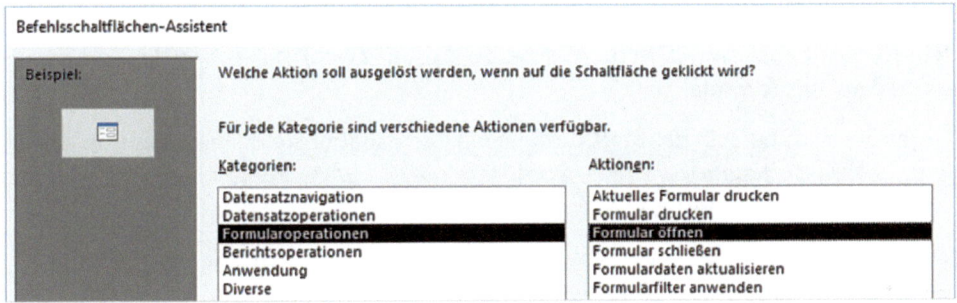

Im nächsten Schritt wählen Sie das benötigte Formular aus, in diesem Beispiel *frmKundenstammblatt* und klicken auf *Weiter*. Anschließend bietet der Assistent zwei Optionen an: Klicken Sie auf die zweite, *Das Formular öffnen und alle Datensätze anzeigen*.

Wählen Sie ein Formular und geben Sie an, welche Datensätze angezeigt werden sollen

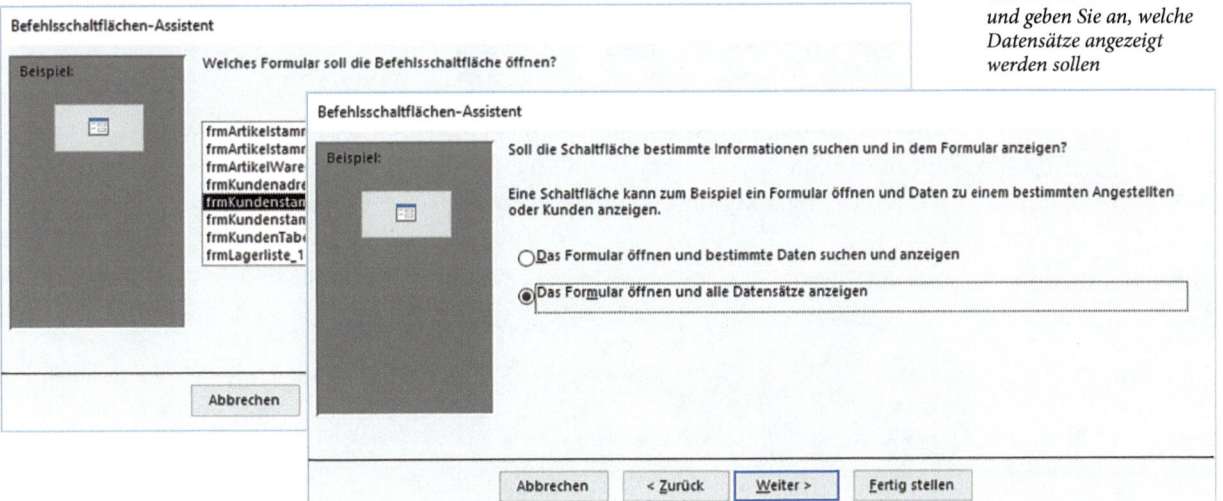

Wählen Sie in diesem Fall die Anzeige von Text auf der Schaltfläche und geben Sie eine aussagefähige Beschriftung ein, z. B. „Kunden verwalten". Geben Sie anschließend der Schaltfläche einen Namen und klicken Sie auf *Fertig stellen*.

Außerdem können Sie in das Formular mit Bezeichnungsfeldern beliebige Beschriftungen einfügen und diese nach Ihren Vorstellungen formatieren.

Das Startformular mit der ersten Befehlsschaltfläche

Formular öffnen und einen bestimmten Kunden anzeigen

Der Befehlsschaltflächen-Assistent bietet als zweite Möglichkeit an, ein Formular mit einem bestimmten Datensatz zu öffnen. Dies setzt aber voraus, dass der gesuchte Datensatz zuvor ausgewählt werden muss. Zu diesem Zweck bietet sich ein Kombinationsfeld im Startformular an.

Die genaue Vorgehensweise, siehe Seite 257

Fügen Sie also zuerst in das Startformular ein Kombinationsfeld ein, das aus der Tabelle *tblKunden* die Felder *KundenID*, *Nachname* und *Vorname* in dieser Reihenfolge enthält. Die Schlüsselspalte wird ausgeblendet und das Feld nach Nachnamen sortiert.

Zur besseren Übersicht geben Sie dem Kombinationsfeld anschließend im Eigenschaftenblatt den Namen *KundenSuchen*.

Fügen Sie zuerst in Kombinationsfeld zur Auswahl des Kunden ein

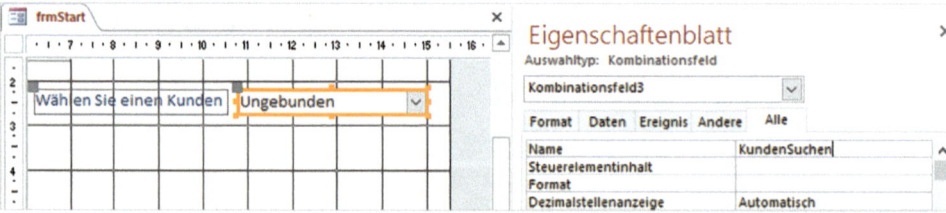

Anschließend fügen Sie wieder, wie oben beschrieben, eine Schaltfläche ein, klicken auf die Aktion *Formular öffnen* und wählen das Formular *frmKundenstammblatt* aus. Klicken Sie dann auf die Option *Formular öffnen und bestimmte Daten suchen und anzeigen*.

Klicken Sie auf die erste Option

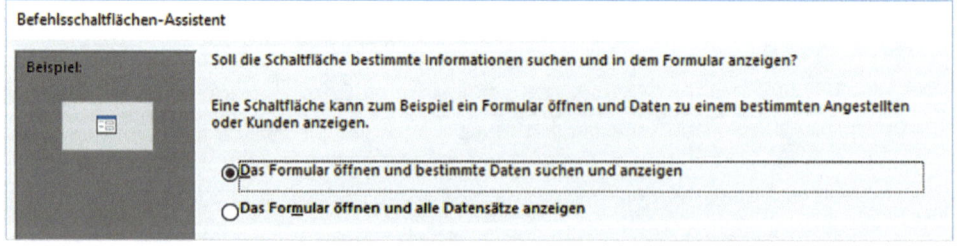

Der Assistent fordert Sie nun im nächsten Schritt auf, anzugeben, welche Steuerelemente und Felder übereinstimmende Daten enthalten. Dazu verwenden wir die *KundenID*. Markieren Sie daher per Mausklick unter *frmStart* das Kombinationsfeld *KundenSuchen* und unter *frmKundenstammblatt* das Feld *KundenID*.

Um diese beiden Felder zu verknüpfen, klicken Sie auf die Schaltfläche in der Mitte. Access zeigt nun darunter die ausgewählten übereinstimmenden Felder an. Anschließend stellen Sie die Schaltfläche wie gewohnt fertig.

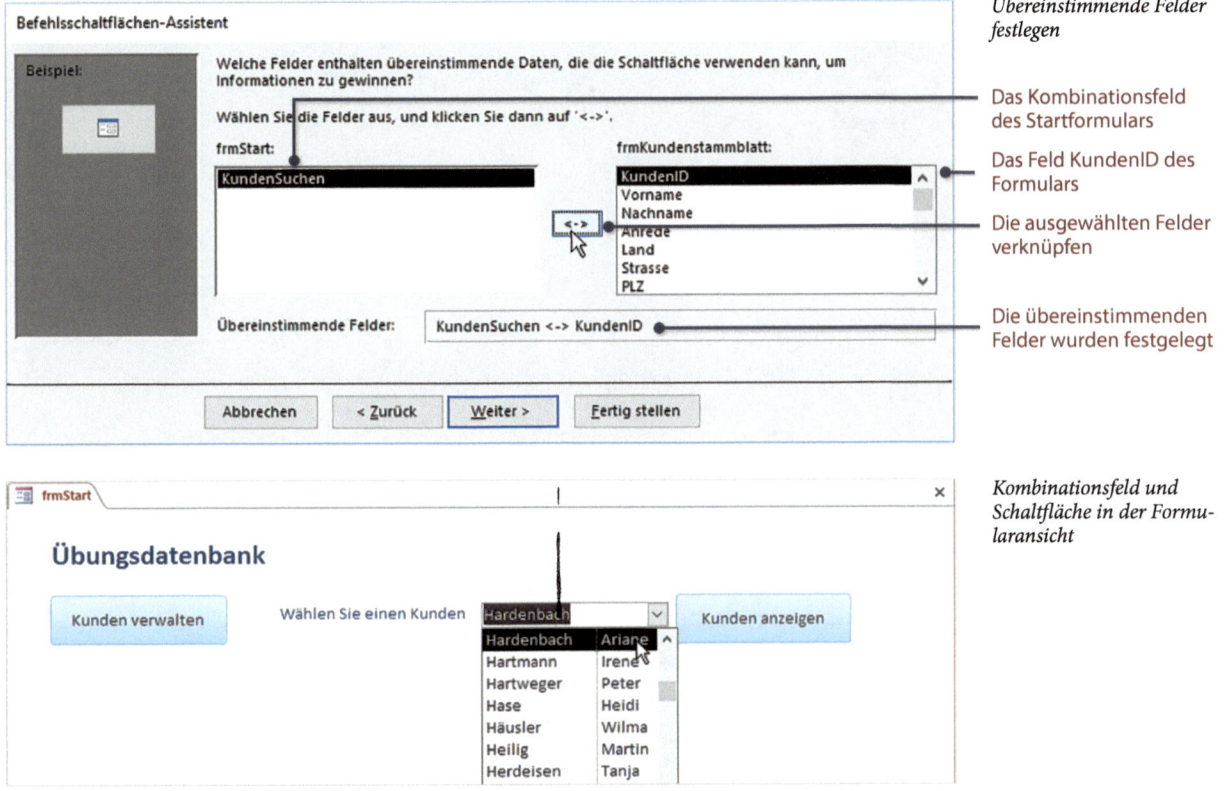

Übereinstimmende Felder festlegen

Das Kombinationsfeld des Startformulars

Das Feld KundenID des Formulars

Die ausgewählten Felder verknüpfen

Die übereinstimmenden Felder wurden festgelegt

Kombinationsfeld und Schaltfläche in der Formularansicht

> Beachten Sie, dass Formulare, die über eine Schaltfläche geöffnet wurden, nicht automatisch wieder geschlossen werden, sobald Sie ein anderes Formular öffnen. Sie sollten daher jedes Formular mit einer Schaltfläche zum Schließen versehen.

Startformular beim Öffnen der Datenbank automatisch anzeigen

Damit Nutzer der Datenbank das Startformular nicht suchen und extra öffnen müssen, können Sie festlegen, dass Access nach dem Öffnen der Datenbank das Formular automatisch anzeigt. Dazu klicken Sie im Menüband auf das Register *Start* und hier auf *Optionen*. Klicken Sie in den Optionen auf *Aktuelle Datenbank* und wählen Sie im Feld *Formular anzeigen* Ihr Startformular aus.

Ein Formular beim Öffnen automatisch anzeigen

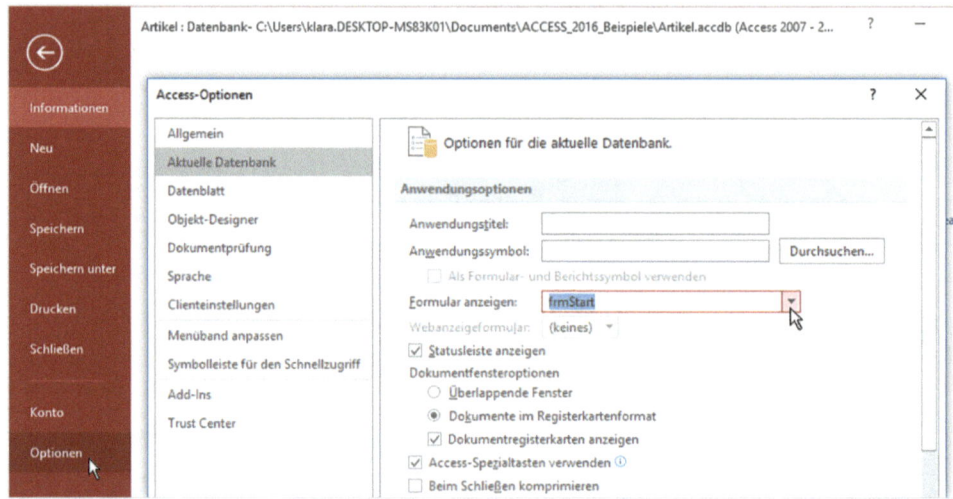

9.9 Zusammenfassung

▶ Access stellt einen Katalog von Steuerelementen zur Verfügung, mit denen Sie Funktionalität und Benutzerfreundlichkeit von Formularen und Berichten erweitern können. Aussehen und Verhalten eines Steuerelements legen Sie über seine Eigenschaften fest.

▶ Bezeichnungsfelder fügen Sie für zusätzliche Hinweise und Beschriftungselemente ein. Textfelder werden dagegen für die Anzeige und Eingabe von Daten oder Berechnungen mit Formeln benötigt. Zusätzliche Textfelder sind zunächst ungebunden, d.h. an kein Feld der Datensatzquelle gebunden.

▶ Kombinationsfelder erleichtern die Eingabe, indem sie eine Auswahlliste von Werten zur Verfügung stellen. Eine zweite nützliche Einsatzmöglichkeit in Formularen ist die Suche nach einem bestimmten Datensatz. Bei der Erstellung unterstützt Sie der Kombinationsfeld-Assistent, der bereits aus dem Kapitel Tabellenentwurf bekannt sein dürfte. Listenfelder sind im Gegensatz zu Kombinationsfeldern immer geöffnet und eignen sich in erster Linie für die Auswahl eines bestimmten Datensatzes, nicht aber zur Dateneingabe.

▶ Unterformulare werden meist bei der Formularerstellung bzw. vom Formular-Assistenten automatisch erzeugt und eingefügt. Sie stellen ebenfalls Steuerelemente dar und können auch manuell als ungebundenes Unterformular eingefügt werden. In diesem Fall müssen Sie anschließend angeben, über welche Felder beide Formulare verknüpft werden sollen.

▷ Beim Einfügen von Schaltflächen unterstützt Sie ein Assistent, der verschiedene häufig benötigte Aktionen bereit hält. Die Schaltflächen selbst können wie grafische Objekte formatiert werden. Die wichtigste Eigenschaften von Schaltflächen sind Ereignisse, darunter das Ereignis *Beim Klicken*, d.h. die Aktion wird beim Klicken auf die Schaltfläche ausgeführt. Mit Schaltflächen, Kombinations- und Listenfeldern lässt sich ein benutzerfreundliches Startformular gestalten. Als Alternative stellt Access ein so genanntes Navigationsformular zur Verfügung.

9.10 Übungsaufgaben

Formular zur Bestellerfassung optimieren

Öffnen Sie das Formular *frmBestellungen* aus der Übungsaufgabe zu Kapitel 8 (Seite 244) in der Entwurfsansicht und ändern Sie es so, dass es etwa dem Bild unten entspricht.

▷ Fügen Sie im Formularkopf oben rechts das aktuelle Datum und links eine beliebige Grafik als Firmenlogo ein.

▷ Da die Bestellnummer automatisch vergeben wird (Typ *Autowert*), ändern Sie für dieses Steuerelement die Eigenschaften *Aktiviert* und *Gesperrt,* sodass es für Bearbeitungen gesperrt ist und nicht mit der Maus angeklickt werden kann.

▷ Name und Anschrift des Kunden stammen aus der Tabelle *tblKunden* und sollen ebenfalls deaktiviert und gesperrt werden.

▷ Fügen Sie eine Schaltfläche zum Schließen des Formulars ein.

▷ Testen Sie das Formular, indem Sie einige beliebige Bestellungen erfassen und korrigieren Sie etwaige Fehler.

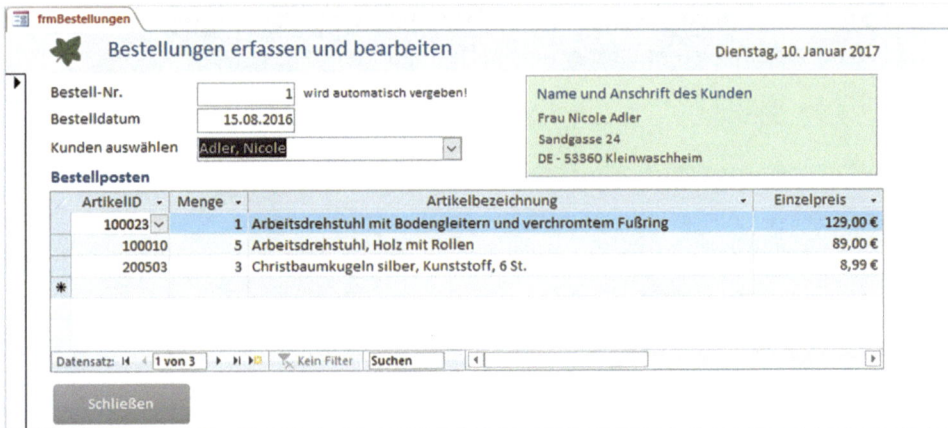

So könnte das geänderte Formular in der Formularansicht aussehen

Bestellsumme anzeigen

▶ Damit im Hauptformular zusätzlich die Bestellsumme erscheint, bearbeiten Sie die Datensatzquelle des Unterformulars im Abfrage-Generator und berechnen hier die Gesamtsumme mit der Formel: [Menge]*[Einzelpreis].

▶ Fügen Sie dann im Formularfuß des Unterformulars ein Textfeld ein und berechnen Sie die Summe über das Feld *Gesamtsumme*. Blenden Sie den Formularfuß aus.

▶ Fügen Sie dann im Hauptformular an geeigneter Stelle ein Textfeld ein, und geben Sie als Steuerelementinhalt den Bezug auf das Textfeld im Formularfuß des Unterformulars ein, das Ergebnis sollte etwa aussehen, wie unten abgebildet.

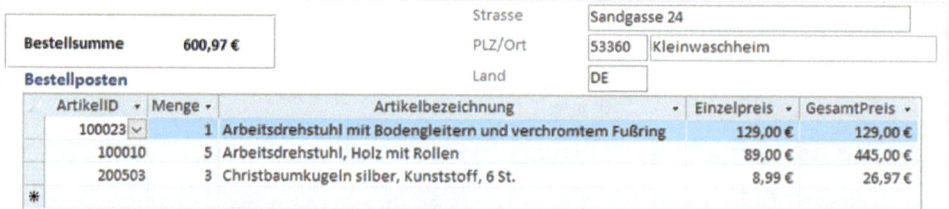

Startformular ergänzen

▶ Ergänzen Sie das ungebundene Startformular von Seite 281 um weitere Schaltflächen zum Öffnen von Formularen, in denen Sie Artikel, Lieferanten und Warengruppen anzeigen und bearbeiten können. Die einzelnen Formulare können Sie selbst festlegen.

▶ Fügen Sie ein Listenfeld ein, das alle Bestellungen mit *BestellID*, *Bestelldatum* und *KundenID* anzeigt, nach Bestellnummern absteigend sortiert. Ändern Sie dann die Datensatzherkunft des Listenfeldes so, dass statt der *KundenID* Nachname und Vorname des Kunden angezeigt werden, wie im Bild unten. Hinweis: Dazu müssen Sie die Tabelle *tblKunden* hinzufügen.

▶ Fügen Sie dann eine weitere Schaltfläche hinzu, die das Formular *frmBestellungen* mit der, im Listenfeld markierten Bestellung öffnet.

▶ Fügen Sie im Startformular außerdem eine Schaltfläche ein, über die Access beendet werden kann.

10 Berichte

In diesem Kapitel lernen Sie...

- Berichte erstellen, drucken und weitergeben
- Berichtslayout gestalten
- Bericht an Druckseite anpassen
- Besondere Steuerelement- und Berichtseigenschaften
- Datensätze gruppieren, zusammenfassen und auswerten
- Etiketten erstellen

Das sollten Sie bereits wissen

- Tabellenentwurf und Beziehungen
- Abfragen
- Formulare erstellen und anpassen
- Steuerelemente einfügen, Eigenschaften von Steuerelementen

10.1   Grundlagen

Überblick

Berichte (engl. reports) bereiten die Daten für übersichtliche und ansprechende Ausdrucke auf. Ihre Erstellung und Bearbeitung hat vieles gemeinsam mit Formularen. Daher wird in diesem Kapitel in erster Linie auf die Unterschiede eingegangen, den grundlegenden Umgang mit Steuerelementen in Layout- und Entwurfsansicht sowie die verschiedenen Gestaltungsmöglichkeiten lesen Sie bitte in Kapitel 8 und 9.

Berichte speichern, genau wie Abfragen und Formulare keine Datensätze, sondern werden beim Öffnen automatisch aktualisiert.

> **Die wichtigsten Unterschiede gleich vorweg**
> ▶ Im Gegensatz zu Formularen müssen Sie bei Berichten immer auch die Papiergröße, in der Regel A4, und die Ausrichtung, also Hoch- oder Querformat, berücksichtigen und am besten gleich zu Beginn einbeziehen.
>
> ▶ Berichte verwenden in erster Linie Bezeichnungs- und Textfelder sowie grafische Elemente. Interaktive Steuerelemente zur Dateneingabe z. B. Kombinationsfelder werden ignoriert und wie normale Textfelder behandelt.
>
> ▶ Beim Speichern sollten Sie Berichten zur besseren Unterscheidung das Präfix rpt (report) voranstellen.

Berichte erstellen

Auch zur Erstellung von Berichten können Sie unter verschiedenen Möglichkeiten wählen, diese finden Sie im Menüband, Register *Erstellen*, in der Gruppe *Berichte*.

Register Erstellen ▶ Berichte

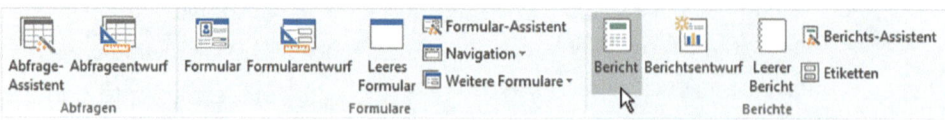

▶ Sie erhalten einen einfachen Standardbericht, wenn Sie im Navigationsbereich eine Tabelle oder Abfrage markieren und im Menüband *Erstellen ▶ Berichte* auf *Bericht* klicken.

▶ Alternativ erstellen Sie einen leeren Bericht in der Entwurfsansicht (*Berichtsentwurf*) oder in der Layoutansicht (*Leerer Bericht*) und fügen anschließend die benötigten Felder hinzu.

▶ Oder Sie starten den Berichts-Assistenten, der Sie Schritt für Schritt durch die Erstellung führt.

▶ Eine Sonderform des Berichts stellen Etiketten, z. B. als Adressaufkleber dar, diese können relativ einfach über eine Schaltfläche und mit Hilfe eines Assistenten erstellt werden.

Die Berichtslayouttools im Menüband

Zur Bearbeitung stehen Ihnen im Menüband mit den *Berichtslayouttools* die Register *Entwurf*, *Anordnen*, *Format* und *Seite einrichten* zur Verfügung. Diese unterscheiden sich mit Ausnahme des Registers *Seite einrichten* und einigen berichtsspezifischen Einstellungen nicht von den *Formulartools*.

Berichtsansichten

Berichte verfügen genau wie Formulare über verschiedene Ansichten. Zum Wechseln zwischen diesen Ansichten verwenden Sie entweder den Dropdown-Pfeil der Schaltfläche *Ansicht* im Register *Start* oder *Entwurf* oder die Symbole in der unteren rechten Ecke der Statusleiste. Als Alternative finden Sie die Ansichten auch im Kontextmenü, wenn Sie mit der rechten Maustaste an eine beliebige Stelle des Berichts klicken. Wie bei Formularen eignet sich jede Ansicht für unterschiedliche Zwecke:

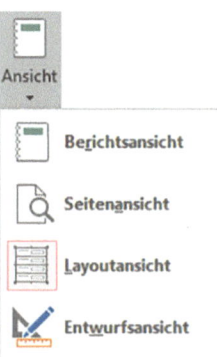

Ansicht	Beschreibung
Berichtsansicht	Die Berichtsansicht dient zum Arbeiten mit Berichtsergebnissen, ohne dass diese gedruckt werden müssen. Eventuelle Seitenumbrüche beim Drucken werden in dieser Ansicht ignoriert.
Seitenansicht	Die Seitenansicht stellt einen Bericht exakt so dar, wie er gedruckt wird, hier nehmen Sie die Druckeinstellungen vor.
Layoutansicht	Die Layoutansicht erlaubt das Bearbeiten des Berichts. Sie können Felder hinzufügen oder aus dem Bericht entfernen sowie Änderungen der Formatierung vornehmen.
Entwurfsansicht	Noch weitergehende Gestaltungsmöglichkeiten stehen Ihnen in der Entwurfsansicht zur Verfügung. Im Gegensatz zur Layoutansicht werden in der Entwurfsansicht keine Datensätze angezeigt.

Einen einfachen Standardbericht erstellen

Einfache Standardberichte sind schnell erstellt. Markieren Sie dazu im Navigationsbereich die Tabelle oder Abfrage, für die Sie einen Bericht benötigen und klicken Sie im Register *Erstellen* ▸ *Berichte*, auf die Schaltfläche *Bericht* (Bild unten).

Beispiel: Für die Tabelle tblArtikel einen Bericht erstellen

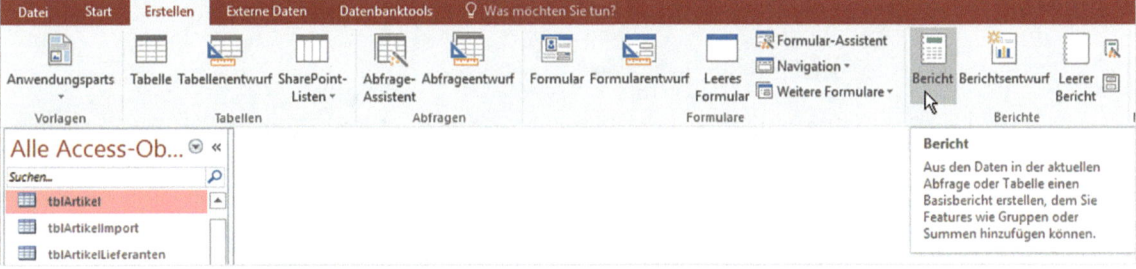

Access erstellt einen Bericht in Tabellenform mit allen Feldern und Datensätzen der ausgewählten Tabelle oder Abfrage und öffnet den Bericht in der Layoutansicht. In dieser Ansicht können Sie nun Änderungen am Layout und der Formatierung vornehmen und die Beschriftungen ändern.

Standardberichte werden im Tabellenlayout erstellt.

Automatisches Layout

Solche Standardberichte ordnen die Steuerelemente in einem automatischen Layout an. Dies hat den Vorteil, dass die Spaltenbreiten schnell angepasst werden können (Bild oben), die übrigen Spalten rücken automatisch nach. Das gilt auch für das Löschen nicht benötigter und Hinzufügen weiterer Spalten. Ein Klick in das kleine Kästchen in der linken oberen Ecke des Layouts wählt das gesamte Layout aus und markiert alle dazugehörigen Steuerelemente. Wenn Sie allerdings einzelne Steuerelemente individuell platzieren möchten, dann müssen Sie das automatische Layout entfernen, dies ist nur in der Entwurfsansicht möglich.

Siehe Kapitel 8.3

Siehe „Berichtsgröße" auf Seite 294

> **Nachteil von Standardberichten**
> Access verwendet in Standardberichten grundsätzlich zunächst alle Felder der Datensatzquelle und nimmt keine Rücksicht auf die Papiergröße. Auch nach dem Verringern der Spaltenbreite und Entfernen nicht benötigter Felder überschreiten viele Berichte die Seitenbreite, da Access die Berichtsbreite nicht automatisch anpasst. Sie müssen also in solchen Fällen die Berichtsbreite selbst korrigieren.

Mit einem leeren Bericht beginnen

Wenn Sie statt eines Standardberichts mit einem leeren Bericht beginnen möchten, dann stehen Ihnen im Register *Erstellen ▶ Berichte* zwei Alternativen zur Auswahl:

Leerer Bericht/Tabellenlayout

Die Schaltfläche *Leerer Bericht* öffnet einen neuen leeren Bericht in der Layoutansicht, die Feldliste öffnet sich und wenn Sie anschließend Felder in den Bericht ziehen, so werden diese automatisch in Tabellenform angeordnet. Solche Berichte verwenden ein automatisches Layout, d.h. beim Ändern der Spaltenbreite, sowie Verschieben und Entfernen von Spalten rücken die übrigen automatisch nach. Das Ergebnis entspricht bis auf den fehlenden Berichtskopf mit Titel, Datum und Uhrzeit etwa dem Standard-bericht.

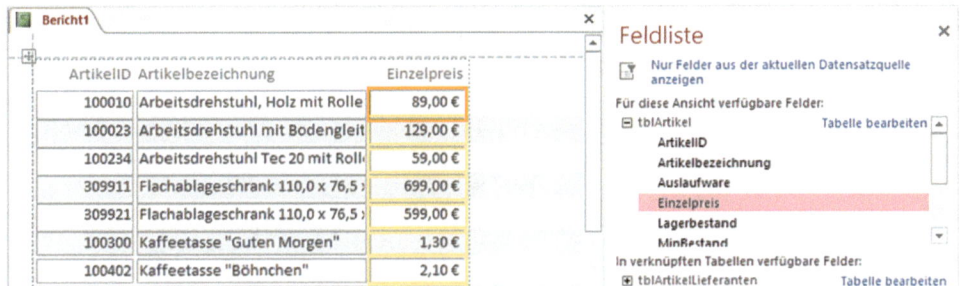

Leere Berichte verwenden ein automatisches Layout. Ziehen Sie die Felder in den Bericht

Berichtsentwurf/Gestapeltes Layout

Die Schaltfläche *Berichtsentwurf* öffnet dagegen einen neuen leeren Bericht in der Ent-wurfsansicht und verwendet kein automatisches Layout. Das bedeutet, wenn Sie ein Feld aus der Feldliste in den Bericht ziehen, werden Textfeld und Beschriftung bzw. Bezeichnungsfeld nebeneinander angeordnet. Ein solches Layout wird auch als Ge-stapelt oder Einspaltig bezeichnet. Jedes Steuerelement kann außerdem unabhängig von den übrigen beliebig vergrößert, verkleinert und verschoben werden. Die genaue Vorgehensweise und die Methoden zur exakten Ausrichtung wurden in Kapitel 8.5 in Zusammenhang mit dem Formularentwurf beschrieben.

Berichtsentwurf

Siehe Formulare, Kapitel 8.5

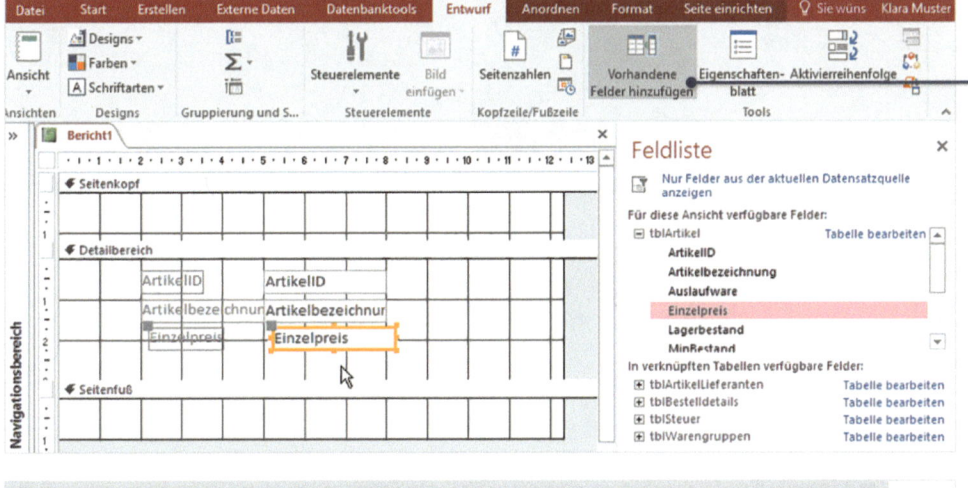

Die Felder können beliebig angeordnet werden

Feldliste anzeigen

Ein gestapelter Bericht in der Seitenansicht

Eine weitere Möglichkeit, der Berichts-Assistent wird weiter unten gesondert beschrieben

Welche Methode Sie zur Berichtserstellung verwenden, hängt vom geplanten Aussehen des Berichts ab. Tabellen erstellen Sie in jedem Fall schneller und einfacher, wenn Sie mit einem leeren Bericht in der Layoutansicht beginnen oder einen Standardbericht erstellen und nicht benötigte Felder entfernen.

Größere Flexibilität in Bezug auf die Anordnung der Felder erhalten Sie dagegen, wenn Sie einen leeren Bericht in der Entwurfsansicht erstellen, die Felder hinzufügen und anschließend ausrichten

Berichtslayout schnell ändern

Ob ein Bericht als Tabelle oder einspaltig bzw. gestapelt gedruckt wird, wird also nicht durch die Berichtseigenschaften festgelegt, sondern ist abhängig von der Anordnung der Bezeichnungs- und Textfelder und der Größe des Detailbereichs.

Automatisches Layout: Tabelle

Automatisches Layout: Gestapelt

Wenn der Bericht auf einem automatischen Layout basiert, dann können Sie schnell zwischen Tabelle und gestapeltem Layout wechseln. Markieren Sie dazu mit einem Klick in das Kästchen links oben das gesamte Layout und klicken Sie im Register *Anordnen ▶ Tabelle* auf *Tabelle* oder *Gestapelt*.

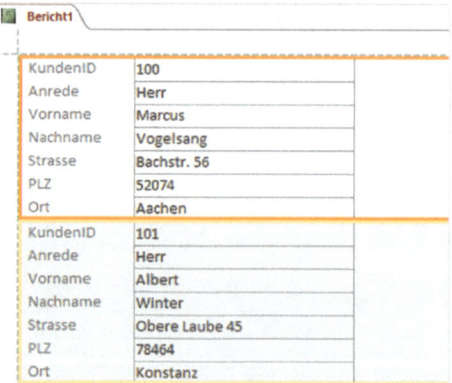

Berichtsbereiche

Ein Bericht setzt sich aus folgenden Bereichen zusammen:

▶ Der *Berichtskopf* erscheint zu Beginn des Berichts und enthält bei Standardberichten Berichtstitel, Datum und Uhrzeit sowie einen Platzhalter für ein Bild oder Logo. Als Berichtstitel verwendet Access zunächst entweder den Namen der Tabelle/Abfrage oder den Namen unter dem der Bericht gespeichert wurde.

▶ Der *Berichtsfuß* befindet sich am Ende des Berichts bzw. auf der letzten Seite und dient für Zusammenfassungen und Auswertungen über den gesamten Bericht. **Achtung:** In Standardberichten erstellt Access hier automatisch Summen über Felder vom Typ Zahl, was nicht selten zu unsinnigen Ergebnissen führt, als Beispiel im Bild unten die Summe über alle Einzelpreise.

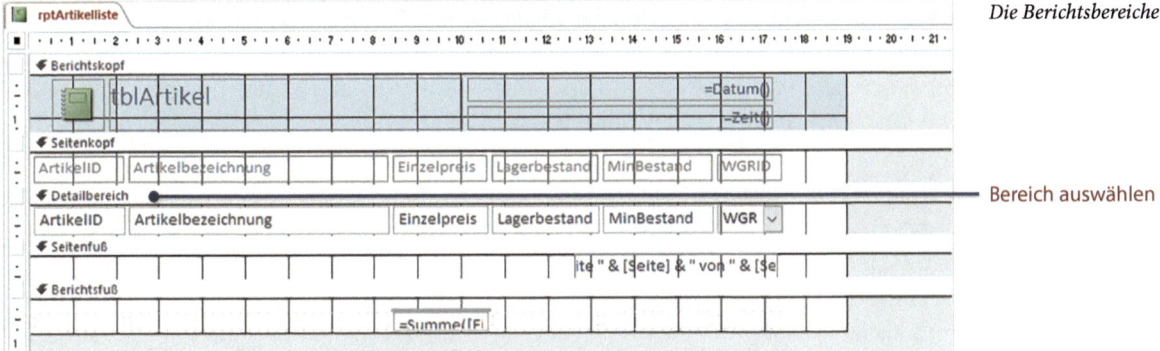

Die Berichtsbereiche

Bereich auswählen

▶ *Seitenkopf*- und *Seitenfuß* werden jeweils oben und unten auf der Seite gedruckt. Hier finden Sie standardmäßig die Seitenzahlen sowie das aktuelle Datum. Bei einem Bericht in Tabellenform befinden sich auch die Spaltenüberschriften im Seitenkopf.

▶ Der *Detailbereich* ist der wichtigste Bereich eines Berichts, hier werden die Inhalte der Datensätze angezeigt. Bei einem tabellarischen Layout umfasst der Detailbereich eine Zeile, die für jeden Datensatz wiederholt wird und die Höhe des Detailbereichs legt die Zeilenhöhe fest.

▶ Handelt es sich um einen gruppierten Bericht, dann kommen auch noch *Gruppenkopf* und *Gruppenfuß* hinzu, Näheres hierzu weiter unten.

Fehlende Bereiche anzeigen

Wenn Sie einen leeren Bericht erstellt haben, dann fehlen zunächst einige Bereiche.

▶ Zum Einfügen von Berichtskopf und -fuß klicken Sie in der Layoutansicht oder der Entwurfsansicht im Register *Entwurf ▶ Kopfzeile/Fußzeile* auf *Titel*.

▶ Um Seitenkopf- und fuß einzufügen, klicken Sie auf *Seitenzahlen*.

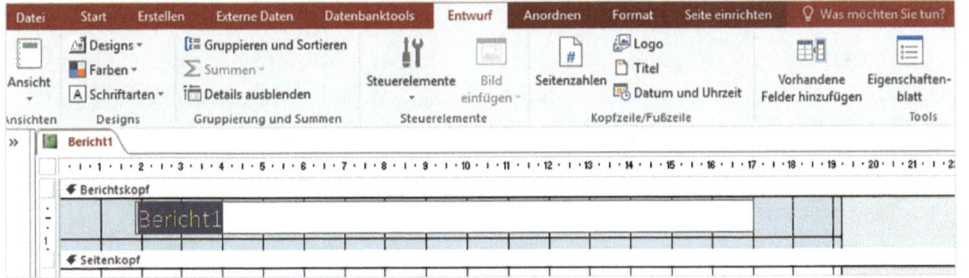

Berichtskopf und -fuß einfügen

Bereich auswählen und formatieren

Um einen Bereich auszuwählen, klicken Sie im Berichtsentwurf auf den Balken. Nicht benötigte Bereiche blenden Sie aus, indem Sie an den unteren Rand zeigen und mit

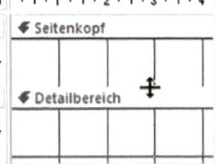

dem Doppelpfeil als Mauszeiger ganz nach oben ziehen. Allerdings darf sich in diesem Bereich kein Steuerelement mehr befinden.

Der Berichtskopf von Standardberichten erhält automatisch einen farbigen Hintergrund, der auf Ausdrucken aber nicht immer nicht benötigt wird. Zum Entfernen wählen Sie den Berichtskopf aus und und weisen ihm über das Register *Format ▸ Steuerelementformatierung* und die Schaltfläche *Fülleffekt Automatisch* als Farbe zu.

Alternative Zeilenfarbe

Meist stellt Access in tabellarischen Berichten zur besseren Lesbarkeit jede zweite Zeile des Detailsbereichs in einer anderen Hintergrundfarbe dar. Wenn Sie die alternative Zeilenfarbe ändern oder entfernen möchten, dann wählen Sie den Detailbereich aus und klicken im Menüband, Register *Format*, auf den Dropdown-Pfeil der Schaltfläche *Alternative Zeilenfarbe*. Mit der Auswahl *Keine Farbe* werden die Zeilenfarben entfernt.

Markieren Sie den Detailbereich und klicken Sie auf Alternative Zeilenfarbe

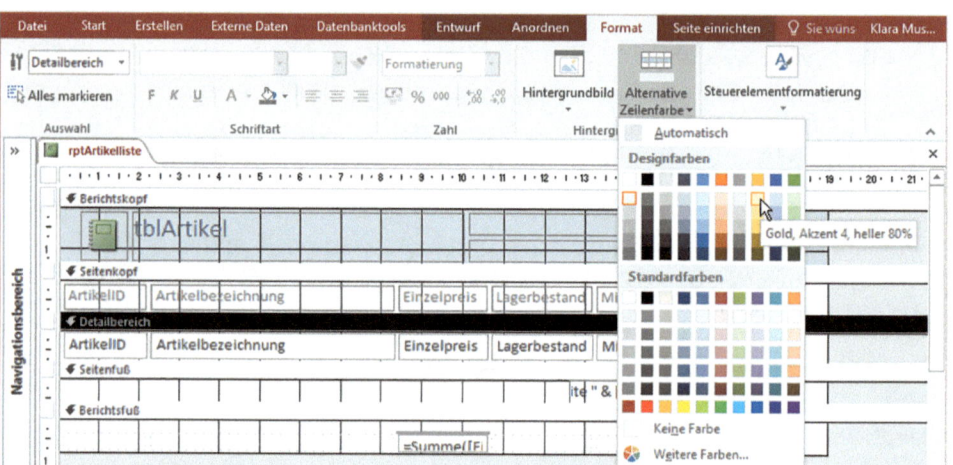

Berichtsgröße

Die wichtigste Berichtseinstellung betrifft die Anpassung an das Papierformat, da dieses von Access nicht automatisch berücksichtigt wird. Auch wenn Sie die Spaltenbreite verringert und überflüssige Spalten entfernt haben, werden Sie in vielen Fällen feststellen, dass Access trotzdem leere Seiten druckt bzw. jede zweite Druckseite leer ist.

Der Bericht in der Layoutansicht

Seitenränder

Seitenumbruch

Seitenumbrüche und Seitenränder sind in der Layoutansicht an den gestrichelten Linien zu erkennen und in der Seitenansicht sehen Sie, dass der Bericht im Bild unten entzwei geschnitten wird und entsprechend viele Seiten gedruckt werden.

Der Bericht in der Seitenansicht

Seite einrichten

Im ersten Schritt legen Sie Papiergröße, Ausrichtung und Seitenränder fest. Die Schaltflächen dazu finden Sie in der Layout- und Entwurfsansicht im Register *Seite einrichten*.

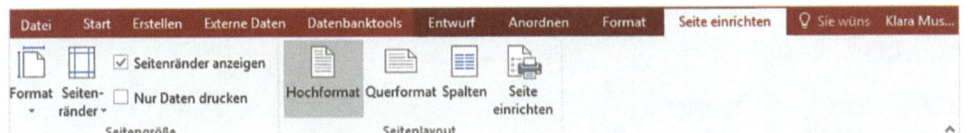

Das Register Seite einrichten

Tipp: Das Kontrollkästchen *Seitenränder anzeigen* steuert, ob die Seitenränder in der Layoutansicht sichtbar sind oder nicht.

▶ **Papierformat und Seitenränder**

In der Standardeinstellung verwenden Berichte das gängige A4 Format. Zur Kontrolle oder zum Ändern klicken Sie auf die Schaltfläche *Format*. Die Schaltfläche *Seitenränder* bietet verschiedene vordefinierte Einstellungen an. Für individuelle Maße klicken Sie stattdessen auf *Seite einrichten* und bearbeiten die Seitenränder im gleichnamigen Fenster, Register *Druckoptionen* (Bild unten). Im Register *Seite* dieses Fensters können Sie auch Ausrichtung und Papierformat ändern.

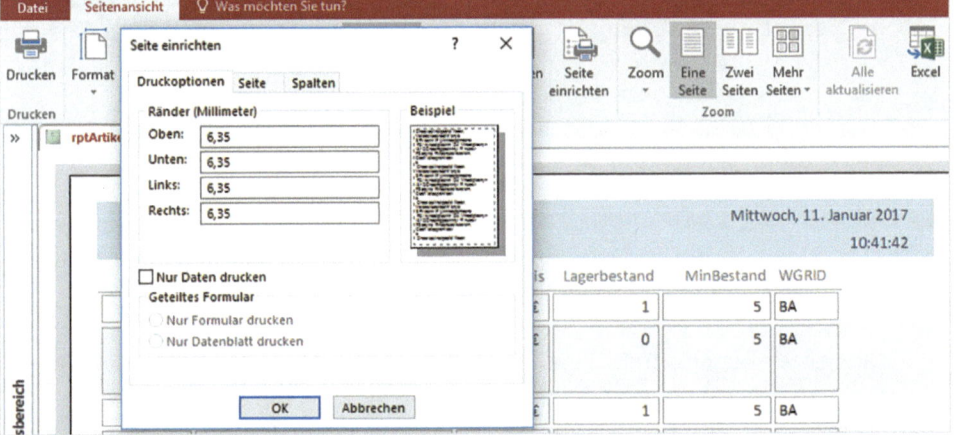

Das Fenster Seite einrichten

▶ **Hochformat oder Querformat?**

Über die Schaltflächen *Hochformat* und *Querformat* legen Sie ebenfalls die Papierausrichtung fest.

Die Berichtsbreite anpassen

Die weitere Anpassung des Berichts nehmen Sie am besten in der Entwurfsansicht vor:

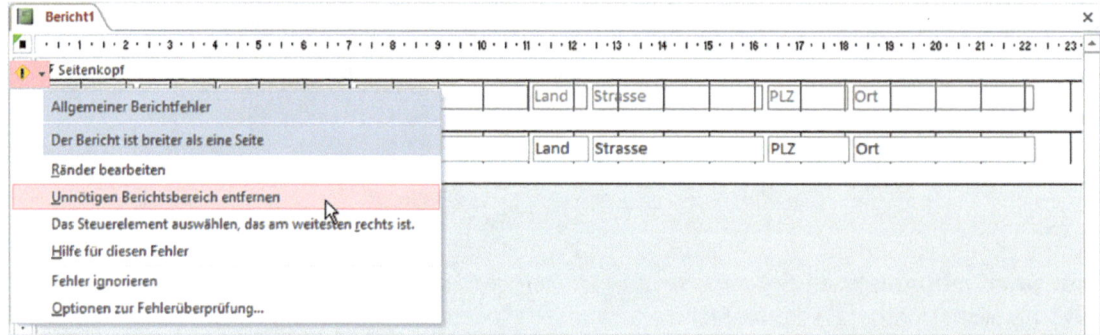

1 Wählen Sie mit Klick auf das Kästchen im Schnittpunkt der Lineale den Bericht aus. Überschreitet die Berichtsbreite die verfügbare Breite, so warnt Sie hier ein grünes Dreieck zusammen mit einem Warnsymbol und beim Zeigen auf das Symbol erscheint der Hinweis *Die Breite des Berichts ist größer als die Seitenbreite...*.

2 Klicken Sie auf dieses Symbol, so erhalten Sie verschiedene Vorschläge zur Behebung des Problems. Klicken Sie hier auf *Unnötigen Berichtsbereich entfernen*.

Wählen Sie den Bericht aus und klicken Sie auf das Warnsymbol

3 Meist ist die Sache aber nicht so einfach, denn die Berichtsbreite kann erst verringert werden, wenn sich hier kein Steuerelement mehr befindet. Dann sollten Sie im nächsten Schritt mit dem Befehl *Das Steuerelement auswählen, das am weitesten rechts ist* störende Steuerelemente markieren und anschließend verschieben, verkleinern oder löschen. Alternativ scrollen Sie nach rechts und markieren das betreffende Steuerelement.

4 Anschließend können Sie am rechten Berichtsrand durch Ziehen mit der Maus die Berichtsbreite verringern, das horizontale Lineal leistet dabei als Orientierungshilfe gute Dienste.

Berichtsbreite mit der Maus verringern

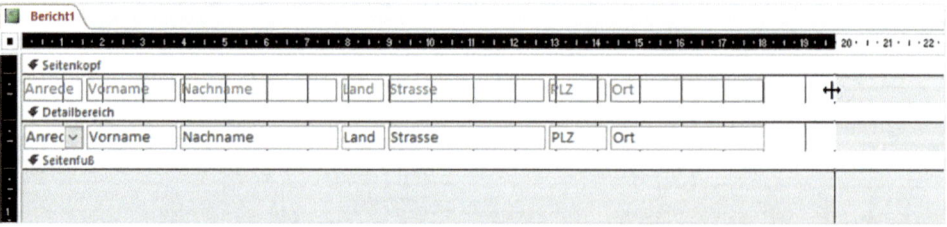

Eigenschaften-blatt

5 Die genaue Berichtsbreite legen Sie in den Berichtseigenschaften fest. Markieren Sie dazu den Bericht und klicken Sie im Register *Entwurf* auf *Eigenschaftenblatt*. Im Register *Format* finden Sie die Eigenschaft *Breite*. Geben Sie hier die erforderliche Breite in cm ein und beachten Sie, dass Sie zur Berichtsbreite noch die Seitenränder hinzurechnen müssen. Außerdem sollten Sie etwa 0,5 bis 1 mm zusätzlichen Spielraum berücksichtigen.

Manchmal reicht es bereits, wenn Sie die Breite um 1-2 mm verringern, damit der Bericht auf eine Druckseite passt. Das grüne Dreieck und das Warnsymbol verschwinden dann von selbst.

Berichtseigenschaften

Berichtsbreite eingeben

Einen Bericht mit dem Berichts-Assistenten erstellen

Mit dem Berichts-Assistenten stellt Access eine weitere Möglichkeit der Berichtserstellung zur Verfügung. Hier besteht bereits während der Erstellung die Wahlmöglichkeit zwischen tabellarischem und gestapeltem Layout sowie zwischen Hoch- und Querformat, allerdings unterstützt der Assistent kein automatisches Layout.

Zum Starten des Assistenten klicken Sie im Menüband *Erstellen ▸ Berichte* auf *Berichts-Assistent*.

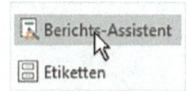

1 Zuerst wählen Sie die Tabelle oder Abfrage, deren Felder Sie verwenden möchten und fügen darunter die benötigten Felder hinzu. Wie beim Formular-Assistenten können Sie auch hier Felder aus mehreren Tabellen auswählen, vorausgesetzt, die Tabellen sind miteinander verknüpft.

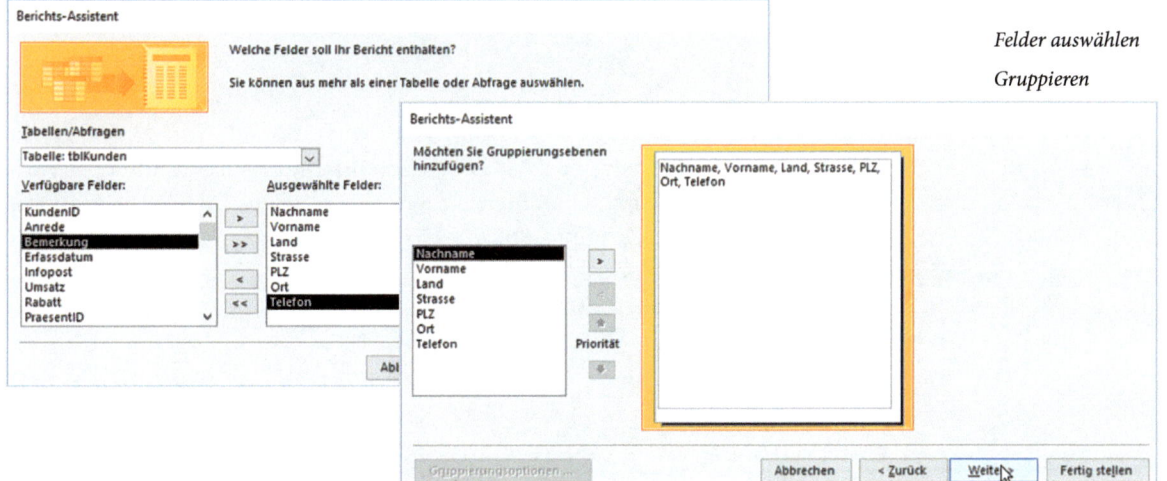

Felder auswählen

Gruppieren

Wie Sie gruppierte
Berichte erstellen, siehe
weiter unten

2 Im nächsten Schritt bietet der Assistent die Möglichkeit der Gruppierung an, z. B. nach Ländern. Für einen einfachen Bericht übergehen Sie diesen Schritt und klicken auf *Weiter*.

3 Anschließend legen Sie eine Sortierung fest, bis zu vier Sortierungsschlüssel werden unterstützt.

4 Im nächsten Schritt haben Sie die Wahl zwischen einspaltigem (gestapeltem) und tabellarischem Layout und können die Ausrichtung festlegen. Wenn Sie *Tabellarisch* gewählt haben, dann sollten Sie das Kontrollkästchen *Feldbreite so anpassen, dass alle Felder auf eine Seite passen* aktivieren. Dies stellt sicher, dass alle Felder auf eine Druckseite passen. Dadurch werden zwar zunächst Feldinhalte abgeschnitten, dies lässt sich aber leicht nachträglich korrigieren, z. B. durch kleinere Schrift.

5 Zuletzt geben Sie als Titel den Namen ein, unter dem der Bericht gespeichert werden soll und klicken auf *Fertig stellen*.

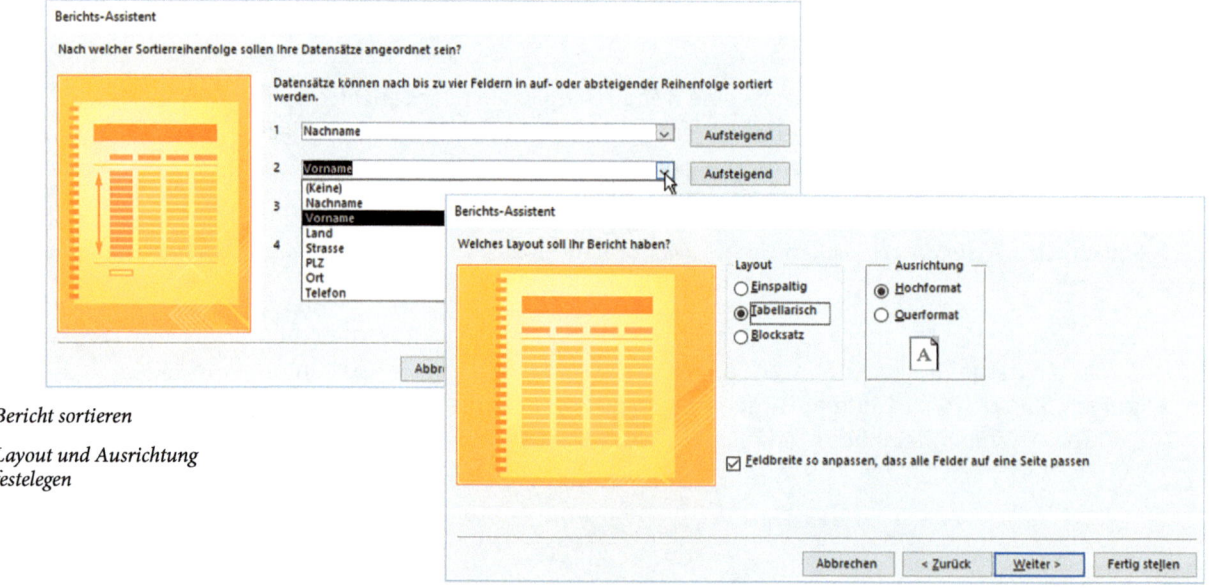

Bericht sortieren

Layout und Ausrichtung festlegen

Abgeschnittene Inhalte,
siehe Seite 302

Access öffnet anschließend den Bericht in der Seitenansicht und Sie können das Aussehen kontrollieren. Änderungen nehmen Sie entweder in der Layout- oder in der Entwutfsansicht vor, wie im Bild unten dürften in erster Linie die Spaltenbreiten und abgeschnittene Inhalte zu korrigieren sein.

Der fertige Bericht

10.2   Bericht drucken

Die Seitenansicht

In der Seitenansicht kontrollieren Sie den Bericht vor dem Drucken, gleichzeitig steht Ihnen im Menüband das gleichnamige Register zur Verfügung, über das Sie auch nachträglich noch Papierformat, Seitenränder und Ausrichtung festlegen könnten. Mit der Schaltfläche *Seitenansicht schließen* kehren Sie zur vorherigen Ansicht zurück.

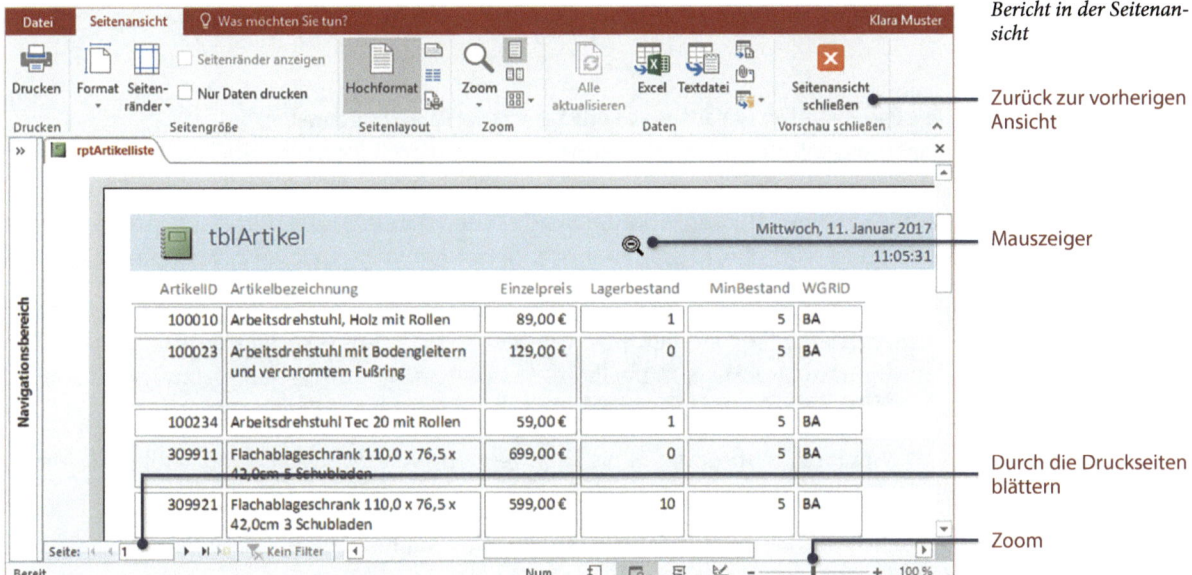

Bericht in der Seitenansicht

Zurück zur vorherigen Ansicht

Mauszeiger

Durch die Druckseiten blättern

Zoom

Anzeige vergrößern/verkleinern

In der Seitenansicht wird der Mauszeiger als Lupe dargestellt und Sie können per Mausklick zwischen der Originalgröße und einer, an die Fenstergröße angepassten Anzeige der gesamten Druckseite wechseln. Darüber hinaus können Sie den Bericht über den Zoombereich der Statusleiste oder Drehen des Mausrads mit gleichzeitig gedrückter Strg-Taste beliebig vergrößern oder verkleinern. Weitere Möglichkeiten finden Sie im Menüband, Gruppe *Zoom*.

Am unteren Rand der Seitenansicht befindet sich eine Navigationsleiste mit deren Schaltflächen Sie durch die Druckseiten blättern.

Bericht drucken

Zum Drucken des Berichts klicken Sie in der Seitenansicht auf die Schaltfläche *Drucken*. Im Fenster *Drucken* können Sie anschließend Drucker, Anzahl der Exemplare und ggfs. bestimmte Seiten zum Drucken auswählen.

Klicken Sie in der Seiten-ansicht auf Drucken und wählen Sie Drucker und Druckbereich aus.

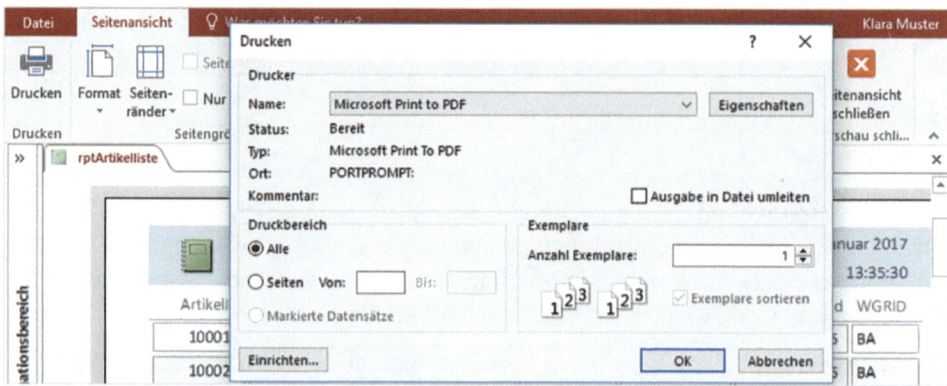

Tipp: Dem Bericht einen bestimmten Drucker oder ein Papierfach zuweisen

Manchmal soll ein bestimmter Bericht nicht mit dem Standarddrucker, sondern einem abweichenden Drucker gedruckt werden. Damit Sie nicht jedes Mal den Drucker erneut auswählen müssen, können Sie dem Bericht einen Drucker fest zuordnen. Diese Einstellung wird dann zusammen mit dem Bericht gespeichert. Dazu öffnen Sie das Fenster *Seite einrichten* und klicken auf das Register *Seite*.

▶ Aktivieren Sie hier die Option *Spezieller Drucker* und klicken Sie auf *Durchsuchen*, um den Drucker auszuwählen. Handelt es sich um einen Netzwerkdrucker, so klicken Sie im nachfolgenden Fenster auf die Schaltfläche *Netzwerk...*.

▶ Wenn ein bestimmtes Papierfach verwendet werden soll, dann wählen Sie dieses im Feld *Quelle* aus.

Wählen Sie die Option Spezieller Drucker

Drucker auswählen

Schließen Sie dann das Fenster *Seite einrichten* mit Klick auf die Schaltfläche *OK*, um die gewählten Einstellungen zu übernehmen.

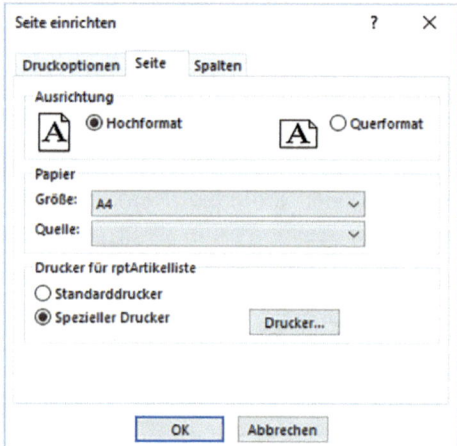

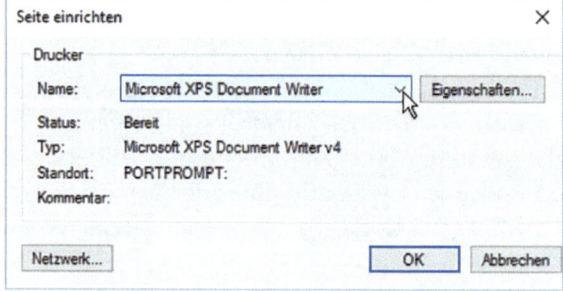

Bericht exportieren und weitergeben

Verschiedene Exportmöglichkeiten finden Sie in der Seitenansicht im gleichnamigen
Register, Gruppe *Daten*.

Bericht exportieren

► **Office-Anwendungen**

Beim Export in eine Excel-Arbeitsmappe werden die Datensätze des Berichts in
eine Tabelle exportiert, das Ergebnis unterscheidet sich nur wenig vom Export
einer Tabelle oder Abfrage in eine Excel-Mappe. Eine Exportmöglichkeit in ein
Word-Dokument erhalten Sie, wenn Sie auf *Weitere Optionen* klicken. Allerdings
wird nur das Rich-Text-Format unterstützt und grafische Elemente wie Linien
werden nicht exportiert. In beiden Fällen öffnet sich nach Klick auf die entsprechende Schaltfläche ein Fenster und fordert Sie auf, Dateiname und Speicherort
der Zieldatei anzugeben. Klicken Sie dazu auf *Durchsuchen*....

Siehe auch Kapitel 12.1

► **PDF-Datei**

Zum Export in eine PDF-Datei klicken Sie auf die Schaltfläche *PDF oder XPS*, geben anschließend einen Dateinamen ein und wählen den Speicherort. Soll die
PDF-Datei gedruckt werden, dann sollten Sie bei *Optimieren für* die Option *Standard (Onlineveröffentlichung und Drucken)* wählen. Über ein Kontrollkästchen
können Sie außerdem angeben, ob die PDF-Datei anschließend geöffnet werden
soll. Klicken Sie dann auf die Schaltfläche *Veröffentlichen*.

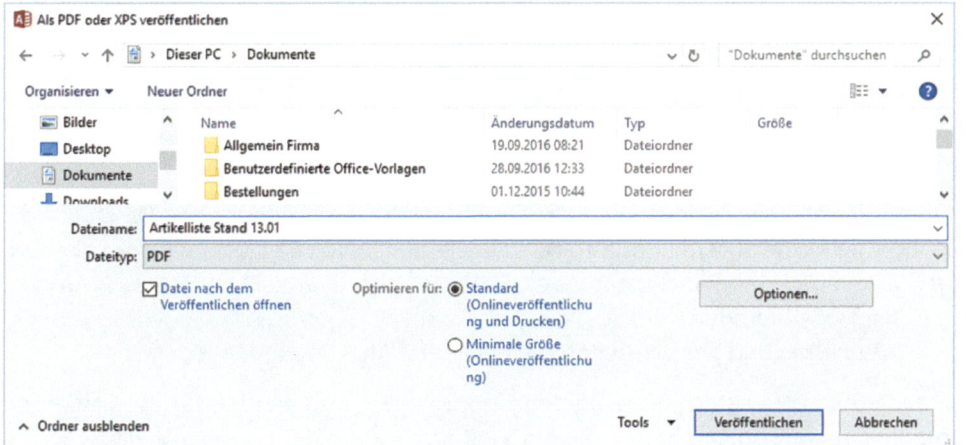

*Bericht in eine PDF-Datei
exportieren*

► **Per-E-Mail senden**

Wenn Sie den Bericht in eine PDF-Datei exportieren und anschließend per E-Mail
versenden möchten, dann klicken Sie auf *E-Mail*. Eine neue Nachricht wird mit
Ihrem Standard E-Mail Programm geöffnet und der Bericht im PDF-Dateiformat
angefügt.

10.3 Besondere Steuerelement- und Berichtseigenschaften

Einfügen und Eigenschaften von Textfeldern, siehe Kapitel 9.1 und 9.3

Für Berichte steht derselbe Steuerelementekatalog zur Verfügung wie in Formularen, in der Praxis werden allerdings nur Bezeichnungs- und Textfelder, sowie grafische Elemente benötigt. Die Vorgehensweise unterscheidet sich nicht von Formularen, auf eine Beschreibung an dieser Stelle wird verzichtet, da diese bereits in Kapitel 9 ausführlich dargestellt wurde.

Einzelne Eigenschaften weichen allerdings in Berichten ab, mit diesen werden wir uns genauer befassen.

Automatisches Vergrößern und Verkleinern

Textfelder

Reicht die Breite nicht aus, so zeigt Access bei Feldern vom Typ *Zahl* oder *Datum* statt des Inhalts #### an, hier müssen Sie zur Abhilfe das Steuerelement verbreitern. Inhalte vom Typ *Kurzer Text* und *Langer Text* werden dagegen einfach abgeschnitten. Um dies zu verhindern, verfügen Textfelder in Berichten über die Eigenschaft *Vergrößerbar*. Wenn diese auf *Ja* gesetzt wird, dann erfolgt ein automatischer Zeilenumbruch und die Höhe passt sich automatisch an den Inhalt an, wie im Bild unten rechts.

Abgeschnittene Feldinhalte

Im Feld erfolgt ein Zeilenumbruch und die Höhe passt sich automatisch an

Eine weitere Eigenschaft *Verkleinerbar* bewirkt, dass leere Felder ohne Daten auf die Höhe 0 verkleinert werden und somit keine leeren Zeilen gedruckt werden, die übrigen Zeilen rücken entsprechend nach. Es dürfen sich aber keine weiteren Felder auf gleicher Höhe befinden, wie dies in Tabellen der Fall ist, sodass dies eigentlich nur bei Adressetiketten und gestapelter oder einspaltiger Anordnung funktioniert.

Standardberichte setzen diese beiden Eigenschaften automatisch für alle Felder mit Textinhalten auf *Ja*. Sie finden die Eigenschaften *Vergrößerbar* und *Verkleinerbar* im Register *Format* des Eigenschaftenblattes.

Detailbereich vergrößern/verkleinern

Damit sich in tabellarischen Berichten auch die Zeilenhöhe nach den Inhalten richtet, muss außerdem für den Detailbereich die Eigenschaft *Vergrößerbar* auf *Ja* gesetzt sein.

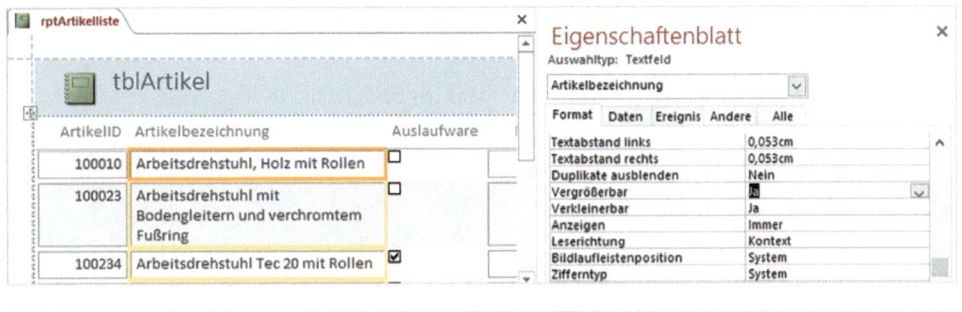

Die Eigenschaften Vergrößerbar und Verkleinerbar sollten auf Ja gesetzt sein

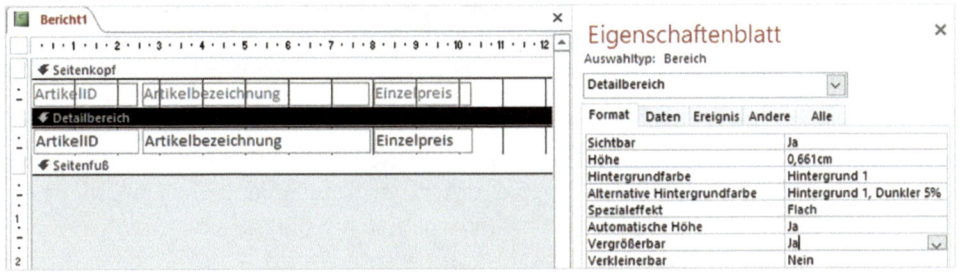

Detailbereich vergrößern/verkleinern

Achtung: In Formularen werden diese Eigenschaften leider nicht unterstützt!

Bilder in Berichten

Um Bilder zu drucken, die als Dateianlagen eingefügt wurden, brauchen Sie nur die Dateianlage in den Bericht ziehen. Dazu klicken Sie in der Feldliste auf den Feldnamen, um die dazugehörigen Inhalte *FileData*, *FileName* und *FileType* mit zu markieren und ziehen dann das gesamte markierte Feld in den Detailbereich.

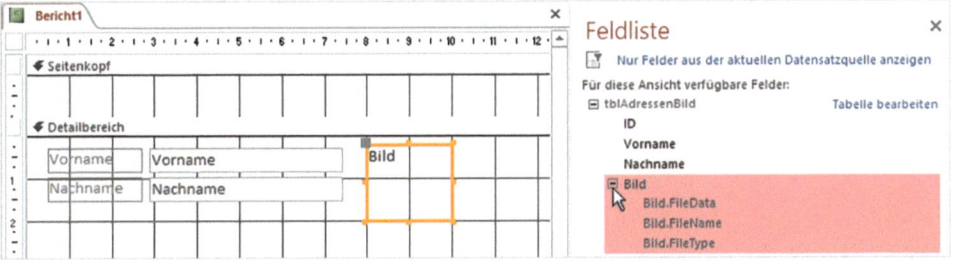

Ziehen Sie das Feld in den Detailbereich

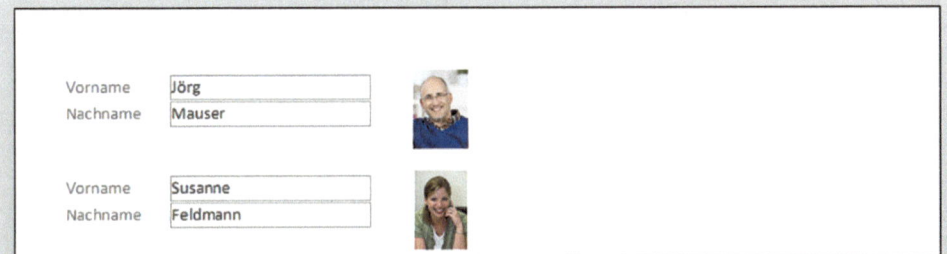

Ein Bericht mit Bildern in der Seitenansicht

Bei anderen Dateitypen, z. B. Excel-Arbeitsmappen erscheint in Berichten nur das Symbol der Anwendung.

Zusätzliche Grafikdateien, z. B. ein Firmenlogo im Berichtskopf fügen Sie mit Hilfe des Steuerelements *Bild* ein, siehe Seite 269.

Bericht mit Gitternetzlinien drucken

Neben den bereits beschriebenen Steuerelementen *Linie* und *Rechteck* verfügen Berichte auch noch über die Möglichkeit, Gitternetzlinien zu drucken. Besonders nützlich, wenn vertikale Linien benötigt werden, beachten Sie aber, dass die Gitternetzlinien nur in Verbindung mit einem automatischen Layout verfügbar sind!

Dazu markieren Sie mit Klick in der Kästchen in der linken oberen Ecke das gesamte Layout und klicken im Register *Anordnen ▸ Tabelle* auf *Gitternetzlinien*. Wählen Sie hier die gewünschte Variante, im Beispiel unten vertikale Linien. Für den Bericht im Bild unten wurden außerdem zuvor die Rahmenlinien um die Steuerelemente mit der Schaltfläche *Formkontur* und der Auswahl *Transparent* entfernt.

Gitternetzlinien aktivieren

Seitenansicht

Seitenumbruch steuern

Der Seitenumbruch erfolgt bei Berichten automatisch. Wenn allerdings ein Bericht mit einem gestapelten Layout statt eines Endlosberichts genau einen Datensatz pro Seite drucken soll, bzw. mit einem neuen Datensatz auch eine neue Seite beginnen soll, dann steuern Sie dies über die Eigenschaft *Neue Seite* des Detailbereichs.

1 Dazu wechseln Sie in die Entwurfsansicht des Berichts und wählen den Detailbereich aus.

2 Klicken Sie dann im Eigenschaftenblatt, Register *Format* auf den Dropdown-Pfeil der Eigenschaft *Neue Seite* und wählen Sie *Nach Bereich* aus.

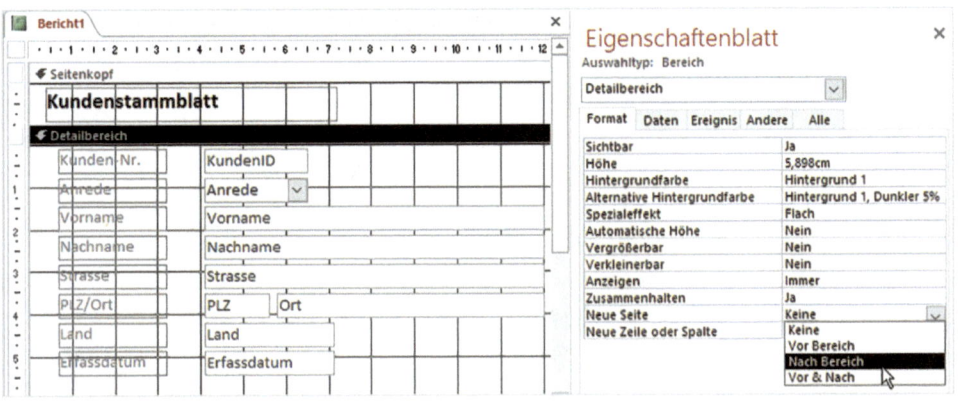

Die Eigenschaft Neue Seite des Detailbereichs

Der Bericht als Endlos-bericht

Seitenumbruch nach jedem Datensatz

Zusammenfassende Summen und Formeln in Berichten

Wenn Sie zusammenfassende Auswertungen über den gesamten Bericht benötigen, dann markieren Sie in der Layoutansicht des Berichts die Spalte, für die eine Zusammenfassung berechnet werden soll. Klicken Sie dann im Register *Entwurf* ▶ *Gruppierung und Summen* auf die Schaltfläche *Summen* und wählen Sie die gewünschte Funktion, z. B. *Summe*. Ein Häkchen vor einer Funktion bedeutet, diese ist bereits vorhanden.

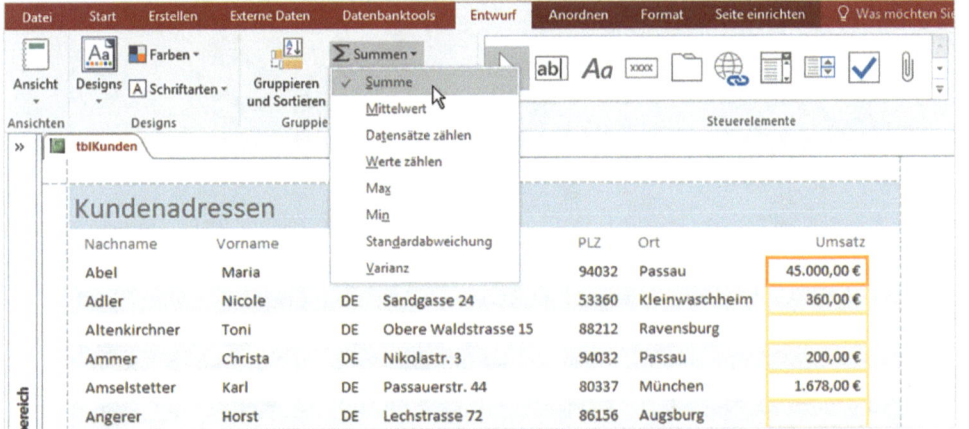

Klicken Sie auf Summen und wählen Sie eine Funktion

Achtung: Diese Schalt-fläche ist nur in der Lay-outansicht verfügbar!

Hinweis: Die Anzahl der Datensätze lässt sich anhand eines beliebigen Feldes mit der Auswahl *Datensätze zählen* ermitteln. *Werte zählen* berücksichtigt dagegen ausschließlich die Anzahl der Datensätze, bei denen das markierte Feld nicht leer ist.

In der Entwurfsansicht sehen Sie, dass die Zusammenfassung im Berichtsfuß eingefügt wurde.

Zusammenfassungen in Textfeldern berechnen

Wenn Sie stattdessen selbst ein Textfeld einfügen und hier die Summe über ein Feld berechnen möchten, dann erledigen Sie dies am besten in der Entwurfsansicht des Berichts.

> **Achtung:** Zusammenfassende Berechnungen über den gesamten Bericht sind nur im Berichtskopf oder -fuß möglich.

1 Fügen Sie im Berichtskopf oder -fuß ein ungebundenes Textfeld ein (Register *Entwurf ▶ Steuerelemente*).

2 Markieren Sie das Textfeld und geben Sie im Eigenschaftenblatt, Register *Daten* als *Steuerelementinhalt* die folgende Formel ein *=Summe([Umsatz])* und übernehmen Sie die Formel mit der Enter-Taste. Falls Sie den Ausdrucks-Generator zur Formeleingabe bevorzugen, so klicken Sie auf die drei Punkte.

Funktion eingeben

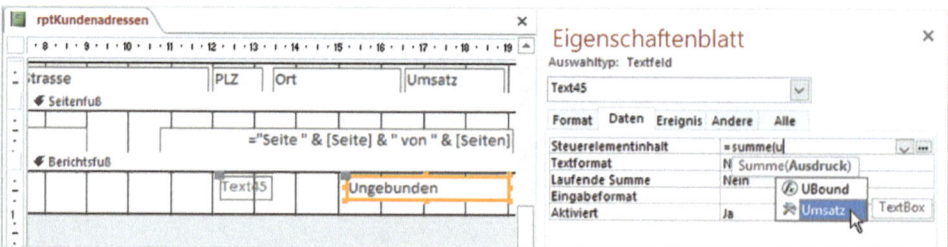

3 Anschließend brauchen Sie das Textfeld nur noch entsprechend formatieren und beschriften.

Zehner	Anja	DE	Elbstr. 8	04105	Leipzig	1.500,00 €
Zickelich	Sonja	DE	Am Oberiglbacher Berg	94496	Ortenburg	0,00 €
Zunder	Philipp	DE	An der Leite 3	93053	Regensburg	6.970,00 €
					Umsatzsumme	800.896,60 €

Felder berechnen

Wie in Formularen, können Sie auch in Berichten in einem ungebundenen Textfeld ein weiteres Feld mit einer Formel berechnen, beispielsweise aus Einzelpreis und Umsatzsteuer den Bruttoverkaufspreis. Allerdings gilt auch hier: Berechnen Sie solche Felder besser in der Datensatzquelle bzw. erstellen Sie eine Abfrage, in der Sie das Feld berechnen, siehe Kapitel 8.8.

10.4 Berichte sortieren und gruppieren

Wenn Sie Datensätze nach einem oder mehreren Kriterien zu Gruppen zusammenfassen, dann haben Sie damit auch die Möglichkeit, Summen oder andere zusammenfassende Funktionen über Gruppen zu berechnen.

Preisliste nach Warengruppen gruppieren

Als Beispiel soll der unten abgebildete Bericht *rptPreisliste* nach Warengruppen gruppiert werden.

So sieht der Bericht Preisliste vorerst aus

Der Bericht basiert auf einer Abfrage mit den Tabellen *tblArtikel*, *tblSteuer* und *tblWarengruppen*. In dieser Abfrage wurde auch der Verkaufspreis (*VKPreis*) berechnet.

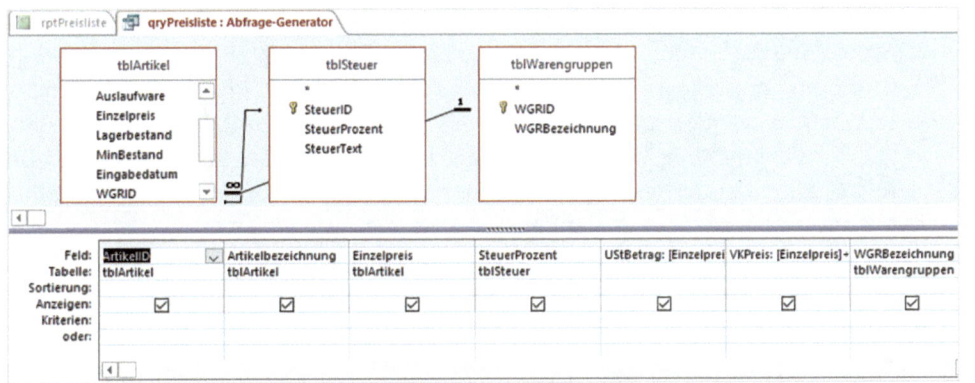

Die Abfrage qryPreisliste als Datensatzquelle

1 Im ersten Schritt klicken Sie in der Layout- oder Entwurfsansicht im Register *Entwurf ▶ Gruppierung und Summen* auf *Gruppieren und Sortieren*. Access blendet damit am unteren Rand des Fensters den Bereich *Gruppieren, Sortieren und Summe* ein, in dem Sie Gruppierungen und Sortierungen festlegen bzw. bearbeiten.

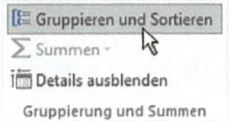

Ein weiterer Klick auf dieselbe Schaltfläche lässt den Bereich im Bedarfsfall wieder verschwinden.

Klicken Sie auf Gruppieren und Sortieren

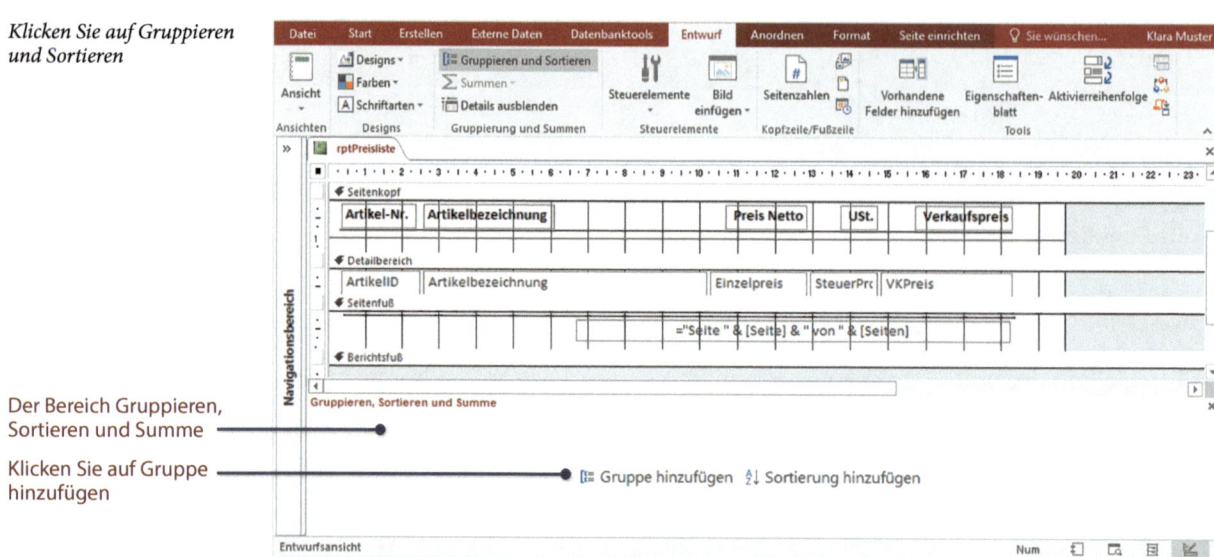

Der Bereich Gruppieren, Sortieren und Summe

Klicken Sie auf Gruppe hinzufügen

2   Klicken Sie hier auf *Gruppe hinzufügen* und wählen Sie das Feld *WGRBezeichnung* aus. Dieses Feld muss natürlich in der Datensatzquelle vorhanden sein.

Wählen Sie das Feld WGRBezeichnung aus

3   Access fügt oberhalb des Detailbereichs einen weiteren Bereich ein, den Gruppenkopf *WGRBezeichnung - Kopfbereich*. Ist der Bericht in der Layoutansicht sichtbar, so wandert das Feld automatisch in diesen Kopfbereich, in der Entwurfsansicht müssen Sie es dagegen aus der Feldliste in den Kopfbereich ziehen. Anschließend entfernen Sie das dazugehörige Bezeichnungsfeld und formatieren das Feld nach Ihren Vorstellungen, siehe Bild unten.

Der Kopfbereich mit dem Feld WGRBezeichnung

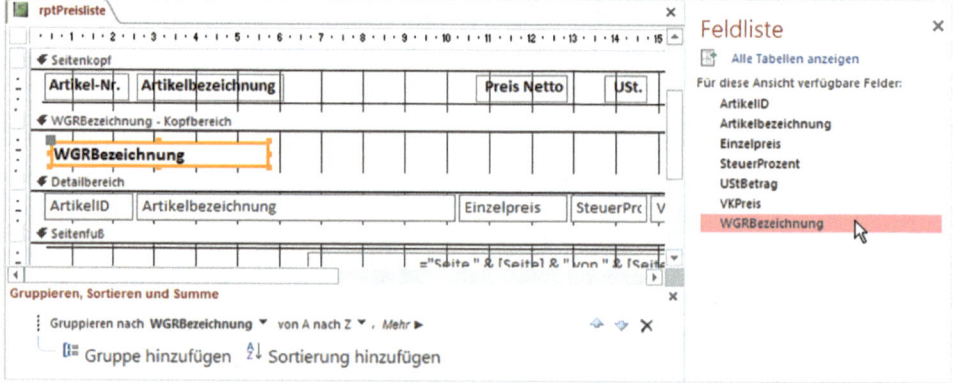

4 Wenn Sie den Bericht außerdem noch nach Artikelnummern sortieren möchten, dann klicken Sie im unteren Bereich auf *Sortierung hinzufügen* und wählen das Feld *ArtikelID* aus.

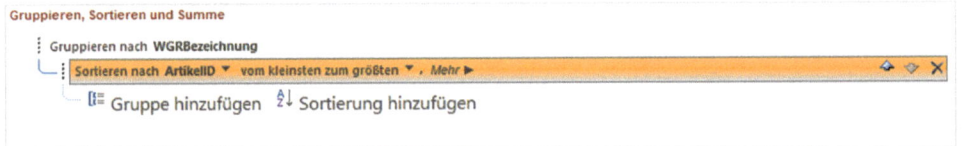

Sortierung hinzufügen

Das Ergebnis in der Seitenansicht sehen Sie im Bild unten.

Der fertige gruppierte Bericht

Preisliste

Artikel-Nr.	Artikelbezeichnung	Preis Netto	USt.	Verkaufspreis
Beleuchtung				
100230	Tischleuchte Modell "Einstein"	75,20 €	19%	89,49 €
100411	Tischleuchte schwenkbar, Halogen	42,00 €	19%	49,98 €
Bürobedarf				
100200	Kugelschreiber, transparent mit Innenbeleuchtung	1,50 €	19%	1,79 €
100245	Bleistifte, extra hart, 100 St.	6,23 €	19%	7,41 €
100248	PROFI Kugelschreiber, farbig sortiert, 100 St.	13,00 €	19%	15,47 €

Summen und andere Zusammenfassungsfunktionen hinzufügen

Wenn Sie, wie im Beispiel Lagerauswertung im Bild unten, für jede Warengruppe die Summe des Lagerbestands und die Anzahl der Artikel benötigen, dann fügen Sie diese ebenfalls im Bereich *Gruppieren, Sortieren und Summe* hinzu. So gehen Sie vor:

Eine Lagerauswertung, nach Warengruppen gruppiert

Artikel-Nr.	Artikelbezeichnung	Einzelpreis	Lagerbestand	Lagerwert
Beleuchtung				
100230	Tischleuchte Modell "Einstein"	75,20 €	3	225,60 €
100411	Tischleuchte schwenkbar, Halogen	42,00 €	10	420,00 €
Bürobedarf				
100200	Kugelschreiber, transparent mit Innenbeleuchtung	1,50 €	200	300,00 €
100245	Bleistifte, extra hart, 100 St.	6,23 €	15	93,45 €

1 Klicken Sie hier in der Gruppierungsebene *WGRBezeichnung* auf *Mehr*. Access blendet eine erweiterte Zeile mit Gruppierungsoptionen ein, mit deren Hilfe Sie zusammenfassende Funktionen sowohl über den gesamten Bericht als auch für jede Gruppe hinzufügen können.

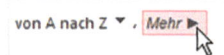

2   Klicken Sie bei *mit Summe…* auf den Pfeil und wählen Sie, für welches Feld die Zusammenfassung berechnet werden soll, im Bild unten das Feld *Lagerwert*.

3   Im Feld *Typ* wählen Sie *Summe* aus. Über Kontrollkästchen legen Sie fest, ob die Summe über den gesamten Bericht (*Gesamtsumme anzeigen*) und/oder für jede Gruppe eingefügt werden soll. Hier haben Sie die Wahl zwischen *Gruppenkopf-zeile* und *Gruppenfußzeile*. In diesem Beispiel sollen die Zwischensummen unter-halb jeder Gruppe angezeigt werden, aktivieren Sie daher das Kontrollkästchen *Zwischensumme in Gruppenfußzeile anzeigen*.

Wählen Sie Feld, Typ und Position der Zusammen-fassung aus.

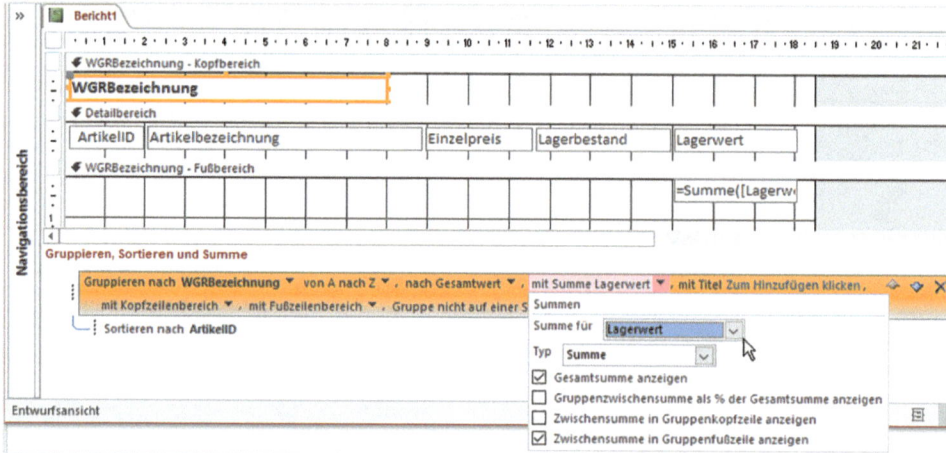

4   Um eine zweite Auswertungsfunktion, nämlich die Anzahl der Artikel hinzuzufü-gen, klicken Sie ein weiteres Mal auf *mit Summe Lagerwert*, wählen diesmal das Feld *ArtikelID* und den Typ *Datensätze zählen*. Auch diese soll über den gesamten Bericht und im Gruppenfuß erscheinen.

Wählen Sie ein weiteres Feld und den gewünschten Typ aus

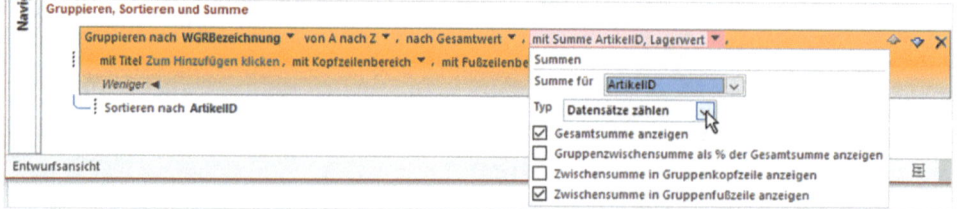

Anschließend können Sie noch Bezeichnungsfelder mit einer entsprechenden Be-schriftung hinzufügen und die Elemente beliebig positionieren und formatieren.

Anzahl und Summe im Gruppenfuß

Artikel-Nr.	Artikelbezeichnung	Einzelpreis	Lagerbestand	Lagerwert
Beleuchtung				
100230	Tischleuchte Modell "Einstein"	75,20 €	3	225,60 €
100411	Tischleuchte schwenkbar, Halogen	42,00 €	10	420,00 €
		Summe Lagerbestand		645,60 €
		Anzahl Artikel		2

Ob mit einer Funktion, z. B. Summe, die Gruppensumme oder eine Summe über den gesamten Bericht berechnet wird, hängt im ausschließlich von der Platzierung ab. Im Kopf- und Fußbereich der Gruppe erhalten Sie die Summen über die jeweilige Gruppe, im Berichtskopf/Berichtsfuß dagegen über den Bericht.

Übrigens: Sortieren und Gruppieren sowie Summen berechnen können Sie auch über das Kontextmenü der betreffenden Spalte.

Tipp: Sie können also auch Textfeld und Bezeichnungsfeld aus dem Gruppenfuß einfach in den Berichtsfuß kopieren und so Arbeit sparen.

Kopieren Sie die Zusammenfassung einfach über die Zwischenablage in den Berichtsfuß

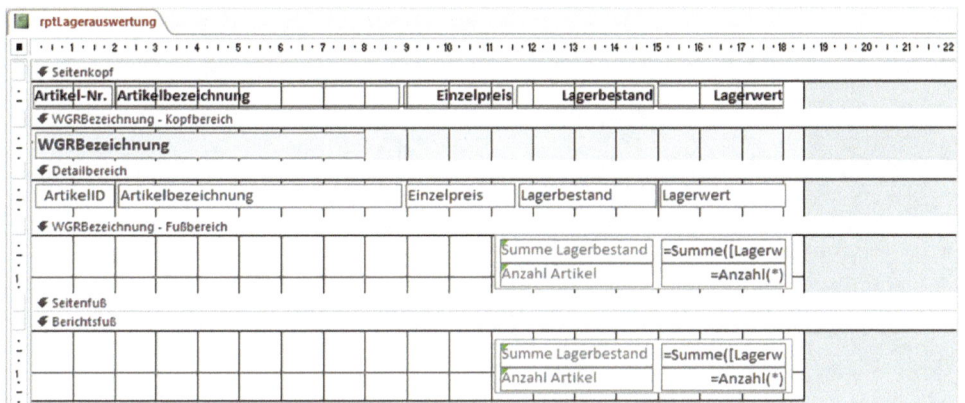

Kunden nach Postleitzahlbereichen gruppieren

Auch eine Gruppierung nach Anfangsbuchstaben oder Postleitzahlbereichen, also der ersten Stelle der Postleitzahl ist schnell erstellt, funktioniert allerdings nur in der Layoutansicht. Als Beispiel sollen Kundenadressen der Tabelle *tblKunden* nach Postleitzahlbereichen gruppiert werden.

1 Klicken Sie im Bereich *Gruppieren, Sortieren und Summe* auf *Gruppe hinzufügen* und wählen Sie das Feld *PLZ* aus. Klicken Sie dann auf *Mehr*.

2 Klicken Sie auf den Dropdown-Pfeil *nach Gesamtwert* und klicken Sie auf die Option *nach dem ersten Zeichen*. Mit der Auswahl *Benutzerdefiniert* ist auch eine beliebige Anzahl Zeichen möglich.

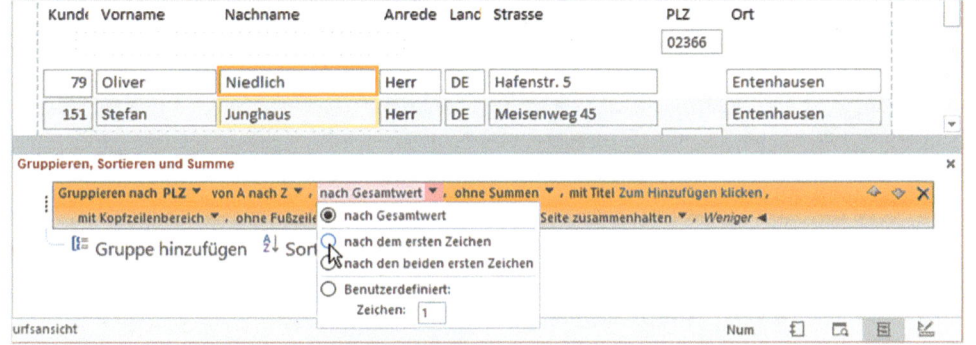

Anzahl der Zeichen angeben

Achtung: funktioniert nur in der Layoutansicht

3 Access fügt in den Kopfbereich *PLZ* ein Textfeld mit der Funktion *Links* ein. Diese Funktion liefert aus dem Feld die angegebene Anzahl Zeichen von links. Das eigentliche Feld *PLZ* bleibt an seiner ursprünglichen Position.

Der Bericht in der Entwurfsansicht: Mit der Funktion Links() wird die angegebene Anzahl Zeichen ermittelt

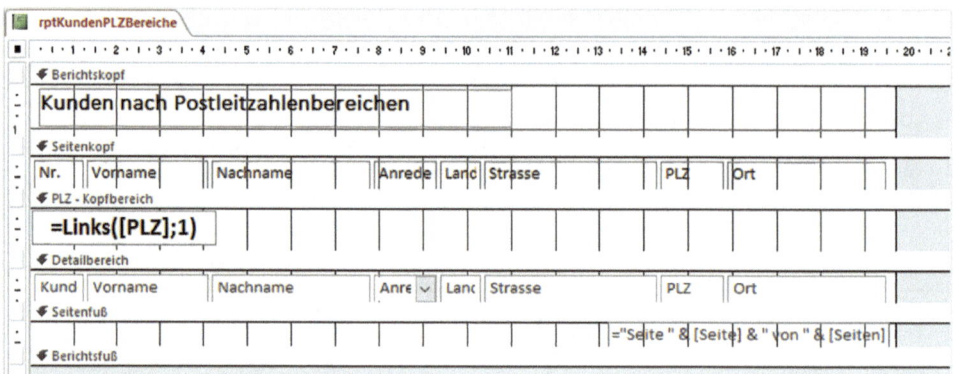

4 Anschließend können Sie dieses Feld im Kopfbereich beliebig platzieren und formatieren.

Sortierungen und Gruppierungen verwalten

Berichte sortieren

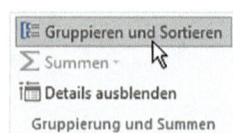

Sortierungen nehmen Sie ebenfalls im Bereich *Gruppieren, Sortieren und Summe* vor. Diesen öffnen Sie mit Klick auf *Gruppieren und Sortieren* im Menüband, Register *Entwurf ▶ Gruppierung und Summen*.

Klicken Sie auf *Sortierung hinzufügen* und wählen Sie das Feld, nach dem die Sortierung erfolgen soll. Sie können nacheinander auch mehrere Sortierungsebenen festlegen, z. B. nach Nachname und dann nach Vorname. Die Reihenfolge, aufsteigend oder absteigend, legen Sie gleich daneben fest.

Sortierung hinzufügen

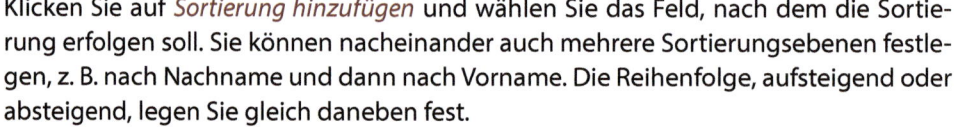

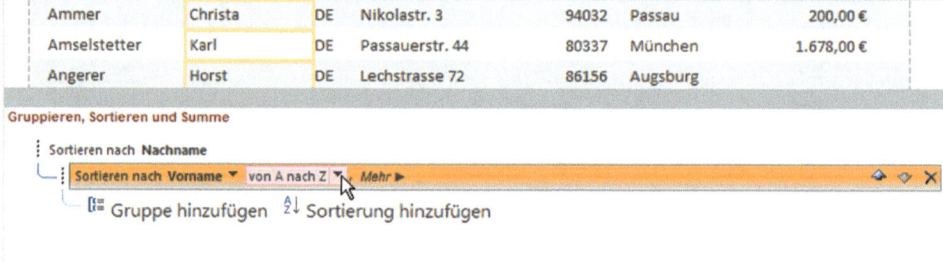

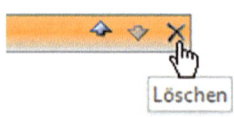

Beachten Sie die Anordnung: Sortierungen und Gruppierungen werden im selben Bereich verwaltet. Sie können also jederzeit eine weitere Gruppe oder Sortierung hinzufügen. Die Sortierung/Gruppierung erfolgt stets von oben nach unten, die Hauptgruppierungsebene bzw. das Hauptsortierkriterium befindet sich immer ganz oben. Mit den Pfeilen ganz rechts können Sie die markierte Ebene nach oben oder unten verschieben und Klick auf das Symbol *Löschen* ganz entfernen.

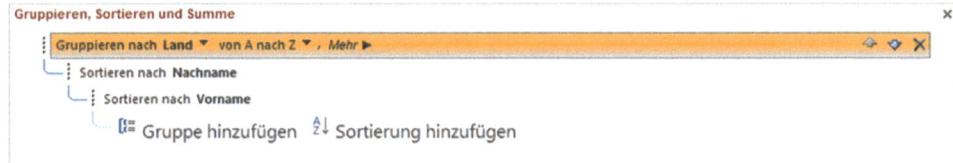

Sortierungen und Gruppierungen verwalten

Einen gruppierten Bericht mit dem Berichts-Assistenten erstellen

Der Berichts-Assistent bietet ebenfalls die Erstellung eines gruppierten Berichts an. Als Beispiel eine Übersicht über die Lagerbestände aller Artikel.

1 Zum Starten des Assistenten klicken Sie im Menüband *Erstellen ▶ Berichte* auf *Berichts-Assistent*. Wählen Sie dann die Tabelle *tblArtikel* und fügen Sie die Felder *ArtikelID*, *Artikelbezeichnung*, *Einzelpreis*, *Auslaufware, Lagerbestand* und *WGRID* hinzu.

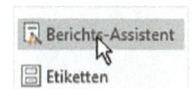

2 Im nächsten Schritt können Sie nun eine oder mehrere Gruppierungsebenen hinzufügen. Markieren Sie das Feld *WGRID* und klicken Sie auf die Pfeilschaltfläche, um dieses Feld als Gruppierung hinzuzufügen. Möglicherweise wurde dieses Feld auch bereits von Access automatisch als Gruppierungsebene hinzugefügt.

Tabelle und Felder auswählen

Gruppierungsebene hinzufügen

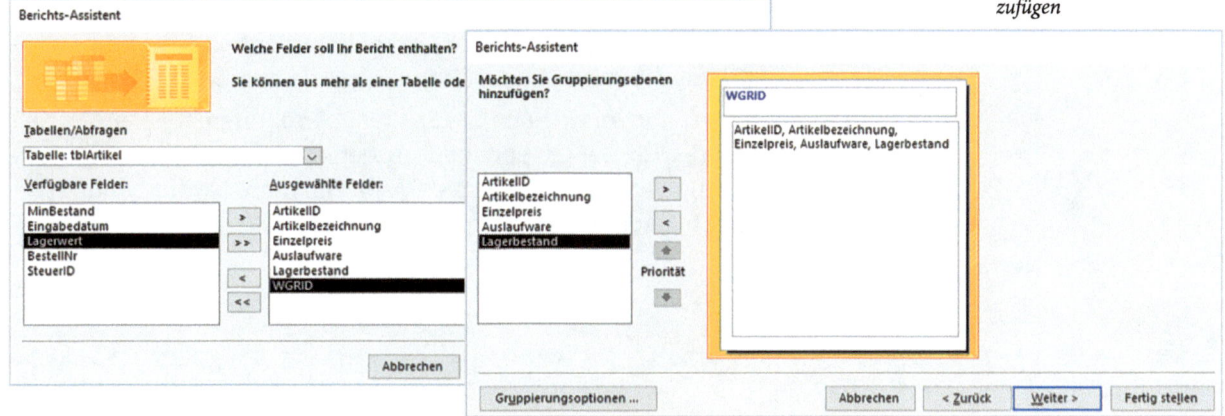

3 Klicken Sie auf *Weiter* und wählen Sie eine oder mehrere Sortierungsebenen.

> **Achtung:** Der Assistent setzt Felder, für die Sie hier eine Sortierung wählen, automatisch in die erste Spalte. Wenn Sie eine andere Sortierung, z. B. nach Lagerbestand benötigen, dann sollten Sie die Sortierung erst nachträglich über die Schaltfläche *Sortieren und Gruppieren* festlegen.

Über die Schaltfläche *Zusammenfassungsoptionen...* haben Sie die Möglichkeit, Summen, Mittelwerte, kleinsten (*Min*) und größten (*Max*) Wert über die Gruppe und/oder den gesamten Bericht hinzuzufügen. Zudem ist auch die Berechnung prozentualer Anteile möglich. Dafür führt Access hier nur Felder vom Typ *Zahl* auf und die Möglichkeit Datensätze zählen fehlt ganz.

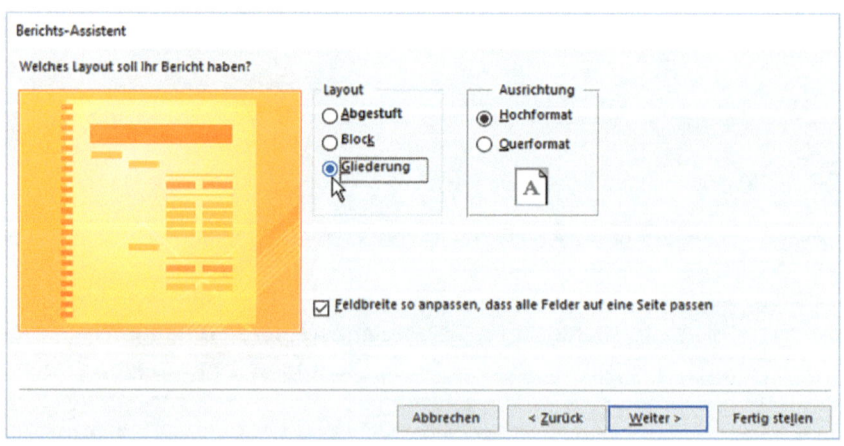

Sortieren

Zusammenfassungsoptionen

4 Da es sich um einen gruppierten Bericht handelt, bietet der Assistent im nächsten Schritt etwas andere Layouts an. Für dieses Beispiel wird das Layout *Gliederung* gewählt.

- *Abgestuft* bedeutet, die Spaltenüberschriften werden nur am Beginn einer neuen Seite, also im Seitenkopf gedruckt.

- Mit der Option *Gliederung* werden die Spaltenüberschriften in den Gruppenkopf eingefügt und damit zu Beginn jeder Gruppe wiederholt.

- Mit der Auswahl *Block* erscheinen die Spaltenüberschriften ebenfalls im Seitenkopf. Außerdem ist der Gruppenkopf ausgeblendet und Access fügt stattdessen die Gruppe links von der ersten Spalte ein. Diese Layout benötigt etwas mehr Platz in der Breite.

Layouts für gruppierte berichte

5 Zuletzt geben Sie an, welchen Titel der Bericht erhalten soll, bzw. unter welchem Namen er gespeichert werden soll und klicken auf *Fertig stellen*. Unten der Bericht in der Seitenansicht. Auch hier sind anschließend wieder einige Nachbearbeitungen nötig.

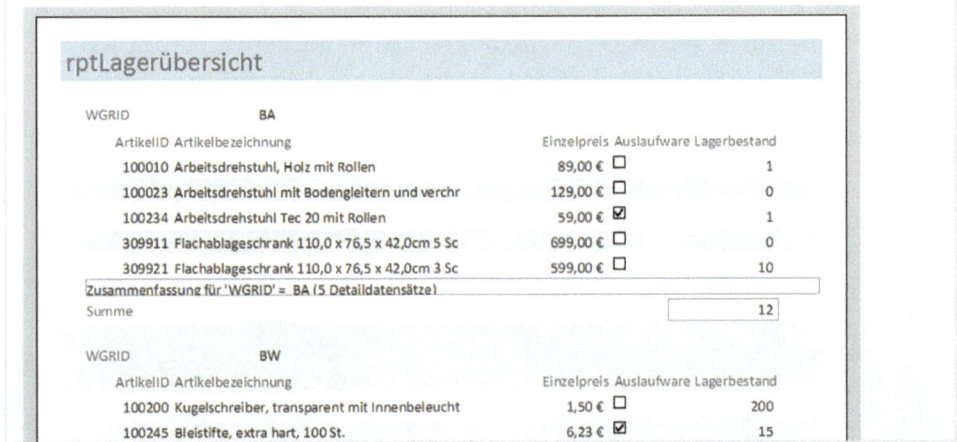

Der gruppierte Bericht im Layout Gliederung

Bericht filtern

In der Berichtsansicht sehen Sie den Bericht mit allen Daten und Formatierungen, wie er später gedruckt wird, Seitenumbrüche werden im Gegensatz zur Seitenansicht nicht berücksichtigt. In dieser Ansicht und in der Layoutansicht können Sie die Datensätze wie in der Datenblattansicht einer Tabelle filtern. Die Filter sind, genau wie in Tabellen, nur temporär gültig und werden nicht zusammen mit dem Bericht gespeichert.

Auch die Vorgehensweise unterscheidet sich wenig von der Datenblattansicht einer Tabelle. Klicken Sie mit der rechten Maustaste in die Spalte, nach Sie filtern möchten und wählen Sie eine der Möglichkeiten. Alternativ verwenden Sie die Schaltflächen im Menüband, Register *Start ▶ Sortieren und filtern*.

Siehe Kapitel 4.4

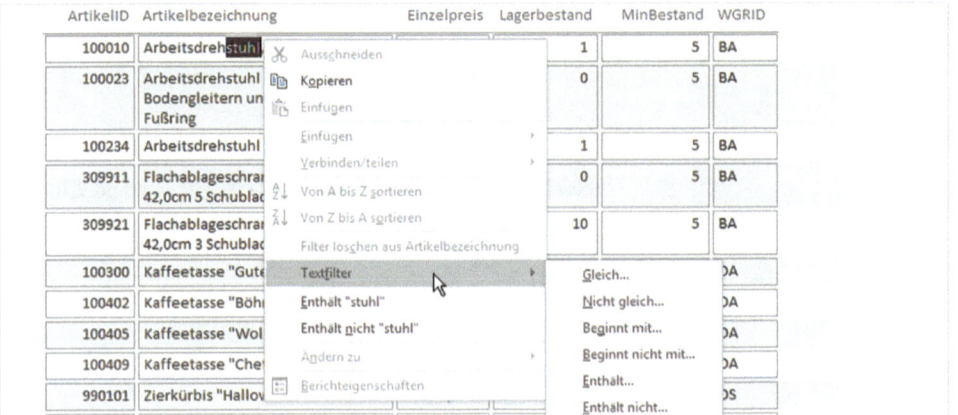

Bericht über das Kontextmenü filtern

Im Kontextmenü finden Sie auch den Befehl *Filter löschen aus...*, mit dem Sie wieder alle Datensätze im Bericht anzeigen oder deaktivieren Sie den Filter über die Schaltfläche *Filter ein/aus* im Menüband.

Berichtsfilter entfernen

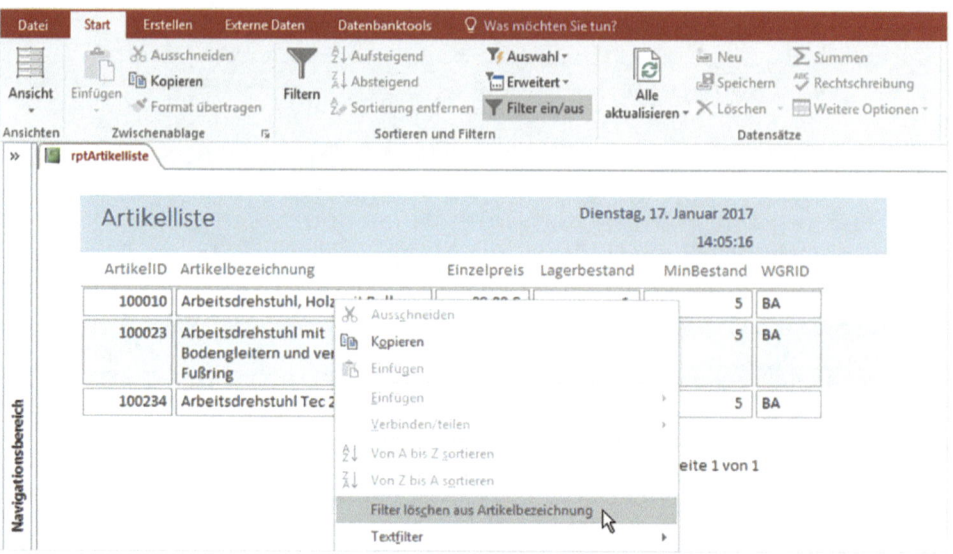

10.5 Etiketten erstellen

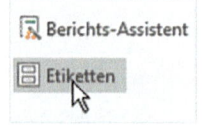

Eine Sonderform des Berichts stellt der Etikettendruck dar. Zur Erstellung von Etiketten, beispielsweise Adressetiketten, markieren Sie im Navigationsbereich die Tabelle oder Abfrage mit den benötigten Daten und klicken im Register *Erstellen* auf die Schaltfläche *Etiketten*. Access startet einen Assistent, der Sie durch die einzelnen Schritte führt.

Auswahl der Etikettengröße

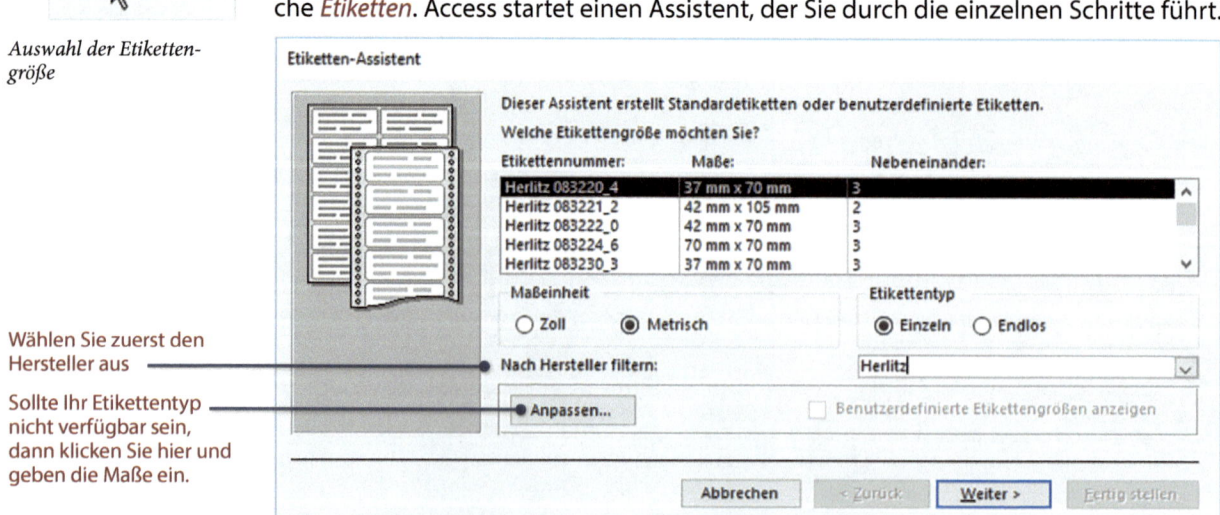

1 Im ersten Schritt wählen Sie zuerst den Hersteller und dann die Bestellnummer der Etiketten. Sollte die verwendete Etikettengröße nicht in der Liste enthalten sein, so klicken Sie auf die Schaltfläche A*npassen...*, um Ihre eigenen Etiketten zu definieren.

2 Im nächsten Schritt können Sie angeben, welche Standardschrift für die Etiketten verwendet werden soll. Die Formatierung einzelner Felder lässt sich aber auch später noch ändern.

3 Anschließend ordnen Sie die Felder auf einem Musteretikett an, siehe Bild unten: Markieren Sie das erste Feld und fügen Sie es mit einem Klick auf die Schaltfläche > oder einem Doppelklick in das Etikett ein. Zeilenumbrüche und die erforderlichen Leerzeichen zwischen Feldern geben Sie über die Tastatur ein. Auch beliebiger Text, z. B. DRUCKSACHE kann hinzugefügt werden.

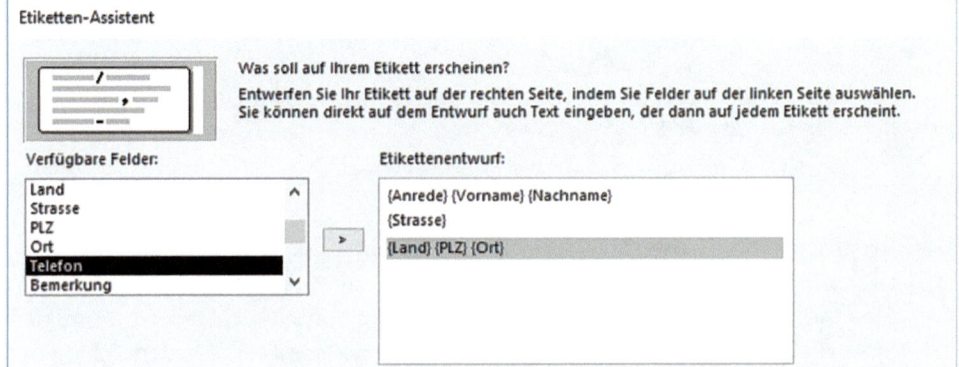

Ordnen Sie die Felder auf dem Etikett an

4 Zuletzt legen Sie noch die gewünschte Sortierung, z. B. nach Land und Postleitzahlen, fest und speichern den Bericht.

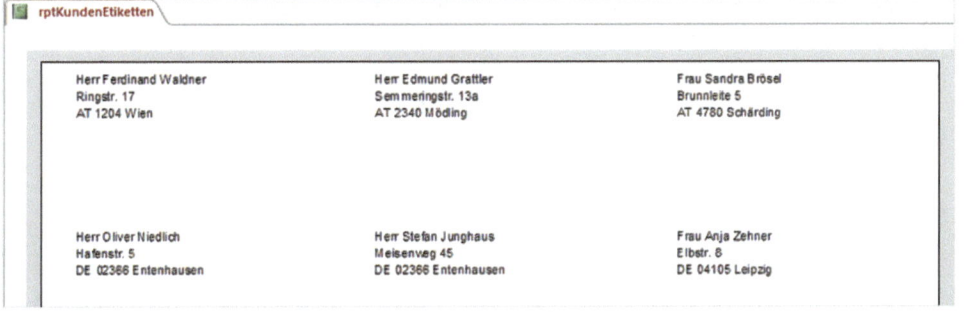

Die Adressetiketten in der Seitenansicht

Die Formatierung können Sie in der Layout- oder Etwurfsansicht jederzeit ändern. Achten Sie aber darauf, dass die Höhe des Detailsbereichs und die Berichtsbreite exakt beibehalten werden, die Etiketten werden sonst nicht mehr korrekt gedruckt!

Die Anordnung der Etiketten erfolgt in diesem Fall in Spalten, wie Sie mit Klick auf *Seiten einrichten* im gleichnamigen Fenster und im Register *Spalten* feststellen können.

Seite einrichten, Etiketten in Spalten anordnen

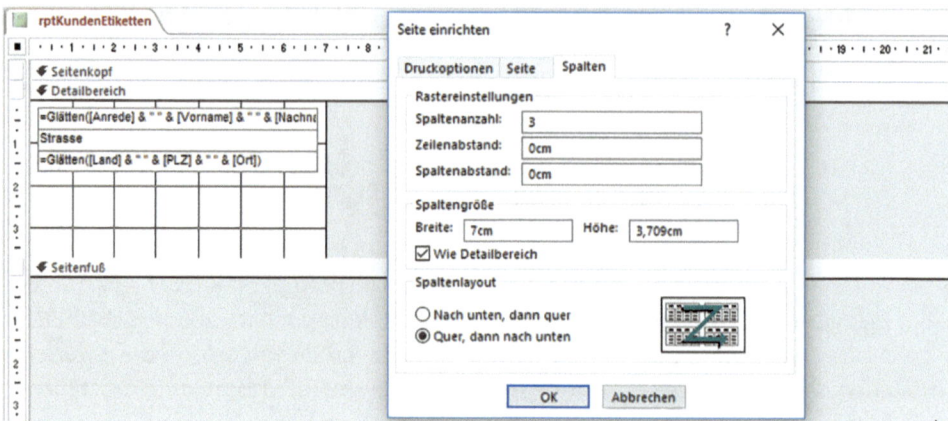

10.6 Zusammenfassung

▶ Berichte bereiten Daten aus Tabellen oder Abfragen für Ausdrucke auf, speichern aber selbst keine Datensätze. Zur Erstellung bietet Access die Möglichkeiten Standardbericht, Berichts-Assistent, Leerer Bericht und Berichtsentwurf und den Spezialfall Etiketten an. Die Gestaltungsmöglichkeiten unterscheiden sich bis auf einige berichtsspezifische Besonderheiten nur wenig von Formularen.

▶ Ob ein Bericht in Tabellenform oder einspaltig (gestapelt) gedruckt wird, hängt von der Höhe des Detailbereichs und der Anordnung der Textfelder und der dazugehörigen Bezeichnungsfelder ab. Bei der Berichtsbreite sollten Sie Papierformat und Seitenränder berücksichtigen, da Access Berichte nicht automatisch entsprechend anpasst. Einstellungen zur Druckseite nehmen Sie im Register *Seite einrichten* vor. In der Seitenansicht eines Berichts finden Sie verschiedene Möglichkeiten zum Export und zur Weitergabe, z. B. als PDF-Datei.

▶ Gruppierte Berichte erlauben es, Gruppen von Datensätzen zusammenzufassen und außerdem Auswertungsfunktionen, z. B. Summen, über Gruppen und/oder den gesamten Bericht zu drucken. Die Funktionen müssen zu diesem Zweck im Berichtskopf- oder fuß bzw. im Kopf- oder Fußbereich der Gruppe platziert sein. Gruppierungen und Sortierungen erstellen und bearbeiten Sie in einem gesonderten Bereich.

▶ Die Eigenschaft *Vergrößerbar* erlaubt das automatische Anpassen der Höhe eines Textfeldes an dessen Inhalt und zeigt diesen mit Zeilenumbruch an. Mit derselben Eigenschaft sorgen Sie dafür, dass sich auch der Detailbereich automatisch an die Höhe der Steuerelemente anpasst.

10.7   Übungen

Workshop: Eine Auftragsbestätigung erstellen

Bericht nach Tabellen gruppieren

Wenn Sie zur Berichtserstellung den Assistenten verwenden und Felder aus zwei oder mehr Tabellen verwenden, dann bietet der Assistent zusätzlich zur einfachen Gruppierung auch eine Gruppierung nach Tabellen an. Auf diese Weise lässt sich zum Beispiel schnell eine Auftragsbestätigung erstellen, die Sie natürlich anschließend im Berichtsentwurf noch entsprechend nachbearbeiten müssen.

1   Wählen Sie im ersten Schritt des Berichts-Assistenten aus folgenden Tabellen die unten aufgeführten Felder, am besten in der angegebenen Reihenfolge:

tblBestellungen	*BestellID*, *Bestelldatum*, *KundenID*
tblKunden	*Anrede*, *Vorname*, *Nachname* sowie alle Adressfelder
tblBestelldetails	*ArtikelID*, *Menge*
tblArtikel	*Artikelbezeichnung*, *Einzelpreis*, *SteuerID*

2   Im nächsten Schritt erscheint die Frage, nach welcher Tabelle Sie gruppieren möchten. Klicken Sie, wie im Bild unten, auf die Tabelle *tblBestellungen*. Dadurch werden, im Gegensatz zu einfachen Gruppierungen, alle Felder dieser Tabelle im Gruppenkopf platziert. Dafür können Sie den nächsten Schritt des Assistenten, Gruppierungsebenen hinzufügen, übergehen.

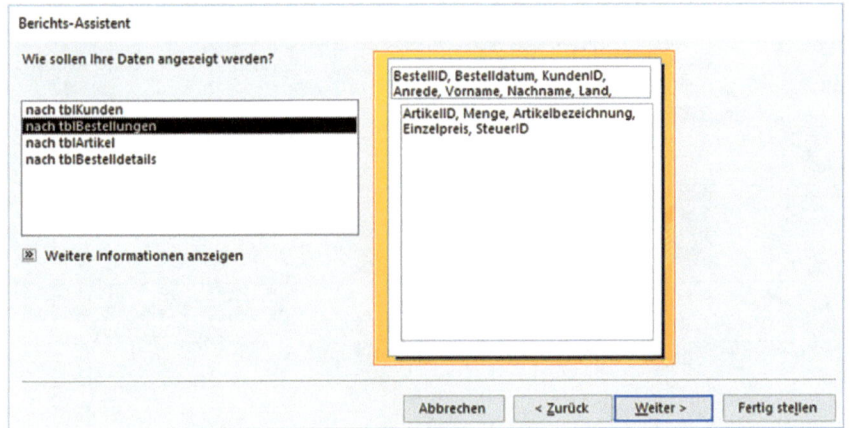

Nach welcher Tabelle soll der Bericht gruppiert werden?

3   Da die Auftragsbestätigungen später einzeln gedruckt werden sollen und daher die Spaltenüberschriften zusammen mit jeder Gruppe benötigt werden, wählen Sie als Layout *Gliederung*. Zuletzt speichern Sie den Bericht unter dem Namen *rptBestellungen* und kontrollieren das Ergebnis in der Seitenansicht.

*Der vorläufige Bericht in
der Seitenansicht*

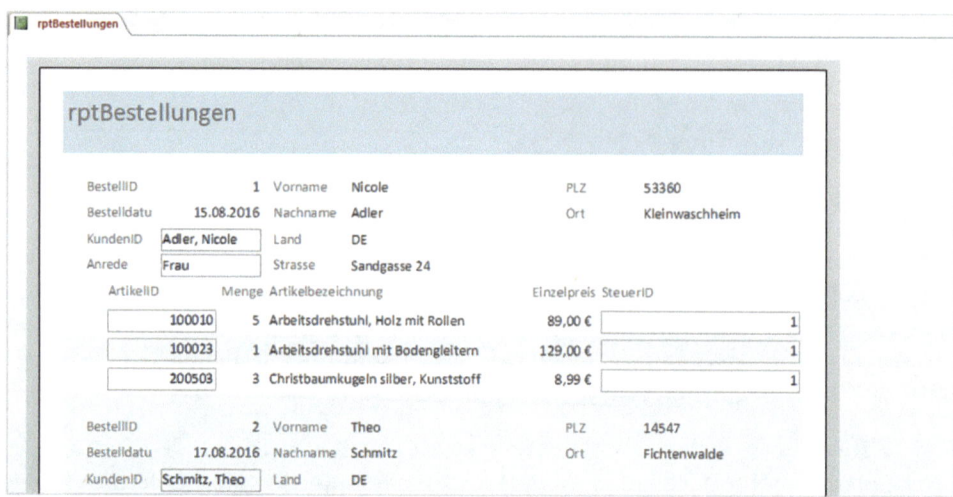

Nun sind nur noch einige Nachbearbeitungen nötig, diese nehmen Sie am besten in der Entwurfsansicht vor.

Nicht benötigte Elemente entfernen

Berichtskopf und -fuß werden nicht benötigt, also entfernen Sie daraus alle Steuerelemente und schließen diese Bereiche. Das Datum im Seitenfuß kann ebenfalls entfernt werden.

*Schließen Sie nicht
benötigte Bereiche und
entfernen Sie überflüssige
Steuerelemente*

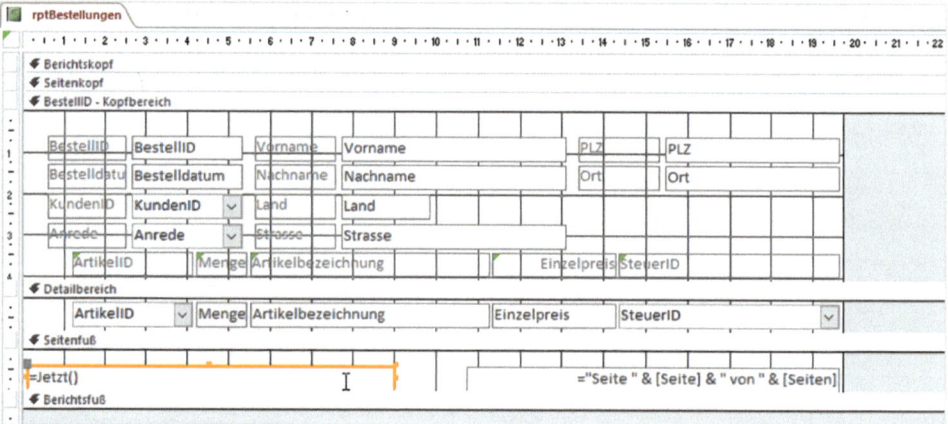

Bericht an Druckseite anpassen

Dann sollten Sie das Papierformat kontrollieren und Seitenränder und Berichtsgröße festlegen. Klicken Sie im Menüband, Register Seite *einrichten*, auf die Schaltfläche *Seite einrichten* und geben Sie die Seitenränder ein, im Register *Seite* dieses Fensters können Sie das Papierformat kontrollieren und ggfs. ändern.

Wählen Sie dann den Bericht aus und ändern Sie im Eigenschaftenblatt die Breite, in diesem Beispiel auf 18 cm. Eventuell müssen Sie zuvor noch einige Steuerelemente entsprechend verkleinern. Im Schnittpunkt der beiden Lineale darf kein grünes Dreieck mehr sichtbar sein!

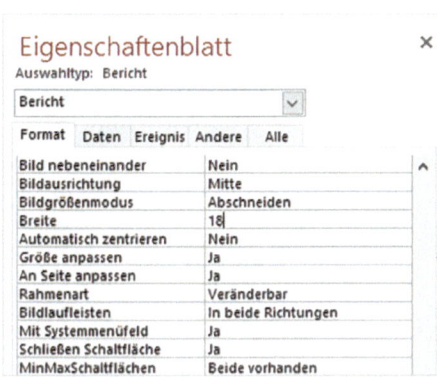

Seitenränder festlegen

Berichtsbreite

Berichtskopf gestalten

Im nächsten Schritt platzieren und formatieren Sie im Gruppenkopf *BestellID* die Felder so, dass dieser dem Kopfbereich einer gängigen Auftragsbestätigung entspricht, ein Beispiel sehen Sie im Bild unten. Entfernen Sie die Felder *Anrede*, *Vorname* und *Name* und fügen Sie stattdessen ein Textfeld ein, in dem Sie diese Felder mit dem &-Operator zu einem einzigen verketten. Genauso verfahren Sie mit den Feldern *Land*, *PLZ* und *Ort* und ordnen diese dann zu einem Anschriftenblock an.

Die Felder *BestellID*, *KundenID* und *Bestelldatum* platzieren Sie am rechten Rand, hierher können Sie auch die Seitenzahl aus dem Seitenfuß verschieben. Entfernen Sie außerdem vom allen Steuerelementen die Rahmen, indem Sie als Formkontur *Transparent* wählen und fügen Sie ein Bezeichnungsfeld mit dem Text Auftragsbestätigung ein. Das Ergebnis könnte dann etwa so aussehen, wie im Bild unten.

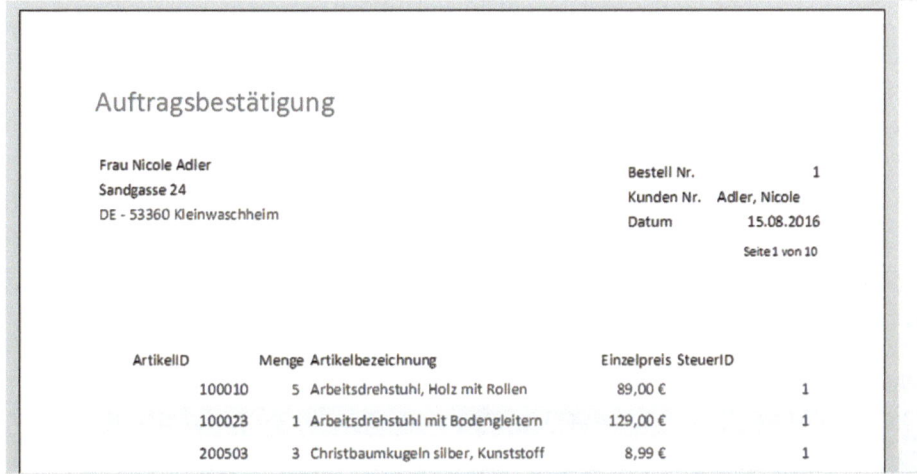

Der Kopf der Auftragsbestätigung in der Seitenansicht

Kombinationsfeld in Textfeld umwandeln

Nun stört noch, dass in der Seitenansicht statt der Kundennummer Name und Vorname des Kunden erscheinen. Dies resultiert daraus, dass dieses Feld im Tabellenentwurf als Nachschlage- bzw. Kombinationsfeld angelegt wurde und die Schlüsselspalte die Breite 0cm erhalten hat. Um es im Bericht in ein normales Textfeld umzuwandeln, genügt ein Rechtsklick auf das Feld. Zeigen Sie im Kontextmenü auf *Ändern zu...* und wählen Sie *Textfeld* aus. Damit erscheint wieder der ursprüngliche Feldinhalt.

Kombinationsfeld in Textfeld ändern

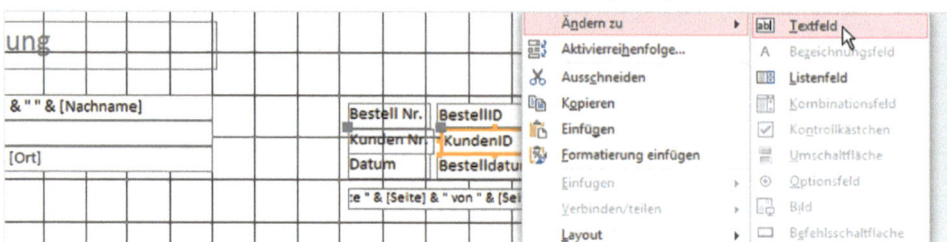

Bestelldetails formatieren

Formatieren Sie dann die Liste der Bestellposten und vergessen Sie nicht, für das Feld *Artikelbezeichnung* und den Detailbereich die Eigenschaft *Vergrößerbar* auf *Ja* zu ändern, damit der Feldinhalt nicht abgeschnitten und die Zeile automatisch vergrößert wird. Eventuell störende Kombinationsfelder wandeln Sie in Textfelder um, siehe oben. Entfernen Sie außerdem aus allen Bereichen die alternative Zeilenfarbe.

Der fertige Kopfbereich der Auftragsbestätigung

Gesamtpreis und Summe berechnen

Zusätzlich zu Einzelpreis und Menge wird auch noch der Gesamtpreis benötigt. Diesen berechnen Sie am besten in der Datensatzquelle. Wählen Sie den Bericht aus und klicken Sie im Eigenschaftenblatt bei der Eigenschaft *Datensatzquelle* auf die drei Punkte.

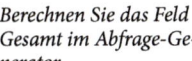

Fügen Sie dann der Abfrage im Abfrage-Generator ein weiteres Feld mit dem Namen *Gesamt* hinzu, in dem Sie den Gesamtpreis berechnen:

Berechnen Sie das Feld Gesamt im Abfrage-Generator

Gesamt:[Einzelpreis]*[Menge]

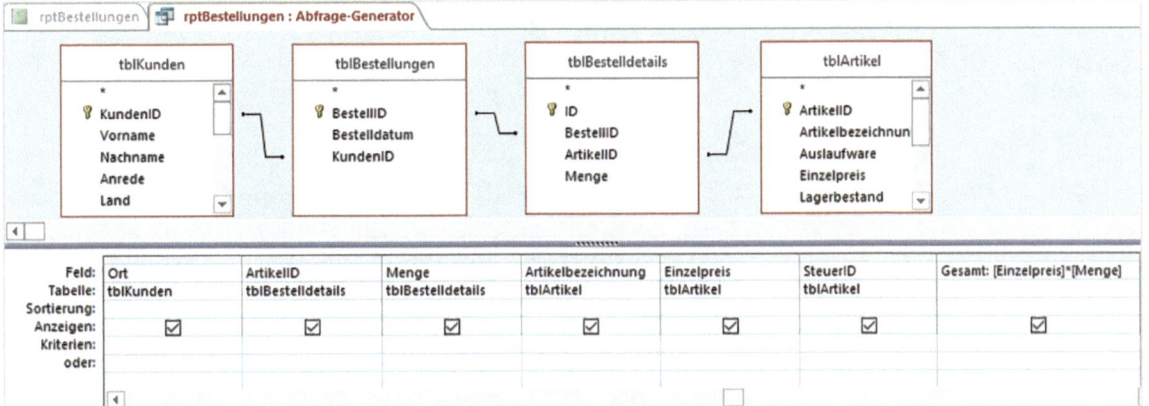

Schließen Sie dann den Abfrage-Generator wieder und speichern Sie Ihre Änderungen. Nun können Sie aus der Feldliste das Feld *Gesamt* in den Detailbereich ziehen und die Spaltenüberschriften mit einem Bezeichnungsfeld entsprechend ergänzen.

Fügen Sie das Feld Gesamt hinzu

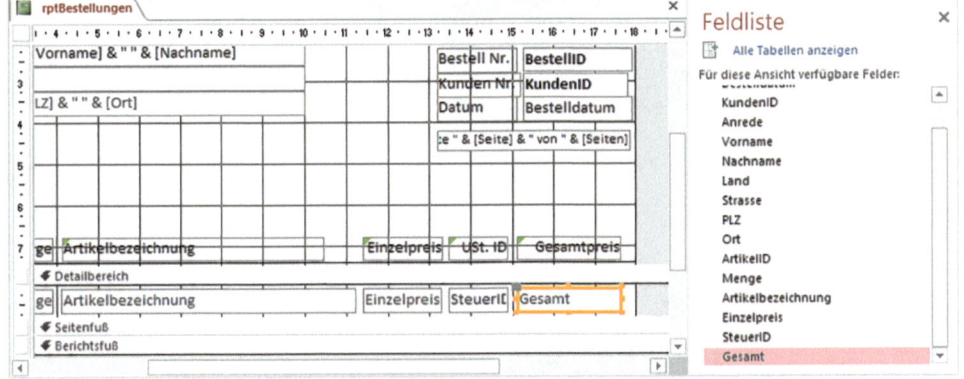

Nun benötigen wir noch die Auftragssumme im Gruppenfuß. Sollte dieser nicht verfügbar sein, so klicken Sie im Menüband, Register *Entwurf*, auf die Schaltfläche *Gruppieren und Sortieren*. Klicken Sie dann in diesem Bereich in der Ebene *Gruppieren nach BestellID* auf *Mehr* und ändern Sie *ohne Fußzeilenbereich* mit Klick auf den Dropdown-Pfeil in *mit Fußzeilenbereich*.

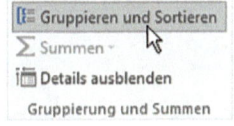

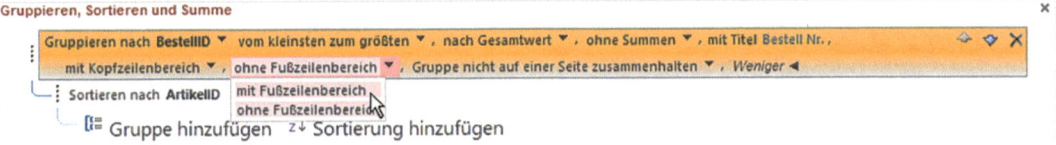

Gruppenfuß anzeigen

Anschließend können Sie entweder über diese Gruppierung mit Klick auf *ohne Summen* die Summe über das Feld *Gesamt* hinzufügen. Oder fügen Sie im Gruppenfuß einfach ein ungebundenes Textfeld ein und geben bei der Eigenschaft *Steuerelementinhalt* die Formel *=Summe([Gesamt])* ein. Eventuell müssen Sie für dieses Feld auch noch über die Eigenschaft *Format* ein passendes Zahlenformat wählen.

Gesamtsumme im Grup-
penfuß als ungebundenes
Textfeld einfügen

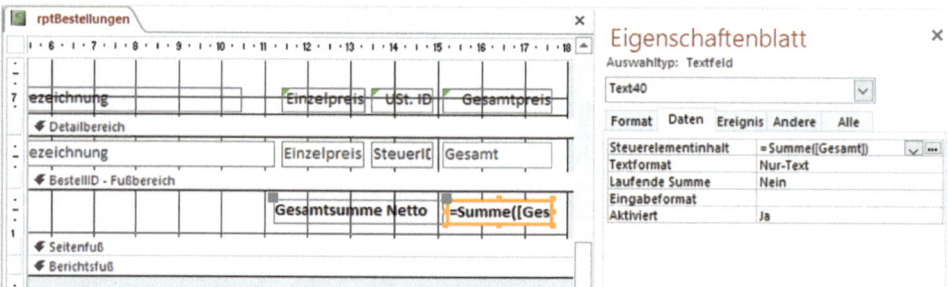

Hinweis: Sie können natürlich den Gesamtpreis statt in der Abfrage auch im Bericht in einem ungebundenen Textfeld berechnen. Dann muss aber die Formel zur Berechnung des Gesamtpreises so lauten:

=Summe([Einzelpreis][Menge])*

Neue Seite beginnen

Zuletzt sorgen Sie dafür, dass jede neue Auftragsbestätigung mit einer neuen Seite beginnt. Dazu wählen Sie den Gruppenfuß aus und ändern die Eigenschaft *Neue Seite* (Register *Format*) in *Nach Bereich*.

Neue Seite nach Gruppen-
fuß beginnen

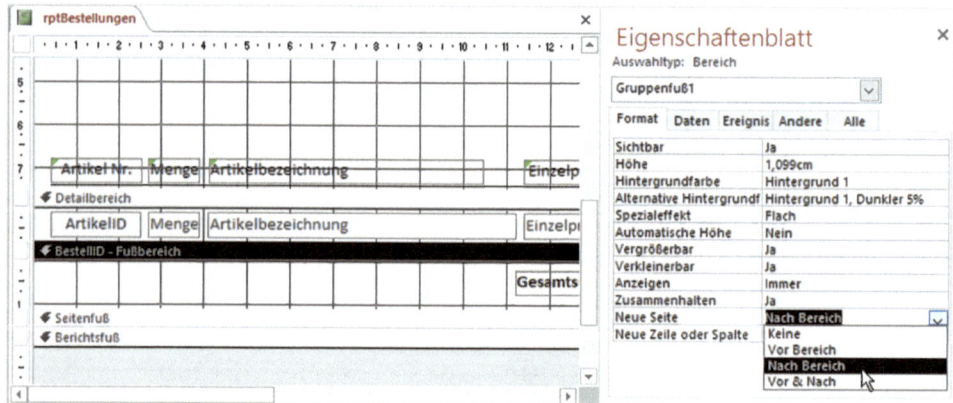

Die fertige Auftragsbestätigung in der Seitenansicht sehen Sie unten. Wenn kein Papier mit vorgedrucktem Briefkopf verfügbar ist, dann können Sie diesen ebenfalls im Gruppenkopf gestalten.

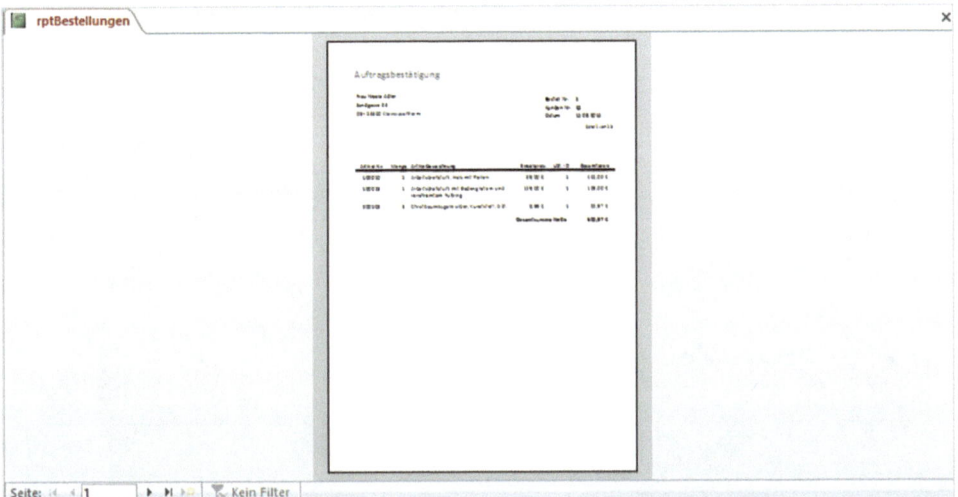

Natürlich fehlen in dieser Auftragsbestätigung noch die Bruttopreise inkl. Umsatzsteuer. Diese berechnen Sie am besten ebenfalls im Abfrage-Generator auf die oben beschriebene Weise und fügen dann im Gruppenfuß die Summen hinzu.

Adressliste Kunden

Erstellen Sie für die Tabelle *tblKunden* einen tabellarischen Bericht als Adressenliste (Beispiel im Bild auf der nächsten Seite). Der Bericht soll die Felder *KundenID*, *Nachname*, *Vorname*, *Anrede* in dieser Reihenfolge sowie alle Adressfelder und die Telefonnummer enthalten. Speichern Sie den Bericht unter dem Namen *rptAdressliste*.

▶ Sortieren Sie den Bericht nach Nachnamen und Vornamen.

▶ Als Ausrichtung wählen Sie *Querformat* und legen jeweils 10 mm als Seitenränder fest.

▶ Sorgen Sie dafür, dass die Inhalte der Felder *Nachname*, *Vorname*, *Strasse* und *Ort* nicht angeschnitten werden.

▶ Fügen Sie im Berichtskopf einen passenden Titel und darunter das aktuelle Datum ein. Im Seitenfuß sollen die Seitenzahlen in der Schreibweise *Seite n von m* erscheinen.

▶ Die weitere Gestaltung mit Farben und Schriftattributen nehmen Sie nach Ihren Vorstellungen vor.

Tipps zur Erstellung: Beginnen Sie am besten mit der Schaltfläche *Leerer Bericht*, also einem Bericht in der Layoutansicht mit einem automatischen Layout. Zum Einfügen der Seitenzahlen klicken Sie auf *Entwurf ▶ Kopfzeile/Fußzeile ▶ Seitenzahlen* und wählen hier die gewünschte Position, Schreibweise und Ausrichtung (Bild unten).

Seitenzahlen einfügen

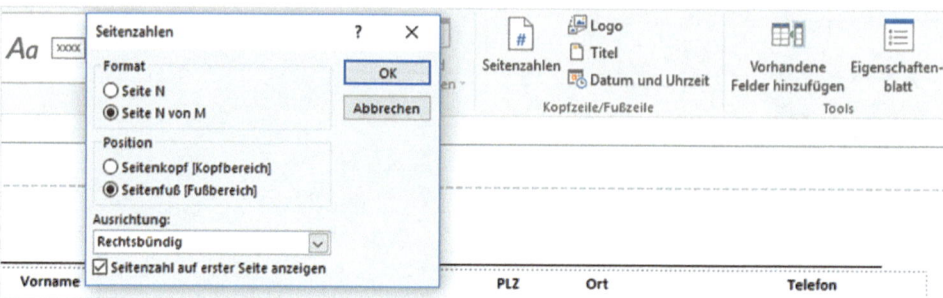

Der fertige Bericht sollte etwa aussehen, wie im Bild unten.

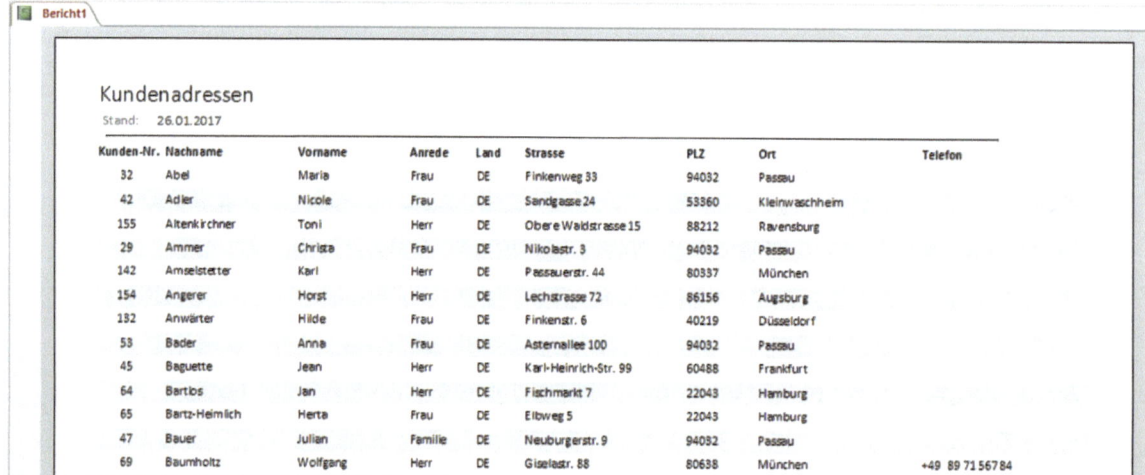

Kundenstammblatt

Erstellen Sie einen Bericht in Form eines Kundenstammblatts. Verwenden Sie alle Felder der Tabelle *tblKunden* und ordnen Sie die Felder untereinander an (einspaltiges bzw. gestapeltes Layout). Der Bericht erhält den Titel Kundenstammblatt, formatieren Sie *KundenID*, *Nachname* und *Vorname* mit etwas größerer Schrift und fett und sortieren Sie den Bericht nach *KundenID*. Sorgen Sie dafür, dass jeder Kunde auf einer gesonderten Seite gedruckt wird und speichern Sie den Bericht unter dem Namen *rptKundenstammblatt*.

11 Makros

In diesem Kapitel lernen Sie...

- Einfache Makros im Makro-Editor erstellen und speichern
- Einem Ereignis ein Makro zuweisen
- Nützliche Beispiele
- Zugriff auf Steuerelemente
- Ereignisse von Steuerelementen und Objekten

Das sollten Sie bereits wissen

- Formularentwurf
- Steuerelemente einfügen
- Eigenschaften von Steuerelementen

11.1 Makrogrundlagen

Vorbemerkungen

Makros haben Sie in Kapitel 9.6 in Verbindung mit Befehlsschaltflächen bereits kurz kennen gelernt. Als Makros bezeichnet man Befehlsabfolgen, die unter einem Namen in der Datenbank gespeichert und auf ein bestimmtes Ereignis hin, z. B. ein Mausklick auf eine Schaltfläche, ausgeführt werden.

Im Gegensatz zu den Office-Anwendungen Word und Excel verfügt Access über keinen Makro-Recorder, mit dem Sie Ihre Befehlseingaben aufzeichnen. Stattdessen setzen Sie die Makros nach dem Baukastenprinzip aus einzelnen Aktionen zusammen, die Sie mit Argumenten näher spezifizieren können. Daher sind auch die Möglichkeiten von Makros etwas eingeschränkt.

Abkürzung für Visual Basic for Applications

Wesentlich mehr Möglichkeiten und Flexibilität bietet die Programmerstellung mit der Office-internen Programmiersprache VBA. Allerdings ist hier der Lernaufwand höher, Makros erfordern dagegen keinerlei Programmierkenntnisse und sind eine schnelle Lösung für einfache Aufgaben.

Das Buch möchte Ihnen in diesem Kapitel den Umgang mit Makros näher bringen.Auf die Programmerstellung mit VBA wurde hingegen an dieser Stelle verzichtet, da dieses Thema ausreichend Stoff für ein eigenes Buch bietet und eine ausführliche Darstellung den Rahmen eines Einsteigerbuches sprengen würde.

Wo werden Makros erstellt und gespeichert?

Die Ausführung eines Makros startet auf ein bestimmtes Ereignis hin, etwa ein Mausklick auf die Schaltfläche eines Formulars. Zur Erstellung eines Makros haben Sie grundsätzlich zwei Möglichkeiten und von diesen hängt auch ab, wo das Makro gespeichert wird.

▶ **Register Erstellen - Makro**
Im Register *Erstellen ▶ Makros und Code* finden Sie die Schaltfläche *Makro*. Hiermit erstellen Sie ein Makro, das anschließend gespeichert und im Navigationsbereich zusammen mit den übrigen Datenbankobjekten unter *Makros* aufgelistet wird.

Solche Makros lassen sich theoretisch in jedes Formular einbinden bzw. aus jedem Formular heraus starten.

▶ **Eingebettetes Makro**
Als zweite Möglichkeit fügen Sie in ein Formular eine Schaltfläche ein und erstellen für diese Schaltfläche, genauer gesagt bei einem bestimmten Ereignis der Schaltfläche ein Makro. Dieses Makro wird zusammen mit dem Formular gespeichert bzw. eingebettet und erscheint daher nicht im Navigationsvereich.

11.2 Ein einfaches Makro erstellen

Eine Meldung ausgeben und das aktuelle Fenster schließen

Als erstes kleines Beispiel ein Makro, das das aktuell geöffnete Fenster schließt und zuvor einen entsprechenden Hinweis in einem Meldungsfenster ausgibt.

1 Klicken Sie im Menüband, Register *Erstellen ▶ Makros und Code* auf die Schaltfläche *Makro*.

Access öffnet den Makro-Editor, in dem Sie nun nacheinander die einzelnen Befehle, hier als Aktionen bezeichnet, hinzufügen. Gleichzeitig finden Sie im Menüband das *Makrotools*-Register *Entwurf* vor.

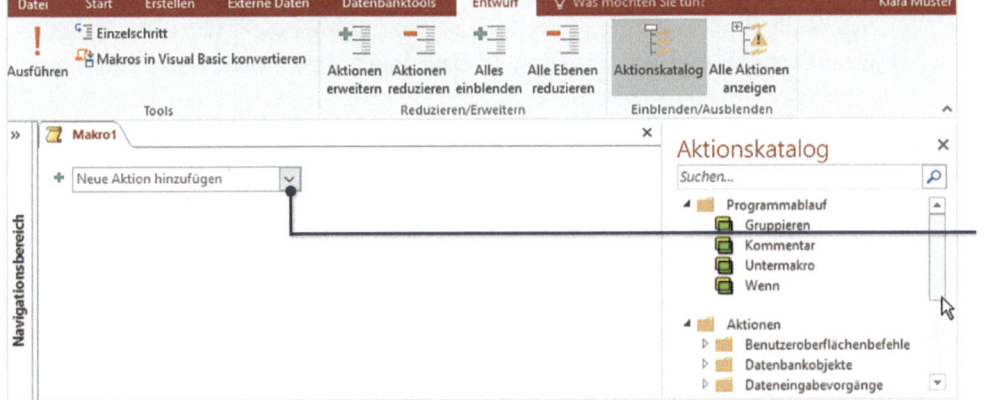

Der Makro-Editor mit dem Register Entwurf

Wählen Sie hier die erste Aktion aus

2 Klicken Sie beim Auswahlfeld *Neue Aktion hinzufügen* auf den Dropdown-Pfeil und wählen Sie *Meldungsfeld* aus. Unmittelbar darauf erweitert sich die Aktion um Felder zur Eingabe der weiteren Aktionsargumente.

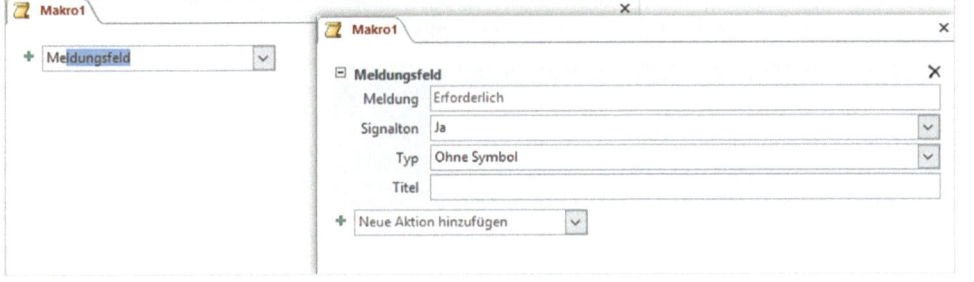

Wählen Sie die Aktion Meldungsfeld aus

Aktionsargumente zum Meldungsfeld

3 Geben Sie nun im Feld *Meldung* den Meldungstext oder Hinweis ein. *Signalton* legt fest, ob gleichzeitig auch ein Ton ausgegeben werden soll und mit *Typ* können Sie optional das Meldungsfenster mit einem Symbol versehen. Im Feld *Titel* geben Sie einen kurzen Fenstertitel ein (Bild unten).

4 Falls Sie das Makro jetzt testen möchten, müssen Sie es vorher speichern. Klicken Sie auf das Symbol *Speichern* 🔲 und geben Sie einen Namen ein, Makros erhalten meist zum Namen das Präfix *mcr* oder *mak*.

Geben Sie die Parameter ein und speichern Sie das Makro

Makro ausführen

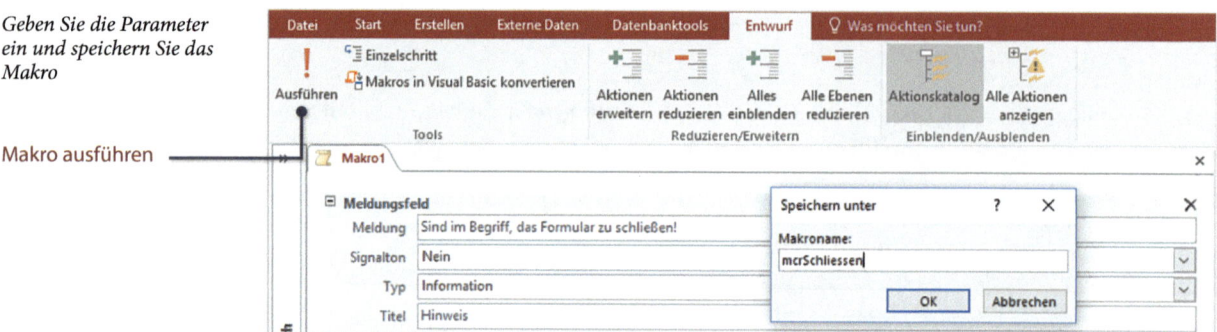

5 Zum Testen des Makros klicken Sie im Register *Entwurf* auf *Ausführen*. Meldungsfenster halten alle Aktionen solange an, bis auf *OK* geklickt wird, das bedeutet, das Makro wird erst weiter ausgeführt bzw. beendet, wenn Sie auf *OK* klicken.

Das Meldungsfenster erscheint, klicken Sie auf OK.

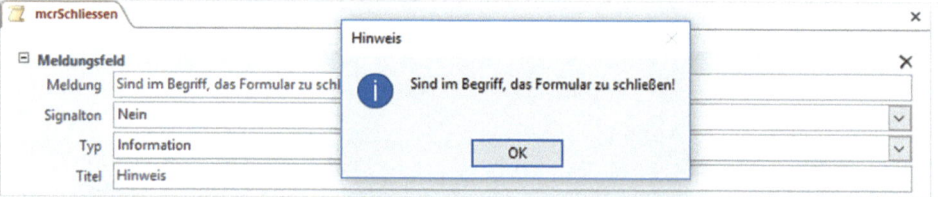

6 Nun soll die zweite Aktion, Schließen des aktuellen Fensters, hinzugefügt werden. Dazu klicken Sie unterhalb der ersten Aktion wieder auf *Neue Aktion hinzufügen* und wählen diesmal die Aktion *FensterSchließen*.

7 Wenn Sie ein bestimmtes Objekt, z. B. das Formular *frmArtikelstammblatt*, schließen möchten, dann müssen Sie den Objekttyp *Formular* auswählen und bei *Objektname* den Namen des Formulars angeben. Da in diesem Beispiel das Makro einfach nur das aktuelle Fenster schließen soll, lassen Sie beides leer. Allerdings sollte beim Argument *Speichern Nachfragen* ausgewählt sein, damit vor dem Schließen eine Rückfrage zum Speichern von eventuellen Änderungen erscheint.

Die Aktion FensterSchließen

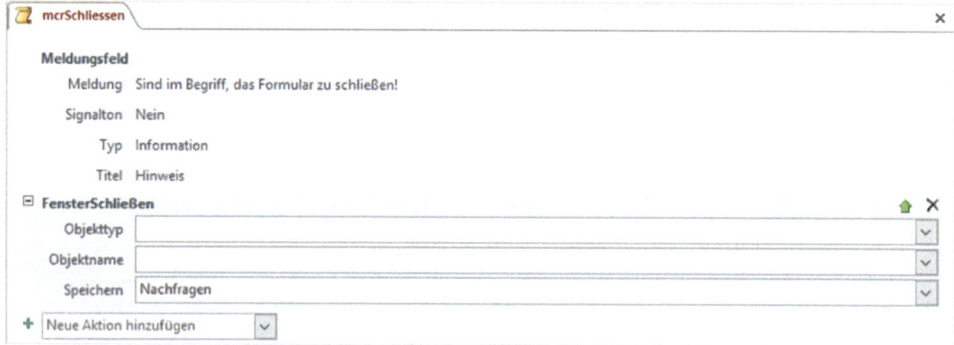

8 Wenn Sie nun das Makro erneut mit Klick auf die Schaltfläche *Ausführen* testen, dann wird nach der Meldung das aktuelle Fenster, in diesem Fall der Makro-Editor geschlossen. Vergessen Sie also nicht, vorher Ihre Änderungen zu speichern!

Das erstellte Makro ausführen

Öffnen im Navigationsbereich

Gespeicherte Makros erscheinen im Navigationsbereich unter *Makros* und werden ausgeführt, wenn Sie ein Makro mit Doppelklick oder durch Ziehen in den leeren Arbeitsbereich öffnen. Um ein Makro ohne Ausführen im Makro-Editor anzuzeigen, klicken Sie mit der rechten Maustaste auf das Makro und auf den Befehl *Entwurfsansicht*.

> **Achtung:** Makros werden beim Öffnen per Doppelklick ausgeführt!

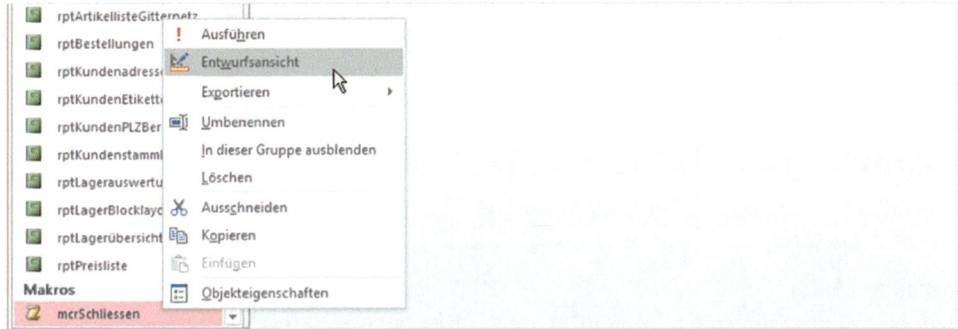

Ein gespeichertes Makro im Makro-Editor öffnen

Ausführen beim Klick auf eine Schaltfläche

Da das Makro eigentlich beim Klicken auf eine Schaltfläche ausgeführt werden soll, müssen Sie es anschließend der Schaltfläche zuweisen. Öffnen Sie dazu ein beliebiges Formular der Übungsdatenbank und fügen Sie in der Entwurfsansicht eine Schaltfläche hinzu. Im *Befehlsschaltflächen-Assistent*, der sich anschließend automatisch öffnet, klicken Sie auf *Abbrechen*.

Markieren Sie dann die Schaltfläche und klicken Sie im Eigenschaftenblatt auf das Register *Ereignis*. Klicken Sie beim Ereignis *Beim Klicken* auf den Dropdown-Pfeil und wählen Sie das zuvor erstellte Makro aus, siehe Bild unten.

Wählen Sie beim Ereignis Beim Klicken das Makro aus

Tipp: Wenn Sie aus einem Formular heraus ein zugewiesenes Makro im Makro-Editor anzeigen und bearbeiten möchten, dann klicken Sie beim Ereignis *Beim Klicken* neben dem Makronamen auf die drei Punkte.

Die Beschriftung der Schaltfläche mit einem aussagefähigen Hinweis erfolgt bei der Eigenschaft *Beschriftung*. Anschließend können Sie die Schaltfläche in der Formular-ansicht testen.

Testen Sie die Schaltfläche

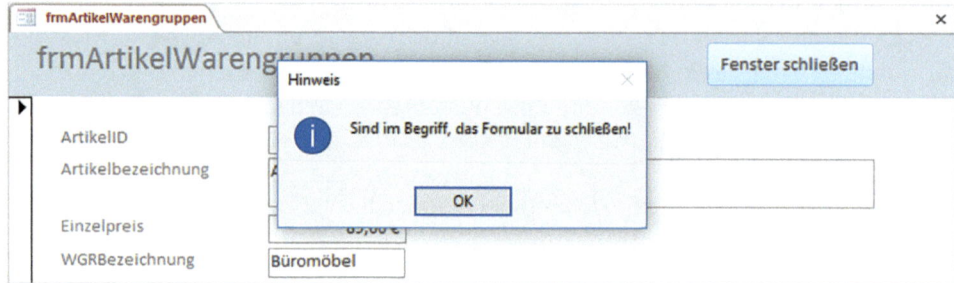

Der Makro-Editor

Den Makro-Editor haben Sie bei Ihrem ersten Makro bereits kurz kennen gelernt. Hier werden alle Makros angelegt und bearbeitet. Daher an dieser Stelle ein Überblick über die wichtigsten Funktionen des Makro-Editors.

Aktion auswählen

Um eine Aktion auszuwählen, benutzen Sie das Auswahlfeld *Neue Aktion hinzufügen*. Sobald eine Aktion ausgewählt wurde, erweitert sich die Anzeige und Sie können die benötigten Argumente eingeben. Gleichzeitig erscheint unterhalb ein neues Feld zur Auswahl der nächsten Aktion.

Tipp: Wie bei allen Kombinationsfeldern geht die Suche nach einem bestimmten Inhalt schneller, wenn Sie die ersten Zeichen eintippen und AutoVervollständigen nutzen.

Das Auswahlfeld Neue Aktion hinzufügen

Aus Aktionskatalog auswählen

Eine gute Alternative zum Auswahlfeld ist der Aktionskatalog am rechten Rand des Fensters. Dieser kann mit der gleichnamigen Schaltfläche im Menüband, Register *Entwurf*, ein- und ausgeblendet werden. Im Aktionskatalog sind die einzelnen Makros in Kategorien zusammengefasst, mit Klick auf das kleine Dreieck blenden Sie die dazugehörigen Aktionen ein und aus und erhalten außerdem im unteren Bereich eine Kurzinformation zur markierten Aktion (siehe Bild unten). Die gewünschte Aktion ziehen Sie mit der Maus einfach aus dem Aktionskatalog in den Arbeitsbereich.

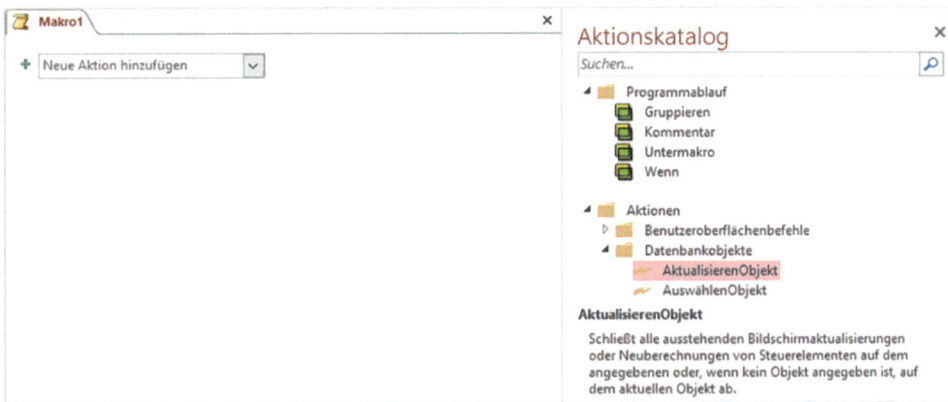

Der Aktionskatalog, ziehen Sie das Makro einfach in den Arbeitsbereich

Makro löschen, Reihenfolge ändern

Zum Entfernen einer versehentlich hinzugefügten Aktion benutzen Sie das Symbol *Löschen* am rechten Rand, es erscheint, wenn Sie auf die betreffende Aktion zeigen. Mit den Pfeilen können Sie dagegen die Aktion nach oben oder unten verschieben und so die Reihenfolge ändern.

Nach unten verschieben
Löschen

Aktion löschen und verschieben

Makro schrittweise testen

Die Schaltfläche *Ausführen* zum Testen eines Makros haben Sie bereits weiter oben kennen gelernt. Um ein umfangreiches Makro mit mehreren Aktionen zu testen, haben Sie die auch die Möglichkeit, diese schrittweise auszuführen. Dazu klicken Sie im Menüband auf *Einzelschritt* (*Entwurf ▸ Tools*) und anschließend bei aktiviertem Einzelschrittmodus auf *Ausführen*.

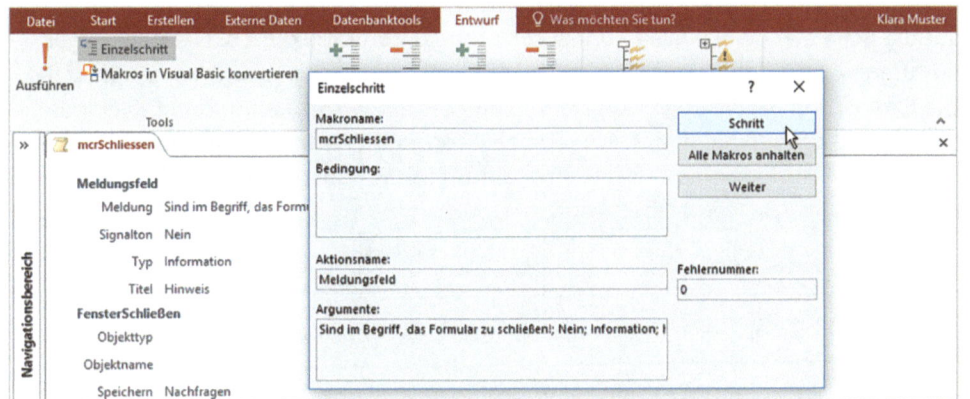

Access öffnet ein Fenster und zeigt hier für jeden Schritt bzw. jede Aktion die dazugehörigen Informationen an.

Ein eingebettetes Makro erstellen

Als zweite Möglichkeit erstellen Sie ein Makro aus einem Formular heraus beim entsprechenden Ereignis des Steuerelements. In diesem Fall wird das Makro zusammen mit dem Formular gespeichert und erscheint nicht im Navigationsbereich.

Dazu fügen Sie im Formularentwurf eine Schaltfläche ein und brechen den Befehlsschaltflächen-Assistenten ab. Klicken Sie dann beim Ereignis *Beim Klicken* auf die drei Punkte. Access öffnet ein Fenster mit der Frage, welchen Generator Sie verwenden möchten. Klicken Sie auf *Makro-Generator* und dann auf *OK*.

Klicken Sie beim Ereignis auf die drei Punkte und wählen Sie den Makro-Generator aus

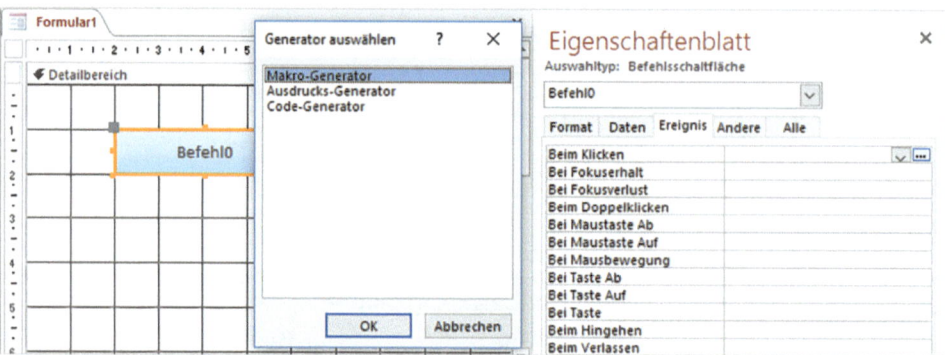

Der Makro-Editor wird geöffnet und im Gegensatz zur oben beschriebenen Methode verfügt dieses Makro bereits über einen Namen. Dieser setzt sich zusammen aus dem Namen der Schaltfläche und dem Ereignis *BeimKlicken*.

Das Makro verfügt bereits über einen Namen

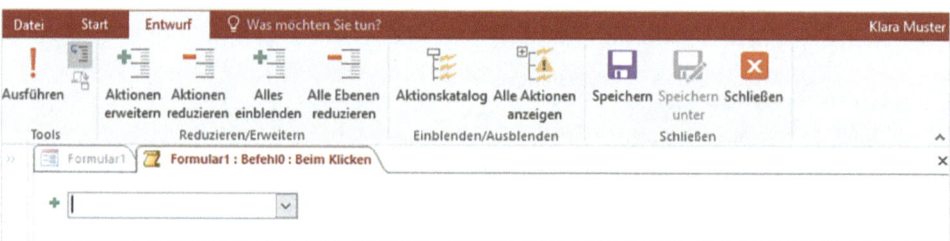

Legen Sie nun die gewünschten Aktionen fest und klicken Sie dann im Menüband auf die Schaltfläche *Schließen*, um zum Formular zurückzukehren. Die nachfolgende Rückfrage *Änderungen speichern und Eigenschaft aktualisieren* beantworten Sie mit *Ja*. Die Eigenschaft *Beim Klicken* zeigt nun *[Eingebettetes Makro]* an und mit Klick auf die drei Punkte können Sie das Makro jederzeit wieder im Makro-Editor öffnen und bearbeiten.

Das eingebettete Makro

11.3   Formulare und Berichte öffnen

Einige vordefinierte einfache Makros, z. B. Nächster/Vorheriger Datensatz werden vom dem Befehlsschaltflächen-Assistenten bereit gestellt, leider sind einige häufig benötigte Aufgaben nicht darunter. Daher hier einige Beispiele für weitere Makros.

Ein weiteres Beispiel für ein Makro, den Export in eine Textdatei, finden Sie in Kapitel 12.1 dieses Buches.

Formular mit einem neuen Datensatz öffnen

Normalerweise zeigt ein Formular beim Öffnen den ersten Datensatz an und zur Eingabe eines neuen Datensatzes müssen Sie erst auf das Symbol oder, falls vorhanden auf die Schaltfläche *Neuer Datensatz* klicken. Es soll auch schon vorgekommen sein, dass unerfahrene Benutzer in solchen Fällen den ersten Datensatz versehentlich überschrieben haben. Um dies zu vermeiden, erstellen Sie ein Makro, das ein bestimmtes Formular sofort mit einem neuen Datensatz öffnet.

Beispiel: Neuen Kunden erfassen

Als Beispiel eine Schaltfläche, die das Formular *frmKundenstammblatt* sofort mit einem neuen Datensatz öffnet. Öffnen Sie dazu das Startformular in der Entwurfsansicht und fügen Sie an geeigneter Stelle eine Schaltfläche ein. Brechen Sie anschließend den Befehlsschaltflächen-Assistenten ab und geben Sie der Schaltfläche eine entsprechende Beschriftung.

1   Klicken Sie dann bei der Eigenschaft *Beim Klicken* auf die drei Punkte und wählen Sie den Makro-Generator.

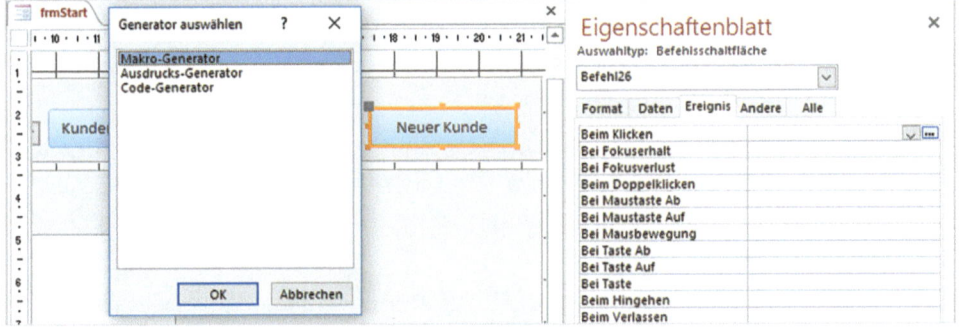

Klicken Sie bei der Eigenschaft Beim Klicken auf die drei Punkte

2   Wählen Sie die Aktion *ÖffnenFormular* aus und legen Sie die Argument wie unten abgebildet fest, als *Datenmodus* wählen Sie *Hinzufügen* aus. Der Datenmodus *Hinzufügen* bewirkt, dass das Formular mit einem neuen Datensatz geöffnet wird und entspricht der Formulareigenschaft *Daten eingeben*, siehe Kapitel 8.8. Allerdings wird durch das Makro diese Eigenschaft erst beim Öffnen des Formulars festgelegt, somit kann dasselbe Formular über eine andere Schaltfläche auch zum Bearbeiten aller Kunden geöffnet werden, dazu wählen Sie den Datenmodus *Bearbeiten*.

Wählen Sie den Datenmo-dus Hinzufügen

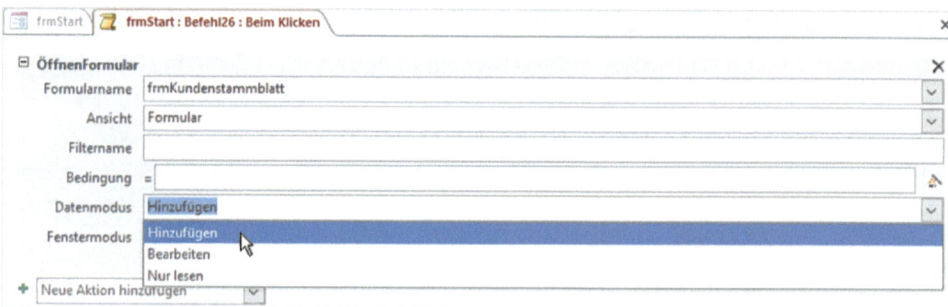

Tipp: Mit dem Datenmodus *Nur lesen* wird das Formular so geöffnet, dass die Datensätze nur angezeigt, nicht aber bearbeitet werden können. Dieser Datenmodus ist nützlich, wenn Sie das Ändern von Datensätzen im Formular verhindern möchten z. B. beim Anzeigen vom Auswertungsergebnissen.

Behalten Sie als *Fenstermodus* die Standardeinstellung *Normal* bei. *Dialog* würde hingegen bedeuten, das Formular wird als gebundenes Fenster geöffnet, siehe Kapitel 8.8, Gebundenes Dialogfenster.

3 Schließen Sie zuletzt den Makro-Editor und speichern Sie das Makro bzw. aktualisieren Sie die Eigenschaft.

Bericht mit einem bestimmten Datensatz öffnen

Siehe Kapitel 10, Berich-te, Übungen.

Im Befehlsschaltflächen-Assistenten findet sich zwar für Formulare die Möglichkeit, dieses mit einem bestimmten Datensatz öffnen, nicht aber für Berichte. Kein Problem, dann erstellen Sie zu diesem Zweck einfach ein Makro. So ist es beispielsweise unsinnig, alle Auftragsbestätigungen zu öffnen, wenn nur eine bestimmte benötigt wird. Als Beispiel daher ein Makro, das aus dem Formular zur Bestellerfassung heraus nur die aktuelle Auftragsbestätigung öffnet.

1 Öffnen Sie das Formular *frmBestellungen* in der Entwurfsansicht und fügen Sie eine Schaltfläche ein, den Befehlschaltflächen-Assistenten brechen Sie ab. Markieren Sie die Schaltfläche und öffnen Sie wieder beim Ereignis *Beim Klicken* den Makro-Editor.

2 Wählen Sie die Aktion *ÖffnenBericht* aus. Der Berichtsname ist zwingend erforderlich, alle übrigen Angaben sind optional.

3 Das Argument *Ansicht* legt fest, in welcher Ansicht der Bericht geöffnet wird, wählen Sie hier *Seitenansicht* aus.

4 Um nur einen bestimmten Bericht zu öffnen, haben Sie zwei Möglichkeiten: Geben Sie bei *Filtername* den Namen einer gespeicherten Abfrage an oder formulieren Sie beim Argument *Bedingung* eine entsprechende Auswahlbedingung.

Auswahlkriterium für dieses Beispiel ist die übereinstimmende *BestellID*, geben Sie daher bei *Bedingung* folgenden Ausdruck ein:

[BestellID]=[Formulare]![frmBestellungen]![BestellID]

Nach Eingabe der ersten Zeichen erscheinen verschiedene Vorschläge, die Sie mit Doppelklick übernehmen können, siehe Bild unten. Der Ausdrucks-Gerenator wird mit dem Symbol ⚡ zwar angeboten, aber eigentlich nicht benötigt, da Access die Eingabe durch AutoVervollständigen unterstützt.

Bedingung eingeben

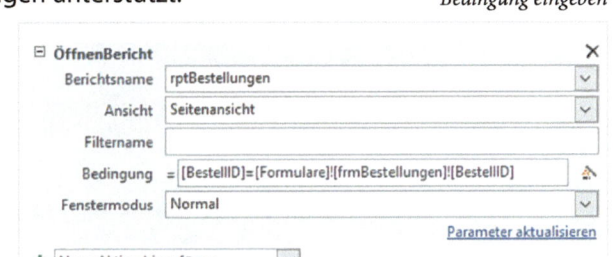

5 Schließen Sie danach den Makro-Editor und speichern Sie Ihre Änderungen. Geben Sie der Schaltfläche noch eine passende Beschriftung und testen Sie diese in der Formularansicht.

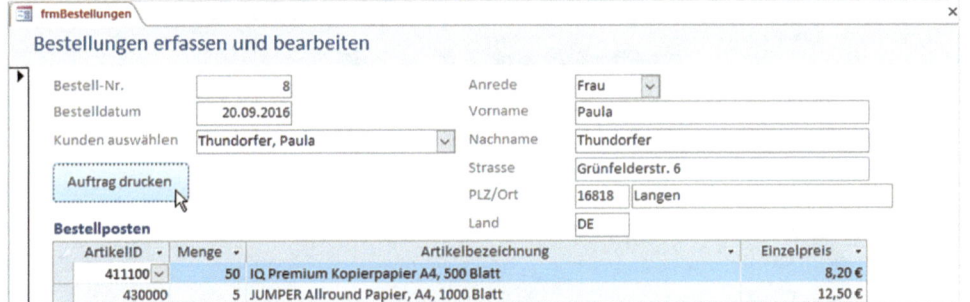

Das Formular zur Bestellerfassung mit der Schaltfläche

Zugriff auf Steuerelemente in Formularen und Berichten

Als Bedingung zum Öffnen eines Formulars oder Berichts geben Sie im einfachsten Fall einen Ausdruck ein, z. B. *[KundenID] = 5*. Wenn allerdings jedes Mal ein anderer Kunde geöffnet werden soll, dann benötigen Sie für die *KundenID* einen Bezug auf das Steuerelement, z. B. Textfeld oder Kombinationsfeld, das diesem Wert liefert. Für Bezüge auf Steuerelemente gilt:

> Befindet sich das Steuerelement im aktiven Formular, so genügt die Angabe des Steuerelement- bzw. Feldnamens, z. B. *[KundenID]*. Bei Steuerelementen in anderen Formularen oder Berichten müssen Sie hingegen Objekttyp und den Namen des Datenbankobjekts voranstellen, getrennt mit Ausrufezeichen (!). DieSchreibweise sieht dann so aus:
>
> *[Formulare]![Formularname]![Steuerelementname im Formular]*

Namen von Steuerelementen

Siehe auch Kapitel 9.3

Die Eigenschaft *Name*, Register *Andere*, legt den Namen fest, der bei einem Verweis auf das Steuerelement verwendet wird. Bei Feldern aus einer Tabelle oder Abfrage ist in der Regel der Feldname gleichzeitig der Name. Ungebundene Steuerelemente erhalten als Name zunächst die Typbezeichnung zusammen mit einer fortlaufende Nummerierung, z. B. *Text25* oder *Kombinationsfeld0*.

Wenn Sie sich in einem Makro auf ein ungebundenes Steuerelement beziehen möchten, dann sollten Sie diesem zur besseren Übersicht einen aussagefähigeren Namen geben. **Achtung:** Verwechseln Sie den Namen nicht mit der Eigenschaft *Beschriftung*!

Beispiel: Aus einem Formular heraus ein anderes Formular öffnen

Sie möchten aus dem Formular *frmMakroBeispiel* (Bild unten) heraus ein anderes Formular, das Formular *frmKundenstammblatt* mit einem bestimmten Kunden öffnen. Die *KundenID* wird über ein ungebundenes Kombinationsfeld mit dem Namen *Kunden-Auswahl* ausgewählt. Damit das Beispiel besser nachvollziehbar ist, wurde außerdem im Kombinationsfeld das Schlüsselfeld, die *KundenID*, nicht ausgeblendet.

Das aufrufende Formular mit dem Kombinationsfeld

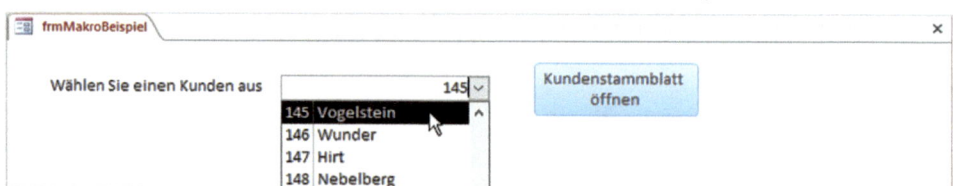

Im Makro der Befehlsschaltfläche daneben geben Sie bei der Aktion *ÖffnenFormular* den Namen des zu öffnenden Formulars, *frmKundenstammblatt*, ein. Die Bedingung muss in folgender Schreibweise angegeben werden:

[Feldname]=[Formulare]![Aufrufendes Formular]![Steuerelement im Formular]

Zur Erklärung: Makros führen die Aktionsargumente nacheinander aus, das zweite Formular ist also bereits geöffnet, wenn die Bedingung geprüft wird und das aufrufende Formular ist nicht mehr das aktive Formular. Die Bedingung lautet daher:

[KundenID]=[Formulare]![frmMakroBeispiel]![KundenAuswahl]

Das Makro mit der Bedingung

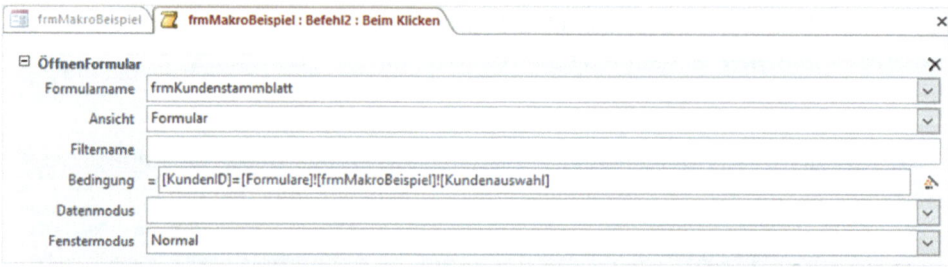

Tipp: Daneben ist auch noch eine zweite Schreibweise in Form eines SQL-Ausdrucks zulässig. In diesem Fall entfallen Objekttyp und Objektname und die Bedingung lautet:

="[KundenID]=" & [Kundenauswahl]

11.4   Mit Bedingungen Fehlermeldungen vermeiden

Alle bisher erstellten Makros zum Öffnen von Formularen oder Berichten mit einem bestimmen Datensatz haben noch einen kleinen Makel. Dies gilt auch für Schaltflächen, die mit dem Befehlsschaltflächen-Assistent erstellt und mit einem Makro versehen wurden. Wenn z. B. im Startformular ein Benutzer auf die Schaltfläche zum Öffnen mit einem bestimmten Datensatz geklickt hat, ohne vorher einen Kunden oder eine Bestellung auszuwählen, dann erscheint die unten abgebildete Fehlermeldung. Wenn Sie diese mit *OK* bestätigen, erscheint das Fenster *Einzelschritt* und Sie können hier nur das Makro anhalten, d.h. beenden.

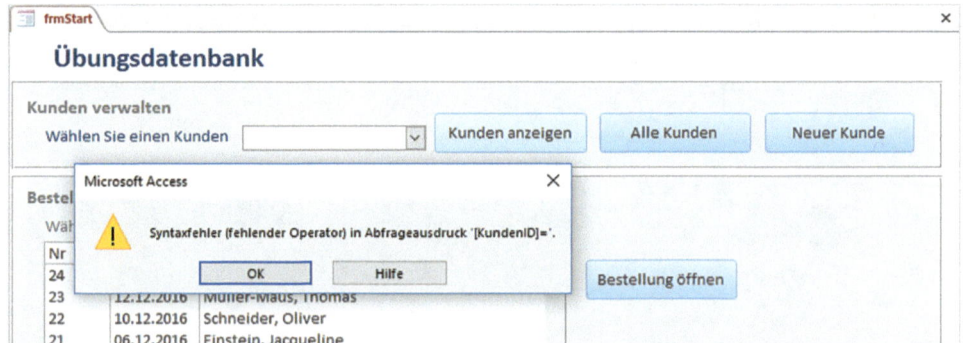

Wenn kein Kunde ausgewählt wurde, erscheint eine Fehlermeldung

Um unerfahrene Benutzer nicht zu verwirren, sollten Sie besser im Makro zuerst prüfen, ob überhaupt ein Wert ausgewählt wurde und, falls nicht, eine Meldung ausgeben und das Makro beenden. Für Bedingungen in Makros stellt Access die Aktion *Wenn* bereit mit dem allgemein bekannten Aufbau *Bedingung prüfen, Dann, Sonst*.

Prüfen ob ein Kunde ausgewählt wurde

Um solche Fehlermeldungen zu vermeiden, ändern Sie im Startformular *frmStart* das Makro der Schaltfläche *Kunden anzeigen* (Bild oben). Zunächst soll geprüft werden, ob im Kombinationsfeld ein Kunde ausgewählt wurde. Ist das Feld leer, so wird eine entsprechende Meldung ausgegeben und das Makro beendet, andernfalls wird das Formular mit dem ausgewählten Kunden geöffnet.

Zuvor sollten Sie dem Kombinationsfeld einen aussagekräftigen Namen geben, falls dies nicht bereits geschehen ist. Es erhält den Namen *KundenSuchen*.

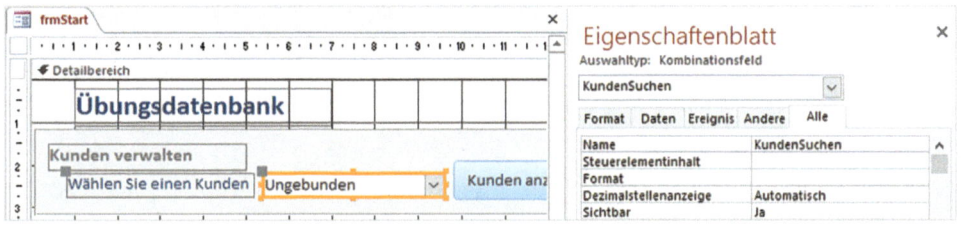

Geben Sie dem Kombinationsfeld einen Namen

1. Markieren Sie dann die dazugehörige Schaltfläche und klicken Sie beim Ereignis *Beim Klicken* bzw. bei *[Eingebettetes Makro]* auf die drei Punkte, um das Makro im Makro-Editor zu öffnen.

2. Klicken Sie auf neue *Aktion hinzufügen* und wählen Sie die Aktion *Wenn*. Geben Sie dann als Bedingung folgenden Ausdruck ein: *IstNull([Kundensuchen])*. Zur Erklärung: die Funktion *IstNull* prüft, ob das angegebene Steuerelement leer ist und liefert als Ergebnis die Wahrheitswerte Wahr oder Falsch.

Wählen Sie die Aktion Wenn und geben Sie die Bedingung ein

3. Zuerst bearbeiten Sie den Dann-Teil: Klicken Sie unmittelbar unterhalb auf *Neue Aktion hinzufügen* und wählen Sie die Aktion *Meldungsfeld*. Geben Sie hier den Meldungstext ein, zusätzlich soll das Symbol *Warnmeldung* als *Typ* angezeigt werden.

Fügen Sie unterhalb die Aktion Meldungsfeld hhinzu

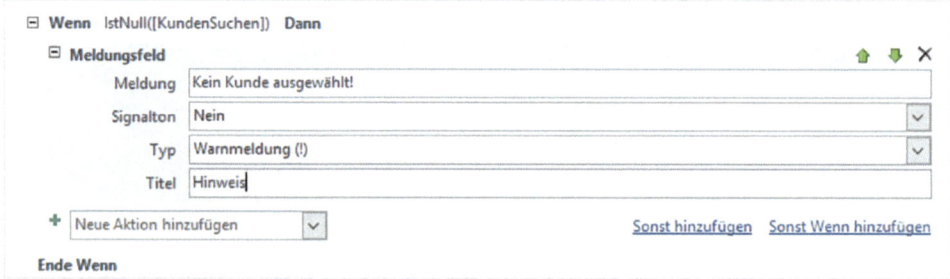

4. Klicken Sie dann auf *Neue Aktion* hinzufügen und wählen Sie die Aktion *StoppMakro*. Diese erfordert keine weiteren Argumente.

Die Aktion StoppMakro

Sonst-Teil hinzufügen

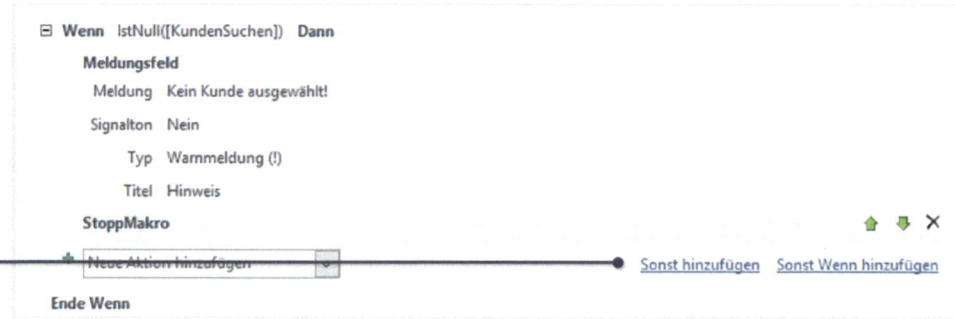

5. Damit ist der Dann-Teil komplett. Klicken Sie auf den Link *Sonst hinzufügen* (Bild oben) und wählen Sie in diesem Teil die Aktion *ÖffnenFormular* aus. Formularname *frmKundenstamm*, Bedingung *[KundenID]=[Formulare]![frmStart]![Kundensuchen]*

6. Löschen Sie zuletzt noch die ursprüngliche Aktion *ÖffnenFormular* da diese nun nicht mehr benötigt wird.

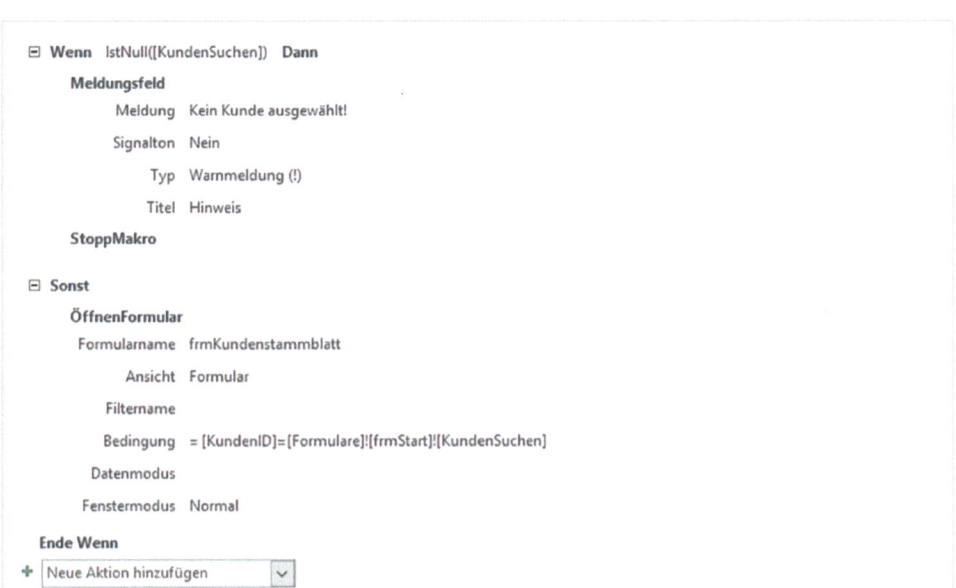

Das geänderte Makro

7 Zuletzt schließen Sie den Makro-Editor und speichern das geänderte Makro. In der Formularansicht können Sie nun testen, was passiert, wenn kein Kunde ausgewählt wurde.

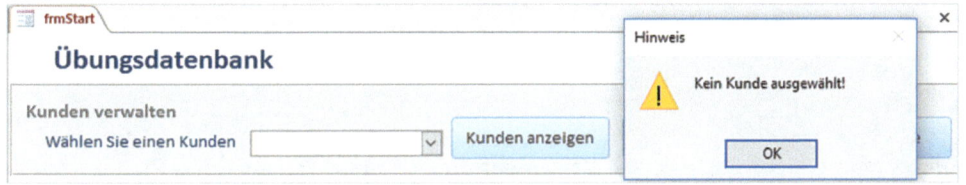

Statt einer Fehlermeldung erscheint nun ein Warnhinweis und das Makro wird anschließend beendet

11.5 Weitere Ereignisse

Neben dem Ereignis *Beim Klicken* verfügen Steuerelemente noch über weitere interessante Ereignisse, die sich gezielt für bestimmte Zwecke nutzen lassen.

Formular beim Doppelklicken öffnen

Listenfelder dienen häufig der Auswahl eines bestimmten Datensatzes und dieser wird anschließend mit Klick eine Schaltfläche geöffnet. Ein Beispiel für ein solches Listenfeld mit Schaltfläche wurde in der Übungsaufgabe zu Kapitel 9 im Startformular erstellt (siehe Bild unten). Anstelle oder zusätzlich zur Schaltfläche kann ein Formular mit dem betreffenden Datensatz auch per Doppelklick in das Listenfeld geöffnet werden. Dazu nutzen Sie das Ereignis *Beim Doppelklicken*.

Das Startformular mit Listenfeld und Schaltfläche

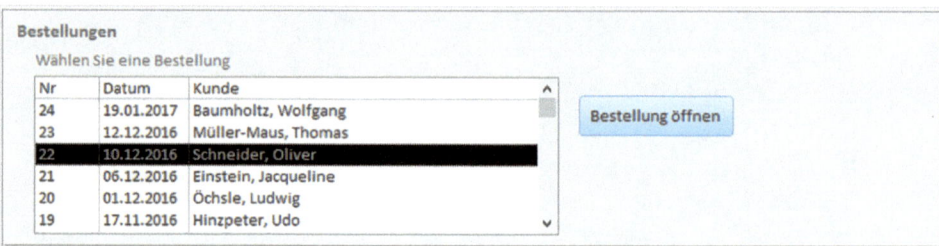

Öffnen Sie das Formular *frmStart* in der Entwurfsansicht, markieren Sie das Listenfeld und geben Sie ihm zunächst einen Namen, z. B. *BestellAuswahl*. Klicken Sie dann beim Ereignis *Beim Doppelklicken* auf die drei Punkte und öffnen Sie den Makro-Editor.

Klicken Sie beim Ereignis Beim Doppelklicken auf die drei Punkte

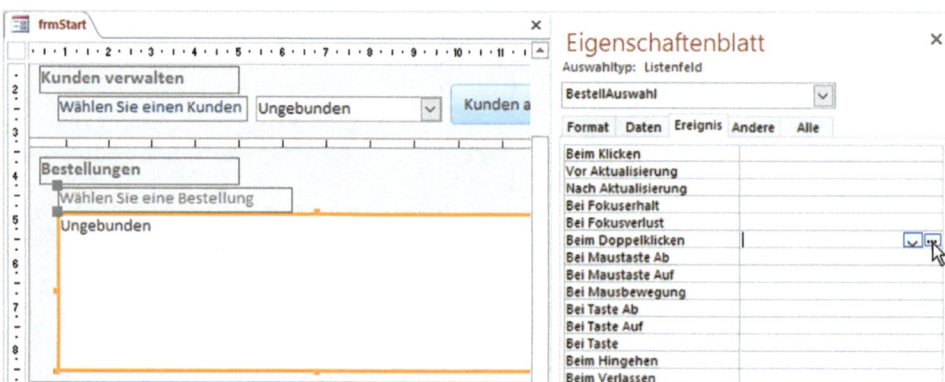

Klicken Sie auf *Neue Aktion hinzufügen*, wählen Sie *ÖffnenFormular* und legen Sie die Argumente wie unten abgebildet fest.

Das Formular frmBestellungen öffnen

Wird ein Makro auf das Ereignis *Beim Doppelklicken* hin gestartet, dann ist es unwahrscheinlich, dass kein Datensatz markiert wurde und eine entsprechende Bedingung wie im vorgehenden Punkt ist damit überflüssig. Schließend Sie den Makro-Editor, speichern Sie die Änderungen und testen Sie das Listenfeld.

Achtung: Wenn Sie den Namen des Listenfeldes nachträglich geändert haben, dann müssen Sie auch für die Schaltfläche die Bedingung der Aktion *ÖffnenFormular* noch entsprechend ändern.

Formularfenster beim Öffnen maximieren

Auch Formulare verfügen über Ereignisse, auf die Sie mit einem Makro reagieren können. Um zu verhindern, dass das Startformular eventuell in einer beliebigen Fenstergröße geöffnet wird, bietet sich die Aktion *MaximierenFenster* in Verbindung mit dem Ereignis *Beim Laden* an. Dieses Ereignis tritt nach dem Öffnen ein, wenn das Formular einschließlich Steuerelementen geöffnet, aber noch nicht sichtbar ist.

Wählen Sie dazu das Startformular aus, klicken Sie beim Ereignis *Beim Laden* auf die drei Punkte und öffnen Sie den Makro-Generator. Wählen Sie dann die Aktion *MaximierenFenster* aus und schließen Sie den Makro-Editor wieder.

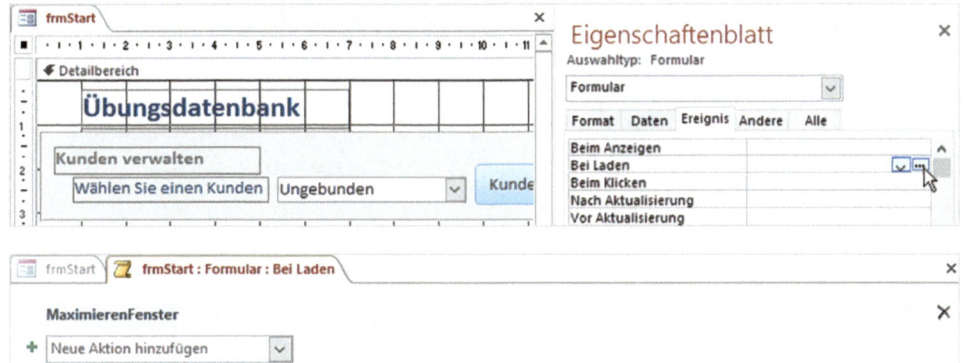

Das Formulareineignis Beim Laden

MaximierenFenster

Berichte ohne Daten

Berichte verfügen über das Ereignis *Bei ohne Daten*, das eintritt, wenn die Datensatzquelle des Berichts keine Datensätze enthält. Mit diesem Ereignis und einem passenden Makro lässt sich leicht verhindern, dass ein leerer Bericht unnötig in der Vorschau geöffnet wird. Stattdessen können Sie einen entsprechenden Hinweis ausgeben und das Ereignis abbrechen.

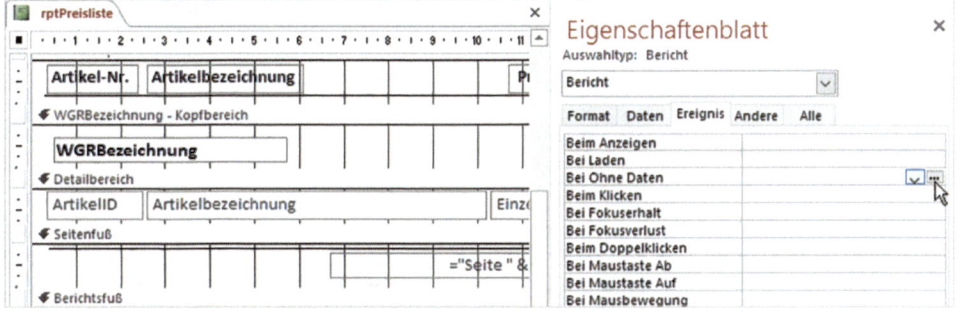

Das Berichtsereignis Bei ohne Daten

Dazu öffnen Sie beim Ereignis *Bei ohne Daten* den Makro-Generator und verwenden die Aktionen *Meldungsfenster* und *AbbrechenEreignis* (Bild unten).

Enthält die Datensatzquelle keine Daten, dann wird eine Meldung ausgegeben und das Öffnen des Berichts abgebrochen

Das AutoExcec Makro

Eine besondere Bedeutung hat ein Makro, das unter dem Namen *AutoExcec* gespeichert wird. Es wird beim Öffnen der Datenbank automatisch ausgeführt und lässt sich beispielsweise dazu nutzen, dass beim Öffnen ein bestimmtes Formular geöffnet und bei dieser Gelegenheit auch gleich das Formularfenster maximiert wird.

Dieses Makro erstellen Sie mit Klick auf *Erstellen ▸ Makros und Code ▸ Makro*.

Das Makro AutoExec

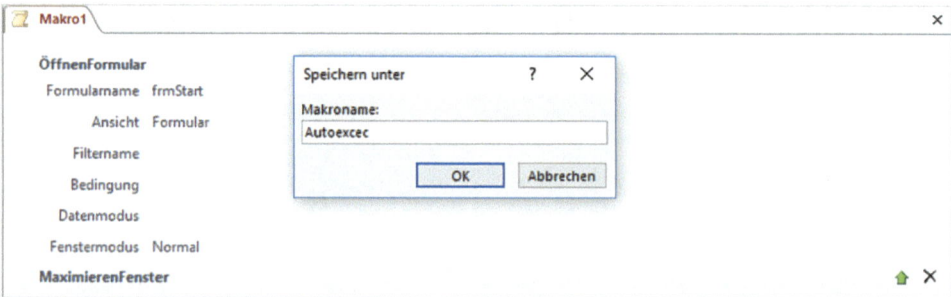

Siehe Kapitel 12.2

Hinweis: Eine weitere Möglichkeit, ein bestimmtes Formular beim Öffnen der Datenbank zu öffnen, finden Sie in den Access-Optionen in der Kategorie *Aktuelle Datenbank*.

11.6   Zusammenfassung

▸   In Makros lassen sich Aktionen zusammenstellen, die anschließend bei einem bestimmten Ereignis ausgeführt werden. Das meistgenutzte Ereignis stellt ein Mausklick auf eine Schaltfläche dar, einige der häufigsten Aktionen werden auch vom Befehlsschaltflächen-Assistenten bereitgestellt.

▸   Benutzerdefinierte Makros können über *Erstellen ▸ Makros und Code ▸ Makro* zusammengestellt und gespeichert werden. Als Alternative erstellen Sie ein eingebettetes Makro über das entsprechende Ereignis eines Steuerelements, z. B. das Ereignis *Beim Klicken* einer Schaltfläche im Formular.

▶ Makros erstellen und bearbeiten Sie im Makro-Editor. Wählen Sie nacheinander die benötigten Aktionen aus und legen Sie für jede Aktion die erforderlichen Aktionsargumente fest. Zu Testzwecken kann im Makro-Editor auch ein Makro auch in Einzelschritten ausgeführt werden.

▶ Häufig benötigte Makros bzw. Makro-Aktionen sind das Öffnen von Formularen mit einem neuen Datensatz oder das Öffnen und Drucken eines bestimmten Berichts. In solchen Fällen benötigen Sie als Bedingung einen Verweis auf das Steuerelement des aufrufenden Formulars, das den benötigten Wert enthält. Die Aktion *Wenn* erlaubt es, den Ablauf eines Makros über Bedingungen zu steuern, auf diese Weise können Benutzerfehler vermieden werden.

11.7   Übungsaufgaben

Formular zur Erfassung neuer Bestellungen öffnen

Ergänzen Sie das Startformular der Übungsdatenbank um eine weitere Schaltfläche, die das Formular *frmBestellungen* zur Eingabe neuer Bestellungen mit einem neuen leeren Datensatz öffnet und beschriften Sie die Schaltfläche entsprechend.

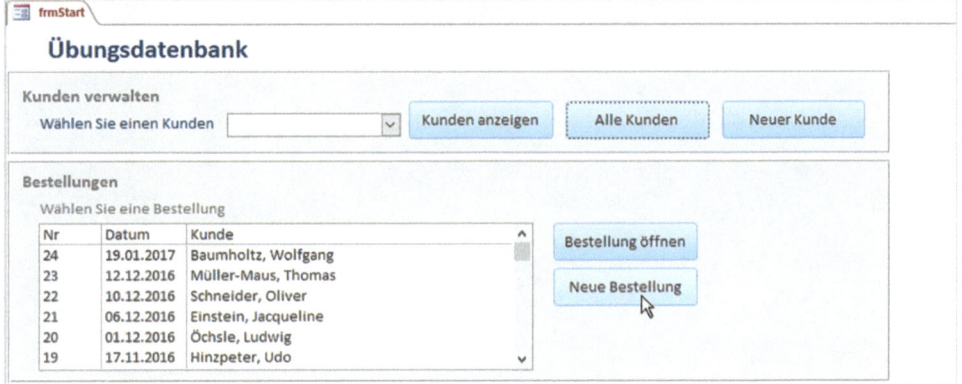

Kundenstammblatt drucken

Öffnen Sie das Formular *frmKundenstammblatt* und fügen Sie hier eine Schaltfläche ein. Erstellen Sie für diese Schaltfläche ein Makro, das für den aktuell angezeigten Kunden den Bericht *rptKundenstammblatt* aus der Übungsaufgabe zu Kapitel 10 in der Seitenansicht öffnet.

12 Datenbanktools

In diesem Kapitel lernen Sie...

- Import und Export von Textdateien
- Verknüpfungen zu Tabellen in anderen Access-Datenbanken
- Access-Datenbankobjekte importieren
- Datenbank aufteilen und mit Kennwort schützen
- Anzeige der Datenbankobjekte und Startverhalten der Datenbank
- Datenbank komprimieren und reparieren
- Datenbankobjekte dokumentieren

Das sollten Sie bereits wissen

- Tabellenentwurf
- Abfragen, Formulare und Berichte erstellen und anpassen
- Makros erstellen und ausführen

12.1 Datenexport und -import

Der Datenaustausch zwischen Access und den übrigen Microsoft Office-Anwendungen gestaltet sich relativ einfach. Ein Beispiel für den Import einer Excel-Tabelle haben Sie bereits in Kapitel 7.4 kennengelernt, Beispiele für den Export nach Word oder Excel sind in Zusammenhang mit Berichten in Kapitel 10.2 zu finden. Schaltflächen für alle Export- und Importaufgaben finden Sie im Menüband, Register *Externe Daten*. Sollte dort der gewünschte Dateityp nicht aufgeführt sein, so klicken Sie bei *Exportieren* oder *Importieren und Verknüpfen* auf *Weitere Optionen*. In allen Fällen startet anschließend ein Assistent und führt Sie durch die weiteren Schritte.

Datenexport und -import im Register Externe Daten

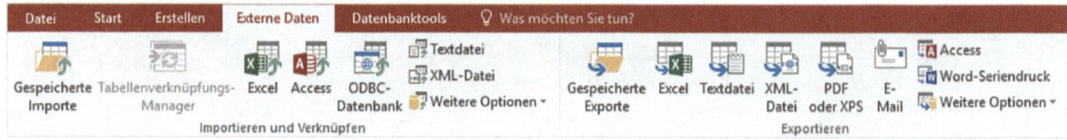

Import und Export von Textdateien

Ein wichtiger Punkt betrifft den Datenaustausch mittels Textdateien, da nahezu alle Anwendungen diesen Dateityp beim Import und Export unterstützen. Textdateien sind mit der Dateinamenerweiterung .txt versehen, enthalten keinerlei Formatierung und können mit jedem Textverarbeitungsprogramm, im einfachsten Fall mit dem Editor von Windows, bearbeitet und geöffnet werden.

Export in eine Textdatei mit Trennzeichen

Textdateien werden meist im gebräuchlichen Format mit Trennzeichen benötigt, d.h. die Felder sind mit Semikolon oder einem anderen Trennzeichen getrennt und Texte werden zusätzlich in Anführungszeichen gesetzt. Die erste Zeile kann die Spaltenüberschriften enthalten, z. B.:

```
"KundenID";"Vorname";"Nachname"
145;"Muster";"Franz"
```

Achtung: Beim Export einer Tabelle werden automatisch alle Felder exportiert. Da meist aber nur bestimmte Felder benötigt werden, sollten Sie zunächst eine Abfrage erstellen. Felder vom Typ *Langer Text* und dem Textformat *Rich-Text* eignen sich nicht für den Export in eine Textdatei.

1 Markieren Sie im Navigationsbereich die zu exportierende Tabelle oder Abfrage und klicken Sie auf *Externe Daten* ▸ *Exportieren* ▸ *Textdatei*.

Wenn Sie das csv Dateiformat benötigen, dann geben Sie einfach die Dateinamenerweiterung .csv mit ein.

2 Im ersten Schritt legen Sie Speicherort und Dateiname der Exportdatei fest. Klicken Sie auf die Schaltfläche *Durchsuchen...*, geben Sie im nachfolgenden Fenster *Datei speichern* einen Dateinamen ein und wählen Sie einen Speicherort.

Achtung: Beim Export in eine reine Textdatei mit Semikolon als Trennzeichen darf das Kontrollkästchen *Exportieren von Daten mit Formatierung und Format* nicht aktiviert sein.

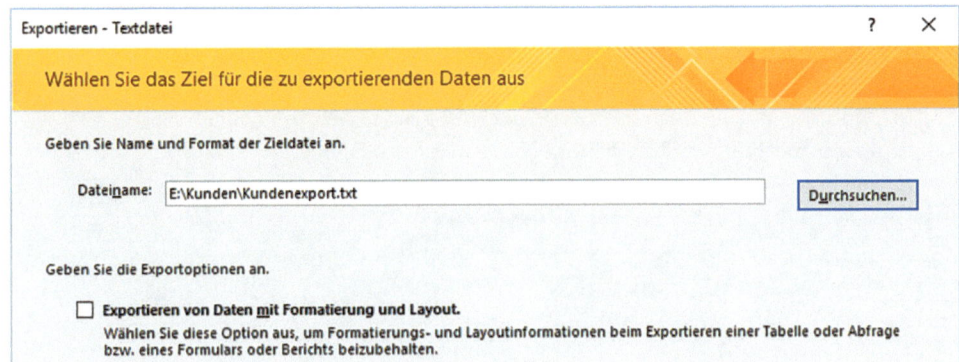

Dateiname und Speicherort der Zieldatei angeben

3 Anschließend wählen Sie zwischen Trennzeichen und fester Breite, in der Regel wird hier *Mit Trennzeichen* benötigt.

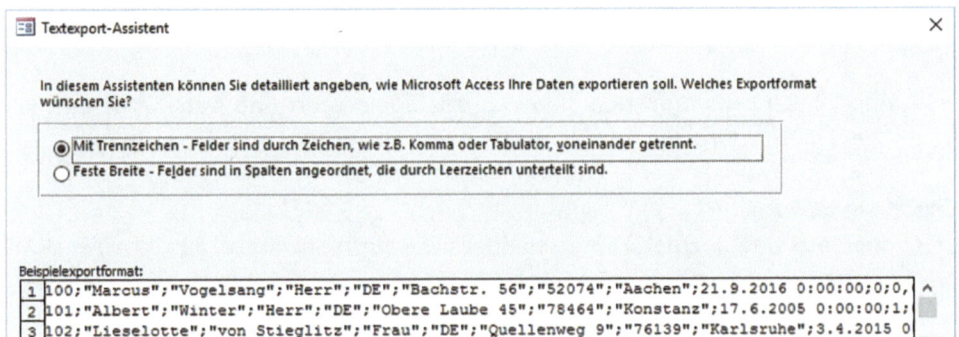

Wählen Sie hier die Option Trennzeichen

4 Im nächsten Schritt des Assistenten legen Sie das Trennzeichen fest und geben bei *Textqualifizierer* an, in welche Zeichen Text eingeschlossen werden soll. Aktivieren Sie das Kontrollkästchen *Feldnamen in erste Zeile einbeziehen*, wenn die Feldnamen ebenfalls exportiert werden sollen.

Achtung: Nicht selten ergeben sich beim Import und Export Probleme durch unterschiedliche Schreibweisen von Datumswerten und Zahlen. So verwenden z. B. einige Anwendungen als Dezimaltrennzeichen einen Punkt statt des Kommas. In solchen Fällen klicken Sie auf die Schaltfläche *Erweitert...* und legen im Fenster *Exportspezifikation* Datumsschreibweise und Dezimalzeichen fest (siehe Bild unten).

Exportspezifikation speichern
Wenn Sie den Export mittels Makro automatisieren möchten, dann werden dazu auch die Exportspezifikationen benötigt. Diese speichern Sie mit Klick auf die Schaltfläche *Speichern unter....*

Näheres hierzu weiter unten.

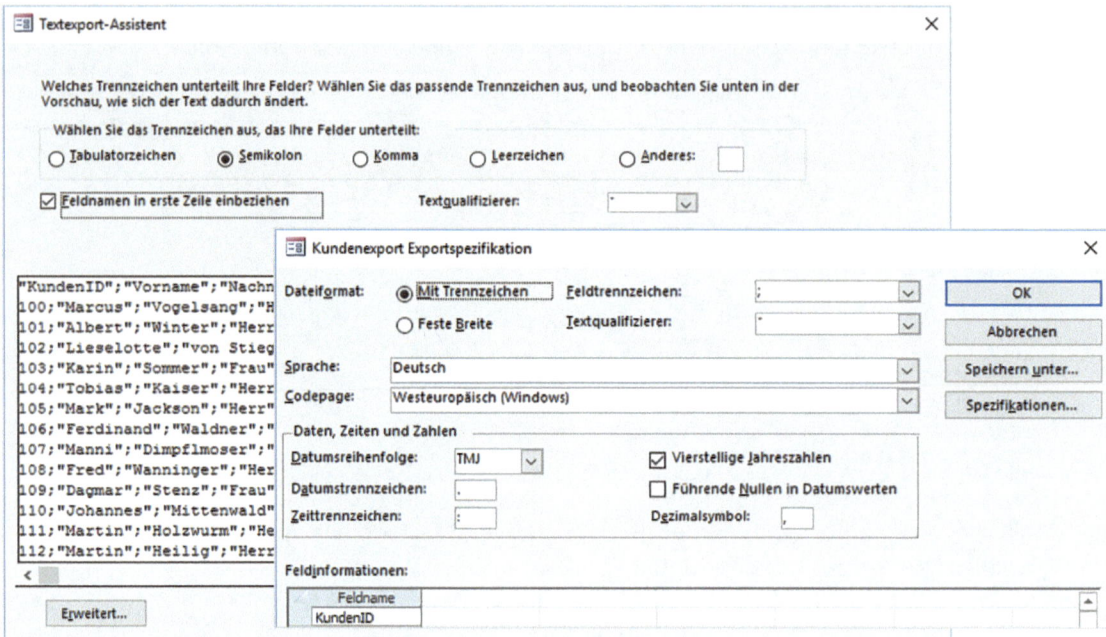

5 Abschließend kontrollieren Sie nochmals Speicherort und Dateiname und klicken auf *Fertig stellen*.

Textdatei importieren

Der Import aus einer Textdatei unterscheidet sich kaum vom Import aus einer Excel-Arbeitsmappe. Klicken Sie auf *Externe Daten ▶ Importieren und Verknüpfen ▶ Textdatei*.

1 Klicken Sie im ersten Schritt auf die Schaltfläche *Durchsuchen...*, um die Datei auszuwählen. Als Importoption wählen Sie meist die Standardeinstellung *Importieren Sie die Quelldaten in eine neue Tabelle in der aktuellen Datenbank*.

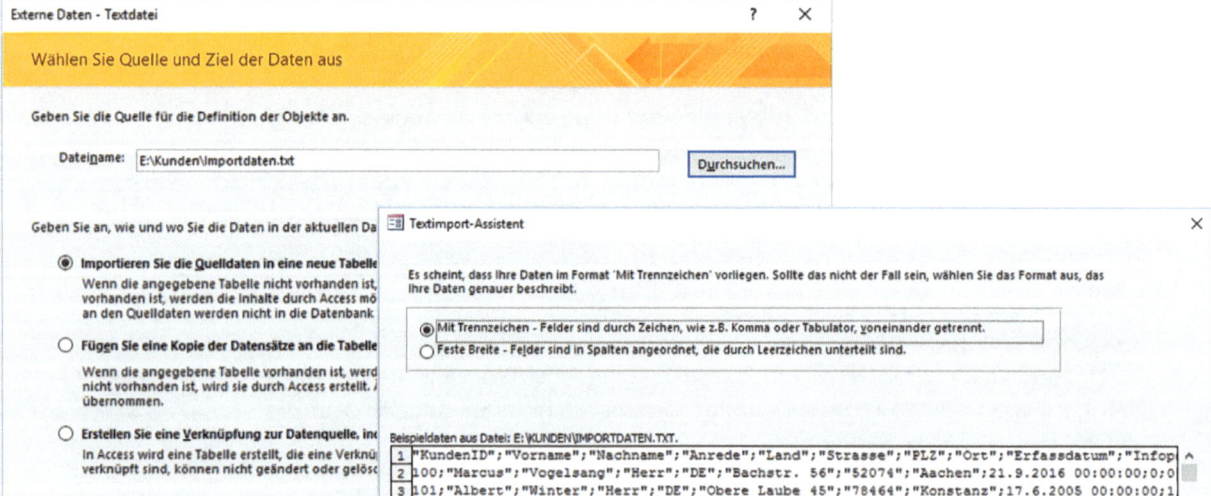

2 Anschließend wählen Sie wieder zwischen Trennzeichen und fester Breite. Zur Kontrolle sehen Sie unterhalb eine Vorschau auf die zu importierenden Daten.

3 Im nächsten Schritt können Sie Trennzeichen und Textqualifizierer festlegen und außerdem angeben, ob die erste Zeile Feldnamen enthält.

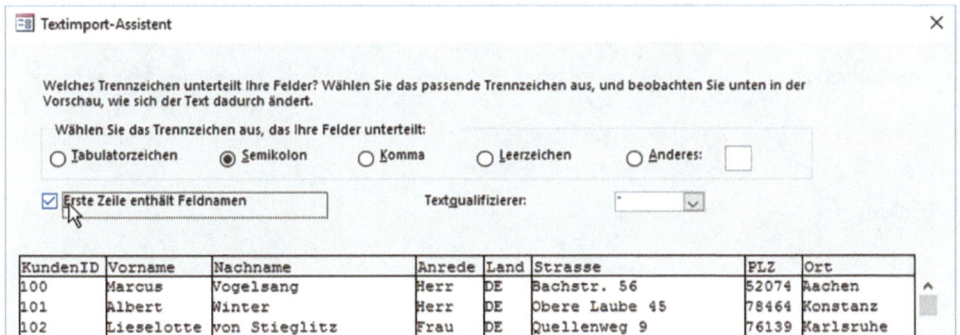

Trennzeichen und Feldnamen in erster Zeile

4 Bei den folgenden Schritten gehen Sie wie beim Import aus einer Excel-Arbeitsmappe vor. Legen Sie bei Bedarf für jede Spalte Feldname, Datentyp und Index fest oder überspringen Sie nicht benötigte Felder. Wird ein Primärschlüssel benötigt, dann können Sie diesen von Access hinzufügen lassen oder ein Feld auswählen. Ansonsten wählen Sie zunächst die Option *Kein Primärschlüssel*.

Siehe Kapitel 7.4

Fügen Sie bei Bedarf einen Primärschlüssel hinzu

Tipp: Export in eine Textdatei mit Makro automatisieren

Wird der Export einer bestimmten Tabelle oder Abfrage in eine Textdatei regelmäßig benötigt, dann können Sie dazu ein Makro erstellen. Access stellt zu diesem Zweck die Makro-Aktion *ImportExportText* bereit.

Alles zum Thema Makros finden Sie in Kapitel 11

Erstellen Sie ein neues Makro, entweder über *Erstellen ▶ Makros und Code ▶ Makro* oder als eingebettetes Makro, indem Sie in ein Formular eine Schaltfläche und für diese beim Ereignis *Beim Klicken* den Makro-Generator öffnen. **Achtung**: Damit im Makro-Editor diese Aktion verfügbar ist, müssen Sie zunächst im Menüband, Register *Entwurf*, auf *Alle Aktionen anzeigen* klicken.

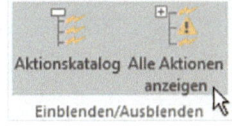

Die Aktion *ImportExportText* unterstützt sowohl Import als auch Export von Textdateien. Folgende Parameter können angegeben werden.

Parameter	Beschreibung
TransferTyp	Hier wählen Sie zwischen Import, Export oder Verknüpfung und legen gleichzeitig ein Format fest. Standardeinstellung ist Import mit Trennzeichen.
Spezifikationsname	Falls besondere Exportspezifikationen, z. B. Dezimaltrennzeichen benötigt werden, geben Sie hier den Namen an, unter dem die Exportspezifikation gespeichert wurde. Siehe Seite 350. Wenn hier keine Angaben gemacht werden, dann verwendet Access die Standardeinstellungen des Import- oder Export-Assistenten.
Tabellenname	Geben Sie hier beim Import den Namen der Tabelle an, in die der Import erfolgen werden soll. Ist die Tabelle bereits vorhanden, so werden die importierten Daten angefügt, andernfalls erstellt Access eine neue Tabelle mit dem angegebenen Namen. Beim Export geben Sie den Namen der zu exportierenden Tabelle oder Abfrage an.
Dateiname	Import: Geben Sie die zu importierende Datei an. Export: Geben Sie die Zieldatei an. **Achtung:** Hier ist der vollständige Dateiname einschließlich Dateipfad und Datenamenerweiterung erforderlich!
BesitztFeldnamen	Befinden sich die die Feldnamen in der ersten Zeile (Import) bzw. sollen die Feldnamen ebenfalls exportiert werden?
HTML-Tabellenname	Dieser Parameter ist nur beim TransferTyp Import HTML oder Verknüpfung HTML erforderlich.

Für den Export in eine Textdatei mit Semikolon als Trennzeichen geben Sie die Parameter wie unten abgebildet an. Soll der Export in eine Datei im csv-Format erfolgen, dann geben Sie einen Dateinamen mit dieser Dateinamenerweiterung an.

Export in eine Textdatei per Makro

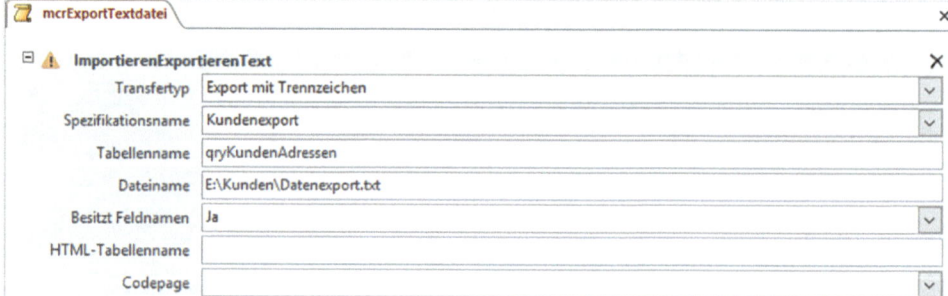

Access-Datenbankobjekte importieren und verknüpfen

Zum Import von Access-Datenbankobjekten, also Tabellen, Abfragen, Formularen usw. klicken Sie auf *Externe Daten ▸ Importieren und Verknüpfen ▸ Access* und wählen im nächsten Schritt die Datenbank aus. Außerdem geben Sie an, ob einzelne Datenbankobjekte als Kopie importiert werden sollen, oder ob Sie eine Verknüpfung zu Tabellen dieser Datenbank erstellen möchten.

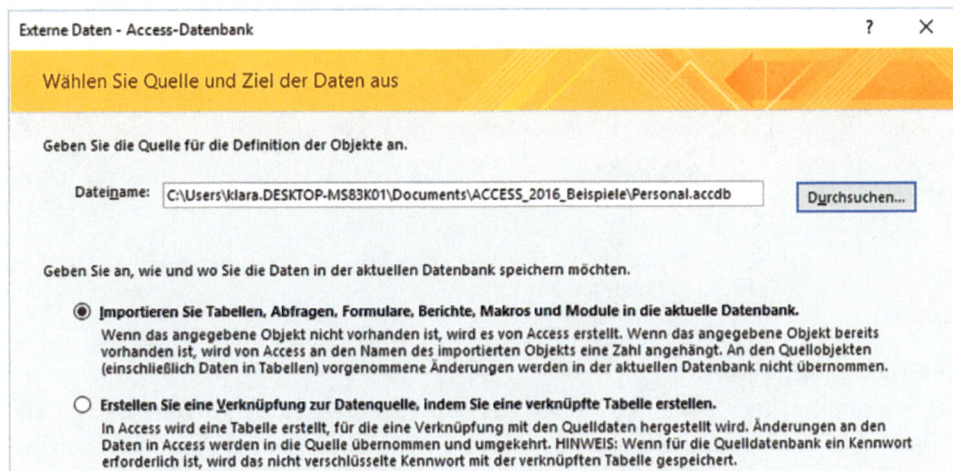

Datenbankobjekte importieren oder Tabellen verknüpfen?

Im nächsten Schritt markieren Sie per Mausklick alle benötigten Objekte. Diese sind nach Objekttypen in Registern angeordnet. Wenn Sie zuvor die Option *Verknüpfung* gewählt haben, dann sind hier ausschließlich Tabellen verfügbar. Über die Schaltfläche *Optionen >>* können Sie weitere Importoptionen angeben, z. B. ob auch Beziehungen importiert werden sollen.

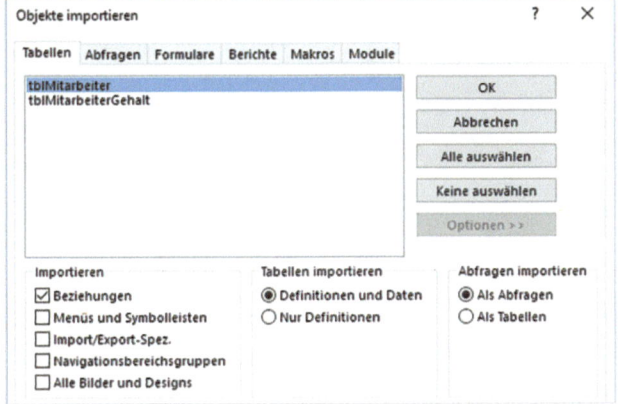

Wählen Sie die zu importierenden Objekte aus

Hinweis: Existiert in der Datenbank bereits ein Objekt mit gleichem Namen, so erhält der Name des importierten Objekts als Zusatz die Zahl 1.

Verknüpfungen

Verknüpfte Tabellen erscheinen ebenfalls im Navigationsbereich im Abschnitt *Tabellen*, sind aber zusätzlich mit einem Pfeilsymbol gekennzeichnet. Sie können verknüpfte Tabellen öffnen, Datensätze eingeben oder ändern und diese in Abfragen, Formularen und Berichten verwenden. Änderungen am Entwurf verknüpfter Tabellen dagegen sind nur in der Originaldatenbank möglich.

Verknüpfte Tabellen

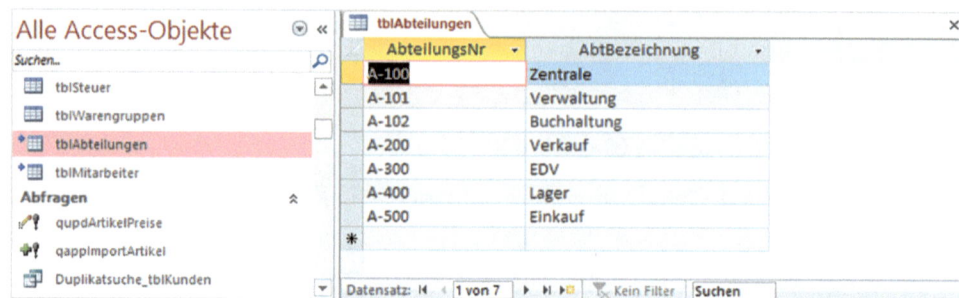

Verknüpfungen aktualisieren

Bei verknüpften Tabellen speichert Access den Suchpfad zu dieser Datenbank bzw. Tabelle. Wird die Datenbank verschoben oder umbenannt, dann müssen Sie auch die Tabellen neu verknüpfen. Dabei unterstützt Sie der Tabellenverknüpfungs-Manager, den Sie mit der gleichnamigen Schaltfläche im Register *Externe Daten ▶ Importieren und Verknüpfen* aufrufen. Wählen Sie über die Kontrollkästchen die zu aktualisierenden Verknüpfungen aus und klicken Sie auf *OK*, um anschließend den neuen Speicherort und die Datenbank anzugeben.

Der Tabellenverknüp-fungs-Manager

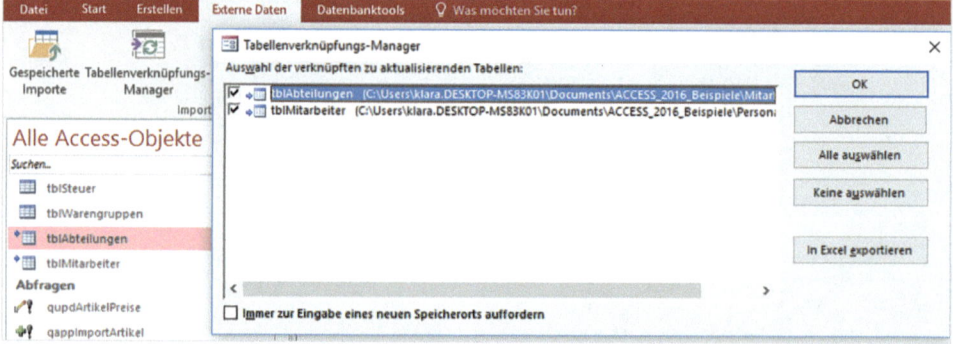

12.2 Letzte Arbeiten vor der Fertigstellung

Datenbank aufteilen

Wenn später mehrere Benutzer mit der Datenbank arbeiten sollen, dann sollten Sie die Datenbank aufteilen:

▶ Eine Datenbank umfasst ausschließlich die Tabellen und wird in einer Mehrbenutzerumgebung auf einem zentralen Server gespeichert. Diese Datei bezeichnet man auch als „Backend-Datenbank".

▶ Die zweite Datenbank speichert alle übrigen Datenbankobjekte, also Abfragen, Formulare und Berichte und damit die gesamte Benutzeroberfläche der Datenbank. Die Tabellen aus der Backend-Datenbank sind über Verknüpfungen eingebunden. Diese Datenbank wird „Frontend-Datenbank" bezeichnet und kann problemlos auf die Arbeitsplatzrechner der Mitarbeiter kopiert werden.

Die Vorteile dieser Methode: Der Datenverkehr im Netzwerk und die Gefahr von Abstürzen wird verringert. Außerdem lässt sich eine aufgeteilte Datenbank leichter warten, da Sie nach etwaigen Änderungen nur die Frontend-Datei erneut auf die Arbeitsplatzrechner kopieren brauchen.

Achtung: Vor der Aufteilung Ihrer Datenbank sollten Sie noch eine Sicherungskopie der Datenbankdatei erstellen, da sich dieser Vorgang nicht rückgängig machen lässt.

Bei der Aufteilung von Datenbanken unterstützt Sie ein Assistent. Klicken Sie dazu im Register *Datenbanktools ▶ Daten verschieben* auf *Access-Datenbank*. Nach einem Klick auf die Schaltfläche *Datenbank aufteilen* werden Sie aufgefordert, Speicherort und Dateiname der Backend-Datenbank anzugeben. Anschließend startet die Aufteilung: Access verschiebt alle Tabellen in die Backend-Datenbank und erstellt dann eine Verknüpfung zu diesen Tabellen. Sie erhalten eine Meldung, wenn der Vorgang abgeschlossen wurde.

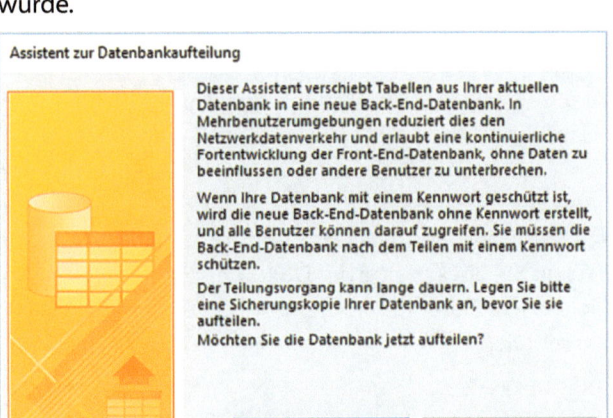

Der Assistent zur Datenbankaufteilung

> Falls sich nachträglich Suchpfad und/oder Dateiname der Backend-Datenbank ändern sollten, müssen Sie alle Verknüpfungen aktualisieren, am besten mit Hilfe des Tabellenverknüpfungs-Managers (siehe Seite 354).

Anzeige und Startverhalten der Datenbank

Anzeige und Startverhalten der Datenbank legen Sie in den Optionen fest. Klicken Sie auf das Register *Datei* und hier auf *Optionen*. Klicken Sie dann links auf *Aktuelle Datenbank*, hier können Sie folgende wichtige Einstellungen vornehmen:

▶ Wenn Sie einen Anwendungstitel eingeben, dann erscheint dieser im Titel des Access-Fensters statt Suchpfad und Dateiname. Falls gewünscht, können Sie die Datenbank auch mit einem anderen Symbol versehen. Klicken Sie dazu bei *Anwendungssymbol* auf die Schaltfläche *Durchsuchen*.

▶ Soll nach dem Öffnen der Datenbank ein bestimmtes Formular automatisch angezeigt werden, z. B. ein Start- oder Navigationsformular, dann wählen Sie dieses im Feld *Formular anzeigen* aus.

Access-Optionen: Aktuelle Datenbank

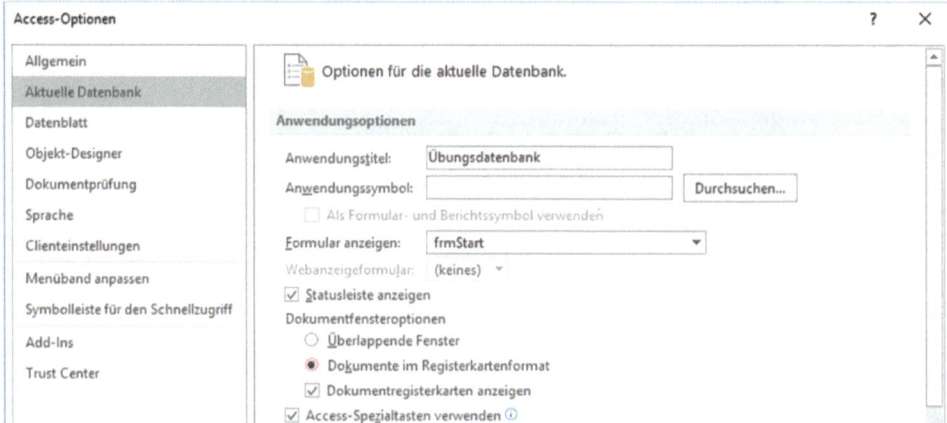

▶ Die *Dokumentfensteroptionen* steuern die Anzeige geöffneter Datenbankobjekte. Standardeinstellung ist *Dokumente im Registerkartenformat* und das Kontrollkästchen *Dokumentregisterkarten anzeigen* ist aktiviert. Dies bedeutet, Sie sehen anhand der Registerkarten, welche geöffnet sind und können zwischen diesen wechseln. Jede Registerkarte verfügt außerdem über ein Symbol zum Schließen. Wenn Sie die Anzeige der Dokumentregisterkarten deaktivieren, dann ist ein Schließen von Datenbankobjekten nur über entsprechende Schaltflächen bzw. Makros möglich.

Dokumentregisterkarten

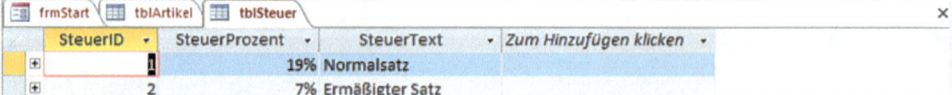

Die zweite Option, *Überlappende Fenster*, öffnet jedes Datenbankobjekt in einem eigenen Fenster und jedes der Fenster verfügt über die Standardschaltflächen Minimieren, Maximieren/Verkleinern und Schließen (Bild unten).

Überlappende Fenster

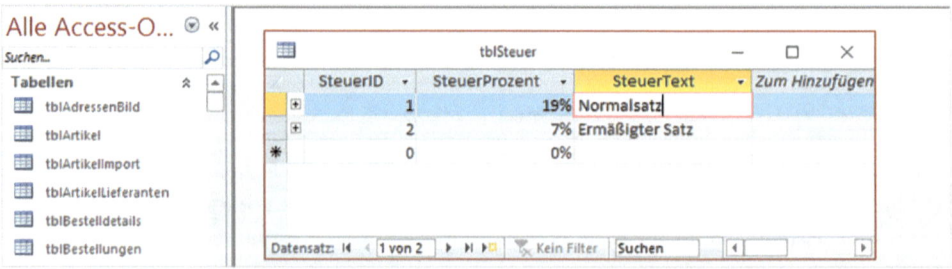

▶ Etwas weiter unten befindet sich im Abschnitt *Navigation* das Kontrollkästchen *Navigationsbereich anzeigen*. Wenn Sie dieses Kästchen deaktivieren, dann ist beim Öffnen der Datenbank der Navigationsbereich nicht sichtbar und kann nur mit der Funktionstaste F11 eingeblendet werden.

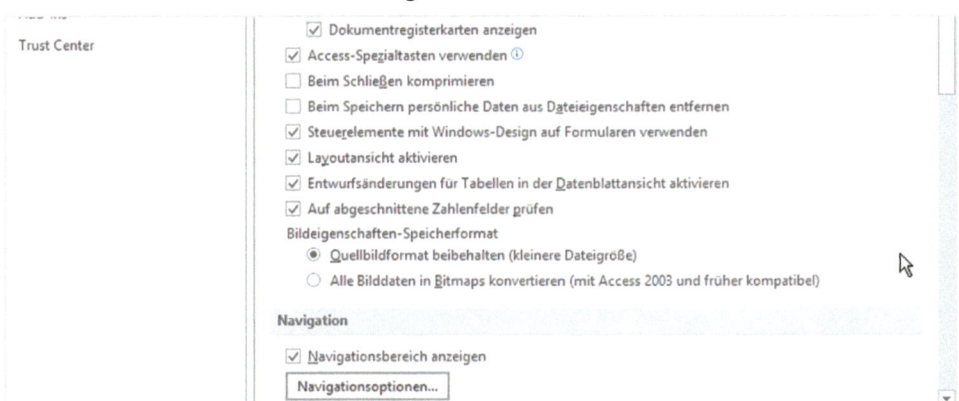

Navigationsbereich anzeigen

Spezialtasten

Access unterstützt folgende wichtige Spezialtasten, ob diese in der aktuellen Datenbank unterstützt werden, steuern Sie über das Kontrollkästchen *Access-Spezialtasten verwenden*.

▶ Navigationsbereich einblenden: F11

▶ VBA-Editor öffnen: Alt+F11

▶ Starteinstellungen übergehen: Halten Sie die Umschalt-Taste gedrückt, während Sie die Datenbank mit Doppelklick öffnen.

> **Achtung:** Die Spezialtasten stellen eine schnelle Möglichkeit dar, bei ausgeblendetem Navigationsbereich über die Hintertür auf die Datenbankobjekte zuzugreifen oder um die Starteinstellungen zu umgehen. Sie sollten daher nur in Ausnahmefällen deaktiviert werden.

Datenbank mit Kennwort schützen

Datenbank im Exklusiv-Modus öffnen

Um die Datenbank vor unbefugtem Zugriff zu schützen, können Sie ein Kennwort vergeben. Dazu muss allerdings die Datenbank vorher im sogenannten Exklusiv-Modus geöffnet werden. Dieser Modus stellt sicher, dass die Datenbank gegenwärtig nur von Ihnen als einzigem Benutzer geöffnet ist. Standardmäßig öffnet Access dagegen eine Datenbank im Freigabe-Modus. Das bedeutet, dass in einem Netzwerk auch mehrere Benutzer gleichzeitig mit der Datenbank arbeiten können.

1   Zunächst schließen Sie die aktuelle Datenbank, indem Sie im Register *Datei* auf *Schließen* klicken.

2   Anschließend öffnen Sie die Datenbank auf folgende Weise:

Klicken Sie im Register *Datei* auf *Öffnen* und anschließend auf die Schaltfläche *Durchsuchen*. Markieren Sie mit einem Klick die gewünschte Datenbankdatei und klicken Sie auf den Dropdown-Pfeil der Schaltfläche *Öffnen*. Klicken Sie hier auf *Exklusiv öffnen*.

Datenbank exklusiv öffnen

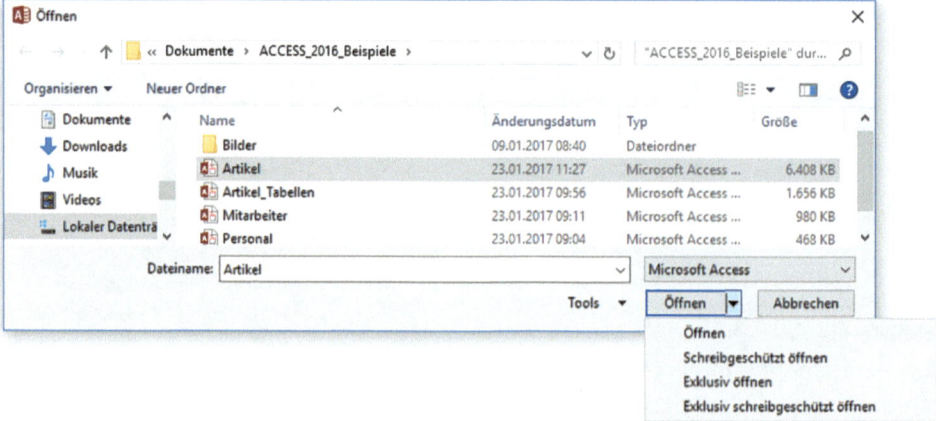

3   Nachdem die Datenbank im Exklusiv-Modus geöffnet ist, klicken Sie im Register *Datei* auf *Informationen* und hier auf die Schaltfläche *Mit Kennwort verschlüsseln*. Geben Sie Ihr Kennwort ein und wiederholen Sie das Kennwort in der Zeile darunter. **Achtung:** Kennwörter unterscheiden zwischen Groß- und Kleinschreibung.

Datebankkennwort festlegen

Kennwort löschen

Falls Sie das Kennwort löschen möchten, dann öffnen Sie die Datenbank ebenfalls im Exklusiv-Modus und klicken im Register *Datei* ▶ *Informationen* auf *Datenbank ent-*

schlüsseln. Bevor das Kennwort gelöscht wird werden Sie nochmals zur Eingabe des Kennworts aufgefordert.

12.3   Wartung

Datenbank komprimieren und reparieren

Access-Datenbanken benötigen bei häufiger Nutzung zunehmend mehr Speicherplatz. Dies ist nicht nur durch Hinzufügen und Änderungen bedingt. Access erstellt während der Arbeit auch temporäre, nicht sichtbare Objekte. Diese werden nicht immer automatisch aus der Datenbank entfernt, wenn sie nicht mehr benötigt werden. Auch beim Löschen von Datensätzen oder Datenbankobjekten wird nicht mehr benötigter Speicherplatz nicht automatisch freigegeben. Mit höherem Speicherplatzbedarf wird eine Datenbank, insbesondere die Ausführung von Abfragen, langsamer und das Öffnen von Objekten dauert länger. Regelmäßiges Komprimieren gibt nicht genutzten Speicherplatz wieder frei und beschleunigt das Arbeiten mit der Datenbank.

Eine Reparatur ist erforderlich, wenn die Datenbankdatei beschädigt ist. Dies kann vor allem dann vorkommen, wenn mehrere Benutzer über ein Netzwerk gleichzeitig mit der Datei arbeiten. Wenn Sie versuchen, eine beschädigte Datenbank zu öffnen, werden Sie von Access dazu aufgefordert, die Datei reparieren zu lassen.

> Da beim Komprimieren und Reparieren ein Datenverlust nicht ganz auszuschließen ist, sollten Sie auf jeden Fall vorher eine Sicherungskopie der gesamten Datenbankdatei erstellen.

Zum Komprimieren und Reparieren klicken Sie im Register *Datenbanktools ▶ Tools* auf die Schaltfläche *Datenbank komprimieren und reparieren*. Denselben Befehl finden Sie auch im Register *Datei* unter *Informationen*. Sicherheitshalber sollten Sie auch zum Komprimieren und Reparieren die Datenbank im Exklusiv-Modus öffnen.

Datenbank komprimieren und reparieren

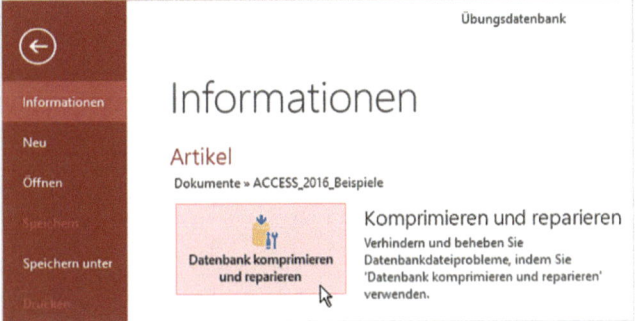

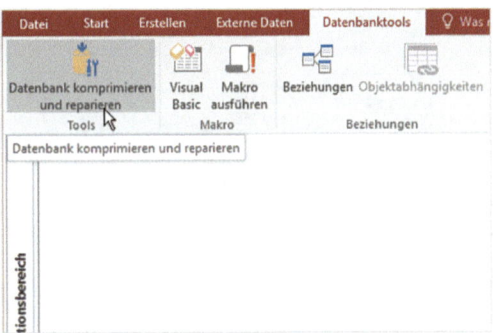

Datenbank dokumentieren

Eine Dokumentation der Datenbank erleichtert die Fehlersuche und spätere Änderungen, zudem lässt sich der Aufbau der Datenbank von Dritten leichter nachvollziehen. Zu diesem Zweck stellt Access im Register *Datenbanktools* den *Datenbankdokumentierer* zur Verfügung. Ein Klick auf die Schaltfläche öffnet das Fenster *Dokumentierer*. Wählen Sie über die Register die Art der Datenbankobjekte, z. B. *Tabellen*. Die Auswahl der einzelnen Datenbankobjekte erfolgt über Kontrollkästchen oder die Schaltfläche *Alle auswählen*.

Wählen Sie im Datenbankdokumentierer die benötigten Objekte aus

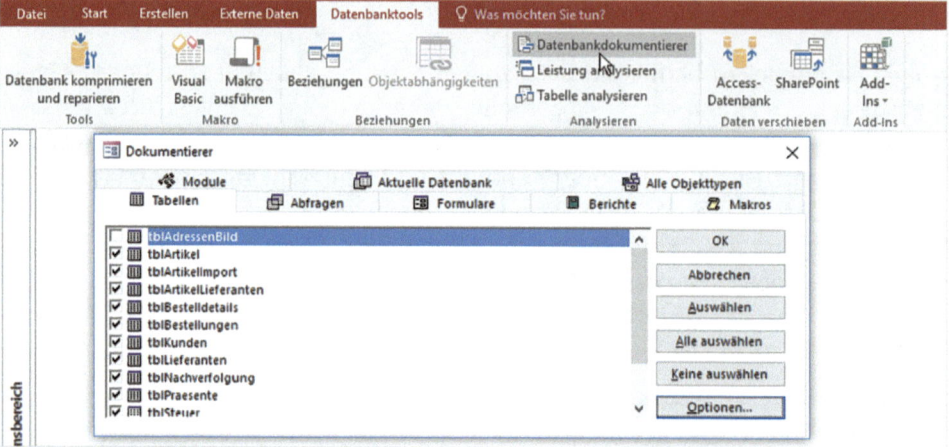

Da die Dokumentation sehr umfangreich werden kann, sollten Sie über die Schaltfläche *Optionen...* den Umfang kontrollieren und ggfs. auf wichtige Eigenschaften beschränken. So werden beispielsweise für Tabellen nur selten die Berechtigungen für Benutzer und Gruppen benötigt, und für Felder und Indizes genügt meist die Option *Namen, Datentypen und Größen*. Die verfügbaren Informationen sind außerdem abhängig vom gewählten Objekttyp, im Bild unten jeweils die wichtigsten Informationen für Tabellen und Abfragen.

Tabellendefinitionen

Abfragedefinitionen

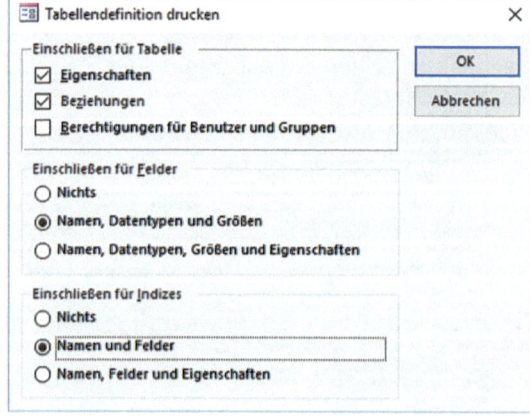

Access erstellt die Dokumentation als Bericht und öffnet ihn in der Berichtsvorschau. Sie können nun den Bericht drucken und, falls erforderlich, auch speichern.

Tipp: Bei einer umfangreichen Dokumentation empfiehlt sich ein Export in eine rtf-Datei über die Schaltfläche *Word*. Klicken Sie dazu bei geöffnetem Bericht in der Seitenansicht im Register *Seitenansicht ▶ Daten* auf die Schaltfläche *Weitere Optionen* und wählen Sie hier *Word*. Anschließend können Sie die Dokumentation mit Microsoft Word weiter bearbeiten.

Beziehungen drucken

Auch die Beziehungen zwischen den Tabellen lassen sich als Bericht drucken. Dazu klicken Sie im Register *Datenbanktools* auf *Beziehungen* und dann im Register *Entwurf* auf *Beziehungsbericht*.

Klicken Sie auf Beziehungsbericht

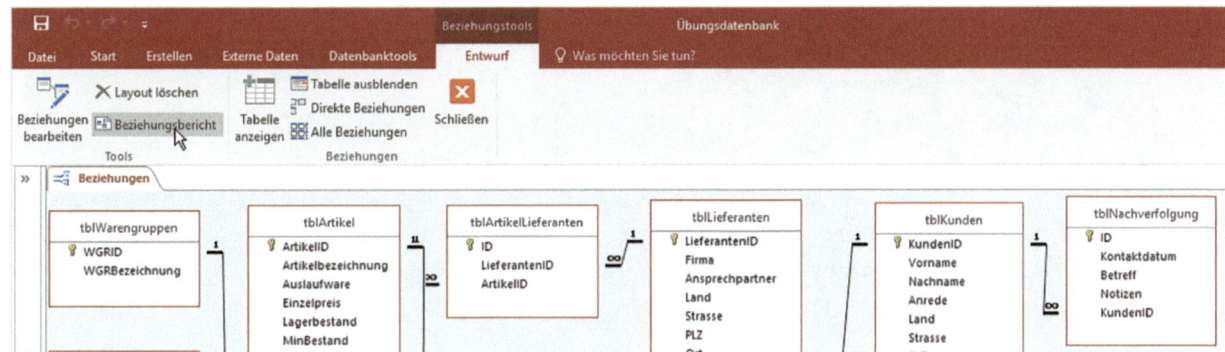

Access zeigt anschließend den Beziehungsbericht in der Seitenansicht an. Zum Anpassen an eine Druckseite verwenden Sie die Schaltflächen im Register *Seitenansicht*.

Berichte drucken, siehe Kapitel 10.2

Objektabhängigkeiten kontrollieren

Für spätere Änderungen am Tabellenentwurf ist es auch wichtig zu wissen, welche Abfragen, Formulare und Berichte sich auf eine Tabelle beziehen. Dies können Sie über die *Objektabhängigkeiten* überprüfen.

Objekte auflisten, die von der markierten Tabelle abhängig sind

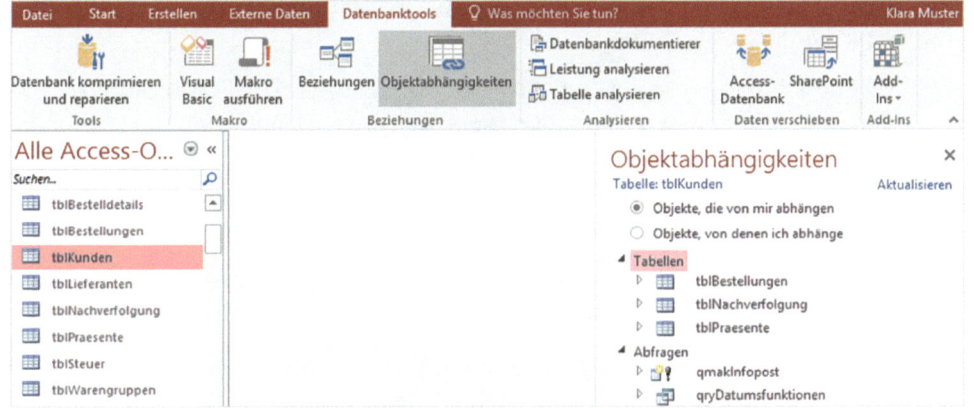

Die zu prüfende Tabelle oder Abfrage muss dazu nicht geöffnet sein. Es genügt, wenn sie im Navigationsbereich markiert ist. Mit der Schaltfläche *Objektabhängigkeiten* (Register *Datenbanktools*) öffnen Sie am rechten Bildschirmrand eine Liste mit allen Datenbankobjekten, die Felder der markierten Tabelle bzw. Abfrage enthalten, also vom markierten Objekt abhängig sind (Bild oben).

Möchten Sie dagegen umgekehrt wissen, aus welchen Tabellen oder Abfragen ein Formular oder Bericht die Felder bezieht, dann markieren Sie im Navigationsbereich das Formular bzw. den Bericht und klicken ebenfalls auf die Schaltfläche *Objektabhängigkeiten*. In diesem Fall muss im Bereich *Objektabhängigkeiten* die Option *Objekte, von denen ich abhänge* gewählt sein.

Beispiel: Das Formular frmBestellungen

Tipp: Wenn Sie nacheinander mehrere Objekte überprüfen möchten, dann lassen Sie den Bereich *Objektabhängigkeiten* geöffnet. Klicken Sie einfach im Navigationsbereich auf das nächste Objekt und verwenden Sie den Befehl *Aktualisieren*.

12.4 Zusammenfassung

▶ Im Register *Externe Daten* finden Sie verschiedene Möglichkeiten des Datenimports und Exports, darunter auch den Dateityp *Text*. Verknüpfungen bieten sich insbesondere beim Zugriff auf Tabellen in anderen Access-Datenbanken an. In verknüpften Tabellen können jederzeit Daten eingegeben und geändert werden, eine Änderung des Tabellenentwurfs ist dagegen nur in der Originaldatenbank möglich.

▶ Zur endgültigen Fertigstellung einer Datenbank können Sie in den Optionen das Startverhalten der Datenbank und die Anzeige der Datenbankobjekte steuern, sowie den Navigationsbereich ausblenden. Zusätzlich können Sie durch Festlegen eines Kennworts Zugriff auf die Datenbank durch Unbefugte verhindern.

▶ Im Register *Datenbanktools* finden Sie verschiedene nützliche Werkzeuge zur Wartung einer Datenbank. Unverzichtbar ist das regelmäßige Komprimieren und Reparieren, um Fehlern vorzubeugen und nicht genutzten Speicherplatz wieder freizugeben.

Tastenkombinationen

Datenbank öffnen und Schließen

Neue Datenbank öffnen	STRG + N
Vorhandene Datenbank öffnen	STRG + O
Access beenden oder Dialogfenster schließen	Alt + F4

Speichern und Drucken

Datenbankobjekt speichern	STRG + S
Dialogfeld Speichern unter öffnen	F12
Aktuelles / ausgewähltes Objekt drucken	STRG + P
Dialogfeld Drucken in der Seitenansicht öffnen	P oder STRG + P
Dialogfeld Seite einrichten in der Seitenansicht öffnen	S
Seitenansicht oder Layoutvorschau abbrechen	Alt + C oder ESC

Kombinations- oder Listenfeld verwenden

Kombinationsfeld öffnen	F4 oder ALT + PFEIL-UNTEN
Inhalt eines Nachschlagefelds in Form eines Inhalts- oder Kombinationsfelds aktualisieren	F9
Kombinations- oder Listenfeld beenden	TAB-TASTE

In der Entwurfsansicht arbeiten

Zwischen Navigations- und Bearbeitungsmodus wechseln	F2
Von der Entwurfsansicht für Formulare zur Formularansicht wechseln	F5
Zwischen oberem und unterem Fensterbereich wechseln (Tabellenentwurf)	F6

Navigationsbereich, Feldeigenschaften, Feldraster, Tastenkombinationen (Menüband) und Statusleiste nacheinander durchlaufen	F6
Feldliste in einem Formular oder einem Bericht anzeigen und ausblenden	ALT + F8
Feld im Zoomfenster anzeigen (Abfrageentwurf und Eigenschaftenblatt)	UMSCHALT + F2
Ausdrucks-Generator aufrufen (Abfrageentwurf und Eigenschaftenblatt)	STRG + F2
Eigenschaftenblatt ein- und ausblenden	ALT + ENTER oder F4

Bearbeiten von Steuerelementen im Formular- und Berichtsentwurf

Markiertes Steuerelement nach rechts/links verschieben	PFEIL-RECHTS PFEIL-LINKS
Steuerelement nach oben/unten verschieben	PFEIL-OBEN PFEIL-UNTEN
Vergrößern der Höhe bzw. Höhe eines Steuerelements	UMSCHALT + PFEIL-UNTEN UMSCHALT + PFEIL-RECHTS
Verkleinern der Höhe bzw. Breite eines Steuerelements	UMSCHALT + PFEIL-OBEN UMSCHALT + PFEIL-RECHTS

Fensteroperationen

Navigationsbereich (Datenbankobjekte) ein- und ausblenden	F11
Zwischen geöffneten Fenstern wechseln	STRG + F6
Aktives Fenster schließen	STRG + W oder STRG + F4
Zum vorherigen Fenster wechseln	STRG + PFEIL-OBEN + F6

Feld oder Datensatz markieren

Nächstes Feld markieren	TAB - TASTE
Wechseln zwischen Bearbeitungs- und Navigationsmodus (Datenblatt)	F2
Markierung auf den vorherigen Datensatz erweitern, wenn der aktuelle Datensatz markiert ist	UMSCHALT + PFEIL-OBEN
Markierung auf den nächsten Datensatz erweitern, wenn der aktuelle Datensatz markiert ist	UMSCHALT + PFEIL-UNTEN
Alle Datensätze markieren	STRG + A

Spalte in der Datenblattansicht verschieben

Aktuelle Spalte markieren oder Spaltenmarkierung aufheben (nur im Navigationsmodus)	STRG + LEER-TASTE
Verschiebemodus aktivieren Um ausgewählte Spalten nach rechts oder links zu verschieben, drücken Sie anschließend PFEIL-RECHTS bzw. PFEIL-LINKS	STRG + F8

Einfügemarke in einem Feld bewegen

Einfügemarke anzeigen	F2
Einfügemarke um ein Zeichen nach rechts verschieben	PFEIL-RECHTS
Einfügemarke um ein Zeichen nach links verschieben	PFEIL-LINKS
Einfügemarke um ein Wort nach rechts verschieben	STRG + NACH-RECHTS
Einfügemarke um ein Wort nach links verschieben	STRG + PFEIL-LINKS
Einfügemarke an das Ende des Felds (bei einzeiligen Feldern) oder an das Ende der Zeile (bei mehrzeiligen Feldern) verschieben	ENDE-TASTE
Einfügemarke an das Ende des Felds verschieben (bei mehrzeiligen Feldern)	STRG + ENDE
Einfügemarke an den Anfang des Felds (bei einzeiligen Feldern) oder an den Anfang der Zeile (bei mehrzeiligen Feldern) verschieben	POS1
Einfügemarke an den Anfang des Felds verschieben (bei mehrzeiligen Feldern)	STRG + POS1

Ausgewählten Text und markierte Steuerelemente kopieren, verschieben und einfügen

Auswahl ausschneiden und in die Zwischenablage kopieren	STRG + C
Auswahl in die Zwischenablage kopieren	STRG + X
Inhalt der Zwischenablage an der Einfügemarke einfügen	STRG + V

Änderungen rückgängig machen

Eingaben rückgängig machen	STRG + Z
Änderungen im aktuellen Feld oder Datensatz rückgängig machen. Drücken Sie ein zweites Mal die ESC-TASTE, um die Änderungen im aktuellen Datensatz rückgängig zu machen.	ESC

Daten in die Datenblatt - oder Formularansicht eingeben

Aktuelles Datum einfügen	STRG + UMSCHALT + Semikolon
Aktuelle Uhrzeit einfügen	STRG + UMSCHALT + Doppelpunkt
Standardwert für ein Feld einfügen	STRG + ALT + LEERTASTE
Wert aus demselben Feld des vorherigen Datensatzes einfügen	STRG + UMSCHALT + #
Neuen Datensatz hinzufügen	STRG + Stern
Aktuellen Datensatz in einem Datenblatt löschen	STRG + Bindestrich
Änderungen am aktuellen Datensatz speichern	UMSCHALT + ENTER
Zwischen den Werten in einem Kontrollkästchen oder einem Optionsfeld wechseln	LEERTASTE
Neue Zeile im Feld einfügen (Felddatentyp Kurzer Text und Langer Text)	STRG + ENTER

Felder aktualisieren

Felder im Fenster neu berechnen	F9
In den zugrunde liegenden Tabellen erneut eine Abfrage durchführen.	UMSCHALT + F9
Inhalt eines Nachschlagefeldes aktualisieren	F9

Navigieren in der Datenblattansicht

Zum Datensatznummernfeld wechseln	F5
Zum vorherigen Feld navigieren	PFEIL-LINKS oder UMSCHALT + TAB-TASTE
Zum nächsten Feld navigieren	PFEIL-RECHTS oder TAB-TASTE
Zum ersten Feld im aktuellen Datensatz wechseln	POS1
Zum letzten Feld im aktuellen Datensatz wechseln	ENDE
Zum aktuellen Feld im vorherigen Datensatz navigieren	PFEIL-OBEN
Zum aktuellen Feld im nächsten Datensatz navigieren	PFEIL-UNTEN
Zum aktuellen Feld im ersten Datensatz im Navigationsmodus wechseln	STRG + PFEIL-OBEN
Zum aktuellen Feld im letzten Datensatz im Navigationsmodus wechseln	STRG + PFEIL-UNTEN
Zum ersten Feld im ersten Datensatz wechseln	STRG + POS1
Zum letzten Feld im letzten Datensatz wechseln	STRG + ENDE

Navigieren in der Formularansicht

Zum nächsten Feld navigieren	TAB-TASTE
Zum vorherigen Feld navigieren	UMSCHALT + TAB-TASTE
Zum ersten Steuerelement im Formular navigieren (im Navigationsmodus verbleiben)	POS1
Zum letzten Steuerelement im Formular navigieren (im im Navigationsmodus verbleiben)	ENDE

Zum ersten Steuerelement im Formular navigieren (und Fokus im ersten Datensatz im Navigationsmodus festlegen)	STRG + POS1
Zum letzten Steuerelement im Formular navigieren (und Fokus im ersten Datensatz im Navigationsmodus festlegen)	STRG + ENDE
Zum aktuellen Feld im nächsten Datensatz navigieren	STRG + BILD-UNTEN
Zum aktuellen Feld im vorherigen Datensatz navigieren	STRG + BILD-OBEN
Um eine Seite nach unten navigieren Am Ende des Datensatzes: Zur entsprechenden Seite des nächsten Datensatzes navigieren	BILD-UNTEN
Um eine Seite nach oben navigieren Am Ende des Datensatzes: Zur entsprechenden Seite des vorherigen Datensatzes navigieren	BILD-OBEN

Glossar

1:1 Beziehung	In einer 1:1 Beziehung entspricht jedem Datensatz der einen Tabelle genau ein Datensatz der zweiten Tabelle.
1:n Beziehung	Eine 1:n Beziehung ist der häufigste Beziehungstyp in relationalen Datenbanken und bedeutet, jedem Datensatz der übergeordneten Tabelle können mehrere Datensätze der zweiten Tabelle zugeordnet sein.
Berichte	Berichte bereiten Daten aus Tabellen und Abfragen für optisch ansprechende Ausdrucke auf. Sie speichern nur Layout und Formatierungen und werden beim Öffnen mit den Daten der zugrundeliegenden Tabelle aktualisiert.
Bezeichnungsfeld	Bezeichnungsfelder sind Steuerelemente eines Berichts oder Formulars, in die Sie beliebigen Text eingeben können.
.csv	Comma separated values, diese Dateinamenserweiterung wird für Textdateien verwendet, in denen die Werte anstelle von Spalten mit Semikolon (;) getrennt sind.
Copy & Paste	Englisch für Kopieren & Einfügen. Ein Element wird dabei in die Zwischenablage kopiert (beispielsweise mit der Tastenkombination Strg+C) und andernorts eingefügt (beispielsweise mit der Tastenkombination Strg+V).
Dateinamenerweiterung	Jeder Dateiname erhält beim Speichern automatisch einen Zusatz, die Dateinamenerweiterung (extension), bestehend aus einem Punkt, gefolgt von drei oder vier Buchstaben. Sie kennzeichnet den Dateityp, d.h. legt fest, welche Anwendung zum Öffnen der Datei verwendet wird. Standardmäßig ist die Dateinamenerweiterung nicht sichtbar, kann aber im Menüband des Datei-Explorers eingeblendet werden.
Datenbankobjekte	In einer Access-Datenbank werden Tabellen, Abfragen, Berichte und Formulare sowie Makros und Module auch als Datenbankobjekte bezeichnet.
Datenfeld	Als Datenfeld oder Feld bezeichnet man in einer Datenbank eine Spalte einer Tabelle.
Datensatz	Jede Zeile einer Tabelle wird in einer Datenbank als Datensatz bezeichnet.
Debugger	Ein Debugger ist ein Werkzeug zum Auffinden und Beheben von Fehlern in einem Computerprogramm. Bei auftretenden Fehlern im Programmcode bietet Access an, den Debugger zu benutzen.

Dropdown-Pfeil / Kombinationsfeld	Viele Eingabefelder erfordern keine Eingabe, sondern bieten Werte zur Auswahl an. In diesen Feldern befindet sich rechts ein kleines, nach unten weisendes Dreieck bzw. ein Pfeil und ein Klick darauf öffnet die Liste. Alternativ können Sie die Liste auch mit der Tastenkombination Alt+Pfeil nach unten öffnen, die Auswahl erfolgt dann mit den Pfeiltasten und durch Drücken der Eingabe-Taste wird die markierte Auswahl übernommen. Eine weitere Möglichkeit: tippen Sie die ersten Zeichen ein, so wird Ihre Eingabe automatisch ergänzt.
Duplikate	Als Duplikate bezeichnet man mehrfach vorkommende Datensätze in einer Tabelle.
Dynaset	Als Dynaset bezeichnet man das Ergebnis einer normalen Auswahlabfrage, da es bei jedem Öffnen der Abfrage aktualisiert wird.
Eigenschaftenblatt	Das Eigenschaftenblatt enthält eine vollständige Liste der Eigenschaften von Formularen, Berichten und Steuerelementen und erlaubt deren Bearbeitung und Änderung. Zur besseren Übersicht sind die Eigenschaften in Registern zusammengefasst.
Exklusiv-Modus	Standardmäßig kenn eine Datenbank-Datei von mehreren Benutzern gleichzeitig geöffnet sein, das bedeutet, diese können Daten eingeben und anzeigen. Änderungen am Entwurf von Datenbankobjekten können dagegen nur vorgenommen werden, wenn das Objekt nicht anderweitig geöffnet ist. Für bestimmte Zwecke, beispielsweise die Vergabe eines Datenbankkennworts, muss die Datenbank im Exklusiv-Modus geöffnet werden. Damit ist sichergestellt, dass sie nur von einem einzigen Benutzer bearbeitet wird.
Felddatentyp	Der Felddatentyp legt fest, von welcher Art die Informationen sind, die in der jeweiligen Spalte der Tabelle gespeichert werden. Berechnungen sind beispielsweise nur mit Zahlen möglich.
Feldliste	Die Feldliste listet alle Tabellen und deren Felder auf und ermöglicht in Formularen und Berichten das Hinzufügen von Feldern durch Ziehen mit der Maus.
Fokus	Als Fokus bezeichnet man bei der Dateneingabe das momentan aktive Feld bzw. die aktuelle Position des Cursors
Formulare	Formulare werden verwendet, um Daten aus Tabellen oder Abfragen benutzerfreundlich und übersichtlich darzustellen. Alle Eingaben oder Änderungen über Formulare erfolgen in der zugrundeliegenden Tabelle.
Fremdschlüssel	Eine Beziehung zwischen zwei Tabellen wird über Schlüsselfelder erstellt. Als Fremdschlüssel bezeichnet man dasjenige Feld in einer Beziehung, das sich auf den Primärschlüssel der anderen Tabelle bezieht.

Index	Indizes beschleunigen in umfangreichen Tabellen die Suche und Sortierung. Access legt für jedes Indexfeld im Hintergrund eine Indextabelle mit entsprechender Sortierung und Verweis auf die jeweiligen Datensätze an.
Inkonsistenz	Als Dateninkonsistenz bezeichnet man Datensätze einer Tabelle, die mit keinen Datensätzen der übergeordneten Tabelle in Beziehung stehen.
Kombinationsfeld	Ein Kombinationsfeld oder Nachschlagefeld erlaubt bei der Dateneingabe eine Auswahl aus einer Liste von Werten. Die Werte können entweder aus einer Tabelle/Abfrage stammen oder manuell eingegeben werden. Bei der Erstellung unterstützt Sie der Nachschlage-Assistent, der auch gleichzeitig eine Beziehung zwischen den einbezogenen Tabellen erstellt.
Komprimieren	Durch Komprimieren einer Datenbankdatei wird nicht mehr benötigter Speicherplatz wieder freigegeben, die Arbeit mit der Datenbank wird dadurch schneller. Komprimieren ist erforderlich, da durch Löschen entstandener freier Speicherplatz von Access nicht automatisch freigegeben wird.
Makros	Makros sind Datenbankobjekte, die komplette Befehlsabfolgen speichern und per Mausklick oder automatisch unter bestimmten Bedingungen ausgeführt werden.
Normalisierung	Die Normalisierung gibt Regeln für die Erstellung von Tabellen vor. Mit diesen Regeln vermeiden Sie Fehler in Datenbanken wie Datenredundanz und Dateninkonsistenz.
n:m Beziehung	Bei einer n:m Beziehung sind dem Primärschlüsselfeld der einen Tabelle beliebig viele Datensätze der anderen Tabelle zugeordnet - und umgekehrt. Diese Art der Beziehung lässt sich nur über eine weitere Hilfstabelle realisieren.
Parameter	Als Parameter bezeichnet Access Abfragekriterien, die erst beim Ausführen oder Öffnen der Abfrage eingegeben werden und damit variabel gehalten werden können.
PDF	PDF ist die Abkürzung für Portable Document Format, ein Dateiformat für Dokumente in dem alle Bilder und Formatierungen beibehalten werden. Die Inhalte können unabhängig vom Betriebssystem auf jedem Computer gelesen werden, dazu wird nur ein kostenlos erhältliches Leseprogramm, z. B. Adobe Reader benötigt, auch im Browser Microsoft Edge können PDF-Dateien angezeigt werden. Nachträgliche Änderungen am Inhalt sind dagegen nur mit spezieller Software möglich.
Primärschlüssel	Der Primärschlüssel einer Tabelle dient dazu, jeden Datensatz eindeutig zu identifizieren. Daher darf in einem Primärschlüsselfeld jeder Wert nur ein einziges Mal enthalten sein. Gleichzeitig legt Access für ein Primärschlüsselfeld automatisch einen Index an.

Redundanz	Die Mehrfachspeicherung von Daten wird in Datenbanken auch als Datenredundanz bezeichnet und kann zu Datenfehlern, insbesondere bei Änderungen an Datensätzen, führen.
Referentielle Integrität	Eine Beziehung mit referentieller Integrität stellt sicher, dass zu jedem Datensatz einer Tabelle auch der entsprechende Datensatz in der übergeordneten Tabelle existiert (Datenintegrität). Zusammen mit referentieller Integrität kann auch Aktualisierungsweitergabe und Löschweitergabe vereinbart werden.
Relationale Datenbank	Relationale Datenbanken speichern die Daten in verteilten Tabellen, die über Beziehungen miteinander verknüpft werden.
SQL	SQL – Structured Query Language ist eine Sprache zur Abfrage und Verwaltung von relationalen Datenbanken und wird auch von Access unterstützt. So erstellt beispielsweise der Nachschlage-Assistent bei der Auswahl der Felder einer Tabelle automatisch eine SQL-Abfrage.
Steuerelement	Alle Informationen eines Formulars oder Berichts werden als Steuerelemente bezeichnet.
Textfeld	Textfelder sind Steuerelemente eines Formulars oder Berichts, die entweder an ein Feld aus einer Tabelle oder Abfrage gebunden sind, oder eine Formel enthalten. Formeln in Textfeldern beginnen mit dem Gleichheitszeichen =.
VBA	Abkürzung für Visual Basic for Application. VBA ist die integrierte Programmiersprache aller Microsoft Office-Anwendungen und stellt eine äußerst leistungsfähige Sprache dar, nahe verwandt mit Visual Basic. Sie verfügt über alle Elemente und Möglichkeiten einer objektorientierten Programmiersprache. Die Eingabe der Programmanweisungen erfolgt in einem gesonderten Anwendungsfenster, dem VBA-Editor.
XML	Extensible Markup Language, eine Auszeichnungssprache zur Darstellung hierarchisch strukturierter Daten in Textdateien. XML eignet sich in erster Linie zum Datenaustausch.
XPS	XML Paper Specification, ein von Microsoft entwickeltes Dateiformat als Konkurrenz zum PDF-Format.
Zwischenablage	Ausgeschnittene oder kopierte Elemente werden in der Zwischenablage abgelegt und können von dort beliebig oft solange wieder eingefügt werden, bis das nächste Element ausgeschnitten oder kopiert wird. Die Zwischenablage wird auch von Anwendungen genutzt, mit ihrer Hilfe lassen sich z. B. Daten aus einer Anwendung in eine andere einfügen.

Index